21世纪普通高等教育
法学系列教材

犯罪心理学（第三版）

主　编　罗大华　马　皑

撰稿人　（以撰写章节先后为序）
罗大华　陈　欢　郑红丽　马　皑
姜丽娜　赵桂芬　刘建清　刘晓倩
邢红枚　陈卓生

中国人民大学出版社
·北京·

作者简介

罗大华（1936—2015），福建省武平人，1960 年毕业于华东师范大学教育系。曾任中国政法大学教授、特聘博士研究生导师、犯罪心理学研究中心主任，中国心理学会理事、中国心理学会法制心理专业委员会主任，中国社会心理学会、中国犯罪学学会常务理事，中国行为法学会、中国监狱学会学术委员会委员，国家心理咨询师专家委员会委员等职。1992 年获国务院颁发的政府特殊津贴。多年从事犯罪心理学、司法心理学等学科的研究和教学工作。主要著作（含合著）有：《犯罪心理学》《司法心理学》《刑事司法心理学理论与实践》《犯罪与司法心理学》《罪犯改造心理学》《证人证言心理》《法制心理学词典》《中国法制心理科学研究十年》《20 世纪 90 年代中国法制心理科学研究》《罗大华 70 华诞文集》《中国法制心理科学文萃》等。

马　皑，1962 年生，北京人，法学博士。中国政法大学社会学院教授，中国政法大学犯罪心理学研究中心主任，刑法学专业犯罪心理学方向博士研究生导师，心理学硕士研究生导师，中国心理学会法律心理学专业委员会主任。研究方向为：法律心理学、犯罪心理学、刑事司法心理学、越轨社会学。

赵桂芬，1968 年生，安徽省宁国人，法学博士。中国人民公安大学侦查学院教授，侦查学硕士，博士研究生导师，中国心理学会法律心理学专业委员会委员。研究方向为：犯罪心理学、侦查心理学。

刘建清，1966 年生，江西省赣州人，法学博士。中国政法大学社会学院教授，心理学硕士研究生导师，中国心理学会法律心理学专业委员会委员。研究方向为：犯罪心理学、司法心理学。

郑红丽，1977 年生，湖北省宜昌人，法学博士。中国政法大学社会学院副教授，心理学硕士研究生导师。研究方向为：犯罪心理学基础理论与研究方法、青少年犯罪、言词真实性识别技术、罪犯评估与矫治。

邢红枚，1978 年生，黑龙江省绥化人，法学博士。中华女子学院法学院副院长，中国心理学会法律心理学专业委员会委员。研究方向为：中国刑法、犯罪心理学、俄罗斯刑事执行法、家庭暴力与妇女儿童保护。

姜丽娜，1981 年生，浙江省金华人，法学博士。杭州电子科技大学人文与法学院副教授。研究方向为：法律心理学、证据法学。

陈卓生，1971 年生，广东省饶平人，法学博士。广东省番禺监狱四级高级警长。

研究方向为：犯罪心理学。

陈　欢，1982 年生，湖南省武冈人，法学博士。长江大学法学院副教授。研究方向为：司法心理学、证据法学。

刘晓倩，1989 年生，湖南省衡阳人，心理学博士。中国政法大学社会学院心理系讲师。研究方向为：犯罪心理学、认知神经科学。

第三版修订说明

本书由我国犯罪心理学主要奠基者罗大华教授、中国政法大学马皑教授共同主编。自 2012 年面世以来，其作为教材被多所高校广泛使用。尽管我们尊敬的老师罗大华教授已于 2015 年 11 月 11 日永远离开了，但由他创建的犯罪心理学学科火种不断播撒与传承。本书曾于 2016 年进行再版修订，时隔 6 年，社会发展和科技进步都对犯罪心理学领域产生了重要影响。同时，2020 年在中央全面依法治国工作会议上首次提出了习近平法治思想，其要求“随着我国经济社会持续发展和人民生活水平不断提高，人民群众对民主、法治、公平、正义、安全、环境等方面的要求日益增长，要积极回应人民群众新要求新期待，坚持问题导向、目标导向，树立辩证思维和全局观念，系统研究谋划和解决法治领域人民群众反映强烈的突出问题，不断增强人民群众获得感、幸福感、安全感，用法治保障人民安居乐业。”① 这为犯罪心理学的学科发展提供了方向，因此为了让本书保持与时俱进的特点与生命力，我们决定再次进行修订，也借此再版机会表达对罗大华老师的怀念与哀思。

第三版以习近平法治思想为指导，在内容上保持了原书的框架体系与核心理论观点。同时，为了反映犯罪心理学的学科发展前沿，帮助更多学生了解该领域的新情况、新趋势，本书此次修订时作了内容上的一些调整，主要表现为以下方面：

一是结合当前人工智能技术的迅速发展及其对犯罪心理学领域的重要影响，将一些交叉性研究成果进行了补充与介绍。

二是考虑到成瘾的普遍性以及其与犯罪行为的密切关系，新增了第十一章“成瘾型犯罪心理”。

三是对书中涉及的统计数字、案例、注释、参考文献等信息进行了更新。

四是修改了上一版中表达不规范、不准确的内容。

此次修订，由马皑担任主编，负责拟定修订计划、明确修订方向与审定最终书稿。在修订过程中，中国政法大学刘晓倩老师协助主编进行了大量工作，包括新增章节、更新案例与数据、完善文稿等。为建设学科人才梯队，保证本书定期更新，特增补刘晓倩老师为作者之一。

---

① 习近平：《坚定不移走中国特色社会主义法治道路 为全面建设社会主义现代化国家提供有力法治保障》，载《求是》，2021－02－28。

最后，感谢中国人民大学出版社一直以来对本书的鼎力支持，感谢编辑对书稿认真负责的工作精神、严谨细致的工作态度。

我们将在传承的基础上继续发扬创新犯罪心理学学科，期望在读者的批评中不断进步。

编者

2022 年 5 月

编写说明

犯罪心理学是一门包含基本理论和应用方法的综合性学科，它致力于运用心理学的研究方法探究犯罪行为产生的一般性规律，不仅包括对犯罪人的认识，也包括对支配犯罪行为的内在心理因素的认识，还包括对不同类型犯罪人、不同类型犯罪心理的认识。如果说发现规律是犯罪心理学的基本任务，那么运用规律去分析犯罪，解决实践当中诸如预测犯罪、矫治犯罪心理、指导诉讼实践就成为犯罪心理学的基本目的。

由中国人民大学出版社出版的这本《犯罪心理学》是一本适合大专院校法学、心理学、社会学等专业本科生、研究生使用，适合司法、执法系统从业人员阅读的简明教材。它系统地介绍了犯罪心理学在理论、方法、应用等诸方面的基本知识，总结了国内外犯罪心理学的研究成果，具备理论与实践的指导性。本教材分为四大部分，分别是总论、基本理论、类型论和对策论，并由此构成广义犯罪心理学体系，以适应不同读者的需求。

本教材在认识论上倡导辩证唯物主义的认识论，坚持物质决定意识、人的意识是对客观事物的主观能动反映的马克思主义哲学原理；在方法论上注重以心理学为主导，兼容社会学、法学的理论方法，体现犯罪心理学的整合性特点；在实践论上侧重理论与实战的结合，不仅强调科学研究的信效度，也兼顾犯罪心理学的特点，重视经验性描述在实践中的价值，致力于以心理学为视角解决司法、执法中的公平、公正和效率问题。

本教材以犯罪行为及支配该类行为的犯罪心理为切入点，对犯罪、犯罪心理、犯罪行为、犯罪人的基本概念及特点进行了描述与总结，较系统地从犯罪人特征入手，归纳了犯罪人与一般守法公民在心理和行为方面的差异，并在此基础上明确了学科定义和研究目的。

犯罪心理结构理论是本教材使用的描述犯罪心理形态的观点，它具有理论性与实证性，归纳了各种可能影响犯罪心理形成的内外变量，能够从整体性、系统性、可观察性的角度让学生体会犯罪心理的存在形式和作用过程。得到实证支持的犯罪综合动因论和犯罪心理机制理论是本教材倡导的认识犯罪心理发生、发展、变化及其规律的理论，该理论不仅强调大的社会背景对个体心理的影响，也能够从心理学角度，从个体心理一般性机制的层面，系统地解释为什么有人会选择以犯罪的方式适应环境，以及在犯罪心理发生、发展的过程中都具有哪些模型和变化规律。对规律的认识是开展预测的前提，通过对个体、群体犯罪心理发生过程的基本了解，能够帮助读者以全新的视角掌握犯罪控制的理论与方法。

对不同类型犯罪和不同类型犯罪心理的描述与解释，是犯罪心理学理论在个别化研究中的重点。结合中国社会的司法实践，本教材选择了多元统一分类标准，兼顾刑法学、心理学对犯罪的罪名、动机、手段、形式等多种类型，力求全面、客观和可操作性。类型研究的目的有二：一是体现整体与个别的关系，通过描述与解释归纳不同类型犯罪或不同类型犯罪心理的特殊性；二是为司法与执法单位提供对策方面的指导。

犯罪心理学研究的最终目的还是预测、揭露、控制与减少犯罪。因此，本教材专门选择了对实践具有广泛性指导价值的内容，如犯罪心理预测、犯罪人特征剖析、测谎技术、犯罪心理矫治等，通过将犯罪心理学的理论方法运用在实践中，以体现本学科的价值。

本教材延续了自1980年以来罗大华教授在犯罪心理学研究中的主要思想与观点。然而，犯罪心理学是一门与时俱进、不断完善的学科，是一门体现社会历史阶段性特点和社会心理现象的整合性学科，因此，任何当下的研究都无法涵盖所有的犯罪现象，特别是在社会急速变迁、犯罪形态和手段不断变化的今天。本教材也不可否认地存在瑕疵，希望得到读者的批评指正。

本教材由中国政法大学罗大华、马皑教授主编。参加编写的人员及分工如下：

罗大华、陈　欢：第一（部分）、四、八、十二、十四（部分）章；

郑红丽：第一（部分）、二十（部分）章；

马　皑：第二、十六章；

姜丽娜：第三、五、六（部分）、七、十七章；

赵桂芬：第六（部分）、十、十三、十五、十九、二十（部分）章；

刘建清：第九、十八章；

邢红枚：第十四（部分）章；

陈卓生：第二十章。

全书由罗大华、马皑统编、审订。赵桂芬、陈欢做了全书的编辑性工作。

编者

2012年5月15日

目　录

第一章 绪论

学习目的与要求

2022年1月，习近平总书记在中央政法工作会议上强调：政法工作要切实履行好维护国家安全、社会安定、人民安宁的重大责任，让人民群众切实感受到公平正义就在身边。这一重要指示为犯罪心理研究工作提出了新的要求，要切实保障社会和人民群众的生命财产安全就离不开对犯罪，尤其是犯罪心理的深入研究。[1] 通过本章的学习，应重点掌握犯罪心理学的定义和研究对象，掌握犯罪心理学的学科性质、任务及学习犯罪心理学的意义和方法论，了解本书的体系和犯罪心理学的发展历程。

犯罪作为社会问题受到普遍关注，世界各国长久以来都致力于控制与减少这一公害。犯罪心理学是犯罪科学的一个分支学科，它从心理学角度研究犯罪人形成犯罪心理和发生犯罪行为的原因、过程和规律，为执法与司法部门揭露和惩治犯罪以及预防犯罪、矫治罪犯提供心理科学的依据和方法。它与犯罪科学的其他学科形成合力，共同致力于解决犯罪问题。另外，从事司法实际工作的侦查人员、检察人员和审判人员，应当了解并掌握犯罪心理学的基本知识，提高办案的质量和效率，做到既打击犯罪，又保障人权。

了解犯罪心理学的概念、定位和科学意义是我们开展学习的基础，本章将对此作出明确解释，对这一学科领域进行初步介绍，以引导读者迈进犯罪心理学之门。

第一节 犯罪心理学概述

一、犯罪心理学的概念

犯罪心理学（Criminal Psychology）的定义历来有广义和狭义之说：狭义说认

① 各章有关习近平总书记的讲话内容，均见人民网-中国共产党新闻网“习近平系列重要讲话数据库”。以下不再一一注明。

为，犯罪心理学是运用心理学的基本原理研究犯罪主体的心理和行为的一门学科；广义说认为，犯罪心理学是运用心理学的基本原理，研究犯罪主体的心理和行为以及犯罪对策中的心理学问题的一门学科。

本书选择广义犯罪心理学的取向，主张犯罪心理学是研究影响或支配犯罪人实施犯罪行为的心理结构形成、发展和变化规律以及犯罪对策的心理学依据的一门学科。

二、与犯罪心理学相关的概念

“犯罪”是刑法概念，一般被定义为危害社会的、触犯刑事法律的、应受刑罚惩罚的行为。据此，所谓犯罪人可以理解为实施了某种犯罪行为的人。

犯罪心理学中的“犯罪”概念与刑法学的“犯罪”概念应相一致，否则，容易造成刑事法学理论和刑事司法实践的混乱。两门学科中“犯罪”取相同的定义，并不影响各自的研究对象、范围和重点的不同。刑法学着重研究犯罪行为的构成要件，依据刑法阐明罪与非罪的界限、此罪与彼罪的区别及量刑的依据。犯罪心理学则侧重研究犯罪行为发生的原因、心理机制和规律。尽管刑法学也涉及犯罪动机，但并非被作为犯罪的共同构成要件进行研究；而犯罪心理学则根据“人的行为由动机驱使”的原理，把犯罪动机作为研究的重要内容。

犯罪心理，是指影响和支配犯罪人实施犯罪行为的各种心理因素的总称，这些心理因素包括认识、情感、意志、气质、性格、能力、兴趣、需要、动机、理想、信念、世界观、价值观以及心理状态等。

犯罪行为，是指犯罪人在一定的犯罪心理影响或支配下所实施的危害社会的、触犯刑事法律的、应受刑罚惩罚的各种行为的总称，包括刑法中规定的故意犯罪行为和过失犯罪行为两大类。

犯罪心理与犯罪行为既有区别、又有联系，两者是辩证统一的关系。犯罪心理与犯罪行为的主要区别在于：一是犯罪心理具有内隐性，而犯罪行为则具有外显性；二是犯罪心理具有相对的独立性，而犯罪行为则具有依存性；三是犯罪心理形成在前，犯罪行为发生在后。两者的联系主要表现在：一是犯罪行为总是在一定的犯罪心理影响或支配下发生的，没有犯罪心理就没有犯罪行为；二是犯罪行为是剖析犯罪心理的前提和基础，只有从犯罪行为入手，才能对影响或支配犯罪人实施犯罪行为的心理作归因分析；三是犯罪行为的性质往往由犯罪心理的不同状况所决定。

三、犯罪心理学的研究对象

本书采广义犯罪心理学体系，其研究对象主要包括三个方面。

（一）与犯罪有关的人

毋庸置疑，犯罪人、犯罪心理、犯罪行为是犯罪心理学的研究对象。但是，从心理发生发展的过程上分析，除了已经实施了犯罪的犯罪人心理之外，一些虽然不构成刑法上犯罪的人也可能具备犯罪心理，但我们在研究中也不能忽视，因为予以研究往往具有防患于未然的作用。因此，犯罪心理学的研究对象一般包括以下几种人。

1. 犯罪人。这是犯罪心理学的主要研究对象。

2. 一般违法人。其指实施了违反刑法，但情节显著轻微，危害不大，不认为是犯罪的行为和违反治安法规的行为而又被执法部门所处理的人。虽然刑法上并不对一般违法人进行刑罚处罚，但是从他们心理上而言具备了犯罪心理的雏形，并且有大量的犯罪案例表明，犯罪行为往往是由一般违法行为演变而来的。

3. 刑法上不以犯罪论处的人。因不具备刑事责任能力而不构成犯罪的人，如未达到刑事责任年龄或有精神疾病的人因不符合犯罪主体要件而不构成犯罪。从心理机制上看，犯罪人与刑法上不以犯罪论处的人之间往往难以区分。

4. 虞犯，即最有可能犯罪的人。通常根据某个人的品性和环境，预测其将来有触犯刑事法律之虞。虞犯一般是指：(1) 经常与有犯罪习性的人交往者；(2) 经常出入不良场所者；(3) 经常逃学或离家出走者；(4) 参加不良组织者；(5) 无正当理由经常携带凶器者；(6) 人格有严重缺陷者。

5. 刑满释放人员。调查发现，服刑后回归社会的人再犯罪率较高。为了预防他们重新犯罪，犯罪心理学应将他们作为研究对象。

（二）与犯罪有关的心理

进一步明确什么心理内容是研究课题能加深对犯罪心理学的概念的理解，主要包括以下内容。

1. 犯罪心理结构。犯罪心理以什么形式存在于犯罪人头脑之中呢？本书提出了“犯罪心理结构”的理论，认为这是在心理上区分犯罪人与非犯罪人的界限，并以此建构本书的体系。

2. 犯罪心理结构成因。本书在评介各种犯罪原因学说之后，提出“犯罪综合动因论”，认为无论是犯罪心理的形成，还是犯罪行为的发生，都是各种主体内外因素综合地相互作用的结果。

3. 犯罪心理形成和犯罪行为发生的机制。犯罪心理形成和犯罪行为发生的原因用于解答一个人“为什么”会犯罪的问题，本书通过揭示犯罪心理形成和犯罪行为发生的原理、过程和规律，解答一个人是“怎样”走上犯罪道路的。

4. 犯罪心理的发展变化。正如万物处在变化中一样，犯罪心理结构形成后也不是固定不变的。犯罪心理及其结构的发展变化，包括犯罪人在不同情境中的心理状态，在实施某一犯罪行为过程中犯罪动机的发展变化以及犯罪心理结构的发展变化。

5. 不同类型犯罪人的心理特征和行为特征。本书从心理学的角度，提出多元统一类型论，以区别于其他类型理论，并描述了不同类型犯罪的原因、心理特征和行为特征，为采取不同的犯罪对策提供了心理科学依据。

（三）犯罪对策的心理学问题

犯罪对策中有许多心理学问题，主要包括个体犯罪的心理预防、犯罪侦查心理和审讯心理、审判心理以及罪犯心理矫治等问题。研究这些问题，有助于提高预防犯罪、揭露和惩治犯罪以及矫治罪犯心理的效能。

四、犯罪心理学的研究目的

在理论方面，自从犯罪现象出现以来，人们就一直对犯罪问题进行探索研究，提出了种种见解，出现了许多分支学科。但直到现在，仍然有许多问题尚待进一步研究，例如，犯罪的原因究竟是什么，影响犯罪的诸多因素之间是什么样的关系，犯罪人的犯罪行为是怎样发生的，怎样科学地预测犯罪和有效地预防犯罪，怎样准确地发现和判断犯罪人，怎样才能把犯罪人矫治成为守法公民、防止他们再次犯罪，等等。犯罪心理学深入探讨和正确回答这些问题，无疑可以充实犯罪科学的内容，为提高犯罪科学的理论与应用水平作出贡献。犯罪心理学又是心理科学的一个分支，虽然犯罪心理学在心理科学中居于应用学科的地位，但是在运用心理学原理解释特殊对象——犯罪人实施的犯罪行为的过程中，必须揭示其特殊规律，总结出自己的理论。例如，犯罪人的犯罪心理究竟是怎样形成的，犯罪人是否存在犯罪心理结构，它由哪些心理成分组成，犯罪人的犯罪心理结构与守法者的正常心理结构有无质的区别、怎样加以证实，犯罪行为的生理、心理机制与一般行为的生理心理机制有何异同，怎样测量犯罪人心理，怎样预测犯罪心理，等等。犯罪心理学对这些问题进行探讨后得出的科学结论，无疑可以丰富心理科学的内容，为提高整个心理科学的理论水平作出贡献。在实践方面，犯罪心理学的最终目的是为社会实践服务：(1) 它通过对犯罪心理的形成和发展变化的原因及规律的研究，为家庭、学校和社会提供一些犯罪心理学的科学知识，以便更好地培养下一代和保护青少年健康成长，有效地预防、控制和减少犯罪，为保障社会安定作出贡献。(2) 它通过对犯罪人在不同情境中的心理状态和不同类型犯罪人的心理的研究，为公安、司法、监狱等部门的工作人员提供揭露和惩治犯罪以及矫治罪犯等犯罪对策的心理学依据和方法，以增强他们在犯罪对策方面的业务能力。

五、犯罪心理学的学科性质

（一）犯罪心理学是犯罪科学与心理科学的交叉学科

犯罪科学是一个庞大的学科体系，犯罪心理学在其中的地位如图 1－1 所示。

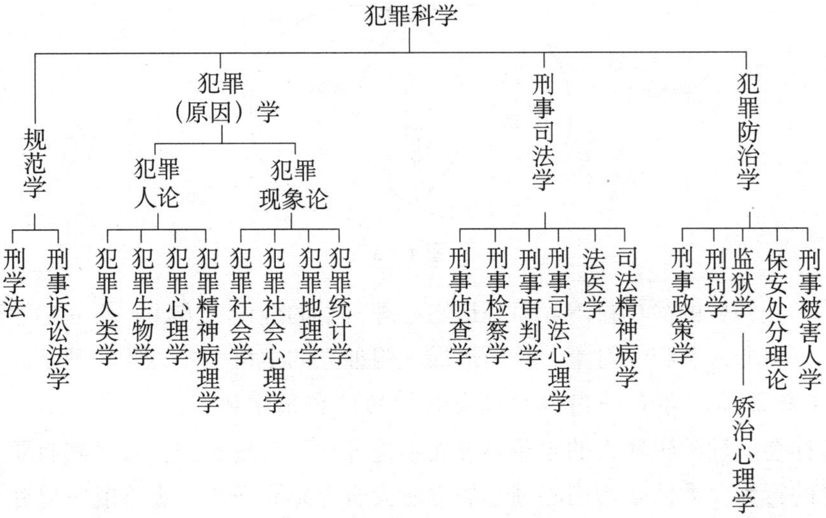

图 1-1

从上图可见，在犯罪科学体系中，广义犯罪心理学既涉及犯罪原因学领域，又涉及刑事司法学领域，还涉及犯罪防治学领域。它要运用心理科学的理论研究犯罪人犯罪的原因，为刑事司法活动以及矫治罪犯提供心理科学的依据和方法。

心理科学也是一个庞大的学科体系，犯罪心理学在其中的地位如图 1-2 所示。

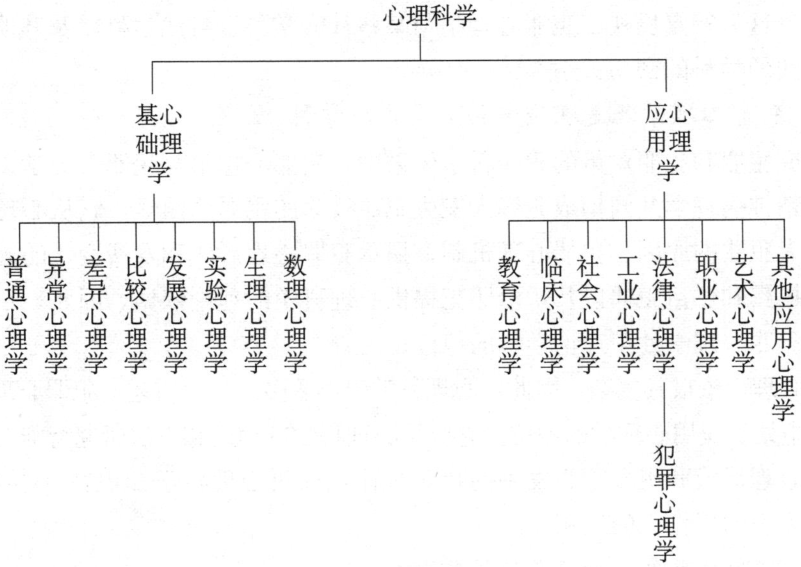

图 1-2

从上图可见，犯罪心理学是应用心理学领域中法律心理学的一个分支学科。

综上所述，犯罪心理学既是犯罪科学体系中的一个分支学科，又是心理科学体系中的一个分支学科，是介于这两门科学之间的交叉学科，如图 1-3 所示。

犯罪心理学虽然涉及犯罪科学和心理科学，但它绝不是犯罪科学的部分领域与心

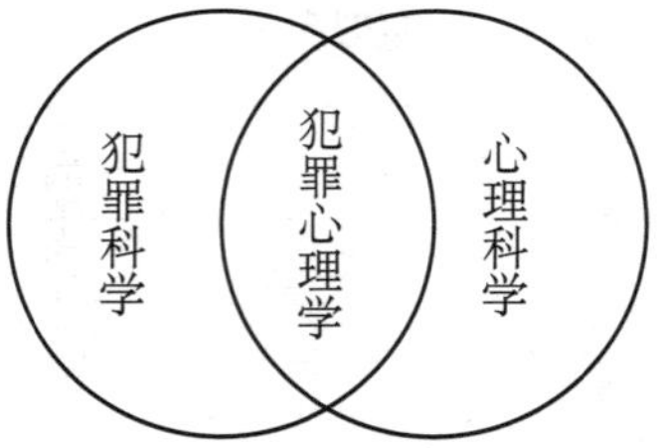

图 1 - 3

理科学的部分领域的简单拼凑，而是运用心理科学的理论、方法，研究犯罪科学的基本对象——犯罪人及犯罪对策，从而形成一门独立的学科——犯罪心理学。

（二）犯罪心理学是一门偏向社会科学的综合性学科

具有社会属性的犯罪人的犯罪心理无不是客观社会现实的反映，其犯罪行为总是危害社会的行为。即使是运用心理学的方法去研究犯罪问题，也不能脱离社会对人的影响而仅仅纯物性地研究。因此，把犯罪人作为基本研究对象的犯罪心理学具有明显的社会科学的性质。同时，也必须看到，犯罪人也具有生物属性的一面，无论是犯罪心理的形成还是犯罪行为的发生，都离不开一定的生理机制的作用。因此，犯罪心理学又具有自然科学的性质。

可见，犯罪心理学既具有社会科学的属性，又不能脱离自然科学而存在，具备双重内涵，是介于社会科学和自然科学之间而偏于社会科学的一门学科，具有综合性学科的特点。这一特点反映了犯罪心理学与某些社会学科、自然学科以及其他介于这两门科学之间的学科的密切关系。

（三）犯罪心理学既是理论学科又是应用学科

在研究犯罪和犯罪对策的犯罪科学体系中，犯罪心理学与犯罪人类学、犯罪生物学、犯罪精神病理学共同构成犯罪人发生犯罪行为的犯罪原因学。它从心理学的角度研究犯罪人犯罪的原因、犯罪心理机制，揭示犯罪心理形成和发展变化的规律，为预防犯罪、揭露和惩治犯罪以及矫治罪犯提供心理科学的理论依据。因此，在犯罪科学体系中，犯罪心理学处于理论学科的地位。

人的心理现象极其复杂，因此，心理科学门类繁多。如上所述，犯罪心理学在心理科学体系中处于应用心理学的地位。它应用心理科学的理论和方法研究特殊对象——犯罪人犯罪心理形成和犯罪行为发生的特殊规律，探讨心理科学知识在刑事案件侦查、审理和罪犯矫治工作中的应用。

（四）犯罪心理学是一门或然性学科

犯罪人犯罪心理的形成和犯罪行为的发生是多因素综合作用的结果，它涉及许多的变量，即使某一变量的很小的差异，也可能改变结果。因此，犯罪心理学研究的结论并不适用于每一个人和每一种情境。例如，大量的统计数字表明，中小学流失生是青少年犯罪的重要“后备军”，但不能说凡是流失生都一定会犯罪。因为还有其他因素遏止犯罪心理的形成和犯罪行为的发生，犯罪心理的形成因人而异。结论仅仅是针对多数情况而言的，所以，犯罪心理学的研究结果和结论带有很大的或然性，它只是一种概率，告诉人们，在某种情况下的心理和行为过程更倾向于如此，而不是说必然如此。

犯罪心理学是一门或然性学科就避免了把结论绝对化。但这绝不是说犯罪心理学的研究成果不准确、无价值，这些研究成果还是揭示了一些带有规律性的东西，它的作用是不可低估的。犯罪心理学的或然性特点只是表明，人们还没有把影响犯罪心理和犯罪行为的全部因素及其相互关系研究透彻，已发现的制约犯罪心理和犯罪行为的因素也并不是在任何情况下均等地影响所有的人。因此，它的研究结果和预测只能使用或然性语言。这一特点要求我们在已有成果的基础上，继续深入研究犯罪心理学的各种课题。

第二节　犯罪心理学的研究方法

“工欲善其事，必先利其器。”任何科学的研究都只有在科学的方法论指导下，使用合适的研究工具，才能达到事半功倍的效果，犯罪心理学的研究也不例外。

一、犯罪心理学的方法论概述

方法论是关于认识世界和改造世界的方法的学说或原理。[①] 一门学科的方法论，从根本上来说，就是这门学科研究的原则性指导思想，指明怎样去研究这门学科，以达到揭示所研究对象的规律性的目的。科学研究的方向是否正确以及能否取得成果，都取决于是否能解决本学科的方法论问题。

犯罪心理学的方法论是一个体系，这个体系是由科学的哲学方法论（philosophical metho-dology）、系统方法的一般科学方法论（general scientific methodology）以及适用于犯罪心理研究的具体方法（concrete method）三个紧密联系的层次所组成的。这三个层次的辩证关系如图 1-4 所示。

唯物辩证法是科学的哲学方法论，是方法论的最高层次，统率着一般科学方法论和具体方法，使方法论体系的研究具有坚实的基础；具体方法居于方法论体系的最底层；一般科学方法论的层次低于哲学方法论、高于具体科学方法，起着中介和桥梁的作用。虽然科学的哲学方法论居于犯罪心理学方法论的最高层次，但在研究过程中必须把哲学术语转换成犯罪心理学的概念；系统方法的一般科学方法论虽然直接制约着犯罪心理学的研究，但不能代替犯罪心理学的具体研究方法，必须转化为对犯罪心理学研究资料的解释原则和处理方法，才能真正发挥作用。因此，在犯罪心理学的研究

① 参见于丁春主编：《哲学方法论》，11 页，北京，北京出版社，1990。

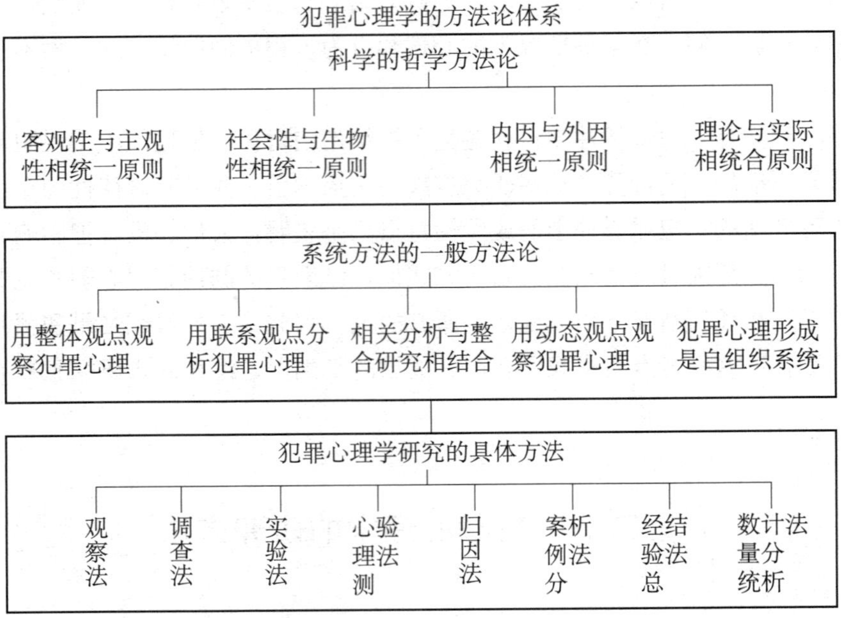

图 1－4

中，我们必须防止两种错误的倾向：(1) 使用哲学方法论代替一般科学方法论和具体科学方法论的“代替论”倾向。(2) 强调一般科学和具体科学方法论的重要性，而忽视和否定哲学方法论的指导作用，即“无用论”倾向。

二、犯罪心理学的哲学方法论

在犯罪心理学研究中要坚持唯物辩证法的哲学方法论的指导，主要应坚持以下几个原则。

1. 客观性与主观性相统一的原则。犯罪心理学研究中的客观性与主观性相统一的原则，是指在分析犯罪人犯罪心理时，既要看到犯罪心理的内容来源于客观现实，又要看到犯罪心理是犯罪人通过不良的活动能动反映客观现实的结果。这一原则可以解释，在大致相同的社会生活条件下或在某种情境中，为什么有的人犯罪、有的人不犯罪。

2. 内因与外因相统一的原则。制约和决定犯罪的原因多种多样，构成原因的各因素之间的关系错综复杂，但归根到底不外是内因和外因两类以及内、外因之间的相互作用的关系。其中，外因是条件，内因是根据，外因通过内因而起作用；内因一般表现为主要的、决定的作用；在一定条件下外因有时也能起主要的决定作用。这一原则，为正确解释犯罪人犯罪心理的形成和犯罪行为的发生提供了科学的哲学依据。

3. 理论与实际相结合的原则。理论与实际相结合的原则要求犯罪心理学的研究既要注意基本理论研究，又要注意实际应用，在实际应用中使理论进一步得到充实和提高。犯罪心理学是一门应用性学科，在实际应用中一定要时刻提醒自己：理论与实际之间会有差异。例如，在理论上，犯罪心理学研究为了控制性别因素的影响都要求男女被试各半。但实际情况是，可获得的犯罪人群，绝大多数都是男性，往往仅能研究男性罪犯。

三、犯罪心理学的一般科学方法论

一般科学方法论是将哲学方法论具体化，用以直接指导具体研究的方法论原则。一般科学方法论是一个庞大体系，主要包括数学方法、系统方法、信息方法、控制方法、逻辑方法等。以系统科学为代表的系统方法是现代的一般科学方法论，是进行科学研究的一种有重要价值的认识手段。犯罪心理学研究也应当把系统方法作为一般的科学方法论，即系统方法论（systematic methodology）。

运用系统方法进行犯罪心理学的研究，就是既要对犯罪人的心理进行多层次、多水平、多测度的系统分析，又要对犯罪人各种心理现象及其形成的因素之间相互作用的关系进行整合研究。具体来说，须掌握以下几点。

1. 用整体的观点观察犯罪心理。其含义有三方面：（1）注意犯罪心理系统本身的整体性，即组成犯罪心理系统的子系统是不能缺少的，减少或增加一个要素（子系统），就会改变系统的特性和功能，或破坏整个系统。（2）注意作为整体的犯罪心理结构的功能大于各犯罪心理因素的功能之和。（3）在理解犯罪心理时要把握住“客观现实——大脑——心理”这一完整的链条。要看到犯罪人的犯罪心理是由客观存在所决定的，同时也受犯罪人大脑机能和原有心理发展状况的制约。只有这样，才能对犯罪心理作出整体性的理解。

2. 用联系的观点分析犯罪心理。就是要在联系和关系中探究犯罪人心理形成和发展变化的规律。犯罪人的犯罪心理结构是一个母系统，犯罪心理形成的原因也是一个母系统，无论是组成母系统的子系统之间，还是组成子系统的各因素之间，都是相互联系的。在犯罪心理研究中，必须克服元素主义的影响，不得把犯罪心理这一复杂的心理现象系统视为由简单的因素所组成的心理复合体。在研究犯罪原因时，必须防止片面夸大某一因素作用的“唯某种因素决定论”的影响。无论是“遗传决定论”，还是“社会环境决定论”，都是违背系统论观点的。

3. 要以动态观点观察犯罪心理。系统观点认为，由于各组成要素之间的相互作用，整体系统就处于动态变化之中。犯罪心理的形成和发展是一个过程，受到发展变化着的刺激变量、机体变量及反应变量的制约，必然随着它们的发展变化而发展变化。这就要求我们在研究犯罪心理形成和犯罪行为发生原因、犯罪心理结构、犯罪人在不同情境中的心理状态以及不同类型犯罪人的心理特点等问题时，注意到上述三种变量的影响和制约，切忌作孤立、静止的研究。

4. 把相关分析和整合研究结合起来。在犯罪心理学研究中，既要揭示外部因素的刺激数量、性质和强度（刺激变量）、犯罪人主体的生理因素和心理因素（机体变量）与犯罪人行为、言语和不明显的生理变化（反应变量）之间的联系和区别，又要把犯罪人的心理作为一个整体的结构加以综合研究，防止孤立地研究犯罪人的心理特点和行为特征。在研究犯罪人某一种心理现象产生的原因时，可以先分别考察某一因素的作用，进行相关分析，然后加以整合研究，最后将所揭示的各种规律进行综合运用。

5. 要把犯罪心理形成发展过程看作一个信息控制的自组织系统。按照系统科学关于系统开放性的观点，犯罪人及其心理都是一个开放系统，是在主体内、外因素相互作用下的自动控制系统。故意犯罪人都有其需要和目的，这就使犯罪人必然与环境发生互动。在这一过程中，犯罪人不断从外界输入信息、存储信息、加工信息，并通过反映来实现心理的定向调节作用，从而对环境作出反应——实施犯罪行为。所有这些，都是一个信息控制的自组织过程。

四、犯罪心理学的具体研究方法

一门学科所使用的具体研究方法是由该学科研究对象的特点、学科性质以及研究课题的需要所决定的。犯罪心理学常用的具体研究方法主要涉及数据收集的方法和数据分析的方法两大任务。

（一）数据收集方法

1. 观察法（observations），是指研究者通过对事件和所观察的对象行为的直接察看，收集和记录研究对象日常生活信息的一种方法。例如，2003 年“非典”期间，对 SARS 病人的诊断和治疗的调查主要采用的就是观察法。

根据观察者的参与程度，观察法又可以分为：(1) 非参与式观察法（non-participant observation）。研究者只是从旁观察，对研究对象不进行任何干扰。(2) 参与式观察法（participant observation）。研究者直接参与到所观察对象的群体中去。这是社会人类学的经典方法。早期人类学家研究某些落后的民族和部落的风土人情、衣食住行、宗教信仰时主要借助于参与式观察法。参与式观察法的优点在于：在参与式观察法调查中，研究者以被观察对象一员的身份加入观察对象群体中，不暴露其真实身份，由此可以获得比较真实、客观的信息，而这些信息是采用其他方法所难以得到的。因此，参与式观察法对于研究一些特殊的越轨亚文化群体、犯罪群体和药物滥用群体的活动方式、行为规律、吸毒原因等具有重要作用。如著名社会学家彻恩(Chein）及其同事曾深入纽约市药物滥用高发的贫民和少数民族聚居区进行了数年调查，采用参与式观察法收集、掌握了大量的第一手材料。另外，在一些犯罪心理学研究情境中，参与的研究者往往会选择不公开自己观察者的身份，这也是一种参与式观察法，不过被称为隐蔽性的参与式观察。它适合访问一些特殊群体或行业，或者针对某些特定的研究情境，如涉嫌犯罪的群体、一些难于治愈的疾病患者、边缘化的特殊群体、监狱等高度限制性的情境。

2. 访谈（interviews）法，是通过访谈者与受访者之间的口头交谈，借以了解受访者的动机、态度、个性、价值观念等的一种方法。访谈法具有两个显著的特点：（1）整个访谈是访谈者与受访者互相影响、互相作用的过程。（2）它具有特定的科学目的和一整套设计、编制和实施的原则。

访谈法可以根据不同的标准被划分为不同的种类。根据访谈问题的结构分为：无结构的访谈、结构化的访谈（问题是事先编定的，答案大部分是封闭式的）、半结构化的访谈（问题是事先编定的，答案大部分是开放的）。根据记录方法分为：文字访谈、录音访谈和录像访谈。根据访谈方法分为：一对一的面对面（face to face one on one）访谈与电话访谈。根据受访的方式分为：一名受访者单独受访、多名受访者一起受访、多名受访者进行小组讨论（焦点访谈，focus interview）。

3. 问卷调查。在未加干预的情况下，以事先设计好的表格、问卷收集数据。资料是通过直接询问、观察或由被调查者本人填写而得来的；所提的问题及答案的选择大部分是标准、统一的（即结构化的）；调查内容会作统计描述或分析。其优点在于：样本可以较大，可以描述一大群人的特性，花费资源较少，结构化的问题及答案可降低人为因素的影响。其缺点是通常资料仅及表面而不能深入；收集数据程序一开始，问题及答案就不能改；研究员须熟知与调查有关的多方面技术才能有好成果。近几十年随着互联网的崛起，问卷调查法出现了一种新的亚方法——网络问卷调查。所谓网络问卷调查，就是用户依靠一些在线调查问卷网站，这些网站提供设计问卷、发放问卷、分析结果等一系列服务。这种方式的优点是无地域限制，成本相对低廉，缺点是答卷质量无法保证。目前国外的调查网站 survey monkey 提供了这种方式，而国内则有问卷网、问卷星、调查派提供了这种方式。

4. 心理测验法。心理测验法是根据已标准化的实验工具如量表，引发和刺激被测试者的反应，该反应结果由被测试者自己或他人记录，然后通过一定的方法进行处理，予以量化，描绘行为的轨迹，并对其结果进行分析。这种方法最大的特点是对被测试者的心理现象或心理品质进行定量分析，具有很强的科学性，而且随着计算机技术的发展和广泛应用，心理测验领域已出现了明显的计算机化的趋势，如在机上施测、自动计分、测试结果分析和解释等。历史上，心理学真正进入刑事司法体系就是从大规模使用心理测验开始的。当时的学者们相信：罪犯之所以犯罪可能与其智商低下有关，于是在监狱系统展开了大规模的智力测验，这就是很典型的心理测验法。

5. 实验研究。实验研究方法首先是在自然科学中得到运用并成为其主要研究方法的。从文艺复兴时期开始，正是实验方法的采用，才使自然科学建立了理论与经验事实的联系，推动了自然科学的飞速发展。实验研究是一种受控的研究方法，通过一个或多个变量的变化来评估它产生的效应。实验的主要目的是建立变量间的因果关系，一般的做法是研究者预先提出一种因果关系的尝试性假设，然后通过实验操作来进行检验。目前犯罪心理学的前沿研究之一——脑电测谎，就使用的是实验研究。

6. 现场研究（field study）。在自然环境中（现场）由研究者收集资料，所提的问题是非结构化或半结构化的；研究者会就实地情况而决定要提的问题和提问的先后次序；然后依靠研究者的理解和抽象概括从资料中得出结论，通常不作统计描述或分析。现场研究的优点是可深入地研究整个事件情境，可有深入的了解，可了解意见或态度的形成过程，弹性较大，资源花费较少。其缺点则是定质而非定量的，样本较少，难于推断总体的情况，极端依赖研究者的判决和分析能力，结论通常被视为一项参考而非定论。我国最早的现场研究可以追溯到20世纪早期，李景汉、费孝通等学者在对中国乡村社会问题的研究中，进驻中国农村进行深入的实地调研，撰写出《定县调查》（1933年）、《江村经济》（1939年）等专著。

7. 档案收集（documents）。档案收集有广义和狭义之分：狭义的档案收集是指相关的报纸、杂志、会议记录、政府公文、个人书信等文字材料的收集；广义的档案收集除前述外还包括视听影像资料的收集。视听材料（audiovisual materials）收集是近年来发展起来的一种研究手段，由于摄影、摄像技术的普及，视听资料日渐丰富；视听资料的直观性、信息含量的丰富性是文字资料所无法比拟的。随着影视人类学、影视心理学的兴起，视听资料收集越来越受到定性研究的重视。文献（非有系统的文字、影像、语言等的记录）可作定性研究；在互联网的ICQ上，人们聊些什么？可作定量研究。其优点是时间及金钱的花费较少，安全，可了解原本接触不到的研究对象。可作历史研究：通常不会影响到研究对象，可将不同来源的数据作互相对照。其缺点则为资料不够翔实或不合研究目的，不能控制数据质量。

（二）分析数据方法

科学研究中的数据分析需要借助一定的数理统计方法来进行，因此，在犯罪心理学研究中，数据分析具有十分重要的地位。犯罪心理学研究的目的在于解释、预测和调控犯罪心理和行为，但是最终的目的在于预测并预防犯罪。开展预测水平的研究，关键是要构建好相应的因果关系模型，注重纵向的动态分析。因此，多元回归分析、路径分析、结构方程模型技术、多层分析等高级统计方法的发展与应用，可以为犯罪心理学研究提供最有力的方法和技术支持。

1. 方差分析。方差分析又称变异数分析，主要用于分析数据中的不同来源的变异对总变异影响的大小，从而确定自变量是否对因变量有重要影响。

2. 回归分析。回归分析是通过观测值寻求一个或数个自变量与一个因变量之间函数关系的一种统计方法。根据自变量是一个还是多个，回归分析可被划分为一元回归分析和多元回归分析。一元回归分析只能处理一个因变量和一个自变量的关系，并根据回归方程由自变量推测因变量。多元回归分析可处理一个因变量和多个自变量之间的关系，通过建立多元回归方程式，对未知的因变量作出预测。此外，利用多元回归分析，还可以判定在多个自变量中哪些是显著的影响变量，并比较各个自变量对因变量的预测能力。

3. 因素分析。因素分析是从众多的可观测变量中概括、缩减出少数起主导作用的共同性变量（因素），用以解释最大量的观测事实的统计分析技术。因素分析可分为探索型和验证型：前者通过变量组合而总结数据，往往用于研究初期提出假设阶段；后者则用于检验有关潜在结构的假设，常在研究的后期运用。因素分析的重要前提是符合实际的理论假设和严格的测量数据，尤其适用于纵向研究。

4. 路径分析。路径分析是研究变量之间的因果关系的数学分析方法，它实际上是多元回归分析的一种形式。路径分析的特点在于能够对变量之间的相关度进行数量性的分解，即将相关系数分解为直接效应、间接效应、归于相关原因和归于共同原因，因而能更好地解释变量之间的关系，指出各个自变量对因变量的相对重要性。需要指出的是，路径分析所涉及的因果关系是研究者事先假设的。路径分析可以计算出自变量对因变量的直接效应和间接效应，并用路径系数表示，然后用路径图表示变量之间的结构关系。

5. 结构方程模型。结构方程模型是验证、检验变量之间复杂的因果关系的数学方法。它是因素分析和路径分析的深化与综合。结构方程模型尤其适合纵向研究，其最大优点在于它能够用非适用的数据检验因果关系，以统计控制代替实验控制。目前结构方程模型主要用于假设检验，即对理论的结构效度进行检验。

6. 分层线性模型。分层线性模型是针对传统线性回归分析只能分析单一层次数据的缺陷提出的，可以探索不同层面自变量对因变量的影响以及不同层面自变量之间的交互作用。在犯罪心理学研究中，调查得来的数据往往具有层次性，如关于青少年犯罪影响因素的研究中，我们可以考虑的预测变量有青少年的学业成绩、年龄、性别、心理特点、生理特点、家庭社会经济地位、亲子关系、家庭结构是否完整等，这些变量中有的是个体变量，有的是家庭变量。这样的数据具有两个层次：第一层次是个体，第二层次是家庭，个体嵌套于家庭之中，称为分层数据。对于这种多层数据，近年人们用精密的统计分析工具，把个体层面因素与家庭层面因素融入同一模型中，从而得出比传统单层面回归方法更丰富、更准确的研究结果。可见，多层线性模型的优点在于不仅可以估计每一层（个体与家庭层次）的模型系数，也能预测任意层次间的关系，而不像传统统计方法直接忽略掉不同分层问题，促进了犯罪解释向更加科学化、精确化的方向发展。

五、犯罪心理学研究方法的类型及其选择

具体研究方法各有其功能和局限性，研究对象和研究条件也各不相同，就出现了不同的研究方法的类型以及如何根据研究的需要来选择不同的研究方法类型问题。

（一）纵向研究和横断研究

这是根据研究时间的延续来区分的类型。纵向研究（longitudinal research），就是在比较长的时间内，对某个人或是某些违法犯罪人的心理发展进行系统的定期研究。纵向研究可以细分为三种不同的研究类型：（1）趋势研究，是对研究对象随时间推移而发生的变化进行研究。（2）同期群研究，是对同一时期同一类型的研究对象随

时间推移而发生的变化的研究。同期群研究注重的是某一类型而不是某一个体的特征，所以在不同时间可以调查不同的人，只要他们都属于同一类型。但每次调查的抽样都应当是随机的，以保证被调查到的样本可以代表这一类型的人。（3）追踪研究，是对同一批研究对象随时间推移而发生的变化的研究。追踪研究注重个体特征，因此，要求在各次调查中都调查同一批对象。

纵向研究的优点是具有系统性，能比较详尽地了解违法犯罪人的心理发展变化的过程，但也有其困难和缺点，如研究时间过长（少则一二年，多则一二十年），不易同时进行大量案例的研究，影响研究对象的各种因素不易被查明或控制，因而不易有效地进行前后对比。

横断研究（crosssectional research），就是在同一时间内对某一类型或某几个类型的犯罪人心理进行测试和检查，并加以比较。一般的实验研究多属于这种类型。横断研究的优点在于能在较短时间内找出同一类型或不同类型研究对象的心理发展水平或特点，并可以从中找出规律。但由于时间短，不易看到发展的全过程，难免有不系统、欠深入之嫌。因此，在一般研究中，应灵活运用纵向、横断两种研究类型，互相配合，取长补短。

（二）个案研究和成组研究

这是根据研究对象数量的多少来区分的。个案研究（case study）就是对一个或少数几个犯罪人的心理进行的研究，例如，对某个或某几个犯罪人犯罪心理形成和发展变化过程的研究。这种研究类型的优点是便于对研究对象进行比较全面、深入的考察；缺点是取样少，代表性较小，因而在一定程度上会影响科学性。成组研究（group study）就是对一组或多组犯罪人进行的研究，例如，对某监狱或几个监狱所有罪犯进行重新犯罪原因的研究等。这种研究类型因为取样较多，可以作统计处理，科学性较强，但不便于作个别、深入的研究。因此，在研究中，要把个案研究和成组研究结合起来，才能取得理想的结论。

（三）自我观察研究与客观观察研究

自我观察研究又称内省法，即要求被试者把自己的心理活动报告出来，然后通过分析报告资料得出某种心理学结论的方法。客观观察研究即观察法，是指研究者通过感官或借助于一定的科学仪器，在一定时间内有目的、有计划地考察和描述客观对象（如人的各种心理活动、行为表现等）并收集研究资料的一种方法。[①] 这两种研究方法各有优、缺点：自我观察研究的优势在于获取资料的便捷性，但相对地，其获取的资料更容易失实。客观观察研究收集的资料比较客观、全面和准确，但会花费较大的人力、物力和较多的时间。

（四）定性研究与定量研究

定性研究是指研究者对数据进行归纳、分类、比较，进而对某些现象的性质和特

① 参见董奇：《心理与教育研究方法》，155页，北京，北京师范大学出版社，2004。

征作出概括，但不作数量上的比较。近几十年来，人们对定性研究的认识有了新的发展。一般认为，当代的定性研究是一种探索性研究，通过特殊的技术获得人们想法、感受等方面的较深层反应的信息，主要用于了解目标人群的态度、信念、动机、行为等有关问题。与传统的定性研究不同的是，当代定性研究逐步发展出了一套操作步骤，这些步骤在形式上与定量研究相似，但与定量研究要求研究者严格按照研究步骤展开研究不同，定性研究要求研究者是具有弹性、易适应的人，能根据现场的情况积极调整研究程序，包括研究方向和焦点。

科学研究中的定量分析需要借助一定的数理统计方法来进行，因此，定量分析也常常被称为统计分析。在犯罪心理学研究中，统计分析与上述的定性分析都具有十分重要的地位，两者缺一不可。一方面，统计分析是现代犯罪心理学研究的必备工具，犯罪心理学研究成果通常以统计分析的方式表现出来；不懂得统计分析就难以了解他人的研究进展，也难以确定自己的研究方向并进行深入的研究。另一方面，那种认为“统计万能”的思想也是片面的。统计分析要以定性分析为基础，以犯罪心理学理论为基础，只有在正确的观点和思想方法指导下的统计分析才是有用的。可见，定性分析与定量分析（主要是统计分析）应该是相互补充、相辅相成的。

（五）描述性研究、解释性研究与因果性研究

描述性研究（descriptive research），只对研究对象（犯罪人）当前的心理特征或状态作出一般性的评价与测定。如周苏东等运用“中国罪犯心理测试——个性分测验”（COPA-PI）量表对福建闽西监狱的 2 934 名罪犯的心理测试，就属于描述性研究。[①] 关系解释性研究（又称相关研究，correlation research），是指研究几个变量的相关关系，揭示一个变量是否受其他变量的影响、影响程度如何，进而用一个变量预测其他变量的研究方法。犯罪心理学研究很多都是相关研究。例如，家庭因素与未成年人的犯罪就是一种相关研究。因果联系性研究（experimental research），是指确定不同变量之间的因果联系。揭示事物之间的因果联系，是人们的普遍兴趣，也是科学研究的重要职能。由于犯罪心理学研究对象的特殊性，犯罪心理学研究课题很少有因果联系性的实证研究。犯罪心理学研究的目的在于解释、预测和调控犯罪心理和行为，但是最终的目的在于为惩治和预测、预防犯罪服务。

第三节 犯罪心理学的研究步骤

在多数情况下，犯罪心理学研究都包含比较严格的步骤，需要遵循比较严格的研究设计，才能达到预期的研究目的。一般来说，犯罪心理学研究包括以下步骤：选择

① 参见周苏东等：《福建省闽西监狱 2943 名罪犯 COPI-PI 心理测试综合报告与矫治建议》，载罗大华、胡一丁主编：《犯罪心理与矫治新论》，402～411 页，北京，中国政法大学出版社，2003。

研究课题、设定假设、制订研究设计方案、收集数据、分析数据、得出结论。具体步骤如图 1－5 所示。

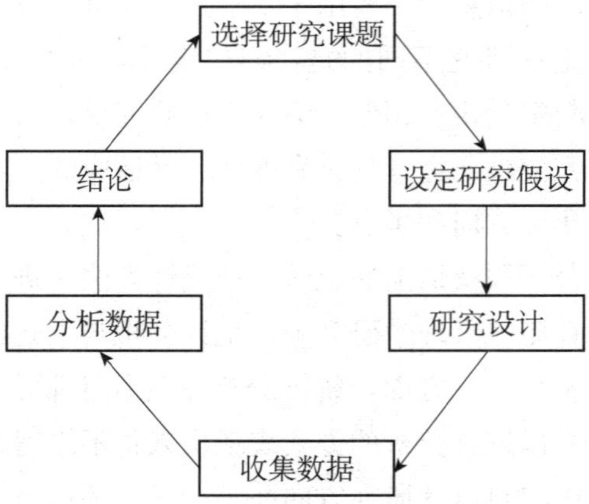

图 1－5　犯罪心理学研究步骤模式①

一、选择研究课题

犯罪心理学作为一门新兴学科，研究的课题和内容广泛而深刻，研究者必须根据客观情况和自身兴趣等主、客观条件慎重地选择研究课题。研究者在选择研究课题时，应注意以下几个方面：一是具有理论意义，只有具备理论建设意义的课题才能推动犯罪心理学的发展和完善已取得的成果；二是具备实用价值，犯罪心理学课题必须是实际问题，对社会实践有较大、较深远的影响和促进作用，才能实现为实践服务的宗旨；三是具有时代性和可行性，只有这样的研究课题才能真正实现为实践服务，不然只能是空中楼阁。

二、根据理论设定具体的研究假设

研究假设，是指在研究设计之前根据相关理论提出的关于变量之间（常常是两个变量之间）关系的陈述。研究假设往往是肯定性的陈述。例如，人格因素与未成年人犯罪的研究课题，研究假设可以为：冲动性与未成年人犯罪有关。而在科学研究中不能对研究假设的真实性进行直接检验，需要建立与之对立的假设，称为虚无假设（null hypothesis）。也就是说，我们实际上要检验的是虚无假设。对于上面的例子，我们的虚无假设应是与研究假设相对立的——“冲动性与未成年人犯罪无关”，而我们实际是要检验“冲动性与未成年人犯罪无关”这一虚无假设。

① See Frank E. Hagan, *Research Methods in Criminal Justice and Criminology*, 7th edition, Allyn & Bacon, 2006, p. 20.

三、研究设计

研究设计是开展犯罪心理学研究的最初计划。犯罪心理学研究的对象是现实社会中的犯罪问题，这就使犯罪心理学的研究设计须具有一定的灵活性、实践性。

1. 研究类型的确定。本章第二节对犯罪心理学的研究方法类型的选择中已作详细论述。研究者应根据研究课题的性质和任务，选择合适的研究方法类型。

2. 研究的空间范围。研究者要确定研究的地点和对象。如冲动性与未成年人犯罪的研究课题，课题的研究的地点应该在未成年犯管教所，研究的对象应该是未成年犯。

3. 研究的主题和内容。研究者应明确本次研究究竟要描述什么。冲动性与未成年人犯罪的研究课题是一个相关研究课题，研究者主要研究冲动性与未成年人犯罪有什么关系及这种关系的强度如何。

4. 研究层次和角度。研究者要对研究的层次作出选择：经验层次还是抽象层次，宏观层次还是微观层次。对于冲动性与未成年人犯罪的研究课题来说，它的研究层次应是微观研究。

5. 概念化和操作化。研究者对所使用的概念作出具体定义，使有关概念具有可操作化。我们选定研究课题后，需要厘清研究课题涉及的有关概念，也就是概念化（conceptualization）。概念化是对抽象概念的界定和详述，或者说将模糊的、不精确的概念明确化、精确化。对冲动性与未成年人犯罪的研究课题来说，研究者必须厘清与课题有关的所有概念，如冲动性、未成年人及犯罪。在厘清所有概念后，需要确定对有关概念进行操作化（operationalization）。操作化也就是发展操作定义的过程。研究者需要发展研究工具对上述概念进行测量，使有关概念具有可操作化。

6. 调查对象的选取。若研究课题为抽样调查，还要确定选取的方法与程序。抽样可以分为概率抽样和非概率抽样。简单随机抽样、分层抽样、等距抽样、整群抽样等属于概率抽样。方便抽样、主观抽样、滚雪球抽样等为非概率抽样。研究者可以根据自己的研究课题，选取不同的具体抽样方法。对冲动性与未成年人犯罪的研究课题来说，简单随机抽样、等距抽样都是比较好的抽样方法。

7. 选取适当的研究方法。本章第二节已介绍了犯罪心理学的研究方法（如观察法、问卷调查法、心理测验法等），每一种方法都有优、缺点。有些方法适合研究这些概念，有些方法适合研究其他概念。对冲动性与未成年人犯罪的研究课题来说，问卷调查法、心理测验法是较合适的研究方法。

四、数据的收集与分析，得出研究结论

研究者制定研究设计后，需要根据研究设计，实施具体的研究。在分析数据时，研究者应该注意以下两个方面。

1. 资料的性质。犯罪心理学研究收集的资料一般有两种：定量资料和定性资料。定量资料和定性资料对犯罪心理学课题的研究都很有用。对于不同性质的资料，应采取不同的分析方法。对定性的资料可以采用归纳等方法进行整理，对定量资料可以采用数量统计的方法进行整理。但应该注意：在定量分析中，有时候研究者比较容易陷入资料收集工作和资料的统计分析而忽视了理论。

2. 资料的可靠性和有效性。任何研究课题的成功都依赖于资料的可靠性和有效性。前者指资料的真实可靠程度，后者主要指资料是否能有效地说明要研究的课题。如果研究的资料不可靠或无效，就会得出虚假的研究结论，既不能推动基础理论的发展，也不能指导实践工作。因此，研究者必须对研究资料的可靠性和有效性进行审查。

任何社会科学的研究都是一个反复测量，呈螺旋状上升的过程，犯罪心理学研究也不例外。得出研究结论、撰写出研究报告并不代表研究的结束。研究者可能在研究过程中，发现新的问题，然后根据研究问题设定假设，制订研究设计方案，收集数据，分析数据，得出结论。如此循环往复，不断完善，最终得出比较科学的结论。

第四节　犯罪心理学的发展历程

学习犯罪心理学，不仅要学习它现有的研究成果和前沿问题，也要了解它的过去，将学科放在整个历史发展长河中动态地进行学习。同时，在立足我国研究的同时要善于吸取西方国家的研究成果和先进经验，实现学习和研究的国际化。犯罪心理学作为一门独立学科的历史短暂，但人们对犯罪心理学思想的探讨却源远流长。

一、我国古代犯罪心理学的思想发展历程

我国著名的心理学史专家高觉敷（1896—1993 年）1987 年在给一本专著作序时指出："我们近时才有犯罪心理学，但有关犯罪心理学的思想则起源很早。"① 我国古代许多思想家有关犯罪心理、犯罪行为以及犯罪对策的论述比当时西方的研究要深刻得多，其中不乏可供我们研究犯罪心理学时借鉴的内容。

（一）犯罪心理形成原因论

1. 贫穷或富贵是犯罪心理产生的原因。先秦诸子很重视从社会、经济角度分析犯罪心理形成的原因，并由此形成了两种对立的观点：（1）认为贫困是导致人们欲求得不到满足，从而产生违法犯罪心理的原因。例如，春秋前中期的杰出政治家管仲（？—前 645 年）提出了"仓廪实则知礼节，衣食足则知荣辱"②，孔丘（公元前

① 艾永明、朱永新：《中国犯罪心理思想史论》，1 页，北京，对外贸易教育出版社，1993。
② 《管子·牧民》。

551—前 479 年）提出了“贫而无怨难”，等等。(2) 认为富裕是导致人们产生犯罪心理的原因，其主张者是老聃（公元前 580—前 500 年）。老聃认为，犯罪是由法令完善、经济发展、物资丰富引起的，主张“常使民无知无欲”。

2. 人性是犯罪心理的根源。我国古代思想家关于人性的探讨，尤其是“性善论”、“性恶论”、“性三品说”和“性二气论”，对于研究我国犯罪心理学思想史有着重要的价值。实际上，这是从心理方面探讨犯罪的原因。“性善论”的代表人物是孟轲（约公元前 372—前 289 年），他认为犯罪心理不是人生来就具有的。而荀况（公元前 313—前 230 年）的“性恶论”则认为人生而就具有贪财、重色等本性。董仲舒（公元前 179—前 104 年）、韩愈（768—824 年）等人的“性三品说”认为，上品之人不可能犯罪，下品之人是天生犯罪人，中品之人则既可为善、又可为恶。朱熹（1130—1200 年）的“性二气论”把人性分为天命之性和气质之性，天命之性即仁、义、礼、智等先天之禀，是至善至美的；气质之性即人之知觉、感情、欲望等，是有善有恶的。

3. 后天习俗是犯罪心理形成的原因。主张后天习俗是犯罪心理产生原因的思想家在中国古代还是占多数的。孔丘第一个明确指出：“性相近也，习相远也”；荀况虽持“性恶论”，但也认为“注错习俗，化性起伪”，即后天的学习可以改变个体恶的本性；东汉王充（27—97 年）指出，对于绝大多数“中人”而言，“习善为善，习恶为恶”；而晋傅玄（217—278 年）则更精辟地指出：“近朱者赤，近墨者黑。”

（二）犯罪心理预防思想

中国古代思想家多主张从预防的角度治理犯罪现象，提出如下主要观点：(1) 身教胜于言教。(2) 重视家庭预防功能、社会交往预防功能以及早期教育的预防功能。(3) 重视刑罚和教化的心理预防功能。(4) 修身自强。

（三）关于审判心理的论述

1. 注意在讯问中观察被讯问人的生理反应。《周礼》提出著名的“五听”方法，是中国古代关于在讯问中如何用察言观色的方法来帮助判断口供真实性的最早论述，即“以五声听狱讼，求民情，一曰辞听，二曰色听，三曰气听，四曰耳听，五曰目听”。

2. 强调定罪量刑时要考虑犯罪者的主观恶性。《尚书·康诰》写道：“人有小罪，非眚，乃惟终；自作不典，式尔，有厥罪小，乃不可不杀。乃有大罪，非终，乃惟眚灾；适尔，既道极厥辜，时乃不可杀。”意思是说，有人罪过虽小，但并非过失而是故意，而且一犯再犯，怙恶不悛，此人不可不杀；反之，有人罪过虽大，但属于过失偶犯，而且知错认罪，愿意悔过，乃不可杀。《尚书》中的《吕刑》有丰富的司法心理思想，也强调不要就罪论罪，决定刑罚时应按照犯罪者的主观动机灵活掌握。董仲舒提出“原心论罪”，主张将心之善恶作为定罪量刑的主要依据。在《春秋繁露·精华》中，他认为，“春秋之听狱也，必本其事而原其志”。就是说，对待犯罪问题，不仅要“本其事”，以犯罪事实为根据，还要追查犯罪动机，把两者结合起来。

3. 司法人员应当具备一定的心理素养。《尚书·吕刑》指出，司法人员存在“五过”，即“惟官、惟反、惟内、惟货、惟来”。“官”指曾同居官位，“反”即欺诈诱逼供词，“内”即内亲用事，“货”即贪赃枉法，“来”即老相识。《吕刑》规定，如因此五种关系而在审判中徇私枉法，司法人员罪与“犯法者同”。此即要求司法人员公正无私，听取诉讼两方的申诉。宋代包拯（999—1062年）是我国古代历史上著名的清官，他把挑选司法人员看作关系到国家安危存亡的大事。在《包拯集·天章阁对策》中，他说：“人之司命，而邦国安危所系，择之不可不审。”司法人员“事权至重，责任尤剧，设非其人，则一路受弊”，必须“选有才能、公直、廉明之人充任”。宋代郑克在《折狱龟鉴》一书中要求司法人员具有“仁”“智”“勇”三方面的心理品质。①

二、我国犯罪心理学的发展和研究现状

（一）20世纪70年代以前的发展

20世纪初，随着心理学和犯罪学从西方的传入，我国犯罪心理学作为一门独立的学科才开始研究。在20世纪20年代～40年代，研究的方向以翻译西方学者的著作为主，其中较有影响的有1932年吴景鸿译的《犯罪心理学》（［日］寺田精一）以及1939年王书林译的《法律心理学》（［德］柏替），后者在当时是作为大学用书出版的。以清华大学心理学系为例，在1935—1936年间，法律心理学是作为一门选修课而开设的。国人光晟所著的《犯罪心理学》一书则是当时的司法行政部门为培训法官的实际需要而编印的。另外，世界书局1939年出版的、由孙雄编著的《变态行为》实际上也是一本犯罪心理学专著。他在书中指出，变态行为不一定是犯罪行为，但犯罪行为必包括在变态行为的范围内。他探讨了变态行为与精神病者的犯罪行为、犯罪心理学的意义（含义）、犯罪心理和环境的关系；在分论部分，更详细地研究了一般的犯罪心理和各种变态犯罪心理。可以说，孙雄的《变态行为》是中华人民共和国成立前我国犯罪心理学研究领域非常出色的一本专著。

除了上述书籍外，我国早期创办的一些心理学杂志上，也发表了不少有关犯罪心理学的文章。第一类是介绍国外的犯罪和犯罪心理研究情况的，如1928年《心理》杂志上所载的《青年犯罪之心理》，内容涉及英、美、法、德、意等国的青少年犯罪研究状况，作者分别是著名心理学家曾作忠和张耀翔；第二类是理论探讨的文章，多属评介西方犯罪学或犯罪心理学中的某些理论或观点；第三类是关于研究方法的介绍；第四类是对实际问题的研究，如萧孝嵘等的《罪犯情绪态度和个性倾向的实验研究》。这一时期的研究，总的看来似乎更多地注意儿童和青少年的违法、犯罪和不良行为。

① 参见艾永明、朱永新：《中国犯罪心理思想史论》，14页，北京，对外贸易教育出版社，1993。

1949年至1979年期间，由于种种原因，我国的犯罪心理学研究基本上处于停滞状态。1978年后，包括心理学在内的各门学科迎来了发展的契机。作为一门实践性很强的学科，犯罪心理学的发展正是适应社会发展的实际需要应运而生。经过广大理论工作者和实务工作者的三十余年努力，中国的犯罪心理学研究取得了相当可喜的成绩。

（二）20世纪70年代至今的发展

20世纪70年代以来，在广大理论工作者和实际工作者的共同努力下，中国犯罪心理科学有了较大的发展，在理论研究和应用研究方面都取得了可喜的成绩，受到了心理学界、法学界以及政法战线和社会各方面的重视与欢迎。

从20世纪70年代末至今，中国犯罪心理科学的发展进程可大致划分为四个阶段。

1.1979年至1982年是我国犯罪心理学科的初创阶段。为解决“文化大革命”造成的社会无序状态，应对犯罪高发情形，同时为适应政法部门培养人才的需求，1979年年初，司法部规定部属政法院校要开设犯罪心理学教程；不久，公安部下属的几所院校也决定开设这一课程。此后，中国的犯罪心理学教学与研究，便以政法院校、公安和警察院校、劳改/劳教工作院校为主，迅速地开展起来。1981年年初，由于教学急需，全国各政法院校、部分公安和警察院校、劳改/劳教工作学校的有关教师，与政法部门的有关实务工作者相结合，在进行大量调查研究、借鉴国外研究成果的基础上，着手编著了《犯罪心理学》教材。由罗大华教授主编，集成我国犯罪心理学初创者们心血的新中国第一本《犯罪心理学》教材于1983年由群众出版社出版，为中国犯罪心理学乃至法律心理科学的建立奠定了基础。此后，依据教材的的内容，全国一些省市组织了各种形式的犯罪心理学讲习班和师资培训班，培养了第一批研究与应用犯罪心理学的专业人才。

这一阶段的另一个重要历史事件是在当时中国心理学界领军人物潘菽教授的倡导下，中国心理学会1983年6月在江苏无锡成立了法制心理专业委员会，并召开了第一届学术研讨会。在该专业委员会的领导下，中国法律心理学、犯罪心理学的学术交流活动全面展开。

2.1983年至1992年是我国犯罪心理学科的知识普及与争鸣阶段。各种教材、专著、译著出版；各类犯罪心理学师资培训班在中国政法大学、西南政法大学等院校举办；全国政法、公安类院校基本上都设立了犯罪心理学教研室，配备了专业教师，开始系统地向学生传授犯罪心理学知识；国内将近二十个省、市、自治区在心理学会或法学会系统成立了以犯罪心理学为主要研究领域的法制心理学学会，并召开学术研讨会；中国心理学会法制心理专业委员会组织召开了6次全国性学术会议；通过学术会议和发表论文，对犯罪心理学领域的学科体系问题、犯罪心理结构的科学性问题、犯罪心理研究的方法论问题等展开了百家争鸣的大讨论。

3.1993年至2002年是我国犯罪心理学科的分支建构与人才发展阶段。以犯罪心理学为圆心，根据理论升华与实践的需要，青少年犯罪心理学、罪犯改造心理学、侦察心理学、证人证言心理学、被害人心理学、变态心理学、警察心理健康等分支学科逐步走向成熟，成为母体学科——法律心理学的支撑。在此基础上，彰显犯罪心理学学科价值并且具有较强应用性的专门性技术开始孕育发展，如犯罪心理测试技术、犯罪心理画像、罪犯心理咨询等。

另一个对学科发展有较大促进作用的是犯罪心理学教学科研队伍的完善。大量心理学专业背景的新生力量的融入，弥补了原有学科队伍主要由法学专业背景人才组成的缺憾。

4.2003年至今是我国犯罪心理学科日趋完善并走向国际的阶段。犯罪心理学的学科建构已基本成型，并在全社会多个领域得到广泛应用。尤其近年来，随着各类新技术的发展，人们的生活环境、行为方式、心智模式都发生着深刻而巨大的变化，我国犯罪心理学的研究也与时俱进，充分运用移动互联网、5G、云计算、大数据和人工智能等科学技术为犯罪心理学赋能，使这一学科焕发了新的生机。①

三、西方犯罪心理学的发展历程

（一）犯罪心理学产生前的研究

犯罪心理学在产生前，与犯罪学的发展历程极为相似。从古代的“骨相学”、“面相学”以及认为犯罪是“中恶魔”的结果，到近代刑事古典学派的“自由意志论”等，主要侧重于对犯罪原因的探讨，并局限于单一因素论。由于当时的生物学、心理学、社会学尚未成形，对犯罪人犯罪心理的实质和犯罪行为的机制的研究受到很大限制，缺乏科学性。

在西方社会的历史上，对犯罪行为的认识一直是与各种变态行为紧密联系在一起的，传统的学者在对它们进行研究和处理的时候也并没有进行明确的区别。可以说，西方犯罪心理学的萌芽是根植于历代学者对变态行为的研究之中的。在犯罪心理学正式地成为一门独立的学科之前，西方社会对变态行为的研究主要经历了以下几个阶段。

1. 古代时期。人类对精神异常现象的认识可以追溯到石器时代。当时人们普遍相信是恶魔、上帝或神灵进入了一些人的头脑，才使他们变得精神异常。如果少数人独特的言行具有一定宗教意义或奇迹性的话，则可能会被视为神的化身而备受敬仰，因为他们具有超自然的神奇力量。而大多数精神异常者表现出的则是越轨、过度反应或亵渎上帝等行为，此类人被认为是魔鬼附身，必须以奇术、祷告、咒文甚至是饥饿

---

① 参见罗大华主编：《中国法制心理科学研究十年》，北京，中国政法大学出版社，1994；罗大华主编：《20世纪90年代中国法制心理科学研究》，北京，中国政法大学出版社，2002；罗大华主编：《中国法制心理科学研究文萃》，北京，群众出版社，2006；马皑主编：《法律实践中的心理学》，北京，中国政法大学出版社，2013；马皑、［日］浜田寿美男主编：《中日法律心理学的课题与共同可能性》，北京，中国政法大学出版社，2015；马皑、宋业臻：《情感计算技术如何推动犯罪风险评估工具的发展》，载《心理科学》，2021（1），52～59页；马皑、章恩友、李婕：《犯罪心理学》，北京，中国人民大学出版社，2018。

或鞭挞等驱魔方式使之痊愈。

进入古希腊和古罗马时期以后，开始有学者和医生对精神异常患者进行专门的研究。其中代表人物有希波克拉底（Hippocrates，公元前 460—前 377 年）、柏拉图（Plato，公元前 428—前 347 年）、亚里士多德（Aristotle，公元前 384—前 322 年）。他们都从医学的角度来考察精神异常，并认为大脑病变等生理疾病是造成精神异常的原因。由于这些前辈的影响比较深远，精神医学专家逐渐成为了研究精神异常现象的主流，并在亚历山大时期（332 年左右）达到了顶峰。这一时期的研究认为，情绪因素、人格特征等心理因素与生理因素一样，都可能是造成精神异常的病因。

2. 中世纪时期。随着古希腊和古罗马文明的衰落，对精神异常现象的科学探索经历了巨大的倒退，迷信和鬼神学开始大行其道。当神学思想无法解释精神异常现象所表现出的“灵性（spiritistic）”特征时，驱邪不可避免地成为了人们的主要选择。从中世纪后半叶开始，集体疯狂（mass madness）和巫妖作乱等古怪现象开始在欧洲大陆蔓延，恶魔占据人类身体之说法更加根深蒂固。许多人认为：这些疯狂的人是因为背离了基督教信仰而被魔鬼撒旦附身。他们因为与魔鬼结盟，所以具有超自然的力量，足以造成瘟疫、狂风、水灾等灾难。对他们只能施以殴打、鞭笞、火烙等酷刑，希望以惩罚驱赶占据人身体的魔鬼。

然而在这一时期，仍有学者对精神异常现象从个体内部寻找原因而不是转归魔鬼，认为：患有歇斯底里症的人并非天生拥有此种怪异现象，而好像是因为生病，并且这种病显然不是生理上的，而是心理上的。这种见解在变态心理学观念的发展史上产生了巨大的影响。

3. 文艺复兴时期。进入中世纪后期，随着科学的进步和人文主义的发展，许多国家的宗教、医学和哲学开明人士开始追求理性的指引。在早期的科学探索中，阿克力巴（Agrippa，1486—1535 年）、魏耳（Weyer，1515—1588 年）和斯克特（Scot，1538—1599 年）都对当时盛行的巫婆邪怪之说进行了批判。尤其是魏耳于 1563 年出版了《妖魔之误》（The Deception of Demons）一书，其中列举了巫妖的各种精神症状，如幻觉、妄想、忧郁、歇斯底里等，主张进行治疗，而非以残忍的方法对其进行折磨。正是在这些人的努力下，各种妖魔论和迷信逐渐消失，并为试验和临床科学的发展奠定了基础。不过，虽然对变态行为的科学研究逐渐增加，但 16 世纪～18 世纪的精神病患者的命运仍很悲惨，他们大都被关在由刑事矫治机构所设立的收容所内，其处境如同动物一般。仅在基督教教士以手礼的方式对精神病患者进行治疗或去圣地朝拜时，才显现出仁慈与关爱。至 18 世纪后期，欧美各国都对精神病院加以革新和改善，大力加强其人道化、医疗化和现代化的色彩。以毕乃尔（Pinel，1745—1826 年）、特克（Turk，1732—1822 年）、罗胥（Rush，1745—1813 年）、迪克斯（Dix，1802—1887 年）为代表的精神病理先驱者所作的倡导无疑为这场改革运动起了巨大的推动作用。

4. 19 世纪以后。随着科学的进步和文明的发展，心理卫生的观念在西方国家得到了广泛的传播和认可，民众开始加深对自身心理卫生状况的重视，同时也减轻了对精神病患者的恐惧感。与此同时，以科学、试验为导向的精神医学研究也不断地发展，其中尤以对导致身心障碍的生物及组织因素的探索最令人瞩目。克列别林（Kraepelin，1856—1962年）在1883年出版的教科书中以器官病理学的观点对精神疾病作了概述，而神经系统运作失调更是他对心理异常的一般问题所强调的重点。德国的格里森戈尔（Griesinger，1817—1868年）在《精神异常之病理与治疗方法》一书中亦指出，所有心理异常理论都应以大脑病变为基础。此后，随着心理学作为一门独立学科的创立和发展，有关心理因素与行为之间关联性的研究也取得了重要的突破。直至进入20世纪以后，学者们已普遍认识到精神疾病的发生原因甚为复杂，并非用某个单一因素所能圆满解释得了，故主张将器质研究与心理研究的取向加以合并，并进而为精神病人提供妥善的诊疗服务。

纵观西方社会对变态行为的研究历史，可以发现，其对象范围远没有包括所有类型的犯罪人，而仅是那些行事怪异的极端人群，这些人被认为是着了魔，或生了病，需要通过驱魔或医疗的方法使之恢复正常。而对于为什么许多平时非常正常的人有时也会犯罪这一问题，却缺乏相应的研究。不过，他们的研究成果却为犯罪心理学的产生和发展提供了知识积累。①

19世纪后期，犯罪心理学成为一门独立的学科，并在20世纪20年代以后得到迅速发展。

资料：

（1）希波克拉底，古希腊名医，被誉为“西方医学之父”。他认为：感觉冲动归于脑，脑是知识的场所。人因为有脑才能思维、理解、看、听，知道美和丑、善和恶以及适意和不适意；也因为有脑而变得疯狂，发谵妄，受害怕和震怖的侵袭。提出人体有四体液说：脑有黏液，性冷，失去它，人会患癫痫病；肝脏有黄胆汁，性热；胃有黑胆汁，性温；血液出于心脏，性干燥。四种体液比例不同的结合，构成人的不同体质。人体内某种体液过多、过少，或比例不当，都会使人感到痛苦。其四体液说传至古罗马，由盖伦继承和发展，形成四种气质类型学说。著有《论圣病》《论人的本性》等。

（2）柏拉图，古希腊哲学家，客观唯心主义的创造者，理念论的创造人。他提出：精神的理念是唯一真实的、第一性的。人的灵魂即来自理念世界，灵魂支配身体活动，人体死亡，灵魂又回到理念世界，故灵魂是永生不死、轮回转生的。提出灵魂回忆说，认为一个人初到一处陌生地，有时会产生熟悉之感，此即灵魂对理念世界的回忆。后人认为这是西方心理学史上关于天赋观念和内省的最初表述。他将人的心理分为理性、意志与欲望，在西方心理学史上最早提出心理现象三分法。

① 参见杨士隆：《犯罪心理学》，12～20页，台北，五南图书出版公司，1996。

（3）亚里士多德，古希腊哲学家，师从柏拉图。他认为世界万物由质料、形式、目的和动力四种因素构成。人的身体是质料，灵魂是质料现实化的形式，即有生命体的特征和活动能力。灵魂和身体形成一个统一的不可分的整体，灵魂作为整体起作用。撰写世界上第一部心理学著作《灵魂论》（1941 年），视灵魂为自然现象，认为心理学是具有生物学特点的自然科学。他反对柏拉图将灵魂分为知、情、意的三分法，提出灵魂的两大功能：认识功能，包括感觉、记忆、想象和思维；欲求功能，包括欲望、动作、意志和情感。前者是理性功能，后者是非理性功能。

资料来源：林崇德、杨治良、黄希庭主编：《心理学大辞典》，上海，上海教育出版社，2003

（二）当代西方犯罪心理学研究概况

当代西方犯罪心理学主要研究内容概述如下。

1. 个体犯罪心理

犯罪心理学极为关注个体犯罪心理，主要研究方向集中于如下几个方面：个体形成犯罪心理的原因；形成犯罪心理的个体有哪些特殊的个性特征及环境特征；他们的犯罪性随着时间的推移是否会发生变化以及怎样变化等。

（1）犯罪原因

西方学者大多是将人格心理学、学习心理学、发展心理学、社会心理学等多种理论和方法应用于犯罪心理的研究之中，并试图从整合的角度找出可以解释任何一种犯罪行为发生原因的理论，但至今未果。

英国学者布兰克本（Blackburn，2000 年）在其《犯罪行为心理学——理论、研究和实践》一书中，运用社会学理论、个性与认知发展理论、家庭与社会影响等全面探讨犯罪心理形成的原因。他认为：解释犯罪行为发生原因的社会学理论与心理学理论各有不同的侧重点，并且各有局限性。把社会和文化过程作为越轨行为的关键因素的理论，不能解释这样的问题，即为什么处在同样环境的个人没有按照同一模式发展；而心理学理论则可以关注那些作为越轨行为发展中介的“内部因素”，只不过，心理学理论也不能忽略社会环境对个体心理形成的影响。他还指出，即使是那些最折中的整合理论，也存在缺陷，即这些理论观点把人看成是多种原因的被动接受者。[①]

（2）犯罪心理的个体特征

安德鲁斯（Andrews）等学者（2003 年）认为犯罪行为心理学既是犯罪学的分支，又是人类心理学的分支。作为心理学的分支，犯罪行为心理学是融科研与实践为一体的庞大学科体系的一部分。现代心理学的宗旨是对人的行为提供以经验为基础的科学解释，因此，大多数心理学家所遵循的是科学和实践相结合的模式。作为犯罪心

① 参见［英］Blackburn、Ronald：《犯罪行为心理学：理论、研究和实践》，吴宗宪、刘邦惠等译，97～118 页，北京，中国轻工业出版社，2000。

理学家，他们认为犯罪人的心理特征是理解犯罪发生的前提，但个体的心理特征只是提供了犯罪的可能性，在导致犯罪方面，社会和环境起着同样重要的作用。他们认为要想全面解释犯罪行为，犯罪学家要在心理学的基础上容纳许多社会因素，同时，对犯罪行为的心理解释应该是多元化的。庞大的心理学系统中的很多研究领域都可以为犯罪学研究提供理论基础和解释的框架，这些领域包括个体发展、感觉与感知、学习与认知、记忆与信息处理、动机与感情、个性与个体差异、测定（assessment）与评估（evaluation）、历史与哲学、临床的与应用的、社会的和团体的、生物的与生理的心理学，等等。他们认为这种以心理学为主体、以多元因素为基础的犯罪学会比以社会学为基础的犯罪学更具有科学性以及应用性。简而言之，研究者认为犯罪心理学在研究犯罪行为时应该考虑生物的、个人的、人际关系的、家庭的、社会的和文化的因素；同时也应该考虑个人所处的特定环境以及大的社会环境。安德鲁斯的观点对近几年西方犯罪心理学的发展产生了很大的影响。①

（3）个体犯罪性的发展变化

从发展心理学的角度，一些研究人员通过长期的跟踪研究，试图找出影响个体犯罪性（criminality）发展变化的因素。目前这种研究在英美等国有多个研究项目，比较有影响力的研究是美国学者桑普森（Sampson）和劳布（Laub）在美国格卢克夫妇原有研究数据的基础上所作的研究，以及法林顿（Farrington）等人从事的英国剑桥大学犯罪发展研究项目等。

桑普森和劳布通过对格卢克夫妇20世纪30年代在波士顿进行的问题儿童跟踪研究数据的再分析，发现了与年龄相联系的社会控制——儿童与青春期时的家庭、学校、同辈，成年时的婚姻与就业——对少年犯罪人与成年犯罪人有非常强烈的影响。他们还提出了一个重要的概念，即转折点（turning point）。所谓转折点，是指导致个体脱离原来的犯罪生活方式而开始一种守法的行为模式的某个事件或生活情境，这些转折点通常包括服军役、就业以及婚姻。服军役为这些原本在教养学校接受矫正教育的孩子提供了行为与纪律的约束，而就业与婚姻则为他们提供了一种稳定性以及为维持工作和家庭而必须承担的责任。转折点有助于理解生命历程中犯罪行为的稳定性与变化。② 生命历程理论对于随着时间的推移而可能改变轨迹的生命事件有一些不同的观点，其中最为重要的是良好的教育。这种观点具有非常强烈的政策意义，因为它表明，如果未成年犯罪人得到了更好的教育，他们将得到更多的社会资本来产生与社会的积极联系，如稳定的工作和良好的婚姻，这些被证明是他们生命历程中的积极的

---

① See Andrews，D. A.，& James Bonta，*The Psychology of Criminal Conduct*，3rd ed.，OH：Anderson Publishing Co.，2003.

② See Juvenile Justice Educational Enhancement Program（JJEEP）：2002 Annual Report to the Florida Department of Education：Juvenile Justice Educational Enhancement Program，Chapter1，at http：//www. criminology center. fsu. edu/jjeep/pdf/annual2002/chapter1ar02. pdf.

转折点。①

剑桥大学从事的对未成年人的跟踪研究已有了大量的数据，该研究项目开始于1961年，研究对象是411名年龄在8岁～9岁的男孩。到目前为止，跟踪研究仍然在继续。他们的研究方法不仅包括查阅官方档案，还包括对被试者的测试以及访谈其本人和父母、同伴以及老师等。大约20%的被试者在18岁以前被判有罪，约40%的被试者在40岁以前被判有罪（包括轻罪），持续性犯罪人仅11.3%。通过对其中有犯罪记录的被试者与无犯罪记录的被试者的比较，研究人员试图找到预测不良行为发生的个体因素。总体上，研究人员认为，儿童早期生活中的某些不良行为的频繁发生及严重性，可以预测后来的反社会行为及犯罪行为。法林顿教授1991年对21周岁～32周岁之间犯罪的被试者在21周岁前的行为进行了专门的研究，其是否犯罪可以通过下列预测要素进行判定：在11岁～12岁之间是否与其父亲共度业余时间；是否在8岁～10岁智力较低；是否在16周岁有一个稳定的工作；是否在18周岁严重酗酒。事实上，大约有90%的无业且酗酒的人在21岁后重新犯罪。从犯罪生涯看，人的早期犯罪通常为共同犯罪，但是，随着年龄增长与犯罪经验的增加，犯罪人倾向于单独作案。②

至2004年，剑桥大学研究人员对被试者（此时平均年龄为48岁）进行了第九轮访谈，其中有95%的被试者仍然健在。研究结果表明，这些被试者在调查的当年（48岁左右时），人生的成功与否可以通过其早年是否参与过犯罪活动来预测，而无须考虑其早年的个人以及环境中的风险因素。早年的犯罪行为对这些个体的其他生活领域如就业、人际关系、心理健康以及那些有助于控制犯罪倾向的因素等产生了消极的影响。③

2. 犯罪的社会心理学

犯罪的社会心理学研究旨在考察犯罪个体与社会环境的互动以及犯罪组织内的社会心理现象对犯罪行为的影响。根据英国学者坎特（Canter）等人的理解，研究犯罪的社会心理学，有助于执法部门准确有效地开展打击犯罪的工作。④ 他们的相关研究发现，犯罪人的网络、小组或群体以及组织形成的过程，并不完全是紧密型的和封闭的，更多的情形是表现为不同组织结构上的混合，这些组织结构既可表现为完全无组织状态，也可表现为有严格的等级结构。这些组织结构上的社会心理现象从三个方面影响犯罪行为的发生：一是影响犯罪人的自我认同；二是组织的结构形式影响到犯罪人在

① See Sampson, R. J., Laub J. H., "Crimeand Deviance in the Life Course", Annual Review of Sociology, Vol. 18., pp. 63 - 84, 1992.

② See Farrington David P., Childhood Aggression and Adult Violence: Early Precursors and Later Life Outcomes, in *The Development and Treatment of Childhood Aggression*, edited by Debra J. Pepler and Kenneth H. Rubin, Hillsdale, NJ: Lawrence Erlbaum, 1991, pp. 5 - 29.

③ See Piquero, Alex R., Farrington, David P. Nagin, Daniel S. & Terrie E. Moffitt, "Trajectories of Offending and Their Relation to Life Failurein Late Middle Age: Findings from the Cambridge Studyin Delinquent Development", Crimeand Delinquency, 47 (2), 2010, pp. 151 - 173.

④ See Canter, D., Alison, L., The Social Psychology of Crime: Groups, Teams and Networks, Hampshire: Ashgate Publishing Limited, 2000, p. 1.

组织中的角色地位以及犯罪活动的规则；三是影响犯罪人的“职业化”发展的可能性。

3. 犯罪预测

近年来，在犯罪行为的预测方面基本上有两大趋势。

（1）“精算模式（Actuarial Model）”①

精算模式的主要特征是用统计法来寻求和鉴定犯罪的成因。研究的中心侧重于智商、个性、认知以及其他和犯罪倾向性有关的一些主观因素。精算模式不论在数据收集、数据整理，还是在数据分析上都有一套严谨的治学方式。正因为这个原因，犯罪心理学者往往把他们的研究所得称为科学成果，并试图用他们的研究去影响刑事政策。现代西方犯罪心理学大多采用这种研究方法。

精算模式的一些拥护者认为，他们用科学方式鉴定的心理因素本身就可以解释犯罪行为。比如，很多研究性暴力的犯罪心理学家认为，变态人格（Psychopath）是导致这种犯罪行为的主要原因。他们往往把犯罪的原因归结到少数的心理因素上。另外一些支持者则把犯罪行为归结到智商（Wilson 和 Hernstein，1985 年）② 或大脑神经介质的失调上（Rubin，1987 年）。③ 因为他们所使用的精算模式以及他们对个体心理因素的过分重视，这些人常被称为心理实证主义者（Gottfredson 和 Hirschi，1990 年）。

在犯罪行为的预测方面，安德鲁斯等人认为：犯罪心理学研究应该既包括静态因素也包括动态因素。这些因素不应当是无中生有的，而应当是由常年的统计分析总结出来的。静态因素增加犯罪的可能性，而动态因素则会直接引发犯罪行为的变化。安德鲁斯等人把动态因素又称为犯罪需求（criminogenic need）因素。如果犯罪心理学家对这些因素，尤其是动态因素，能够达成全面和透彻的理解，他们也就能比较准确地预测犯罪行为。这些观点也已被犯罪心理学界普遍接受。

（2）犯罪人特征剖析（criminal profiling）

作这种研究的人常用或然性的分析来筛选嫌疑对象，决定是否对他们进行特殊防范。犯罪人特征剖析在 20 世纪中期就已经开始了。比如，美国早在 20 世纪 60 年代就开始用犯罪人特征剖析有选择地筛选和监视那些可能劫持美国商务飞机的可疑人物。20 世纪 70 年代后期，犯罪人特征剖析常被用来鉴定贩毒或贩卖人口的可疑人员。近几年来，在暴力犯罪和性犯罪侦查中，常常运用犯罪人特征剖析方法。在侦探系列犯罪时，警察也常常使用犯罪人特征剖析。经常使用犯罪人特征剖析的另一个领域是反恐怖活动。警察和边防人员常用犯罪人特征剖析方法来决定是否搜查符合一定

---

① Harcourt，Bernard E.，“The Shaping of Chance：Actuarial Models and Criminal Profiling at the turn of the Twenty-first Century”，The University of Chicago Law Review，pp. 70，105 - 128，2003.

② See Gottfredson，M. R.，& HirschiT.，*A General Theory of Crime*，Stanford，CA：Stanford University Press，1990. See Rubin，R. T.，The Neuroendocrinology and Neurochemistry of Antisocial Behavior，in S. A. Mednick，T. E. Moffitt，& S. A. Stack (Eds.)，*The Causes of Crime*：*New Biological Approaches*，Cambridge：Cambridge University Press，1987，pp. 239 - 262.

③ See Wilson，J. Q. & Herrnstein，R. J.，*Crime and Human Nature*，New York：Simon and Schuster，1985.

特征或拥有一定社会、文化背景的人。

犯罪人特征剖析可以有各种方式，有的偏重于个人心理因素，有的偏重于社会和文化因素。和犯罪心理学关系比较密切的是犯罪人个性特征剖析（Criminal Personality Profiling）。在作犯罪人个性特征剖析时，特征剖析人员把主要注意力放在具备某种个性的个人身上。这些人之所以受到重视，是因为他们的个性和那些犯过类似的罪行的罪犯所表现出来的个性相一致。通过对犯罪现场的仔细观察，受过职业训练的特征剖析人员往往能为特征剖析收集到充足的心理资料，换句话说，特征剖析人员能让包括受害者在内的整个犯罪现场来揭示到底是谁犯了这个罪。

4. 犯罪预防

犯罪预防这一重大课题在早期的犯罪学研究中湮没在研究者对犯罪原因理论的狂热研究中。直到20世纪，犯罪预防的理念、措施才越来越受到西方各界的重视与运用。从理论上来说，预防犯罪是要努力排除或抑制导致个体产生犯罪心理的各种因素，因此，犯罪预防的研究仍然是以犯罪原因理论的研究为前提的。犯罪心理形成原因的多元性，必然产生了多元的犯罪预防理论。近些年来，一些西方学者发现，从个体犯罪心理产生的主观原因上干预的难度较大。于是，西方学界对法律预防、社会预防、被害预防、特殊预防等犯罪预防作出了全面、深入的研讨。同时，在西方犯罪预防理论发展过程中特别注意理论的操作性，重视理论在实践中的应用，并努力以各种实证措施来验证预防手段的有效性和科学性。

国外研究人员已经发现，旨在预防青少年犯罪的项目很难获得成功，原因在于一名儿童成为潜在的犯罪人是由多种因素综合作用的结果，如个人、家庭以及社会网络等，而控制单一因素则难以成功。然而，一些长期跟踪研究项目表明，一些早期儿童干预项目可以起到预防犯罪的作用，这些项目用生态学的方法，通过对影响儿童的各种社会因素的干预来提高儿童的社会化过程的发展水平以及他们适应社会的能力，包括良好的学校表现以及人际关系。① 一份华盛顿大学的研究报告显示，对问题儿童在早期进行干预可以取得较好的犯罪预防的效果。研究人员对97个家庭的4岁～8岁的问题儿童进行随机分组：一组是培训父母，一组是针对孩子进行培训，一组是两者结合，一组为控制组。矫正的评估显示，通过观察他们与朋友的相处发现，接受培训的三组实验对象与控制组相比在问题解决以及冲突管理技能等方面都有显著的进步，其中针对孩子进行培训的项目的成绩要好于其他两个组；此外，在家庭内亲子互动方面，其他两个组的效果要更好一些。1年以后的跟踪调查发现，改变效果仍然持续着，孩子在家里的行为问题已有显著减少。②

① See Webster-Stratton, C. Hammond, M. (1997), "Treating Children with Early-onset Conduct Problems: A Comparison of Child and Parent Training Intervention", *Journal of Consulting and Clinical Psychology*, Vol. 65, No. 1, pp. 93 - 109, 1997.

② See Zigler, E. Taussig, C. Black, Kathryn, "Early Childhood Intervention: a Promising Preventative for Juvenile Delinquency", *American Psychologist*, Vol. 47 (8), Aug. 1992, pp. 997 - 1006.

5. 犯罪矫正

（1）心理咨询和心理矫正

传统上，在心理咨询和心理矫正方面应用广泛的是弗洛伊德发明的精神分析法。近几年的研究证明，精神分析对犯人并没有多少有效的作用。主要的原因之一是犯人常被从一个地方挪到另一个地方，导致治疗的中断。如果疗程太短或不持续的话，精神分析疗法就不会有太好的效果。现在最经常提到的心理矫正模式是认知治疗（cognitive therapy），认知治疗的对象是思维方式。心理学所说的思维涵盖众多的技能和程序，包括解决问题的技巧、筹划未来的能力、情感沟通的能力、随机应变的能力，以及对行为后果的预测能力。和认知密切相关的不仅是技巧和能力，也包括思维的内容，比如信仰和价值观念以及人们在认识周围世界时所使用的固定模式等。思维的欠缺可能导致很多问题，包括忧郁症、焦虑症以及其他心理疾病。尤其值得注意的是，那些屡次犯罪的人经常在认知和思维方面有问题。和平常人相比，他们思考问题时缺少逻辑性，衡量事情时缺少责任感，经常表现出内化的反社会的倾向和价值观念，而且拥有非常有限的解决问题和为人处世的能力。正是因为这些原因，认知治疗对犯人来说可能特别有效。

在西方矫正系统中，尤其是在美国，认知治疗已成为最流行的心理矫正模式。莱斯特和范沃里斯（Lester，Van Voorhis，1997 年）[①] 指出导致这种现象的原因主要有两个：一是认知治疗的成效。近几年的很多研究证明以认知为中心的心理治疗方式在罪犯矫正方面特别有效。比如，最近威尔逊等人（Wilson et al，2005 年）对关于认知治疗的研究进行了系统的评估，总体上，他们发现，以认知为基础的矫正措施可以有效地降低犯人的再犯率。[②] 早期的一些研究也得出了同样的结论（Andrews，Zinger，Hoge，Bonta，Gendreau & Collen，1990[③]；Antonowicz & Ross，1994[④]；Izzo & Ross，1990[⑤]；Lipsey，1992[⑥]）。二是和它的简单易用有关。认知治疗被称为“快速治疗法”。它不仅省时，而且省力。首先，认知治疗的对象是思维、行为等可衡

① See Lester，D.，& Van Voorhis，P.，Cognitive Therapies，in P. Van Voorhis，M. Braswell，& D. Lester（eds.），*Correctional Counseling and Rehabilitation*，3rd edition，Cincinnati，OH：Anderson，1997.

② See Wilson，D. B.，Bouffard，L. A.，& Mackenzie，D. L.，“A Quantitative Review of Structured，Group-oriented，Cognitive-behavioral Programs for Offenders”，*Criminal Justice & Behavior*，32，pp. 172－204，2005.

③ See Andrews，D.，Zinger，I.，Hoge，R.，Bonta，J.，Gendreau，P.，& Cullen，F.，“Does Correctional Treatment Work? A Psychologically In formed Meta-analysis”，*Criminology*，28，pp. 369－404，1990.

④ See Antonowicz，D.，& Ross，R.，“Essential Components of Successful Rehabilitation Programs for Offen-ders”，*International Journal of Offender Therapy and Comparative Criminology*，38，pp. 97－104，1994.

⑤ See Izzo，R.，& Ross，R.，“Meta-analysis of Rehabilitation Programs for Juvenile Delinquents：A Brief Report”，*Criminal Justice and Behavior*，17，pp. 134－142，1990.

⑥ See Lipsey，M.，Juvenile Delinquency Treatment：A Meta-analysis Inquiry in to the Variability of Effects，in T. Cook，H. Cooper，D. Cordray，H. Hartmann，L. Hedges，R. Light，T. Louis，& F. Mosteller（eds.），*Meta-analysis for Explanation*，New York：Russell Sage Foundation，1992.

量的个体特征，这些特征比心理分析的治疗对象（如潜意识、恐惧和焦虑心理）容易观察，因此，认知治疗的方法和程序比较容易使用。其次，认知治疗符合矫正组织的人事需求。矫正组织中一般的工作人员可以在很短的时间内学会使用认知治疗的方法。

近年来，西方矫正系统在探索罪犯矫治的道路上又开创了许多新方法、新思路，包括诸如正念疗法、合理情绪疗法、积极心理教育、情境模拟和角色扮演在内的一系列心理矫治措施。这些方法逐渐将重心放在了帮助服刑人员提升自我调控能力、为回归社会进行必要的心理建设以及实现自我成长等方面，并取得了显著成效。

（2）罪犯的评估、诊断和分类

罪犯中既有成年人，也包括青少年，他们之间在个人的需求、适应矫正环境的能力、接受再教育的容纳性、参与矫正活动的积极性、触发纠纷的危险性，以及与他人的沟通性等方面存在很大的差异。为了更好地对罪犯进行有效的管理和改造，西方犯罪心理学家把很多精力放在对罪犯的评估、诊断和分类上，他们在这些方面也取得了很大的成就，如明尼苏达多相人格调查表（MMPI）、精神疾病诊断标准（DSM-V）、威斯康星危险—需求评估法（Wisconsin Risk and Needs Assessment）、修改列表服务水平（LSI-R）以及精神变态筛查系统（PCL-R）等经常使用的评估和诊断程序就是在最近几十年里发明或完善的。从这些例子也不难看出，在评估、诊断和分类上犯罪心理学家的侧重点各有不同，有的偏重于心理健康（如DSM-V），有的偏重于人格特征（如MMPI），也有的偏重于犯人的危险或需求水平（如LSI-R），一般对罪犯的评估和诊断都集中在这三方面。

四、我国犯罪心理学的研究方向

多年来，我国的犯罪心理学得到了很大的发展。在今后的研究工作中，只有与时俱进，在充分肯定犯罪心理学多年来研究成果的基础上不断探索和前进，才能将犯罪心理学发展壮大。可以从以下几方面努力。

1. 在刑事一体化视野中开展犯罪心理学研究。在刑事一体化的学科体系中，犯罪心理学应当准确定位，既要明确其在刑事学科中处于基础理论学科和应用学科的地位，又要明确其独特的研究视觉和方法，从而为刑事科学建设、刑事立法、刑事司法发挥其特有的、其他刑事学科所无法替代的作用。这种定位，让我们犯罪心理学工作者看到了大有作为的美好前景，是激励我们不断进取的动力；这种定位，对我们犯罪心理学工作者无疑又增加了压力，因为对我们提出了更高的要求，要求我们的研究成果经得起实践的检验和其他刑事学科的认同。

2. 开展犯罪心理学方法论的研究。要充分弄清犯罪心理学的研究对象和研究方法的特点，把它从一般的心理学研究中分离出来，在保持传统心理学研究若干基本方法的基础上，根据其特点逐步建立自己的方法论基础和方法学系统。从冯特开始的现代心理学的研究，崇尚自然科学的研究方法，从促进心理学脱离哲学母体，开创心理学作为独立学科的角度看，值得称道。但是，犯罪心理学研究，需要在脱离母体之后不忘母体，在遇到难以实证的问题时，更多地依靠哲学和系统科学方法论的指导，从宏观和微观的结合上提出科学假设，并通过若干个案研究或小范围的试验性研究和社会实践的验证来得出结论，确立自己的理论体系。

3. 总结我国犯罪心理学的研究成果和几次争鸣的意义。“犯罪心理结构”（structure of criminal mind）同“犯罪心理特征”（characteristics of criminal mind）之争，“犯罪综合动因论”（synthetic agent theory of crime）和“聚合效应论”（theory of convergence effect）之争，加深了我们对犯罪人本质的认识。在犯罪心理学研究中，既要反对完全沿着自然科学的实证道路来规范犯罪心理学研究方向的倾向，也要反对对过去的研究成果持“过时论”的虚无主义态度。要与时俱进，随着时代的发展变化不断地修正过时的理论，但任何新的研究都是在以往研究的基础上进行的，应在以往研究成果的基础上扎扎实实地开拓进取。

4. 以应用为本，以服务于司法实践为目的，选择自己的研究方向和课题。犯罪心理学研究的目的全在于应用，离开应用它就失去自己生存的价值。因此，犯罪心理学的发展，绝不能离开这个正确的方向而去搞理论上玄而又玄的所谓“创新”，那样只会成为既不需要实证又无实用价值的空谈。

5. 加强犯罪心理学基本理论的建设，夯实理论基础。一门学科能否立足于科学之林，关键就在于它有无自身的特殊规律和反映此领域且有别于彼领域的基本理论。犯罪活动是犯罪人对社会规范和利益的破坏，是应受惩罚的行为。犯罪心理具有其他心理活动所没有的特征。犯罪心理学要加强理论研究，如犯罪综合动因论、犯罪行为的共同原因和模式、不同犯罪的特殊原因和模式、犯罪对策的心理学依据等，夯实犯罪心理学的理论基础。否则，就会将犯罪心理的研究沦为普通心理学加案例，或一般心理学原理在犯罪心理学中的数据论证。

6. 加强对现实犯罪问题的心理学研究，使之紧密联系实际。为使犯罪心理学研究为现实斗争服务，必须与时俱进，研究新出现的犯罪类型和现实的犯罪心理问题。如青少年犯罪、集群犯罪、腐败性犯罪、传销犯罪、毒品犯罪、计算机犯罪及邪教犯罪等，都需进行犯罪心理学的研究。犯罪心理学研究要密切联系社会现实，及时为预防犯罪、惩治犯罪和改造罪犯服务。

7. 加强对犯罪侦查心理的研究。犯罪案件发生后，必然会在现场留下心理痕迹，为侦查案件提供线索。目前，侦查人员在犯罪现场的勘查，侧重于物证的提取，对心理痕迹重视不够。以往的研究，仅提出有关理论，缺乏实证性的探索，没有多少规律性的东西，因而对侦查工作帮助不大。今后应加强勘查心理、审讯心理以及犯罪心理测试技术的研究，为公安民警的侦查破案工作服务。

8. 加强对犯罪人心理矫治的研究。预防和矫治，是综合治理犯罪的“双翼”，缺一不可。犯罪心理矫治，虽然已经引起广泛的重视，但多数单位仍停留在诊断和咨询阶段，犯罪心理矫治的个别化尚不理想；对某些较严重的犯罪心理的治疗，对不同类型罪犯的治疗方案的研究，仍然比较薄弱，亟须加强。

9. 加强对犯罪心理预测的研究。以往的犯罪心理学体系中的犯罪心理预测，主要指初犯和重新犯罪的个体的心理预测，这方面的研究仍需加强。但是，对未来一个时期犯罪类型的发展变化预测和新的犯罪类型的心理预测，从社会心理变迁的角度看，仍是可行的。应从社会变迁、社会心理变化和社会控制的角度，加强对今后一个时期新的犯罪类型及其心理预防的研究，以便从整体上为社会控制犯罪服务。

10. 进一步加强与国外和我国港、澳、台地区同行的学术交流与合作，学习他们科学的理论和先进的研究方法，博采众长，为我所用。2011 年 10 月 24 日～25 日由中国政法大学承办的第一届国际法律心理学大会，是一次成功的国际与地区之间的学术交流会议，境外同行的研究及其成就颇有启发性，可供学习与借鉴。今后，可考虑选择共同感兴趣的课题，开展与境外同行的合作研究。

11. 加强前沿科学技术在犯罪心理学中的应用。将人工智能、大数据、云计算、虚拟现实等技术运用到犯罪预防、监狱管理、罪犯矫治、刑事侦查和审查审讯等领域。例如，运用大数据辅助警方追捕疑犯；使用人工智能分析网络信息，精准预判犯罪；通过虚拟现实技术还原现场，推断犯罪心理过程。目前，国外已有多家政府或机构将这些前沿科技应用到了实践操作中，这部分研究在国内尚处于从理论探索到实践应用的阶段。今后，我国可进一步加大科研投入，加速推进高新技术与犯罪心理学深度融合。

第五节　本书的体系构思

本书属广义犯罪心理学，不仅研究犯罪人心理，而且研究犯罪对策心理，全书共四部分，20 章。

第一部分是总论，共 2 章。

第一章为绪论。本章起开宗明义的作用，明确了犯罪心理学的研究对象、研究目的和学科性质，阐述了犯罪心理学的研究方法和步骤，介绍了国内外犯罪心理学的历史和现状。

第二章为认识犯罪心理的基本维度。本章重点阐述了犯罪、犯罪人、犯罪心理、犯罪行为四个基本概念，以及它们的密切关系，阐明了认识犯罪人及其属性的基本观点。

第二部分是基本理论，共 4 章。

第三～六章是犯罪心理学的基本理论，阐明了犯罪人的犯罪心理结构的方方面面（第三章“犯罪心理结构”），犯罪人“为什么”会犯罪（第四章“犯罪心理结构成因”），犯罪心理和犯罪行为是“怎么样”形成和发生的（第五章“犯罪心理机制”），犯罪心理是“如何”发展变化的（第六章“犯罪心理的发展、变化”）。

第三部分是类型论，共 11 章。

第三部分重点介绍了当前主要犯罪类型的犯罪心理。通过本部分的学习既可以认识到各种类型犯罪人的共同的心理特征，又可以认识到不同类型犯罪人所特有的犯罪心理。本部分具体内容有：盗窃、抢劫与诈骗犯罪心理（第七章）、性犯罪心理（第八章）、信仰型犯罪心理（第九章）、情绪型犯罪心理（第十章）、成瘾型犯罪心理（第十一章）、不同行为方式犯罪心理（第十二章）、未成年人犯罪与女性犯罪心理（第十三章）、不同犯罪经历犯罪心理（第十四章）、群体犯罪心理（第十五章）、过失犯罪心理（第十六章）、变态犯罪心理（第十七章）。

第四部分是对策论，共 3 章。

第十八章为犯罪心理预测与预防。本章重点介绍了犯罪心理预测和预防的心理学依据，尤其关注近年来人工智能技术在罪犯风险评估领域的应用，希望能对罪犯矫治和降低再犯提供帮助。

第十九章为犯罪心理学应用技术。本章主要介绍了两种主要的犯罪心理学的应用技术，即罪犯心理测谎技术和犯罪人特征剖析技术。

第二十章为犯罪心理矫治。本章重点论述了犯罪心理矫治原则、内容和方法，犯罪心理诊断、心理健康教育、犯罪心理咨询和犯罪心理治疗等。

本书围绕“犯罪心理结构”这一核心构筑全书理论体系。第三章论述的是犯罪人为什么会形成犯罪心理结构，第四章论述的是犯罪人犯罪心理结构是怎样形成的，第五章论述的是犯罪心理机制的形式，第六章从不同角度论述了犯罪心理结构的发展变化规律，第七～十七章分别探讨了不同类型犯罪者的心理结构及其外显行为的特征，第十八章论述了如何运用刑罚和其他措施预防犯罪心理结构的形成，第十九章介绍了犯罪对策中的两种应用技术，第二十章论述了如何矫治犯罪人的犯罪心理结构。

上述体系构思如图 1－6 所示。

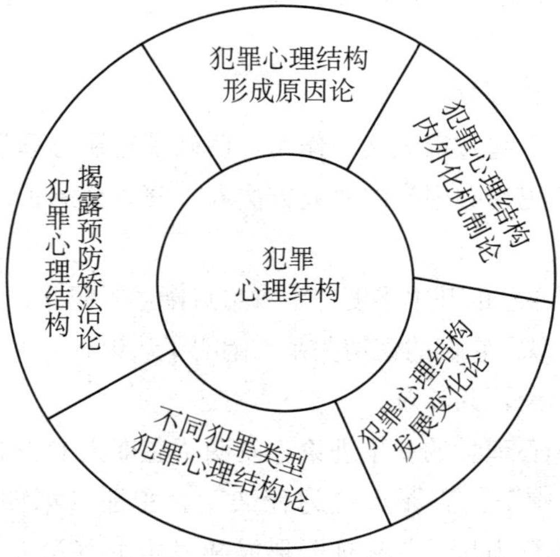

图 1－6　犯罪心理学

思考题

1. 试述犯罪心理学的定义和研究对象。
2. 简述犯罪心理学的学科性质和应用价值。
3. 简述犯罪心理学的研究目的。
4. 试述犯罪心理学的发展概况。
5. 简述犯罪心理学研究的哲学方法论和一般科学方法论。
6. 犯罪心理学研究中的具体研究方法以及常见的收集和分析数据的方法有哪些?
7. 根据犯罪心理学的研究步骤，自己选择一个课题并进行研究。

第二章
犯罪心理的基本维度

学习目的与要求

通过本章的学习，应重点了解犯罪心理学认识人和犯罪人的认识论范畴；掌握犯罪人、犯罪心理与犯罪行为的关系；了解有关犯罪人特征研究的理论与观点，犯罪类型的划分；开展对人的自然属性与社会属性的反思；难点在于认识犯罪人的方法论原理。

与其他同样以犯罪为研究对象的学科相比较，犯罪心理学的学科特点正在于其对犯罪人犯罪心理的描述、解释、预测和控制。从这一点来看，犯罪心理学有着多重意义：既是有关犯罪的认识论，也是对策论；既是理论研究，也是实际方法。

第一节　犯罪与犯罪人

以犯罪为研究对象的学科众多，如犯罪学、刑法学、犯罪生物学、刑事侦查学等。在犯罪心理学的研究中，有必要对其相关概念和范畴进行归纳。

一、犯罪的概念

犯罪是犯罪心理学的核心概念，犯罪心理学中的犯罪人、犯罪心理、犯罪行为等概念都必然以犯罪概念为基础，对犯罪概念的认识决定了学科的严肃性以及理论价值与现实意义。

在任何国家，犯罪的概念都是由法律所决定的，并由其刑法给予明确，任何扩大或任意解释都不符合“法律是由国家制定或认可的社会规范”的本质。

《中华人民共和国刑法》第 13 条规定，一切危害国家主权、领土完整和安全，分裂国家，颠覆人民民主专政的政权和推翻社会主义制度，破坏社会秩序和经济秩序，侵犯国有财产和劳动群众集体所有财产，侵犯公民私人所有的财产，侵犯公民的人身权利、民主权利和其他权利，以及其他危害社会的行为，依照法律应当受刑罚处罚的都是犯罪，但是情节显著轻微、危害不大的，不认为是犯罪。

由此，依据我国刑法，犯罪是具有刑事违法性、社会危害性，依据法律应受刑罚处罚的行为。犯罪心理学的研究中所说的犯罪与刑法学中的犯罪是一致的。

二、实质意义与形式意义上的犯罪

日本刑法学家大塚仁教授将犯罪划分为实质意义上的犯罪和形式意义上的犯罪，认为“实质意义的犯罪，是指广泛的反社会的行为，即是指侵害社会生活利益（法益）的人的行为。在此意义上的犯罪，不论是精神病人所实行的杀人，或是幼童实行的放火，都可以理解为广泛地包含在侵害社会共同生活秩序的人的行为中。形式意义上的犯罪，是指在实质意义的犯罪中具有可罚性的，即在法律中被科以刑罚的行为”①。对此，我们还可以将那些已经产生了危害社会结果，依据刑法足以被判定为有罪，只是因尚未破案而无法追究的行为，称为实质意义上的犯罪。

实质意义上的犯罪强调行为的实害性，并不重视行为人是否构成刑法意义上的犯罪主体；形式意义上的犯罪则严格按照刑法的犯罪构成去认识犯罪。将实质意义上的犯罪与形式意义上的犯罪统合起来进行理解，对犯罪心理学而言是有意义的：一是形式意义上的犯罪包括了实质意义上的犯罪，而实质意义上的犯罪未必就是形式意义上的犯罪。二是形式意义上的犯罪是指所有可能构成犯罪的危害行为，能够很好地解决现实中存在的“犯罪黑数”问题。“表面犯罪数和法定犯罪数、已知犯罪数或记录在案的犯罪数，在犯罪统计中称为‘犯罪明数’，实际犯罪数与表面犯罪数之间的差额即实际犯罪数中的那部分未知数，在犯罪统计中被称为‘犯罪黑数’或者‘隐案’，是已经发生而因种种原因未被发现和未被纳入官方犯罪统计之中的那部分犯罪案件数。”②“犯罪黑数”的存在，意味着并非所有的曾经实施了犯罪行为的犯罪人，都能通过刑事诉讼途径得到应有的揭露。三是形式意义上的犯罪包括了除已然犯罪之外的可能性犯罪和已经实施并产生了实害，但未经法院判决的那部分犯罪，这也是犯罪心理学的研究重点。

三、犯罪人

对犯罪人的认识是从对犯罪概念的理解中来的，二者具有一致性。

没有法律也就无所谓犯罪；没有客观的行为，也就不存在犯罪事实；没有法院对具体行为的定罪、量刑，也就不会有所谓犯罪人。由此，我们可以明确：在法律意义上，任何对犯罪人的定义，都来自法律事实，即某人因其行为被法律认定为犯罪的过程和结果。而犯罪人的定义就可以被描述为：因实施了具有违法性、危害性，依照刑法应受刑罚处罚的行为并被法院判定为有罪的人。

---

① ［日］木村龟二主编：《刑法学词典》，98页，上海，上海翻译出版公司，1991。

② 王牧主编：《新犯罪学》，189页，北京，高等教育出版社，2005。

上述对犯罪人的理解，是严格按照刑法中的犯罪概念和刑事诉讼程序进行解读的，可以称为法律或刑事法律意义上的犯罪人。从这一概念出发，犯罪人就是犯了罪的人，犯罪人的特征也就表征为一种可观察的法律身份。

犯罪人具有共同的法律身份，属于被法院认定为有罪或可能/应该被认定为有罪以及行为具有实害但行为人不符合犯罪主体要件的个体。我们可根据这一群人所共同具备的该项特征将他们归属为同一类别。正如中国人、汉族人、教师、学生，他们中的某些人可能没有任何的交往，甚至互不相识，但属于具备某种共同特征的假设群体，这类群体实际上不存在，但为了实现研究或统计的目的，可将其视为一个群体。犯罪心理学研究的基本目的，并不在于单纯地解释犯罪个体的行为与心理，而是依据心理学已经形成的理论，通过演绎对犯罪人群体进行概率性解释；或者依据对众多犯罪个案的研究，形成具有通则解释特点的理论观点，进而对犯罪人群体和其他参照群体进行归纳与类比，从中得到具有预测价值的结论。

四、犯罪与犯罪人的关系

犯罪的首要特征是一种外显的、可观察的行为，对这种行为的观察可以是即时的，也可以是事后的；可以是直接的，也可以是间接的。所谓事后或间接的观察，就是在刑事侦查过程中对行为痕迹信息的采集、编码和分析，从中回溯性地复原行为的过程。由于任何犯罪都具有行为本身，所以就存在发动或实施该行为的主体，也就是行为的具体实施者。

在刑法的角度，犯罪的实施者首先是犯罪主体，是具有刑事责任能力的自然人或单位。在刑法学意义上，对犯罪人的认定必须从已经发生的犯罪事实和法律的判决方面认定，在仅有实害和行为本身而未经法院审理终结时，不能随意给某人贴上犯罪人的标签，否则不符合无罪推定的原则，无法体现法律的公平与公正。

而在心理学的角度，由于主要考察行为的发动、实施、完成这些基本过程，所以在犯罪心理学上可以使用“作案人”的概念。当作案人具有刑事责任能力，并因其行为及结果的危害性被法律认定为犯罪时，作案人就是犯罪人，并且是刑法意义上或形式意义上的犯罪人；如果已经发生了危害行为，但犯罪事实未被侦破，或者已经侦破但尚未经法院审判终结时，更适合使用“作案人”的概念。在此，“作案人”虽然是实质意义上的危害行为的实施者，但未必是法律意义上的犯罪人。

犯罪人作为犯罪行为的实施者，可以表现为多种形态，如曾经犯罪人、实施性犯罪人、可能性犯罪人、单独犯罪人、结伙性犯罪人、群体性犯罪人等。

从法律标定的视角来看，犯罪人就是犯了罪的人，或称为被法院依据法律判定有罪的人。结论在逻辑上合理，但在现实中会出现悖论。一方面，虽然类似佘祥林案这样的冤案并不具有普遍意义，但我们不要否认此类案件存在的现实性。它说明法律的、形式意义上的犯罪人，未必就是真实的、实质意义上的犯罪人（作案人）。另一方面，在刑事案件的破案率低于40%的情况下，抓住了是罪犯、抓不住是犯罪的状况，是我们无法否认的事实。这意味着实施了真实的、实质意义上的犯罪的作案人，未必就是现实中法律意义上的犯罪人。

案例：

1995年4月25日，河北省鹿泉县人聂某因故意杀人、强奸妇女被判处死刑，剥夺政治权利终身，同年4月27日被执行死刑。2005年1月17日，河南省荥阳市公安局索河路派出所干警抓获河北省公安机关网上通缉逃犯王某。王某除交代在广平县实施多起强奸杀人案件外，还供称曾在石家庄西郊方台村附近玉米地内强奸、杀害一名青年女性。王某自称是聂某案件背后真凶的做法，引发全社会高度关注。2014年12月12日，最高人民法院指令山东省高级人民法院复查河北省高级人民法院终审的聂某故意杀人、强奸妇女一案。2015年6月、9月和12月，此案复查期限先后延期3个月。2016年2月，山东高院决定再次延长复查期限3个月至2016年6月15日。2016年12月2日，最高人民法院第二巡回法庭对原审被告人聂某故意杀人、强奸妇女再审案公开宣判，宣告撤销原审判决，改判聂某无罪。2017年3月30日，聂某母亲张某收到河北高院寄送的国家赔偿决定书，各项赔偿共计268.139 91万元，其中人身自由赔偿金52 579.1元，死亡赔偿金、丧葬费126.482万元，精神抚慰金130万元，张某个人的扶养费6.4万元。

不同于刑法学关注罪与非罪，犯罪心理学的学科性质决定了该学科不仅要考察已然犯罪，还要研究可能性犯罪。因此，犯罪心理学中所指的犯罪人首先是行为的实施者，对犯罪人的研究必须对这一群体的外延有客观的认识，明确他们所处的法律位置、空间位置、时间位置。出于研究目的的需要，犯罪心理学中所指的犯罪人，应该是那些实施了具有危害性、违法性、可罚性行为的作案人，无论是否已经被抓获还是今后被抓获，甚至永远不被抓获，其存在都应以实害的存在为标准，而并不单纯以法院的判决为标准。这种认识仍然以法定的犯罪概念为基础，二者之间并不矛盾。

第二节　犯罪心理与犯罪行为

犯罪人的犯罪心理是犯罪心理学首要的研究对象，犯罪心理学的研究目的正在于对犯罪心理的产生、发展、作用过程、变化和结构、机制进行描述和解释，从中得到预测与控制犯罪心理的各种方法。

一、犯罪心理

犯罪心理是指影响和支配犯罪人实施犯罪行为的各种心理因素的总称，这些心理因素包括认识、情感、意志、性格、兴趣、需要、动机、理想、信念、价值观以及心理状态等主观范畴。

某一具体的个人是否存在犯罪心理，一般要从其所支配的行为是否构成犯罪的结果中去认识，也就是说，如果某人没有实施被法律认定为犯罪的行为，我们就不能主观地揣测其具有犯罪心理。在此，行为和心理可以视为一个有机的整体而被我们所认识，不能将二者彻底地割裂开来。当我们使用“犯罪心理”的概念时，表明已经具有能够证明犯罪心理存在的犯罪行为。同样，当我们使用“犯罪行为”的概念时，必然是指具有犯罪心理支配的犯罪行为。

二、犯罪行为

从刑法的角度分析，犯罪行为是指犯罪人在一定的犯罪心理支配下所实施的具有刑事违法性、社会危害性，依据法律应受刑罚处罚的各种行为的总称，包括刑法上所规定的故意犯罪行为和过失犯罪行为两大类。在刑法学中，犯罪行为是一种法律事实，并不单纯指犯罪构成中的客观方面，能否构成犯罪行为还要考察行为人的罪过、刑事责任能力等其他因素。

从心理学的角度分析，犯罪行为可以被视为犯罪人在犯罪心理支配下，导致了犯罪后果的各种动作和言语，也就是客观的行为反应过程。犯罪心理学更注重研究在具体情境中犯罪人会选择该种反应方式的原因。

三、犯罪心理与犯罪行为的整体性关系

犯罪心理学研究中所说的犯罪，实际包括了犯罪心理和犯罪行为两部分内容，二者虽然存在区别，但就犯罪而言是不可分割的整体。

（一）犯罪心理与犯罪行为的区别

1. 犯罪心理是主观的内部活动，我们无法直接观察。犯罪行为是客观的外部活动，我们可以直接或间接地进行观察。

2. 犯罪心理在产生的时间顺序上总是先于犯罪行为，没有犯罪心理也就不可能存在犯罪行为。

（二）犯罪心理与犯罪行为的联系

1. 犯罪心理与犯罪行为是无法分割的，犯罪行为总是在犯罪心理影响和支配下发生的。之所以被认定为犯罪心理，也是从已经发生的犯罪行为中作出的归因。

2. 犯罪心理与犯罪行为是以犯罪人为载体的主、客观活动，二者共同建立在犯罪人的全部心理因素之上。

3. 就法律意义上的犯罪而言，犯罪心理、犯罪行为和犯罪情境共同构成犯罪的必要条件。

4. 犯罪的成立必须有犯罪行为，而分析犯罪心理也只能依赖于已经发生的犯罪行为。

第三节　研究犯罪人的多维视角

无论是研究犯罪心理还是研究犯罪行为，都是一种对人的研究，必须采取系统的方法，从多层面和多角度对犯罪人进行认识。只有充分了解和掌握了人所具有的基本属性和特点，才能懂得为什么有些人会选择犯罪，而大多数人并不会成为犯罪人。

一、人的物质属性

人是物质的，是一种客观存在，在这一点上具有所有物质形态的共同属性。

辩证唯物主义认为，“物质是不依赖于意识而又能为人的意识所反映的客观实在”①。当我们把视角置于宇宙观的层面时②，更能够肯定人的物质性。同时，人类对自身存在和他人存在的意识，都从辩证唯物主义方法论的角度说明了人所具有的客观存在的属性。因此，从认识论的角度分析，人是可知的，人类可以认识和反映自身，可以在认识的基础上改变自身；人是有机体，具有具体的形态，可以用物理学和人类学的方法去进行观察与测量；人具有物质的变化性，这种变化可以是发展的正向变化，也可以是倒退的负向变化，可以是发生在物质内部的结构性变化；人是自然中的物质，可以说人类是自然的一部分，而不能说自然是人类的一部分。广义上，自然是指具有无穷多样性的一切存在物，这种存在并不全部为人类所感知和认识。不能否认人的生存与发展必然接受自然规律的限定。③

虽然人是物质的，但我们都同意物质属性不是人的唯一属性。人的物质属性仅限于人在自然界中的存在形式。简单地说，人所具有的物质属性和一切有生命、无生命的客观实在一样，都是一种存在的形式。由此我们可以得出结论：人的第一种属性——物质性的主要特征是存在性。

作为一种存在的物质，可以采用人类学或解剖学的物理测量方法对人进行观察与描述，并由此而发现个体之间、人种之间在外部面貌、骨骼结构等方面的差别。作为一种存在的生命，人首先是一种存在物。虽然对生命的本质是什么，人类尚无定论，

---

① 《中国大百科全书·哲学卷》，18页，北京，中国大百科全书出版社，1995。

② 宇宙论的观点认为，宇宙是有序的，它不是各种物质的随意组合，而是物质与能量按照大小和复杂程度的顺序严格排列、分布的。参见［美］麦克尔·赫兹菲尔德：《什么是人类常识》，刘珩等译，219页，北京，华夏出版社，2005。

③ 广义进化论的奠基人E. 拉洛兹在著名的“布达佩斯俱乐部宣言”中指出：“在我们这个世界中静态的稳定只是幻影，持续的变化和转型才是永恒。永远存在着这样的要求：引导我们人类的进化以避免崩溃，并朝向所有的人都能在其中和平、自由和体面地生活的世界前进。我们中的每一个人都必须首先从自己做起，把自己的意识提升到这一星球的尺度；只有做到这一点，我们才能成为我们社会变化和转型中的负责的和有效的因素。”（［匈］E. 拉兹洛：《布达佩斯俱乐部宣言》，载［美］D. 洛郁编著：《人类动因对进化的冲击》，胡恩华等译，6～7页，北京，社会科学文献出版社，2004。）

但都肯定了其存在性和物质性。正如恩格斯所说：生命是蛋白体的存在方式，这种存在方式本质上就在于这些蛋白体的化学组成部分的不断的自我更新。[①] 个体之间在存在性特征上的差异，反映了物质性的区别。

作为存在的人，我们总是要以自身特有的物质形态与环境和他人产生互动。我们身体的外貌特征有可能影响对环境的适应水平。对此，历来存在两种观点：一是认为物质的外貌体态和人格与行为存在因果性关系；二是认同人的体貌特征对其社会适应过程与结果的相对影响，如被文化赞赏、被他人喜欢的外貌，在与他人互动时不同于相反外貌者的可能效应。我们在分析某人整容的动机时，经常使用此类观点。

资料：

春秋战国时期的《内经》中将人分为金、木、水、火、土5种类型，认为：金型之人，脸方肤白、头小肩背小、腹小手足小、足跟坚硬厚大，为人清廉，急躁刚强，为事认真、果断；木型之人，肤色苍白、头小脸长、两肩广阔、背挺直、身体弱小，多忧虑而勤劳；水型之人，肤黑头大、脸不光整、颊腮清瘦、腹大、尻骨和脊背很长，禀性无所畏惧，但不够廉洁；火型之人，肤赤脸长、脊背肌肉宽厚、肩背髀腹匀称，理解敏捷，真诚朴实，多气轻财；土型之人，肤黄、头大脸圆、肩背丰厚、腹大，内心安定，乐于助人，诚恳忠实。

资料来源：黄希庭：《人格心理学》，23～24页，杭州，浙江教育出版社，2002

二、人的生物属性

在物质的层面，人是不同于无生命物质的生物。

人是物质不等于物质都是人，人作为一种生物，还必然受生物规律的制约。人可以被视为自然界物质运动的一种高级形式，是化学进化到一定阶段所出现的被称为生命的物质。在生物分类学上，人属于脊索动物门——脊椎动物亚门——哺乳纲——灵长目——人科，在这一点上，人与其他动物相同，无法摆脱自然界及其必然性。同时，仅从生物学特征上分析，人与动物既有差异，更存在不同。

生物属性的核心可被理解为生命，而且是自然的、非人工合成的生命。与无生命的物质相比较，人首先具有生命的三个基本功能：自我调节功能；自我复制功能；选择性反应。作为生物的人，上述三个功能缺一不可，它们的相互结合与联系建构了生命系统，使人在自然和生物学规律的作用下，实现着孕育、出生、成长、繁殖、衰老、死亡的生命过程。

正是人的生物属性，导致了人与人之间在生物学方面的差异，这种差异首先是遗

① 参见《马克思恩格斯全集》，第20卷，88页，北京，人民出版社，1971。

传的结果。[①] 从进化的角度看，不仅有同属的人种之间的差异，也有家族史上因血缘导致的差异，同时也有长期处于某种自然环境，为实现与自然的和谐所形成的生理特点。从环境和机体内部的关系看，还会因素质[②]差异而导致不同的应对环境刺激的反应方式，以及因环境刺激不同所产生的不同行为反应。这些都是人作为生物所具有的生理调节与选择功能的体现。

由此，人与人之间的差别可以从生物或生理特征上进行比较，因为每一个具体的个人作为生物体，都具有自己的特征，不仅表现在内部结构上，还表现在作为生物与外界环境，尤其是自然环境的互动方式上。

从总体上看，人作为一种存在是有生命的存在，和其他生物一样，生存是人的第一需要，发展是人的第二需要。发展是为了保证更优质、更有保障地生存，它不仅服务于现在，更要服务于人的将来，即服务于人的基因的延续——后代。所谓科学的可持续发展观就体现了这一规律。人类在摸索自然规律的同时，不断地利用规律，但无法改变规律。在生存的层面，适应是第一位的，改变（创新）是第二位的。

三、人的思想属性

思想、精神、心理是人区别于动物的本质属性。

人是思想的人，人所具有的抽象思维能力是人区别于其他生物的重要特征。有时我们可以用精神或心理的概念来表达人的思想性[③]，它是人类经验的范畴，属于人类区别于其他生物的最本质的部分。人的思维活动既不同于低等动物的细胞反应，也不同于一般生物的神经反应，而是通过大脑能动反映客观事物的心理活动，是大脑的一种机能。

人的心理活动是大脑的运动形式，人所具有的包括大脑在内的物质存在是心理活动的载体；人的生物活动尤其是神经、体液等活动是心理活动的过程，也是感知外界事物和体内刺激并作出反应，从而产生思维活动的基础。

作为思想的人，人的心理虽然不是一种物质，但它建立在以大脑为首的整个物质机体、生物机体的基础之上，是统一的一元化关系，并不是简单地以被动适应为主的生物现象。虽然感知外界刺激是神经过程、由神经系统完成的，但对刺激的判断依靠心理过程。

---

① 基因研究的结论告诉我们："任何一个人 99.9%的基因都和其他人一样。但是，科学还发现了我们彼此相异、独一无二的个体基础……每个人类基因的复杂性和相异性意味着可能存在像天文数字一样多的遗传因子组合。"（［美］小拉什·多兹尔：《仇恨的本质》，王江译，137 页，北京，新华出版社，2004。）

② 心理学上将个体遗传决定的先天因素称为人的素质，不同于我们日常所使用的素质概念。它包括生物人所有的生理因素和神经过程，同时还可以包括个体出生时已经具备的心理素质，当然，在婴儿那里这种心理素质基本等同于神经系统。

③ 美国心理学家认为："精神是人类的经验领域，它属于人类本质的范畴；精神是人之为人最为核心的部分，它与某种大于人身的事物相联系。"（［美］乔斯·B. 阿什福德、克雷格·温斯顿·雷克劳尔、凯西·L. 洛蒂：《人类行为与社会环境》，王宏亮、李艳红、林虹译，10 页，北京，中国人民大学出版社，2005。）

在意识层面，可以有事前意识，也可以是事后意识，但统归要经过大脑的整合。如果从物质第一性、意识第二性的角度去认识，意识或谓之为心理或精神的本质在于对客观事物的反映，其反映的过程、内容与结果。一方面受制于个体不同的生物学构造，另一方面永远不可能脱离社会环境的影响，并且是因人而异的。

如果我们纵向地分析具体个人心理发生、发展的过程，就可得到以下描述。

首先，人之初，我们有已经具备的生理与心理素质，它源于两个方面：一是遗传的，如基因，其取决于我们的父母；二是在母体内建构的，如神经系统和大脑及身体各方面的发育情况，我们称之为先天的素质。这些素质个体无法选择，但相对于成年的人而言，它们是尚未定型的、处于发育与发展过程中的生物基础。

其次，个体在出生后开始面对环境，根据外界刺激建立起各种以神经活动为主的条件反射。内外刺激同时也使个体的神经系统、感知觉等过程由单纯的神经过程发展为心理过程。在幼儿早期，环境同样是个体无法选择的，但人所具有的本能的发展需求，促使个体以积极的态度去认识和适应环境，分辨各种刺激的意义，并在此基础上特别是在语言的帮助下建立起对符号的认识。

最后，通过对事物的认识，在强化的作用下，有目的地选择刺激物，并逐步根据自己对外界刺激的判断，建构自己的主观世界。总之，个体认知图式与人格结构的建构，均具有主动性、选择性和相对的自由意志。

人类思维所具有的能动性与选择性特点，不单纯是人的能力的反映，它们总是服务于一个根本性目标。这一目标从人的生物性中所具有的适应性特点分析，就是认识环境和追求与环境的统一。

从这个角度出发，我们可将人的第三种属性——思想性①的主要特征归纳为目的性。思想人的目的性特征，包含了我们传统认识当中的三个关键成分：一是能动性，二是选择性，三是意志过程。

人的任何活动，不论是有意识的还是无意识的，都在意识或无意识层面寄托着人的愿望，有时表现在需要和动机当中，有时反映在我们可能无法说明的本能当中。正如马克思所指出的：通过实践创造对象世界，即改造无机界，证明了人是有意识的类存在物……通过这种生产，自然界才表现为他的作品和他的现实。②

在深层次上，人类活动的动力源泉总是向有利于人的方向流动。所谓有利，就是为了得到自然的选择和认可，这种根本上的利益，就是人的目的。同时，我们依据社会、自然、条件、情境等情形调节或抑制自己的欲望、行为本身，都是以某一目的或愿望为中心的，没有目的性的行为是不存在的。只是我们对这种目的的意识程度会有

---

① 就人的初级思维而言，心理学家归纳出 7 个主要特点，包括联想式思维、概括性思维、类化思维、个人化思维、回溯或现实性思维、选择性记忆、固定反应。参见［美］小拉什·多兹尔：《仇恨的本质》，王江译，217～221 页，北京，新华出版社，2004。

② 参见《马克思恩格斯全集》，第 42 卷，96～97 页，北京，人民出版社，1979。

不同，这些目的对人的意义不同。从根本上看，作为生物的人，有适应环境以保障生存与发展的目的，同时也有改造环境以使生活质量不断提升的目的。作为社会的人，有适应社会以及提高自己，通过自我实现应对社会关系的目的。作为思想的人，有通过调节生物需要，判断外部环境，使自己能够更好地适应环境，使环境能够在最大程度上服务于自己的目的。可以说“人类的心理是一个适应性的系统。它根据目标选择行为，使其适应特定的场合、特定的情境”①。而不同的目的，直接影响行为社会后果的差异。

虽然人的能动性千差万别，但并非由生物性决定的必然性结果，而是由先天生物学基础和后天社会环境在已经建构的心理与行为基础上，在个体与情境的相互作用过程中逐步建立起来的。在思想人的层面上，个体之间的差别不仅表现在上述内容方面，还表现在交互作用的过程中。

四、人的社会属性

人是社会的人，“人”这一概念在笔者看来可以有具体和抽象两种认识。以往我们所标定的有关人的本质是社会性的结论，更多的是针对抽象而非具体的人。正如有学者所指出的：“构成人的本质的东西，是那种为人所特有的，失去了它人就不能成为人的因素，而这种因素就是人的社会性。”② 从本源上看，社会并不单纯是一种物质实在，而是由人与人之间的关系构成的。在一定的社会关系中，人不仅是构成人类社会的单元因素，同时也是主导社会历史的决定因素。正如马克思所说，“……人的本质不是单个人所固有的抽象物，在其现实性上是一切社会关系的总和”③。正是由于社会的存在，每个具体的个人生活在不同的社会环境中，扮演不同的社会角色，受制于不同的社会关系，经历不同的社会化过程，实现不同的社会化结果。社会性使我们在认识人时首先要注重合作的意义。人类的社会性最先始于亲属关系，这是一种无须社会指导的合作，是作为生物人的本性。在我们以家庭方式适应社会现实的过程中，合作就以互利和互惠为表现。

长期以来，我们一直将社会性称为人的最本质的属性。社会性的核心特征可以归纳为关系性，其中包含几个层次的含义：一方面，任何个体只要存在于社会环境中，都必然受制于各种社会关系，既是关系的构成成分，也是关系的影响成分；另一方面，人的社会性意味着不存在完全为所欲为的个体，人们在社会现实中的任何行为都要受到各种关系的限制，受到调整关系的各种规范的制约，在实现个人目的时无法忽视关系的存在，比如血缘关系、人际关系、责任、角色地位、权利与义务等；再一方

---

① ［美］诺埃尔·W. 史密斯：《当代心理学体系》，郭本禹等译，48 页，西安，陕西师范大学出版社，2005。

② 黄希庭：《人格心理学》，12 页，杭州，浙江教育出版社，2002。

③ 《马克思恩格斯选集》，2 版，第 1 卷，4 页，北京，人民出版社，1995。

面，不同的关系结构对个体而言有着不同的意义，从维系成员之关系性的核心成分——文化的角度看，任何个体行为都是与某一社会关系或文化交互作用的结果，人的价值也只有在处于社会生活中时才有可能体现出来，尤其是当人是具体的劳动者时，其价值可以通过劳动力的大小去判断，而其中的标准永远是由一定的生产关系或社会关系决定的。

由此，对于关系性，从其目的性上看，又可以用合作的理解去认识。这种合作一是由遗传决定的，比如我们称为首属群体的家庭；二是由保障自身基因的生存与发展的现实需要所决定的，正如如果不选择群居的方式，将任何个体完全还原为远离群体的纯生物人，那么在自然选择的环境中能够存在与发展的可能性远远小于在群体中的，而且会由于异性的不存在而使其个体基因消亡。因此，关系性是人的社会属性的结构性表现，而合作是人的社会性的过程，其目的都在于实现基因发展的最优化和利益最大化。此外，我们人类永远受制于文化传承的关系性影响，文化是人类共同的DNA。任何群体和个人，在生存与发展的过程中，都不可避免地要与原有文化产生互动与连接，无论他对这些文化所采取的态度是什么。

人一生的发展，无非是在建立、维持、解构、加入各种不同的社会关系，并由此实现个人的使命。这种使命对具体个人来说，可以用存在及自我实现等概念理解；从生物基因的传递角度来看，复制也意味着发展。加入社会群体，不仅是人的生物性需要，也是人的心理需要和社会性需要。这其中既有生物本能的作用，也有适应群居生活方式的需要。正如马克思所指出的那样：因为人的本质是人的真正的社会联系，所以人在积极实现自己本质的过程中创造、生产人的社会联系、社会本质，而社会本质不是一种同单个人相对立的抽象的一般的力量，而是每一个单个人的本质，是他自己的活动，他自己的生活，他自己的享受，他自己的财富。[①]

就人类社会本身而言，以社会为主体去认识人时，人所具有的社会属性及关系性无疑是具有决定性的。但当我们以人为主体去进行观察时，每一个具体个人并不由于具有社会属性而具有完全相同的个体特征，而是由于每个人所面对的具体关系的不同而导致不同的人生。虽然部分生物学因素可以遗传，这意味着人们思想的某些生理基础可以是遗传的，但人们所面对的环境永远不可能遗传。比如，属于首属群体的家庭是人们无法选择的，而家庭环境与教养，又直接影响到个体的社会化水平。阐明这一点可以帮助我们理解为什么在同样的文化背景下，每个人的社会化结果不同。

社会化成果往往在个体的认知和行为方面表现出来，认知可视为个体以往反映的结果，成为个体看待世界、衡量事物、处理事件的主观标准既图式；而行为作为具体的反应，永远建立在以往能动反映和选择反映的基础之上。用认知心理学的观点分析，行为就是个体对信息加工并作出反应的过程，受制于以往信息选择、存储的制约，充分表现了思想人的能动性和选择性。正是由于每个人具有不同的物质、生物基

① 参见《马克思恩格斯全集》，第42卷，24页，北京，人民出版社，1979。

础，成长于不同的社会化环境，也就必然出现不同的心理活动和结果。

就生物的自然属性而言，弱肉强食、血腥掠夺、优胜劣汰是合理的、自然的，它保证了生物系统的和谐，无序的残酷是为了达到有序的生存与发展。这一切不仅是本能的、自然的，而且是符合自然规律与生物规律的。人类则不同，在有着生物性的同时，还有着为了适应自然选择，从而保存物种所必需的合作与协调。合作本身并不与具体个人的原始欲望相冲突，而是在一定程度上使生物性在人类总体目的性的指引下走向进化之路。

进一步说，人作为物质具有客观的存在性，作为存在着的生物体，首先要完成对环境的适应。这种适应包括对自身内部生物自然规律的适应、对外部自然界的适应、对人类社会的人文环境的适应。在适应的过程中，人不是被动的，而是表现出不同于其他生物的能动性，用自己的方式去理解与适应各种关系，视不同关系和情境对个体的意义而实施角色行为。在此，对社会关系的适应有两层含义：一是指适应外在客观的关系要求，二是指适应内在的、主观的对关系的理解。由于人与人之间在表现形式上的差别，存在个别性与多样性，需要有能够反映公共意志或大多数人利益的外在规范去进行协调以实现个人之间、群体之间、个人与群体之间的关系，并达到和谐的目的，以实现人的发展。这种外在的规则，可以表现为宽泛的文化，也可以是具体的法律。关系性使人认识到他人的存在和对自己的意义。关系由规范调整，角色由规范决定，角色服务于关系，关系意味着身份。规则由人创造，而且服务于人。美国法学家认为，在个人自由与社会凝聚力之间需要一种调和，其原因在于虽然社会秩序反映了公共愿望，但也会经常性地出现二者的冲突。“这种调和变得愈完善，社会中新出现的相互作用的法律就愈是可以揭示人性和社会共存的需要……人类组织变化的需要就像人性本身一样，都是可以改变的。”①

因此，在总体上人具有社会属性，但在具体层面上又具有不同特点，表现为不同的认知结构和人格结构。这些特点不仅反映了一个人的社会化结果，同时也是上述四种属性和主要特征在交互作用过程中形成的代表个体人格面貌的结构。仅从属性的角度去认识，在本质上人与人之间是共通的、同质的，表现出人性上的共性，但从四个层面结合所反映出的个人特征也就是具体内容上看，个体之间具有明显的差异。

只有遵循多维框架，才能发现个体的特征，才能在系统的大范畴中去认识人。正是由于整体的存在，个体才能建构“自我”的概念，并在与整体间其他个体的互动过程中表现出不同于其他个体的属于自我的特征——你所具备的不同于别人的质的或显著于别人的质的表现。上述对人的属性和由属性产生的特性的认识，是分析犯罪人特征的角度。采用以系统论为指导的多层面方法，强调多维框架和以人为本，不简单忽略或强调某一种属性或特征的作用，也不单纯采取法律或道德的社会标准去认识犯罪人，是我们在犯罪人研究中应予坚持的方法和原则。

---

① ［美］R. M. 昂格尔：《现代社会中的法律》，吴玉章、周汉华译，253页，南京，译林出版社，2001。

第四节　对自然属性与社会属性的反思

一、自然属性与社会属性的二元内涵

将人的属性区分为自然属性与社会属性本身并无问题，但容易使我们对人进行分析时过多地依赖于二分法，进而简单地将人解构为二元的人，似乎人具有两重性。由此夸大自然属性的非社会性性质，也就是用动物性去解释人的生物性。

首先，生物性不等于动物性，它是一切生物机体的内循环及与外部刺激发生作用时的过程。脑成像技术和大脑不对称研究证明，这是一种生物运转机制，其结果如何要视环境的作用。

其次，动物性不等于恶，动物世界也有自己的规则，只是动物更多的是在被动地适应这些规则，是非理性的。比如，“乱伦禁忌”在动物和人类中都存在，对人类而言既是先天自然的生物需要，也是后天的文化特征。对动物来说是本能的，是缺少思想性的结果。同时，动物虽然存在我们经常用恶来标签的攻击性，但也有着被我们称为善的母爱、合作等利他性。我们当然不会用社会性去解释后一种情况，但这也正说明动物性不等于恶性。

再次，自然属性中的自然就是所谓存在，没有好坏之别。我们不能以人为圆心去认识自然中的一切，即不可将自然中有利于人的现象和事实谓之为善，反之称之为恶，虽然它们对人类而言经常会导致极大的危害。正是这种无序和随机，才被称为自然，而在认识到无序的同时，我们也就认识到了自然的规律。

最后，生物是一种存在的方式。人作为有思想的高级生物，仅依靠内在生物规则无法实现生存与发展时，就必然寻求用外在的社会规则来保障群体的生存与发展。先有思想而后才有规则，思想的目的不是人与人之间相互地践踏，用消灭对方的方式保存自己，而是互利和人性的，思想的意义是帮助人达到更高层次的生存方式。

个体是用语言和行为与外界发生联系的，其目的在于适应。生物的人需要适应，社会的人更是如此。“人类行为发生在生理、心理和社会因素交织起来的具有多样性的背景中。在这些背景中，人们面临着需要有效回应的生物、心理和社会需求。这种对个体、家庭和群体的需求作出有效反应的能力被称为适应。”①

二、生物性不等于犯罪性

将犯罪人的特征归结为过多的动物性，似乎是一个容易解释犯罪人犯罪原因的取

① ［美］乔斯·B. 阿什福德、克雷格·温斯顿·雷克劳尔、凯西·L. 洛蒂：《人类行为与社会环境》，王宏亮、李艳红、林虹译，9页，北京，中国人民大学出版社，2005。

向，可以十分简单地从人的动物性或谓之兽性的方面去说明犯罪人的非人性。“猿人从类人猿身上带过来的动物性一直保持着，待到猿人发展到智人阶段，人类身上还有着很强烈的动物性，直到今天，这种实质为动物性的品质还在物质生活已经高度发达的人类身上存在。所以，不光猿人是有动物性的人，即半人半兽的人，而且现代人也是还存有动物性的人，即半人半兽的人。猿人与类人猿的差别在于猿人有了一点人性，而猿人与现代人的差别则只在于动物性的多少，或者说是不完全的人性有程度上的不同……只要人们承认现代人存在残暴与掠夺，那么就不可能否认这是动物性的表现。”① 这种认识，将人多层面的属性割裂开来，仅仅从某一属性上将人与动物进行类比，在方法论上是不可取的。

生物性不等于犯罪性，尤其是我们认为爱同样是生物本能时。不仅人类，动物同样有强烈的情感，比如母子间的依恋。因此，我们在犯罪研究中，常常将犯罪人视为自然属性发展或未得到有效抑制的解释是将生物属性狭义化的做法。

有时我们用人类社会的模式将其他生物理想化，给自然规则下的动物世界贴标签。动物世界如果有道德和规范，无非是一种本能的自我保护行为，目的在于适应。

美国纽约州立大学石溪分校生态学和进化论教授乔治·威廉斯虽然反对进化是以群体为单位的假设，但他的一段论述笔者认为有一定意义。乔治·威廉斯说：“把具有自我意识的人类有机结构不加批评地类比于生物体群体绝不是一种完整的解释。也许还存在一种愿望，这在许多人中是无意识的，而少数人中则是明确表达的，就是不仅要在自然界中发现一种秩序，而且要发现一种道德秩序。在人类行为中，一种对于自我利益的牺牲和对于超越个人利益的献身被认为是值得赞扬的。如果某些其他的生物体也显示出对于群体的关心和不自私的行为，甚至一般而言自然界也是如此，那么，它们在伦理学上就是可被接受的。”②

这段话给我们的启迪在于几个方面：一是不能用人类的价值观去衡量动物的行为；二是动物性只要符合自然选择的过程和结果就是适应，不可对动物性给予善与恶的认识；三是动物性作为一种本能，是动物生存适应的结果，有绝对的意义，动物性如果出现在人身上只代表人也是动物，不代表此人就一定是恶的或者存在犯罪性的；四是如果说动物性更代表自然属性、人性更代表社会性，也不应得出二者相互对立的结论。

当然，在犯罪人研究中，重视生物基础是必要的，但将生物因素夸大化，特别是认为其对人的影响超越于其他三个层面也是危险的。强调或突出生物人的属性与特征，更多的是为了帮助我们厘清长期以来在犯罪研究中忽视甚至否认生物因素的做法，并非将生物因素视为决定个体行为的核心。因为“不用怀疑心理学正在向着更加

---

① 钱津：《生存的选择》，11～12页，北京，中国社会科学出版社，2001。

② ［美］乔治·威廉斯：《适应与自然选择》，陈蓉霞译，204～205页，上海，上海科学技术出版社，2001。

生物学朝向发展。看到心理学是生物科学的一员固然重要，同时心理学不应该忘记心理学所研究的对象是过去从来没有研究过的，这个世界上最复杂和最精美的——人的心理和人的大脑，而生物因素只是其中一个很小的方面”[①]。

三、对犯罪人的认识必须强调多维视角

从上一节对有关犯罪人特征研究的综述中，我们不难发现，绝大多数以犯罪人为圆心进行的犯罪研究都突出了人的某一或某些属性与特点。

龙勃罗梭从人的物质性与生物性方面探讨犯罪人的特征；各种犯罪生物学观点试图从人的生物性层面找出答案；刑法古典学派强调人的心理属性；而其他如菲利的犯罪社会学更关注社会环境对犯罪人的影响；犯罪学中的标签理论明显地选择了关系性的视角；对犯罪人格的各种研究虽然已经采取了多种维度的认识方法，但仍然缺少对各种属性的交互过程的认识。

在科学研究中，观察是首要解决的问题。观察的客观性与真实性决定了结论的有效性。但是，观察不能仅仅局限于被观察对象的某一或某些方面，观察的视角越广泛，结论才可能越具有真实性与客观性。

我们对任何特征的认识，是与其他对象比较后得到的质的规定性或独特的个性，因此，要选择比较的层面，而且必须是有可比性和能反映差异的层面。由此，笔者认为：就单纯的个体而言，犯罪人与非犯罪人在上述四个层面都具有可比性，只是这种可比性更多地反映的是人与人之间的差别，并不反映犯罪人的本质特征。对犯罪人本质特征的认识要从犯罪个体与非犯罪个体的各种特征分析中进行有效的综合，不仅归纳静态的内容，还要分析动态的各种属性与特征交互作用的过程。对此，我们可以从犯罪人的人性、人格、理性与决策等方面进行综合性分析。

思考题

1. 简述犯罪与犯罪人的关系。
2. 简述犯罪心理与犯罪行为的关系。
3. 简述人的属性。
4. 试述人的自然属性和社会属性的关系。

---

① ［法］Michel Denis：《多学科交叉环境下的心理科学》，载荆其诚主编：《当代国际心理科学进展》，张侃等译，63页，上海，华东师范大学出版社，2006。

第三章
犯罪心理结构

学习目的与要求

通过本章的学习，应重点掌握犯罪心理结构的理论和实证基础，辨析当前学术界各种争鸣意见及其核心分歧所在；掌握犯罪心理结构的概念，明确犯罪心理结构是主体发动犯罪行为的内在动力。在此基础上，进一步了解犯罪心理结构的模式和形态变化，学会运用犯罪心理结构的理论阐释具体案例，并运用心理测量和谈话的方法分析某一案例中犯罪心理的结构形态；了解犯罪心理的结构要素，犯罪心理结构的作用与特性。本章难点在于犯罪心理结构理论在司法实践中的运用。

犯罪心理学所要研究的基本问题之一是犯罪人的犯罪心理。作为发动犯罪行为的内驱力——犯罪心理，并不是某种单一的心理因素，而是多种心理因素的复合体。这种复合体呈现出一定的结构形态，我们把它称作犯罪心理结构。犯罪心理结构是犯罪心理学理论体系的核心，本学科的一系列理论和实践问题，都是围绕犯罪心理结构这一核心问题展开的。

第一节　犯罪心理结构概述

一、犯罪心理结构的概念

（一）什么是犯罪心理结构

我国恢复和发展犯罪心理学三十余年来，许多学者经常用“犯罪心理结构”这一概念，来表述犯罪人发动犯罪行为的内部心理原因和心理特质。

资料：

我国学者的论著和教材对犯罪心理结构这一概念作了不同表述。

(1)“研究犯罪心理结构，主要是揭示犯罪者内部心理结构各成分之间的各种关系及其矛盾运动规律。”

资料来源：罗大华等编著：《犯罪心理学》，58页，北京，群众出版社，1986

（2）“所谓犯罪心理结构，是指犯罪人的心理现象、犯罪心理活动过程、犯罪心理的特殊状态、犯罪人畸形异常的个性品质的形成、发展、变化规律及其特点。”

资料来源：人民警察学校统编实用教材：《犯罪心理学》，82页，北京，群众出版社，1986

（3）“我们把影响和支配一个人发生犯罪行为的种种心理因素和成分的有机而相对稳定的结合称之为犯罪心理结构。”

资料来源：方强：《法制心理学概论》，94页，北京，群众出版社，1986

（4）“犯罪心理结构，是指犯罪主体在某种状态下或从事某项犯罪活动中，各心理成分之间错综复杂的、多水平多层次的一种构成方式。”

资料来源：朱智贤主编：《心理学大词典》，178页，北京，北京师范大学出版社，1987

（5）“犯罪心理结构，是指以偏常认知为主导以及在偏常认知指导、控制下的若干犯罪心理因素相互联系的整合体。”

资料来源：朱伟：《犯罪心理结构的本质和作用》，载中国人民公安大学编：《犯罪心理学学术论文集》，83～92页，北京，中国人民公安大学出版社，1987

（6）“犯罪心理结构，就是驱使个体产生犯罪行为的多种心理因素的异常状况及其组合方式和综合表现。”

资料来源：罗大华主编：《法制心理学词典》，115页，北京，群众出版社，1989

（7）“犯罪心理结构，就是指在犯罪行为实施前已潜伏在犯罪人的心理事实中，在犯罪行为实施时发生作用的、导引其走向犯罪的多种畸变心理的组合。”

资料来源：陈传焕：《子母球模式论——对犯罪心理结构的思考》，载《社会公共安全研究》，1990（3），10页

上述学者的观点的表述虽有所差异，但也体现出一些共同点：（1）认为诸多不良、异常的心理因素构成了犯罪心理结构；（2）认为犯罪心理结构是人的整体心理结构的一部分；（3）犯罪心理结构是导致犯罪行为的主要原因。

结合学者们的观点，我们认为，犯罪心理结构，是指行为人在犯罪行为实施前已经存在的、在犯罪行为实施时起支配作用的那些畸变心理因素有机而相对稳定的组合。它是行为人个性心理结构中社会心理缺陷的总和，是其发动犯罪行为的内部心理原因和根据。

（二）国外学者的类似表述

根据目前收集到的文献资料，虽然尚未发现外国学者使用犯罪心理结构的概念，但可见到一些相近或相似的学术观点，可以作为参考。

资料：

（1）日本现代犯罪学家安倍淳吉于1990年对犯罪心理作了具有层次结构性的表述。他认为，犯罪者的“基本自我”（即基本欲求）与“中心自我”（具体目标）

在犯罪行为的发生中起着重要的作用，“边缘自我”（实现目标的方法）则处于手段性的位置。安倍淳吉批评了单纯以某种特定情境刺激作为诱发犯罪行为原因的“外因论”观点，强调犯罪人内在的犯罪行为准备性和由准备情境所刻画的心理烙印的重要。与此同时，他还提出了“犯罪自我”（criminal ego）与“犯罪行为深度”（depth of criminal behavior）的理论，强调作为发动犯罪行为的内部驱力的人格化的作用。

资料来源：[日] 安倍淳吉：《犯罪社会心理学》，72～86页，北京，群众出版社，1992

（2）俄罗斯犯罪学家库德里亚夫采夫（В. Н. Кудрявцев，1923年—）认为，犯罪学的一个重要任务，就是“要揭示违法者个性的内部结构”。“研究者可以用心理学关于个性一般结构的观念来分析这种结构。”这同我们提出“犯罪心理结构”的基本想法和思路是一致的。

资料来源：[俄] 库德里亚夫采夫：《违法行为的原因》，188～189、225页，北京，群众出版社，1982

（3）一些西方学者不断地报告犯罪者异常的身心特质。例如，雷克利斯（Reckless，1961年）、赫希（Travis Hirschi，1977年）、克罗克（Crocker，1997年）等都有研究报告，认为智力低下和品行不良与少年犯罪有密切关系：一般来说，少年犯在言语智商上比正常儿童低得多，在非言语智商上则无显著差异。艾森克（Eysenck，1977年）提出，犯罪行为是特定环境条件和神经系统特征交互作用的结果。他的理论着重强调反社会和犯罪行为的遗传倾向。艾森克认为，人格具有三个维度，即外向性、神经质和精神质。上述研究，是从个体人格特质中寻找发动犯罪行为的异常人格因素。而人格特质寓于个性的心理结构，因此，它与我们所提出的“犯罪心理结构”这一概念有相似之处。

资料来源：[美] Curt R. Bartol、Anne M. Bartol：《犯罪心理学》，杨波、李林等译，78～85页，北京，中国轻工业出版社，2009

（三）采用“犯罪心理结构”一词的原因

为什么要用“犯罪心理结构”而不是用别的概念，来表述发动犯罪行为的内在心理动力呢？

1. 它表明犯罪心理的存在状态。犯罪心理是多种消极因素的组合，这些消极心理因素（错误的认识、负性的情感、偏执的意志、不良的行为习惯以及畸形的需要、适应不良的性格等）呈现出某种结构，也就是犯罪心理各因素以一个整体事物内部的各个层次、部分的组合、排列和相互联系而存在的。

2. 它与心理科学的用词惯例相吻合。在心理学文献中，较为普遍地使用心理现象结构（structure of mental phenomena）、个性结构（personality structure）等范畴。[①] 心

① 参见朱智贤主编：《心理学大词典》，767、227页，北京，北京师范大学出版社，1989；林传鼎等主编：《心理学词典》，68页，南昌，江西科学技术出版社，1986。

理现象结构是指现实存在的诸种心理现象之间的相互作用，即心理的系统反应。个性结构是把人的个性看作一个复杂的、多侧面、多层次的体系。冯特（Wilhelm Wundt，1832—1920 年）、皮亚杰（Jean Paul Piaget，1896—1980 年）等大师的心理学用语中，也广泛地使用了结构的概念，尽管他们各有不同的理解和解释，但在使用“结构”的一般意义上仍然是相同或相似的。因此，犯罪心理学采用结构一词完全符合心理学的用词习惯。

3. 它符合系统论的观点。作为方法论的结构观，是和作为方法论的系统论联系在一起的。从系统论的观点来看，所谓结构，是指事物各种要素之间相互联系与相互作用的方式，是系统内各要素的组织形式和秩序。结构是系统固有的属性，结构把部分联系起来，形成一个整体。一切系统的整体功能归根结底是由其内部各要素的结构方式决定的，即结构决定系统的功能。目前，结构分析法已在各门学科（包括心理科学）研究中发挥着巨大的作用。犯罪心理学也应运用这一科学方法论。

4. 它能较好地反映犯罪心理的动态变化。结构并不是凝固不变的。比利时科学家普利高津（Ilya Prigogine，1917 年— ）于 1969 年提出的耗散结构理论认为，客观世界中存在着两种结构：平衡结构和耗散结构。平衡结构是一个有序化的、暂时处于封闭性状态的结构。耗散结构是一个远离平衡的开放性结构。这一理论认为，系统的非平衡性、变动性是系统的有序性与相对稳定性的前提和基础。在外界的条件变化和能量交换达到一定阈值时，系统可以从原有的混沌无序状态，转变为一种在时间上、空间上或功能上的有序状态和稳定状态。但有序和稳定是暂时的，无序和变动、开放则是经常的。上述理论见解与犯罪心理之涨落变化的观点较为一致，因此可以认为，采用犯罪心理结构这一概念，包含着运用耗散结构理论说明犯罪心理变动状态的用意。

从上述分析可以看出，采用“犯罪心理结构”一词能很好地解释犯罪心理的存在状态和发展动态，也符合心理学的用语习惯。

二、犯罪心理结构与个性心理结构

（一）心理现象结构与个性心理结构

1. 人的心理现象存在着结构。人的心理现象是以结构形式存在的，故称为心理现象结构。心理现象结构是人的心理现象之间相互关系的组合系统。这是在大脑神经突触联系的基础上建立起来的反映活动系统。一般认为，人的心理现象分为心理过程与个性心理两个相互联系的方面。俄罗斯心理学家列维托夫（Николай Дмитриевич Левитов，1890—1972 年）则把人的心理现象分为心理过程、心理状态、个性心理三个方面。他认为心理过程是暂时性的，个性心理是比较稳定的，而心理状态是处于两者之间的表现形式，既有暂时性又有稳定性，是心理过程与个性心理相统一的表现形式。按照这种观点，可以把人的心理现象结构表解如图 3－1。

- 心理现象
  - ↑心理过程↓
    - 认识过程（感觉、知觉、记忆、思维、想象等）
    - 情感过程（喜、怒、哀、乐、爱、恶、惧等）
    - 意志过程（有意识的与克服困难相联系的决断和坚持等）
  - 心理状态
  - ↑个性心理↓
    - 个性倾向性（需要、动机、兴趣、理想、信念、世界观等）
    - 自我意识（自我认识、自我体验与自我调控等）
    - 个性心理特征（气质、能力、性格）

图 3-1

2. 人的个性是一种相对稳定的结构系统。人的个性是心理现象结构的重要组成部分，或者说是心理过程在个体身上相对稳定的表现。它是一个复杂的、多侧面、多层次的体系。心理学家一般把个性理解为由个性倾向性、个性心理特征与自我意识三部分组成。个性倾向性是人进行活动的基本动力，是个性结构中最活跃的因素。个性心理特征表现为个人稳定的心理与行为活动的特征。自我意识是人对自己的认识、评价和调节。正因为人能意识到自己的个性倾向性、个性心理特征以及个人与外界的关系，一般来说，个体也就能对自我的心理倾向和心理特征及其组成成分进行控制和调节，从而形成一个统一的个性心理结构系统。人的个性结构是相对稳定的，其特点在不同时空、不同情境中重复发生，具有一致性。但稳定只是相对的，在社会生活中它不断有所发展、变化，具有可变性。这种可变性，一方面表现为个性结构的不断丰富和完善，另一方面表现为存在着向不利或有害方向发展、变化的可能性。

（二）犯罪心理结构与个性心理结构的关系

就犯罪人来说，犯罪心理结构实际上是行为人个性心理结构的一种特殊表现形式或是个性心理结构的一个层面，是个性心理结构中具有道德和法律属性的多种消极心理因素与缺陷的总和。犯罪心理学研究犯罪心理结构的形成过程和机制，并不是要离开个性心理结构来探讨这个问题，而是要从个体经常地、稳固地表现出来的个性倾向和个性特点的形成与发展中，研究其中具有品德属性和刑事法律评价意义的那一部分心理结构的形成和发展的规律。

关于犯罪心理结构与个性心理结构的一致性及从属关系，可从两方面分析。

1. 个体社会化的角度。一般而言，犯罪人的犯罪心理结构与不良个性的形成，都与个体社会化过程中的缺陷相联系。一个人在经历社会化的过程中，通过和社会环境、教育的相互作用，塑造了各具特点的独立个性，形成了一定的品德。那些社会化程度不完全和经历了逆向社会化的人，必然形成有严重缺陷的个性甚至反社会个性。他们从品德不良人到堕落成为犯罪者，同其整个个性状况的恶化是同步进行的。

一般而言，犯罪心理只是犯罪人个性的一部分，主要反映出其个性的社会心理缺陷。与此同时，许多犯罪者仍然保留着一定的常态心理，有着某些尚未泯灭的积极因素。某些具有稳定的犯罪心理结构的惯犯、累犯和职业犯罪者，其犯罪心理的加深与发展，必然导致个性的犯罪化，即形成了“犯罪个性”。犯罪个性是指那种经由犯罪心理吞噬了个性的大部分乃至全部的特殊个性。由此可知，犯罪心理结构与个性的整体效应是紧密地联系在一起的。

2. 因素分析的角度。犯罪心理结构既包含特定的个性倾向性，也包含具有个体特点的个性心理特征；既通过人的心理过程形成，又在心理过程中表现出来；在实施犯罪行为的过程中，又呈现出某种特殊的心理状态。

犯罪心理结构同个性倾向性的关系最为密切。个性倾向性构成犯罪心理的动力结构。犯罪人个性倾向性中世界观和价值观的偏颇程度，决定着个体的犯罪行为倾向及其严重程度。极度膨胀的私欲是发动犯罪行为的原动力，而犯罪动机是最为活跃的因素直接推动着犯罪行为的发生。

犯罪心理的特征是个性心理特征的组成成分和因素。一定的犯罪行为反映出各不相同的个性特征，比如抢劫行为，往往可以反映出犯罪者冲动、易怒的个性特征。当然，即使是同一类型的犯罪行为，也会因个体气质、性格的不同，显示出行为方式上的个别差异，并且因能力的不同而具有不同的犯罪能量。

自我意识以及道德意识、法律意识等，构成犯罪心理的调节结构，它对犯罪行为起调节与控制、发动与终止、加强与削弱的作用。

由此可见，个性心理的多种成分一旦发生畸变，也就成为犯罪心理结构的构成要素，两者密不可分。

三、研究犯罪心理结构的意义

（一）揭示犯罪行为的内部原因

个体犯罪行为的发生，既有外部诱因的驱使，又有其生理、心理原因作为内在根据。由于人的行为归根结底是受其心理、意识支配的，所以，在诸多原因中，外部原因、生理原因只是产生犯罪行为的条件，而内部心理原因，才是具有根本意义的原因，是个体发生犯罪行为的根据。对犯罪心理结构的研究越深入，就越能充分了解和掌握个体犯罪行为发生的原因与规律，从而做到自觉地预测和预防、揭露和打击犯罪，有效地改造、矫正罪犯。

（二）揭示犯罪心理的特殊矛盾性

犯罪人的犯罪行为是在犯罪心理的支配下实施的。犯罪人的犯罪心理以犯罪心理结构的形式存在，这种结构具有一定的特殊性、稳定性。通过对犯罪心理结构的研究，可以发现犯罪者与守法者在某些心理因素上或某些因素的组合上存在着差异。这些特殊的心理因素或心理因素的组合就构成了犯罪心理结构，是犯罪人所特有的心理结构。研究犯罪心理结构最重要的意义之一就是揭示犯罪心理的特殊矛盾性。

（三）构建犯罪心理学的理论体系

既然犯罪心理结构反映了本学科特殊的矛盾性，那么，从一定意义上说，犯罪心理学这门分支学科，是围绕着犯罪心理结构——发生犯罪行为的心理原因——来建立自己的理论体系的。它涉及影响犯罪心理结构形成的各种内部的和外部的原因、条件、因素，犯罪心理结构形成的过程，犯罪心理结构的特殊性，由犯罪心理外化为犯罪行为的机制等一系列理论问题。

（四）开展对策研究

在深入认识犯罪心理结构的特征和规律的基础上，探求预防、侦讯、矫治犯罪的心理学依据，运用心理学技术开展犯罪的对策研究。只有在充分认知犯罪心理结构，掌握犯罪心理结构原理的基础上所制定的防范犯罪的对策，才可能是切实有效的。

第二节　犯罪心理结构的要素

就故意犯罪而言，当犯罪心理结构在个性心理结构中处于优势和支配地位时，其占主导地位的消极因素大体上包括以下几个方面。

一、动力结构的组成要素

按照个性心理结构的理论，个性倾向性是它的动力结构。它是个性积极性的源泉，是心理活动的核心和动力，对个体活动起着定向作用。心理的动力结构集中体现了个性的社会性层面。不同个体具有的不同的社会本质，主要体现在其所具有的个性倾向性所包含的社会心理内容的差异上。

犯罪心理的动力结构包括：

1. 反社会意识。所谓反社会意识，就是与宪法所规定的国家制度、思想体系相背离，与正常的社会生活相对立，以损害公众利益、满足一己私利的价值取向为核心的各种错误观念的总称。具体表现为错误的社会态度、社会动机和对社会秩序、社会规范的否定与蔑视，它是个体实施犯罪行为的精神支柱。反社会意识对个体的不良欲求起着定向作用，对犯罪动机起着促进和加固作用，对犯罪行为起着支配作用。

2. 强烈的、畸变的需要。需要是形成动机的内在动力，动机是需要的现实表现。犯罪人的需要，突出表现在其对自我强烈需要的失控和需要满足方式与社会规范相对立两个方面。犯罪人的需要相较于守法者更固执、更强烈，而犯罪人对强烈、畸变的需要又往往缺乏控制能力和选择合法途径满足需要的能力，往往通过犯罪行为来满足自己强烈、畸变的需要。

3. 犯罪动机。犯罪动机是驱使犯罪人实施犯罪行为的最直接的内心起因，是在犯罪人强烈、畸变的需要基础上，在外界诱因的刺激下产生的。动机具有明确的目的性，是动力结构中最活跃的因素，是犯罪行为的直接动力。

4. 不良兴趣。兴趣是人的认识需要的情绪表现，也是力求参与并探究某种事物的心理指向。兴趣是人在长期的社会生活中逐渐形成的，会指引人们对外界的信息作出选择，也会影响人们行为的方向。犯罪者的兴趣对其犯罪行为会产生潜移默化的影响，通过犯罪行为的实施，不良的兴趣也可能得到进一步的巩固。

二、特征结构的组成要素

个性心理特征是个性心理的特征结构，包括气质、性格、能力三种心理成分。如果说动力结构是个性的深层结构，那么特征结构则属于个性的表层结构，表现出个性心理活动稳定性的特点和独特的行为方式。犯罪心理的特征结构，显示出个体犯罪行为的特点和区别于他人的某种特征。

犯罪心理的特征结构包括：

1. 特定的气质。气质是个人心理活动稳定的动力特征。当一个人在不良因素作用下走上犯罪道路时，气质对主体的犯罪类型和行为方式会产生影响，并使其在犯罪活动中反映出气质的特征。

2. 消极的性格特征。性格是个体对现实稳定的态度和与之相适应的习惯化的行为方式。消极的性格特征是个性社会化缺陷的突出表现。对犯罪人的个性测试表明，其消极的性格特征主要表现在以下几个方面。

（1）性格的态度特征。缺乏对社会、集体、他人的责任感、义务感、同情感，好逸恶劳，贪婪自私，甚至虚伪狡诈。这在各类罪犯身上均有不同程度的表现，尤在物欲型罪犯中表现得较为突出。

（2）性格的情绪特征。情绪冲动性强、理智性差，行为常受情绪左右；心胸狭窄，报复心、嫉妒心、仇恨心、虚荣心强；挫折耐受力差，遇到挫折和外界刺激，易产生消极激情，导致攻击性的犯罪行为。这在杀人、伤害、爆炸等暴力型犯罪者和诬告、陷害一类犯罪者中表现得很明显。

（3）性格的意志特征。主要是意志品质薄弱，自制力差，冒险、侥幸心理突出。这几乎是多数犯罪人共有的性格特征。

（4）性格的理智特征。不少犯罪人理智水平低，思维狭窄，偏执性强，固执己见，不能正确认识和评价自己行为的社会意义及后果。这在一些低智能犯罪者和对法律近乎无知的犯罪者中表现得较为明显。

3. 与犯罪活动相适应的能力。一定的能力是个体获得生活技能、适应社会生活必不可少的条件。犯罪人在能力发展水平上出现偏倾状况：一方面，有些犯罪人表现为智力水平低，缺乏必要的生产和生活技能；另一方面，却形成了一定的犯罪技能、技巧和体能。

4. 不良的行为习惯。习惯既是某种能力的特殊形态的熟练，又是一种生活定势。长时间从事犯罪活动的人，必然形成不良的行为习惯，包括犯罪习惯和不良的生活习惯。它对犯罪动机起着引发和加固的作用。不良的行为习惯具有滞后于意识的惰性。有时，在犯罪心理结构中，即使其他心理因素有所改变，也很难使犯罪习惯马上改变。

三、调节结构的组成要素

个性的调节结构就是以自我意识为核心，对个体心理与行为进行控制、调节的系统，包括自我意识、道德意识、法律意识等。犯罪心理的调节结构，对犯罪人的欲求等动力结构起加强或削弱、发动或终止的调控作用，对其动机与行为起协调、监督作用。

犯罪心理的调节结构主要有：

1. 扭曲的道德意识。道德意识是反映社会生活中人与人之间的道德关系、道德现象的观念体系。包括道德认识、道德情感、道德意志、道德评价能力、道德行为规范的掌握等，其中的“良心”和道德义务感、责任感，对个体的行为起着自觉的调节作用。犯罪人对道德意识的选择，是依据自身的犯罪需要来确定的，因此，他们另有一套扭曲的道德意识。

2. 错误的法律意识。法律意识是人们关于法和法律现象的思想观点、知识体系和社会态度的总和。就个体而言，主要包括法律知识、对法律的态度和守法的行为素养三个层次。它与道德意识相配合，调节人们的社会行为。在犯罪人的头脑中，正确的法律意识极为淡薄。少数人正是因为对法律的无知而犯罪，多数人则是因为存在着错误的法律观念或者对法律采取蔑视态度、缺乏守法的行为素养而犯罪。

3. 不成熟或歪曲的自我意识。自我意识是人对自身及主客体关系的意识，是调节结构中最重要的成分。不成熟或歪曲的自我意识，是犯罪人个性社会化缺陷的突出表现。由于自我意识的不成熟，存在着自我认识、自我评价的幼稚性、歪曲性、盲目性。这种自我意识水平，不仅不能正确地认识、评价、控制、调节自己的心理活动，而且表现为个性的主观、片面、固执、狭隘、任性、放纵，从而推动犯罪行为的发生。

四、犯罪人的心理状态

心理状态是介于心理过程与个性心理之间，在一定时间内两者是交融、汇合的统一状态。个体心理状态往往是以情绪状态为主的各种心理因素的综合反映。它主要由个体的需要是否得到满足所产生的情绪体验所决定的，并且受到个体气质、社会认知、自我意识等多种因素的影响。犯罪人的心理状态呈弥散状态，对动力结构、调节结构和全部个性心理活动均产生一定的影响。

犯罪人的心理状态主要包括：

1. 消极、不良的心境。心境是一种使人的一切体验和活动都染上某种情绪色彩、微弱而持久的情绪状态。它对人的生活有很大影响。持续时间很长的不良心境，会使个体处于压抑、不满、企图寻求解脱的自我体验之中，从而推动犯罪动机的形成。

2. 实施犯罪行为前的心理状态。在犯罪行为实施之前，犯罪人通常会处于一种焦虑状态，情绪高度紧张，但这种心理状态也会因人而异，初犯、偶犯的焦虑和紧张的情绪状态往往比惯犯、累犯要强烈。实施犯罪行为前，过度焦虑和紧张的状态也有可能会促使犯罪人放弃犯罪行为。

3. 实施犯罪时异常的心理状态。在实施犯罪活动时，行为人注意力高度集中，情绪处于亢奋状态，常态心理被压抑；机体内一切能量都被调动起来，集中于犯罪目的的实现。在某些类型的犯罪者中，激情的出现，往往是实施犯罪的重要心理因素。如果没有某种异常心理状态，那么许多犯罪行为的实施是不可想象的。

五、犯罪心理结构中的潜意识

根据弗洛伊德（Sigmund Freud，1856—1939 年）的精神分析学说，人的心理可区分为三个层次：个人能觉察和感知的意识（conscious）；不能觉察与感知的潜意识（unconscious）；介乎两者之间、属于被遗忘的经验，需要通过努力才能再复现的前意识（preconscious）。潜意识（有时又称无意识），是指被压抑的、当时知觉不到的本能、欲望和经验。

根据大量的心理测验、谈话和犯罪人的自我报告资料得知，他们在实施犯罪行为时，心理结构中确实存在着潜意识。研究犯罪心理结构中的潜意识，有利于理解和解释一部分犯罪人实施犯罪行为过程中的一些模糊不清的动机、某些不合逻辑与怪异的行为。

犯罪心理结构中的潜意识包括：

1. 动力结构中的潜意识。犯罪人的某些需要、兴趣，凡属于主体不能清楚地意识到的本能、欲望和经验，都应被视为潜意识。如青春期的性躁动，欲望受挫后产生的焦虑等，往往形成一种无名的冲动而产生犯罪行为。即使是犯罪动机，有时也可能在意识朦胧状态下发生，如激情状态下的杀人等。动力结构中的潜意识推动犯罪人实施犯罪行为，而犯罪人却意识不到。

2. 特征结构中的潜意识。人的自我意识有时是不充分的。个体的气质、性格、能力具有一定的稳定性，在各种不同的场合、状态都会体现出某些特定的特征，而这些特征并非每个人都能清楚地意识到。因而，在作案时往往留下蛛丝马迹，客观上为侦破案件提供了线索。

3. 心理状态中的潜意识。行为人的心境、激情往往不能被主体清晰地意识到。如，“无名的烦恼”为何出现，“怒火三丈”的缘由是什么，为什么有一种非发泄不可的压抑感，等等。对此，主体的意识状态往往是模糊的。如果主导心境受上述心理状态支配，就有可能产生犯罪行为。

总之，上述犯罪心理结构的各要素是综合地起动力作用的。它们之间按一定层次相互结合而形成内在联系，互相配合与制约地发挥作用，从而产生具有一定特征的犯罪行为。其相互关系是：不良的个性倾向是犯罪人实施犯罪活动的基本动力，支配和推动着其全部心理活动和行为；歪曲的自我意识是犯罪人接受不良信息、诱发犯罪动机的现实过程，对犯罪行为起调控和制动作用；变异、偏执的个性特征，使犯罪活动染上了个人的独特色彩；与犯罪相适应的心理状态，是作案时必备的心理条件。

综合上述，可将犯罪心理结构的各亚结构体在个性中所处的位置以图 3－2 表示。

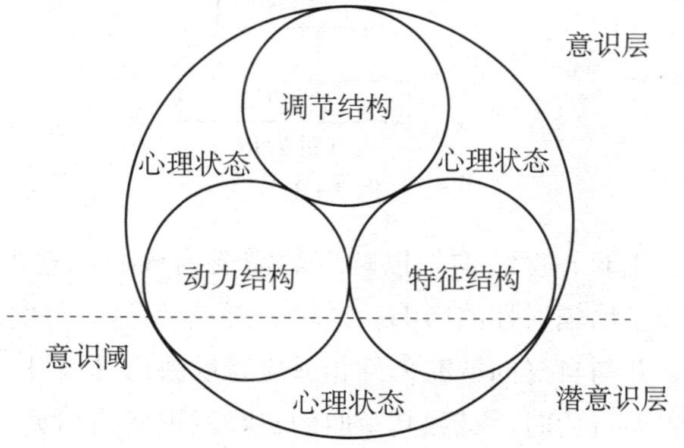

图 3－2

第三节 犯罪心理结构的模式及形态变化

一、犯罪心理结构的模式

由于犯罪行为的复杂性，作为驱动力的犯罪心理结构也呈现出多样性，有着类型差异和个别差异，可按不同标准作不同的类型划分。例如，以有无犯罪动机作标准，可划分为故意犯罪心理结构和过失犯罪心理结构；以其稳固程度作标准，可划分为惯犯、累犯的犯罪心理结构和初犯、偶犯的犯罪心理结构；以组成要素的多寡作标准，可划分为完全的犯罪心理结构和不完全的犯罪心理结构；以发动犯罪行为的动力作标准，可划分为需要型犯罪心理结构和情绪型犯罪心理结构等。

上述种种类型划分，又可概括为一般模式与特殊模式两大类。

（一）一般模式

即常见模式、典型模式，泛指隐藏在大多数犯罪者头脑中与常见犯罪行为后面的内在心理驱动力的构成状况。具体来说，它表现为以下几种犯罪心理结构。

1. 故意犯罪心理结构。这是犯罪心理结构中最常见的类型。我们通常所说的犯罪心理结构，一般是指故意犯罪心理结构。如果以大量故意犯罪案件作为研究对象，舍弃个案的特殊性，概括出故意犯罪心理结构的主要成分和特征，寻求其内部相互作用的方式和运行机制，便可获得犯罪心理结构的一般模式，或称典型模式。如图 3－3 所示。

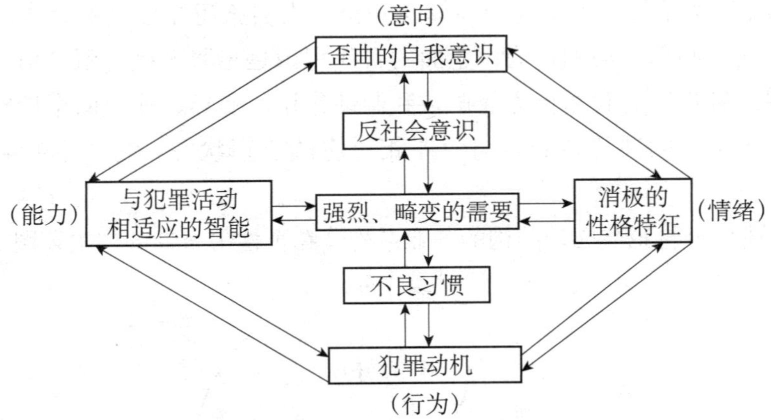

图 3－3

该模式图说明：犯罪心理结构是以畸变的需要为核心，它作为犯罪心理的原动力，向其他心理成分发出辐射性的影响。这种需要，又是以反社会意识作为支撑，以不良的习惯作基础，并与自身的智能条件相适应，反映出其消极的性格特征。而在形成犯罪动机、发生犯罪行为时，又和其歪曲的自我意识密切相关。上述各心理要素之间，均建立了双向联系，既有输出，又有反馈，互为影响，相互作用。

2. 稳固的、完全的犯罪心理结构。在故意犯罪心理结构中，惯犯、累犯的心理结构，属于稳固的犯罪心理结构。其发动犯罪的各心理因素之间联系紧密，呈胶着状态，不易被分解；自组织作用增强，能自动配合、驱动；因不良行为习惯和犯罪方式的自动化，犯罪行为发生前往往缺少动机斗争；应变能力强，能适应各种环境，捕捉到犯罪机遇；有的职业犯罪人的犯罪心理已经个性化，矫正、改造十分不易。

3. 需要型犯罪心理结构。需要型犯罪心理结构是最常见的犯罪心理结构。它从犯罪动力的一般性上显示其典型性和普遍性。又可分为两类：（1）以生理的、物质的畸变需求作为内驱力，包括性欲型犯罪和物欲型犯罪；（2）以反常的精神需求作为内驱力，包括权力欲、支配欲、虚荣心等。无论是生理的、物质的需求，还是精神的、社会的需求，犯罪人发动犯罪行为，都是为了获取某种利益，寻求某种满足。

（二）特殊模式

所谓特殊模式，是指不常见的、非典型的犯罪心理结构模式。它在犯罪心理结构中是一种较为特殊的情形。具体来说，它表现为以下几种犯罪心理结构。

1. 不稳固、不完全的犯罪心理结构。在故意犯罪心理结构中，偶犯、初犯的心理结构属于不稳固的犯罪心理结构。其发动犯罪行为的各心理成分之间结构松散，不够协调；内心矛盾、冲突多，经常出现动机斗争；犯罪决意形成晚，在犯罪机会出现时犹豫不决；犯罪心理尚未个性化，矫正、改造比较容易。但是，随着犯罪次数的增加和条件的变化，不稳固的犯罪心理结构有可能向稳固的方向发展、变化。

不完全的犯罪心理结构，是指按照犯罪心理结构的一般模式衡量，缺少其中某些重要的心理成分，但仍然驱动、引发了犯罪行为。例如，有的犯罪人并无不良的行为习惯，系一念之差或偶然失足等。

2. 过失犯罪心理结构。犯罪心理结构有故意犯罪心理结构与过失犯罪心理结构之分。为什么故意犯罪者与过失犯罪者都存在着犯罪心理结构呢？这是因为这两种犯罪都是在行为人的某种犯罪心理（故意或过失）支配下实施的，同样为个体心理成熟水平、个体心理特征和特定情境下的心理状态所制约，而这些心理因素都是相互联系、相互作用、互为动力和呈结构状态的，所以，都可以被称为犯罪心理结构。不过，前者具有典型性，后者是非典型的犯罪心理结构。两类犯罪心理结构在形式和内容上均有很大的区别。

3. 宣泄型犯罪心理结构。这种犯罪心理结构的特殊性在于，个体发动犯罪行为不是为了获取什么直接利益，而只是为了宣泄消极的情绪、恢复心理平衡。同需要型犯罪心理结构相比较，其犯罪目的不明确，有时光损人而不利己，甚至害人害己。宣泄型犯罪心理结构，实际上也是因需要的不满足导致消极情绪的积累而引起的，不过在实施犯罪时，需要本身反而变得模糊不清，犯罪行为主要受冲动的情绪状态支配。其特点是在发动犯罪行为的动力方面，以情绪的发泄为主，理智感减弱或丧失，行为人缺乏权衡利害得失的思维、判断能力，多系突发，较少预谋。

二、犯罪心理结构的形态变化

根据心理、意识支配行为的原理，犯罪心理结构应当是在犯罪行为发生前形成的。从犯罪心理结构的形成，到犯罪行为的实施和犯罪活动结束，犯罪心理结构经历了潜在、恶变、衰落三个阶段和三种形态上的变化。

按照比利时科学家普利高津提出的耗散结构理论，以及协同论、突变论的观点，同时依据犯罪人的自我观察报告得知，犯罪心理结构是一个动态的耗散结构，其形态变化可作如下区分。

（一）潜在形态

一个人发生犯罪行为，有其深刻的个性原因。个体社会化缺陷而产生的不健全人格，是形成犯罪心理结构的基础。但是，不健全人格或错误人格倾向还不能被称为犯罪心理结构，因为不健全人格者的某些不良的心理因素，还处在混沌、无序状态，尚未形成有组织的力量，缺乏稳定性和明确的方向性。

资料：

耗散结构理论研究的是一个系统从混沌、无序向有序转化的机理、条件和规律。这个理论认为，开放系统在远离平衡的情况下，由于许多复杂因素而出现涨落，当发生某些事物耦合（耦合是借用物理学的概念，指两个或两个以上的体系或两种运动形式之间，通过各种相互作用而彼此影响乃至联合起来的现象），达到一定的阈值（特定的临界值）时，会突然出现以新的方式组织起来的现象，产生新的质变，从原来混沌、无序的状态，转变为在时间上或功能上的有序状态。

资料来源：金哲等主编：《世界新学科总览》，31～33页，重庆，重庆出版社，1986

上述机理和“临界值”的概念，对于研究犯罪心理结构的形成，帮助我们划分了一般心理结构同犯罪心理结构之间的界限，给予了重要的启示。

那么，犯罪心理结构初步形成的“临界值”在哪里呢？当个体不良心理因素不断发展，积累到一定程度时，便产生了以非法手段获取利益的犯罪意向。一个人由不健全人格（或错误人格倾向）转而形成潜在的犯罪心理结构的标志（即它的“临界值”），应当是犯罪意向。意向是人的活动动机的最初阶段，犯罪意向就是由不良需要引起的违法犯罪的行为倾向。只要产生了犯罪意向，就表明个体心理发生了质的变化，由自发的偶尔发生不良行为的模糊状态，进入了自觉地实施违法行为的倾向状态，也就是实施犯罪行为前的准备状态。这种状态，可称为犯罪心理结构的潜在形态。

犯罪心理结构的潜在形态处在不稳定、不充分的萌芽阶段。虽然产生了犯罪意向，其各不良心理因素进行了初步整合，开始向有序方向发展，但仍然没有完全摆脱混沌、无序状态。

（二）恶变形态

资料：

耗散结构理论强调非平衡是有序之源。当一个开放系统和外界交换信息与能量达到一定的临界值时，这个系统就要通过涨落发生突变，从原来的混沌、无序状态转变为稳定、有序的状态，进而产生新的能量。

资料来源：金哲等主编：《世界新学科总览》，31～33页，重庆，重庆出版社，1986

根据这一理论，犯罪心理结构从潜在状态进入实施犯罪行为状态，其恶变的机制大体是：

1. 外界的不良诱因是导致潜在犯罪心理结构恶变的条件和契机。在心理系统和外界进行信息交换的初期，这个过程只是产生了量变。当心理系统从外界获取的能量和信息接近一定的临界值时，其内部的信息容量上升到饱和的程度。如果继续增强外界对心理的作用，就会使心理从量变过渡到质变，这种变化以心理内部新结构的出现和新体系的产生为标志。犯罪动机的产生，是犯罪心理结构由潜在状态发展为恶变状态的标志。

2. 心理系统的“整合”功能是犯罪心理结构恶变的内部机制。人的心理系统不仅是动态的开放系统，同时也是自我调节的系统。犯罪心理结构的恶变，不仅是在与外界交换信息过程中某些心理因素的恶变，而且是整体心理结构的再组织与恶变，即产生心理系统向着恶性方向发展的自组织功能。这种整体恶变的自组织功能主要表现在：根据外界环境的变化，自动控制、调节、更新心理系统内各种要素的组合方式，使原来处于潜在、无序状态的不良心理因素占据主导地位，通过重新的组合与调整，使各种消极心理因素变得稳定、紧凑与有序，形成朝着实现犯罪目标方向发展的“合力”结构。

3. 犯罪动机外化为行为是犯罪心理结构恶变的结果。犯罪心理结构恶变，产生犯罪动机之后，行为人或者伺机作案，或者制造犯罪的机会和条件，以求获得犯罪目的的实现。此时，只要有适当的机遇与条件（如被害对象的出现和防卫系统的削弱），行为主体就会迅速地将犯罪动机付诸实施，外化为犯罪行为。这便是犯罪心理结构恶变的结果。

上述机理，对于突发性、激情性犯罪也是适用的。一般性犯罪动机的形成与突发性、激情性犯罪之间，只是存在着渐进与突发这一时间上的差别，其内部运行机制并无不同。当然，一般来说，突发性、激情性犯罪人恶变的结构并不牢固，离开了一定的情境，便会迅速衰落。

（三）衰落形态

当犯罪行为已经实施，其犯罪欲求得到满足，或者因犯罪行为受到遏止而恐惧感增强，或者离开了特定的犯罪环境时，与犯罪相适应的心理状态也随之消失。这时，行为人头脑中常态的心理因素从抑制状态逐渐恢复，内部心理矛盾和冲突再度产生，或者由于担心罪行暴露，受到刑罚惩处，他们有可能出现一定程度的后悔、自责或惊恐不安。这样，原来实施犯罪行为时发生恶变，呈现稳定、有序状态的犯罪心理结构开始衰落，又变得松弛、乏力，暂时不会形成“合力”结构。初犯、偶犯的这种状况比较明显，可称为“衰落”；惯犯、累犯的衰落现象不明显，仅有所“衰减”。但是，无论是衰落或衰减，都是一种实施犯罪行为后的松弛、乏力状态，与实施犯罪行为前的混沌、无序状态是不同的。衰落或衰减是经过整合以后的涣散状态，仍然保持着“合力”结构时的模型。由于增加了犯罪活动的体验，强化了犯罪心理，为再次恶变准备了更充分的条件。虽然回到了潜在状态，但今后实施犯罪活动的可能性、频率及主观恶性，都较之犯罪前增加了。

第四节 犯罪心理结构的作用与特性

一、犯罪心理结构的作用

（一）结构的稳定程度影响犯罪行为的发生

如上节所述，犯罪心理结构可根据其各因素间结合的稳定程度，区分为稳固的和不稳固的犯罪心理结构，它们对犯罪行为的发生有如下影响。

1. 自觉性与非自觉性。稳固的犯罪心理结构下，往往不是被动、消极地等待犯罪机遇的出现，而是寻找、捕捉或制造有利于实施犯罪行为的机遇。在这种情况下，犯罪行为发生的可能性大，频率高。不稳固的犯罪心理结构下，其中各心理因素之间不够协调，内部动机斗争较明显，其犯罪动机的形成往往在犯罪机遇产生之后。只有在外部诱因较强，犯罪机会频频出现时，经过权衡利弊，他们才会下定决心，去实施犯罪行为，因而表现出实施犯罪行为的非自觉性与被动性。

2. 快速性与迟缓性。稳固的犯罪心理结构下，从犯罪机遇出现到犯罪行为发生，较为快速。其原因是其各心理因素之间比较协调、契合，易于产生犯罪动机和发生犯罪行为。不稳固的犯罪心理结构下，各心理因素之间关系较为松散，常有内部矛盾、斗争出现，因而犯罪动机形成迟缓，犯罪行为发生也就相应推迟。

3. 可变性与难改性。不稳固的犯罪心理结构下，主体内心存在着较多的光明面，心理矛盾多，各消极心理因素之间聚合力不强，较易于促使其朝着良性方向转化。与此相反，稳固的犯罪心理结构较难于打破，矫治、改造有一定的困难。

（二）结构的组合状况决定犯罪行为的性质

结构的组合状况，是指犯罪心理结构各要素之间在层次性、动力性和主导性方面的个别差异，这种差异决定了犯罪行为具有不同的性质。

1. 层次性组合状况。从系统论的观点来看，结构层次的完整性，对于系统功能的发挥，具有重要意义。在一般情况下，犯罪心理的动力结构处于深层，特征结构处于表层，调节结构处于高层，心理状态呈弥散状态。这是故意犯罪心理结构的典型状况。促使过失犯罪行为发生的心理结构却呈现出层次的缺损性和不完整性。因此，层次性组合状况的不同，决定了犯罪行为的故意或过失的性质。

2. 动力性组合状况。需要型犯罪动力结构，是最常见的动力性组合状况。需要较弱的，造成轻微的违法、犯罪；需要较强的，往往形成大案、要案。情绪宣泄型犯罪动力结构，极易产生突发性的恶性案件。因此，动力性组合状况的不同，决定了犯罪的严重程度和案件的性质。

3. 主导性组合状况。在多数案件中，强烈、畸变的需要起主导作用。在需要受挫、自我调控能力减弱、情绪失控的情况下，情绪宣泄又成为犯罪的主导性动力。这是两种较常见的主导性组合状况。此外，还有意识主导性组合状况、个性特征主导性组合状况和心理状态主导性组合状况。

（三）结构各因素的组合方式影响行为的发展变化

犯罪心理结构各因素的组合方式及其对行为的影响，大体上有以下几种类型。

1. 一主多从。在犯罪心理结构各要素中，有时只有一种心理因素是促成犯罪行为的主要动力。一主多从的组合方式，有两种发展方向：

（1）恶化和加深。又可分为两种情况：A. 发展为具有多种心理因素共同驱动的复合型犯罪。B. 主要的驱动因素日渐加深，其他从属的不良因素配合得更加紧密，犯罪心理结构趋向巩固。

（2）转化和减退。由于驱动因素单一，对矫治者来说，主攻方向明确，可以利用各种因素之间的不协调和矛盾施行矫治，往往会收到较好的效果。

2. 多因并列。在犯罪心理结构各要素中，存在着多种驱动因素，反映在犯罪行为上，往往是复合型犯罪。这种状况，多见于惯犯、累犯。由于其犯罪心理各因素之间结合紧密，多头驱动，犯罪动力定型已经形成，人格结构全面恶化，因而改悔较为困难，往往演变为职业犯罪。

3. 递进或递减。递进，是指一种心理因素的恶性发展，影响其他心理因素的全面恶化。递减，是指一种心理因素的良性转化，带动其他心理因素的渐次转化。

4. 循环往复。在对许多犯罪者的追踪考察中，往往发现其变好过程中又回生、变坏过程中又回头的现象。这是因为犯罪心理结构各要素之间，往往是双向联系、相互影响和制约的，某一因素的变化，既影响其他因素的变化，同时也受到其他因素的影响和制约。

二、犯罪心理结构的特性

犯罪心理结构作为犯罪行为的内驱力，有其自身的特性，主要包括以下方面。

（一）整体性与层次性

用整体的、系统的观点来认识犯罪心理结构，具有重要的意义。任何人的心理结构，都是由多种心理成分和子系统组成的复杂系统，这个系统内部既有协调一致、相互配合的一面，又有矛盾斗争、彼此牵制的一面。同样，在犯罪心理结构中，虽然某些心理因素起主导作用，但也不能忽视其他心理因素的配合、牵制作用。

犯罪心理结构的内部关系具有层次性，就是说，犯罪心理结构是由不同的维度和层次构成的完整的机制，其各不良心理因素分别居于不同层次，既有深层又有表层，既有动力层又有调节层，既有意识层又有无意识层，既有亚结构又呈弥散状态。各层次、结构之间的契合、运动，使犯罪心理结构具有自组织化（self organization）功能，它能将进入意识阈的各个心理成分以最佳效能的方式组合起来，从而使犯罪主体能够自觉地应付和处理所面临的环境和问题。

（二）驱动性与普遍性

犯罪心理结构具有支配犯罪行为实施的驱动性和决定行为方式与目标的指向性。它标示着犯罪人心理活动的内容和意识事实的特质——实施违法、犯罪行为和指向特定的违法、犯罪行为。此结构所包含的心理活动内容与社会的道德、法律规范相背离，加之个性品质的不良，便使得犯罪心理结构与守法者的心理结构，在性质、功能、组合方式以及活动的指向性上，有着显著的差异。没有犯罪心理结构的驱动性和指向性，就不可能发生特定的犯罪行为。

犯罪心理结构具有普遍性，是指在各类犯罪人中都普遍地存在着犯罪心理结构。无论是故意犯罪还是过失犯罪，无论是初犯、偶犯还是惯犯、累犯，无论是预谋犯罪、激情犯罪还是不同类型的犯罪，都无一例外地存在着驱动犯罪行为发生的犯罪心理结构。尽管此种犯罪心理结构同彼种犯罪心理结构之间存在着差异，但仍然具有共同性，即它们都是作为犯罪行为的内部驱动力而存在的。

（三）稳定性与可变性

犯罪心理结构一旦形成，就具有相对的稳定性，表现出时间上的连续性和行为上的一贯性。这一方面是由其功能所决定的——特定的犯罪心理结构必定产生出具有特定指向和一定特征的犯罪行为，另一方面是由其与人格结构的紧密联系所决定的——犯罪心理结构源于个体人格所潜伏的特殊人格倾向①，这种人格倾向以其自身为核心，将各种消极心理因素整合为特定的犯罪心理结构。因此，个体人格的稳定性决定了个体犯罪心理结构的稳定性；同时，犯罪行为的实施，将使其稳定性得到进一步的强化和巩固。

稳定性并不排除变化，犯罪心理结构也不是凝固不变的，它具有可变性，这种可变性取决于主体对内外环境的依赖性和应答性。由于主体犯罪需求的变化以及客观环境的变化，犯罪心理结构必须作出相应的调整，以适应这种变化。同时，外界不良信息的再次输入，犯罪行为的反复进行，使得犯罪心理结构不断恶化并向着多极化、深层化的方向发展；也可能因犯罪行为被揭露、受到惩罚，通过强制性的改造，使犯罪心理结构解体，原有的社会心理缺陷得到矫治或部分矫治。

（四）开放性与动态性

犯罪心理结构并不是一个封闭的系统，它的形成与发展、变化，时刻都与外界保持着密切的联系和积极、能动的反馈与互动。正是结构的开放性，才保证了犯罪心理结构与不良外界环境及犯罪机遇的协调、一致性。离开了结构的开放性，犯罪心理结构也就失去了生长和发展的客观依据。

犯罪心理结构的开放性，决定了它的动态性。对于个体来说，犯罪心理结构虽然是一个相对稳定的结构，但仍时刻处在变化之中。这种动态变化，既有缓慢的渐进变化，也有快速的急剧变化。在犯罪行为发生前后，动态变化更为显著。

（五）隐秘性与客观性

在犯罪行为发生之前，犯罪心理结构处于隐秘状态，一般不为人所知。这是由犯罪需求与企图违反社会公认的准则及犯罪行为将受到刑罚惩罚所决定的。因此犯罪心理结构的隐秘性是行为人自我保护需要的体现。

但是，犯罪行为的发生，将使得隐秘的犯罪心理结构暴露和外化，使其具有的客观性一览无余。通过犯罪行为的实施，该结构的各种不良心理因素，大部分可以被观察到；少部分表现得不充分的，也可通过心理测试反映出来。各种不良心理因素之间的内在联系，可通过犯罪事实判断和罪犯的自我陈述，用概念或图示加以描述。

① 这里说的人格倾向（personality tendency），不同于个性心理结构中的个性倾向性（personality inclination），而是指个体对内外刺激信息发生一般反应倾向的心理图式系统。

第五节 犯罪心理结构的实证和测量

虽然犯罪心理结构无法被直接观察到，但它又是确实存在的意识事实。怎样证明犯罪心理结构的存在？测量犯罪心理结构有何理论依据与实证依据？用什么样的方法来检验犯罪心理结构的个别差异？这些都是本节要讨论的问题。

一、犯罪心理结构的可测性

（一）理论依据

1. 辩证唯物主义的认识论——可知论。马克思主义哲学认为，人的心理现象和意识事实，同其他事物一样，都是可知的。唯物主义的反映论就是可知论，它肯定人类有反映客观世界（包括物质世界与精神世界）的能力。即使某些事物和现象的内部规律一时尚不能全部被了解、掌握，但随着实践的深入和检测手段的改进，或迟或早也将被人们认识和掌握。因此，犯罪心理也能为人们所认识和掌握，并逐步弄清其内部结构和运行规律。

2. 犯罪心理有外部表现——听其言、观其行、知其心。人的犯罪心理并非先天具有，而是后天形成的个性心理中社会心理缺陷的总和。人的犯罪心理会在其言语、行为和神态中有所反映。既然某个人有某种不良企图和动机，就不可能不留下蛛丝马迹，从而为人们在事前洞察其犯罪心理提供可能性。在犯罪人实施犯罪行为、造成社会危害后果之后，就更加证明了犯罪心理的存在。

3. 现代心理与个性测量技术的发展——为检测犯罪心理结构提供了科学手段。对人的个性与犯罪心理的检测，不能只凭观察和经验，还必须依靠一定的测量技术。心理测验是研究人的心理现象及其活动内容的较好的方法之一。当然，所使用的测验量表必须达到标准化的要求，具有一定的信度和效度。现代心理学不仅拥有多种个性的测量手段，而且已经研制出一系列测定犯罪人心理素质和预测犯罪行为倾向的标准化量表，从而使得检测犯罪心理结构，有了用于操作的科学手段。近年来，随着高新技术的发展，基于大数据和人工智能技术的非接触式心理测量法也逐渐成熟，可通过摄像头采集微表情、面温、声音、动作以及眼动轨迹等特征指标，进行多模态数据计算和分析，更加客观地侦测个体犯罪心理。

（二）实证依据

所谓实证依据，就是依据现有的对罪犯进行心理检测的结果，已经发现他们在个性的许多维度上，与对照组（非犯罪者）呈显著差异；而不同国家、地区的犯罪者群体（随机样本），其个性维度均值，却有着大体一致的趋势。所有测试结果都表明，犯罪者确实存在着一些异于常人的心理因素、结构特点和个性倾向，从而显示出犯罪心理结构的大体轮廓。

MMPI 测试结果

刘运福等采用明尼苏达多相个性量表（MMPI）对 1 398 例重型犯进行了测量。罪犯组与正常组在 MMPI 各因子上的比较均具有统计学意义（$P<0.001$）。罪犯原始分的平均值除了 L、K、Mf 和 Si 分量表接近于正常组外，其余的分量表均高于正常组，其中 F、Pd、Pa、Pt 和 Sc 因子的原始分明显高于正常组。

资料来源：刘运福等：《重刑罪犯的人格特征分析》，载《法医学杂志》，2009（2），98～101 页

16PF 测试结果

（1）田英忠等运用卡特尔 16 项个性因素量表进行测试，测试结果表明，失足青少年与在校学生测试结果比较，有 12 项个性因素出现显著或非常显著的差异。

资料来源：田英忠等：《失足青少年的性格调查》，载北京市公安局编：《犯罪心理学研究与应用》，1985 年内部发行，80 页

（2）朱海燕等采用 16PF 对 273 名初入狱男性青年罪犯的人格进行测量，并与其他正常组被试的人格进行比较。其结果是：与对照组相比，从特质水平看，罪犯组的 B、E、H、I、O 和 Q26 个特质与对照组存在显著差异，其中敢为性、敏感性和忧虑性的得分显著高于对照组，而聪慧性、恃强性和独立性的得分显著低于对照组。

资料来源：朱海燕等：《初入狱青年男性罪犯的人格特征研究》，载《中国临床心理学志》，2007（6），644～646 页

EPQ 测试结果

（1）徐砺采用 EPQ 对四川某监狱 234 名男性罪犯进行了测试，结果发现罪犯组在各维度上得分均显著高于常模组。这说明相比较普通人，罪犯更为外向，易冲动，情绪更不稳定。

资料来源：徐砺：《对罪犯的艾森克个性问卷 EPQ 调查分析——以四川宜宾某监狱 234 名男性罪犯为例》，载《西南民族大学学报（人文社科版）》，2007（12），139～141 页

（2）宫火良对国内已有的 33 项对罪犯的 EPQ 研究进行了元分析，结果发现：与正常人相比，罪犯具有高精神质和高神经质的人格特征，而内外倾维度并未达到显著性水平。

资料来源：宫火良：《对国内罪犯人格特征研究的元分析》，载《中国心理卫生杂志》，2006（7），465～467 页

其他测试结果

一些研究者使用 Y-G 性格检查问卷、SCL-90 症状自评量表、人格障碍诊断问卷（PDQ-4＋）、大五人格量表（BFI）、瑟斯敦（Thurstone，L. L.）配对比较判断律等测试手段，对犯罪者与非犯罪者进行了广泛的比较研究，同样证实了犯罪心理结构的存在，以及不同类型罪犯在犯罪心理构成要素上的某些差异。

二、犯罪心理结构的测量

对犯罪心理结构的测量，可综合运用自然观察法与现场准实验法、谈话法与调查法、能力测量法与个性测验法等几种个性研究方法。现仅就常用的量表测定法简介如下。

（一）使用个性测验量表

既然犯罪心理结构是个性的一个层面或若干子系统的综合，那么，使用某些维度较多，并显示出个性轮廓、层次的个性量表进行心理测量，就有助于研究犯罪心理结构。常用于对犯罪者进行心理测量的量表有：

1. 明尼苏达多相个性量表（MMPI）。此量表是美国明尼苏达大学教授哈撒韦（R. Hathaway）和医生麦金利（J. Mckinley）于1943年发表的。经过临床实践不断积累经验与修改完善，MMPI既能测定个性的各个特征，也可以鉴别各类精神症状，是目前应用很广的个性量表。心理学研究者经过实际运用，发现此量表能较好地鉴别个体的精神障碍；依据临床量表中的若干双峰图形，能有效地测定其犯罪行为倾向。

2. 卡特尔16项个性因素量表（16PF）。这一量表是美国伊利诺伊州立大学教授卡特尔（Cattell，R. B.）于20世纪50年代编制的个性测验，适用于具有阅读能力的青年、成年及老年人。经美籍华人刘永和等作了修订，于1970年发表了中文修订本，并经过实测编制出港台地区常模表。20世纪90年代初辽宁省教科所又作了简单修订，取了中国内地常模。该量表可对被试在卡氏所确定的16项个性根源特性上的个别差异，作出10个等级的划分，从而绘制出个性轮廓型；还能测定双重个性因素和进行多种应用计算。因此，它能充分显示犯罪心理结构的特点及犯罪者个性因素的某些优、缺点，反映其心理健康水平，并可根据其焦虑与自制力因素的强弱，确定防范与矫治的重点对象。这一量表十分适合矫正机构用来进行对犯罪者的个性诊断，据此开展因人施教的活动。

3. 艾森克个性问卷（EPQ）。EPQ是英国伦敦大学心理系教授艾森克（Eysenck，H. J.）于1975年编制完成的。他采用因素分析法归纳出个性的三个基本因素（内外倾性、情感稳定性和心理变态倾向）以及掩饰倾向。我国于20世纪80年代引进后作了修订，并取了中国常模。根据实测检验，违法、犯罪者（尤其是青少年违法者）在此量表上与同龄人呈现出显著差异。因其简便易行，故可供公、检、法基层单位用来对违法者、犯罪嫌疑人作个性测量使用，便于针对其个性特点，开展审讯、审判与教育。

4. 症状自评量表（SCL-90）。由德若伽提斯（Gerogatis，L. R.）于1975年完成编制，此表包括90个项目，包括比较广泛的精神病症状学内容，如思维、情感、行为、人际关系、生活习惯等。SCL-90包括9个因子，即躯体化、强迫症状、人际关系敏感、抑郁、焦虑、敌对、恐怖、偏执、精神病性，每一个因子反映出病人的某方面症状痛苦情况，通过因子分析可了解症状分布特点。此量表在国内外已经得到了广泛应用。

5. 其他量表。除上述三种量表外，还可运用人格诊断问卷、气质问卷与神经类型测试表、焦虑调查量表（TAI）等对犯罪者进行个性检测，发现其心理异常状态与个别差异；也可用瑞文推理测验（SPM）、韦氏智力量表（WAIS）进行智力测验。

（二）使用专门用于犯罪者的量表

此类量表的使用，始于 1928 年美国伯吉斯（Ernest Watson Burgess，1886—1966 年）的假释成败预测研究。他采用因素分析法对伊利诺伊州三个矫正机构的 3 000 名犯人进行了研究，编制了包含 21 个因素的假释成败的预测量表。此后，相继产生了美国格卢克（Sheldon Glueck，1896—1980 年）夫妇于 1950 年制定的早期违法行为预测表，以及德国、英国学者制定的多种用于罪犯的行为倾向测定量表。但是，由于各国国情不同，社会制度与文化传统各异，此类量表较难移植。

我国上海市监狱于 1994 年编制出《罪犯心理素质测定量表》。由司法部监狱管理局组织、领导的课题组，于 1994 年开始编制适合中国国情、信度与效度较高的罪犯心理评估（COPA）系统已基本完成，正在全国监狱系统推广试用。

思考题

1. 试述犯罪心理结构的概念及研究意义。

2. 犯罪心理结构包含哪些构成要素？它与人的个性是什么关系？

3. 犯罪心理结构可区分为哪两种模式？有何形态变化？试运用耗散结构论等有关理论观点予以阐述。

4. 为什么说犯罪心理结构是可知的？怎样进行犯罪心理结构的测量？

第四章 犯罪心理结构成因

学习目的与要求

通过本章教学，应重点掌握犯罪综合动因论的含义和要点，掌握国内外各种个体犯罪原因学说的要点，了解影响犯罪心理形成和犯罪行为发生的主体内、外因素；难点在于主体内、外因素在犯罪心理形成中的地位和作用。

犯罪心理结构是犯罪心理学研究的核心内容。因为只有从犯罪行为的心理结构出发，发现犯罪者同普通人的心理差异，提升全民心理素质，才能从根本上治理和预防犯罪。习近平总书记就曾指出：要塑造自尊自信、理性平和、亲善友爱的社会心态。因此，必须加强对犯罪心理结构成因的研究，才能有针对性地提出培养健康社会心态的方法。本章介绍了古今中外犯罪原因理论，并系统地分析了影响犯罪心理结构形成的主体内、外因素和本书所持的犯罪心理结构成因理论——犯罪综合动因论。

第一节　我国学者个体犯罪原因论

我国学者对个体犯罪心理形成原因的解释并不一致，大体可划分为以下几类。

1. 内、外因素论，即认为犯罪人犯罪心理形成的原因可以从外在因素与内在因素两方面去归纳。外在因素主要指主体所处的客观环境及其客观存在；内在因素是形成犯罪心理的内因，指主体自身的生理及心理特点。

2. 动力因素论。这种观点以内、外因素论为基础，指出外因是由外界刺激引起的矛盾，内因为心理现象的内在矛盾。它们在发生作用、影响个体犯罪心理形成时，具有一种动力性质。各种动力因素，如潜在的动力因素、发展的动力因素、定型的动力因素，既有先后次序，又相互联系、相互制约；既有发展的连续性，又有发展的阶段性。在个体犯罪心理形成与发展的不同阶段，总会有占有优势的主要矛盾，其往往成为相应阶段中的主要动力因素。

3. 多因素论。这种观点提出在考察犯罪人犯罪心理形成时，要顾及社会因素和主体因素及其关系，包括社会学因素与生物学因素、先天因素和后天因素、外因和内因，以及它们自身的基础与发展趋向。

4. 系统模式论。这种观点从系统论的角度提出犯罪的原因。在探讨该问题时要把握三个基本方面：(1) 宏观社会系统，与自然系统和思维系统相独立，是各个系统心理反应的决定环境，包括社会发展的客观条件、不良社会意识的作用机制等方面内容。(2) 文化环境系统，即与个体产生犯罪心理有关的空间与有害环境。(3) 个体因素系统，主要指个体的不良心理结构，经常表现为主体的不良需要结构和各种反社会化的学习方式。

5. “聚合效应”论。这一观点认为，可能影响犯罪心理产生的诸多因素的作用（包括主要因素的作用、次要因素的作用、主要因素与其他因素相互影响而产生的增效作用等）聚合在一起而产生犯罪心理活动的效应。①

6. 综合动因论。这是本书的立论，它力采各家之长，集各说的合理成分，用辩证唯物论的系统观点，科学地阐明个体犯罪原因。将在下节作详细阐述。

第二节　国外个体犯罪原因论

西方学者关于个体犯罪原因的学说颇多，限于篇幅，本节仅对与犯罪心理学关系较为密切的重要学说作介绍。

一、精神病理学的原因论

精神病理学的原因论主张，人之所以犯罪，主要是因为其精神上的缺陷所致。所谓精神缺陷，主要有精神病、病态人格（即人格障碍）、低能（即精神发育迟滞）以及其他由中毒（麻醉剂、酒精等）所引起的各种精神障碍。

（一）低能说

低能说的倡导者是美国的戈达德（H. H. Goddard，1866—1957 年）。1912 年他用智力测验对新泽西州少年院的少年进行测量，结果发现在被收容的少年中 29%～89%是低能者。因此，他认为，犯罪的主要原因是智力低，犯罪者是天生的低能。但是其他部分学者的研究结论与之不同。如伍德沃德（Woodward，1955 年）的研究显示，犯罪人的平均智商仅低于正常人大约 8 个百分点。而登克沃斯基（Denkoloski，1985）的研究指出，仅约有 2.5%的犯罪人有智能不足现象。不过随着研究方法和工具的科学化，已经逐渐证实了犯罪人中的低智商者虽没有想象的那么多，但犯罪人中

① 参见李世棣、乐国安、李玫瑾、武伯欣编著：《犯罪心理学》，49 页，北京，中国人民公安大学出版社，1986。

确实存在比正常人口拥有较高比例的智能不足现象，而且会因犯罪类别的不同而呈现出不同的智商水平。

（二）病态人格说

这种学说认为，病态人格（psychopathic personality）与犯罪的关系最为密切，难以改造的累犯、惯犯中，绝大多数为病态人格者。他们最显著的特点是缺乏道德感、反社会性强。根据罗宾斯（Robins）等人所作的一项流行病学调查，在美国男性中，病态人格的发生率为3.4%～4.9%，女性则少于0.7%，然而在监狱中的犯罪人却有10%～30%的人属于病态人格患者。德国精神医学家施奈德（Kurt Schneider，1887—1967年）认为，与犯罪有关系的病态人格特征表现为：低级的欲望强烈，并缺乏适当调节或抑制力薄弱；情绪不稳定，对刺激的反应不均衡，常因小刺激而激起大反应；意志缺乏独立性与坚持性，极易为他人左右；缺乏同情心、良心和罪责感，好显示自己，利己、残忍；不负责任，反社会性强，不能适应集体。有的学者否认病态人格与犯罪的关系。例如，美国精神医学家希利在调查了4 000名少年犯时发现，其中70%以上均是精神正常者。美国犯罪学家萨瑟兰（Edwin Hardin Sutherland，1883—1950年）等人认为，病态人格的诊断方法缺乏客观性和标准化，以致各学者的调查结果有相当的出入，因此那种“犯罪是病态人格的表现”之说，如同龙勃罗梭认为犯罪人具有特异体型一样是不妥当的。

犯罪人中确有一部分是在变态心理的驱使下实施犯罪行为的。在社会生活中，病态人格等具有心理障碍的个体由于社会适应能力缺陷，更容易产生犯罪，但该理论以偏概全，将影响犯罪的一种因素看作是主要原因，忽视了正常人的社会属性。因而其观点是片面的，尚不能揭示犯罪的实质性原因。

二、生物学的原因论

生物学的原因论自古有之，它是从纯生物性的角度出发研究犯罪产生原因的。如古希腊的苏格拉底认为：“凡面黑者，大都有为恶的倾向”。亚里士多德进一步发展了骨相学说，认为人的头部形象与人的心智有关，犯罪人头盖骨的形状与正常人的不同。后来的人相学者（Physiognomist）拉法特（Laoater，1741—1801年）也致力于探讨脸部构造及位置与反社会行为的关系。他发现，没有胡须的男人或有胡须的女人、狡猾的眼神、薄弱的下颚、傲慢的鼻子等生理特征，是观察某些人有犯罪倾向的重要指标。意大利犯罪学家龙勃罗梭（Cesare Lombroso，1835—1909年）是这一学说早期代表的集大成者，他以惯犯和重大犯罪者为研究对象，并通过解剖罪犯的头盖骨及对身体各部位的研究，发现多次犯罪的人与正常人在生理构成上有很大不同，他们在生理特征上表现出一种返祖（Atavistic）现象，这些身体上的缺陷使他们退化到像原始动物一样的生活方式；并据此提出了“天生犯罪人”理论。龙勃罗梭所称的天生犯罪人，在生理上有一些特殊标志，如面部不对称、颚骨与颧骨过大、嘴唇肥厚并外凸等。由于受当时的科学发展以及其两个弟子菲利（Enrico Ferri，1856—1929 年）和加罗法洛（Raffaele Garofalo，1852—1934 年）的影响，龙勃罗梭到晚年开始修正其天生犯罪人理论，承认环境的因素对犯罪人的影响强于生理因素。龙勃罗梭的学说由于以偏概全，因而受到多数学者的批评。但随着 20 世纪以来科学技术的发展，从生理上寻找犯罪原因具备了科学的基础和实验的印证，相关研究的学者日益增多，形成了拥有一批自然科学家的犯罪生物学派。现代生物学的原因论主要有以下几种。

资料：

龙勃罗梭认为，犯罪人在生理上尤其具有下列特征：（1）头部的大小与同一地区的人种迥异；（2）面部不对称；（3）颚部及颧骨过度发展；（4）眼睛有缺陷和异状；（5）耳朵的大小不寻常，类似非洲的黑猩猩；（6）扭曲、向上或鹰钩的鼻梁；（7）肥胖、肿大和突出的嘴唇；（8）像某些动物的袋状面颊；（9）上颚变形，如过大、突起或凹陷；（10）不正常的齿系；下巴退缩、过长、过短或扁平，类似无尾猿；众多、早熟、多样的皱纹；头发的变形，尤其具有不同性别的发型特色；胸膛的肋骨过多或过少及多余的乳头；骨盆表征与正常人迥异；过长的手臂；额外的手指与脚趾；脑半球的不平衡。

资料来源：杨士隆：《犯罪心理学》，29～31 页，北京，科学教育出版社，2002

（一）遗传说

遗传说认为，一个人犯罪是由遗传因素决定的，故又称犯罪遗传决定论。这一学派的研究丰富，主要有以下几种。

1. 双生子研究（twin study）。双生子说认为，假如遗传基因会导致犯罪行为的话，那么只要双生子中的一个犯罪，另一个也很可能犯罪。法国精神病学家兰格（Johannes Lange，1891—1938 年）的研究发现，同卵双生子（monozygotic twins，MZ）的犯罪一致率比异卵双生子（dizygotic twins，DZ）高。由于双生子的生活环境几乎完全相同，因此兰格认为遗传基因在犯罪发生过程中在很大程度上起着决定作用。戈茨曼（I. I. Gottesman）、凯里（G. Carey）和汉森（D. R. Hanson）的研究（1983 年）发现，这种显著差异只有在成年的双生子中才表现出来。在对少年进行的几项研究中，同卵双生子和异卵双生子的一致率分别为 87%和 72%，表明遗传对少年犯罪的影响比较小。D. Rowe（1983 年）的研究发现，同卵双生子中的少年犯罪度量的相关性高于异卵双生子的少年犯罪度量的相关性。这些研究肯定了遗传对犯罪的影响，但也不可否认，环境对犯罪也有一定的影响。

资料：

其他人对双生子的研究

研究者、年代、国别	同卵双生子		同性别异卵双生子		异性别异卵双生子	
	对数	一致率%	对数	一致率%	对数	一致率%
A. M. 莱格罗斯，1932，荷兰	4	100.0	5	0.0		
A. J. 罗萨诺夫等，1934，美国	37	67.6	28	17.9	32	3.1
H. 克兰茨，1936，德国	31	64.5	43	53.5	50	14.0
F. 斯通普夫，1936，德国	18	61.6	19	36.8	28	7.1
C. 博格斯罗姆，1939，芬兰	4	75.0	5	40.0	10	20.0
P. 蒂尔纳雷，1963，芬兰	5	60.0				
K. O. 克里斯琴森，1968，丹麦	81	33.3	137	10.9	226	3.5
S. O. 达尔加德等，1976，挪威	49	22.4	89	18.0		
	31	25.8	54	14.9		

资料来源：吴宗宪：《西方犯罪学》，265页，北京，法律出版社，1999

2. 染色体研究。该学说认为，人之所以犯罪，是因为性染色体数量异常。染色体是细胞核内的一种微型物体，对生物遗传起重要作用。正常人一般有46个染色体，其中44个决定身体的形状和结构，2个决定性别。男性的性染色体为X和Y，女性的性染色体为X和X。但研究发现，有些男性的染色体数量不正常，有47个，决定性别的染色体有3个，即XYY或XXY。当性染色体为XYY或XXY时，便容易出现自我控制能力差、易激惹等心理特征，从而实施暴力犯罪和性犯罪者较多。雅各布斯（Jacobs，1965年）在对心理异常的196名男性犯罪人的检查中发现，有7名是XYY性染色体异常者，而这7名全是暴力犯。他的研究还发现，XYY染色体异常者的初次犯罪年龄比一般犯罪人的要小，比所调查的一般犯罪人平均小5岁左右。麻兰（Moran，1978年）研究发现，XYY性染色体异常者在犯罪人当中的比率是一般人的2倍。但目前尚缺乏足够的证据证明犯罪与染色体异常有直接关系。

3. 家庭史研究，从家庭史（pedigree study）入手，主张犯罪具有遗传性。关于家族史的研究主要集中在两个方面：(1) 有关犯罪家族（criminal families）或退化家族（degenerate families）的研究。(2) 有关低能（feeble mindedness）的研究。比如达格代尔（Richard Dugdale，1841—1883年）对朱克（Juke）家族的研究。达格代尔调查了朱克家族，其祖先叫朱克（Ada Joke），从殖民地开始，她的子孙发展到1 200人，其中有280个乞丐、60个窃贼、其他犯罪者140人（包括7个杀人犯和50个卖淫者）。犯罪学家埃斯塔布鲁克（Arthur A. Estabrook）在1915年继续对朱克家族进行研究调查，发现这个家族的另外715个后裔中有170多名乞丐、118名以上的犯罪者、378名以上的卖淫者和其他不同越轨行为者。再如美国戈达德对卡利卡克（Kallikak）家族的研究。戈达德对卡利卡克家族进行了长期的研究之后宣称，犯罪性和低能是一种退化状态（degenerate state）的两个方面，所有的低能者都是潜在的犯罪人；低能被认为是由隐性基因（recessive gene）造成的，隐性基因遵循正常遗传规则遗传。①

（二）内分泌失调说

内分泌失调说（theory of endocrine-disturbance）认为，犯罪行为的发生与内分泌失调有关。内分泌是人体内的无管腺体的分泌物，如甲状腺、副甲状腺、脑垂体、肾上腺、性腺等，对人体起着调节作用。内分泌失调对人的外貌、体格、气质，甚至智力都会发生影响，如甲状腺亢进时，会引起人的情绪波动不安；肾上腺皮质素缺乏时能引起精神衰弱与智力减退；性腺的荷尔蒙衰退时，会产生情绪波动，等等。其中最引人注意的是荷尔蒙失调与犯罪心理相联系的问题。有的学者认为，在不同的个人身上所发生的犯罪行为，可能是荷尔蒙失调所致的。

西方许多学者对这一学说有各种异议：有的人认为，不能肯定内分泌因素与犯罪行为之间存在着因果关系，内分泌因素只有与其他因素结合起来才能发生作用。有的人则认为，还需要收集更多的资料与事实来加以证明。有的人持相反态度，认为企图通过研究荷尔蒙来说明复杂的犯罪问题，恐怕是徒劳的。

（三）物质代谢异常说

物质代谢异常说（theory of substance-metabolic abnormality）认为，一个人走向犯罪与否，与体内物质的高低和平衡与否有密切关系。例如，在研究犯罪人的头发时，发现犯罪者有两种类型——暴躁型和忧虑型，暴躁型犯罪者体内的铜元素过高；在化验属于这两种类型的 24 对兄弟的头发时，发现里面的铜、钠、钾、铅、钙、镁、锂等金属元素处于很不平衡的状态。因此认为：人体是一个由各种化学成分组合而成的整体，当一个人想实施暴力犯罪时，必然会有生理上的反应。对前途失去信心和生活贫困的人，会导致自己体内的金属元素失去平衡，对这些人实行简单的注入维生素治疗，就可以控制其暴力行为。

物质代谢异常无疑地会引起心理的变化，在一定条件影响下可能会发生犯罪行为，但犯罪者中不全是物质代谢异常者，物质代谢异常者也并不一定都会犯罪。

（四）体型说

这个学派的全称是体格类型犯罪学派，其代表人物有德国精神病学家克雷奇默尔（Ernest Kretschmer，1888—1964 年）和美国的谢尔顿（William Sheldon，1898—1977 年）。克雷奇默尔著有《体型与性格》一书，认为人类的体型有 4 类，即肥胖型（pykniker）、瘦长型（leptosome）、健壮型（atkleticer）、障碍型（oysplastiker）。这 4 类体型的人各具性格，并易触犯不同种类的犯罪：肥胖型的人不易犯罪，即使犯罪，也大多为欺诈型犯罪，累犯较少，且容易再社会化。瘦长型的人多犯盗窃罪和诈

① 参见吴宗宪：《西方犯罪学》，470 页，北京，法律出版社，1999。

骗罪，累犯较多。健壮型的人专门触犯采用暴力实施的财产犯罪和性犯罪。而障碍型的人大多实施性犯罪。谢尔顿（Sheldon）将人体分为三种形态：中胚叶体型（健壮型，mesomorph）、内胚叶体型（肥胖型，endomorph）和外胚叶体型（瘦长型，ectomorph）。中胚叶体型体态的人肌肉发达，活跃、好斗，有时很狂暴，最容易犯罪。内胚叶体型的人体态臃肿，动作迟缓，较冷漠。外胚叶体型的人瘦长、聪明，但不善交际。谢尔顿对波士顿200名少年犯及200名控制组的非少年犯进行比较研究，发现斗士型少年生理和心理异常，较容易陷入犯罪。

表4-1 谢尔顿的“体型说”①

体型	性情
1. 肥胖型（Endomorphic） 消化系统良好，呈现肥胖现象，身体圆形，皮肤柔软	全身放松，随遇而安，喜好柔软的事物，和蔼可亲、宽容而仍属外向者
2. 健壮型（Mesomorphic） 身体的肌肉、骨头及运动器官发达，胸部饱满，躯干、手臂、手腕粗壮	活跃，走路、谈话、姿态独断，行为具有攻击性
3. 瘦长型（Ectomorphic） 瘦弱的身体，骨骼小，下垂的双肩，脸小、鼻尖、细发、肌肉少，不中看	内向，身体不适，敏感，皮肤不良，容易疲劳，对噪声敏感，从群体中退缩

从上述可知，犯罪生物学原因论者把作为社会行为的犯罪行为，仅仅归结为由生物学因素决定，是有失偏颇的。一个人犯罪心理的形成和犯罪行为的发生，固然与生物学因素有关，但犯罪生物学原因论者夸大了生物学因素的作用，无视社会因素、心理因素的作用，因而得出了片面的结论。不过，犯罪生物学原因论者的实证精神和研究问题的特殊视角还是值得肯定和借鉴的。

三、学习理论的原因论

生物学的犯罪原因理论和心理学、精神病理学的犯罪原因论都强调了先天素质和本能的作用；社会学的犯罪原因论则强调犯罪是由人所处的社会环境决定的。而学习理论的犯罪原因论则强调犯罪是后天学习得来的，这一学派的主要观点有以下几种。

（一）不同接触理论

美国萨瑟兰在其于1939年出版的代表作《犯罪学原理》（Principles of Criminology）中提出了不同接触理论（theory of differential association），并于1947年将此理论增补为完整的8项命题：（1）犯罪行为是习得的。（2）犯罪行为是在与他人交往过程中习得的。（3）犯罪行为主要是在与个人关系密切的团体内习得的。（4）犯罪行为的习得内容包括犯罪方法、技巧与动机、态度、理由两方面。（5）关于犯罪动机和

① 杨士隆：《犯罪心理学》，31页，北京，科学教育出版社，2002。

态度的特定方向是从法律赞许或不赞许的定义中习得的。(6) 一个人之所以成为犯罪人，乃是因为他认为犯罪比不犯罪有利，也是他与特定类型的犯罪经常接触，而与反该种犯罪的行为相疏远的结果。(7) 此种学习会因频率（frequency）、持久性（duration）、先后次序（priority）和强度（intensity）而有所不同。(8) 犯罪行为的习得并不局限于模仿，其习得过程还涉及各种行为的学习机制。

萨瑟兰认为，一个人不可能脱离其社会环境而犯罪，必须学习如何去犯罪。此外，萨瑟兰还认为，一个人关于法律条文的定义和看法与他的环境有密切的关系，因此，不同接触也可能与团体规范有关，从而对个人行为产生巨大的影响。这无疑可以用来解释一部分犯罪的原因。但这种理论把人看作是消极、被动地接受外界环境的影响，因而无法解释在相同的环境中，为什么有人犯罪而有人不犯罪。

（二）条件反射论

英国心理学家艾森克于 1964 年根据巴甫洛夫（Иван，Петрович Павлов，1849—1936 年）的经典性条件反射学说认为，人的“良心”只不过是一种条件反射，它的形成是由于当儿童做了某种行为后，父母、教师或其他人给以时间上非常接近的惩罚。人的“社会化”就是“朝向正确方向”的条件反射形成的，乃是学习社会规范的结果，是对道德性和社会性行为的条件反射，没有完成这个过程的人就容易犯罪。他还认为，越是内向型的人越容易形成这种条件反射，越是外向型的人越不容易形成这种条件反射。

犯罪学家杰弗里（Jeffery）以及后来的美国学者伯吉斯和艾克斯（Ronald L. Akess）在萨瑟兰理论的基础上，提出了不同接触—强化理论（differential reinforcement theory）。这一理论认为，犯罪行为是根据操作性条件反射的原理习得的。所谓操作性条件反射，是指行为受它以前的环境结果的影响，行为本身也是获得强化刺激的手段。就犯罪行为来说，一方面，受别的犯罪人的影响；另一方面，犯罪人的直接经验是推动实施犯罪的根源。他们认为，当某一种刺激引起犯罪行为时，这种行为对该项刺激与实施犯罪行为的反应联想就是一种强化，因而犯罪行为的发生频率在将来就会增强。这里的刺激就是所谓强化物，通常包括食物、钱、衣物、各种客体、社会注意、社会态度和社会地位等。不同接触—强化理论与萨瑟兰的不同接触论最主要的区别在于行为的强化。事实上，强化在犯罪行为的学习过程中被认为是非常重要的变数。单凭认为触犯法律有利或不利的自我定义并不能导致强化行为的产生。不同接触—强化理论的学者认为，强化作用对于对法律定义的认识的发展有巨大的支配力，并能最终影响行为的持续性。

上述条件反射论的观点，运用行为科学的理论成果，从正、反两方面阐述了环境作用于个体，并导致个体实施犯罪行为的机制，填补了考察犯罪行为领域里的一项空白。但这种理论也有其不足之处，即只强调直接经验，强调他人对行为人的影响，强调行为决定于外部环境刺激，而忽视了犯罪者之所以犯罪的主观心理原因和犯罪行为发生的内部心理机制，从而使其理论过分简单化、机械化。

（三）模仿理论

法国社会学家塔尔德（Jean Gabriel Tarde，1843—1904年）是学习理论的较早研究者，提出模仿理论（theory of imitation）。他认为，所有社会生活中的重要行为与现象均因模仿而引起，犯罪行为也是模仿而来的。1890年他提出了模仿法则，这些法则同样可用来解释犯罪行为的发生：（1）距离法则。人与人距离越近，模仿的强度越大。（2）上至下法则。下层人模仿上层人，青年模仿长者，穷人模仿富人。年轻、贫穷和低阶层者的犯罪实际上是他们模仿长者、富人和高阶层人士的结果。（3）取代法则。当两种对立的风气同时流行时，一种风气可以代替另一种风气，旧的方式衰退，新的方式随即上升。

（四）社会学习理论

班杜拉（Albert Bandura，1925—2021年）是美国社会学习论（social learning theory）的创始人之一。他认为，攻击行为不是与生俱来的，而是后天习得的，最重要的学习机制就是观察学习。行为者通过观察他人的攻击性行为，知道了攻击性行为如何完成。大多数观察学习发生在以下三种社会联系中：（1）家庭影响。家庭成员的示范和鼓励是攻击行为一个最基本的形成原因。（2）人们所属的副文化及与这种副文化的重复性接触。（3）那些被广泛使用的宣传工具所提供的具有充分形象的范例，如影视传播中的暴力镜头。班杜拉还认为，攻击行为还可以通过对自身攻击行为结果的体验而形成，即直接经验的强化学习。同时，攻击行为还受人的神经生理机制（生物学因素）的影响，攻击行为主要是通过下丘脑和边缘神经系统传递的，该神经系统被环境刺激，就会有选择地激活或控制攻击行为。关于行为发生的机制，班杜拉认为，个人与环境究竟如何交互作用才导致行为的变化，依赖于人的认知因素。他认为，环境、个人和行为是三个相互影响、彼此联结的因素，不能将行为简单地看成是环境所决定的，此即三元交互作用论。而攻击行为发生之后，行为人有可能因为得到某种报酬或社会地位的提高而强化其暴行，也有可能因为受到惩罚或观察到他人同类行为所招致的惩罚而抑制该种行为。

班杜拉对攻击行为的研究，改变了人们把攻击性视为人的本能的观点。但他的理论也有局限性。他的理论主要依赖实验室的模拟实验，难以还原现实犯罪中的真实压力，因此其结论也令人质疑。

四、多元原因论

在综合单一因素原因论的基础上，有一派学者从科际整合的观点对犯罪的原因进行分析，形成了多元的原因论。

多元的犯罪原因论认为，犯罪心理的形成和犯罪行为的发生远不是单一因素所致这么简单，而是多种因素综合作用的结果。早在西方犯罪学产生初期，有的学者就反对一元论的犯罪原因论。例如，龙勃罗梭的弟子菲利，他认为犯罪与生物遗传因素有着密切关系，但他并不仅仅满足于用生物学理论去解释犯罪，而是认为，犯罪行为的产生是人类学因素（包括生理、心理因素）、社会因素和地理环境因素三方面相互作用的结果。德国刑法学家、在犯罪社会学派中具有很大影响的李斯特（F. Von. Liszt，1851—1919 年），也把犯罪原因分为社会原因和个人原因，认为“犯罪是个人因素和在发生犯罪时的社会因素的产物”，但是他比较重视犯罪的社会原因。

伯特（C. Burt，1883—1971 年）于 1944 年列举了 170 种以上的致罪因素，归纳为以下 10 项：（1）缺乏训练。（2）特殊本能。（3）一般的情绪不稳定。（4）轻微的情绪病态。（5）过失或犯罪的家庭史。（6）智能低。（7）有害的兴趣或嗜好。（8）发育因素（如青春期、早熟）。（9）有低智能的家庭史。（10）亲属关系破碎（如父亡或有继母）；家庭外环境影响（如不良伙伴和不正当娱乐）；有人格异常的家庭史；有身体衰弱的家庭史；贫穷及类似现象；身体衰弱。

美国犯罪学家格卢克夫妇试图从多方面弄清犯罪的原因。他们分别对犯罪少年和非犯罪少年各 500 名，从心理学、社会学、人类学、医学、精神病理学、精神分析学等角度进行调查，发现少年犯罪在以下 5 种因素方面有显著特征：（1）多为中叶型体质（肌肉发达、体格健壮）。（2）在气质上表现为冲动性、攻击性和破坏性，无法处理过多的精力。（3）在情感和态度上，突出的是固执己见，有敌对性、反对性、怨恨性及疑惑性，而且顽固、易怒，好冒险，不顺从权威。（4）在心理上，对问题力图直截了当地解决，缺乏计划，情绪不稳定，受暗示性和自我中心性显著，易自卑。（5）在社会文化方面，多在父母不适当的管教下长大，家庭道德水平低，无文化气氛。格卢克夫妇认为，上述各因素并非犯罪的绝对原因，形成犯罪行为的原因是个体因素和社会因素的复合体。

德国学者梅兹格（Edmund Mezger，1884—1962 年）提出动力学犯罪观（dynamic theory of crime），他认为，应当把行为者理解为整体，这个整体是各个因素的动力学的结合现象。

根据德裔美国心理学家勒温（Kurt Lewin，1890—1947 年）所提出的人的行为公式 B=f（PE）（式中 B 代表行为，f 为函数，P 代表人，E 代表环境）可知，犯罪行为随着犯罪人和环境两个因素的变化而变化，只要有一个因素发生变化，犯罪行为也会有所不同。

美国学者阿伯拉罕森（Abrahamsen，1960 年）提出的犯罪行为公式是：

$C=(T+S)/R$

C：代表犯罪行为

T：代表个人的犯罪倾向

S：代表外界犯罪诱因的诱惑状态

R：代表对犯罪诱因的心理抗拒力

根据这一公式，犯罪行为（criminal act，简称 C）与心理抗拒力（resistence to crime，简称 R）成负相关，与外界犯罪诱因即当时的情境（immediate situation，简称 S）和个人的犯罪倾向（criminal tendency，简称 T）成正相关。

美国当代著名犯罪学家杰弗利（Clarence Ray Jeffery，1921 年—　）在 20 世纪 70 年代提出生物社会犯罪学理论。他认为，犯罪行为的形成，乃是社会因素、生物因素及心理因素交互作用所致。他指出，犯罪行为（criminal behavior，简称 B）主要是遗传（生物）因素（gene，简称 G）与环境因素（environmental，简称 E）交互作用的结果，他用公式表示如下：

$B=G\times E$

B：代表犯罪行为

G：代表遗传基因（生物因素）

E：代表环境

杰弗利主张，研究犯罪现象必须以科际整合观点，运用与犯罪问题相关的学科予以整合研究，生物学方面的有关学科，如遗传学、脑生物学、生物化学、心理药物学、心理生物学等；在环境因素方面的有关学科，如学习心理学、环境心理学、社会精神医学、都市设计、工程学、社会学、人性学等。

多元性犯罪原因论比前述犯罪原因的单一论有质的进步，但这一理论并未分清本质和非本质、主要和次要因素，甚至以次要的、非本质的、偶然的因素代替主要的、本质的、必然的因素，其局限性也较为明显。

第三节　犯罪综合动因论

一、犯罪综合动因论的定义

本书在犯罪原因上坚持犯罪综合动因论。犯罪综合动因论（synthetic agent theory of crime）认为，个体犯罪原因是一个整体系统（母系统），这个整体系统是由若干相互联系和相互作用着的主体内、外因素（子系统）所构成的，形成多层次、多维度的原因网络结构。作为整体系统的个体犯罪原因，具有其各主体内、外因素没有的特殊属性。由于各组成因素间的交互作用，个体犯罪原因处于一种动态变化之中。犯罪综合动因论注意个体犯罪原因的整体性、层次性、结构性和动态性，认为人之所以犯罪，是因为多种主体内、外因素综合的互为动力作用的结果。

二、犯罪综合动因论的特点

（一）整体性

犯罪综合动因论的整体性，是指影响个体犯罪的主体内、外因素是有机统一的整体，应当从整体出发去考察各因素在影响个体犯罪中的作用。其整体特性要求体现在：在分析个体犯罪原因时，要把构成个体犯罪原因的诸因素视为有机的整体，各种因素是相互联系和相互作用的，不是简单地拼凑，也不是孤立地起作用。这一性质，就决定了原因整体具有导致主体形成犯罪心理和发生犯罪行为的新质特性和功能。这是任何单一因素或孤立存在的各种因素不可能具有的。

（二）层次性

犯罪综合动因论的层次性，是指人们在考察个体犯罪原因时，一定要注意各层次因素之间的质的差异性及在原因整体中的作用。

层次性特点的要求是：

1. 个体犯罪原因是分层次相互组合的。个体犯罪原因系统既按垂直方向排列，以区分原因系统的各种等级、层次，又按水平方向排列，以表明同类各组成因素之间的维度联系。这种层次和维度，便形成了个体犯罪原因的网络结构，如图 4－1 所示。

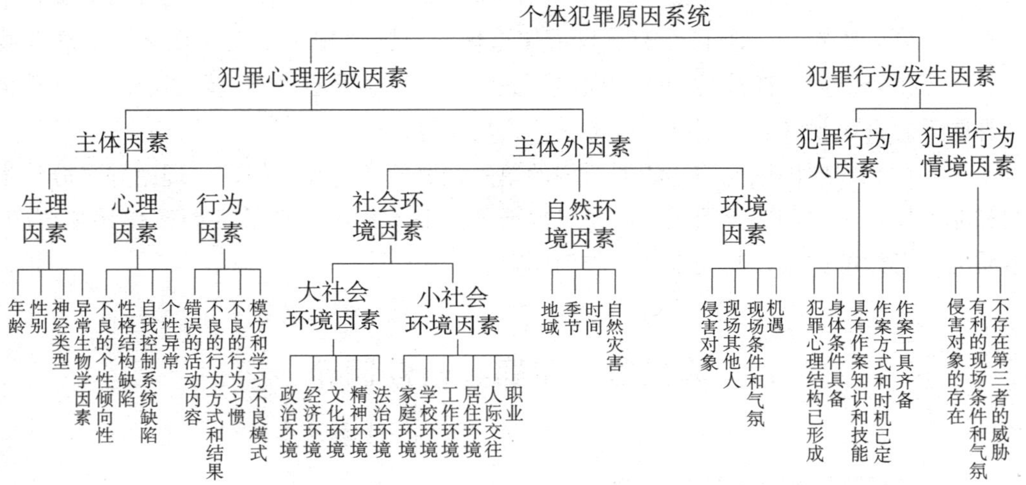

图 4－1

2. 层次性体现在各种因素在系统中所起的作用并不一致。应当根据各层次因素之间质的差异及在原因系统中所起的作用的不同，把因素区分为原因因素和条件因素、主要原因因素和次要原因因素。

3. 正确处理“内因”和“外因”的辩证关系，即事物的发展之根本原因是内因；外因是条件，内因是根据，外因通过内因而起作用；内因一般表现为主要的决定作用；在一定条件下外因有时也能起主要的决定作用。这一原理完全适用于分析个体犯罪的原因。

（三）结构性

犯罪综合动因论的结构性，是指人们在认识原因系统时，要注意各种因素之间的结构及其对原因整体的作用和影响。

结构性要求在认识个体犯罪原因时要注意，不同的个体犯罪原因是由不同的构成因素及其不同的构成方式所决定的。只要变换其构成因素或改变其构成方式，都会使个体犯罪原因发生变化而导致形成不同的犯罪心理或发生不同的犯罪行为。例如，如果贪图财物的强烈欲望在各种因素中居于首位，则容易构成财产犯罪的原因，其中，贪图财物的强烈欲望如果与平时的不良习惯相结合，则容易导致盗窃、抢夺甚至抢劫犯罪。

即使对于同一类犯罪，由于个体犯罪原因系统的构成因素及其构成方式的不同，各个体的犯罪原因有所不同，从而导致形成不同的犯罪心理和发生不同性质的犯罪行为。

（四）动态性

犯罪综合动因论的动态性，是指个体犯罪原因是个开放系统，它的形成是一个过程，因此，要用发展、变化的观点看待个体犯罪的原因。动态性的特征主要表现在：一是犯罪心理和犯罪行为随主体外因素和主体因素的变化而变化，特别是随大社会环境、小社会环境、情境因素以及主体的行为等因素的变化而变化；二是不同的主体内、外不良因素的差异，致使不同主体的具体犯罪原因也有所不同；三是各种因素的不同交互作用会形成不同的个体犯罪原因系统，其结果必然会形成特点不同的犯罪心理结构和发生特征各异的犯罪行为。

资料：

犯罪综合动因模型

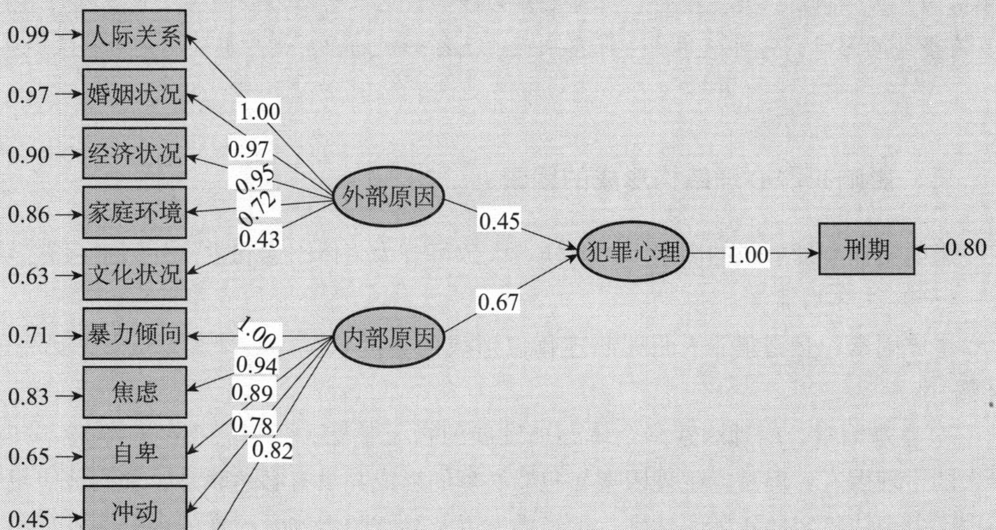

犯罪综合动因论是在哲学和系统科学层面进行思辨性的分析。哲学和系统科学研究有助于确定与犯罪产生有关的一般性因素，并增进我们对其价值与重要性的理解。但是，这种理解对犯罪原因的解释仍然不足，它无法精确指示任何现实犯罪究竟在何种因素作用下才得以产生，更无法明示多种因素存在下的各自作用力之大小。那么，在已有研究的基础上，对已有的影响因素能否进行验证性的实证分析呢？

能否进一步通过建立具有一定结构的方程模型来直观地刻画犯罪的综合动因呢？罗大华、李安、杨伟伟的一项研究，正是旨在达到上述的目的，采取兼具多元回归与路径分析功能的结构方程模型来反映犯罪因素对犯罪心理形成的影响力大小及路径走向。

该研究依据犯罪综合动因论所包含的因素进行变量选取，将犯罪心理作为因变量，用服刑罪犯来反映。这里包含着这样的假设：只有具备犯罪心理，才能发生犯罪行为。将主体因素与主体外因素作为自变量，用来考察它们与犯罪心理的关系。然后，用人际关系、婚姻状况、经济状况、家庭环境、文化状况、父母的职业、被捕前的职业等因素来反映外部原因；用暴力倾向、焦虑、自卑、冲动、犯罪思维、戒备、同情、从属、外倾、波动等因素来反映内部原因。

采用结构方程模型进行数据分析，得到最佳的犯罪综合动因模型。依据犯罪心理综合模型，可以看出，主体因素对犯罪心理形成的影响力是 0.57，而主体外因素的影响力是 0.46，犯罪心理形成受到主体因素的影响比受到主体外因素的影响要大。对于主体外因素而言，各因素影响力的大小依次是人际关系、婚姻状况、经济状况、家庭环境与文化状况，这表明人际关系好坏对犯罪心理的形成具有很大的影响，而文化对犯罪心理的形成影响最小；对于主体因素而言，各因素的影响力大小依次为暴力倾向、焦虑、自卑、犯罪思维与冲动，这表明暴力倾向对犯罪心理的形成具有很大的影响。另外，用已决罪犯来反映已经形成的犯罪心理具有很好的代表性。

三、影响犯罪心理结构形成的因素

影响犯罪心理形成的因素多种多样，大致可分为主体因素和主体外因素两类。

（一）主体因素

主体因素，是指犯罪人犯罪心理赖以形成的生理状况、心理和行为发展水平等因素。

1. 生理因素。生理因素是个体心理发展的物质基础。犯罪心理的产生离不开犯罪人的生理因素，但是，生理因素与犯罪心理的形成并没有必然联系，它只是使犯罪心理印上个体特定的年龄、性别、神经类型以及异常的生物学因素的色彩。

（1）年龄和性别因素。不同年龄和性别的人，由于身心发展成熟的程度和特质不同、社会经历的各异，对犯罪率的高低和犯罪种类、作案手段的选择，会产生直接或间接的影响。例如，少年易选择盗窃犯罪、团伙抢劫犯罪等；体力旺盛、行为冲动、性欲强烈的青年易从事杀人、伤害、抢劫和强奸等暴力犯罪；日趋成熟的中年则倾向于选择贪污、诈骗等贪利性犯罪。同样是杀人犯罪，男犯多采用暴力手段；女犯多采用毒杀方法，或趁被害人熟睡时将其杀害。财产性犯罪中，男性多从事盗窃、抢劫或走私，女性则倾向于进行诈骗或贪污。往往年龄和性别交织在一起，具有双重特征。各国犯罪统计表明，犯罪高发年龄为十四五岁至 25 岁这一年龄段，而其中以男性居多；老年阶段的犯罪率明显低于其他年龄段；未满 14 岁者，因受父母保护多，独立行动少，故违法行为也少。

（2）神经类型因素，指人的高级神经活动类型。巴甫洛夫发现，高级神经活动的兴奋过程和抑制过程在强度、平衡性和灵活性方面具有不同的特点，这些特点的不同组合，形成了 4 种高级神经活动类型，即活泼型、安静型、兴奋型和抑制型。巴甫洛夫认为，神经类型是心理特征的生理基础，气质是神经类型的心理表现。

在犯罪心理结构形成过程中，主体的神经类型所表现出的心理特点，与其他心理因素相联系，使其在选择犯罪种类时体现出各自的特色。例如，兴奋型的人较易实施突发性的暴力犯罪；安静型、灵活型的人则更多易采取智力手段，进行诈骗、盗窃、贪污等犯罪活动。

（3）生物学因素。异常的生物学因素易使主体的心理活动偏离正常的轨道，容易接受不良的主体外因素的影响而形成犯罪心理。对犯罪心理形成有影响的异常的生物学因素，主要有以下几种：遗传负因、精神发育迟滞（即低能）、内分泌异常、物质代谢异常、脑损伤、精神障碍、染色体异常、酒精中毒及药物依赖等。

2. 心理因素，是指主体原有的个性心理结构中存在的、与犯罪心理形成有密切关系的不良心理因素，主要包括个性倾向和性格结构中的不良因素。犯罪人通过这些不良心理因素，积极地吸收主体外的不良因素，从而内化为犯罪心理。

（1）价值观中的不良倾向。不符合社会要求的个人需要、利己主义的动机、不良的兴趣、缺乏正确理想以及错误的信念和世界观等个性倾向性，会影响个体心理活动的选择性、对事物的态度和行为模式，在接受外界负面刺激后容易形成犯罪心理。

（2）性格结构中的不良因素。性格是人对现实的稳定态度以及与之相适应的行为习惯。性格是十分复杂的心理构成物，包含复杂的内容：1）对社会现实的性格特征。对社会持敌视态度、对集体漠不关心、自私自利、冷酷无情、狡猾虚伪、野蛮粗暴、自卑虚荣、狂妄自大，以及好逸恶劳、浪费奢侈等性格特征，都容易在其他不良因素作用下形成犯罪心理。2）性格的意志特征，指一个人能否自觉地调节自己行为方式的性格特征。下列不良的意志特征与犯罪心理的形成有关：盲目性、冲动性、放纵性、依赖性、易受唆使性、任性、顽固性、鲁莽冒险性以及意志薄弱、缺乏自制力等。3）性格的情绪特征。下列消极的情绪特征与犯罪心理形成有关：强烈的愤怒情绪，起伏和波动程度大的不稳定情绪，严重的对立和敌对情绪，萎靡不振、消沉悲观、多愁善感的心境等。4）性格的理智特征，指人们在认识方面稳定的经常表现的特点。下列认识方面的特点与犯罪心理的形成有关：思维偏激极端、是非善恶的分辨能力差、道德认识和评价的水平低等。

（3）自我调节的缺陷。一个在个性倾向性和性格特征上有缺陷的人，在不良的外界诱因刺激下，能否形成犯罪心理，取决于自我调节系统是否健全。自我调节系统主要由道德观念和法制观念构成。如果自我调节系统不健全，难以抑制不良因素的控制，就容易形成犯罪心理。

（4）人格障碍。人格障碍与犯罪心理关系极为密切。（详见第十六章变态犯罪心理）

3. 行为因素，是指犯罪人原有的不良行为特点。不良行为和不良心理结构密切联系，不良行为在不良心理的支配下发生。根据反馈原理，得逞的不良行为如果会反作用于不良心理结构，使不良心理结构得到强化和发展，那么其恶性发展的趋势之一就是形成犯罪心理结构。下列不良行为与犯罪心理结构的形成有关：

（1）模仿和学习不良行为模式。客观现实中的各种不良模式，往往成为缺乏识别能力的人特别是青少年不良的行为方式的来源，一旦他们接触这些不良的行为模式，很快就会内化为自动化的行为。

（2）有害的行为方式及其结果。不良的行为方式包括欺骗、赌博、欺凌弱小和报复等，大多是通过模仿和学习得来的。不良的行为方式如果没有得到惩罚，就会变成形成习惯的“练习”过程。

（3）不良的行为习惯。习惯是从小重复而逐渐巩固下来的，如撒谎、好逸恶劳、自由涣散、爱占便宜等，如果多次重复又得不到制止，就会成为难以克制的恶习，使其本身成为一种不能克服的需要。

（4）违规、违法活动。参加违规、违法的活动很容易不用形成习惯就造成犯罪，如寻衅滋事、传播淫秽物品等。

（二）主体外因素

人的心理是客观现实在人脑中的反映，分析与犯罪心理形成有关的客观因素，是研究犯罪心理形成原因的必然要求。主体外因素主要包括自然环境因素、社会环境因素和情境因素。

1. 自然环境因素，是指与犯罪人的社会生活密切联系的时空因素，包括地域、季节、时间和自然灾害等因素。

（1）时节因素。人们在不同时节有不同生活习惯，对犯罪心理形成有一定的影响作用。例如，夏季，人们户外活动多，相互接触多，穿着单薄，体型清晰，对具有不良性意识的人易产生刺激而形成侮辱妇女、强奸犯罪心理。因此，一般来说，性犯罪的季节性最明显，夏高冬低，随气温升降成正比例关系。财产犯罪以秋冬季为高发期，春夏季为低发期，因为秋冬季节，农村有较长时间处于农闲，“心闲生邪事”。

（2）时间因素。犯罪的时间选择性，不仅表现在季节、月份不同而导致犯罪率的差异上，还表现在昼夜中犯罪行为的不同时间选择上：1）昼夜周期。白天和黑夜对犯罪的发生具有不同的影响，一般而言，犯罪人作案易多选择于黑夜，这致使黑夜的犯罪率高于白天。在犯罪类型的作案时间上，一般认为，撬窃犯罪发生在夏季凌晨 2 时～3 时，因这时人们多沉睡入梦，便于撬窃；拦路抢劫和强奸犯罪易发生在夏季晚上 9 时～10 时；扒窃行为易发于城市上、下班高峰时段。2）社会周期与犯罪。社会周期是指具有社会性内容、循环往复的时间段落，如周、月和节假日以及上、下班周期，等等。据统计，在节假日，人们社会性接触的机会大大增加，饮酒、纵欲、狂欢等消遣和享受人生的行为常常导致社会性冲突。

（3）地域因素，是指边境、沿海与大陆，农村与城市，繁华闹市与偏僻小巷等因素。地域因素对犯罪心理形成的作用表现在：1）不同的地域环境容易形成不同的犯罪类型心理，如边境、沿海多发生走私案件，农村多发生盗窃耕畜案件，城市多发生盗窃汽车案件。2）地理环境为犯罪人更容易得手提供位置优势，如盗窃案件多发生在繁华闹市和公共场所，抢劫和强奸案件多发生在偏僻地区，入室行窃多发生在独门独院和高层建筑的高层居室。

（4）自然灾害因素。自然灾害发生后，群众的生命、财产遭到巨大损失，衣、食、住、行、用等方面突然变得困难，群众中存在紧张、恐惧、焦虑、忧伤等情绪。在这种情况下，有不良意识的人容易乘人之危，产生盗窃、抢劫、强奸和挪用特定款物等犯罪动机。

2. 社会环境因素，是指来自社会生活中影响犯罪人犯罪心理形成的各种因素的总称，可分为大社会环境因素和小社会环境因素两类。

（1）大社会环境因素，是指个体生活的整个社会环境，影响着犯罪心理的性质和类型，以及全社会犯罪率的高低。影响个体犯罪心理形成的大社会环境因素主要包括政治环境因素、经济环境因素、文化环境因素、法治环境因素等。

（2）小社会环境因素，是指个体生活的具体环境，更为直接地影响着犯罪心理的产生。影响个体犯罪心理形成的小社会环境因素主要有家庭因素、学校因素、工作场所因素、居住环境因素、人际交往因素、职业因素等。

3. 情境因素，是指直接影响犯罪人形成某种犯罪行为动机的周围环境因素，主要包括：

（1）受害人。虽然侵害对象并不必然引起犯罪动机的产生，但他们的言行举止、所处环境等因素对犯罪动机的诱发和强化起着一定的作用。

（2）现场其他人，是指现场除犯罪人和被害人之外的人，如同案犯和目击者。在共同犯罪中，罪责扩散、从众、自我炫耀等群集心理效应会减轻犯罪人的恐惧、紧张和罪责感，从而增强犯罪动机。

（3）现场条件和气氛。现场条件和气氛的不同会壮大或威吓犯罪者的犯罪决意，甚至在犯罪决意的临界点上起到关键的作用。例如，盗窃犯多选择公共场所作案，强奸、抢劫犯多选择荒郊野地、偏僻小巷作案。现场气氛是指带有浓烈情绪色彩的犯罪现场，影响着犯罪人的心理压力及其程度，如被害人的呼救与搏斗，一般对犯罪人会产生重大的心理压力，可能使其抑制犯罪动机而逃离现场，但也可能触发其杀害被害人的动机。

（4）机遇，是指影响犯罪人迅速形成犯罪心理的偶然的机会。机遇仅对于平时有不良心态和习惯的个体才能成其为犯罪机遇。机遇因素可以迅速诱发犯罪人的犯罪心理，如犯罪人见没锁的汽车而偷偷开走；也可以促使犯罪人不良心理恶性发展为犯罪心理，如暗藏贪心的人，在行使公务之便发现有数目难以对账的财物，便产生贪污的动机。

自然环境因素、社会环境因素和情境因素的作用往往是交织综合的，难以分清，只有对其进行全面、动态的观察和分析，才能较为全面把握主体外因素的作用。

四、影响犯罪行为发生的因素

犯罪心理结构是在主体内、外因素相互作用下形成的，在形成后往往存在于犯罪人的头脑中。形成了犯罪心理结构的人是否实施犯罪行为，取决于下列各种因素的相互作用。

（一）犯罪行为人因素

已形成犯罪心理结构的人要实施犯罪行为，必须具备一定的条件，包括足以实施该种犯罪行为的体能条件、作案的知识和技能、作案的准备工作等。

（二）犯罪行为人以外的情境因素

已形成犯罪心理结构的人在具备了犯罪人自身的条件后，还须具备实施犯罪行为的情境条件，如侵害对象（人或物）的确定和实际存在，有利于犯罪的现场条件和气氛等，这样才能真正实施犯罪行为。因此可以说，犯罪行为的发生是具有犯罪心理结构和主体条件的犯罪行为人与犯罪行为情境相互作用的结果。其关系如图 4－2。

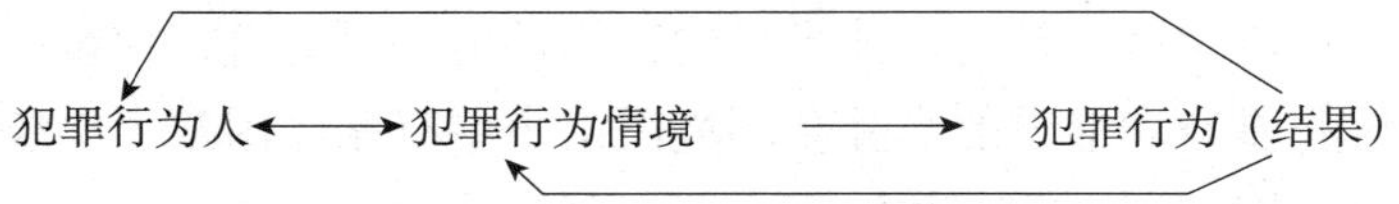

图 4－2

对图 4－2 可以进行三种解释。

1. 犯罪行为人主动寻找或制造犯罪行为情境，一旦找到或造成，便会实施犯罪行为。

2. 犯罪行为人等待犯罪机遇的出现，一有机遇，即实施犯罪行为。这种人的性格多属内向型，其犯罪心理隐蔽极深，如无机遇，也许一生都不会犯罪。

3. 在犯罪行为人在实施犯罪行为的过程中，出现新的情境，并作用于犯罪行为人的犯罪心理结构，从而导致实施新的犯罪行为；或者，犯罪行为的结果先成为情境的组成部分，再反馈到犯罪人的犯罪心理结构，导致新的犯罪行为；或者，犯罪行为的结果，直接反馈到犯罪人的犯罪心理结构，再导致新的犯罪行为。这些相互作用是使犯罪行为不断恶化的心理机制，如犯罪人抢劫财物时，对女被害人产生邪念，即产生强奸动机；在强奸过程中，被害人反抗、呼救，使犯罪人受到威胁，这种新出现的情境反馈到犯罪人的犯罪心理结构，又迅速产生杀人灭口的动机，即动手杀人；被害人被杀这一犯罪行为结果，直接反馈到犯罪人的犯罪心理结构，又产生了焚尸灭迹的动机，进而实施纵火的犯罪行为。

思考题

1. 试述评国外的犯罪心理成因理论。
2. 分析影响犯罪心理结构形成的主体内、外因素。
3. 谈谈你对犯罪综合动因论的理解。

第五章 犯罪心理机制

学习目的与要求

通过本章的学习，应重点掌握犯罪行为发生的机制以及国内外关于犯罪行为发生机制的几种理论，掌握犯罪心理结构与犯罪行为之间决定与被决定的辩证关系，掌握犯罪心理机制的概念，了解犯罪心理形成的一般过程和犯罪心理形成的几种模式；难点在于理解犯罪行为发生机制中“内外化机制”的内涵。

本章主要研究犯罪心理的形成机制和犯罪行为的发生机制。关键要解决各种主体内、外因素在个体头脑中是怎样演化为犯罪心理结构的，当犯罪心理结构形成之后，又是怎样推动犯罪动机的产生和引发犯罪行为的。只有掌握了从犯罪心理结构到犯罪行为的发生机制和规律，才能比较透彻地了解犯罪人，从而做好犯罪预防和矫治工作。

第一节 犯罪心理的形成机制

一、犯罪心理机制概述

（一）机制的概念

机制（mechanism）有时也叫机理，一般是指类似机器的构造那样运行并发生作用的系统。这一概念在现代许多学科中被广泛地使用。

资料：

（1）对于机制的含义，引用一个简单的说法：就过程和系统方面而言，机制是可以被利用以实现某种目标的装置，简单来说就是介于“意图”和“目标”之间的一套过程。心理机制可以定义为导致心理结果发生特定变化的过程。

资料来源：Sripada，R. K.，Rauch，S. A. & Liberzon，I. Psychological Mechanisms of PTSD and Its Treatment. Curr Psychiatry Rep 18，99（2016）

（2）心理学在研究一种心理现象如记忆时，常要分析它的机制，也就是说，要了解神经系统特别是大脑皮质的相应活动或作用，以及其间所发生的各种相应的变化，等等。阐明一种心理现象的机制，就意味着对它的认识已从现象的描述进到本质的说明。

资料来源：杨清主编：《简明心理学词典》，100页，长春，吉林人民出版社，1985

(3) 美国心理学家武德沃斯（又译吴伟士，Robert Sessions Woodworth，1869—1962）将机制定义为一种（或一组）有目的的反应方式，认为人的活动包括驱力（drive）和机制两方面，驱力发动机制，机制可以转化为驱力。精神分析学派则认为，机制代表由压抑而产生的无意识的行为动因。

资料来源：朱智贤主编：《心理学大辞典》，723页，北京，北京师范大学出版社，1989

（二）犯罪心理机制的概念

关于犯罪心理机制，国内外学者的理解有所差异。国外学者一般认为，犯罪心理机制是指与犯罪有关的防卫机制（defense mechanism），是个体在精神受干扰时潜意识地保持心理平衡的手段。我国学者一般认为，犯罪心理机制包含犯罪心理的形成机制与犯罪行为的发生机制，是犯罪心理引起犯罪行为的工作方式与过程的总称，也就是要从犯罪人的心理方面揭示犯罪行为发生的机理。它主要研究三个方面的问题：(1) 犯罪心理形成的一般过程和规律，阐明犯罪行为发生的动力源泉问题。(2) 犯罪行为发生的过程、环节和阶段问题，探讨从犯罪心理到犯罪行为发生的机理。(3) 犯罪行为发生的常见模式与特殊模式问题。

二、犯罪心理的形成机制

犯罪心理的形成机制和犯罪行为的发生机制，是两个相互衔接、彼此渗透的过程。下面，先讨论犯罪心理的形成机制。

就绝大多数犯罪人来说，犯罪心理的形成，是一个渐进的、自觉的过程，他们的犯罪行为是有意识的行为。我们把这个渐进的、自觉的演化过程和有意识的犯罪行为，作为犯罪心理形成的一般过程来研究。

（一）强烈欲求与满足方式的选择

人的需要是多方面的，每个人复杂而多样的需要有强、弱程度的不同。强烈的欲求常常唤起人的行为动机，但强烈的欲求并不一定会产生犯罪心理。只有在欲求十分强烈，满足欲望的冲动迫不及待，并且选择了侵犯他人利益和社会利益去满足欲望的道路或方式时，才会启动形成犯罪心理的初始环节。

犯罪人的需要有两个主要特点：(1) 畸形的、膨胀的需要。行为人的物质需要毫无节制，享受的欲望脱离个人的支付能力；性的欲求违反社会道德规范，侵犯他人的合法权利；在其需要结构中，缺乏高层次的学习、劳动、荣誉、事业成就等精神需要，而对满足感官需求之类的低层次需要津津乐道。(2) 个人需要与社会需要处于对立地位。行为人为了满足私欲，不惜采取非法手段损害他人的合法权益，扰乱社会的秩序，破坏国家的利益。

由此可知，犯罪心理与守法心理的界限，并不单纯取决于欲求的强烈与否，还在于个体最终作出了何种满足需要方式的选择。当然，有些强烈欲求并非常态欲求，而是法律所禁止的变态欲求，如吸毒、性淫乱、痴迷于邪教以及政治上的违法欲求等，也就谈不上用合法手段予以满足，从而这类欲求的出现和无力遏制，就标志着犯罪心理的萌发。

（二）品德缺陷与抑制力的缺乏

行为人采用何种方式满足欲求并不是偶然的，当一个人决定用非法手段去满足强烈欲望和选择犯罪时，必定和他的品德缺陷与抑制力缺乏有关，也就是说，应当进一步探讨犯罪者的人格缺陷。

人格缺陷，又称不健全人格，是个体因社会化程度不足，逐渐形成了偏离社会规范的个性。犯罪者的人格缺陷是产生违法、犯罪行为的社会心理基础。品德是人格结构的重要组成部分。人是社会的人，为了维护社会生活秩序和正确处理人际关系，必须具有遵守社会规范的良好品德。当某个人存在品德缺陷时，就意味着其自我调控机制的缺乏，在私欲膨胀时，无力抑制自己的欲求冲动。在这种情况下，就很容易产生违法、犯罪意向。

（三）萌发犯罪意向

犯罪意向（简称犯意）即行为人实施犯罪活动之前处于朦胧状态的冲动或意图，是尚未分化的、没有明确意识到的违法、犯罪需要。当行为人的人格存在着明显缺陷，不良习惯业已形成后，在外界诱因刺激下，便有可能产生模糊的、没有特定指向的进行违法、犯罪活动的内心冲动，从而进入萌发犯罪意向的阶段。此时，行为人的认知、情感、意志及人格开始发生畸变，其内心的反对动机和矛盾冲突处于抑制状态，从而达到犯罪意向的内部协调。它标志着犯罪心理的初步形成——有关实施犯罪活动的多种心理因素开始组合，产生向着犯罪行为方向发展的合力。在这种情况下，只要犯罪条件和机遇出现，行为人就会产生明确的犯罪动机，实施犯罪行为。

然而，从法律意义上说，在这一阶段，除内在的犯罪意图外，个体并没有进入实际上的犯罪预备，尚未实施危害社会的行为。

（四）形成犯罪动机和确定犯罪目的

在多数情况下，仅有犯罪意向还不足以引发犯罪，还要经过产生犯罪动机和确定犯罪目的的阶段，才能发生犯罪行为。

1. 形成犯罪动机。所谓犯罪动机，专指引起犯罪行为的活动动机，是行为人推动、引发犯罪行为的内心起因。一般来说，它历经犯罪意向（朦胧的犯罪意图）、行为动机（有了明确的指向和侵害目标）、犯罪决意（由意志决定转向意志执行）三个环节，在此之后，才能引发犯罪行为。犯罪动机的形成，一方面会受到刺激和情境的影响，另一方面也受到自我调控机制的影响。假如出现了有利于犯罪行为发生的刺激与情境，而犯罪人的自我控制机制又很薄弱，那么就容易形成犯罪动机。

2. 确定犯罪目的。犯罪目的，是行为人通过实施犯罪行为所希望达到的结果。一般来说，犯罪目的是指以观念形态预先存在于行为人头脑中的对犯罪行为所企盼达到的结果，而不是结果本身。

（五）犯罪决意

当犯罪动机与犯罪目的均已产生和确定时，也就进入了犯罪决意阶段。犯罪决意是指行为人已就实施犯罪行为作出了最后决定。它包含两个环节：

1. 行动手段的选择。在目的确定之后，行为人还必须考虑达到实现这个目的的具体手段和途径。如果各种手段选择余地很大，行为人就要进行分析、比较，考虑主、客观条件及实施的可能性。各种手段的选择，同行为人的性格特点、知识和能力结构及身体因素有很大关系。

2. 行动时机的捕捉。犯罪手段确定之后，何时实施，需要根据客观情况而定，即捕捉着手实施犯罪行为的时机。侦查人员可通过判断作案人是仓促行事、犹豫不决，还是老奸巨猾、驾轻就熟来判断其性格和意志特征。

犯罪决意，一般是指行为的决定阶段。但也有把它扩大到行为的执行阶段的意见，即认为在执行犯罪计划过程中，有时会产生意志的紧张和动摇，或产生新的动机冲突；是将犯罪决定坚持执行下去，还是停止犯罪预备或中止犯罪，仍然是犯罪决意的表现。

第二节　犯罪行为的发生机制

在犯罪心理形成之后，犯罪行为又是怎样发生的呢？虽然犯罪心理的形成同犯罪行为的发生是两个不同的阶段，但两者又是密不可分的。本节着重从犯罪行为发生的角度，把犯罪心理形成和犯罪行为发生两个阶段结合起来作综合性研究，探讨其动力、机理和规律，以较为全面地反映犯罪行为发生的机制。

一、内、外化机制

内、外化机制是犯罪行为发生的机制中最重要的机制，反映了犯罪心理形成和犯罪行为发生的基本过程和规律。

（一）概念

犯罪心理内、外化机制的基本含义是：从吸收客观外界的消极因素到形成主体犯罪心理的过程和规律，是犯罪心理的内化机制；由犯罪心理的整合到发动犯罪行为的过程和规律，是犯罪心理的外化机制。内、外化过程的两个阶段不能截然分开，是互相衔接、相互渗透和相互作用的。犯罪心理内、外化机制示意图 5－1 如下。

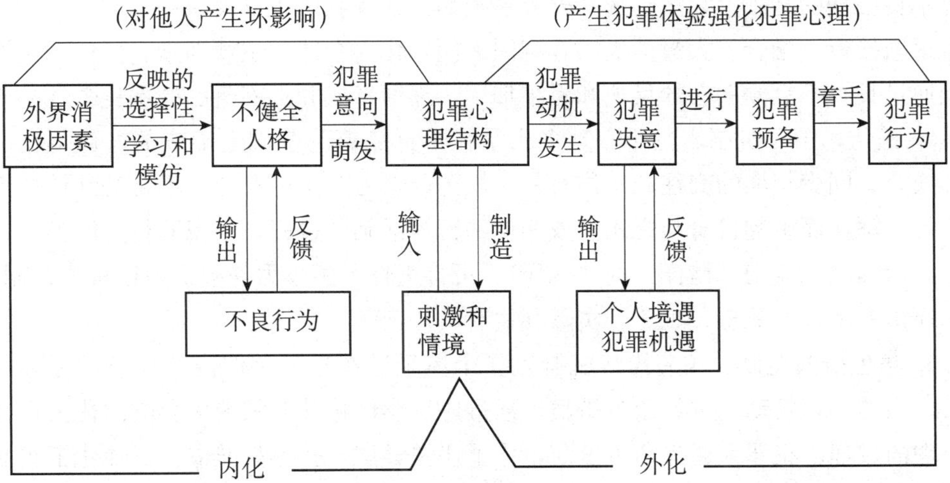

图 5－1

从图 5－1 可以看出：

1. 犯罪心理的内化机制。以对外界消极因素的学习和模仿为开端，在具有倾向性和选择性的反映活动中形成不健全人格，经由不良行为的尝试，此种行为习惯和态度渐趋定型化，进而萌生犯罪意向。犯意的萌发，是犯罪心理形成的标志，也是内、外化机制的结合。

2. 犯罪心理的外化机制。以主体具有犯罪心理作为内因，在刺激和情境的诱发下，产生犯罪动机，确定犯罪目的，进入犯罪决意阶段。在个人境遇（如遭受挫折）和犯罪机遇（如犯罪机会不期而至）的条件下，进行犯罪预备，着手实施犯罪行为。

3. 内、外化机制的关系。内、外化机制是紧密结合、相互渗透的，内化中有外化，外化中有内化。在犯罪心理内化过程中，其消极言语和不良行为对他人产生了坏影响，可视为一种外化。在犯罪心理外化为犯罪行为的过程中，必定产生犯罪体验，从而强化犯罪心理，这又是一种内化。

4. 内、外化机制的运行。内、外化两种机制都以外部刺激和内部需要为动因，以不健全人格和犯罪意向作中介，以特定情境和机遇为条件，通过若干心理环节的运作和反馈作用，最终形成了犯罪心理结构，引发了犯罪行为。

（二）犯罪心理的内化机制

内化，就是个体经由言语、模仿、学习、实践等中介，将客观现实转化为主观映像，逐渐形成思想意识的过程。从社会心理学的角度看，它是将一定的精神文化转化为个体稳定的心理结构的过程。研究个体犯罪心理内化过程中的心理机制，就是要揭示影响个体犯罪心理形成的主、客观因素相互联系、相互作用的规律。犯罪心理的内化机制主要有以下几种。[①]

---

① 参见解玉敏：《关于犯罪心理内化的社会心理机制》，载罗大华主编：《中国法制心理科学研究十年》，208～210 页，北京，中国政法大学出版社，1994。

1. 认知的选择与加工机制。认知的选择与加工机制是指某些人格不健全者，在原有不良心理的基础上，主动选择外界消极因素在头脑中予以反映和加工，使内、外因素逐渐接近、融合，大量消极的客观因素便转化为个体的主观因素。违法、犯罪人正是通过具有不良倾向性的反映和思维加工，逐渐形成和巩固自己的不良个性品质。

2. 模仿、学习机制。犯罪心理多半是在不良品德的基础上形成的，而不良品德的形成，又同少年期的交往和模仿有关。模仿、学习是主体自觉、不自觉地效仿榜样的言行、举止而引起自身与之相同或相似的行为活动的过程。在犯罪行为的模仿、学习中，榜样（尤其同辈榜样）的“威信”、可接近性、感染力与吸引力很重要；同时，也和模仿者本人的愿望、观念、实际利益有关。

3. 角色扮演机制。角色扮演机制是指个体经过在犯罪群体内的角色学习和群体成员之间的心理互动，进行角色扮演，通过违法尝试将社会的消极影响内化为自身犯罪心理的过程。犯罪人通过角色扮演，作了违法尝试，获得犯罪体验，强化了犯罪需求，使不良品德发展为犯罪心理结构。

4. 强化机制。强化机制既包括外部强化机制，也包括自我强化机制。违法活动能够满足主体的需要，符合自我价值期待和犯罪群体的价值期望，必然获得自我肯定、自我奖赏和群体奖赏，使犯罪心理进一步强化，成为再一次犯罪的动力。随着违法、犯罪活动的多次进行，不仅犯罪心理进一步强化，而且逐渐形成违法、犯罪的行为习惯，这标志着反社会态度的定型化。

（三）犯罪心理的外化机制

外化，是指由主观的、内部的心理活动向外部行为活动的转化。研究个体犯罪心理的外化机制，主要是揭示行为人将其犯罪心理外化为犯罪行为的过程和规律。犯罪心理的外化机制主要有以下几种。

1. 预谋发动机制。这是最常见的犯罪行为发生机制，即在犯罪动机推动和犯罪人的意志控制下，为了实现犯罪目的而实施犯罪行为。就行为人来说，这一机制具有犯罪需要迫切、犯罪动机强烈、情境诱发作用较小、犯罪行为的产生经历了较为清晰的意识过程等特点。

2. 情境互动机制。与预谋发动机制不同，在这一机制中，情境的诱发对犯罪行为的发生起到重要的作用。例如，某些机会型犯罪、突发型犯罪，以及在犯罪过程中，由于情境的变化，促使犯罪动机迅速转化，都说明了情境刺激与主体内在因素的互动作用。

3. 挫折—攻击机制。当个人的欲求不满，未能实现预定目标时，常常会引起愤怒的情绪，有可能导致攻击行为。感受到强烈挫折体验的人，并不一定事先都具有犯罪心理，有的是在产生强烈挫折感之后，由于认知范围狭窄，找不到自我解脱的方法而迅速产生犯罪动机，引发攻击行为的。当然，攻击行为仅仅是挫折引起的行为反应的一种，并非所有的挫折都必然导致攻击，其关键在于个体自我意识水平的高低和自我调控能力的强弱。

二、刺激—反应与反馈机制

我国台湾地区学者张春兴提出引发一切行为的三项基本心理法则：S-R 法则、O-R 法则、R-R 法则。[①] 这三种法则均可视为“刺激—反应机制”，其中“R-R 法则”亦可看作行为反馈机制。于义池把这三项基本法则用于犯罪心理学研究，提出如下理论见解。[②]

（一）影响犯罪行为发生的基本变量系统

这一系统包含三种基本变量：（1）外在不良情境因素（S）。（2）主体内在不良因素（O）。（3）各种违法行为因素的总和（R）。任何人的犯罪行为，均可视为外界刺激诱因（S）与内在刺激动因（O）“合一”的结果，而他人或自身的犯罪行为（R）亦可构成对本次或下一次犯罪行为的刺激与反馈。

（二）基本变量的相互关系及形成犯罪心理的过程

对犯罪行为发生影响的三个基本变量的相互关系，可如图 5－2 所示。

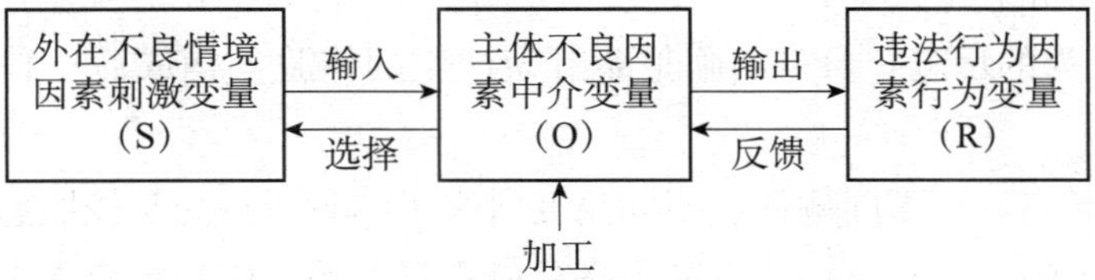

图 5－2

从这一模式图中，可以把犯罪心理形成与犯罪行为发生的机制概括为五个相互区别又相互联系的过程。

1. 刺激信息的输入过程。外在不良因素作用于人的感官，通过一定的心理机制传导，成为个体心理结构中的不良心理因素，即内化的过程。

2. 信息的选择过程。接受何种信息，主要由主体原有的心理发展水平以及当时的心理状态所决定。对信息的选择，包括认知选择与接纳选择。认知选择是选择自己所需要的信息和对信息的含义作出自己的理解。接纳选择是原有心理结构对新信息的认同过程，凡是被认同的就接纳，反之则排斥。

3. 信息的输出过程。把犯罪心理外化为犯罪行为的过程，即为信息的输出过程。这种输出，是在不良信息的输入量累积到一定程度时，所产生的心理质变，即由不良主观因素发展为犯罪心理，并外化为犯罪行为。

4. 信息的反馈过程。实施犯罪行为本身，又同时作为刺激信息，反馈并固定在主体的心理结构之中，使原有的犯罪心理得到强化。

---

① 参见于义池：《试论形成犯罪心理的基本变量及其交互关系》，载罗大华、何为民等编：《犯罪心理学教学参考资料》上册，171～184 页，北京，群众出版社，1987。

② 参见张春兴、杨国枢：《心理学》，台北，三民书局，1969，第一章。

5. 信息的加工过程。这一过程，是把刺激输入信息和行为反馈信息在头脑中进行储存、编码、转换、检索的过程。通过加工，形成相对稳定的犯罪心理结构。

（三）刺激—反应与反馈机制的三种形态

1. 刺激—反应形态（或 S-R 法则），是指某种刺激情境（S）是构成犯罪行为反应或犯罪行为变化（R）的原因。它告诉我们，不良刺激或情境，是导致不良信息输入，影响个体品德畸变与堕落，进而导致行为恶变的外在原因。某些类型的违法、犯罪行为（如冲动型、机会型犯罪）就是由刺激情境直接引发的 S-R 形态或模式。

2. 个体—反应形态（或 O-R 法则），是指个体自身条件及其变化（O）是构成犯罪行为发生或行为变化（R）的内在原因。或者说，个体某种犯罪行为的出现或改变，是由于个体自身条件的改变而产生了犯罪心理倾向的结果，即个体自身存在的不良倾向（如不良欲求、犯罪期待等）是犯罪行为的内驱力。与 S-R 的不同点是，O 并不是外部刺激，而是内部驱力产生的刺激，犯罪行为便是对内部刺激的反应。

3. 前后反应形态（或 R-R 法则）。该法则主要是根据两种行为之间存在着互为因果的关系，来研究其中某一行为的变化可能引起另一行为变化的规律，即前一种行为（如他人犯罪行为的示范，自身实施犯罪行为产生的体验）构成后一种行为的刺激与反馈。

以上三种形态，从不同侧面、不同角度研究个体犯罪行为是按照怎样的“刺激—反应”机制发生的。实际上，这三种形态是密不可分的，应当综合地考察，才能在总体上进一步把握三个基本变量及其相互关系。

三、量变、质变机制

从人的社会化过程与品德心理发展的角度来看，在犯罪行为发生机制中，存在着量变、质变机制。事实上，在守法和违法、罪与非罪之间，既存在着行为尺度，可以根据法律标准加以区别，又存在着心理、意识尺度，可以根据犯罪心理学标准，划清守法心理与犯罪心理之间的界限。这实际上是从量变与质变的哲学视野来研究犯罪心理的形成与犯罪行为的发生问题。

（一）质与量的概念及相互关系

质是指一事物区别于他事物的特殊的内在规定性，量是标志质的范围和等级的范畴。在质和量之间存在一定的度，是指事物能保持特定的质的量的界限。当事物的量变达到一定的度，其质的稳定性便开始发生变化，并产生新的质的结构时，称为质变。

人的心理的发展、变化也存在着量变、质变机制，如人的认识过程由感性认识到理性认识、个体认识与品德发展中呈现出的不同阶段，便是由量变到质变的飞跃过程。就大多数犯罪人而言，犯罪心理与守法心理之间质的区别，不在于个体生理机制的不同，也不在于其智力水平、精神病态意义上的不同，而在于个体社会态度及其行为社会评价意义上的质的区别。就是说，犯罪人在需求结构、动机体系、自我意识、法律意识、品德发展等综合品格方面，同守法公民有着质的区别。一般的品德不良，是量变；进入到产生犯罪心理阶段，是质变。这一量变到质变的度，就是看主体是否萌生了犯罪的意向。只要主体有了犯罪的意向，就可视为由量的积累，发展到心理总体发展趋向上的质变。

（二）主体犯罪前的社会化缺陷

一个人之所以走向犯罪，主要是由于社会化过程中的缺陷。由于社会化程度的不足（不完全的社会化）或经历了错误的社会化（逆向社会化）的过程，由量的变化发展到质的变化。

1. 不完全的社会化，是指在一定的年龄阶段和一定的社会生活条件下，个体社会化未能达到常人的水平（社会平均水平），即未能学习和掌握与这一年龄阶段相适应的知识、技能和规范，没有完成一定年龄阶段应有的社会化进程。

2. 错误的社会化，是指少数青少年在其成长过程中，受到反社会的精神文化的影响，接受了与社会规范背道而驰的反社会观念，养成恶劣的生活习惯（如流浪、吸毒、淫乱），形成反社会的个性心理，以致同正常的社会生活格格不入，极易走向违法、犯罪。这是一种逆向的社会化，是对正常的社会化过程的否定，是朝着相反方向发展的力量。它和社会化不完全或存在某些缺陷是不一样的。所以，对错误的社会化，应进行矫正教育，即对原来受到的错误影响作否定教育。

（三）由量变到质变的发展机制

由社会化的不完全或错误的社会化，发展到违法、犯罪，是一个人由正常人演变为犯罪人的由量变到质变的基本过程。不管这种演变是渐变还是突变，它的发展机制同前面所讲的犯罪心理内化机制基本上是相同的。一般来说，这种由量变到质变的主要心理机制是：由模仿到认知选择，由主观认同到角色化扮演，由错误的自我评价和行为反馈到犯罪意向的萌发，从而完成了由量变到质变的飞跃。

四、防御机制

所谓防御机制（或称防卫机制），是指个体在无意识中，为了消除由心理冲突或挫折所引起的焦虑，维持和恢复心理平衡而采取的一种自我保护的方法。防御机制可分为攻击反应、退却反应和妥协反应三大类，其中有些防御机制有可能导致犯罪。

吴宗宪认为，常见的引起犯罪行为的防御机制有以下几种。[①]

（一）合理化作用

合理化作用又称文饰作用，是指个人用似是而非的理由为自己的非法行为辩解，认为自己的行为是合理的，从而心安理得地去实施犯罪行为。这是为自己推卸责任的

① 参见吴宗宪：《论犯罪的心理机制》，载罗大华主编：《法律心理学研究与探索》，135～154页，北京，中国政法大学出版社，1992。

一种防御机制。合理化作用的实质在于免除自我谴责和抵御来自他人的谴责，以维护个人的自尊。

（二）认同作用

认同作用（或自居作用），是个人出于一定的动机，把自己看成现实生活或想象中的某个人，力图模仿这个人的某些言行举止的一种防御机制。

（三）反向作用

反向作用，是指当个人产生某些不能被社会或他人接受的欲望和冲动时，为了避免引起对自己不利的后果而故意作出相反的举动，以减轻焦虑和罪恶感。“矫枉过正”“欲盖弥彰”“此地无银三百两”等，都可以被视为反向作用的表现。

（四）投射作用

投射作用是个人将自己具有的不良性格、观念、欲望、态度等转移到别人身上，认为别人同样具有这些特征的一种防御机制。犯罪人利用这种防御机制，促使犯罪行为发生。

除了以上列举的内、外化机制，刺激—反应与反馈机制，量变、质变机制，防御机制共4种主要的犯罪行为发生的机制以外，还有变态心理、过度补偿等机制。[①] 以上机制，是从不同角度提出来的，它们之间并非彼此互不相关，而是互相联系的犯罪行为发生机制。

五、犯罪行为发生的模式

犯罪行为的发生，并非单一的、渐进的模式，在实际发生的案例中，往往呈现出复杂的情况，大体上可分为常见模式和特殊模式两种类型。

（一）常见模式

常见模式，是指其犯罪心理的形成和犯罪行为的发生，基本符合犯罪心理形成的一般过程，实施犯罪行为比较自觉的一种模式。又可分为以下几种类型：

1. 渐变型。其特点是：由量的积累到质的飞跃，具有渐进性；由部分质变到整体质变，具有渗透性；由朦胧意向到犯罪心理，具有自觉性；从产生需求到犯罪决意，具有预谋性。它包含两种类型。

（1）原发型，是指从少年期起，通过不良交往和违法尝试，逐渐发展成为犯罪心理，并开始实施犯罪行为的类型。这类人社会化过程不完全或经历了错误的社会化，第一次犯罪年龄早（称为早发性犯罪人），犯罪恶习深，矫治难度大。

（2）继发型。这类人早期无劣迹，但在其成年后生活经历的某一阶段，由于经不

① 变态心理机制，是指由人格障碍、精神疾患引起的犯罪行为。过度补偿（over compensation）机制，是根据阿德勒把“补偿缺陷”“追求优越”看作个体内驱力的理论，而提出的犯罪行为机制。当个体由于躯体缺陷、社会/经济条件差、受教育程度低等原因不能获得成功，产生强烈自卑感时，往往希望获得适度补偿或过度补偿。在过度补偿情况下，如果选择方式不当，就可能造成犯罪。

起不良环境的诱惑，或受到错误思想腐蚀，渐渐腐化、堕落而走上犯罪道路。继发型渐变模式下，由于第一次犯罪年龄晚、恶习浅，矫治的成功率可能要高一些。但其中一部分演变为惯犯、累犯或罪行十分严重者，改悔也相当困难。

2. 突变型。突变型犯罪模式，是指行为人事先并无劣迹和预谋，因突然发生对个人至关重要的情况、事件或受外在环境、气氛的刺激而卷入犯罪。突变型犯罪虽有一定的偶然性，但仍和行为人的心理品质缺陷有一定联系，其社会化水平不足以应对或适应某种突发情况。因此，内部心理原因仍然是突变型犯罪发生的根据。当然，如果不遇到此种突发情况，也可能不至于发生犯罪。它又可分为三种类型：

（1）由人际冲突引起的突变型。这种突变模式最为常见，如因恶语相加发生口角、因财产纠纷矛盾激化、因婚恋不成反目成仇等。由于情况发生突变，矛盾/冲突急剧升级，行为人在不能自控的情况下，采取了暴力行为，加害于对方，而构成犯罪。

（2）由特定气氛引起的突变型。在社会生活中，有时会出现某种特定的环境与气氛，使在场者情绪激动而引起群体性的骚动，一部分人因缺乏辨别是非的能力和自我调控的能力，卷入事态而造成犯罪，例如足球赛场暴力事件、街头暴力事件，以及不符合法律规定的示威游行、骚乱等。

（3）由回避危险引起的突变型。这类情况的发生，通常和行为人在认知方面发生困难、举止失措有关。例如，在突发性冲突中，受害一方的正当防卫行为明显超过必要限度，造成对方人身伤害；由于紧急避险超过必要限度，或由于应对假想的危险而造成重大损害的。另有一类在职务上、业务上负有特定责任，不适用紧急避险的人（如消防警不能在火灾中避险），逃避其应负的责任而不作为，则属于缺乏责任心的渎职犯罪。

3. 机遇型，是指行为人在接触有利于实施犯罪之机遇前并无犯罪意图，接触此种机遇后，或渐次产生犯罪心理，或突然起意而犯罪。犯罪机遇的出现，对于推动行为人产生犯罪动机，起了关键性的作用。机遇型犯罪行为发生的模式又可分为两种类型：

（1）机会型。犯罪机会对行为人具有强烈的诱惑与刺激性。例如，金钱外露，是抢夺的机会；室外放物或室内无人，是盗窃的机会；财会制度不严，是贪污的机会；委托他人保管财物又无契约，是侵占的机会；单身妇女路过偏僻、昏暗处，是强奸的机会。机会犯事前虽无犯意，但多系品德不良者，在遇到犯罪机会时经不起诱惑而起意犯罪。

（2）境遇型。此种类型犯罪，是指出现了诱发犯罪行为的环境和气氛，并具有行为人预料不到的偶然性、突发性与巧合性，而引发犯罪行为。换言之，若无此种境遇，则可能不会发生犯罪行为。境遇型犯罪行为发生模式又可分为以下三种类型：A. 刺激型。在发生口角或争执后，被害人出言不逊，行为人不堪忍受刺激而施以暴力攻击。B. 胁迫型。行为人受他人威胁、利诱，或处于从属关系被迫参与犯罪。C. 从众型。行为人因偶然机会参与一群人或团伙的活动，事先并无犯意，在他人裹胁或从众气氛感染下，参与犯罪。

（二）特殊模式

所谓特殊模式，是指行为人犯罪心理的形成有别于上述的一般过程和模式，或者行为人在实施犯罪时意识状态比较模糊。这是一种在犯罪案件中所占比率较小的犯罪行为发生模式，具体可分为以下几种类型。

1. 朦胧型。事实上，并非所有犯罪行为的发生，都经过犯罪意向、犯罪动机、犯罪决意这样三个清晰的动机发展阶段；有些犯罪行为是犯罪意向直接引起的行为，其意识状态比较模糊。

2. 习惯型。习惯是一个人在一定的情况下，自动地去进行某些动作的特殊倾向。习惯有时会在潜意识状态下进行，行为人对自身的动作没有清晰地意识到。犯罪习惯是犯罪者多次作案而形成的一种特殊形态的熟练，由于反复强化，便成为犯罪者的自动化行为，有时很可能下意识地去做。当然，习惯型犯罪者的犯罪行为的发生，还是受他的整个意识水平支配的，不等于完全的无意识，只是意识状态比较模糊或者处于自动化状态而已。

3. 变态型。有些犯罪行为是由变态心理引起的。例如，某些偏执型、冲动型变态人格者，异装癖、恋物癖变态人格者，以及其他性心理障碍者，易于引起违法或犯罪行为；异装癖者身着异性服饰招摇过市，扰乱社会治安；恋物癖者偷盗他人衣物等。他们明知此类行为有可能违法，但仍受变态心理驱使，情不自禁地重复同类行为而触犯刑律。

上述两类、六种犯罪行为发生模式，只是大体的划分，各种类型之间仍有所重叠和交叉，不能截然分开。

第三节　境外关于犯罪行为发生机制的主要理论

境内外的个体犯罪原因理论多种多样，有些理论也涉及犯罪心理形成和犯罪行为发生的机制。现概括为八个方面，作如下简介。

一、本质相异论

研究犯罪行为发生的心理机制，涉及对犯罪人的看法问题。较为古老的一种看法是，犯罪人在生理上、心理上同普通人（守法公民）相比较，是本质上完全不相同的人。这就是本质相异论。其又可分为生理上的异质论与心理上的异质论两种。

所谓生理上的异质论，是以龙勃罗梭为代表的新、旧人类学派持有的观点。他们把犯罪人看成是由遗传决定的生理结构（如体型、血型、染色体、内分泌、脑电波等）上与正常人有所不同的人，认为生理上的异质或部分异质是发动犯罪行为的驱动力和机制。从龙勃罗梭的“天生犯罪人”论到现代关于犯罪者的孪生儿研究以及其他生化研究，实际上就是强调生理上的异质（或部分异质）与违法、犯罪的因果关系。

继生理上的异质论后，心理上的异质论开始兴起。20世纪初，美国犯罪学家戈达德和格卢克夫妇进行了违法、犯罪行为与智力落后关系的研究，认为违法、犯罪者智力水平低。有的临床心理学家认为，违法、犯罪者具有人格障碍的特征，其典型症状是：攻击性、破坏性、低度的忧郁感、行为盲动、情感冷漠、责任感缺乏，不善于吸取教训，也不因受到惩罚而悔悟。有的犯罪心理学家和精神医学家还企图找到某种犯罪人格（criminal personality）作为发动犯罪行为的心理动力和机制。美国华盛顿特区伊丽莎白精神病院的两位医生（Yochelson & Samenou）宣称他们发现了“犯罪人格”[①]，其特征是：有犯罪意念，经常寻找违反法律的兴奋，怨恨生活安定、富裕条件下的人，与犯罪团体有密切联系，利用一切机会为自己谋利，表现出不正常的和自私的工作态度。上述观点实际上是认为，心理上、精神状态和人格上的异质，是产生犯罪行为的驱动力和机制。

二、犯罪倾向论

与“本质相异论”的观点相反，西方一些研究者认为，正常人与犯罪者都存在着侵害他人利益以满足自己欲望的犯罪倾向，两种人之间只有倾向程度的不同，不存在生理上或心理上质的区别。犯罪行为的发生，乃是外界情境诱惑对个体犯罪倾向的驱动。

英国学者梅兹（John B. Mays）、日本学者平尾靖等在他们的著作中，都持这样的观点。梅兹在《我们是否都是犯罪者》一书中认为，罪犯无论在心理方面还是在社会关系方面，都处于“常态”，与一般人是“同质”的：“无论是犯罪者，还是一般人，都是一样的”，“他是人，我也是人”[②]。平尾靖称，“在任何优秀的人物中，都存在着犯罪的倾向”，“某人变成犯罪者时的过程的性质，与没有越轨的个人进行正直行为时的过程的性质基本上是相同的”[③]。这就是说，犯罪行为与正常行为有着相同的机制。一个人向着哪个方向发展，在很大程度上受到情境的左右。上述观点，又可称为与“本质相异论”对立的“本质相同论”。

三、欲求不满论

在认为人皆有犯罪倾向的基础上，为了进一步解释犯罪行为发生的机制，出现了欲求不满论。这种理论来源于精神分析学派，反映了弗洛伊德的人格理论和犯罪观。弗洛伊德在1923年阐释的人格结构分为本我、自我、超我三个部分，与他在1911年提出的快乐原则、现实原则、至善原则相结合，形成了对应关系。于人格健全的人，三者处于平衡状态，“本我”在获得一定程度“快乐”的同时，受到“自我”和“超

---

① 许春金主编：《犯罪学导论》，载《“中央”警官学校犯罪防治学系》，159～161页，台北，1987。

② 吴宗宪主编：《法律心理学大词典》，202页，北京，警官教育出版社，1994。

③ ［日］平尾靖：《违法犯罪的心理》，金鞍译，15～16页，北京，群众出版社，1984。

我”的适当调控和限制，不至于产生越轨行为。但是，当“本我”过强，“自我”“超我”过弱，处在难以控制其欲望的状态时，或者“自我”“超我”过强，“本我”受到过多压抑，处于欲求不满状态时，便会在一定条件下产生越轨行为或违法、犯罪行为。事业成功、欲求得到较多满足、人格结构健全的人不易发生犯罪行为，事业失败、欲求不满、人格结构不健全的人容易发生犯罪行为。

弗洛伊德还认为，人类社会中之所以有犯罪，究其根源还在于人类的本性。他在“欲求不满”产生犯罪这一基本判断的基础上，进一步提出了自己的犯罪观。他认为，人天生而具有的犯罪倾向表现在两个方面，即攻击与破坏的死亡本能作用和强大的性本能作用，以上两种本能相互融合，特别是在“本我”实现“快乐”原则受到挫折时，便会产生挫折—攻击行为。①

四、心理冲突论

在现实生活中，人们企求的目标有时难以实现或不可能全部实现，有时会遇到满足欲求的“两难选择”，即出现“鱼和熊掌不可兼得”之类的两难取舍。在这种情况下，就会形成“心理冲突”。如果心理冲突长期得不到缓解，将会引起紧张和焦虑的情绪障碍而导致心理疾病。在心理严重不平衡的压力之下，可能个体被迫在各种不同的心理冲突中，作出目标和行为方式的选择，如果最终选择了犯罪的目标和行为方式，便会成为犯罪者。

与这种心理冲突导致犯罪的理论相联系的，有美国社会学家墨尔顿（Robert King Morton，1910—2003 年）据此提出的紧张犯罪论。他认为，美国社会过分强调成就和名利，把物质财富和社会地位作为实现目标的象征，但不是所有的人都能平等地得到实现目标的机会。处在下层社会的阶级和黑人较少成功的机会，就会产生心理紧张和心理冲突状态，于是成为比较容易使用不合法手段以获取金钱的一群人，其中一部分人选择了犯罪方式而成为罪犯。墨尔顿认为，人们对社会紧张状态的反应方式具有可选择性：第一种是顺从，就是坚持按社会公认的准则，以正常手段实现目标。第二种是放弃目标的保守主义，那就是按传统方式生活。这两种选择都和犯罪无关。第三种是变革，指的是放弃社会公认的准则，运用非法手段达到目标，如偷窃、抢劫。第四种是退缩主义，隐世遁居，成为隐士、流浪汉或醉鬼，其中吸毒者与酒精中毒者会与法律发生冲突。第五种是反叛，会形成危害国家利益与公共利益的犯罪。第三、四、五种选择都和犯罪有关。

五、动机作用论

一些犯罪学家认为，在需要和目的之间存在动机，动机是决定行为方向的关键性

① 参见车文博主编：《弗洛伊德主义论评》，427～433 页，长春，吉林教育出版社，1992。

因素，在大多数情况下，需要和目的是中性的、无可非议的，如果动机不具有反社会性，就不会发生犯罪行为。这就是动机作用论。例如，人人都具有物质需要和发财致富的目的，只要他勤奋工作，合法经营，那么满足物质需要，取得财富便是正当的行为。只有在他产生了损人利己的贪婪动机，实施了触犯刑律的越轨行为时，才会造成犯罪。所以，动机在犯罪行为发生过程中的作用不能忽视。正如俄罗斯教育家马卡连柯（Антон Семёнович Макаренко，1888—1939 年）所说："在人的愿望本身中没有贪婪。如果一个人从乌烟瘴气的城市来到松林，并且幸福地作深呼吸，谁也不会责备他太贪婪地吸进氧气。贪婪只是当一个人的需要与另外一个人的需要发生冲突，需要用暴力、狡诈或者偷窃的手段攫取邻人的快乐或满足时才开始的。"[①] 俄罗斯犯罪学家库德里亚夫采夫也认为，犯罪动机是犯罪行为的直接动力，自私动机是产生一切犯罪行为的概括性动机。[②]

在"需要—动机—行为"的链条中，动机更接近于行为，因此，犯罪动机是产生犯罪行为的直接动力源泉，在犯罪行为的发生中，动机起到决定性的推动作用。一个人具有什么样的动机，同他的整个心理素质密切相关。

六、防卫机制论

"防卫机制"一词出自精神分析学派，是指人在潜意识中自动地进行克服本我和自我、超我冲突时所产生的焦虑，以保护自我的方法。具体来说，防卫机制是在缓和失败带来的痛苦、减少认知的不协调、平复心理上的创伤时，为度过心理危机、安抚自我而欺骗自己、歪曲现实，为维持心理平衡而自动地、无意识地起作用的一种心理机能。这一理论认为，犯罪行为和防卫机制的关系是很密切的，主要表现在：(1) 行为人为压抑罪责感和内疚而对侵犯他人利益与社会利益的行为作出合理化的解释，由此使自己"心安理得"地滋生犯罪动机和实施犯罪行为。(2) 因自我防卫而进行过度攻击，造成犯罪。(3) 变态的宣泄行为，为克服内心的自卑感、嫉妒心而加害于人。

七、刺激反应论

上述六种理论都是从个体内部动力上寻求犯罪行为发生的机制，而"刺激反应论"则是从外部刺激力上寻求犯罪的机制，把犯罪行为看作是对刺激的应答。

从华生（John Broadus Watson，1878—1958 年）到斯金纳（Burrhus Frederick Skinner）等，新、旧行为主义学派的代表人物都认为，一切行为都包含刺激与反应的对应关系，称之为刺激—反应法则，故犯罪行为也必定同某种刺激有关。我国台湾地区学者蔡墩铭认为，刺激包括社会刺激与生理刺激、平常刺激与异常刺激、愉快刺

① ［苏］马卡连科：《马卡连科全集》，第 4 卷，耿继安等译，388 页，北京，人民教育出版社，1957。

② 参见［俄］库德里亚夫采夫：《违法行为的原因》，韦政强译，204～205 页，北京，群众出版社，1982。

激与不快刺激、自然刺激与人为刺激等，均会引起行为人的某种反应。就犯罪行为发生的机制来说，财物刺激、性刺激、被害人刺激、共同犯罪者的行为特征刺激、实施犯罪时的反馈刺激等，都与犯罪行为的实施及犯罪动机的转换有着密切的关系。至于外界刺激将诱发何种反应，常常和主体的需求状况、精神状态、思维模式有关，即通过行为人的意识调控作用，而作出不同的反应。

八、犯罪亚文化论

这一理论强调，与社会主流文化相对立的亚文化因素是促成犯罪的动因和机制。犯罪亚文化的理论根基应追溯至法国社会学家塔尔德的犯罪模仿论，这一理论并不认为犯罪行为的发生是由心理异常或生理异常引起的，而强调模仿机制和环境影响的作用。

美国犯罪学家米勒（Walter B. Miller）认为，犯罪是低阶层文化（又称贫民窟文化）对环境自然反应的结果。他认为，这一文化本身包含犯罪的因素，犯罪行为正是低阶层文化价值观和态度的具体表现，或者说，犯罪行为发生的机制是顺应低阶层文化的结果。在低阶层文化中，存在着一系列适应贫民区生活的“焦点关心”（focal concerns），这些主要的“焦点关心”是：（1）麻烦。是否经常惹麻烦（包括打架、酗酒、不正常的性行为），在低阶层的文化区域里，是用来衡量一个人有无能力的标准之一。（2）强硬。在贫民区，强调身体强壮、有打架能力和运动技巧。（3）聪明。对低阶层者来说，耍小聪明是一种求生的技能，如赌博、诈欺和钻法律的漏洞等。（4）兴奋。为了寻找兴奋和刺激的动机，导致赌博、打架、酗酒和性的侵扰等。（5）自主。认为受制于权威（警察、教师、父母）是一种软弱，主张任凭自己的意愿行事。

低阶层者如果遵从上述亚文化的“焦点关心”，便会经常触犯法律。因此，在米勒看来，犯罪行为的发生机制是顺应低阶层文化的结果。

上述各种理论，从不同侧面阐述了犯罪行为发生的机制。它们并非处于同一层次，有些理论仅能解释某一类型的犯罪行为或犯罪行为的某些方面，有些理论显然有漏洞。这些理论大多是出自欧美社会文化背景所导引出来的学理或假设，不完全符合我国社会犯罪的实际情况。但是，这些理论仍然有一定的科学价值，可供研究犯罪问题时借鉴、参考。

思考题

1. 什么是犯罪行为发生的机制？我国理论工作者将它概括为哪几种机制？试简述其中的一种机制。

2. 犯罪动机和犯罪目的的联系与区别何在？犯罪动机、犯罪目的与犯罪行为三者的互动关系又是怎样的？

3. 试举实际案例说明突变型、机遇型、习惯型犯罪行为发生机制模式。

第六章
犯罪心理的发展、变化

学习目的与要求

通过本章的学习，应重点掌握以犯罪动机为核心的发展、变化，犯罪心理发展、变化的阶段；掌握犯罪心理强化和弱化的特征和条件；了解影响犯罪心理发展、变化的主体内、外因素，犯罪人在不同诉讼阶段心理的发展、变化；难点在于犯罪心理强化与弱化的机制及其在司法实践中的运用。

习近平总书记始终强调，明者因时而变，知者随事而制。我们要学会“适应变化、把握变化、驾驭变化”。犯罪心理的研究也一样，不仅要厘清静态的犯罪心理结构，更要清晰把握其发展、变化的全过程。犯罪心理结构形成后，由于主体内、外诸因素的影响，而处在不断发展、变化之中。犯罪心理的发展、变化，就其发展方向而言，有良性转化和恶性发展两个方面；就其发展、变化的内容而言，主要有犯罪动机的发展、变化，犯罪心理的深度变化和犯罪人心理状态的发展、变化。

本章以犯罪动机的发展、变化为核心来讨论犯罪心理的发展、变化，主要分析犯罪心理结构发展、变化的过程和阶段，影响犯罪心理结构发展、变化的主体内、外因素，犯罪心理结构的深度变化（强化和弱化），以及犯罪人在不同情境中心理状态的发展、变化等问题。

第一节　以犯罪动机为核心的发展、变化

犯罪心理结构的发展、变化，主要是指犯罪主体在已经形成犯罪心理的基础上，在犯罪实施过程中和犯罪后，所经历的动机变化、深度变化和心理状态的变化。所谓动机变化，是指犯罪人犯罪动机和需求种类的更迭、重合、转换等变化。所谓深度变化，是指犯罪行为深度①的加深、加强或淡化、削弱，即犯罪心理结构的强化或弱

① 犯罪行为深度，是指犯罪行为人的生活空间与一定犯罪行为相关联的深度。该学说由日本学者安倍淳吉提出，他认为，由于年龄阶段不同，期待的社会作用和地位也就不同；与此相适应，行为准则及其容许水平也在发生变化，因此，犯罪行为的深度也随着年龄阶段而异。他把犯罪行为的深度分为外行、内行等四个阶段，详见本章第三节。

化。所谓心理状态变化，是指犯罪人在犯罪前后、刑事诉讼过程中以及监禁处遇中心理状态的多样性及发展、变化。

一、犯罪动机的发展、变化

犯罪心理结构发展、变化的过程，从理论上说，应当包括强化与弱化两方面。但是，一般来说，如果听任其发展，而不加以干预和矫正，它就是一个不断加深与强化的过程。所以，包括强化与弱化两方面的发展、变化，是广义的犯罪心理结构的发展、变化；仅仅只有不断加深与强化这一方面的发展、变化，则是狭义的犯罪心理结构的发展、变化。狭义的犯罪心理结构的发展、变化的过程，主要表现在以犯罪动机为核心的发展、变化以及由此导致的犯罪人人格状况的整体变化。

（一）犯罪动机发展、变化的表现

1. 从动机到行为的发展、变化。动机是行为的直接动因。犯罪动机的形成和发展、变化，经历了从萌发犯罪意向、明确犯罪动机、作出犯罪决意到实施犯罪行为等几个阶段。这是犯罪动机由模糊到具体，由犹豫不决到作出决定，由内心的决意到实施犯罪行为的发展、变化，是犯罪动机发展、变化的一种表现。

2. 犯罪动机的多极化趋向。犯罪动机的发展、变化有多种形式，如犯罪动机的实现、派生、转移、重合等，但其基本形式是由单一化到多极化的发展、变化。就是说，犯罪人的犯罪欲求是不断扩大和加深的——财、色、暴力直至反社会，是相互联系和逐步发展的。这是犯罪动机发展、变化的又一种表现。

3. 动机变化带动其他心理因素变化。动机是需求的直接体现，反映了需求的强度和实现愿望的迫切性。动机的发展、变化，又推动着需要、利益、情感、价值观及行为方式、行为习惯等其他心理要素的发展、变化。犯罪动机是犯罪心理中最活跃的成分，犯罪动机的加深或减弱，同样能够起到带动其他心理因素发展、变化的作用。反过来，其他心理因素的发展、变化，也影响犯罪动机进一步发展、变化。这是犯罪动机发展、变化的另一种表现。

4. 动机变化最终影响人格状况的发展、变化。犯罪动机的不断加强和发展的多方向性，必然会带动行为人整体人格状况的恶化。如果说，在初犯阶段，犯罪心理仅仅是行为人心理生活中的一部分，那么，随着时间的推移和犯罪行为的多次实施，犯罪心理在其个性中的地位和作用不断扩大，其常态心理随之减退。最终，犯罪心理结构与其整个人格结构基本上融为一体，产生了犯罪人格，即达到了犯罪心理人格化的程度，从而完成了由初犯阶段向惯犯、职业犯阶段的过渡。这是犯罪动机发展、变化的结果，也是其发展、变化的终极表现。

（二）犯罪动机发展、变化的形式

在原先形成的主导性犯罪动机的基础上，经过犯罪预备和实施，其发展、变化的主要形式有：

1. 动机的实现，又称犯罪动机既遂，即在犯罪过程中，按原有犯罪动机，实现了预定的犯罪计划，达到了犯罪目的，以完成犯罪活动而告终。这时，犯罪动机因犯罪目的实现、欲望得到满足而暂告弱化或消失。

2. 动机的派生。犯罪人在实施某一犯罪行为的过程中，遇到了新的刺激和情境，萌生出与原犯罪动机有关联的新的犯罪动机。

3. 动机的转移，是指由一种犯罪动机转化为另一种新的犯罪动机。动机的转移与动机的派生有所不同。动机的派生，是指前后两种犯罪动机出于同一犯罪目的，两种动机之间有着内在的联系；而动机的转移，是指前后两种犯罪动机不属于同一犯罪目的，两种动机之间并无必然的内在联系。

4. 动机的重合。犯罪动机的重合是犯罪动机发展、变化过程中一种比较特殊的现象，即前后两种（或两种以上）犯罪，其犯罪性质、犯罪目的、犯罪方式均截然不同，但犯罪动机重合不变。

（三）犯罪动机发展、变化过程中的冲突

犯罪动机确立后，在犯罪预备阶段以及在实施犯罪的过程中，往往出现各种意想不到的复杂情况，引起犯罪动机的发展、变化，这种发展、变化除归因于主体内、外因素的作用外，最主要的是由动机冲突引起的。

所谓动机冲突，是指在动机形成过程中或动机形成后，主体所面临的矛盾斗争和选择。人之所以存在着动机冲突，是因为个体在现实生活中总是同时存在着许多动机，这些动机既有相互联系和推动的一面，也有彼此发生矛盾、相互制约的一面，从而构成个体多层次、复杂而多样的动机体系。一种主导动机的出现，往往是经过不同性质的动机斗争、冲突，才得以确立；而在主导动机实施的过程中，又往往因新的情况出现，而产生新的动机冲突和斗争。

犯罪行为既是为犯罪人取得某种非法利益的行为，又是应受刑罚惩罚的行为。所以，实施犯罪行为与否，往往要经过主体权衡利弊的动机斗争和克服反对动机（道德、法制感等）的动机冲突。同时，在实施犯罪的过程中，由于遇到新的情况，又难免引起新的动机冲突。

犯罪人动机冲突的主要形式是：

1. 双趋冲突。所谓双趋冲突，是指个体在有目的的活动中同时存在着两个并列的目标，而且这两个目标对其具有同样的吸引力，引起同样强度的动机。当个人因条件限制无法兼得目标时，往往产生一种两个并存的目标难作取舍的矛盾、冲突心境。就犯罪人而言，其利益、角色、良知等方面均可能会出现双趋冲突。

2. 双避冲突。所谓双避冲突，是指同时有两个目标对个人具有威胁性，虽然都想回避，但由于利益驱动等原因，个人只有接受其一才能避免另一，在抉择时便会遇到双避冲突的心理困扰。就犯罪人来说，在犯罪行为实施前、犯罪行为实施过程中及犯罪行为实施后，都可能出现双避冲突。

3. 趋避冲突。这是又一种动机冲突的情境。在这种情境下，个体对同一目标同时具有趋近与躲避两种动机。由于犯罪行为对行为人来说，既有获利又有受到刑罚惩罚的两重性，任何犯罪动机的产生，都不可能是单纯的双趋冲突或双避冲突，实际上是两者兼而有之的趋避冲突。

4. 多重趋避冲突。事实上，犯罪人在作出犯罪与否的抉择时，多数情况下都不是碰到单一的趋避冲突，而是多种趋避冲突并存。例如，想获得非法利益，又惧怕事情败露而受到刑罚惩罚；想从事犯罪活动，良心谴责又挥之不去等，都表现出趋避冲突的多重性与复杂性。

无论是双趋冲突、双避冲突还是趋避冲突，都是犯罪人动机冲突的重要表现形式，推动着犯罪动机的发展、变化。至于犯罪人究竟作出何种抉择，还要受到存在于主体自身的内在因素和存在于主体周围的外部环境与条件因素的影响。关于这些因素的影响，我们将在下一节进行讨论。

二、犯罪心理发展、变化的阶段

犯罪心理结构的发展、变化，从狭义上说，即犯罪心理的恶化，大体上可划分为孕育形成的初始阶段和恶性发展的深化阶段，并可依不同的标准，从不同的角度进行两个阶段的划分。

（一）从情境与主体的相互关系上划分

1. 被动型。这是受客观情境和诱因的影响，形成犯罪动机而发生犯罪行为的类型，其中包括所谓偶发犯、机会犯、激情犯和在违法、犯罪青少年中常见的由于他人胁迫而作出违法行为的“受害者型”，以及集群行为犯罪等类型。

2. 主动型。当主体产生强烈欲望企图犯罪时，他便有意识地选择、发现适合于自己作案手法的场所和机会，或者积极地控制、改变场所、条件，制造犯罪机会。

以上两种类型，实际上是根据在犯罪行为发生过程中情境与主体意识的相互关系上谁起主导作用来划分的。一般犯罪人都经历了这种由被动型到主动型的阶段性变化。由被动到主动，是犯罪动机和犯罪心理结构恶化的一个重要标志。

（二）依主体是否形成犯罪动力定型划分

1. 偶发型。犯罪行为的发生，尚处在一时性、间歇性的阶段，并未形成犯罪行为习惯，犯罪技能尚不熟练。

2. 习惯型。由于反复实施犯罪活动，已形成行为习惯，达到犯罪动力定型的程度。也就是说，犯罪人大脑皮层对外界诱因（或刺激）已经形成了作犯罪应答的自动化、习惯化的反应系统。当特定刺激出现时，犯罪人便产生习惯性的从犯罪心理到犯罪行为的不可抑制的连锁反应。

由上述可知，形成犯罪行为的自动反应系统，是犯罪动机和犯罪心理结构恶化的又一个重要标志。

（三）从主体与社会的关系上划分

1. 因社会化缺陷而犯罪的类型。由于主体社会化程度不足，不能按社会规范处理人际关系中的纠纷，造成对他人的人身伤害或利益侵害而犯罪；或者因社会规范限制了其欲望的满足，加之自我控制机制的缺乏，造成对社会规范的有意违反而发生了犯罪行为。

2. 因反社会态度而犯罪的类型。这类犯罪人不只是存在社会化缺陷，而且适应或经历了反社会化过程，接受了反社会文化和犯罪文化的影响，从内心排除了“良心”的干预，形成了明确的反社会态度，有意识地采取犯罪手段，来达到反社会的目的。

以上两种类型的不同点在于，前者虽然行为人同社会之间的关系不协调，但并未完全对立，只是因一时一事处理不当或欲求得不到满足、不能遵守社会规范而造成犯罪；后者则形成了明确的反社会态度，主动地、有意识地违反法律、法规，以犯罪行为与社会相对抗。其中，反社会态度形成，是犯罪动机和犯罪心理结构恶化的另一个重要标志。

（四）以犯罪活动在主体生活中的地位来划分

1. 业余型。行为人有正当职业和生活来源，犯罪行为系偶尔为之，作为对正常生活的“补充”。

2. 职业型。行为人无正当职业和生活来源，以犯罪收入为生；或者虽有正当职业和收入作掩护，但犯罪收入在其全部收入中所占比重较大，超过正当职业收入。

以犯罪为业，是犯罪动机和犯罪心理结构恶化更为显著的重要标志。

综合上述可知，犯罪心理孕育形成的初始阶段为被动型、偶发型、因社会化缺陷而犯罪型与业余型，犯罪心理恶性发展的深化阶段为主动型、习惯型、因反社会态度而犯罪型与职业型。

第二节 影响犯罪动机和犯罪心理发展、变化的因素

犯罪动机和犯罪心理结构的发展、变化是主体内、外诸种因素相互影响、相互作用的结果。主体内、外的积极因素可以使犯罪心理结构弱化，主体内、外的消极因素可以使犯罪心理结构强化。

一、主体外因素

主体外因素即犯罪主体之外影响犯罪动机和犯罪心理发展、变化的因素。

（一）与犯罪直接相关的因素

与犯罪直接相关的因素对犯罪心理的发展、变化起着重要的作用，主要包括以下几个方面。

1. 犯罪机遇和现场条件的变化。错失犯罪机遇或者现场条件不利于犯罪，会迫

使犯罪人暂时放弃犯罪动机。但如果犯罪机遇、现场条件变得比事先估计的更为有利，则有可能加强犯罪动机或产生新的犯罪动机。

2. 犯罪目标或侵害对象的变化。包括犯罪目标、侵害对象的消失，事主的警觉等，对犯罪动机会起暂时的遏止作用。如果犯罪动机过于强劲，虽然原有侵害对象消失，却出现了新的侵害对象，那么则有可能迁怒无辜，或因行为人判断失误，造成间接故意犯罪。

3. 被害人的态度。被害人采取的态度对犯罪动机有时也会产生重要的影响。如果被害人态度坚定，坚持反抗，有可能迫使犯罪人心慌意乱、放弃作案；也可能因犯罪人态度顽固，事主的反抗导致其犯罪动机恶化，遂用暴力残害对方。如果被害人态度怯懦，忍气吞声，逆来顺受，将助长犯罪人的嚣张气焰，使其在犯罪得逞后，又产生新的犯罪动机，进一步加害对方。

4. 共同犯罪人的影响。两人或两人以上共同犯罪，在其实施犯罪的过程中，如果同案人态度发生变化，中途退出现场，将不同程度地影响其他成员的作案心理，削弱其犯罪动机。如果同案人态度凶残，实施新的犯罪，就会对其他成员的犯罪动机产生恶化影响。

（二）环境因素的影响

犯罪行为有着复杂的外在原因，从微观的层面来说，可以从家庭、学校、社区环境、工作环境四个方面加以分析。亲友、同事等对犯罪人耐心规劝、教育，给以更多的关怀、爱护，使犯罪人获得必要的经济条件和收入，建立稳定的婚姻关系，将改善犯罪人的家庭、学校、工作单位的气氛和条件，改善和优化其生活环境，切断犯罪人与犯罪集团、团伙成员之间的联系等，对于抑制犯罪心理是必不可少的。

（三）惩罚效应

惩罚既可能对犯罪心理的发展、变化产生积极效应，也可能对犯罪心理的发展、变化产生消极效应。犯罪行为是危害社会、触犯刑律、应受惩罚的行为，它的发生意味着，一旦被揭露，必然要受到刑罚惩罚。就多数犯罪人而言，当他们萌发犯罪动机的时候，就已经意识到他们面临的是一场赌博，所实行的是一种为社会所禁止的行为，既有可能获取一时利益，又面临着被逮捕、判刑的可能，犯罪人必然要在这两者之间进行权衡、抉择。

毫无疑问，对犯罪行为的揭露和惩罚，将会对行为人的犯罪心理发生抑制作用。但是，一味地适用重刑，不断地扩大打击范围和增加刑罚的严厉程度，也将使许多犯罪人产生逆反心理，提高对刑罚的耐受阈限，甚至出现不畏惧刑罚的反应。

（四）教育与综合治理

单纯依靠刑罚惩罚，并不能收到预期效果，因为人毕竟不是心理学实验室中被实验的动物，只依靠负性刺激便可抑制其行为。人有着意识倾向性与主观能动性，所以必须在发挥刑罚威慑作用的同时，结合进行法制、道德教育，改变犯罪人的错误认知，矫正其消极情感行为，削弱其犯罪意志，才能有效地抑制其犯罪心理。同时，还要认识到，教育也不是万能的，单靠说服教育而缺少必要的环境和条件保证是不够的，应当在对违法、犯罪者实行有效矫正、辅导的同时，做好社会治安的综合治理。

在犯罪动机的斗争中，如果反对作案的动机占据优势，则其犯罪心理结构就会向良性转化，终止犯罪活动，乃至逐渐建立起新的个性心理结构和良好的心理品质。外部因素的刺激，将引起个体的行为反应，至于引起何种行为反应，往往同个体内在的心理品质和心理状况有关。所以，要搞清主体外因素如何引发犯罪动机和犯罪心理结构的发展、变化，必须同时研究主体内部的心理因素。

二、主体因素

制约与影响犯罪人心理结构发展、变化的内在因素很多，主要来源于其内部主导性需要所产生的驱动力，同时也与其个性特征以及生理因素有关。

（一）需要

需要是个体内部缺乏某种东西所引起的身心方面的不平衡状态。缺乏的程度与主观感受决定需要和动机的强度。犯罪人在实施犯罪过程中动机的发展、变化，首先同主体的需要及其强度有关。如果主体某方面的欲求强烈而不可得，个体社会化又存在着严重的缺陷，那么其就会不惜冲破道德、法律的约束，决意实施犯罪。如果主体某方面的欲求减弱，反对动机增强，就会中止犯罪或完全停止犯罪活动。

犯罪人需要结构的偏倾与不合理，是产生犯罪动机的直接动因。应当帮助和引导犯罪人对其需要结构予以改造，实现“吐故纳新”。除了适当满足他们基本的生理需要与社会需要外，还要注意运用新的适合于社会道德和法律规范的需要，来取代其原有的畸形需要，实现需要的转换、满足与代偿。

（二）认识

犯罪人在认识上的谬误，易引起犯罪动机的恶化和产生新的犯罪动机。例如，某人同主管领导之间发生矛盾，在向上级反映或向有关部门控告却无人重视的情况下，自认为社会对他不公，可能产生在公共场合制造恶性事件向社会报复的犯罪动机。

（三）情绪

多数情况下，不安、嫉妒、恐惧、愤怒等消极情绪，将会加速犯罪动机的形成和滋生。有时，某种强烈的情绪感受也有可能引起反对动机，从而抑制犯罪的实施。例如，在实施犯罪的过程中，由于对犯罪后果产生恐惧或由于对被害人产生同情、怜悯，而骤然中止犯罪行为。

（四）意志

人的意志活动不仅有强弱之分，还有正确与错误的区别。行为人在正确方向上的控制力薄弱、在错误方向上的控制力畸形发展，将会进一步加强犯罪动机，促成犯罪动机的恶性转化，敢冒风险，不计后果。也有些犯罪人在作案过程中，出现犯罪意志动摇而中止作案。

（五）犯罪经验

有无犯罪经验，犯罪经验的多少、深浅以及个人犯罪史上成功与失败的概率，都会制约着犯罪人犯罪动机的变化和发展。犯罪经验丰富者，在犯罪现场应变能力强，往往会作出有利于己的犯罪抉择，连续实施犯罪行为。缺少犯罪经验的人易于惊慌失措，放弃作案动机，或者为了保护自己，作出鲁莽的恶性犯罪选择。

（六）犯罪习惯

某种犯罪习惯一旦形成，便会成为一种癖好和需要。犯罪习惯形成后，一遇到犯罪机会，往往无须经过动机斗争，便会产生新的作案动机。即使经过教育，在认识方面有了提高，恶习一时也难以改正，并且极易出现反复。

（七）犯罪模仿

在青少年犯罪者中，由于其年龄特征，较普遍地出现对坏榜样的模仿和认同现象。这种模仿和认同，能强化犯罪心理结构，加速新的犯罪动机的产生。

（八）犯罪准备

犯罪人犯罪动机的发展、变化，有时还与其犯罪准备状况有关。犯罪的准备包括物质准备和心理准备两个方面。物质准备主要是指犯罪实施的计划、犯罪工具的准备等，心理准备主要是指犯罪动机和犯罪决意的状态。这两方面准备得越充分，犯罪人在犯罪过程中的心理状态就越稳定。

（九）良知与罪责感的萌发

主要是：在犯罪人个性结构中，良知尚未泯灭，某些道德观念尚未丧失，虽然个人非法欲望居优势地位，但对荣誉、前途仍有一定程度的重视，对家庭荣辱、兴衰并非全然不顾；本人有一定的上进心和某些有益兴趣或者有一技之长；犯罪后时而出现罪责感和负疚感，即对所犯罪行产生一种自我谴责的情感，等等。所有这些，都对犯罪心理起抑制作用。

（十）生理状况

犯罪人在实施犯罪行为时，疾病突发，难以坚持，或精神恍惚，无法集中注意力，不得不暂时放弃犯罪动机；或者因行为失误而受伤，疼痛难忍，不得不停止作案。犯罪人年龄的变化而带来的生理状况的变化，也会在一定程度上影响犯罪动机和犯罪行为的变化。

以上所述内容是犯罪人内在因素的各个侧面，均对犯罪心理结构的发展、变化产生一定影响。然而，从总体上看，犯罪人犯罪心理结构（尤其是犯罪动机）的变化，主要取决于其个性心理缺陷的严重程度，如是否形成反社会心理倾向、极端自私的价值定向，是否坚持顽固的犯罪态度等。其中，犯罪人犯罪动机的良性或恶性变化，是最主要的内在因素。

第三节　犯罪心理的深度变化

犯罪心理的深度变化，即犯罪心理结构的强化或弱化。分述如下。

一、犯罪心理结构的强化

（一）犯罪心理结构强化的概念和机制

1. 犯罪心理结构强化的概念

犯罪心理结构的强化，是指犯罪心理形成后恶性发展的过程，也就是犯罪心理定型化、个性化、多方向化的过程，是从初犯到惯犯、职业犯的变化过程。犯罪心理形成之后，经过实施犯罪活动，获得犯罪体验，并亲身经历隐蔽作案或流窜作案的犯罪生涯，一般情况下，其犯罪心理结构将不断得到巩固和加强。如果得不到切实、有效的控制，这种过程就会继续发展并日益强化。

2. 犯罪心理结构强化的机制

（1）外界不良诱因是犯罪心理结构强化的条件。外界不良诱因具有广泛的内容，包括被害人一方的刺激，同伙的拉拢、胁迫、教唆，各种有利于犯罪的条件、机遇，以及外界容易诱发犯罪的社会消极因素等，都为犯罪心理结构的强化提供了条件。由于不良诱因的反复刺激，主体原有的不良心理因素进一步恶变，如反社会意识的强化、错误的认识和不良情绪状态（仇恨、报复、嫉妒心理、消极激情）的产生，侥幸冒险心理增强，不良欲求恶性膨胀，自我意识水平降低等；同时，主体因此而产生心理紧张和焦虑，使其主观心理状态与外界客观环境产生了严重的不平衡状态。此时，如果主体不能以合法的途径和手段满足其强烈欲求，解除心理紧张与焦虑，就会产生犯罪动机，遇有机会便会外化为犯罪行为。

（2）社会强化作用。社会对某种个体行为给予赞许、肯定或奖赏的过程就是社会强化。其结果是使个体的工具性反应倾向[①]得到加强，也就是使个体学会、保持某种行为方式或形成某种习惯。来自个体外部的社会强化，使违法、犯罪的行为方式或行为倾向得以保持并延续下去。个体之所以继续进行违法、犯罪行为，就是外部强化、替代强化和自我强化的结果。这种社会强化使个体通过违法、犯罪活动得到周围人的关注，获得地位升迁，摆脱不快感受。尤其是初次的违法、犯罪行为之后得到的社会强化，会促使行为人继续进行违法、犯罪活动，也会加剧犯罪人实施犯罪行为的决心

① 工具性反应倾向又称工具性条件反射，由美国心理学家E. L. 桑代克首次提出，他首创了迷笼、迷箱等实验装置，把白鼠、猫等动物放在控制的环境中进行学习实验。他发现，只要一个特定的反应跟着一个强化，就能增强反应重复的概率。在这种反应的过程中，有机体的行为作为获得奖赏或逃避惩罚的手段或工具，故称为工具性条件反射。它是有机体在后天生活过程中经学习而形成的一种反应形式。

和危害的程度。

（3）违法、犯罪活动产生的愉快内心体验。大多数故意犯罪行为是一种获利行为，能使犯罪人通过非法手段获取财物、宣泄性欲，或者释放被压抑的情绪、满足某种畸形的精神需要。在犯罪得逞后，犯罪人不仅获得了实际利益，而且获得了欲望满足后被称为犯罪体验的愉悦感。它是犯罪人通过实施犯罪行为所产生的一种特殊的情绪体验和留下的心理痕迹，对主体的认识、情感、意志、人格等方面均产生很大的消极影响，使犯罪行为得到强化。当然，有些犯罪行为（如过失犯罪）不仅不能使主体获利，还会使犯罪者产生不愉快的体验，在这种情况下，将会对犯罪心理结构产生负强化（削弱）影响。但这只是次要的一面。多数犯罪行为引起的正强化（加强）影响，是犯罪体验的主要方面。这种由于实施犯罪行为而产生的愉快的内心体验，对犯罪者人格的反馈影响，是不容忽视的。

（4）犯罪动机再次外化为行为是犯罪心理结构强化的结果。犯罪心理结构被强化之后，一般情况下，仍然有待于外界因素的刺激，才能发生第二次的犯罪行为。此时，只要有适当的机遇（如被害对象的出现防卫系统的削弱等），就会迅速地将犯罪动机再次外化为犯罪行为。而当机遇尚未出现时，有些犯罪人还通过意志努力，去寻求和制造犯罪机遇，以求犯罪目的的实现。

（二）犯罪心理结构强化的特征

犯罪动机的恶化，是犯罪心理结构强化的核心内容，我们在第一节已作了阐述。在这种强化过程中，显示出以下几种特征。

1. 犯罪自觉性和主动性增强。那些由情境诱发犯罪、他人教唆或同伙胁迫犯罪的犯罪人，转而自觉寻求机会、制造机会去实施犯罪，甚至主动策划犯罪，乃至有计划、有组织地去犯罪。随着犯罪自觉性、主动性的增强，犯罪的频率增加，对社会的危害性也就更大，由业余的、偶发式的犯罪发展到职业的、经常性的犯罪。

2. 非法欲望更为强烈。初犯时，某些不良的个人欲望往往是由客观刺激或他人教唆引起的，带有一定的情境性。然而，经过多次犯罪活动而获得的快慰和成功的体验，对其欲望起到了强化作用。随着犯罪频率的增加，其非法欲望逐步增强。

3. 具有一定的犯罪经验。经过多次实施犯罪活动，积累了作案经验，提高了作案技巧和逃避侦查的能力，在选择动机、确定目的、采取手段、分析条件、设想可能产生的情境变化与对策，以及作案后逃逸、销赃、毁灭罪证等方面，变得更为老练、狡诈，更会伪装、欺骗。

4. 犯罪活动向多方向性发展，即从单一犯罪发展为多方向犯罪。这是犯罪心理结构恶性发展的一个重要标志。犯罪活动的多方向性发展，造成对社会利益和他人利益更大的危害。

5. 犯罪观念进一步确立。如果说，初次犯罪时行为人还有些忐忑不安，时而受到良心谴责，感到心虚气短，那么随着犯罪次数的增多，其动机斗争逐渐减少或削弱，犯罪意识、犯罪观念开始形成或确立，犯罪态度渐趋巩固。犯罪观念的核心是

“犯罪有理论”，即在其观念中把犯罪视为一种“合理”的行为。

6. 反社会心理形成和巩固。不少犯罪人初次犯罪时，只是为了满足个人某种需求而产生犯罪动机。经过多次违法、犯罪，受到社会舆论谴责和司法机关惩处，他们逐渐将自己与社会对立起来，因而反社会心理逐渐形成并日趋巩固，破坏性也就更大。

7. 形成犯罪人格。通过多次犯罪，他们的犯罪心理结构渐趋强化，其个性与犯罪活动之间的联系日益巩固，形成了犯罪人格，犯罪的行为习惯也达到动力定型的程度，很难分化和消退。

（三）犯罪心理结构强化的阶段

根据我国司法实践中的大量案例，对犯罪动机恶性发展、犯罪心理结构进一步深化阶段所显示出来的不同特征进行研究，可以将其划分为三个具体的阶段。

1. 定型化阶段。犯罪心理结构通过反复进行犯罪活动得到强化，犯罪行为已不再是偶尔进行的情境性活动，而是相对稳定、巩固的自觉行为，成为行为人生活中不可缺少的一部分。犯罪意识定型化、犯罪方向定型化、犯罪行为定型化，是其显著特征。这是犯罪心理结构强化与恶性发展的第一个阶段。

2. 个性化阶段。经过定型化阶段，不仅犯罪心理结构中各要素继续得到强化，而且支配犯罪行为的各种消极心理因素的组合更为协调和巩固，心理冲突越来越少乃至消失。犯罪心理结构功能上的统一性和整体性得到充分发挥，由作为人格的一个部分逐渐成为其个性心理结构的主导方面，从而形成鲜明的犯罪人格。这是犯罪心理结构强化与恶性发展的第二个阶段。

3. 职业化阶段。在此阶段，犯罪行为已经不是行为人生活的一部分或生活的表征，而成为其生活的基本内容和意义。行为人以犯罪收入作为其生活的主要来源；按照犯罪利益的需要，选择不同的犯罪侵害对象和犯罪方式，犯罪行为向多元方向发展；组成犯罪集团，有严密的组织分工，形成黑社会组织或具有黑社会性质的犯罪集团；集团成员一般有公开职业作掩护。这是犯罪心理结构强化与恶性发展的第三个阶段。

二、犯罪心理结构的弱化

与犯罪心理结构强化相对应，犯罪心理结构的弱化，也有相应的动因和机制。

（一）犯罪心理结构弱化的概念和机制

1. 犯罪心理结构弱化的概念

犯罪心理结构的弱化，是指犯罪心理结构形成后，由于受到内、外因素的刺激和影响，由显著的变动状态转为相对静止的状态，或者由较强活动状态变为较弱活动状态的渐进过程。犯罪心理结构的弱化，是犯罪心理良性转化的前提和基础，其结果可能是犯罪心理结构的暂时性抑制，也可能最终导致犯罪心理结构的瓦解和破除。

犯罪心理结构的弱化，不是自发地发生的，需要有系统的动因。本章第二节已对影响犯罪心理发展、变化的因素作了论述，这些因素，大体上可分为外抑制和内抑制两个方面。所谓外抑制，是指犯罪心理结构的抑制与良性转化，首先必须有外部强大抑制力的控制与导引，主要是：惩罚的正面效应、教育与综合治理、情境变化与改善等。所谓内抑制，是指犯罪心理结构的抑制与良性转化单有外部积极因素的影响是不够的，还必须有犯罪人内在积极因素的配合，否则，外界的积极因素就难以推动其内部心理结构的变化。当然，犯罪人内在积极因素的发掘与壮大，仍需依靠矫治工作者的帮助与扶持。内抑制的主要因素有：犯罪人良知与罪责感的萌发，常态需要的满足和不良需要的转换与代偿，以及主体生理条件、心理条件的限制等。

2. 犯罪心理结构弱化的机制

人的高级精神活动的机制十分复杂，犯罪心理结构的弱化，并不是内、外因素简单相加的结果，而是依靠两者的有机结合，形成按照一定方式发展、变化的良性动态系统。从这个动态系统所具有的机制看，大体有四个方面。

（1）内部的心理矛盾和功能的分化。主要表现在两方面：一方面，犯罪人的积极心理被发掘，消极心理被抑制，出现了对立面的斗争。由于两者的矛盾斗争和功能的分化，才能产生心理冲突和良性转化的推动力。另一方面，经过矫正教育，在犯罪人知、情、意、行等品德心理结构中，有一两个心理因素率先生长出新思想的萌芽，使犯罪心理结构的体系出现了薄弱环节和“突破口”。犯罪心理结构只有具备了上述功能的分化，才会出现一个良性转化的系统。

（2）良好的心理状态。为了促进转化，犯罪人需要经常处在积极的内心体验之中，有着良好的心境，而不是经常处在因犯罪需求得不到满足而带来的挫折和压抑状态之中。这就要求帮教工作者对他们微小的进步给予肯定和鼓励，并注意改善其交往和充实其生活内容，引导他们从事社会公益劳动和进行道德实践，培养其抵制不良诱因的意志力，促使其出现良好的心态。

（3）系统的动因。推动犯罪心理结构弱化和良性转化的动因不是单一的，必须是复合的：既要有外因，又要运用和调动内因；既要有意识上、观念上的动力，又要有物质、文化生活的保障；既要控制犯罪需求，又要满足合理需求，培养犯罪者的高尚需求，实现需要的转换、满足与代偿。如果缺少系统的动因，那么就难以实现犯罪心理结构的弱化，从而无力推动犯罪心理结构的全面转化，就会经常地出现反复。

（4）遵循转化的规律。良性转化，并不是犯罪人的个别心理因素发生变化。要实现良性转化，应在知、情、意、行等几个方面都发生变化，从而引起个性心理品质的变化。作为帮教工作者，要善于疏导，不能强制、硬压；要循序渐进，不能一蹴而就。一时出现的弱化状态，只能使犯罪心理暂时处于静态，并不能使之从根本上消除，不进则退，极易反弹，所以，在弱化的基础上要进一步实现转化。而良性转化系统的总体控制只能以一定的机制为基础，取消或违反机制必然是对系统的破坏。

（二）犯罪心理结构弱化的层次和类型

犯罪心理结构的弱化有着不同的层次和类型，其弱化的程度不一，表现各异，主要有以下层次和类型。

1. 暂时型。犯罪心理结构因外部压力和条件限制，暂时受到遏制，但在外部约束放松、恶性交往增多后，又很快恢复到原有的状况。这说明，如果缺少行为人的主观努力与配合，或者虽有所配合，但其改过向善的意志薄弱，那么犯罪心理结构是不可能持久弱化和抑制的。

2. 假象型。犯罪心理结构因刑罚威慑力的强大而龟缩、潜伏，或者只是为了麻痹警察和帮教人员，故意装作悔悟、表现积极，给人以假象，仍企图伺机进行犯罪活动。

3. 渐进型。通过教育和本人努力，行为人认识到违法、犯罪的错误，有一定的悔改决心，犯罪心理逐渐得到有效的抑制和良性转化。虽有轻微的态度动摇或轻微的违法、违纪行为，但总的趋势是向着好的方向发展。

4. 反复型。在犯罪心理结构弱化和良性转化进程中，时好时坏，经常出现反复，出现“步行三五又回头”的情况。虽有反复，但经过教育均有所悔悟，继续努力改正错误。随着时间的推移，逐渐减轻其反复程度，由量的积累最终产生质的变化。

5. 醒悟型。经过强有力的教育或某一事件的启发，以此为契机，犯罪人猛然醒悟，以较强的意志力克制自己的不良行为，从此终止犯罪。这种类型，在恶习不深的初犯和偶犯中较多。

6. 停止型。犯罪心理结构在不断弱化之后，终于被打破和消除，实现了良性转化，犯罪行为不再出现，达到了重新社会化和回归社会的目的。

以上六种类型中，第一、二种类型属于表层弱化，第三、四种类型属于中层弱化，第五、六种类型属于深层弱化。

第四节　犯罪人在不同情境中心理的发展、变化

一、犯罪人在不同犯罪阶段中的心理

大多数故意犯罪人在犯罪行为发生之前、犯罪过程中以及犯罪后，虽然其认知活动的核心是如何实施完美的犯罪以及如何逃避刑事打击，但在不同的阶段，其心理状态及注意的焦点各有不同。

（一）犯罪人犯罪前的心理

少数惯犯、累犯的犯罪行为的发生呈自动化的特点，实施犯罪行为之前心理状态较为稳定，没有明显的动机冲突；大多数故意犯罪人在犯罪行为发生之前，具有明显的动机冲突和犯罪决意形成过程，在作案之前情绪焦虑。

1. 动机冲突

部分犯罪人在形成犯罪动机的过程中，其原有的良知和对法律的畏惧感使他们产生反对动机，从而形成实施犯罪和放弃犯罪意念的动机冲突。在动机冲突状态下，犯罪人难以权衡行为的利弊，内心焦虑不安。在这种状态下，如果外界的环境因素中存在强化其犯罪动机的诱因，如同伙的教唆、人际交往关系的进一步恶化等，犯罪人就容易选择实施犯罪行为。相反，如果环境因素中不利于其犯罪的诱因对其形成刺激，则犯罪人有可能抑制犯罪冲动而放弃实施犯罪行为。例如，可能导致盗窃行为暴露的监视镜头、亲朋好友的适当经济资助等，对于产生盗窃意图以解决经济困难的犯罪人来说，就是抑制其犯罪动机产生的诱因。

此外，犯罪人在明确犯罪动机的过程中，为了减轻动机冲突引起的心理紧张，也可能以某种心理防御的形式为自己将要实施的犯罪行为自我辩解。犯罪人常用的自我辩解的方式主要有合理化、比拟、投射、补偿等。有些犯罪人用一些似是而非的理由来粉饰自己的不良意图，使自己能心安理得地实施犯罪行为。这就是犯罪行为的合理化机制。例如，大多数犯罪人把“人都是自私的，我也不例外”作为自己损人利己的犯罪行为的辩解理由，认为自己的犯罪行为不过是人的本性的一种表现。有些犯罪人通过投射的方式将自己的观点、欲望、态度、性格特点等转移到被害人或其他人身上，认为他们和自己一样，有着不合法的行为倾向和不光彩的想法。例如，强奸犯在犯罪之前认为被害人愿意同自己发生性行为，杀人犯认为自己的犯罪行为只不过是“以牙还牙”而已。这种投射心理使犯罪人打消对被害人的怜悯和同情，避免产生良心谴责，从而可以断然地实施犯罪行为。以上心理防御机制在犯罪行为人实施犯罪行为的过程中和犯罪行为结束后也常被用来消除惊慌、恐惧等情绪。

2. 犯罪决意形成

犯罪人在经过激烈的动机斗争、明确犯罪意向之后，进入犯罪决意形成状态。形成犯罪决意时间的长短，对不同的犯罪者来说是有差异的。预谋犯的犯罪决意是经过缜密思考和准备，并且经过较长时间的选择时机、确定作案方式而形成的。例如，一个故意杀人案件的犯罪人，在经历了动机冲突，认为自己已经清楚行为的后果并且决定实施杀人行为之后，就会对杀人的方式，作案工具、时间、地点，行走路线以及如何伪装现场等有关问题进行周密的设想和计划等，最后选定其认为既不会被发现又能达到目的的最好的方式、方法。机会犯的犯罪决意与犯罪机遇的出现有密切关系，因此形成时间较短，没有预谋犯那样完整、周密的计划；激情犯的犯罪决意是由于强烈的外界刺激作用，情绪难以自控而骤然形成的，其特征是犯罪决意形成前，犯罪人的意识范围狭窄，根本不可能有时间考虑犯罪的时机和方式。

3. 等待犯罪时机时的焦虑状态

犯罪决意形成后，犯罪人进入等待犯罪时机的状态。在这个过程中，犯罪人思维活动活跃，注意的焦点是自己的计划是否暴露和目的是否能达到，担心实施犯罪过程中会遇到麻烦。这时，犯罪人情绪焦虑不安，初犯更为明显。

（二）犯罪人在犯罪过程中的心理

犯罪人在犯罪过程中经常会出现的心理是紧张、惊慌、恐惧、亢奋等。基于不同的主、客观条件，犯罪人在犯罪过程中的情绪表现及其强烈程度有很大的差异。根据学者的总结，影响这种情绪差异的因素主要包括①：

1. 犯罪经历。因犯罪经历不同，犯罪人在犯罪过程中的情绪稳定性有较大的差异，初犯常常表现得相当紧张、恐惧，动作慌乱；而惯犯、累犯在犯罪过程中的心理相对稳定，甚至有的惯犯在犯罪过程中出现情绪的兴奋、亢奋状态。此外，朱营周（2014 年）从情商差异的角度分析不同犯罪经历的犯罪人在犯罪过程中的心理现象。根据他的分析，惯犯、累犯由于多次犯罪实践的磨炼，在犯罪过程中表现出较高的情商，他们深知紧张、恐惧情绪会影响作案质量，因而能够沉着、冷静地实施犯罪，在遇到意外情况时也能克服恐慌，犯罪技能相对稳定，较少留下痕迹物证。青少年犯罪人、初犯及突发性犯罪人，由于缺乏犯罪经验、犯罪技能，对犯罪现场感到恐惧，一般在作案时伴随强烈的恐惧情绪，对意外情况或不知所措或仓促应对更会加剧恐慌，受此影响，其作案动作会因紧张而笨拙、效率低下，可能在犯罪现场留下较多的犯罪线索。②

2. 犯罪人的个性。犯罪人的认识、情感、意志、态度无不影响到他们在犯罪时的心理稳定性。就认识方面来说，犯罪合理化认识、反社会的认识、对受害人的仇视是促使其犯罪时心理稳定的因素，而犯罪人心目中尚存的法律意识、罪责感、道德意识等则是导致其心理波动的因素；就意志方面来说，较强的自制力、独立性、坚持性等方面是促使其犯罪时心理稳定的因素，而意志薄弱的人有更强的恐惧和紧张感；从犯罪人的性格来看，具有残忍、冷酷性格的人，犯罪时心理较稳定，而尚有同情、怜悯之心的犯罪人，犯罪时心理波动更强烈。

3. 犯罪的准备程度。就心理准备而言，犯罪动机越强，就越会不顾一切地去实施犯罪，越不易受犯罪现场其他因素的影响。就物质准备而言，犯罪的准备越充分，预谋越周密，犯罪时心理就越稳定。

4. 情境因素。犯罪情境中的因素，如受害人、时间、地点、现场其他人的态度等，对犯罪人的心态都有重要影响。受害人适时、有力的反抗可以使犯罪人情绪紧张、心理恐惧而放弃进一步犯罪的动机；无谓的反抗有时会使犯罪人出现更强的激情爆发，导致更严重的犯罪后果；而受害人的软弱可欺则会促进犯罪人犯罪时的心理稳定。

5. 犯罪的组织性。一般来说，多人共同犯罪可使犯罪人产生责任扩散和安全感，所以，一般共同犯罪中犯罪人的恐惧感、紧张感较单独进行犯罪的人要弱得多。法人犯罪中，犯罪人几乎没有恐惧感。

---

① 参见张保平编著：《犯罪心理学》，298～230 页，北京，警官教育出版社，1995。

② 参见朱营周：《论情商对犯罪心理和行为的影响》，载《铁道警察学院学报》，2014（4），98～101 页。

（三）犯罪人犯罪后的心理

犯罪行为结束后，犯罪人的情绪和行为上都会出现一些较为明显的表现，这有助于侦查人员根据其外部表现及时识别犯罪嫌疑人。

1. 情绪表现。多数犯罪人，尤其是初犯和大案、要案的犯罪人，作案以后大都会产生不安和恐慌的情绪。部分犯罪行为人面对超乎预期的犯罪结果，情绪极度恐惧，被害人遇害前的惨状以及可能面对的严重惩罚，让其惶惶不可终日，产生一系列身心反应，如坐卧不宁、行为反常等。刘启刚等（2015 年）对 445 名在押人员进行的调查发现，有 205 名犯罪嫌疑人有害怕的心理感受，占总调查人数的 46.10%。[①] 部分犯罪人由于犯罪既遂，犯罪目的达到，心理上产生一种极大的满足感，尤其是有意外收获的犯罪人，有得意扬扬或忘乎所以的表现。这种情绪状态将会极大强化其犯罪心理，使其向恶性转化。

一些犯罪人在准备和实施犯罪的过程中，往往存在一种使之一意孤行的亢奋的犯罪冲动。在犯罪结束、犯罪冲动冷却下来以后，少数犯罪人在犯罪时的高度兴奋状态仍然保持（刘启刚的调查显示：有 19 名犯罪嫌疑人有满足的心理感受，占总调查人数的 4.3%；有 15 名犯罪嫌疑人有兴奋的心理感受，占总调查人数的 3.40%。），而多数犯罪人的兴奋状态会迅速消退，趋向抑制，反应灵敏度大大下降，精神处于极度松弛状态。尤其是一些大案、要案的犯罪人和冲动型犯罪人，面对严重的犯罪后果，处于“激情性休克状态”，麻木不仁，毫无表情，也无任何行动。

少数犯罪人在实施犯罪后，良知、理智逐渐恢复，萌生罪恶感，出现新的心理冲突。初犯（尤其是过去一贯表现好）的罪恶感强烈，惯犯、累犯的罪恶感较弱。刘启刚等人的调查结果表明，在犯罪人犯罪后的心理表现中，后悔是最为突出的现象。在 445 名被试中，有 239 名犯罪嫌疑人（占总调查人数的 53.70%）承认在犯罪后的心理感受是后悔，认为自己的行为不值得和不应该，尤其是一些激情和冲动型的犯罪嫌疑人，更是对自己的行为后悔不已。此外，还有 112 名犯罪嫌疑人（占总调查人数的 25.20%）有愧疚的心理感受，其愧疚的对象主要父母和妻儿，部分犯罪嫌疑人对自己给被害人造成的伤害也有愧疚和歉意。[②]

2. 异常行为表现。犯罪行为人作案后，为了掩饰自己惊恐不安的心理和所犯下的罪行，往往有如下一些反常的行为表现[③]：（1）反常地积极。表现在平时工作并不积极，也没有集体观念，不关心他人，案发后却一反常态，积极工作，乐于助人。（2）反常地老实。平时为人处世凶狠、刁蛮，蛮不讲理，案发后却变得老实、温顺、谦让。（3）反常地俭朴。平时花钱大手大脚，并无节俭意识，案发后却变得俭朴异

① 参见刘启刚：《犯罪嫌疑人自首心理及其应用价值的实证研究——以 445 名在押犯罪嫌疑人为分析样本》，载《中国监狱学刊》，2015（1），123～123 页。

② 参见刘启刚、郭帅：《犯罪嫌疑人犯罪后心理感受的实证研究》，载《河南公安警察职业学院学报》，2015（2），29～36 页。

③ 参见张保平编著：《犯罪心理学》，301 页，北京，警官教育出版社，1995。

常，正当的消费也小心谨慎。(4) 记忆反常地清晰、准确。按照一般心理规律，一个人对自己所接触过、感知过的事物，特别是无意识记的事物，并不是都能牢固、清晰、准确地记忆，相反，常有不连贯、不准确的现象。如果犯罪嫌疑人在受到审查时，能把当时的情况说得无懈可击、天衣无缝，那么实际上这正好说明犯罪嫌疑人是想隐瞒什么、想开脱自己。

(四) 犯罪人在作案前后的反侦查心理

反侦查心理是犯罪人基于自我保护的本能，在作案前、作案过程中以及作案后形成的逃避侦查和干扰侦查视线的意识。反侦查行为是在反侦查心理支配下，有目的、有计划地采取的各种逃避侦查的手段、方法。多数预谋犯罪人，在犯罪的准备和实施过程中就开始了系列干扰侦查视线的活动。一些临时起意、仓促作案的犯罪人所采取的反侦查措施是在作案后进行的，特别是情境型犯罪人。大多数犯罪人常用的反侦查手段主要有：精心选择被害人、作案时间和作案地点，破坏和伪造犯罪现场，改变个体形象特征，处理赃证；在侦查过程中假意积极协助侦查以获得相关信息或故意干扰侦查视线，串供和谎供等。

犯罪人反侦查心理的形成，主要受以下几种因素的影响。

1. 自我保护的本能

根据理性选择理论，犯罪人是会计较得失、利弊的“理性人”。犯罪人基于各种原因产生犯罪动机之后，一般情况下会根据个人条件和外界因素作出是否实施犯罪行为的利弊选择。在进行这种选择时，犯罪人既要考虑犯罪可能得到的收益，也要考虑个人的风险。即使犯罪人在权衡利弊之后，认为值得冒险去犯罪，也并不意味着犯罪人不在乎个人的安危。自我保护是人的本能需要，犯罪人作为典型的利己主义者，更在乎自己的安危。刘品新（1999 年）在分析犯罪人反侦查行为的根源时，也认为趋利避害是反侦查行为产生的人性根源。[①] 因此，即使是决意实施犯罪行为之后，犯罪人也会千方百计地进行作案的设计以保护自己。

2. 逃避惩罚的经验

犯罪人逃避惩罚的经验包括直接经验和间接经验。影响犯罪人反侦查心理形成的直接经验，包括日常生活经验和犯罪经验。个体在成长的过程中、在日常生活中积累的逃避惩罚的各种技能，随着其年龄的增长，逐渐演化成习惯性的行为，在犯罪人的反侦查行为中起着无意识的支配作用。犯罪经验是犯罪人通过自身的犯罪实践，领悟到某些行为会帮助自己逃避侦查。大部分犯罪人是通过各种媒体或其他途径，间接认识到在作案时应当通过一些反侦查措施来保护自己。

二、犯罪嫌疑人在侦查过程中的心理

犯罪人一旦实施了应受刑罚惩罚的危害社会的行为，就可能经历刑事诉讼程序。

① 参见刘品新：《论反侦查行为的形成根源》，载《山东公安专科学校学报》，1999 (4)，33～36 页。

侦查，是指公安机关、人民检察机关或国家安全机关，为揭露犯罪和证实犯罪，依照法律进行的专门性的调查活动。这种活动围绕着犯罪事件和侦查对象而展开，以确定犯罪事件的性质和认定犯罪嫌疑人为目的。因为犯罪心理学是以犯罪人为研究对象，所以在刑事侦查过程中，我们的研究对象也是事实上的犯罪人。犯罪人在被缉捕、被羁押以及被讯问的过程中，会有比较复杂的心理活动。

（一）被缉捕的犯罪嫌疑人的行为反应与心理分析

缉捕犯罪嫌疑人是一项重要的侦查措施，是在多数情形下对犯罪嫌疑人展开后续的刑事司法程序的前提。被缉捕的犯罪嫌疑人，在求生欲望和现实压力的矛盾、对立中，极力寻找各种解脱途径，由此而产生不同的行为反应。

1. 自首

自首是指犯罪嫌疑人作案后，自己主动向公安或检察机关投案，交代自己的罪行，并检举、揭发同伙或提供其他线索。犯罪嫌疑人产生自首心理的主要原因有以下三个方面：(1) 犯罪嫌疑人主观恶性不深。犯罪嫌疑人在作案后，面对违反法律的严重后果以及造成的损害后果，原有的道德观、法制观、羞耻感等被唤醒，产生了悔罪感，认为只有坦白、自首才可以惩罚自己的罪恶，恢复心理平衡，并且期望获得从宽处理。(2) 外界存在着迫使其放弃对抗的因素。如公安机关强大的侦破攻势以及有效的法制宣传；了解内情的家人及亲朋好友以情相劝，尤其是一些爱憎分明、法制观念强的父母及其他长辈，一旦得知家中有人犯罪，往往毫不犹豫地劝其自首。这种主体内、外因素互相结合、相互作用，就可能使犯罪嫌疑人产生自首心理。(3) 为了摆脱因犯罪行为产生的困境。少部分犯罪人实施的犯罪行为使自己置身于进退两难的境地，即使没有公安、司法机关的追诉，涉案的有关当事人对自己的责任追究也让其难以应对。

2. 潜逃

潜逃是指犯罪嫌疑人犯罪后，以秘密逃跑、隐藏的方式，来避免公安机关的追查、逃避法律制裁的行为。犯罪嫌疑人产生潜逃心理的主要原因是自我保护的本能、害怕法律的惩罚。根据叶志平（2002 年）的分析，犯罪嫌疑人潜逃行为是由于其作案后本能的防卫心理引起的。犯罪嫌疑人作案后，深知其犯罪行为的严重性，为逃避罪责和法律的惩罚而采取防卫行动，这是潜逃行为产生的最主要心理根源。① 具体原因包括以下几个方面：(1) 犯罪嫌疑人犯罪心理比较稳固，犯罪成为其生活的一部分。(2) 犯罪后的恐惧情绪。犯罪嫌疑人在实施犯罪行为后，担心自己已经被侦查机关发现或可能被发现，害怕承受法律后果而本能地选择潜逃。(3) 在错误认知基础上产生的侥幸心理。他们认为，犯罪后外逃，公安机关就无法追查，如能躲得超过追诉时效，自己就更加安全了。所以，有些预谋性犯罪嫌疑人，在犯罪预备的过程中就做了系统的潜逃的心理准备和物质准备。(4) 外界因素对犯罪嫌疑人产生了不良影响，

① 参见叶志平：《犯罪嫌疑人潜逃心理分析》，载《上海公安高等专科学校学报》，2002 (4)，39～42 页。

如亲朋好友对其潜逃的支持、犯罪团伙成员的共同决策等。

3. 对抗

对抗是指犯罪嫌疑人在案发后积极了解案件的侦查情况，准备各种应付办法，进行反侦查活动来对抗缉捕，或者在被缉捕的过程中，依恃自己手中的武器和占据的有利地形与缉捕人员对峙，以获得逃生机会的心理状态。犯罪嫌疑人产生对抗缉捕心理的主要原因如下：(1) 犯罪嫌疑人主观恶性较深，具有强烈的反社会意识。这类犯罪嫌疑人往往身负命案，深知被抓获的法律后果。他们或者积累了一定的犯罪经验并掌握一些反侦查和对抗缉捕的方法；或者在被追缉、围困的情况下，对未来感到绝望，情绪失控，寄希望于以直接对抗的方式获得逃生希望或毁人毁己。(2) 犯罪嫌疑人之间的利害关系牵制。一些主观恶性较强的团伙犯罪嫌疑人，在作案前往往已经互相串通，对抗缉捕。(3) 在一些案件中，犯罪嫌疑人能够认识到，一旦潜逃，很容易让公安机关怀疑自己涉案，不如以静制动。(4) 社会治安状况不佳，打击不力或侦破能力不强，使犯罪嫌疑人产生通过对抗而逃脱的侥幸心理。

案例：

2015年11月2日晚，信州区吉阳路一夜宵摊发生一起持自制钢珠霰弹猎枪故意杀人案件，造成1人死亡、3人受伤。上饶市公安局相关负责人介绍，案发后，上饶市、信州区两级公安机关经过侦查，发现应某军与陈某飞等人曾因矛盾引发斗殴，双方存在积怨。11月2日22时45分许，应某军等人驾乘两辆小车来到信州区吉阳路一夜宵摊，发现陈某飞等6人正在夜宵摊吃夜宵，应某军等人戴上帽子、口罩，下车朝陈某飞等人开枪，致陈某飞、龚某、吴某涛、陈某等4人受伤，其中龚某经送医院抢救无效死亡。事后，应某军等人驾车迅速逃离现场。案发后，上饶市、信州区公安机关成立专案组，锁定了应某军等犯罪嫌疑人身份。根据前期调查和综合研判，专案组锁定应某军近期藏匿在信州区某废弃的“水上乐园”。11月22日凌晨5时许，按照研究制订的行动方案，上饶市公安局信州分局会同市局特警支队、武警上饶支队在现场形成三层严密的包围圈，对应某军实施合围。抓捕过程中，应某军不顾公安机关警告，窜至房屋二楼朝民警开枪，随后边开枪边冲到一楼院子铁门外，疯狂冲向围捕民警并连续开枪，致警方3人受伤。紧急关头，警方果断开枪还击，将应某军当场击毙，同时抓获林某易、林某、黄某杰等3名犯罪嫌疑人，缴获自制霰弹猎枪一支。

案例来源：新华网浙江频道《江西上饶：枪杀案主犯开枪拒捕致3警员受伤后被击毙》

(二) 被采取羁押措施的犯罪嫌疑人的心理反应

采取拘留、逮捕等羁押措施的目的是，防止犯罪嫌疑人逃跑、自杀、订立同盟、销赃毁证或继续犯罪，以及有利于侦查人员查清犯罪事实。被采取羁押措施的犯罪嫌疑人，在人身自由受限制及面临刑罚惩罚的环境中心理压力很大，其主要心理反应表现如下。

1. 强烈的孤独感。犯罪嫌疑人被拘留、逮捕后，无法与外界取得联系，周围的人包括同监室的人员是敌是友难以分辨。特别是女性和未成年犯罪嫌疑人，由于其生活环境和从属意识遭到破坏，孤独感油然而生。孤独感会引发或增强犯罪嫌疑人的畏罪感和失去人身自由的恐慌心理。为缓解孤独感，犯罪嫌疑人或者试图与周围的人沟通以获得交流的机会或精神支持；或者采取积极的态度为自己争取早日获得自由的机会，行为表现包括探听案情、与同案人串供、与家里人联系，甚至求助同监室的在押人员出谋划策。随着犯罪嫌疑人对羁押环境的适应，孤独感会逐渐减轻。

2. 紧张、恐惧。犯罪嫌疑人在羁押状态下最为关心的仍然是自己的前途、命运。他们担心罪行被揭露，或者担心自己的辩解得不到认可，因而紧张、恐惧的情绪比较突出。此时，外界的任何信息，包括侦查人员的态度、同监室人员的反讯问经验的传授等，都会影响到他们的情绪紧张度。

3. 压抑。压抑是由于犯罪嫌疑人的个性、自由与欲望受到严格限制而形成的。处于压抑状态的犯罪嫌疑人，会感到非常苦闷，希望能找到宣泄心里不快的机会。在一些大案、要案的犯罪嫌疑人自认为罪行还没有败露时，对其执行拘留、逮捕，使其被迫接受侦查人员的讯问。此时，他们不知道侦查人员掌握了哪些对他们不利的证据或线索，表面镇定，而内心的压力极重。为摆脱压抑感，部分犯罪嫌疑人选择主动交代罪行，争取早日解脱；也有少数犯罪嫌疑人难以忍受罪责的折磨，但又不甘心承认自己的犯罪行为，在极度焦虑状态下而产生各种爆发性的行为或精神失常。

4. 抵触。部分犯罪嫌疑人能够认识到犯罪后果的严重性，知道在目前的状况下，自己的名誉、地位、自由、前途都非常渺茫，便产生极度的绝望感，在这种绝望感的支配下易产生顽抗到底的抵触情绪。

5. 悔恨。犯罪嫌疑人在侥幸心理的影响下实施犯罪行为时，犯罪意志坚定，对被害人不存怜悯之心，缺乏自责感。一旦被羁押，部分犯罪嫌疑人开始认识、反省自己的行为，认识到确实给他人至少是给自己带来了不利的后果。不同犯罪嫌疑人的悔恨心理有不同的表现，有的是因意识到严重后果而悔恨，有的因为犯罪得不偿失而悔恨，有的则因为犯罪手段不高明或对犯罪结果不满意而懊丧。真诚悔罪的犯罪嫌疑人常常主动坦白自己的罪行以获得心理平衡，而仅因自己的犯罪行为不完善而懊丧的犯罪嫌疑人则可能会产生抵触心理。

（三）犯罪嫌疑人在讯问中的心理

讯问是侦查人员为发现案件真相、证实犯罪和查明犯罪人，以谈话的方式对犯罪嫌疑人依法进行的证据调查及核实活动，这是一项重要的侦查措施。犯罪嫌疑人对讯问结果与自身命运的关系一般都有清醒的认识，因而在讯问中会有一系列剧烈而复杂的心理活动。

通过对侦查讯问实践的长期观察和问卷调查等研究活动，得出的认识是，犯罪嫌疑人在讯问中比较常见的心理状态是畏罪、侥幸、抵触和悲观。

1. 畏罪心理

畏罪是犯罪嫌疑人害怕罪行被揭露而受到处罚的一种心理状态，是在犯罪嫌疑人因犯罪行为产生的罪责感和法律威慑力的共同作用下产生的。罪责感是指犯罪嫌疑人在实施犯罪前就已产生的一种自我谴责的情感，也包括犯罪嫌疑人对犯罪行为应当承担法律责任的感知。犯罪行为一方面违反了法律，另一方面也违背了人的自然的情感（如公正、怜悯等）。因此，多数犯罪人在实施犯罪行为之前，都能明确认识到自己即将实施的犯罪行为的反社会性以及随之而来的法律惩罚，并产生一种或明确或模糊的罪恶感。犯罪人会通过动机斗争，将对罪责的认识及自我谴责的情感暂时压抑下来，形成犯罪决意。当罪行败露、面临法律的追究时，犯罪嫌疑人的上述认识和情感又被唤醒，形成心理压力，影响着犯罪嫌疑人在讯问活动中的心理选择。犯罪嫌疑人在罪责感的压力下，希望能通过供认罪行来缓解内疚、痛苦等不良情绪，并能认识到供认罪行的必然后果是承担犯罪行为应负的责任。然而，基于自我保护的本能，多数犯罪嫌疑人害怕承担罪责，担心自己的名誉、地位、事业、前途等受到不利影响。因此，在讯问过程中，犯罪嫌疑人经常处于罪责感的折磨与对承担法律后果的恐惧之中，而且由于犯罪嫌疑人的自卫本能，后者的影响力更为强大，形成畏罪心理。这是犯罪嫌疑人普遍存在的心理现象。

犯罪嫌疑人认识和情感中的积极因素影响着罪责感的强度，使得有畏罪心理的犯罪嫌疑人在讯问中有着不同的表现。主要体现在以下几个方面：一是有强烈的逃避处罚或减轻处罚的欲望；二是部分犯罪嫌疑人失去逃避罪责的自信，处在无所适从的恐慌之中，进而产生记忆、思维及语言障碍；三是期望摆脱罪责感产生的压力。犯罪嫌疑人产生罪责感之后，罪责感中积极的情感因素会使犯罪嫌疑人内心产生冲突：他们一方面认识到刑罚惩罚是自己犯罪行为的必然结果，并且可以让自己的良心获得安宁；另一方面也认识到自己并不期待刑罚的痛苦。犯罪嫌疑人有了罪责感的压力，在“坦白从宽，抗拒从严”的政策感召下，便会产生寻求出路、摆脱压力的紧迫感。如果没有这种压力或压力不大，犯罪嫌疑人就会采取一种无所谓的态度，这对讯问活动不利。

2. 侥幸心理

这是犯罪嫌疑人自认为可以逃避罪责的一种自信感。犯罪嫌疑人的侥幸心理，一般在着手实施犯罪前就已存在了。那些曾有过违法、犯罪经历或生活上犯过错误而未被发现的犯罪嫌疑人，易基于直接经验而产生侥幸心理。有的犯罪嫌疑人虽无上述直接经验，但受一些间接经验的影响，如经有直接经验的亲友、邻里、同监室在押人员及其他社会关系的传播，也会产生侥幸心理。有些犯罪嫌疑人侥幸心理的产生是建立在对讯问中侦查人员掌握证据情况的判断的基础上。

犯罪嫌疑人的侥幸心理在程度上有轻重之别，其中大部分人是凭主观臆断，自信可以隐瞒罪行，企图以盲目的安全感替代内心的恐惧。这类犯罪嫌疑人的侥幸心理比较脆弱，容易被消除。少数犯罪嫌疑人的侥幸心理，是在全面分析罪证和案情之后形成的，或逃避打击的经验较多。这种侥幸心理，比较自觉和稳固，不易被消除。

有侥幸心理的犯罪嫌疑人在讯问中的一般表现是：使用各种方法试探摸底，为有计划地抗拒讯问做准备；或在接受讯问时，以守为攻，辩解、否认；或避重就轻，试图蒙混过关；或者抓住讯问人员问话或应答中的漏洞，主动反击；或者干脆一言不发，以免被抓住把柄。但是，由于犯罪嫌疑人在羁押环境中信息的匮乏，形成侥幸心理的认识基础就比较薄弱，因此有侥幸心理的犯罪嫌疑人意志力差、疑心重，对证据非常敏感和惧怕。

3. 抵触心理

抵触心理是指犯罪嫌疑人对公安机关甚至社会的一种强烈不满和敌视的心理状态。

抵触心理的产生是犯罪嫌疑人在被追诉的状态下的一种自然的认知和情绪反应。一些危害国家安全案件的犯罪嫌疑人基于政治信仰，原本就对党和政府的政策、法律持敌视态度，在被羁押的情形下其歪曲的价值体系更加牢固，仇视情绪会更强烈。对于那些有反社会意识的犯罪嫌疑人，其犯罪行为的发生在很大程度上是因为对社会和他人仇视的不满和仇视，对公安机关的抵触情绪自然更为强烈。此外，也有些犯罪嫌疑人是对被拘捕有强烈的抵触情绪，包括以下情形：1）无罪被拘捕而抵触；2）有罪不知罪，认为自己的行为不是犯罪或者有一定的道理；3）在被拘捕的过程中受到不文明的对待。还需要注意的是，在讯问中，如果讯问人员讯问方法不当，损害了犯罪嫌疑人的人格和自尊，也会导致他们产生抵触情绪。

有抵触心理的犯罪嫌疑人在讯问中的表现可分为两类：第一类是积极的抵触行为。抵触心理使得一些犯罪嫌疑人的情绪失控，表现为行为暴躁、缺乏理智、出言不逊、气焰嚣张。第二类是消极的抵触行为。抵触心理也使一些犯罪嫌疑人的情绪受到压抑，表现为对讯问反应冷漠、漫不经心、答非所问，甚至沉默不语。有抵触心理的犯罪嫌疑人同讯问人员在讯问中冲突较多，讯问易陷入僵局。

4. 悲观心理

悲观心理，是指犯罪嫌疑人自知罪行将被揭露，面对法律的惩罚而对自己的前途、追求丧失信心的一种心理状态。

产生悲观心理的原因，主要有以下几种：1）害怕被判处重刑，或对日后漫长的监狱生涯心怀恐惧，产生自由无望、前途渺茫的绝望感；2）缺乏正确的人生观，无法摆脱和解决一些现实的问题，导致其丧失生活情趣和希望；3）犯罪后自责、后悔，自认为已成为社会的罪人和家庭的累赘，没有继续生活的勇气。

悲观心理是犯罪嫌疑人最严重的一种心理障碍。在悲观心理的强烈冲击和压迫下，犯罪嫌疑人个性的稳定性发生急剧变化，丧失了生存欲望，生理和心理上均可能有反常的表现，不能控制自己的行为。在接受讯问时，他们或反应迟钝，表情冷漠，以沉默来应对讯问；或情绪激动，行为暴躁甚至歇斯底里；或表现出对侦查人员的怀疑或仇视，不听任何劝告和警告，固执地采取自暴自弃或顽抗到底的态度；或迎合讯问人员的讯问盲目回答；也有少数犯罪嫌疑人有极端行为表现，在监室中实施暴力破坏、自残或自杀。

悲观心理是犯罪嫌疑人最为严重的心理障碍。但不管怎样，力求生存是人的本能，悲观心理代替其他心理往往只是暂时的现象，一旦环境或讯问信息的变化表现出对犯罪嫌疑人有利的一面时，其心理依然可能恢复到平衡状态。

三、被告人在审判过程中的心理

审判过程是人民法院依据法定程序对被告人进行审理和定罪量刑的过程。因此，在犯罪嫌疑人（被告人）的心目中，审判意味着决定自己命运和前途的关键时刻。由于犯罪嫌疑人在整个诉讼过程中始终受着趋利避害心理倾向的制约，当讯问阶段结束、决定命运的判决即将来临时，有些被告人往往又开始后悔自己如实供述，并积极制订新的防御计划，力图逃避罪责、减轻刑罚；也有些被告人期望尽快摆脱因不知自己的命运如何而产生的焦虑状态，渴望判决的早日到来，并对自己已如实供述感到如释重负，当审判来临时，反而显得轻松，并能积极配合法庭的审判活动。

（一）影响被告人心理活动的因素

被告人在审判过程中的心理状态如何，取决于多种因素的共同作用。

1. 被告人的主观恶性程度。被告人个性心理结构中的社会心理缺陷，尤其是被告人的主观恶性程度，对其在审判过程中的心理状态产生重要影响。例如，义愤杀人的被告人一般表现出义正词严、敢做敢当；出于贪利、纵欲动机的被告人则极力设法减轻罪责；实施预谋犯罪的被告人仍自恃手段诡秘而心存侥幸，在法庭上极力否认犯罪行为，甚至鸣冤叫屈，力图动摇审判人员的信心。

2. 被告人的犯罪经历。一般来说，初犯和偶犯在审判过程中，由于法庭审判环境的庄严、肃穆，极易产生紧张情绪，大多数被告人重复侦查中的供述而不敢翻供；部分翻供的被告人，其翻供内容不系统、矛盾百出。而曾受过刑事处罚的惯犯、累犯，有一套对付审判机关的经验，他们能克服内心的恐惧，能以静制动、以守为攻，灵活应对法庭调查和辩论环节中的提问与申辩。

3. 诉讼参与人的影响。各诉讼参与人在审判过程中对被告人将产生重要的心理影响。公诉人对犯罪行为的指控和揭露，被害人、证人当庭作证，控、辩双方的尖锐冲突。这一切与侦查阶段的情境迥异，使被告人产生很大的心理波动。

上述这些因素，决定着被告人在审判进行各阶段中的心理状态。

（二）被告人在审判不同阶段中的心理

1. 开庭

被告人在开庭前，心理活动十分复杂。对他们来说，开庭是诉讼过程中决定自己命运的最为关键的环节。开庭时，被告人的心理状态主要表现如下。

第一，羞耻。在讯问阶段，犯罪嫌疑人在供述自己的罪行时，只有讯问人员、书记员在场，不会觉得难堪。但在公开审判时，不仅有诉讼当事人在场，而且还有一些旁听的公众，自己作为被告人站在被告席上，本已十分尴尬，而且还必须将自己的犯罪动机、目的、犯罪经过如实供述，觉得人格受到极大伤害，因而羞耻之心有所流露，如在庭审时作低头俯首状，不敢正视众人。有些青少年被告人，虽然平时是非颠倒、蛮横霸道，但在接受审判时，也能感到以前错误的行为方式只在同伙中才获得支持，而广大群众是深恶痛绝的，因而也会产生羞耻感。

第二，紧张。被告人在开庭前，往往通过同监室在押人员的帮助或与律师的沟通，对自己的罪行有无及轻重已有预期，但基于获得从轻处罚的本能欲望，总希望在庭审时能够得到自己预期最好的结果，因此，他们对庭审抱着极大的期望，但又担心获致较重的惩罚结果。由于这种期待与现实之间可能产生的差距，除极少数经历过多次审判场面的惯犯、累犯外，他们一般在开庭时都十分紧张、焦虑。

第三，忏悔。经过侦查阶段的讯问和说服教育，除极少数主观恶性较为严重者外，大多数被告人都能不同程度地认识到自己的犯罪行为给社会带来的严重危害，因而良心受到谴责，后悔之意或明或隐地表现出来，在庭审时能如实陈述自己的全部罪行并揭露他人的罪行，帮助法庭弄清犯罪的全部事实真相。

第四，矛盾。被告人在开庭时，仍在趋利避害心理支配下，权衡如实陈述的利弊得失。有的被告人担心交代越多，罪责越重，又担心如不老实交代，会被认为态度不好而受到重判；既想在回答审判员的讯问时“不问不说”或“问而少答”，唯恐言多必失，又怕失去为自己辩解的最后机会。因此矛盾重重，不知道自己究竟采取何种方式，才能使利大于弊。

2. 法庭辩论过程中

主要包括两种心理状态：

第一，侥幸。有的被告人明知公诉人已掌握自己的全部犯罪事实和证据，但仍心存侥幸，希望自己能因认罪态度较好而受到宽恕，因而在回答问题时态度谦恭，但在供述内容上有可能避重就轻。通过控、辩双方的进攻与反驳，被告人感到罪证确凿、不容抵赖，但对犯罪目的、犯罪动机和犯罪原因等仍寻隙抵赖，以求得审判员的同情、谅解，争取从宽处理。

第二，抗拒。被告人在庭审中的抗拒心理表现有三种情况：A. 拒供。这类被告人对法律的理解仍然有错误，他们固执地认为，只要自己不承认，法院就无法定罪，因而矢口否认、公开顶撞或沉默不语。此类情况多出现在一些法盲、智力水平较低或偏执型人格者中。B. 翻供。这类被告人或深知自己在讯问阶段无法开脱与案件的关系，或无法应对侦查人员的讯问攻势，因而将法庭审判作为否认罪行的最后机会。其原因是既恐惧受刑罚惩罚，又心存侥幸，希望能蒙蔽审判人员，达到蒙混过关之目的。C. 谎供。这类被告人不敢以直接方式顶撞或否认自己的罪行，但仍希望能出现转机，于是开始编造供词。谎供既可能表现为嫁祸于人或在关键的犯罪事实上编造虚假情节，也可能表现为因保护同伙而包揽罪责。

3. 判决后

当审判长宣布判决时，因为关系到其前途命运，所以被告人的注意力高度集中，情绪相当紧张。当判决宣布后，被告人的情绪反应各异，主要有以下几种。

第一，情绪稳定。那些预测的刑期与判决相似、刑期较短的被告人，在宣判后情绪比较稳定，基本上服从判决，并希望尽快去监所服刑。少数被告人，在碰碰运气的侥幸心理支配下，也可能提起上诉。如果所判刑期低于预测的刑期，则暗自庆幸。

第二，抵触。不认为自己应当被判刑或认为判刑过重的被告人，在接受宣判后，往往会产生很大的抵触情绪。有的被告人以愤怒的形式表现出来，甚至诬蔑审判人员办案不公、侦查人员刑讯逼供、证人借机报复作伪证等。有的被告人则以自怨自艾的形式表现出来，如自认倒霉、借宿命论聊以自慰。有抵触情绪的被告人，多数要求上诉，寄希望于上级人民法院撤销原判，从轻判处。也有的被告人由于不懂法，害怕上诉后会判得更重，尽管不满也不上诉。

第三，悔恨。宣判后的悔恨心理，是被告人共有的一种心理状态，但有积极和消极之分。前者悔恨自己不该犯罪，给社会带来危害、给家人造成痛苦；后者后悔不该听信侦查人员的教育，把罪行全部供出来，或者悔恨自己作案手段不高明，留下蛛丝马迹，或责怪自己心慈手软，给被害人留下了报案的机会。

思考题

1. 为什么要研究犯罪心理结构的发展、变化？该研究对司法工作有何意义？
2. 什么是犯罪心理结构的强化？犯罪心理结构强化的特征是什么？
3. 什么是犯罪心理结构弱化的机制？
4. 试述犯罪人在犯罪前的心理状态。
5. 试述犯罪嫌疑人的反侦查心理形成的原因。
6. 试分析犯罪嫌疑人在讯问中的心理状态及其表现。
7. 试析有罪被告人在审判不同阶段中的心理反应。

第七章 盗窃、抢劫与诈骗犯罪心理

学习目的与要求

本章将介绍盗窃、抢劫和诈骗等犯罪心理，这类犯罪给我国人民群众的财产安全带来了伤害。尤其近年来，电信网络诈骗的高发给社会造成了巨大损失。习近平总书记曾作出重要指示：要求强化系统观念、法治思维，注重源头治理、综合治理，坚持齐抓共管、群防群治，全面落实打防管控各项措施和金融、通信、互联网等行业监管主体责任，加强法律制度建设，加强社会宣传教育防范，推进国际执法合作，坚决遏制此类犯罪多发高发态势。准确掌握此类犯罪人的心理特点是预防这类犯罪的必然要求。通过本章的学习，应重点掌握盗窃犯、抢劫犯和诈骗犯的心理特点及心理成因，掌握这三种犯罪的行为特征，了解这三种犯罪的预防方法；难点在于盗窃犯、抢劫犯和诈骗犯的心理特点。

第一节 盗窃犯罪心理

盗窃，是指以非法占有为目的、秘密窃取公私财物的行为。根据2011年修订的刑法修正案（八）的规定，构成犯罪的客观标准包括盗窃数额较大、多次盗窃、入户盗窃、携带凶器盗窃或扒窃，只要符合上述标准之一即可。刑法修正案（八）在增加构成犯罪的客观标准的同时取消了盗窃罪的死刑，盗窃罪最高可以判处无期徒刑。取消了盗窃罪的死刑并不意味着盗窃罪在我国当前的数量减少，而是出于刑事政策的考虑。盗窃罪是十分古老的罪名，通常出于物欲型动机，属于典型的自然犯，一直是中外犯罪史上的主角之一。新中国成立以后，由于广大人民群众对党的信任和自身觉悟的提高，盗窃罪的发案率一度非常低，人们夜不闭户，日不掩门。但是，近年来，随着改革开放和我国经济的迅猛发展，人民的生活水平差距拉大，贫富不均现象严重，各种奢华的生活方式对人们极具诱惑力，很多人追求不劳而获、一夜暴富，因此，盗窃罪在整个刑事案件中所占比例一直居高不下，并且涉案数额也一路攀升，其中入户盗窃和盗窃机动车的案件使被害人的损失较大。盗窃犯中累、惯犯较多，我国1979

年刑法曾经对“惯窃”的处罚作了专门的规定。1997 年刑法虽然取消了对“惯窃”的处罚规定，但是对构成累犯的仍然要从重处罚。盗窃根据手段的不同可以分为偷窃和扒窃，偷窃是指犯罪人与被害人不直接接触，根据犯罪人与被害人的关系又可将其分为内盗、外盗和内外结合；扒窃是指犯罪人与被害人直接接触即采用掏兜或割包的方式秘密窃取他人财物的犯罪行为。

资料：

（1）1950 年第一次犯罪高峰，当年立案 53.1 万起，其中盗窃犯罪 31 万起，占 58.4%；1961 年第二次犯罪高峰，当年立案 42.1 万起，其中盗窃犯罪 34.1 万起，占 81%；1985 年盗窃犯罪立案数为 43.1 万件，1989 年上升至 167.3 万件；1990 年，全国盗窃案件占刑事犯罪案件的 84.2%，超过了 1961 年 3.2 个百分点。至 1995 年，严重盗窃犯罪无论是绝对数的增长速度还是其在严重刑事犯罪中比例数的增长速度，都超过其他犯罪类型，并成为数量上占绝对多数的犯罪类型。

资料来源：朱济民主编：《来自监狱的报告——中国盗窃犯心理研究》，北京，百家出版社，1999

（2）盗窃案件在各类刑事案件中居首位，其立案数的增减，直接影响和决定刑事案件立案总数的增减。综合各方面的因素分析，盗窃案件在全部刑事案件中的比重在 84%左右或 80%以上基本接近实际。

20 世纪 80 年代以来，重大盗窃犯罪的类型结构出现了新变化，主要表现在：A. 盗窃厂矿、铁路、水电、通信设施和工业原材料的犯罪明显增多；B. 盗窃金融、财会部门的重大盗窃犯罪案件明显上升；C. 盗窃机动车的重大案件逐年严重化。

资料来源：中国警察学会：《重大盗窃与惯窃犯罪的犯罪心理与对策研究》课题报告，1995

（3）根据国家统计局案件数量统计显示：2013 年至 2019 年全国公安机关立案的盗窃刑事案件在所有刑事案件中占比依次为 68.30%、67.83%、67.96%、66.97%、63.10%、54.97%、46.44%，总数约为 2 400 万起到 2 500 万起，占总刑事案件数量的 65%以上。这是具有代表性的侵财类案件，虽然部分案件中犯罪分子盗窃财物的数量和价值不高，但是造成了严重的破坏，对人民群众的人身安全造成威胁。

资料来源：《中国统计年鉴 2020》，国家统计局编，2020

一、盗窃犯罪心理形成的原因

1. 强烈的物质需求。盗窃犯往往具有十分强烈的物质需求。人的需要结构应适合社会要求和自身的条件，而盗窃犯罪人的物质需求常与客观现实存在着较大的矛盾，家庭经济状况和自身的能力限制了这些需求的实现，而其又不愿意通过诚实劳动、合法经营改变经济状况。在这种矛盾中，为了实现不良欲求，就会形成盗窃犯罪动机，进而通过盗窃手段获取物质财富，实现自己的需要。

2. 淡薄的道德和法制观念。盗窃犯罪人不切实际的物质需要掩盖了其羞耻心，为了追求享乐并不觉得拿别人的东西可耻，极端利己主义、道德水平低在惯犯身上体现得尤为明显。还有些初犯法制观念淡薄，没有认识到自己的行为是犯罪，如有些青少年拿同学的物品，只是因为喜爱，想占为己有，并没有想到会因此坐牢，往往后悔莫及；有些人因为爱贪小便宜，顺手牵羊，最终导致犯罪。

3. 不当的家庭教育。盗窃犯罪活动通常都是由小到大，盗窃犯罪人的心理经历由畏惧、害怕到胆大妄为。盗窃犯罪分子，尤其是惯犯一般自幼就有小偷小摸的不良习惯，从偷同学的纸笔、偷家人的零钱开始。如果父母在其行为的早期不及时制止，不闻不问或鼓励，就会助长、强化其犯罪心理，使其继续实施盗窃行为，而且次数和行为目标都会有所变化。其心理由恐惧到习惯，形成稳定的犯罪心理结构，并以盗窃为职业和生活来源。

4. 不良的社会风气。经济发展带来了贫富差距、城乡差距的加大，媒体经常宣扬城市富人奢华的生活方式，名车、豪宅以及各种高档消费品的广告充斥着各种媒体，刺激着人们的物质欲望，人们开始在物质方面进行攀比。另外，恋爱、交友的标准也在发生着变化，以前是看成分、学历，而现在主要是看物质实力，没有钱、没有车和房就意味着没有一切。成人世界的这些规则也影响着在校学生，尤其是大学生，当前的大学生犯罪主要以盗窃犯罪为主。学习成绩不再是同伴之间的主要评价标准和追逐目标，他们比穿着打扮，追求时尚，有过生日、考级通过等事项均要请客庆祝，家庭条件好的同学非常有优越感。

5. 疏于防范、管理存在漏洞。盗窃犯罪心理的产生与被害人疏于防范这一诱因条件也存在很大关系，尤其是在机会型犯罪中。例如，有一些人出门停自行车时不爱上锁，觉得只是暂时离开一下没有必要锁，这给犯罪分子留下了可乘之机，使其临时起意，易形成盗窃犯罪心理。因此，入户盗窃多发生在比较炎热的月份，人们经常外出度假，或者打开窗户睡觉，房屋比较容易被入侵。

6. 销赃渠道畅通。盗窃犯罪分子所得赃物往往有专门人员收购，形成“盗窃—收赃—销赃”一条龙，免除了盗窃犯罪分子的后顾之忧，这在一定程度上也激励和强化了盗窃犯罪心理。如有的废品回收站不问来路，低价收购各种金属和电线等；有的手机商店专门收购二手手机，然后改装出售，而从不过问手机的来源。

二、盗窃犯的心理特点

（一）认识特点

盗窃犯通常存在消极、错误的认识：首先他们把物质利益需要放在首位；其次他们认为与抢劫、诈骗等犯罪行为相比，盗窃不易被发现、隐蔽性强，相对比较安全。还有，面对日益严重的贫富差距，有些盗窃犯很不理解并产生困惑，如为什么有的人可以一掷千金，而有的人却如此寒酸等，因此容易形成仇富心理。有些人认为自己是盗亦有道、偷富不偷穷、偷官不偷民，是绿林好汉，从而给自己的违法、犯罪行为找了一个很好的借口。另外，在盗窃犯罪中，罪犯往往避免直接与被害人正面接触，从而可以避免直接面对被害人和体验被害人在经济、社会与心理上的痛苦。由于缺少被害人，罪犯的内在价值与社会约束将不那么起作用，这使得他们更容易压抑、否认自己的犯罪行为，并为自己的犯罪行为寻找借口。①

（二）情绪、情感特点

初犯在盗窃时，恐惧与兴奋并存。盗窃是以自以为不会被被害人发现的秘密方式实施的。俗话说“做贼心虚”，尽管盗窃犯有时为了掩饰自己的行为装作坦然自如，但是其内心实则非常紧张、恐惧，怕被人发现后挨打甚至受到刑罚处罚，见到所需之物时又十分兴奋。在这种兴奋与恐惧交织的状态下，盗窃犯往往动作表现不灵活、神色慌张，因此，初犯、偶犯留下的现场痕迹通常较多。盗窃犯在盗窃得手之后，其喜悦与快感溢于言表，如果多次盗窃都没有被发现，这种情绪就会强化其犯罪心理，进而形成惯犯，在惯犯中恐惧情绪往往不明显。

盗窃犯中除少部分自认为是劫富济贫的好汉外，大部分情感冷漠、自私自利，对受害人的遭遇毫无同情之心。如有的扒窃分子专门在过年时偷返乡农民工，有的地方还出现了专门盗窃老年人的犯罪组织，这些盗窃犯是拿别人的血汗钱和泪水换取自己的快乐。

（三）意志特点

于机会型盗窃犯罪人、初犯、偶犯而言，其抑制犯罪冲动的意志力薄弱，喜欢顺手牵羊，并且会把犯罪的原因归咎于被害人，认为是被害人没有尽到保管义务，不拿白不拿。于预谋型盗窃犯罪人、惯犯，其积极实行犯罪的意志力强，为了顺利实施一项盗窃行为，要多次踩点、准备各种各样的工具；一次失败，总结经验教训再进行第二次、第三次……例如，现在频发的街头盗窃案件，盗窃分子为了扒窃骑车人，可能会小心翼翼地尾随其跑出几站地。

（四）个性心理

1. 需要与动机。盗窃犯罪人绝大多数以不切实际的物质需要、生理需要为主，社会性需要和精神需要较少，需要结构畸形。在这些需要的推动下形成犯罪动机，进而实施犯罪行为。具体而言，引起盗窃犯罪动机的需要主要有如下类型。

（1）追求享乐型。这是引发盗窃犯罪的主要需要类型之一，有这种类型需要的

① 参见［美］Curt R. Bartol、Anne M. Bartol：《犯罪心理学》，7 版，杨波、李林等译，327 页，北京，中国轻工业出版社，2009。

人，物质需要不切实际，一味追求物质享受，超出了本人和家庭的物质承受能力。有的人不顾个人实际情况，有的人感觉自己实际拥有的和自己想拥有的目标之间存在心理差距。这部分人一切朝钱看，虚荣心强、盲目攀比、讲究吃穿戴、贪图享受，追求吃喝玩乐，信奉“人生在世，吃喝二字”。在青少年和女性犯罪人身上体现得尤为明显。

（2）经济困难型。古语有云“饥寒起盗心”，虽然目前我们国家已经解决了国民的温饱问题，基本生活有了保障，但是医疗、教育等领域的保障机制还不完善，医疗费用、大学的学费对于有些贫寒的家庭来说还是难以承受的，有些人为了支付这部分费用不得已去行窃。

（3）积敛财富型。这部分需要的拥有者追求快速致富，有的人可能是谋求正当途径受挫，有的人干脆就想不劳而获、一劳永逸成富翁。这部分人获得财富后不一定会挥霍。

（4）特殊需要型。这部分需要的拥有者在于特定对象本身，而并不是财物所承载的物质利益。如有些人喜欢古董、名画，而这些东西往往是孤品，为全民族乃至全世界所共有，通常放在博物馆里，即使花再多的钱也买不到。为了拥有这类特定的物品，唯一的途径就是采取非法的手段，如偷或抢等。

（5）寻求刺激型。有这类需要的犯罪人盗窃并不是为了财物本身，偷来的东西经常会被遗弃或销毁。在某些以物质需要为主的盗窃案中，盗窃犯也会有意让被害人和警察难受，如在入室盗窃中有意表现出特定的风格或留下特别的信号、讽刺语言等，显示自己技术的高超，希望给被害人和警察造成愤怒或恐惧的情绪，从而获得心理上的满足。

（6）缓解压力型。有些人并不缺钱，甚至非常富有，他们盗窃往往是因为存在某种心理障碍，如“无意义商店盗窃”或“偷窃癖”。他们可能由于情感等压力产生抑郁心理，为了缓解婚姻的压力、排解孤独和其他的困扰实施盗窃行为，偷东西的过程会给他们带来非常大的快感，可以使他们暂时摆脱现实中的无助和压抑感。他们中的有些人见到东西不偷就像正常人丢了东西一样难受，偷窃的过程既刺激又具有挑战性。有这类需要的犯罪人比较难以矫正。

2. 性格与习惯。盗窃犯往往表现为性格懒散、好逸恶劳，习惯于靠不劳而获生存。也有一些盗窃博物馆等的入室大盗胆大心细，有计划性，敢于铤而走险。许多人自幼便有小偷小摸的不良习惯，渐渐地由小到大，演化成惯犯，并且恶习难改，多次“进宫”。

3. 能力。盗窃犯罪人的突出表现为盗窃犯罪技能较高，这一点也是盗窃犯经常炫耀的地方，如扒窃时被害人毫无察觉，能开各种锁，进出别人家像进出自己家一样容易。近年来，随着网络技术的发展，还出现了利用计算机进行盗窃的智能犯罪。

三、盗窃犯的行为特征

盗窃犯的行为共有的特征就是秘密性。该秘密性是相对于被害人而言的，是行为人自认为没有被被害人发觉；对于周围人而言，可能是公开、毫不避讳的。

(一) 偷窃犯的行为特征

偷窃犯一般可以分为预谋型、机会型和冲动型三类。预谋型偷窃犯通常是先踩点，选准作案目标，摸清被害人活动的规律。在这个过程中，有的犯罪人会与被害人直接接触、打探信息。做好犯罪预备工作后，盗窃单位的，或翻墙入室，或事先混入藏身，待关门作案后溜走；入户盗窃的，等被害人上班后行窃；盗窃农村生产资料的，经常选择夜深人静时行窃。预谋型偷窃犯通常是老练的惯犯，在犯罪预备、犯罪实行的过程中始终表现得比较镇定，即使被发现也能沉着应对，并且经常是团伙作案，有明确的分工，作案后销赃渠道畅通。

机会型偷窃犯一般没有明确的作案目标，犯罪行为随时间、空间和作案对象等因素而定，有适合盗窃的机会就顺手牵羊，犯罪偶发性强，小偷小摸的多；也有些偷窃犯专门在高级宾馆、办公楼、商店内闲逛，伺机行窃。

冲动型偷窃犯是受某种因素的强烈刺激的诱发，或因某种突发的意外局面导致处于窘迫处境而临时产生犯罪决意。初犯行为特征明显：内心动机斗争强烈，恐惧、情绪激动，手段一般较粗糙，现场遗留痕迹较多，犯罪后常有悔意。

(二) 扒窃犯的行为特征

扒窃犯通常是根据场所条件、客流多少、警察分布等状况选择作案的，一般是节假日、早晚高峰时在公共场所作案。扒窃场所多是商店、车站、码头、影院及在公共汽车、火车上等，这些地方人多、拥挤，比较容易掩饰其犯罪行为。扒窃犯在选择行窃对象时，一般不盲目下手，总要经过观察、选择时机后再作案。因此，扒窃分子的眼神特征与一般人的有明显不同，不论在什么情况下或处在什么位置上，其两眼总是注视和留神人们的衣兜、皮包。扒窃分子在作案前的表现主要有4种：(1) 乱窜。扒窃分子在电、汽车上或车站里是两头窜动，在商店里是上楼、下楼到处转，以物色扒窃对象。(2) 尾随。扒窃分子选中了对象后，紧紧尾随其后，以便寻找时机作案。(3) 钻挤。扒窃分子在上、下车或抢购物品人多、拥挤时，不往空当钻，专往人边挤。(4) 试探。扒窃分子在未弄清拟扒对象是否有钱的情况下，用胳膊的下部或手背试探拟扒对象的衣兜，或借行车晃动而前后偏向的机会，接触拟扒对象的身体，看看拟扒对象反应如何，然后靠近对方，用手掏或刀割法行窃。扒窃犯罪分子也经常是流窜作案、团伙作案，扒窃得手后及时转移赃物，即使被抓获，也在其身上找不到赃物，能够趁乱脱手。夏季人们着装比较单薄，财物不利于隐藏，比较容易被扒窃分子发现并行窃。在公共场所，要时刻警惕离你比较近的人，不让犯罪分子贴近，就能有效预防被盗。

资料：

盗窃犯罪的主要地点

地点	人数	%
居民住宅	2 250	23.5
其他单位	2 156	22.5
本人单位	1 431	14.9
车、船	1 113	11.6
仓库、码头	642	6.0
商店等公共场所	591	6.2
银行、信用社	65	0.7
外国人住所	46	0.5
其他	689	7.2
未答或不详	611	6.4
合计	9 594	100.0

盗窃犯罪的主要方法

方法	人数	%
撬窃	4 950	51.3
顺手牵羊	1 382	14.4
扒窃	622	6.5
内外勾结	496	5.2
闯窃	353	3.7
利用调包	140	1.5
假冒他人	112	1.0
利用色相	63	0.7
其他	945	9.8
未答或不详	561	5.8
合计	9 624	100.0

盗窃犯罪发生的主要省份

省份	案件量	%
浙江	89 918	14
江苏	59 745	9
广东	52 390	8
河南	43 610	7
四川	34 870	5

资料来源：朱济民主编：《来自监狱的报告——中国盗窃犯心理研究》，北京，百家出版社，1999

中国普法网，http：//www.legalinfo.gov.cn/pub/sfbzhfx/index.html，2018

第二节 抢劫犯罪心理

抢劫罪，是指以非法占有为目的，采用暴力、胁迫或者其他方法，当场强行劫取被害人财物的行为。抢劫罪既侵犯了被害人的财产所有权，也侵犯了被害人的人身权。但是，由于犯罪人的犯罪目的主要在于获得财物，对被害人的伤害、威胁只是获得财物的手段，所以在我国的《刑法》中，抢劫罪被规定在侵犯财产罪一章中；并且根据刑法及司法解释的规定，如果在抢劫过程中造成被害人伤亡的，也只按抢劫罪一罪定罪处罚。虽然抢劫和盗窃、诈骗都是常见的财产型犯罪，但是其犯罪手段和行为方式不同，反映出的犯罪人心理也不同。抢劫罪通常集物欲动机和暴力手段于一身，在刑事案件中比较突出，近年来重大、恶性抢劫案件频发，社会危害性很大。例如，张君犯罪集团自1993年开始作案，至2000年9月被公安机关摧毁时，作案近二十起，杀死、杀伤四十余人，抢劫财物、现金等共计六百余万元。[①] 抢劫罪的行为人绝大多数是男性，且以青壮年居多。从季节和时间上看，春、秋两季偏少，冬、夏两季可出现高峰；夜间抢劫的多，白天抢劫的少。从地域上看，城市的抢劫案比农村的多，荒僻的街道、城乡结合部、公共场所、银行、商店等是抢劫的易发地点。抢劫作案有预谋和突发两种，突发的抢劫有偶发性和情境性，行为人一般以年轻人居多。从作案形式上看，有入户抢劫和拦路抢劫两种。

资料：

20世纪80年代以来，抢劫犯罪剧增。截至1993年，全部及重、特大抢劫案件发案数比1980年分别增加了10.6倍、13.7倍和181.8倍。14年间，平均增长速度分别达到19.9%、22.3%和49.2%；且重、特大抢劫案件的平均增长速度明显高于全部抢劫案件。

抢劫犯罪的类型由单一化趋于多样化。20世纪80年代初期，抢劫犯罪主要是在偏僻路段拦路抢劫单身行人和入室抢劫民宅财物两类（分别占50%和40%左右）。自20世纪80年代中期开始，这种类型结构发生了变化，除传统类型（但具体侵害对象等有所变化）继续占较大比重外，“车匪路霸”、“船匪水霸”、公共场所抢劫、抢劫出租车、抢劫银行等类型的犯罪不断增多，所占的比重逐年增大。

抢劫犯罪的暴力程度加剧。据对550名抢劫案犯的问卷调查，采用暴力、胁迫、麻醉和其他手段实施抢劫犯罪的，分别占60.36%、38%、0.73%和0.91%。此外，抢劫案犯持枪、持械犯罪的比重也较大，在采用暴力手段犯罪者中，有

① 参见戴纲等：《张君犯罪集团心理特点及活动规律分析》，载《中国人民公安大学学报》，2001（1），110页。

3.01%的人持枪、43.67%的人持械劫取财物；在采用胁迫手段犯罪者中，有6.22%的人持枪、38.76%的人持械劫取财物。

资料来源：《中国警察学会抢劫犯罪心理与对策课题组报告》，1995

一、抢劫犯罪心理形成的主要原因

1. 追求物质享乐。这是物欲型动机犯罪的共性原因。犯罪人主观上追求奢侈享受，自身又好逸恶劳，但客观的现实条件无法满足需求，为了解决主观追求与客观现实的矛盾而不择手段实施抢劫行为。

2. 为了摆脱贫困。有部分抢劫者是出于家庭生活的需要，如子女上学、家人患病等原因。这类抢劫犯的目标是钱物，通常不会伤害被害人。

3. 追求精神刺激。抢劫行为从目的上看是财产型犯罪，从手段上看属于暴力型犯罪，犯罪人直接与被害人接触，通过各种手段控制被害人，使其不能反抗、不敢反抗或不知反抗，在犯罪人与被害人的互动过程中犯罪人可以得到更大的愉悦刺激和心理满足。

4. 为了补偿损失。有部分抢劫犯曾经有过被拘留、服刑的经历，他们觉得自己之前吃了太多苦，出来之后要抓紧时间“大干一番”，抢劫行为过程短暂且回报丰厚，是补偿自己的最好方法。

5. 追求大英雄主义的精神需要。有些抢劫犯罪分子把暴力抢劫行为视为英雄行为，甚至在群体中炫耀自己欺凌别人的行为多么英勇，他们抢劫是为了面子而不是为了钱。还有的抢劫犯是受武侠小说、暴力影视、网络游戏等不良文化的影响，现学现用，在现实社会中寻找虚拟世界的感觉。

资料：

自20世纪80年代中期以来，以共同犯罪形式实施抢劫犯罪者所占的比重逐渐提高，即由1986年占63.52%发展为1993年占83.74%；且进入90年代以后，在共同实施抢劫犯罪的案件中，以团伙形式犯抢劫罪的，高达70%左右。另据对550名抢劫犯的问卷调查，采用合伙作案形式的高达90.36%。

通过对抢劫犯罪专项调查和初步研究，有学者得出以下结论：(1) 抢劫犯罪的深层次犯罪心理，即行为人为何实施侵犯他人财产权利、侵占他人财物行为的心理，与其他财产型犯罪和其他以非法获取财产及财产性利益为目的的刑事犯罪心理并无本质差别，其基本形成原因也是相同的。(2) 抢劫犯罪的浅层次犯罪心理，即抢劫案犯为何以暴力、胁迫或者其他方法劫取财物的心理，与其他财产型犯罪和其他以非法获取财产和财产性利益为目的的刑事犯罪心理存在一定程度的差别。具体而言，行为人之所以采用暴力、胁迫或者其他方法公然劫取他人财物，而不是以他种手段实施同样可以非法获取财产的其他刑事犯罪，其心理有一定的特殊性。在这两种不同层次的犯罪心理中，深层次的犯罪心理是第一位的，起着主导作用，决定着行为人为何以非法手段获取财物，而不是以合法手段获取财物；而浅层次的犯罪心理则是第二位的，仅起非主导作用，决定行为人为何实施抢劫犯罪，而不是实施其他财产犯罪和其他刑事犯罪。导致行为人决意实施抢劫犯罪的浅层次心理主要是认为抢劫较之其他犯罪容易得逞或认为抢劫不需要技巧，只要胆大就行；而导致行为人敢于狂妄作为、明火行抢，造成抢劫犯罪严重化的深层次心理因素是诸多方面的，其中尤与社会内在控制关系密切。内在控制，即主要依靠社会成员的道德价值观而维系的社会控制，是与外在控制相互对应、相互关联的两种基本社会控制之一。

抢劫犯罪以较高的速度增长，是与抢劫案犯内在控制水平的降低密切相关。据对550名案犯的问卷调查，在实施抢劫犯罪前支配其行为的主要心理是：认为当前社会守法不如犯罪来钱容易的占11.45%，认为收入差别太大的占10%，认为现在人人都是为了钱的占27.82%；在抢劫案犯的同伙中流行的异化心态是：只要能捞到钱偶尔也可以采取违法、犯罪手段的占36.73%，只要能捞到钱使用什么方法都行的占32.36%。

在调查的550名抢劫案犯中，制约其实施抢劫犯罪的基本心理动因的分布情况为：为捞钱的占55.45%，报复他人的占6.73%，模仿的占13.27%，在同伴中建立威信的占2.91%，自己曾被抢的占4.36%；而劫取的财物供自己挥霍的占64%，用于家庭生活的占7.64%，用于自己或家庭的生产或做生意的占3.45%，送给朋友的占4.04%，用于其他方面的占14.91%。

国家社会政策的非协调性及其表现，在一定程度上间接地为抢劫犯罪的实施提供了可乘之机。例如，对550名案犯的问卷调查显示，最有利于抢劫犯罪得逞的区域、时间和地点正是最薄弱或相对薄弱的社会防卫环节。抢劫案犯选择的最利于抢劫犯罪得逞的区域分布是：郊区占36%，乡村占34.91%；地点分布是：公共场所占16.18%，居民住家占11.09%，车船占6.18%，荒郊野外占49.82%；时间分布是：夜间占75.27%，白天占20.55%。总之，抢劫案犯最容易选择的区域、时间和地点都是警力和其他社会防卫力量薄弱或难及之处，也是抢劫犯罪的实际多发环节。

资料来源：《中国警察学会抢劫犯罪心理与对策课题组报告》，1995

二、抢劫犯的心理特点

（一）认识特点

1. 仇视社会，追求暴富。抢劫犯罪人看到别人有钱，心理不平衡，想不通为什么别人有好日子而自己要受穷，对社会充满仇恨，觉得社会对自己不公平。而实现快速“致富”的最佳手段就是去抢，因此要通过抢劫来实现富裕生活，并以此报复社会。

2. 野蛮的英雄观，思维方式简单。抢劫犯罪人认为抢劫来钱最快；他们崇尚暴力；认为通过暴力、威胁手段获得钱财要比偷、骗威风，只要“不怕死”“心狠手辣”“胆大亡命”，就是“勇敢”；不惜一切手段除掉阻挡其财路的人。在这种野蛮英雄观的支配下，犯罪人喜欢逞能，讲哥们义气，盲目崇拜。

3. 侥幸心理。有些初犯也存在强烈的恐惧心理，怕行为暴露，但是他们又经常安慰自己说“干一次大的，够一辈子享用就罢手”，或者被害人不敢报警。最终侥幸心理战胜了恐惧心理。

（二）情绪与意志

抢劫犯罪人多情绪不稳定、易激动，情绪反应速度快、强度高。尤其是在犯罪现场，与被害人直接接触，情绪处于高度紧张状态。他们自律性差，抑制犯罪的意志薄弱，全部注意力都集中在取得财物和自身安全上，被害人的反抗经常会引发更严重的后果。

（三）个性心理

1. 复杂的动机。

（1）物欲动机。抢劫最主要的动机是物欲型的。具有此类动机的犯罪人的低级物质需要和生理需要大大超过了社会需要和精神需要，为了吃喝嫖赌、及时享乐、追求高档消费去实施抢劫，抢完就进行挥霍，然后再抢，如此形成恶性循环。总之，畸形的物欲是犯罪的动力和源泉。

（2）报复动机。具有此类动机的犯罪人往往受过挫折，导致心态失衡，想借抢劫行为报复社会和被害人。如某抢劫犯罪人因为受到过卖淫女的欺骗，怀恨在心，专门将卖淫女骗出而实施抢劫，遇有反抗便实施杀害。有些“两劳”人员抱着“牢内损失牢外补”的思想，试图大捞一笔，好好享受一下。

（3）戏谑动机。这种动机主要发生在青少年犯罪人身上，他们抢劫的目的不在于财物价值本身，而是把抢劫当作一种危险的游戏，实施抢劫行为为的是找刺激、玩心跳。

2. 性格和气质。从性格类型来看，抢劫犯罪人多为兴奋型、外倾型，性情暴躁，行为鲁莽，报复心强，心狠手辣，喜欢攻击，争强好胜，具有高敢为性。虽然有人在犯罪时并没有对被害人直接实施暴力，而是以暴力威胁或其他方法迫使被害人不敢反抗或不能反抗，但是一旦遭遇被害人反抗就会凶相毕露，变得更加残暴。从气质类型上看，抢劫犯罪者中胆汁质者居多。

3. 兴趣、爱好。抢劫犯罪人对武侠小说、动作片等暴力、色情影片比较感兴趣，并乐于模仿。很多人都经常沉迷于酒吧、歌厅、网吧、地下赌场等娱乐场所。

4. 能力。相对于盗窃、诈骗犯罪而言，抢劫犯罪没有太多的技术含量，但是由于要与被害人直接对抗，所以对体力的要求相对较高。另外，对于携带武器进行抢劫的犯罪人来说，需要具备一些使用该武器的相关知识。

三、抢劫犯的行为特征

1. 凶残性。抢劫犯罪人在野蛮英雄观的支配下，行为凶残。他们在实施犯罪行为时心狠手辣、冷酷无情、野蛮成性，对被害人及周围妨碍他们的群众疯狂使用暴力，尤其是在遭到被害人反抗的情况下，可以说到了杀人不眨眼的地步，遇有被害人是女性时，可能还伴有强奸行为。

2. 强制性。抢劫犯罪人采用暴力、胁迫以及其他犯罪方法（如灌酒、注射麻醉品等）的目的是强制被害人，迫使行为对象顺从，使之不能反抗、不敢反抗或不知反抗，进而达到当场取得被害人财物的最终目的。

3. 系列性、流动性。抢劫犯罪人大部分出于物欲动机，并且极其贪婪，以抢劫所得作为他们挥霍的主要来源。为了不断满足其物质、生理需要，维持高消费水平，他们不断铤而走险，每一次犯罪成功和高档消费的快感都会强化其犯罪心理，在侥幸心理和补偿心理的作用下，不断实施抢劫犯罪行为，形成系列案件。在实施系列抢劫案过程中，犯罪人也比较狡猾，为了逃避打击，通常打一枪换一个地方，流窜作案，并且大都选择防范薄弱、易于逃窜的地区。

4. 团伙性。抢劫行为要与被害人直接接触，因此需要在力量上占优势，所以单独作案者较少，多团伙作案，人多至少心理上占优势、有安全感。从目前抢劫罪的发展趋势上看，共同犯罪的组织性增强，由松散的团伙向稳定的集团发展，组织内部分工明确，有一定的内部规范，带有黑社会性质。犯罪团伙通常有一定的管制刀具、枪支弹药和交通工具等。

5. 行为对象。抢劫行为的目的是非法占有公、私财物，那么首选的犯罪目标就是钱多的地方，因此，银行、金店是各类抢劫犯罪人的第一选择。他们要么直接抢劫银行的金库、运钞车和金店的首饰，要么直接抢劫存、取款的客户。除了选择大的目标外，犯罪分子还要考虑成功率的问题，所以，抢劫犯罪分子还喜欢抢劫单身女性和出租车司机。对单身女性下手比较容易得手，尤其是卖淫女，她们通常有钱，并且防范意识低，随意与他人“出台”，而且被抢之后出于破财免灾的心理而不愿报案。出租车司机一般都有现金，并且还有出租车，是单独一人，作案后易于逃跑，所以抢劫犯罪分子的惯用伎俩就是打车到偏僻处，然后将司机杀害，抢走现金和车辆。

第三节　诈骗犯罪心理

一、当前我国诈骗犯罪的概况

诈骗罪是行为人以非法占有为目的，用虚构事实或隐瞒真相的方法，骗取数额较大的公私财物的行为。诈骗犯罪既包括《刑法》第266条规定的诈骗罪，也包含如贷款诈骗、信用卡诈骗等各种特殊的诈骗犯罪。

当前我国诈骗违法、犯罪的情况严重，呈现出以下几个特点。

1. 诈骗案件越来越多，数额越来越大。以电信诈骗为例，腾讯联合公安部、工信部和移动、联通、电信等企业，发布了《2016年第二季度反电信网络诈骗大数据报告》。该《报告》称，2016年第二季度，全国共接用户标记超过4.6亿条，增加了1.8亿条。其中，收到诈骗短信人数3亿人，诈骗电话18.8亿次，增加88%。电话诈骗涉及金额最大者，达到16亿元，同时数量也最多，占比近六成。

2. 诈骗活动的范围越来越广。诈骗者的活动已不仅局限于经济较发达的沿海地区、大中城市，也向内地、农村不断扩展；诈骗的形式也越来越多样化，不只是经济诈骗，也包括知识、名誉等诈骗。

3. 金融诈骗呈高发态势，涉案金额巨大。近年来，金融领域的诈骗案件频发，并且其中有不少案件涉案金额巨大，社会影响恶劣。2019年，金融诈骗举报量高达3 314例，福建莆田人均损失最高为66 567元，这些金融诈骗不约而同地打着“区块链”“数字货币”“挖矿”等名义行骗。①

4. 通信网络诈骗发案势头迅猛，手段不断变化。近年来，通信网络诈骗案件越来越多，诈骗的手段也越来越多样化。据公安部统计，2012年全国通信网络诈骗立案17万起，同比上升约70%；损失金额80多亿元，同比增长100%。从最初的中奖、退税、冒充特殊职业人员，到网银升级、机票改签，再到伪造网上通缉令等，如今通信网络诈骗类型已扩展到数十种，覆盖面之广令人难以招架。② 根据《网络犯罪司法大数据专题报告》显示，2018年以后，微信超过QQ成为网络诈骗犯罪中使用最为频繁的工具，超过半数网络诈骗案件中均有应用微信实施诈骗的情况。③

5. 跨境犯罪越来越突出。在全球化浪潮的背景下，跨境犯罪是当前我国诈骗案件中一个突出的特点。电信诈骗作为典型的远程非接触性犯罪，诈骗犯罪分子可以借助移动通信工具、移动支付等科技手段实施跨境犯罪。近年来破获的诈骗案件中，特别是一些涉案金额较大的诈骗案件，跨境犯罪占相当比例。曾经发生在2011年的“9.28”特大跨国诈骗案就涉及印尼、柬埔寨、菲律宾、老挝、泰国、新加坡等多个国家。④

6. 诈骗团伙呈现集团化、专业化操作模式。诈骗由过去的随便编个理由骗点钱财，发展到成立专门的诈骗公司，聘请专业运作团队实施诈骗行为。2015年，公安部指挥25个省（区、市）公安机关展开打击网络投资诈骗犯罪专案的收网行动，共

① 见http：//vr.sina.com.cn/news/report/2020-07-08/doc-iirczymm1216077.shtml。

② 见http：//china.zjol.com.cn/system/2014/09/17/020260103.shtml。

③ 见http：//www.cac.gov.cn/2019-11/21/c_1575870230460914.htm。

④ 见https：//www.sohu.com/a/369646276_100168544。

打掉网络投资诈骗公司 133 个，抓获犯罪嫌疑人 2 000 余名，冻结涉案账款 1.3 亿元。这类诈骗多呈现集团化、专业化的特点，涉案金额巨大，社会影响恶劣。[①]

二、诈骗和被骗心理

（一）诈骗者的心理特点

1. 认识方面。诈骗者往往认为行骗不如杀人、放火一类犯罪凶狠，但却无本万利。他们自以为手法高明，很难被识破。这种自我估价过高的特点，使一些诈骗者连续行骗，直至露出马脚，陷入法网。诈骗者的认识活动，具有较大的灵活性。他们思维敏捷，反应快，善于想象和联想，还具备某些方面的知识、经验。诈骗者对社会心理状态十分熟悉，他们依据的社会心理是与特定的社会历史条件和状况有密切联系的。在我国，诈骗者主要利用人们对某些社会角色崇敬的心理，利用一部分人的虚荣心、同情心、急于求助的心理，利用人们疏忽大意和拉关系、开后门的庸俗心理进行诈骗，诱人上钩。

2. 个性方面。诈骗者给人的外部印象是活泼、善于交际、待人和气、肯帮助人等。他们的个性反映出冒险性的特点，明知自己装扮的身份和行为都是假的，却敢于在大庭广众之下行骗，有的甚至在一些社会名流聚集的社交场合夸夸其谈，故作姿态。诈骗者的适应能力、应变能力、模仿能力较强，这就使得他们能有效地适应环境变化，有可能以假乱真，针对不同的对象实施诈骗。

3. 情绪、意志和习惯方面。与伤害、杀人等暴力犯罪相比，诈骗犯罪的情绪色彩不明显，也没有强烈的情绪表现。同时，诈骗者在作案过程中，意志努力也不明显，意志活动主要表现为克服实施诈骗行为时自身伪装的缺陷。诈骗行为也有其习惯特点，如有的诈骗犯总是冒充军人，有的诈骗犯一贯以妇女为诈骗对象。

（二）诈骗者的行为特征

1. 伪装、虚假。诈骗者通常冒充身份，自我吹嘘，或捏造事实，以造成被骗者的错觉，让其上当。

2. 矫揉造作。诈骗者的行为常有过分渲染、不着边际、不合常理的特点。为了使被骗者上当，他们往往伪装过分，在语言、外表和行为方面露出破绽。

3. 明显的行为痕迹。诈骗者的行为留下来的犯罪痕迹是明显的。被骗者对诈骗者冒充的对象、穿戴的服装、说话语气、行为举止和外表风貌等，都有清楚的印象。在诈骗案件中，常常还会留下有关的假证件、假信、假表格、假物品等具体的物证。

4. 时间上的短暂性。骗术只能骗人于一时，而不能长久。诈骗者一旦骗取财物，即逃之夭夭，唯恐时间一久就会被人戳穿。因此，诈骗者总是到处行骗，不会在某一处长期停留。

---

① 见 http：//finance. chinanews. com/fortune/2015/04－02/7177773. shtml。

三、形形色色的诈骗方法

（一）冒充各种身份行骗

诈骗者通常到处行骗、流窜作案，为了达到诈骗的目的，诈骗者常会针对不同的诈骗对象，冒充那些有一定社会地位、经济实力或特殊权力的人。主要包括：（1）冒充领导干部或其亲属。（2）冒充特殊职业人员，如冒充军人，警察，公、检、法人员，海关、工商、财税人员等。（3）冒充知识阶层人士，如冒充作家、导演、记者、工程技术人员、大学生、研究生、专家、教授、留学生等。（4）冒充港澳台同胞、华侨和外国人。（5）冒充经济领域的人员，如冒充企业家、董事长、经理等。（6）冒充特殊身份的工作人员，如冒充国内外的招生、招工，招演员、招兵等人员。

（二）街头诈骗

街头诈骗的整个犯罪过程都经过周密的计划，其特点主要有：以团伙作案为主；时间多为白天上班、银行营业期间；地点多选在居民区附近；对象多为老年人和家庭妇女。街头诈骗犯罪的手段多种多样，以利用迷信看病、消灾居多（占发案总数的36%），一般为捡财物（约占发案总数的21%）、兑换假外币（约占发案总数的9%）、调包（约占发案总数的6%），另外，还有卖假金元宝、假药、假牛黄、假钻石、冒充熟人借钱等手段。

（三）合同诈骗

诈骗者常以合同的名义为其非法活动披上“合法”的外衣。他们多利用皮包公司进行诈骗，这些公司一般无固定场所、无从业人员、无资金、无货源，常以物美价廉的商品为诱饵，签订虚假的供销合同，一旦定金或款项到手，即逃之夭夭。

（四）金融诈骗

金融诈骗一般包括以下几种。

1. 贷款诈骗。贷款诈骗是指诈骗者编造引进资金、项目等虚假理由，使用虚假的经济合同、公司印鉴等，从银行骗取资金的犯罪行为。

2. 保险诈骗。保险诈骗是指投保人、被保险人或受益人以骗取保险金为目的，以虚构保险标的、编造保险事故或保险事故发生原因、夸大损失程度或故意制造保险事故等手段，致使保险人陷于错误认识而向其支付保险金的行为。它是随着我国保险业的发展而产生的一种罪种，严重阻碍了国家保险市场的正常运行，危害了金融秩序，严重损害了国家、集体和人民的利益。

3. 信用卡和银行卡诈骗。信用卡诈骗是指诈骗者利用银行卡为载体，非法骗取钱物的犯罪行为。其常见的诈骗手段有：伪造信用卡、骗取信用卡、使用作废的信用卡、冒用他人的信用卡、恶意透支等。银行卡诈骗采取的主要方式有：骗取受害人的银行卡的账号和密码，诱骗受害人转移存款到诈骗人的卡上等。

（五）通信网络诈骗

通信网络诈骗犯罪是指利用现代通信技术、网络技术、网银等手段进行的诈骗。随着通信和互联网技术的不断发展，通信网络诈骗越来越多，手段也越来越多样化。通信网络诈骗虽然在我国出现较晚，但来势凶猛，涉案金额大，受害对象广，严重侵害了人民群众的利益。

（六）以刊登假广告进行诈骗

诈骗者刊登一些高档产品急需低价出售的广告来引诱消费者，以骗取定金、邮寄费等；也有人以登假征婚广告来诈骗钱财。此外，有些犯罪分子利用短信的方式发布虚假广告进行诈骗。

四、行骗者与被骗者之间的心理互动

（一）行骗者与被骗者之间的心理互动过程

在诈骗过程中，诈骗者与被骗者有一段较长时间的接触，并且以取得被骗者的信任作为诈骗者得逞的基础，因此，在这一过程中，诈骗者和被骗者始终都存在着相应的心理变化规律，其表现为物色期—怀疑期、引诱期—松弛期、行骗期—受骗期、逃避期—悔恨期。[①] 这些过程完全反映了诈骗者与被骗者双方的心理变化规律。

1. 物色—怀疑期。诈骗者物色目标，观察被骗者，并借机接近被骗者以了解情况、决定是否下诱饵。此时，被骗者多保持着高度的谨慎，不会轻易地相信诈骗者。这一时期是双方心理交往的开始期。此时，如果诈骗者发现被骗者疑心占上风，则可能会中断交往，骗局也就难以得逞。

2. 引诱—松弛期。在这一时期，诈骗者会想尽一切方法使交往能够更深入地进行下去。他们多会投其所好，以博得对方的好感和信任，然后伺机寻找被骗者的心理弱点，步步铺设圈套，引对方上钩。而与此同时，被骗者也慢慢开始放松警惕，不仅愿意与诈骗者交谈，也愿意相信诈骗者所言，这就为诈骗者留下了可乘之机。有的诈骗者为了达到诈骗目的，不惜以“利”相诱，这其实是放长线，钓大鱼。

3. 行骗—受骗期。选准目标并找到被骗者的心理缺口后，诈骗者的行骗动机得到强化，觉得时机已经成熟，就按其事先精心设计、周密计划的方案实施诈骗。被骗者此时的心理“防线”已全部崩溃，完全地信任诈骗分子，全无理性的思考。在这个阶段诈骗者人际交往的心理活动达到高潮，紧接着便是诈骗得逞，被骗者陷入圈套，招致财物、人格的损失。

4. 逃避—悔恨期。一旦诈骗得逞，诈骗者由于恐惧骗局败露，便会想尽一切办法迅速逃离现场。被骗者方面，则经过了一定时间的思考，多能恢复一定的理性，变得忐忑不安，但有的人仍是痴痴地等待，最后才恍然大悟，方知上当受骗，后悔

---

① 参见张家源：《狱内侦查学》（试用教材），116～117 页，大连，辽宁省警官专科学校，1985。

莫及。

通过以上分析可以看出，诈骗形成的过程充分表现了这样一个特点：诈骗行为的得逞正是诈骗者与被骗者之间心理空间缩小，直至双方心理上融会贯通，彼此相融为止。[①] 也正是这种双方心理上的彼此相融，才造成诈骗的最终得逞。如果缺少任何一方的心理基础，都不可能形成诈骗。

（二）被骗者受骗的心理原因

1. 有心理弱点的被骗者的受骗原因

在诈骗犯罪中，多数的被骗者都存在着一定的心理弱点，而诈骗者正是利用了人们的这些心理弱点来实施诈骗行为。有心理弱点的被骗者的受骗心理主要有以下几种。

（1）急功近利心理。贪利是多数被骗者最大的心理弱点，许多诈骗者之所以屡屡得逞，正是因为利用了人们的这种贪利心理。诈骗者针对一些人贪图小利、急功近利的心理，先以各种利益相诱，使被骗者在利益面前丧失了基本的辨别真伪的能力，对诈骗者的所作所为不加以思考和分析，从而达到“以小利赚大钱”的目的。

（2）需求迫切心理。这种心理主要是由于资金短缺，急于求货，产品滞销，急需人才，急需药品，急于升学、就业、婚恋等因素所造成的，这种心理状态下的人最容易上当受骗。心理学研究表明，人们一旦有了某种强烈的需求，总是渴望得到满足，因此，当诈骗者提出能够满足其需求时，被骗者那种积压已久的欲求不能的心理，会顿时转化为高度的兴奋和迫切的冲动。人在这种状态下作出的判断往往都是缺乏冷静思考的。

（3）盲目轻信心理。人们往往会对具有一定权威性和知名度的单位或与其有一定亲密度的人产生信赖心理。诈骗者正是利用了被骗者的这种心理，冒充政府、研究所、高等院校、军队、新闻媒体等单位的工作人员进行诈骗。在这种情况下，被骗者不能从诈骗者的行为中发现漏洞，不能深入思考，对事情认识较为肤浅和片面，容易轻信。

（4）盲目崇拜心理。崇洋媚外、对国家干部和司法工作人员的敬畏、封建迷信都可以归为盲目崇拜心理。一些人正是因为这种心理作祟，所以当他们遇到境外“洋老板”“归侨”“某国家领导干部”“公安干警”“能驱魔降妖的大师”时，就鬼迷心窍，认为后者所说的都是对的。盲目崇拜心理造成的结果只能是上当受骗，悔恨不已。

（5）投机钻营心理。改革开放以来，经济的不断发展给人们带来了很多机遇，同时也助长了许多企业和个人的投机心理，许多人妄想走捷径赚大钱，这就使得诈骗者有机可乘。对外界诱惑的这种“博彩”心理，使一些人步入了诈骗者所设的圈套，结果是“聪明反被聪明误”。

（6）趋炎附势心理。如今，尽管人们的生活水平在不断地提高，但人与人之间的

① 参见任克勤：《诈骗及其对策》，59页，西安，陕西人民出版社，1990。

贫富差距也在不断地扩大。正是这种不断扩大的贫富差距，造成一些人企图利用不正当关系“攀高门”“依权势”，妄图赚大钱、提高社会地位。诈骗者利用了人们的这一心理，欺世盗名，装腔作势，信口雌黄，胡诌各种显赫的身份，以能帮助解决落实政策、提干、调动工作、分配住房、找对象、谈恋爱等为诱饵，使一些人上当受骗。

（7）易受暗示心理。这种心理最主要的表现就是随大流被骗的盲从行为。人或多或少地都有一种从众心理，而人总是处于一定的群体之中，群体的选择会对个体产生无形的压力。在这种情况下，意志薄弱、对自己的选择和判断缺乏自信的人，往往会失去理性的思考，而盲目地跟从。利用被骗者的这一心理进行诈骗的通常是团伙。

2. 无过错的被骗者心理

有时候被骗者遭骗，本身心理上并没有什么可受谴责的原因，我们称这种心理为无过错的被骗者心理。无过错的被骗者心理可分为以下两种。

（1）相近心理。相近既可指观念上的相近，如军民一家亲；也可指实质上的相近，如老乡、同学、孩子的家长、同事等。在社会学和心理学中，相近心理易产生情感共鸣，进而影响到人与人之间的关系。诈骗者正是利用了这种相近心理，在选择了作案对象后，经试探摸底，以“老乡”“同行”等名义出现，拉近与被骗者的距离，进而取得对方的信任，最终达到骗取财物的目的。

（2）同情心理。扶贫济弱、仗义疏财是人的美德，而诈骗者正是利用了人们的这种美德，伪装成弱小者出现，骗取他人的同情，达到诈骗钱财的目的。如有些出于对老、弱、病、残的关心，而同情他人不幸的好心人，就因此上当受骗。

五、识别诈骗的具体方法

识别诈骗是防范诈骗的前提。诈骗者的犯罪行为不可能是天衣无缝的，我们可以从以下几个方面加以识别。

（一）从语言内容上识别

在行骗中，诈骗者主要是通过与被骗者的交谈，取得对方信任的，因此，从语言内容上来识别诈骗者就显得尤为重要。总结各种诈骗案件，我们发现，诈骗者的语言不仅具有欺骗性，还带有典型的“允诺”性，为迎合对方的要求，及早达到诈骗目的，诈骗者会许下一些不合常理的诺言。人们在遇到此类情况时，一定要加倍小心，从诈骗者的诺言中，越觉得有意外可得，就越证明其虚假性。

（二）从神态表情和举止动作上识别

在行骗中，诈骗者总是与被骗者主动攀谈，显得格外地“热情”和“乐于助人”，如果警惕性不高，不加留心，常不能从诈骗者的神态、举止中看出破绽。在诈骗过程中，诈骗者为了避免对方的怀疑，总会想方设法压抑自己本身可能出现的各种动作，但是由于诈骗者的神经高度紧张，即使一些大动作停止了，一些小动作仍然会“不由自主”地产生。观察这些细微的动作，有助于识别诈骗者的谎言。例如，面部肌肉抽搐、额头冒汗、脸颊涨红、揉眼睛等，这些异常动作虽然微小，却与欺骗心理有着微妙的联系。

（三）从个性特点上识别

人们的社会经历、所从事的行业等方面的不同，造成了人们的性格、能力、兴趣等方面的不同，诈骗者也有其特定的性格、能力和兴趣。要诈骗社会上不同阶层的人，诈骗者就要冒充不同职业、身份的人，从而就会出现其个性、能力、兴趣等方面与其所冒充的职业、身份不相符的情况。因此，人们只要善于观察，定能从其个性特点上识别出诈骗者。

（四）从个人一般特点的多变性上识别

诈骗者到处行骗，流窜作案，造成了其在姓名、年龄、身份、住址、诱饵等方面出现反复、多变。如姓名多变性，这里是“张三”，那里又成了“李四”；住址多变性，一会儿来自上海，一会儿来自广州；身份多变性，时而是归侨，时而是机关干部。其年龄的变化则受到一定的限制，只能在有限的幅度上变化，大多数诈骗者都把年龄往小了说。从上述几种个人一般特点的多变性上，我们就可以发现诈骗者的矛盾性和虚伪性，从而识破骗局。

（五）从伪造的证件和有关文字材料上识别

诈骗分子为了使自己所冒充的身份更具有可信性，常常会伪造证件和有关的文字材料，主要是伪造印章、印文，以及伪造文件，即伪造某些信件或证明信、介绍信、工作证、学生证等。识别伪造证件的方法一般有以下几种：（1）观察识别。看笔迹、颜色是否一致，纸张、质地如何，图案、花纹是否协调，有无变造痕迹等；（2）利用侧光、透光等自然光条件加以分辨；（3）利用放大镜、显微镜、紫外线照射法检测；（4）送交技术部门进行技术鉴定。

总之，识别诈骗者是有科学方法的。只要我们增强防范意识，并掌握一定的识别诈骗的方法，就一定能透过现象看清本质，识破诈骗者的险恶用心。

思考题

1. 简述盗窃犯罪的心理特点和行为特征。
2. 简述抢劫犯罪的心理特点和行为特征。
3. 被骗者受骗的心理原因有哪些？诈骗者有哪些心理特点和行为特征？

第八章

性犯罪心理

学习目的与要求

性犯罪是以性欲满足为主要犯罪动机，以满足性欲为目的或者以性行为为手段达到其他目的的犯罪行为，基本特征是暴力与侵害。本章在介绍性犯罪的概念、类型、危害性、一般特点，性犯罪形成的主体内、外因素基础上，重点分析作为性犯罪典型代表的强奸犯罪的心理及行为特征（包括强奸犯罪的动机差异与理论、心理矫正实务体系下的强奸犯罪人分类），以及性犯罪被害人心理、卖淫女性的心理与行为特征。本章难点在于理解强奸犯罪人的心理历程与人格特征之间的关系，以及强奸犯罪的非性欲动机。

性犯罪是一种传统的犯罪类型，这种自然犯罪不仅侵犯公民的人身权利，对被害人的身心造成严重的损害，而且妨碍社会秩序，败坏社会的道德风尚与文明，破坏社会的公序良俗，对社会造成严重的危害。

第一节　性犯罪概述

一、性犯罪的概念与类型

（一）性犯罪的概念

关于“性犯罪”的概念存在广义说和狭义说两种。广义说认为，性犯罪是指一切为法律、道德、风尚、习惯及社会行为规范所禁止、谴责和惩罚的性行为。美国学者埃利斯（Alert Ellis，1967 年）是性犯罪广义说的代表。广义说将性犯罪划分为 17 类，涉及与性有关的违法、犯罪行为的诸多方面。狭义说则认为，性犯罪特指特定刑法所禁止并予以惩罚的性行为。

性犯罪对社会、被害人及犯罪人自身均具有明显的危害性。对社会的危害性：对社会关系与法益的破坏，严重妨害了社会良好风尚；对被害人的危害：对被害人的生理、心理以及生命的直接损害，对其诱使或迫使走上违法犯罪道路，以及对其家庭或其他非特定人的消极影响；对犯罪人自身的危害：严重侵蚀其正常的意识与习惯，甚至形成性偏差、性变态心理，以及留下“污名标签”。

（二）性犯罪的类型

在我国刑法中有多方面涉及性犯罪的内容，主要包括以下类型。

1. 强奸罪：违背女性意志，使用暴力、胁迫或者其他手段，强行与女性发生性交的行为，包括性质更为恶劣的奸淫幼女罪。此为性犯罪的主要的、典型的表现类型。

2. 猥亵儿童罪：对不满 14 周岁的儿童实行猥亵的行为。

3. 强制猥亵、侮辱妇女罪：其特征是以暴力、胁迫或者其他方法强制猥亵或侮辱妇女，以寻求性的满足和下流、无耻的精神刺激。如强行搂抱、接吻、触摸性器官、调戏妇女、强制脱衣示众等。

4. 变态的性发泄：如鸡奸，窥阴，露阴，乱伦，持利器切割（或者用化学药物泼洒）妇女衣裤、性器官，甚至以暴虐、残害手段对妇女进行性虐待，以满足行为人变态的性要求。

在性犯罪中，还有其他侵犯公民人身权利、民主权利罪和扰乱公共秩序罪，如侮辱尸体罪，聚众淫乱罪，强迫、引诱、容留、介绍卖淫罪，传播性病罪，制作、贩卖传播淫秽物品罪等。

二、性犯罪的一般特点

（一）性犯罪人的重复犯罪率较高

一般而言，性犯罪人的重新犯罪率较高。在英国，苏斯尔（K. L. Soothill，1978年）等人在对性犯罪人所作的一项长时间追踪研究中发现，很多性犯罪人在几年以后会重新犯罪；在挪威，在对性犯罪人的一项 9～13 年追踪研究中也发现，大约五分之一的人又有进一步的性犯罪。其中，强奸犯的累犯率最高（22%），特别是性变态者的重新犯罪率普遍很高。这也导致了各国对性犯罪者有较其他类型犯罪更严格的制裁和管理措施。如美国司法对刑满回归社区的性犯罪者仍需登记管理。

一方面，性犯罪人重复犯罪与其本人的犯罪心理有密切的关系，性犯罪人往往具有一种特有的侵犯、自私的个性心理倾向以及逃避刑事追究的经验，同时也与性犯罪人性欲的强迫性、冲动性有密切的关系；另一方面，也与被害人的“沉默”有关。

（二）性犯罪人的文化程度较低、智力较低

与其他犯罪类型的罪犯相比，性犯罪人的智力水平是最低的，尤其是强奸犯、鸡奸犯、乱伦犯等。国内有学者用瑞文智力测验调查，发现强奸犯中智力中下水平的占 46.6%，智力差的占 27.3%，两者合计 73.9%，即 2/3 以上的性犯罪人智力低下，而智力低下的人的自我控制力较差，他们往往会放任其本能的生理需求。

（三）性犯罪人多为青少年

与我国青少年犯罪的整体严重趋势相一致，青少年性犯罪的情况也十分严重，而且，青少年在性犯罪人中占多数。青少年的性犯罪与其性发育成熟、性冲动增强有一定关系。青少年由于本身的性生理特点，加上许多人未婚，因而往往在性犯罪中表现为性冲动性强、情绪与情感极不成熟的特点。与中老年人的性违法、犯罪相比较，青少年的性违法、犯罪具有一定的特殊性，主要体现为冲动性、模仿性、游戏性、受诱性与报复性五个方面的特征。少数人格偏离甚至变态的人，因在恋爱、婚姻问题上屡遭挫折和失败，形成仇恨年轻女性的异常心理，在变态人格的影响下，他们会去实施“性报复”，对素不相识的年轻女性实施流氓行为或强奸行为。

（四）女性性犯罪突出

据1995年《中国法律年鉴》披露，我国女性青少年犯罪大部分都与性有关，涉及性违法、犯罪的占80%以上。当前，强奸犯罪中的教唆犯和帮助犯，以及强迫妇女卖淫、引诱妇女卖淫、容留妇女卖淫的犯罪中，女性成员较以前大大增多，特别是传播性疾病犯罪，其危害特别严重。

女性性违法、犯罪由于产生的因素不同、年龄和个性的差异，其违法、犯罪动机性往往不一致，主要有以下几种类型

1. 贪利型。女性贪利型的性违法、犯罪最为典型的是卖淫行为，即女性出于对物质利益的追求而走上性罪错或性犯罪的道路。这在女性的性违法、犯罪中占有较大比例。贪利型的另一种表现形式是并非为了金钱或财物，而是为了达到某种个人实际利益、依附于他人，与多人发生不正当两性关系。这种形式的女性非法性行为一般比起前者更隐蔽，实质上是双方某种利益的交换，表现为“以色谋利”，而前者则更为赤裸裸地表现为金钱关系。

2. 淫荡型。受冲动性支配寻求性刺激，具有这种动机的女性追求西方“性解放”“性自由”，沉浸在性行为满足之中。这在女青年性罪错者中占有一定比例。

3. 报复型。比较常见的是因为受到某种严重挫折或受到异性歧视、伤害而产生强烈报复动机，与许多男性乱搞两性关系。从我国司法实践来看，女性性报复多数因恋爱、婚姻和家庭纠纷而引起。

4. 炫耀型。为了显示自己的性魅力，以为吸引的男性越多就越有面子。这是一种非正常的性虚荣心。这种女性专门在男性多的地方出现，打扮得花枝招展，来诱惑意志薄弱的男性。她们以自己对男性的吸引力而炫耀，甚至以与多少男性有不正当的性关系而“自豪”。为了炫耀可以达到放荡无度、不择手段的地步。在这类女性之间，还会进行心理攀比，甚至在妒忌心、虚荣心支配下发生冲突。严重者也与“性癖型人格障碍”有着密切的关系。

（五）作案人员广泛，作案手段多样

作案人员广泛，既有文化层次低的人，也有文化水平高的人；不仅有一般公民犯罪，也有党政干部、政府官员；既有青少年，也有中老年人。

性犯罪作案手段多种多样，既有使用暴力胁迫的，也有欺骗、利诱的；既有利用

封建迷信的，也有借助计算机网络及现代科技手段的；既有单独作案的，也有合伙作案的。危害特别严重或影响特别恶劣的恶性案件增多，对社会的危害极大。

（六）性犯罪人的心理类型

我国学者邱国梁将性犯罪人的心理类型划分为4种：（1）正常型。他们既不是性变态者，也不是心理变态者。其性犯罪为正常状态下强烈的性动机所驱使。（2）性变态者。这些人之所以犯罪，是因为他们被一种无法摆脱的情绪驱使而实施了为法律所禁止的性行为，如裸露癖、窥淫癖、恋童癖等的性犯罪。（3）心理变态者。这些人的犯罪，与他们的心理受某种无法对付的情绪力量驱使有关，如精神病人在妄想、幻觉支配下的性犯罪。（4）性变态兼心理变态。这类犯罪人同时具备前两种性犯罪人的特点。

三、性犯罪心理的形成因素

可以把影响性犯罪心理形成的诸多因素归纳为两个方面：主体外因素，或称客观因素、社会因素；主体因素，或称主观因素、个体因素。性犯罪的产生，正是这两种因素在特定情景下相互影响、相互作用的产物。

（一）性犯罪的主体外因素

根据我国的实际情况，性犯罪心理形成的主体外因素主要有下列几个方面。

1. 腐朽、丑恶的性意识的大量存在。腐朽、丑恶的性意识是一种社会毒菌，具有明显的反社会性，违背社会的道德和法律。当前我国存在着的封建主义的腐朽性意识与资本主义的腐朽性意识发生交互作用，具有更大的危害性。

2. 性教育的落后状态。我国长期以来处于性教育的落后状态：在家庭中，父母对子女讳莫如深，故意回避或用非科学的态度曲解性问题；在学校中，性教育不登大雅之堂，在教育和教学中碰到性的问题时，教师也往往是一带而过；在社会上，缺乏对性知识的科学普及。其结果，不是封闭就是放任自流，造成众多人特别是青少年在性问题方面陷入无知状态，极易在性意识上产生偏差和不良倾向。因此，在人性问题上所采取的传统消极做法会使人们变得愚蠢、虚伪和胆怯，而且会使相当多的人容易患上心理疾病或类似的疾病。

3. 不良性文化的泛滥。国内外犯罪学的研究表明，个体在强烈性刺激的作用下，容易发生性越轨和性犯罪行为。性犯罪与社会上的不良性文化、性信息有一定的关系。近十多年来，我国社会上不良性文化的状况是十分严重的，到了令人担忧的地步，诸如淫秽录像、书刊、歌曲、春宫画、图片、裸体扑克、性游戏软件等。这类腐朽、低级的性文化，以肆无忌惮的淫秽内容来刺激人们的感官，诱发内心的性欲，具有极大的毒害性，很容易使一些缺乏道德支持和法制观念的人特别是青少年受到毒害，导致性犯罪。

4. 某些公共场所和行业管理不严，商业性色情活动增多。在城市的公园、广场、车站、码头、电影院、游乐场、宾馆、旅店、发廊、浴室等公共场所，往往管理不严或单纯追求经济利益，从而给性违法、犯罪提供了方便。同时，层出不穷的各种商业性色情活动，如女性陪酒、陪舞、陪看电影直至陪浴、陪睡以及按摩女等，屡禁不止。色情活动实际上成为了商业经营的重要催化剂，歌舞娱乐场所甚至成为卖淫嫖娼活动的主要媒介场所，这在客观上造成了对社会风气的污染。近几十年来迅猛发展的网络、通信技术平台中存在的消极、腐朽的性信息传播也为性违法、犯罪提供了适宜的温床。

（二）性犯罪心理形成的主体因素

性犯罪心理形成的主体因素主要有生理因素、青春期的性心理、错误的性观念、低级情趣与不良习惯、不良行为经历、醉酒状态等方面。

1. 生理因素的力量。人的性行为有生理方面的基础。从神经系统来说，下丘脑中的性中枢支配和控制着人的性行为。通过比较发现，性犯罪人出现大脑不对称的比例要大于正常人，而这极有可能是额叶—颞叶异常所导致。同时，内分泌系统所产生的性激素对人的性行为有促进或阻碍的作用。性激素影响着性中枢的神经活动，而性中枢的神经又调节着内分泌腺的工作。有人发现睾丸酮水平与性犯罪之间有高相关性，不过单纯用睾丸酮水平解释性犯罪时还需谨慎对待。另外有研究表明，性偏差行为的出现可能与大脑发育异常导致的神经功能障碍有关，尤其是控制神经递质的浓度和释放的神经调节异常。这些神经递质包括5—羟色胺、去甲肾上腺素和多巴胺。

2. 青春期的性心理。青少年性犯罪与青春期的性心理发展有较大的关系。在青春期，随着性生理的发育成熟，性心理也渐渐地发展起来。由于青春期性生理发育与性心理发展不平衡，性意识发展相对不成熟；由于青少年认识的局限性，性意识有一定程度的缺陷，具有片面、偏激的特性，如表现为对性的社会性含义缺乏正确的理解，性行为的控制力和调节能力较差，易在好奇、模仿、追求刺激的心理支配下发生性犯罪行为等。

3. 错误的性观念。人的性行为与动物的性行为的根本区别在于社会性和观念性。性犯罪的一个重要主体因素就是错误的性观念，如，过分夸大性的价值，把男女两性关系降低到生理欲求的水平，片面地归结为性欲的满足；无视性的道德性和法律性，只要求自我满足，受“性自由”“性解放”观念的影响，排斥对自己性行为的任何束缚，认为在性行为方面就要追求随心所欲。

4. 低级情趣与不良习惯。所谓低级情趣，主要表现为迷恋影视、书刊中的性描写，露骨地谈论异性和性生活等。这类低级情趣充斥着庸俗、下流的倾向，驱动的只是卑劣的欲望，久而久之，易变成不良的习惯，并在一定的外界条件下，容易促成主体的性犯罪行为。

5. 醉酒状态。酒精会影响人神经系统的功能和心理过程的正常进行，造成兴奋和抑制过程的混乱，大大降低自我的控制力。严重的醉酒状态，会使人的意识失去控制。在这种情形下，行为人容易变得低俗、放荡、大胆、冲动而表现出更多的原始本能状态，发生平时不会发生的原始与野蛮行为。

第二节　强奸犯罪心理

一、强奸犯罪的一般特征

强奸犯罪是性犯罪的最为典型的代表，具有暴力犯罪和性犯罪双重性质，是一种极其严重的性犯罪。强奸犯罪不仅对被害人身心造成极大的伤害，而且严重扰乱了公共秩序，践踏了人性的尊严，给社会治安造成了较严重的消极影响。

（一）时间和地点

研究者在调查中发现，强奸犯罪的时空特征是值得注意的问题。强奸犯罪发生的时间，夏季发生的强奸案件占一半左右，具体的时段则以17：00～00：00为最多；强奸犯罪发生的地点，郊区的比例高于市区，发生在室内的比例大大高于野外，尤其是更可能发生在受害人家中或犯罪人家中。强奸的时间多发生在晚上，一个原因是在黑夜实施犯罪可以避免被发现；此外，罪犯因为看不到受害者的痛苦反应而较少愧疚和自责，会出现将个体“去人性化”的现象。另一种解释与酒精和毒品有关，有些强奸犯是在酒精和毒品的作用下实施犯罪的，而喝酒和用药大多是夜间或清晨的活动。

（二）犯罪人与被害人的关系

近年来国内外的调查发现，在强奸犯罪中，约63％的被害人认识犯罪人，36％的被害人对自己的被害负有一定责任。一些强奸被害人的行为中，存在着对犯罪人行为轻浮、态度暧昧、过分亲昵、贪图钱财、毫无防备等形式的易感性特征。近年来一些犯罪人选择“三陪女”“性工作者”作案，就与她们行为举止轻浮、贪图钱财等易感性因素密切相关。

二、强奸犯罪的心理分析

强奸犯罪的形态，依动机可以区分为性满足、暴力攻击、混合型等，依侵害对象则可以区分为陌生者强奸、约会强奸、熟人强奸以及婚内配偶强奸。[①] 对于强奸行为发生的原因，长期以来，许多学者从生物遗传、精神疾病、人格特质、社会文化等多方面寻找答案。20世纪90年代以来，学者们逐渐将很多因素联系起来进行综合分析，并提出了一些具有理论及司法实用价值的模型。

美国学者霍尔（Hull）等人提出了形成强奸行为的四因素模式。他们认为，强奸

① 参见杨士隆：《犯罪心理学》，216～217页，北京，教育科学出版社，2002。

犯罪行为与下列四个因素密切相关：生理的兴奋、消极认知评估、情感失控、人格问题。霍尔等人根据此四方面因素影响的大小，将强奸行为划分成四种类型：对性兴奋抑制力较弱者，强奸行为常伴随着较多的暴力攻击；在认知评估上发生偏差的强奸犯罪人，常常误解女性进行沟通的含义，曲解现实，将其行为合理化，熟人强奸、约会强奸与此有关；在情感失控状态下产生强奸行为者，常常是冲动、机会型、无计划性者；人格有缺陷的性犯罪人，其特点是犯罪人前科累累，强奸行为只是其众多的犯罪行为中的一种而已。

美国司法界从实务的需要出发，在其国家犯罪报告中区分了三类强奸犯罪的类型：暴力强奸（forcible rape）；欺诈强奸（rape by fraud）；法定强奸（statutory rape）。另外，当前还存在另两种较为典型的新类型：约会强奸（date rape）和婚内强奸（marital rape）。

我国台湾地区学者黄军义（2001 年）从个体社会文化、个人心理、情境以及个人行为四个层次对强奸犯罪的心理历程进行了本土化的综合分析，并在此基础上建构出“强奸行为形成的心理历程理论模型”①。

在社会文化层次上，通过对历史文献的回顾、对文字词语的分析及相关理论的探讨，华人社会是以“男性继嗣”“男性为尊”的父权体制社会。在这种文化背景下，对男性期待“强大化”，对女性则要求“柔弱化”，出现社会上大多数是男性强奸女性的现象。

在个人心理层次上，强奸犯罪人的认知、情绪、动机、经验、意图与人格，均对其强奸行为的形成有影响。黄军义认为，强奸犯罪人的动机有三种：寻求肯定（由于自己觉得不够强大而感到孤单和自卑，由强奸行为加以补偿）、追求刺激（纵欲心理的表现）、发泄怨恨（由于被欺骗，遭人羞辱失去尊严而抑郁、怀恨，以强奸行为报复羞辱者，发泄其心中强烈的怨恨感）。

在情境层次上，强奸犯罪人往往会考虑当时情境的安全性、隐秘性，进行风险评估之后决定是否采取强奸行动。在个人行为层次上，强奸犯罪行为实施与否取决于个人的强奸意图、人格特质与当时情境这三项因素，以及它们之间的交互作用。强奸行为是否再犯，则与强奸行为的效果，以及强奸犯罪人对其行为的合理化历程有关。总而言之，强奸行为及其心理的形成，是以上四个层次因素结合与交互作用的产物。

三、强奸犯罪人的心理特点

（一）强奸犯罪人的犯罪动机

强奸犯罪与犯罪人的性欲之间存在密切联系是无可置疑的。20 世纪 60 年代以来，有的研究者提出了强奸与社会文化有关，是暴力行为而不是单纯的性犯罪的观

① 刘邦惠主编：《犯罪心理学》，208～210 页，北京，科学出版社，2009。

点，从而引起研究者对另一层面的探讨，使人们从多个角度揭示强奸犯罪的动机。有的研究者根据犯罪人的动机对强奸犯进行分类，这对于打击和预防强奸犯罪以及对强奸犯罪人的矫治具有重要的参考价值。其中较有代表性的以犯罪动机为标准进行的强奸犯罪人的分类是：

1. 科恩等对强奸犯罪人的分类。[①] 以科恩为核心成员的美国马萨诸塞州治疗中心研究人员认为强奸包括性欲动机和攻击动机，具有性与攻击两种特征；并试图建立一个包括这些特征的行为分类系统。此就是著名的马萨诸塞州治疗中心强奸犯分类（M. Cohn，1969 年）。此分类把强奸犯分为四大类：（1）替代攻击型强奸犯。这类罪犯对妇女有敌意，一般都有调戏甚至侮辱妇女的前科，强奸行为只是为了对被害人造成肉体伤害以发泄其愤怒，而不是（或者主要不是）追求性欲的满足，所以性兴奋是很小的。他们实施强奸行为的过程中充满愤怒，手段残忍，而且往往与被害人素不相识。（2）补偿型强奸犯。这类罪犯强奸的动机就是满足性欲，攻击性很小。他们实施强奸犯罪行为前往往经过多次幻想和准备，不是一时冲动所为。这些人的人格不成熟，性适应不顺利，早期有窥淫癖、露阴癖等迹象。在强奸过程中，如果被害人坚持反抗，犯罪人往往会放过她们，停止犯罪行为。（3）性与攻击两者兼有的强奸犯。这类罪犯的性行为常常有暴力，攻击具有色情意义，攻击行为是唤起性欲必不可少的手段。他们中的绝大多数人仅仅是为了唤起性欲才对受害人施加性虐待行为，一旦性行为结束，就不会进一步加害对方。这类罪犯可能由于被害人的强烈反抗而演变为强奸杀人犯，对社会的危害严重。据学者调查，这类罪犯很少。（4）冲动型强奸犯。这类罪犯的强奸行为常常由外在的、恰当的机会附带产生，如入室盗窃发现妇女独睡，抢劫过程中偶然触及妇女性感部位顿时萌发强奸动机，在这之前罪犯既无性动机，也没有攻击的欲望。此又可称为“盗窃强奸犯”“抢劫强奸犯”。

马萨诸塞州治疗中心强奸犯分类系统提供了一个粗略框架，从而简化了强奸的行为与动机，并提供了相应的概念与术语。但是，它需要精炼与完善，以满足司法运用的需要。有关研究团体（普伦特基，西格霍恩，1985 年；奈特，1990 年）为此目标，经过若干年努力，修订了马萨诸塞州治疗中心强奸犯分类，被称为强奸犯分类第三版（MTC：R3），将强奸犯分成四种主类型与九种亚类型。

机会型：类型一：高社交能力型。

类型二：低社交能力型。

广泛愤怒型：（类型三）其愤怒并非仅仅指向女性，而是指向所有人与社会。

性满足型：（包括虐待型与非虐待型强奸犯）

类型四：公开的虐待型。

类型五：掩蔽的虐待型。

---

① 参见［英］R. Blackburn：《犯罪行为心理学》，吴宗宪、刘邦惠等译，247 页，北京，中国轻工业出版社，2000。

类型六：低社交能力非虐待型。

类型七：高社交能力非虐待型。

报复型：（类型八）低社交能力报复型。

类型九：高社交能力报复型。

2. 格罗斯（A. N. Groth）等人对强奸犯罪人的分类。[①] 在对五百多名性犯罪人进行分析研究的过程中，格罗斯等人十分重视强奸行为中的非性欲目标，强调权力动机和愤怒动机，将强奸犯罪人分为以下三种类型：（1）权力型强奸犯。这种类型的罪犯通过强奸行为寻求控制和权力，获得支配权，以减轻不安全感和自卑，恢复自信。（2）愤怒型强奸犯。这种类型的罪犯通过在强奸过程中使用报复的暴力，表达对妇女的敌意、轻视和憎恨，性的满足处于次要地位。（3）虐待型强奸犯。这种类型的罪犯将性与暴力融合在一起，除强暴外，还以捆绑、鞭打、烧灼等残忍的方式折磨被害人，从中得到极大的满足。在格罗斯等人的调查中发现，罪犯中的55%属于权力型强奸犯，40%属于愤怒型强奸犯，只有4%属于虐待型强奸犯。

3. 美国联邦调查局（FBI）的强奸犯罪人分类。[②] FBI在格罗斯等人分类的基础上，结合刑事实务的目标指向，提出了以区别性需要（动机）为基础的强奸犯罪人分类（Hazelwood，1987年）：（1）能力证明型。从统计学上看，这是最为常见的强奸犯罪类型，其主要的驱动力量是消除他们对自己的性功能不全或者阳刚之气的疑虑或恐惧感；一般来说，在作案时不会大量使用暴力。如果最初的企图受到阻碍，犯罪人可能会转而寻找第二个被害人，甚至可能在同一天再一次作案。由于其主要的犯罪动机是消除对性无能的恐惧感，所以他们只有被逮捕或被监禁时才有可能停止犯罪行为。（2）能力过分肯定型。犯罪人对自己的男子气概非常自信，并且将他自己的强奸行为视为这种男子气的表达方式。这类犯罪人在作案的最初阶段，可能表现出友好和没有恶意，可能不常使用暴力，不过在作案过程中往往会使用较高水平的暴力。这类犯罪人在地理学特征上具有分散性，但作案地点往往是他们熟悉的或感到安全的地点，“约会强奸”就是这类型的典型。（3）愤怒—报复型。这种类型的强奸犯罪人将作案看作是表达自己的愤怒和敌意的一种方式。他们似乎对女性整体有很多的愤怒和仇恨，并且将强奸行为看成是表达或释放这种愤怒的一种方法。相应地，他们会极端地使用暴力，并可能在贬低被害人的过程中获得快感。特定的被害人之所以被犯罪人盯上，可能是因为她们看上去像使他引发、产生仇恨心理的那个人。其强奸行为的发生通常是无事先计划的，因而，这类型的强奸也被称为突袭强奸。但其作案的时间间隔较有规律性，通常是在其仇恨和愤怒达到了他不能或不准备忍受的水平之时发生。（4）愤怒—兴奋型。这是一种具有一定变态性的强奸犯罪，犯罪人似乎通过观看被害

① 参见杨士隆：《犯罪心理学》，217页，北京，教育科学出版社，2002。

② 参见［英］Peter B. Anisworth：《犯罪人特征剖析》，赵桂芬译，104～108页，北京，中国轻工业出版社，2007。

人的痛苦和恐惧而获得快乐与兴奋。犯罪人为了使被害人恐惧与服从，常常给被害人带来痛苦。这类犯罪人会以一种非常详细的和系统的方式计划其犯案行为；在作案前可能进行数次的作案预演，以确保犯罪的顺利进行。他们总是在身体上控制被害人，然后在长时间内实施性分割，从而引起被害人的恐惧和强烈的痛苦。犯罪人很可能对自己的犯罪行为作记录，用拍照或录像形式记录被害人的痛苦。由于犯罪人的计划性及作案时间的变化，对其犯罪预测的效果较差。

与此分类紧密联系，FBI 还将强奸犯罪人分为“自私的”和“利他的”。其实质是为了司法活动的实务需要而作出的一种操作性划分，因为所有的强奸行为必然是为了满足极端自私的个人欲望。这种划分所指的，是犯罪人在实施强奸行为过程时所表现出的关心被害人的程度。如“利他的”强奸犯罪人往往试图让被害人参与到强奸行为之中，较少使用身体暴力和伤害性的语言，在强奸行为之前会抚摸被害人的身体，以及要求被害人的亲昵行为等。因而，更准确地说，所谓的“利他的”强奸应当称作“假利他”强奸。这种分类，对于侦查人员来说可能是直接、有用的犯罪嫌疑人线索。因为不同类型的犯罪人具有不同类型的人格特征：“假利他”强奸犯罪人的行为，可能来自其自身自信心的缺乏。“自私的”强奸犯罪人可能更加自信，但却有较强烈的控制他人的欲望，攻击性与暴力性更强。

4. 犯罪的动机主要有以下方面：（1）性欲动机。犯罪人通过强奸犯罪行为满足其性欲，这是强奸犯罪的主要动机。（2）攻击动机。犯罪人认为强奸代表一种生物的男性攻击倾向，是其攻击欲望的外在表现，强奸不是为了满足其性欲，而是为了满足其暴虐心理。（3）权力欲动机。强奸行为主要由追求权力和控制的需要激起，犯罪人通过强奸行为获得占有感、征服感、控制感，性的满足并不是他们行为的原动力，只是满足其权力欲望的工具。（4）发泄怨恨。有些学者认为强奸是一种愤怒的表达方式。由于受人羞辱、遭人欺骗，为了挽回自尊而实施强奸犯罪。（5）报复心理。有的犯罪人企图用强奸妇女的行为达到报复他人的目的。如因自己的妻子被对方调戏、污辱，为了报复而强奸对方的妻子。（6）寻求刺激。有的犯罪人是单纯为了寻求庸俗、下流的刺激而强奸妇女，这种人尤其以不良青少年为多。（7）满足变态心理。一些具有变态心理的性犯罪人实施强奸行为，只是为了满足其变态心理。这种人往往会重复犯罪，系列强奸通常是这类犯罪人所为。其极端的发展情形是成为系列犯罪的色情杀人狂。

（二）强奸犯的人格特点

研究者发现，性犯罪人普遍具有较低的自我控制力，强奸犯则更为明显。低自我控制力在人格上突出表现为冲动性、追求刺激、缺乏同情心。

综合国内外的相关研究①，强奸犯罪人的人格特征主要表现在以下几个方面。

1. 认知能力较低。较多的强奸犯罪人的智商并不高，加之他们的性意识往往是

① 参见刘邦惠主编：《犯罪心理学》，195 页，北京，科学出版社，2004。

违反道德和法律观念（越轨倾向）的，带有反社会性的特征，所以他们用理智控制冲动的能力不足，往往采用触犯法律的强奸行为来满足自己的性欲。

2. 情感扭曲，无同情心。为了满足自己非法的性欲求，可以置被害人的痛苦而不顾，甚至以摧残被害人为乐趣，把自己的快乐建立在别人的身心痛苦之上。

3. 挫折耐受力低，大多有自卑感。大多数强奸犯罪人遇到挫折时，很容易自暴自弃，产生自卑感。为了摆脱这种心理上的不快，不顾后果地进行暴力攻击行为，以增加自信心和安全感。

4. 人际关系不良，人际沟通尤其是与异性沟通的社交技能差。他们不善于表达，也常常错误地理解对方的意思，从而导致认知与行为上的偏差。

四、强奸犯罪的行为特征

（一）实施强奸行为采取的手段

强奸犯为了达到奸淫女性的目的，可能结合侵害目标和情境的具体特点，采用各种各样的手段。从我国司法实践的具体情况分析，实施强奸行为采取的手段主要有：

1. 使用暴力手段，如殴打、卡脖子、捆绑、蒙头、强拉、暴力挟持和非法拘禁等。

2. 使用胁迫手段，如手持凶器威胁、扬言行凶威胁、声称揭发隐私、利用职位从属关系或职权威胁、假称是潜逃罪犯或政府要员威胁、利用迷信或邪教进行欺骗、利用妇女孤立无援进行胁迫等。

3. 其他手段，如用酒精或药麻醉妇女、利用电击妇女的方法、冒充失散多年的朋友、利用妇女熟睡之机、利用妇女体弱或患病、利用行医之机或假冒医生、利用妇女愚昧无知进行欺骗性强奸等。

（二）强奸犯罪行为的残忍性

强奸犯罪行为突出的特点是残忍性。从我国司法实践的情况来看，主要表现在下列几个方面：

1. 将被害妇女致伤、致死。暴力攻击型的强奸犯往往十分粗暴，用凶器或其他暴力行为威吓、袭击被害女性，以达到强奸目的。一遇被害女性的反抗，他们会变本加厉地伤害妇女，甚至把妇女杀死。

2. 惨无人道地摧残女性。主要表现为：（1）轮奸案件中几个强奸犯挟持被害妇女，多人多次地对被害人实施强奸，极其严重地摧残被害女性；（2）狂暴型或具有性虐待特征的强奸犯，不但强暴地实施强奸，而且割去被害妇女的乳房、毁坏其生殖器等身体组织，有的杀人后还进行奸尸、分尸。

五、关于强奸犯罪的理论解释

强奸犯罪的理论解释中两个比较具有代表性的观点，是从进化和认知的角度对强奸犯罪现象的分析。

（一）进化观点

对强奸犯罪的解释比较有代表性的观点是达尔文（Darwin）提出了性选择（sexual selection）的概念，某一特定物种的成员在选择配偶的时候对配偶的生理特征或行为特征都有明显的偏好，所以那些不能成功吸引性伴侣的男性就倾向于实施强奸行为。

通过自然选择和性选择的过程，在进化斗争中保留下来的个体就会发展出一些独特的生理或心理的适应机制来应对挑战，并将其遗传给后代。

（二）认知观点——错误管理理论

这一观点认为强奸犯罪是男性和女性头脑中存在认知偏差所造成的。在推论女性的意图时，男性倾向认为女性的友好行为中包含着性的诱惑；而在推论男性的行为意图时，女性往往倾向将男性带有某种性诱惑的行为认为只是一种友好行为。从男性的角度而言，可以将两个假设定义为：（1）女性的友好行为中不包含性诱惑；（2）女性的友好行为中包含性诱惑。犯Ⅰ型错误所应付出的代价（由于不采取示爱行为，而失去了性交与繁殖后代的机会）与犯Ⅱ型错误所应付出的代价（由于花费了时间或精力向女性示爱，而得到了性交与繁殖后代的机会）相比，前者是远远高于后者的。所以在双方交往中，男性会将来自女性的友好信号理解为性暗示，所以常常会积极采取行动并寻求机会与对方发生性接触。

六、强奸犯罪中被害人问题的有关研究

（一）性犯罪被害人的概念与类型

1. 性犯罪被害人的概念。犯罪学科研究犯罪被害人的问题始于第二次世界大战之后，现代犯罪学科对犯罪被害人的研究有了长足的发展。1947 年以色列律师门德尔松开始提出了“被害人学”的概念。性犯罪被害人的研究对于探讨性犯罪实施的原因与条件，对于加强性犯罪预防工作，对于犯罪侦查与确立被害人的法律地位等方面具有重要的意义。

2. 性犯罪被害人的类型。结合我国性犯罪的实际情况，按照性犯罪与被害人的关系，可以把性犯罪被害人分为下列类型。

（1）未加入犯罪的被害人。她们是毫无责任的被害人，妇女或幼女无辜地受到犯罪人的强奸，强奸行为的发生与被害人的行为不存在任何必然联系。在性犯罪被害人中，多数是此种类型。

（2）具有潜在倾向的被害人。被害人的某些行为可能成为性犯罪实施的有利条件，如青年女性单身深夜外出，夏日夜晚女性独自睡觉而门窗尚未关好，患有精神病的年轻女性独自离家自由活动等。

（3）诱发犯罪事实的被害人。被害人在与犯罪人接触和交往的过程中，被害人的

言语和行为举动在某种程度上具有诱发犯罪人实施性犯罪的作用。例如，女性言行举止轻浮、放荡、故意挑逗，结果遭到男性的性侵害。这在被害人研究理论中，被称为“被害诱导性”或者“被害易感性”。

(4) 参与犯罪活动的被害人。被害人先是参与了性犯罪活动，后发展成了性犯罪的被害人。这种被害人与“诱发性犯罪的被害人”不同，比“被害易感性”更为严重。她之所以成了被害人，与先前参与的违法、犯罪活动有密切的联系。这种被害人更可能发生于卖淫嫖娼或淫乱行为活动中。

(5) 虚假的被害人，即伪装的被害人。本来没有受到性侵害的行为人，出于某种其他动机与目的，而伪装成性被害人，如诬告他人强奸了自己。

按我国刑法的规定，似乎只有女性才会成为强奸罪的被害人。为了适应现实的需要，西方国家纷纷对之前的强奸罪立法加以修正。1983 年，加拿大在性犯罪法律改革中开始用“性侵犯罪”(Sexual Assault) 取代“强奸罪”，它的特点在于没有规定受害人和被告人的性别，它保护所有性关系中的性权利①；1998 年，德国新版的刑法典以“强迫他人”代替了“强迫妇女”②；法国 1994 年重新修订的刑法典将强奸罪的受害人明文规定为“他人”，既包括女性又包括男性③；1974 年生效的美国密歇根州的《性犯罪法》也将关于强奸的法律所保护的范围不再限于女性，而扩展到了男性；得克萨斯州立法还规定了“奸淫幼男罪”；《俄罗斯刑法典》第 132 条还专门规定了“强迫同性性交罪”。目前瑞典、芬兰、挪威、丹麦、西班牙、奥地利、意大利等国的刑法典在规定强奸罪及其他侵犯性的性暴力犯罪时都将受害人表述为他人，在英文版本中使用了“any person”或者“a person”，而没有用“woman”。当然，瑞士、日本等国家的刑法典中还是明确地表述强奸犯罪的受害人为妇女。

(二) 强奸犯罪人与被害人的互动

现代被害人研究的理论认为，被害人在性犯罪行为发生过程中是具有影响力与原因力的；在特定情况下，某些人较容易沦为性犯罪的被害人。

1. 被害人行为中的过失。从对性犯罪被害人行为过失的情况调查来看，性犯罪被害人中相当一部分人有行为过失。这些强奸犯罪被害人的行为过失涉及被害人的态度、服装、化妆、身体暴露程度、活动时间、被害场所的性质与状态等方面。

2. 被害人的反抗。戴维斯 (Davis，1998 年) 等研究者在大量的文献综述的基础上确定了四种反抗强奸的基本策略：(1) 强力的身体反抗：包括打、踢、咬、指甲抓和使用武器等。研究表明，使用这种策略通常有助于降低实施严重性虐待与强奸的可能性，但是，同时也会增加被害人被攻击与受到身体伤害的可能。(2) 强烈的言语反抗：包括尖叫、呼救和威胁攻击者。虽然这种策略会降低实施强奸的可能性，但研究

① 参见安翱，杨彩霞：《侵犯公民人身权利罪比较研究》，北京，中国人民公安大学出版社，2005。

② 徐久生，庄敬华等：《德国刑法典》，北京，中国方正出版社，2004。

③ 参见苏彩霞：《域外强奸罪立法的新发展》，载《法学杂志》，2001，(2)。

证据没有显示被害人受到身体伤害方面的信息。（3）无力的身体反抗：包括将攻击者推开、企图逃走和躲藏起来。这种类型的反抗策略降低了完成强奸的可能性，但对于减少被害者受到身体伤害几乎没有作用。（4）无力的言语反抗：诸如诉求、哭泣或与攻击者说理，通常会加强强奸完成的可能性，并且对于减少身体伤害没有作用。整体而言，似乎某些类型的有力反抗对于减少暴力的性攻击和强奸的实施最为有效。

从我国强奸案件的情况来看，女性的反抗能否抑制强奸行为的实施，是一个较为复杂的问题，目前还需要深入研究与具体对待，不能机械地确定女性反抗及其强度对于对付强奸行为的效果。一般而论，女性的反抗行为（呼救、逃走、暴力对抗等）是实施强奸的障碍，特别是女性的强烈反抗（如肢体冲突、袭击对方身体要害部位），使强奸不易得逞。但是女性反抗的强烈程度与抑制强奸行为的实施之间并不具备必然的关系，还需要和犯罪人犯罪行为的强度对比，以及是否被强制、案发时间、被害人自身防卫能力、犯罪人的主观恶性、犯罪现场的偶然因素等情况进行互动影响而发生具体的作用力。因为，女性的屈从或者过度反抗都有可能成为犯罪人强奸或施暴行为的刺激因素。如奈特（Knight，1993 年）等人以马萨诸塞州治疗中心强奸犯分类系统为基础研究陌生人的暴力性犯罪，结果表明，奋力反抗会阻止补偿型强奸犯和冲动型强奸犯，但是，替代攻击型强奸犯在面对被害人的反抗时，其反应会更加暴力。

3. 强奸犯罪的中立化技巧。一些犯罪心理学研究者将某些强奸犯罪看作是犯罪人与被害人互动影响的结果。他们提出了性犯罪人犯罪中立化的技巧（其核心是犯罪人对被害人的非人格化倾向）：如果强奸犯罪人承认给他人带来伤害，就等于破坏了自我形象，造成心理上失衡。为寻求心理平衡与心理防御，犯罪人会潜在地、自动地把被害人当成毫无意义的侵害客体，否认曾经伤害过被害人。

性犯罪中立化的观点具有特定的价值，涉及对被害人与犯罪人心理的深层次探讨。在某些案件中，潜在的被害人利用“对抗性的犯罪中立技巧”的措施（如言语上表现出对犯罪人的尊重、关心、同情，或者要求“潜在犯罪人”当时作为“英雄”“侠士”保护自己的安全等），使犯罪人当时不能自动地使用中立化技巧，也无法把被害人非人格化，从而使特定心理倾向的潜在犯罪人在心理上产生一定程度的道德同情心，唤醒良知而可能停止原想实施的强奸行为。

（三）强奸犯罪被害人逆向转化

1. 性犯罪被害人逆向转化的概念。性犯罪被害人逆向转化，是指性犯罪的受害人在受害后，发生心理上的反向剧变而转化为违法、犯罪人，也称为“性逆变”或者“恶逆变”。强奸犯罪被害人逆向转化就是性犯罪被害人逆向转化的典型代表。强奸犯罪被害人逆向转化的主要特征是年轻的女性（通常为青少年）在被迫或被诱骗的情况下性权利被侵害了之后，在强烈的报复动机的作用下，向性违法、犯罪心理或其他违法、犯罪心理转化，即被害人原来的自我基本丧失，新的自我确立起偏离社会规范的价值观。在这一过程中，行为主体的内心极端不平衡，而自我报复性的力量以违法、犯罪行为加以释放、表达，其核心动机是报复。

2. 强奸犯罪被害人逆向转化的类型。根据逆向转化所导致侵害的对象不同，可以分为直接加害型、间接加害型与错位加害型三种。

（1）直接加害型：被害人受害后，无法抑制内心的仇恨，直接加害于先前对她进行性侵害的人。这是在逆向转化中居多的一种类型，且以直接暴力犯罪的形式为多。

（2）间接加害型：被害人受害后，不是直接加害于先前对她进行性侵害的人，而是加害于性犯罪人的亲人，以间接地对该犯罪人造成危害。被害人加害的对象，可以是与被害人有直接关系的，也可以是与被害人没有直接关系的。其方式有暴力与非暴力两种。

（3）错位加害型：被害人受害后，既不加害于性侵害者，也不加害于其亲人，而是加害于其他人，即害及无辜。其违法、犯罪行为具有情绪宣泄的特征。

上述三种性犯罪被害人逆向转化类型在现实生活中都是较为常见的类型，较罕见的类型是团体报复类型，即曾经受过性侵害的被害人结合成为反社会的团体，以团体的形式与力量报复或象征性报复性侵害对象，如失身女性组成的对男性复仇帮会。

一般而言，性犯罪被害人及强奸犯罪被害人在受害后是否产生逆向转化及逆向转化的速度与程度，主要与三方面因素有关：（1）被害人原有的人格水平与心理特征；（2）被害人所受侵害的具体严重程度；（3）受害后被害人的态度和反应，以及家庭、亲友、同事和社会有关方面（如心理危机干预的专业帮助机构）对被害人的反应。

（四）强奸犯罪人对被害人心理弱点的利用

强奸犯在实施犯罪时，常常利用被害人心理上的弱点，达到犯罪目的。有研究者（邱国梁，1997）把被犯罪人利用的被害人的心理弱点归纳为以下几个方面：

1. 利用女性的恐惧和软弱心理。许多强奸犯敢于猖狂攻击女性，就是利用了女性胆小、害怕的心理弱点。有些女性被害后不敢报案，甚至故意否认，使得犯罪人没有受到惩罚，犯罪人的主观恶性不断升级。

2. 利用女性追求享乐的心理。某些强奸犯专门以吃喝玩乐来引诱女性，满足她们的虚荣心，趁其丧失警惕时进行奸淫。

3. 利用女性有求于人的心理。某些强奸犯罪人利用女性想找靠山、福利分配、工作职位等各种需求，投其所好，乘人不备时实施性犯罪。

4. 利用女性的隐私或劣迹。犯罪人掌握了被害人的隐私或劣迹，以此为要挟，进而对被害人实施持续或间断的奸淫。

5. 利用女性弱智、残疾、精神病等非正常状态。弱智、残疾、患精神病的女性缺乏自我保护能力，犯罪分子利用这些弱点进行性犯罪。

（五）强奸犯罪对被害人的心理危害

遭受强奸，即使是强奸未遂，对任何一位被性侵女性来说，都是其人生经历中一次重大的负性生活事件，所造成的精神刺激往往使被害人难以承受，由此在其心理上造成的伤害可能会持续很长时间。其中最为典型的心理危害是“强奸创伤综合征”，即妇女在遭受强奸或强奸未遂以后产生的种种不良心理反应。

根据心理危害发展的时间维度与严重程度标准，“强奸创伤综合征”的发展一般可以分为急性期与重组期两个阶段。①

第一阶段为急性期。被害人遭受强奸后立即开始，往往持续数周。在急性期，被害人的情绪反应强烈，出现紧张、恐惧、焦虑等情绪反应。被害人在对罪犯产生极大愤慨和痛恨的同时，也在不断指责自己，这种强烈的自责感使其产生很大的心理压力，轻者会造成被害人精神忧郁，重者会导致被害人精神失常。如果没有他人的帮助、及时疏导和心理上的安抚，会使被害人产生严重的沮丧、厌世的悲观情绪，甚至可能选择轻生的道路，造成更为严重的后果。

第二阶段为重组期（或称为慢性期）。由于强奸的羞辱和暴力的震慑，被害人的心灵上往往会留下难以磨灭的持续创伤。首先使她们有了一种难于消除的不安全感。她们变得十分谨小慎微，把自己的生活圈子缩得很小，性格显得孤僻和冷漠，而且常常变得很沉默。如果她在屋内被害，她会害怕待在屋里。如果在室外被害，又可能会害怕上街。她们对他人的信任也受到破坏，尤其是对男性，她们变得戒心重重。有些女孩子从此回避与男性的交往，厌恶追求她的男性。另一个被破坏较重的是她们的自我意识，信心受到严重的破坏。被害女孩子经过这次事变后，对自己的自我保护能力、独立生活能力都产生了严重的怀疑，对某个亲人可能会格外依赖。

自信心的损伤还会扩展到其他方面，使她产生“女孩子毕竟是个弱者”的观念，从而不再会奋发图强，失去了生命活力。

由于贞操观的影响，她们的自尊心也受到了严重打击。被害妇女认为自己“脏了”“不纯洁了”“不值钱了”，不配再拥有美好的婚姻和爱情了，从而影响到她的未来的家庭生活。多数被强奸后的女性，性格沉郁、退缩，但是也有一部分被强奸的女性产生了另一种变化，她们变得放荡、有攻击性，甚至品性堕落。

第三节　关于卖淫女性的研究

卖淫，是指为了金钱或其他利益而与他人发生性行为。卖淫者包括女性（妓女）与男性（男妓），但与妓女相比，男妓较为少见。卖淫是一种具有违法、犯罪性的“古老的职业”，常见的形式有合法妓院、非法妓院、吸毒癖式卖淫、应召女郎、街头妓女卖淫、色情按摩卖淫等。

一、卖淫活动的一般特点

1. 卖淫活动的地区，不仅在城市中迅速发展，而且在农村蔓延开来。农村的卖

① 参见邱国梁主编：《刑法典中性犯罪的犯罪学研究》，40页，上海，上海大学出版社，2002。

淫活动，成为农村性违法、犯罪的主要类型之一。

2. 在一些经济开放城市，卖淫活动趋向于组织化，有卖淫女、“拉皮条”的所谓“一条龙服务”。其中，卖淫团伙增多，有的带有黑社会组织的性质；联络趋向现代化，使用电子网络、手机联系，认为既方便又可靠；卖淫场所以合法场所为“外衣”，更加隐蔽，较难以发现。

3. 除公开卖淫外，变相的卖淫深入商业领域，成为促销的武器。如宾馆、旅社、发廊、洗浴中心、饭店、舞厅等地方，各类色情服务屡禁不止，比较难以抑制。

4. 卖淫对象即嫖客的范围极为广泛，除来往过客中的低层次的平民百姓外，还有公务员、富豪、名人及境外、海外的来客等。这样，既有卖方又有买方，是一个特殊的“商品”市场。

5. 卖淫女性中除庸俗、低下的类型外，还有一部分有相当文化水平者。这种类型的女性在华丽外表、高雅气质的掩饰下，在高额金钱的诱惑下，专门在宾馆、舞厅等场所向一些所谓高层次嫖客提供色情服务，其中还可能掺杂着权色交易、性贿赂等其他犯罪活动。

国外对女性卖淫现象研究得较多，如艾尔弗雷德·金西于20世纪三四十年代的性学调查、马斯特斯与约翰逊的性行为研究（1966年）、社会学家罗伯特·索伦的《当代美国青少年性行为》（1973年）等。相对而言，我国对性行为学与性违法、犯罪的研究较少，其中研究成果较多的学者有潘绥铭和李银河。潘绥铭教授及其团队从1998年到2010年间调查了中国23个“红灯区”，访谈过1 132位卖淫女性、239位“妈咪”或老板以及212位嫖客，并出版了《我在现场：性社会学田野调查笔记》。有地区代表性的相关调查研究有：四川省皮肤病性病防治研究所、四川省寄生虫病研究所在20世纪90年代初，对626名卖淫女性的生理特征和心理特征进行了探讨；上海高等公安专科学校学者江界华对上海地区卖淫女性的个性特征进行了研究。显然，我国目前关于卖淫女性问题的研究存在着不够系统、不够专业化、学科分离等方面的问题。

二、女性卖淫的原因研究

1. 生理因素。性成熟年龄提前，但其中多数的少女并不了解月经初潮的基本知识。这种生理特征与主体的性无知、卖淫女性难于顺利度过青春期的问题是否与走上卖淫道路有关有待进一步研究。另一项关于卖淫妇女性欲消除方式的调查表明，卖淫妇女中约74%的人可以通过压抑或者转移注意力来缓解性欲，约8%的以手淫等类似方式来消除性欲，约14%的以性交来满足性欲，这部分人的确是把卖淫作为满足性欲的一种方式了。

2. 青少年的早期性生活体验。过早的性生活，是导致女性在青少年时期走上卖淫之路的重要因素。早期的性生活体验，无论是自愿的，还是出于好奇心，或者被坏人诱使、被迫而为，都致使青少年女性过早地撕碎了害羞、自尊的面纱。不少在早期有性生活体验而具有强烈挫折感、失败感的少女，容易产生自暴自弃的想法，进而促使其自觉或不自觉地步入卖淫的道路。

3. 卖淫的社会原因。影响女性卖淫的社会因素，从宏观而言包括女性对社会的适应、文化条件、社会存在的卖淫机遇、经济利益、家庭与社区诱发因素、社会管理与控制制度的缺陷等方面。

西方的一项关于妓女的调查（格林瓦特，1969 年）表明，大多数的卖淫少女都来自破裂家庭，包括丧父、失母、父母双亡、父母离异、分居的家庭以及家庭成员不和睦的家庭。在这种家庭情况下，青少年女性便想去社会上寻求感情的寄托和物质上的资助，她们想去体验一下与成年男子舒适的性生活，并以此获得报酬。而她们在这种生活方式的开端都体会到成功与喜悦，故而她们的卖淫行为很难逆转。

值得注意的是，有个别家庭出于经济利益与社会地位等方面的考虑，对于自己的子女卖淫采取默认、放任的态度。特别是那些经济收入极少、社会地位极低的家庭，更容易发生类似的事情，他们潜在地企图使自己的子女去勾搭一些社会名流、富有者，或者满足其虚荣心，或者希望能够得到帮助以提高社会地位。有的家庭即使给卖淫子女施加压力，也并不是从根本上关心自己的子女，而是仅仅顾及自己家庭的面子，或严厉排斥，或任其自流。这些消极因素大大地促成与助长了年轻女性卖淫的心态与习惯行为。

随着对青少年女性卖淫违法、犯罪的深入研究，西方有些学者注意到用社会控制论的观点去分析青少年女性卖淫的成因。其观点认为，青少年误入歧途、不良行为的出现，是与社会的衰败和消沉紧密联系的。青少年女性的卖淫行为与下列一些因素有关：人们对性关系的敏感观念大大地减弱，对于某一些行为是否会破坏道德规范和其他社会规范已经很少担心，对于是否应当依照传统观念行事已经漠不关心。不少青少年女性走向卖淫，是某些因素诱发的，并在社会同情的情况下得以继续存在；社会舆论和社会规范没有起到应有的警示或抑制作用，在某些情况下，反而起到了鼓动、怂恿的作用。

社会控制论认为，对青少年女性卖淫的控制主要包括社会规范的控制、家庭的控制和学校的控制。青少年女性卖淫与社会规范缺乏对她们紧密、严格的约束有关，进而导致在她们的头脑中，社会规范的控制成了一片空白，连一些同龄人或者处于同等地位的人的建议都胜过了社会规范对她们产生的效果。另外，有的青少年女性在追求所谓自由与个性的生活目标中，排斥传统的工作和对建立正常的家庭丧失信心，也可能导致家庭、社会对她们失去控制。而一旦青少年女性进入卖淫行业，就意味着她们进入了一个控制相对严密的组织体系，这种特定而严格的“社会控制”使得她们反而失去了自由选择自己生活方式的机会。

三、卖淫女性的心理特征

1. 卖淫女性的性观念。卖淫女性的性观念与我国国情和传统观念不相符，她们普遍有现代西方的性爱观。其中，65%的人认为婚姻不能享受就应该去离婚，一般能够接受婚前性行为或者婚外性行为，认为婚外恋是婚姻生活的必要补充等。

2. 卖淫动机。从整体而言，卖淫的动机既非指向性欲，又不属于感情方面，其终极目标指向金钱与物质利益。

3. 卖淫女性的消极心理集中在享乐主义意识上。一项关于卖淫女性的调查表明，有55%的卖淫女认为人活着就是要吃好穿好，66%的人认为“人生在世，吃喝二字”，这种人生态度容易与家庭、社会产生隔阂、割裂与冲突；约有60%的卖淫女感到社会与家庭环境令人压抑。此外，有68%的卖淫者有就业窘迫感，50%以上的卖淫女表现出偏激、强烈的嫉妒感、虚荣心。与成年女性卖淫者相比，少女卖淫者在追求金钱与物质利益的同时，也期待过“放荡自由的生活”，此为卖淫少女与卖淫成年女性在心理特点上的重大差异。

4. 在卖淫女性中普遍存在着早恋现象。一项调查显示，在被调查的626名卖淫妇女中，75%的人都发生过早恋，且由于自制力差，在早恋中普遍发生了性行为。同时，失恋也是她们较普遍的消极经历，失恋比率为65%。失恋后的心理状态表现为：无所谓的占19.8%（124人），非常难过的占43.5%（272人），向亲人诉说的仅有6%（39人），想实施报复行为的占26%（163人）。

5. 性心理成熟有赖于性生理成熟，而性生理的成熟并非标志着性心理的成熟。卖淫女的性生理都已经成熟，但其性心理却肤浅而幼稚。卖淫女虽然性行为的频率与次数都较高，但其性心理成熟度却很低，这正好也反映了出卖身体色相换取金钱的行为特征。

6. 卖淫女性的人格特征。卖淫女性与同年龄的对照组相比，其人格特征在乐群性、聪慧性、稳定性、实验性、怀疑性、忧虑性、紧张性、敏感性、幻想性和世故性十个方面具有明显的差异。卖淫女性较一般女性明显地表现为乐群外向、常识与社会技能相对浅薄（没有经过任何训练）、情绪容易激动、疑心重重、自以为是、我行我素、焦虑、抑郁、烦闷，以及缺乏主见、不善于处理挫折、爱不切实际地幻想、社会责任感低、较为自私、缺乏理想（尤其是缺乏较远景的人生规划与生活目标）等。

思考题

1. 性犯罪心理形成的主体因素有哪些？
2. 试分析性犯罪人的犯罪动机。
3. 强奸犯罪人的心理特征有哪些？
4. 试分析性犯罪被害人心理与强奸创伤综合征。
5. 卖淫行为的动机与行为人的人格特征有哪些？

第九章

信仰型犯罪心理

学习目的与要求

当前，除了传统类型犯罪带来的危害以外，恐怖主义、邪教组织和危害国家安全等问题也不断挑战着社会和人民的安全稳定。习近平总书记深刻指出，安全问题同政治、经济、文化、民族、宗教等问题紧密相关，非传统安全威胁和传统安全威胁相互交织。一个看似单纯的安全问题，往往不能简单对待，否则就可能陷入头痛医头、脚痛医脚的困境。要注重采取各种有效的预防性措施，从根源上防范极端思潮的滋生。因此，厘清此类犯罪的心理特点，有助于我们从源头上消除其存在的土壤并及时发现和识别此类犯罪。通过本章的学习，应重点掌握各类信仰型犯罪人的心理特点、行为特征，掌握信仰型犯罪心理形成原因，了解邪教与宗教的区别以及封建迷信犯罪与各类封建迷信活动的区别；难点是信仰型犯罪心理的形成原因。

信仰型犯罪危害性极大，是犯罪人基于政治、宗教、封建迷信等方面的错误认知或信仰而实施的。由于信仰型犯罪的特殊性，它在犯罪心理学的类型研究中具有不可忽视的意义。

第一节　信仰型犯罪概述

一、信仰型犯罪的概念

信仰是人类特有的心理现象，是指人们对一定的世界观、人生观、价值观等的信奉和遵循，是统摄其他一切意识形式的最高意识形态。人类信仰的形成，是人类社会形成过程中产生的一种社会现象；这种社会现象的形成，是人类生存的一种必然需求。个体的信仰是一种精神支柱，会产生巨大的力量。然而，信仰并非一定能起到促进社会和自我正向发展的作用。信仰具有的社会功能，取决于信仰自身的社会属性。

历史上流行的信仰体系，除了原始信仰以外，大多是由杰出的宗教家和思想家对社会心理和文化综合加工的成果。信仰为人们提供一定的宇宙观、人生观、价值观，人们借助信仰便可以得到一种心灵的寄托，并从一定的修持中产生特定的心理感受。

除了这种积极的信仰之外，还有一些消极的、反科学的信仰，如封建迷信信仰、邪教信仰等。这种落后的、反社会的信仰起着消极的、阻碍社会发展和危害社会的作用。反社会信仰可能导致反社会的行为，甚至严重地危害社会。

需要注意的是，信仰犯罪并不是因为信仰而入罪，信仰本身并不是犯罪。马克思曾经指出：我只是由于表现自己，只是由于踏入现实的领域，我才进入受立法者支配的范围。对于法律来说，除了我的行为以外，我是根本不存在的，我根本不是法律的对象。我的行为就是我同法律打交道的唯一领域……而且因此我才受到现行法的支配。[①] 信仰自由是公民的一项基本权利。但是，如果因为信仰某种“教义”或“理论”而导致自身的行为具有社会危害性，并且这种危害性达到触犯刑法的严重程度，便构成了犯罪。

所谓信仰型犯罪，是指基于对政治、宗教或者封建迷信的错误认知而引起的犯罪。除封建迷信犯罪外，这类犯罪往往表现为群体犯罪的形式，造成的社会负面影响较大。此外，犯罪人是基于信仰而犯罪，一般难以认识到自身行为的社会危害性，矫治的难度也较大。

二、信仰型犯罪的主要类型

信仰型犯罪，主要表现为政治信仰型犯罪、宗教信仰型犯罪和封建迷信信仰型犯罪。具体到我国刑法所规定的犯罪种类，信仰型犯罪主要包括以下几类。

1. 危害国家安全犯罪，主要是指由政治信仰引起的一类犯罪行为。在我国，此类犯罪中的部分人是完全出于反动的政治信仰，还有一部分人是为了追求物质利益。

2. 恐怖主义犯罪，主要是指由民族、政治原因或宗教信仰而引起的一类犯罪行为。从动机上来说，恐怖主义犯罪主要是为了追求某种政治目标，而犯罪人参加恐怖主义组织，既可能受某种政治信仰的驱使，也可能受某种宗教信仰或个人利益的驱使。

3. 邪教犯罪，主要是指由邪教信仰引起的犯罪行为。邪教犯罪与恐怖主义犯罪都具有组织性的特点，都可能具有某种政治目的。其不同之处是：在邪教犯罪中，教主具有绝对的核心地位，是自诩的现世中的“神”，普通信众完全是受教主支配的无个体性的一种犯罪工具；而恐怖主义犯罪的组织者不是以神化自己的能力，而是以某种系统的思想观念来影响参加者。

4. 封建迷信犯罪，是常见的信仰型犯罪。在我国，封建迷信在农村或边远地区文化层次低、愚昧无知的人群中仍有一定的市场。在封建迷信影响下，犯罪人受愚昧、落后意识的支配，自觉或不自觉地实施伤害、杀人、放火、投放危险物质等危害严重的犯罪行为。

三、信仰型犯罪的成因

信仰型犯罪作为一种犯罪学研究意义上的犯罪类型，实质上包含了前文所述的多

---

① 参见《马克思恩格斯全集》，第1卷，16～17页，北京，人民出版社，1956。

种具体的犯罪。每一种犯罪类型，都有其特殊的形成原因。不管怎样，这些犯罪的共同点是犯罪人都具有某种反社会或反科学的信仰，并且这种信仰是犯罪行为发生的主要原因。下文将从整体上分析这一类犯罪人犯罪心理的成因。

（一）心理因素

对信仰型犯罪人实施犯罪行为起支配作用的心理因素，是某种反社会的或反科学的信仰。这种反社会或反科学信仰的形成与个体具有的以下几个方面的因素相关。

1. 对自我价值的片面追求

任何一个思维正常的人都有自己的人生目的人生价值要实现。人们对自我价值的追求是自我实现需要的具体体现。由于个人对人生目的和价值的理解不同，自我实现的需要是多层次的，但无论哪种需要，都会自觉或不自觉地寻找一种自我实现的途径。自我实现是最高层次的追求，这无疑是正确的，然而，有些人不能正确理解自我实现，认为为所欲为即是自我价值的实现。在这种自我价值观念的支配下，他们认为当前的社会制度不利于其个人价值的充分实现，只有变革这种社会制度，才能有自由发展的机会。于是，这些人便有可能为追求所谓的“民主”“自由”而出卖国家和民族的利益。

另外，也有些人不相信或不太相信完全依靠自己的力量能够实现奋斗目标，当现实中没有其他支持力量时，就希望能得到某种超现实的力量来达到个人目的。超现实的力量，即“神灵的恩赐和保佑”。产生这些需求的个体，容易受到某种假宗教团体的影响而选择邪教信仰或迷信思想。

2. 负面认知的倾向性

有学者指出，信仰是人面对世界的稳定的情绪与情感态度，这种情绪与情感态度不是凭空产生的，是在人们对社会理性认知的基础上获得的。[①] 根据这种理论，无论是科学的、积极的信仰，还是反科学的、反社会的信仰，都应当是人的理性认识的一种产物。因此，反社会信仰的形成，仍然是个体对社会的认知行为的一种结果。产生反社会信仰或反科学信仰的个体，大多数和其他具有正常信仰的个体处于同样的现实环境中，其之所以产生反社会信仰，主要原因在于其认知的选择性或倾向性。其负面认知的倾向性形成，主要与其对社会的仇视或怨恨情绪、某些利己的需要等有关。

（二）行为因素

1. 错误的活动内容

信仰型犯罪往往表现为一种群体犯罪的形式，如恐怖主义组织犯罪、邪教组织犯罪以及团伙性的危害国家安全的犯罪等。参加这些犯罪组织的个体，并非原本都具有强烈的、足以使他们实施犯罪行为的反社会信仰，其中的一部分人原本没有反社会意识或没有任何信仰，只是由于偶然的因素参加到某种团体的活动当中，在接触到一些

---

① 参见焦明甲：《信仰的生成与消解：哲学活动的内在本性》，载《学习与探索》，2006（6），31～33页。

反社会的观念或主张之后，受团体的强大的宣传活动的影响，逐渐接受并内化了某种反社会信仰。

2. 不良的人际交往

个体在年幼时，生活在家庭之中，长大后则在不同的生活圈中建立起个人与他人的各种交往关系和依靠力量，这就是人类所共有的归属需要。人的依赖感是与信赖感相联结的，而信赖感则是信仰追求的心理基础。对信仰对象的探寻，有人是自觉地进行的，有人则是不自觉地进行的。此外，一种信仰的确立，有人是在理论灌输或文化熏陶中接受的，有人则是受前辈、亲友或近邻的感染而形成的。人们对社会中流行的多种信仰，原本是没有倾向性的。有些人是在现实的比较中选择某种信仰，例如，看到某些人不如某些教徒正直、善良，就有可能盲目地皈依宗教，甚至误入邪教；而有些人则是在不良的人际交往活动中，对交往对象极度依赖，从而对交往对象相信的某种观念或主张也不加选择地吸收，以致逐渐形成反社会或反科学信仰。

（三）社会因素

信仰型犯罪人主要是基于对某种社会现实的不满，或受某种社会心理的影响而形成犯罪心理的。

1. 经济发展的不平衡

从世界范围来看，我国的经济发展与西方国家仍然有一定的差距。就国内而言，我国东部沿海地带始终是经济发展较快、较好的地区，而中部和西部地区的发展相对滞后。这种经济发展的不平衡，易使经济落后地区的人产生不平等感，并将这种差距的形成归结于制度上的不公平。

2. 市场经济的负效应

我国正处于转变发展方式、优化经济结构、转换增长动力的攻关期，有效的制度规范并不充分，使得市场经济激发起来的某种利益意识、金钱意识被片面化、绝对化，从而产生了一系列的消极后果。这种消极后果，表现在个体的理想信仰方面，就是排斥理想信仰的价值，一切从利益出发，一切向“钱”看，崇高的奋斗目标被强烈的金钱欲望和感官刺激取代，人们的精神追求日益物质化和功利化。在这种价值观念的影响下，部分个体在追求物质利益过程中受到挫折时，便容易对社会产生强烈的怨恨情绪；在怨恨情绪的影响下，那些与主流信仰相反的信仰对其就有极大的亲和力。此外，有些人为追求物质利益，而对信仰体系不加选择，只要能满足其对金钱的追求，个体就可以置原有的道德、信仰于不顾，而选择符合其利益的信仰。

3. 信仰危机的蔓延

信仰危机，是指经过一定的困惑和忧患，对自己原有的信仰发生怀疑和动摇，直到全面地抛弃，但还没有重新确立新的信仰的精神状态。

当前，现实生活中的许多现象已经暴露出当代部分民众的信仰缺失和否定信仰的现象。当前社会仍存在腐败，黄赌毒等丑恶现象，虽然不是普遍现象，然而其造成的消极影响是较为显著的，尤其是少数领导干部的贪污、腐败行为，使党和政府在人民群众心目中的形象受到影响。教育对象因为对教育者本身缺乏信任，转而对关于精神信仰的教育内容产生怀疑，由此导致舆论宣传没有达到应有的效果，部分群众难以形成正面的政治信仰。人们没有信仰，并不意味着人们不需要信仰，于是很多非主流观念或假宗教思想便乘虚而入。

综上所述，信仰型犯罪人犯罪心理的形成：一方面，与部分个体本身具有的某些心理特征和行为方式有关；另一方面，也与社会现实有关。总体上，对于信仰型犯罪人来说，个体的心理因素起着主导性的作用。

第二节　危害国家安全犯罪心理

一、危害国家安全犯罪概述

危害国家安全犯罪，是指故意实施的危害中华人民共和国的政权稳定、主权独立、领土完整、制度巩固等国家安全和重大利益的行为。其主要特征是：(1) 侵犯的同类客体是中华人民共和国的国家安全和重大利益。国家的安全和重大利益体现在政治、经济、社会、对外交往等方面。(2) 犯罪客观方面具有危害中华人民共和国安全的行为。(3) 犯罪主体为自然人。多数为一般主体，少数为特殊主体，如背叛国家罪、投敌叛变罪、叛逃罪的主体必须是中国公民。单位构不成危害国家安全罪的犯罪主体。(4) 犯罪主观方面为故意，包括直接故意和间接故意，过失不构成本罪。

二、危害国家安全犯罪人的心理特点

危害国家安全犯罪人的心理特征主要表现为其认知、情感的反社会性；在动机方面，体现出政治性动机与物质性动机并存的特点。

（一）认知特征

危害国家安全犯罪人的人员构成及心理特点与普通刑事案件一样，也具有复杂性与多样性。在认知特征方面，部分危害国家安全犯罪人的心理特点中居主导地位的是严重的反社会认知，这种反社会认知与其认识的片面性以及自我中心等心理特点有关。国外学者关于间谍的有关人格特征的研究中，较为流行的观点认为，此类犯罪人大多具有反社会型人格障碍或自恋型人格障碍。[①] 这也是强调此类犯罪人在认知上的反社会性与自我中心。

1. 认知的片面性。我国当前社会环境中确实存在某些社会弊病（如贫富分化、

① See Gelles, M., *Exploring the Mind of a Spy*, *Employee's Guide to Security Responsibilities*, Retrieved on October 3, 2006, at http://rf-web.tamu.edu/security/secguide/Treason/Mind.htm.

司法不公正现象等）和腐败现象，但这些负面现象不仅在我国存在，在其他国家也或多或少地存在。然而，某些具有消极认知倾向性的个体，将这些社会弊病无限夸大，认为这是社会主义制度造成的，从而陷入信仰危机，并易受反政府、反社会的反动宣传的影响而逐渐确立反社会的信念，为其犯罪行为提供了合理化的心理基础和精神支柱。

2. 强烈的自我意识。这类犯罪人的自我意识十分强烈，部分犯罪人是因为在社会生活中自我受挫，从而形成反抗权威和政权的意识；也有部分犯罪人是因为自恋倾向而强调自我中心，为了实现所谓的自我价值而失去基本的道德和价值判断，把个人利益放在国家利益和社会利益之上。

（二）情感特征

个体的情绪、情感，是在认识世界的过程中产生的对认识对象是否满意的一种内心体验。危害国家安全犯罪人具有的严重的反社会认知，决定了他们在情感方面对国家和社会的仇视与不满。这种反社会情感，在其正常的人际交往中往往并不显露出来，然而在重大的历史性事件发生或涉及国家与民众利益的情势出现时，就会影响其行为的性质。此外，部分此类犯罪人具有的强烈的自我意识，使其在对待他人、社会以及国家的利益时，表现得淡然、冷漠，缺乏理智、道德感以及作为公民应当维护国家利益的使命感。

（三）意志特征

危害国家安全犯罪人的意志活动具有明显的两极性：积极的社会性意志薄弱，反社会和危害国家安全行为的意志顽固、坚决。其中一些犯罪人，在具有反动的政治信仰之外，又经不起物质利益的诱惑，表现出意志薄弱的特点。一方面，这类犯罪人在金钱至上价值观念的影响下，极易放弃爱国情感，为了追逐物质利益而出卖与党和国家重要利益相关的情报；另一方面，在实施危害国家安全活动的过程中，又表现出反动立场的顽固性和实施犯罪行为的坚决性。

（四）动机特征

危害国家安全犯罪人的犯罪动机并不都是满足某种政治需要，而是表现出多样性的特点。除政治性动机外，其犯罪动机还包括以下几个方面：（1）满足反社会的自我实现的需要。这种动机主要表现为行为人追求所谓的自我价值的满足。反社会的自我实现，主要表现为行为人脱离社会现实去追求所谓的“民主”“自由”，其行为体现出反社会性的特点。（2）满足报复社会的需要。这是行为人的某些需要没有得到满足而产生的危害社会的一种动机。在现实社会中，一些人将社会生活中的挫折归因于社会制度或某些机构设置的障碍，因而对当前的社会产生强烈的不满和敌视。（3）满足贪婪的物欲。这是行为人基于对物质利益的追求而产生的出卖国家利益的动机。国外有研究者称，一直以来，人们认为背叛自己国家的间谍等犯罪行为是与普通刑事犯罪有差异的犯罪类型。然而，近年来形成了一种新的观点，认为叛国罪可以被视为白领犯罪的一个类型，只是其行为与国家安全有关而已。无论叛国罪的行为后果有多么严重，那些间谍往往具有与贪婪的白领犯罪类似的动机。在公众看来，几乎所有的被抓获的美国间谍的行为都是因为金钱的驱动。[①]

斯通（Stone，2001 年）的研究揭示了一个解释间谍行为动机的双因素理论或模型，即金钱和思想意识在促使犯罪人叛国的过程中共同发生着作用。为验证其理论，研究者对第二次世界大战以来已被确定的 175 名间谍进行了研究，结果发现其中 153 名间谍在动机构成上符合双因素模型。[②] 有学者从心理分析的角度提出，在个体最终作出背叛的决定时，往往有创伤性事件作为诱因。犯罪人在实施犯罪行为的过程中以及被捕后缺乏罪责感，其原因在于这些人采用了自我欺骗的合理化防御策略（Gelles，2006 年）。[③]

案例：

针对境外间谍情报机关围绕国防军工领域实施情报窃密的活动，四川省国家安全机关开展了代号“扫雷”的专项行动，抓获 4 名涉嫌危害国家安全的人员。这 4 人均从业于同一家国防军工单位，互不相识，却分别被境外间谍情报机关发展为提供情报的间谍。在这几起案例中，有两名“90 后”都是在网上求职和聊 QQ 时被人利用，最终铸成大错。

2014 年 10 月，该国防军工单位一名“90 后”职工文某像往常一样玩手机 QQ，“附近的人”一栏中弹出网名为“H”的网友，资料显示“附近厂职工需要兼职的联系我”。在文某表明自己是国防军工单位职员的身份后，“H”自称是境外某报社记者，希望文某提供工作中接触的内部资料，并承诺支付每月 3 200 元人民币的报酬。在经济利益的驱使下，文某先后多次向“H”提供了所在单位军品生产的相关涉密信息。同样是“90 后”的王某，在该国防军工单位技术部任职员，父母均是国家公职人员，因对现实工资待遇不满，王某在网上寻求兼职时“偶遇”了“H”，对方的 QQ 签名“招厂内的同志，兼职赚外快，待遇优，非直销，诚信至上”引起了王某的兴趣。王某受到兼职每月可赚取三四千元的利益引诱，认为仅提供单位动态性情况，只要不属于涉密信息，就可以“打打擦边球”。此后，王某即按照对方要求频繁提供涉密信息。

案例来源：开永丽：《军工单位里的间谍们：四川国安开展“扫雷”行动　破获多起间谍案》，载《四川法制报》，2015－07－15，第 A12 版

① See Janet M. Schwartz，*Exploring the Mind of a Spy*，The Forensic Examiner，Spring，2007，pp. 67－68.

② See Stone，L. A.，“A Two-Factor Motivational Theory for Spying Behaviors”，*Psychology of Espionage Reports*，Vol. 2，2001.

③ See Gelles，M.，*Exploring the Mind of a Spy*，*Employee's Guide to Security Responsibilities*，Retrieved on October 3，2006，at http：//rf-web. tamu. edu/security/secguide/Treason/Mind. htm.

三、危害国家安全犯罪人的行为特征

（一）行为实施方式的多样性

危害国家安全犯罪人，可以采用多种行为方式实施犯罪行为。一方面，采用智力的方式是此类犯罪的一种重要方式。其智能性主要表现在鼓吹反动的思想、理论，采取秘密的手段窃取情报资料和应用现代科学技术等方面。危害国家安全犯罪人善于伪装和采用隐蔽手段实施犯罪行为，如境外间谍组织派人以合法身份混入境内；以物质或其他利益等来动摇一些出国人员的政治信仰；打着进行经济、文化交流的幌子，刺探机密、收集情报。此外，国内某些人也利用当前社会的某些阴暗面和问题，否定和恶毒攻击中国政府；有的人利用暗语、密码，秘密与境外间谍组织勾结；有的人秘密结社立党，成立反国家、反社会组织，妄图长期潜伏，阴谋颠覆国家政权；有的人利用宗教信仰掩盖其反动政治信仰，蒙骗群众参加危害国家安全的犯罪活动；等等。

另一方面，此类犯罪人还常采用暴力方式实施犯罪行为，如在武装叛乱、暴乱过程中，往往同时会发生杀人、伤人、放火、破坏交通工具或交通设施等犯罪行为。危害国家安全罪的暴力比一般刑事犯罪的暴力要强烈得多，如为敌人指示轰击目标，组织、策划、实施武装叛乱或进行其他危害国家安全的行为。其使用暴力的严重程度远超过一般刑事犯罪，并且危害后果极其严重，因为其侵犯的客体是人民民主专政的国家政权和社会主义制度，是从根本上反对社会主义以及危害国家安全。

在行为实施方式方面，某些行为方式是通过模仿国外的相关行为或某些案件而习得的。危害国家安全犯罪人为了使其行为顺利实施，往往要对国内外相关方面的“事例”和“经验”进行学习，在行为目标的选择、作案方式和手段的确定等方面进行模仿。这种情况在年轻的危害国家安全犯罪人中尤为明显。在当前网络与手机信息传输便利的条件下，境外的一些有关间谍犯罪的方法、手段的视频资料与文字材料的传播对一些世界观与人生观不成熟的青年有较大的负面影响。

（二）犯罪行为的组织性

危害国家安全的犯罪一般是以组织的形式实施的，参加的成员都有共同的反党、反政府的政治信仰，有时也有一些受蒙蔽、不明真相的群众误入其中。在司法实践中，危害国家安全犯罪组织与一般刑事犯罪组织在严密程度、行为纪律等方面有很大的不同，是共同犯罪中危害最大的一种犯罪组织。

（三）犯罪行为的预谋性

危害国家安全犯罪极少有机会犯和激情犯，犯罪人作案前有较详细的计划，对怎样作案、怎样逃匿等，常常要做充分的考虑和准备。特别是政治信仰型的危害国家安全犯罪人，他们有一定的文化水平，明确意识到自己行为的严重性，从产生犯罪动机到确定犯罪目的，都不是盲目行动，也不是感情冲动，而是在反动政治信仰的支配下，经过深思熟虑的。他们为了实施危害国家安全的行为，犯罪预备十分谨慎，常常从精神上、物质上做好准备，并且在实施犯罪活动的同时，就已做好逃亡国外或境外的安排。

第三节　恐怖主义犯罪心理

一、恐怖主义犯罪概述

恐怖主义犯罪作为一类特殊的危及国家与社会安宁，威胁不特定人的生命、财产安全的犯罪类型，由于其犯罪行为的特点、犯罪人心理的特殊性，应当被纳入犯罪心理学研究的对象。对恐怖主义的理解，从不同的视角出发，会有极大的差异。观察恐怖主义的视角，主要有三个方面：普通大众、恐怖分子自身以及研究和试图反击恐怖主义的人。有一个非常贴切的说法可以表明这种差异的显著性，那就是“一个人的恐怖分子是另一个人的自由战士”①。

对恐怖主义的大多数定义，都是试图穷尽具有排他性的特征。这种定义方式导致对恐怖主义的定义往往成为一种描述性的解释。更有效的定义恐怖主义的方式，应当是考察各种恐怖主义的定义，将其中的共同特征抽取出来，然后根据恐怖主义应当具备的共同特征构建定义。朗（Long，1990 年）总结出恐怖主义的四种一般特征：目标的政治性；策略的心理性（主要是制造恐怖）以及公开性；行为特征是暴力性、犯罪性、秘密性、相对低的成本、袭击非战斗对象；组织特征是以小组的方式执行任务，组织规模不大等。②

对恐怖主义犯罪进行定义，还必须区分恐怖主义与恐怖主义犯罪。虽然在英美国家，无论是指恐怖主义还是指恐怖主义犯罪，都使用“terrorism”一词，但在汉语习惯中，恐怖主义与恐怖主义犯罪其中心词是不同的。一些作者在论述中，也试图将恐怖主义与恐怖主义犯罪相区别。例如，有学者指出：主义是一种思想体系和信念，“恐怖主义”是一种植根于某一信仰的世界观或意识形态；“恐怖主义行为”与恐怖主义紧密相关，是恐怖主义的表现形式；“恐怖主义犯罪”则主要是一个犯罪学概念，是在恐怖主义理念支配下实施的犯罪。“恐怖犯罪”则不管实施恐怖行为主体的动机和目的如何，只要恐怖行为损害了法律所保护的权益，违反了刑事法律的规定，具备了犯罪的条件即可成立犯罪。③ 恐怖主义是一种崇尚暴力的信仰体系，其本身属于意识形态范畴。而恐怖主义犯罪应当是指信奉以暴力或其他方法制造恐怖气氛来达到其

---

① Egendorf, Laura K., *Terrorism: Opposing Viewpoints*, California: Greenhaven Press, Inc., 2000, p. 12.

② See Long, David E., *The Anatomy of Terrorism*, New York: the Free Press, 1990, p. 8.

③ 参见李希慧、童伟华：《恐怖主义犯罪及其惩治》，载张智辉：《国际刑法问题研究——刑法问题与争鸣》，72～73 页，北京，中国方正出版社，2002。

政治目的或其他目的的组织对不特定平民实施的具有严重社会危害性的行为。

二、恐怖主义犯罪人的心理特点

（一）有较高的智能

恐怖主义组织所实施的暴力犯罪，无论是采取传统的暗杀方法，还是采取现代的爆炸、劫持人质等方法，都对实施者有较高的智能要求。个体恐怖分子在实施这些行为时，一般能够审时度势，寻找最佳的行动时机；能够运用有科技含量的武器或炸弹，甚至会自己制作爆炸物。在恐怖主义组织中从事其他活动的人员，如组织联络人员、筹集资金人员、情报人员等，也应当具有与其从事的工作相称的智力水平。有研究者从行为分析的角度提出，在智力上很多恐怖分子具有平均水平以上的智能。研究者强调恐怖分子的理性并且把他们看作冷静的、符合逻辑的、有计划的人，认为他们的回报是意识形态的或政治的，而不是金钱。①

（二）认知偏执

生活在相同环境中，面临同样的民族问题、经济问题或者宗教问题时，并非所有的个体都赞同恐怖主义组织宣传的理念。除了极个别的情形，在一种既定的社会、政治、经济环境下，从事恐怖主义犯罪的个体都是极少数。这些个体特定的政治或宗教信念的形成，与其认知的偏执性有较大的关联。一些恐怖分子固执地相信组织的宗旨或极端的宗教信条，表现出偏执性的认知特点。与这种偏执性相关，这些个体可能表现出自我评价过高、责备社会及疯狂报复社会等情感及行为特征。

（三）情绪压抑

恐怖活动任务的要求，往往使恐怖分子具有高自律性。这种高自律性的表现，是自己的行为受他人的支配，言行与群体其他成员高度一致。长期的高自律性，会导致恐怖分子在心理上产生压抑感。

有思想的个体，必然有自己不同于他人或社会、群体的认识。然而，恐怖分子所在的群体，要求在意识形态上绝对一致化。在这样的群体中，作为个人的恐怖分子一般是不能任意表达自己的观点的，他们必须服从在群体中占主流地位的思想、观念和信仰。这种意识形态的一致性，对恐怖分子来说，一方面是他们所追求的，但另一方面也抑制了他们思想的自由表达。许多观察者注意到，恐怖分子的人格有压抑的方面，这反映在恐怖分子面临死亡的行为中。在心理学家看来，大多数恐怖分子没有享受现实的能力或形成在互惠层面上有意义的人际关系的能力。② Clifford（2007 年）

---

① See Hudson, "Rex A. The Sociology and Psychology of Terrorism: Who Becomes a Terrorist and Why?", *Report prepared under and an interagency agreement by the Federal Research Division*, Library of Congress, Washington D. C.

② See Clifford E. S., Jeremy R. S., *Terrorism Today: the Past, the Players, the Future*, 3rd eds., New Jersey: Prentice Hall, 2007, p. 16.

等人也明确指出：恐怖主义组织的特征之一是组织内部有较强的凝聚力。在组织内要求绝对的一致性，对不同意见者是不能容忍的。① 这种要求与恐怖分子所期待的刺激满足的需求显然是有矛盾的。长期的高自律性要求，会导致恐怖分子在心理上产生压抑感。恐怖分子之所以能够忍受这种压抑感，一方面是基于强大的支持与维护组织信仰的动机；另一方面，与恐怖主义组织的行为特色相关。不管怎样，既然为恐怖主义组织，最终诉诸暴力或其他破坏手段是组织存在的必然结果。因此，作为恐怖分子，他们仍然会期待着有朝一日通过执行任务来实现对刺激的追求。

（四）冒险敢为

恐怖分子采用的犯罪手段既包括直接使用暴力，也包括以暴力相威胁。犯罪人经常使用的暴力手段有很多种，如爆炸、暗杀、绑架、劫机等。一方面，这些手段破坏性强，极具杀伤力，能够造成众多人员伤亡和财产被毁的严重后果，严重影响群众的安全感；另一方面，实施这些手段的个体，也将自己处于一种高度紧张及危险的情境中，这种情境要求置身于其中的人必须具有敢于冒险的精神且不畏惧死亡。恐怖分子冒险敢为的人格特征的形成，与以下因素有关：（1）恐怖分子对组织宗旨的强烈信仰使其淡化了个人的利益甚至生命。（2）恐怖分子自身可能具有强烈的攻击性特征。（3）群体动力的影响。美国学者在对恐怖主义的极端行为进行考察时发现，恐怖分子的冒险倾向与他们交往的群体特质相关，即倾向于冒险的人与另外一些有冒险倾向的人交往，其结果是更加倾向于冒险。②

三、恐怖主义犯罪人的行为特征

恐怖主义犯罪与其他犯罪形式的突出区别在于其恐怖性。此外，恐怖主义犯罪还具有工具性、组织性等特征。

（一）手段的恐怖性

恐怖分子采取的手段具有强烈的精神、心理刺激作用。犯罪人除了采用极端的暴力方式外，还经常使用非暴力行为方式，如投放虚假的爆炸性、毒害性、放射性、传染病病原体等物质，或者编造爆炸威胁、生化威胁、放射威胁等恐怖信息，或者明知是编造的恐怖信息而故意传播。非暴力行为方式虽然不直接导致严重后果，但通过其非暴力行为中隐藏的暴力意义和难以预料的危险，容易引起众多民众的恐慌与不安。其中最具代表性的是利用计算机制造恐怖气氛。

此外，由于恐怖主义犯罪的直接目的是制造恐怖气氛，故其显出的主要特征就是

---

① See Fried, Risto., The Psychology of the Terrorist, in Brian M. Jenkins, ed., *Terrorism and Beyond: An International Conference on Terrorism and Low Level Conflict*, Santa Monica, California: Rand, 1982, pp. 119 - 124.

② 参见［美］凯斯·R. 桑斯坦：《极端的人群——群体行为的心理学》，尹宏毅、郭彬彬译，21页，北京，新华出版社，2010。

恐怖性。在恐怖气氛之中，政府往往处于高度戒备状态，一方面，起用各种防御手段与设施积极备战；另一方面，对社会的控制更加严格，民众的自由与民主受到相当程度的限制。

（二）攻击行为的工具性

如果将攻击性行为区分为敌意性攻击和工具性攻击，则大多数恐怖活动属于工具性攻击。罗伯特·佩普（Pape，2003年）对1980—2001年间发生的所有自杀性爆炸事件进行研究后指出：所有自杀性恐怖活动的一个共同特征是都有明确的、现实的和战略性的目标——迫使相关国家从恐怖分子眼中属于他们家园的领土上撤军。[①] 可以说，恐怖主义犯罪以能够制造恐怖气氛的种种恐怖手段为工具，来实现某种政治或与政治相关的要求。在恐怖主义犯罪中，其犯罪目的是可以分解的。恐怖分子所实施的一切诸如绑架、劫机、爆炸等行为，能够制造恐怖气氛，伤害不特定人的生命、财产安全。这是犯罪人实施恐怖行为必然产生的后果，是从犯罪人制造的损害状态中直接可以认识到的，是恐怖主义犯罪的直接目的。但直接目的并不是恐怖分子追求的最终目的，只是恐怖分子实现其最终目的的手段。恐怖分子是希望通过对恐怖气氛的制造，迫使政府在某些行为上妥协或让步。

（三）组织性

恐怖主义犯罪除了极少数单独犯罪的情况，绝大多数以共同犯罪的形式存在。组织化是恐怖主义犯罪的一个发展趋势，也是其比普通刑事犯罪具有更大危险性和危害性的原因之一。1997年我国刑法典修订时，充分考虑到恐怖主义犯罪活动的组织性及犯罪组织本身存在的严重危害性，规定了组织、领导、参加恐怖组织罪。

在世界范围内，造成严重影响的恐怖主义犯罪活动，都是一些较大的恐怖主义组织实施的，如“基地”组织。恐怖主义犯罪的组织性，表现为恐怖分子形成一定的组织结构并为实现组织确立的宗旨实施恐怖行为。恐怖分子的一切活动，都是为了实现组织已经确立的宗旨。恐怖分子实施爆炸、劫机、暗杀等犯罪活动，并非仅以伤害被害人为目的，也并非为了行侠仗义，而是为了有利于组织宗旨的实现。

第四节　邪教犯罪心理

一、邪教犯罪概述

邪教犯罪，是指行为人由于相信某种异端邪说而实施的犯罪行为。近年来，在世界范围内，不断地出现一些举世震惊的邪教事件，如1993年美国得克萨斯州的“大

---

① See Rober, Pape, The Strategic Logic of Suicide Terrorism, *American Political Science Review* 97.3, August 2003, pp. 343 - 361.

卫”教派事件中，86 人全部葬身火海；中国的“法轮功”也造成很多人自杀；等等。邪教犯罪活动给社会和人类带来了巨大的危害。

邪教从表面上看，打着传统宗教或新兴宗教的旗号，但其并不是任何形式的宗教。邪教只是利用人们思想深处的宗教情结和唯心主义，利用迷信观念和自然、人体的未解之谜，或者以社会负面现象的存在作为“证据”来蒙骗信徒，利用人们趋利避害的心理来吸引、控制信徒。邪教从本质上来说，是所谓的教主即组织者通过歪曲宗教教义，鼓吹末日降临，否定现实社会的伦理道德和价值观念，来引导信徒产生对自己极端崇拜，以达到满足个人私欲的目的。

最高人民法院、最高人民检察院在 1999 年 10 月通过的相关司法解释中，将邪教组织界定为：冒用宗教、气功或者其他名义建立，神化首要分子，利用制造、散布迷信邪说等手段蛊惑、蒙骗他人，发展、控制成员，危害社会的非法组织。有学者称，邪教与犯罪有着根深蒂固、千丝万缕的联系，邪教的性质决定着其发展和归宿必然是犯罪。①

二、邪教犯罪人的心理特点

邪教犯罪是一种群体犯罪，在这种犯罪形式中，邪教教主与信徒所起的作用以及他们的心理特点方面具有较大的差异，因此，有学者分别探讨了邪教教主和信徒的心理特点。根据已有的研究，可以形成一种认识，即邪教犯罪人较为突出的心理特点表现在他们的人格特征、犯罪动机等方面。具体分析如下。

1. 偏执与错误的认知。邪教本身是一种歪理邪说，具有反科学性。邪教教主往往自己形成一种对宇宙、社会以及道德伦理等方面的错误认识，然后给这种认识披上一种宗教的外衣，误导不明真相并且缺乏信仰的人信服自己。邪教教主错误学说的形成，是基于其自身对社会及道德伦理等方面具有的偏执的认识。邪教信徒一旦接受了教主的学说，受邪教群体心理的影响，极易形成对教主邪说的盲目崇信。

2. 存在某种人格障碍。邪教教主往往具有某种人格障碍，如习惯以自我为中心，认为自己是世界的救世主而具有自恋性人格；或偏执于自己的妄想而具有偏执型或妄想型人格；或有极强的控制欲、权力欲或领袖欲；等等。信徒往往具有与邪教教主截然不同的人格特征，他们具有较强的依赖性，或对现实生活中的烦恼习惯采取逃避的方式，或是完美主义者。② 而学者对邪教犯罪者的人格特征的研究表明，邪教犯罪人性格偏激，人格不健全，焦虑、压抑、忧郁、孤独，缺乏亲情，对未来恐惧，得不到咨询和帮助。③

---

① 参见陈书成：《邪教型犯罪概念与特征分析》，载《河南司法警官职业学院学报》，2005（1），36～39 页。

② 参见陈华：《邪教犯罪的心理学分析》，载《四川警官高等专科学校学报》，2003（2），66～71 页。

③ 参见［西］佩佩·罗德里格斯：《痴迷邪教》，石灵译，北京，新华出版社，2001。转引自陈书成：《邪教型犯罪概念与特征分析》，载《河南司法警官职业学院学报》，2005（1），36～39 页。

信徒易接受邪教宣传主要受以下人格特点的影响：（1）易受暗示性。有调查发现，信仰邪教的老年人，大多数读书少、文化素质低，加上长期受封建思想的侵蚀，对科学的东西难以接受。李向平（2014 年）通过对全能教的分析指出，精神文化比较贫瘠、信息相对闭塞、文化素质相对低下的人群，他们更容易被一些极端的宗教信息所吸引，因此，类似全能教这样的邪教组织，很容易在人际交往比较欠缺的环境下发生，特别是在农村的女性当中有很大的市场。信息闭塞容易使人接受一种暗示，因为他们无法进行相关信息的比较。① 另有学者调查发现，一些邪教信仰者本身就患有心理疾病，其中以受暗示性高的癔症病人为最多。（2）易盲从性。邪教信仰者大多心灵空虚，相信命运，相信神灵，相信有一种神秘的力量主宰人生。邪教操纵者正是利用信仰者容易盲从的人格特点，采用找托、魔术方法炮制某些轰动效应，使一些文化素质较低、平时又相信各种迷信、缺乏主见的人奔走相告，以讹传讹。而那些胸无信仰的盲从者对其深信不疑，以填充心中的空缺。②

3. 缺乏正常的情感寄托。心理学实验表明，在引起较高焦虑的情境下，个体与别人亲近的需求就会增加。许多邪教组织就是利用了一些孤独的个体的情感需求和因无情感寄托而产生的焦虑感，主动接近他们，派教徒经常前去探望、赠送宣传品和提供少量的物质赠予和帮助。处在软弱、无助状态下的或缺乏社会承认的人很难拒绝这样的吸引力。这种久违的温暖和关注，往往使新成员力图报答。他们自愿疏远家人和朋友，把积蓄和收入捐给组织，有个别女人甚至为教主献身。③

4. 复合型的犯罪动机。在多数情况下，邪教教主组织、建立邪教并策划、实施各种邪教犯罪活动的行为是多种动机的共同作用。首先，邪教教主在其组织内部扮演至高无上的“神”的角色，信徒对其顶礼膜拜，其在组织中居于绝对的权力中心。邪教教主的这种地位可以满足其自我显示的欲望以及控制他人的欲望。其次，创立邪教之后，信徒为了表示对教主的虔诚，往往要捐款捐物。这也可以满足邪教教主收敛钱财的欲望。

邪教教徒入教的动机也是多方面的，具体分析表现为以下几种：（1）渴望治病强身、健康长寿而入教。此类入教者多为年龄较大的个体。（2）期望摆脱厄运、寻求解脱而入教。（3）为排遣孤独和空虚，寻求群体认同和归宿而入教。例如，邪教组织“法轮功”的一个显著特点就是活动的群聚性：它不仅要求练功要有众多学员共同练习，而且要求学员间经常一起学“经文”，谈“心得”，交流“经验”和“体会”，互帮互助，共同提高。这无疑对于满足人的归属与亲和心理有着极大的吸引力。④

---

① 参见李向平：《邪教的危害及其犯罪特征》，载《检察风云》，2014（13），30～31 页。

② 参见阴国恩、戴斌荣：《运用心理学理论分析与转化邪教信仰者》，载《天津师范大学学报（社会科学版）》，2003（5），70～74 页。

③ 参见牟成娟：《邪教信仰者的心理特征》，载《新疆社会科学》，2004（3），65～68 页。

④ 参见郭子贤：《邪教现象的社会心理分析》，载《邵阳学院学报》，2003（4），44～46 页。

（4）为了追求某种人生价值而入教。邪教虽然不提供真理，但提供貌似真理实则与真理背道而驰的生活意义。对于追求生活意义和神通的人，邪教教主宣称自己掌握了某些特殊的知识，追随者只要加入就能获得不寻常的体验，从而蒙骗了那些对现实人生丧失信心的个体加入。这些心理动机有主次之分，也有初始和继发之分。在初始动机中，以渴望治病强身、健康长寿的心理为主导性动机，例如，“法轮功”痴迷者的动机多表现为实现初始的治病强身和继发的“升天圆满”的需求。[①]

三、邪教犯罪人的行为特征

1. 犯罪行为的组织性。邪教组织的重要特征之一是组织化和秘密结社。他们往往有严密的组织、细密的层级、森严的戒律清规，同时也拥有人数众多的坚定信徒。[②] 邪教组织在形成之初，一般尚不具备明确的政治目的，然而，随着其信徒的增多，教主的政治野心逐渐滋生，从而邪教组织可能发展成为具有政治性犯罪动机的组织。例如，日本奥姆真理教建立了金字塔形的等级制度和与日本内阁的省厅制度相似的严密组织机构：麻原本人称神圣法皇，下辖法皇官房、谍报省、科技省等 21 个省厅机构；制定所谓真理国基本法律第一次草案，规定麻原是真理国的最高统治者，有权对违反“圣法”者处以刑罚，信徒必须捍卫“圣法”，有义务服兵役。

2. 作案手段的残忍性。邪教犯罪人具有自成体系的信念支持和邪教的精神操纵，作案手段往往带有残忍和不计后果的特点。与普通犯罪人不同，邪教犯罪人很少有在作案过程中因“良心发现”而主动放弃犯罪的。世界各主要宗教都具有对人的关怀，都尊重人的生命，但邪教却蔑视人的生命、尊严。邪教通常将其虚幻的彼岸世界与现实世界截然对立起来，将被其蛊惑的信众与一般社会人群截然对立起来。因此，邪教信徒易将普通民众视为异类而不产生同情与怜悯之心。

3. 犯罪行为的牟利性。邪教组织为了谋取发展和教主私利，往往不择手段地大肆敛财。当代邪教组织聚敛钱财的手段多种多样，其中主要有诱骗、逼迫信徒捐赠，参与洗钱、走私等有组织犯罪，以及进行非法经营和非法出版活动等。

4. 犯罪行为多样化。邪教犯罪的行为方式并不是固定不变的，而是不特定的，且往往是多种行为互相交织，同时存在。其具体的违法、犯罪行为主要表现为：进行反动宣传、煽动；秘密聚集滋事；非法出版；非法经营；奸淫妇女；诈骗钱财；蒙骗或指使、胁迫其成员实施绝食、自残、自虐或自焚、自杀；等等。由于其参加者众多，活动诡秘，组织严密，往往造成十分严重的后果。

---

① 参见韩跃红：《致使邪教教徒人教个体心理动机探析》，载《广西大学学报（哲学社会科学版）》，2003（1），39～42 页。

② 参见王志红：《邪教犯罪的特点分析》，载《学理论》，2011（5），94～95 页。

第五节　封建迷信犯罪心理

一、封建迷信犯罪概述

封建迷信，是指带有封建社会印迹，以对超自然力量的盲目信仰与崇拜为基本特征的社会心理意识和行为活动方式。封建迷信大体可分为三个层次，即迷信观念、迷信行为和迷信活动。迷信观念是个体对鬼神、命运、因果报应等的经验性理解和盲目认同。迷信行为是指在迷信观念的驱使下，为满足某种心理需求而进行的迷信动作与仪式，如求神讨仙等。迷信活动则特指迷信职业者操持占卜、看相、算命、降神、驱魔等“术数”骗取他人钱财的活动。

封建迷信犯罪，是指犯罪人受迷信心理的驱使而实施的犯罪行为，以及有意识利用封建迷信心理与活动而实施的犯罪行为。

封建迷信犯罪与一般的迷信活动和迷信思想在心理与行为上显然不同，应受到区别对待。有一部分群众既不信奉迷信，也不请迷信职业者，但在心理上却相信有鬼或各种神灵，如土地神、灶神等。在这种迷信思想的支配下，其行为表现是逢年过节要祭祀祖先；凡遇重大事件，如家中孩子升学考试、家人罹患疾病等，偶尔也要烧香磕头，请菩萨保佑。这些迷信活动纯粹是认识问题、思想问题或世界观问题。

封建迷信犯罪的行为类型包括暴力犯罪、财产犯罪、性犯罪等。根据其犯罪动机的特征，封建迷信犯罪分为主动型迷信犯罪和迷信信仰型犯罪。

1. 主动型封建迷信犯罪。这是以封建迷信为犯罪工具的犯罪类型。行为人实施犯罪并非以封建迷信信仰为行为动机；其犯罪动机可以是物欲性犯罪动机（利用封建迷信活动骗取钱财），也可以是精神性犯罪动机（如以封建迷信为途径实施其本人的报复欲望），或利用封建迷信进行政治性犯罪活动等。主动型封建迷信犯罪的实施方式既可以是在封建迷信活动中直接策划、教唆、组织犯罪行为，也可以是在封建迷信的背景下有意识地暗示、感染及支持他人的犯罪倾向及犯罪行为，从而达到教唆者的个人的目的。

案例：

广西横县摧毁一特大迷信诈骗犯罪团伙

2013 年广西南宁市公安局横县公安分局经过长达 5 个月的艰苦经营，摧毁了一个拥有 40 多名成员、组织庞大的特大迷信诈骗犯罪团伙。在此案中，横县警方抓获团伙成员 20 人，缴获作案工具小轿车 8 辆，破获迷信诈骗案 100 多起。自 2010 年以来，横县各乡镇接连发生多起利用迷信手段实施诈骗的案件，仅 2012 年就发生了 80 起，损失价值超过 400 万元，最高一起案件损失达 33 万元，普通案件也有五六万元。该案的犯罪嫌疑人假装彼此不认识，以探访某地名医为名请求受害人带路，在带路过程中由一人负责打听受害人个人信息，另一人用手机发信息给另一同伙，等受害人到目标地点，骗取受害人信任后便以受害人将有灾难需做法事才能破灾为由骗取钱财。这个犯罪团伙专门寻找中年妇女下手，因为这类人群一般都掌握家中的资产，且社会接触面窄，信息量获取不大，心理防备程度较低，容易被表象迷惑。犯罪嫌疑人为降低受害妇女的心理防备，还专门安排女性同伙与受害者接触。经审讯，该迷信诈骗团伙是以阿燕、林某、农某（在逃）、黎某（在逃）等犯罪嫌疑人为首，拉拢发展亲属、同学、情人加入并不断发展壮大，形成了庞大的、职业化、区域性诈骗网络。该诈骗团伙40多名团伙成员三五搭档、分分合合窜到全县各乡镇，甚至其他市县作案。

案例来源：刘晓莉、黄浩铭：《广西横县摧毁一特大迷信诈骗犯罪团伙》，载《通化日报》，2013-09-23，4版

2. 迷信信仰型犯罪。它是由行为人的封建迷信信仰引发的犯罪，犯罪动机属于典型的信仰型犯罪动机。从犯罪之危害性后果的角度而言，该类型犯罪具有明显的被动、盲从的特征：犯罪人被动性地直接接受了封建迷信意识或间接受感染，而实施了危害他人及社会的行为。

二、封建迷信犯罪人的心理特点

1. 错误的认知。封建迷信犯罪人的认知中迷信色彩十分浓厚。他们崇尚鬼神，深信超自然的力量，对传播封建迷信的“人间神”顶礼膜拜；存在着混乱的逻辑思维，带有明显的唯心主义的特征。具有这种特点的犯罪人，多为年龄较大及文化层次较低者。有调查表明，老年人在迷信观念方面显著高于中年人和青年人，在迷信行为方面显著高于青年人，中年人与青年人之间差异不显著；在文化程度方面，小学以下文化程度的被调查者比中学和大专以上文化程度的被调查者具有更多的迷信观念与迷信行为，差异非常显著，而中学和大专以上文化程度的被调查者之间在迷信观念方面无明显差异，在迷信行为方面前者显著高于后者。[①] 李明亚（2004年）在分析一起迷信犯罪时，指出犯罪人汪某的文盲特征，使其不能接受科学知识，产生认知障碍。[②] 具有迷信认知的个体，分辨与判断力较低，他们在很大程度上无意识、潜意识地屈服于封建迷信意识的力量，使封建迷信成为危及他人、社会及本人的工具。

2. 狂热的情绪、情感。封建迷信犯罪人在迷信至极时，往往具有虔诚、畏惧的狂热特征，即最大限度的紧张和强烈、深刻的内心体验。这些体验使个体脱离周围现

① 参见陈永胜：《417例城乡居民迷信观念与迷信行为调查》，载《科学与无神论》，2003（4），52～53页。

② 参见黄建忠：《论封建迷信型犯罪及其犯罪预防》，见 http：//www.china-lunwen.com/show_hdr.php?xname=2GAJE11&dname=448FJ11&xpos=0。

实，并使其内心的强烈体验转向幻想的客体；在行为上则表现为接近、依恋、痴迷，甚至与“神”融为一体。他们在情感上对神明绝对信服、崇敬，不允许他人不信任或亵渎自己信服的“神”。

案例：

犯罪嫌疑人詹某平时心胸狭窄，封建迷信思想严重。2010 年冬，詹某驾驶摩托车时在上杭县珊瑚乡某村发生交通事故摔伤，迷信地认为是江西省兴国县看风水的丁某下诅咒所致。后犯罪嫌疑人詹某要求其情人蓝某将丁某骗到珊瑚乡帮其解除诅咒。2011 年 6 月 27 日，丁某到官庄乡看风水，入住刘某家前与蓝某联系。蓝某将丁某到来的消息透露给了情夫詹某。两人便一同去车站接丁某，途中詹某要求丁某将其所下的诅咒解除，丁某称没有对其下诅咒。詹某便与蓝某商议杀人解咒。于是詹某将丁某与蓝某一起载到一偏僻山头后借故离开，由蓝某将丁某带到路边茶亭内，假意与丁某发生性关系；詹某借机冲进茶亭，趁丁某不备，用石块、拳脚将其当场打死。随后，两人将尸体抛弃在山中。因怕人发现，两人又将丁某随身携带的提包扔到草丛中，将里面的身份证、手机、罗盘等物件带走销毁、扔掉。11 月 7 日，上杭县人民检察院以涉嫌故意杀人罪批准逮捕犯罪嫌疑人詹某、蓝某。

案例来源：黄丽娟：《意外遭遇车祸　迷信竟报复杀人》，见闽西新闻网，http：//www. mxrb. cn/lyxws/content/2011－11/14/content＿1102536. htm

3. 坚定的犯罪意志。封建迷信犯罪人的意志十分坚定，主要表现在需要克服自己内心的障碍，明知道违背常理和生活知识，却非要坚持做下去不可，以“心诚则灵”作为精神支柱，希冀取得有利于己的结果。

4. 荒谬的动机。迷信信仰型犯罪人的动机往往充满荒谬的色彩，其追求的是一种脱离现实的神秘感的满足。这种犯罪人往往具有某种人格或精神障碍，可能伴有妄想症状。主动型迷信犯罪人不一定相信封建迷信，而只是以其为幌子，追求其他的目的。

5. 异常的人格特征。某些迷信信仰者的人格具有异常性的特点。例如，个别迷信思想严重者，通过有意识地重复某些迷信行为，声称自己已修炼“成仙成佛”，俗称“活菩萨”。他们在这种信念形成后坚信不疑，并按照自定的角色或身份行事，认为自己就是“某仙”“某神”的化身，可以为凡人治病。其实质是一种“人格转换”，否认原来的自我。此外，在文化落后的地区，癔症型人格障碍者患病时常伴有浓厚的迷信色彩，癔症的附体症状一般起病突然，病人大多处于恍惚状态，体验到去世的亲友和“神灵”附体，严重时意识混浊，行为和声调改变，事后不能回忆。此类病人可能受意识障碍支配而实施暴力犯罪行为。①

① 参见李明亚：《迷信，一迷就信——评析汪老太犯罪的心理轨迹》，载《医药与保健》，2004 (9)，29 页。

三、封建迷信犯罪人的行为特征

1. 犯罪行为的迷信色彩。封建迷信犯罪，其行为带有浓厚的迷信色彩，犯罪行为与迷信行为结合在一起，而且多数犯罪行为是在迷信行为的幌子下实施的。这种情况主要有三种：一是犯罪行为是受封建迷信的思想观念影响而发生的，如认为邻居的房子坏了自己家的风水，必须予以拆除。二是犯罪行为是在巫婆、神汉等的主谋、指使下实施的，是共同犯罪行为。三是模仿巫医或神媒的活动，装神弄鬼，故弄玄虚，愚弄一些迷信思想比较严重的群众，以达到诈骗钱财或骗取女性与其发生性行为的目的。这些犯罪人是以图财或谋色为动机的主动型迷信犯罪人，其本身并不相信鬼神，也缺乏能进入“入神状态”的人格特征。

2. 公开实施犯罪行为。一方面，迷信犯罪行为是一种客观的犯罪行为；另一方面，隐藏在行为背后的是精神上的虚幻性。这种虚幻性导致的自我欺骗，使犯罪人相信所实施的行为是超自然力量的行为，因而在实施犯罪行为时，不避人耳目，也不实施逃避侦查的行为。这类犯罪行为侵害的目标常常是犯罪人的亲人甚至自身，因为其认为自身的行为是拯救他人及自身的活动，是合理的并且应当得到赞许的。

3. 犯罪行为的狂暴性。由于迷信的作用，个体在实施犯罪行为时失去正常的判断能力，情绪十分狂热，达成目标的意志十分坚定。犯罪人往往残忍施暴，实施犯罪行为时不听劝阻，犯罪行为后果严重。

思考题

1. 试分析信仰型犯罪心理形成的原因。
2. 试分析危害国家安全犯罪人的心理特点。
3. 试分析恐怖主义犯罪人的心理特点。

第十章 情绪型犯罪心理

学习目的与要求

通过本章的学习，应重点掌握各种易导致犯罪的情绪和情感。这些情绪、情感是怎样导致犯罪的，以及情绪型犯罪的心理特点与行为特征，掌握情绪型犯罪的定义，国内外有关情绪型犯罪的论述，了解情绪型犯罪的预防。难点在于国内外有关情绪型犯罪的论述。

人的行为由心理驱使，而情绪作为心理的一部分，对行为尤其是突发性的行为具有重要的影响作用。不良的冲动性情绪会使人难以抑制，并在较短时间内作出错误行为，也就会导致情绪型犯罪。目前，社会环境浮躁，人们的心理易急躁失控，突发事件频发，如近年来爆发的席卷全球的新冠肺炎疫情就使人们心理上产生了诸多不良情绪，在一些疫情严重的地区甚至出现了一定程度的社会紧张，情绪型犯罪发生风险升高。习近平总书记深刻指出：对群众出现的一些情绪宣泄，我们要多理解、多宽容、多包容，更要做深入细致的工作，包括心理疏导、解决实际困难。因此，从心理学上研究情绪与犯罪的关系，进而遏制情绪型犯罪，具有现实意义。

第一节 情绪型犯罪概论

一、情绪型犯罪的概念

情绪型犯罪，又称情感型犯罪，是一种带有感情色彩，呈现出强烈的情绪性因素，由不良的情绪性动机引起的犯罪行为。在群体情绪的扩散作用下，个体尤其容易失去理智，导致情绪型犯罪的发生，以社会上的哄抢、踩踏事件和球场上的骚乱为典型。

二、情绪型犯罪的心理特点与行为特征

（一）心理特点

1. 认知偏激。情绪、情感的产生是以认知过程中的行为人对现象或事件的评价、

判断为基础的，评价的难度与方向直接决定着情绪和情感的性质。在情绪型犯罪中，消极的、错误的情绪、情感占主导地位，它也是由认知过程所决定的。情绪型犯罪人实施犯罪行为，从根本上说，与行为人的偏激性、片面性、狭隘性等消极品质紧密相连。行为人从自我中心的角度出发，不能客观而灵活地看待自己遇到的各种困难、挫折，对周围的事件、自我的不幸经历更可能进行片面而偏激的评价、判断。这决定了他们生活之中消极成分必然占主导地位，心理上必然要持续承受着较多的焦虑、压抑或恐惧；当其心理负担达到一定程度、心理不胜负荷之时，在某些外界事件的刺激下，其相关的由失败而来的挫折感就变得非常严重，从而最终导致消极心理能量的发泄及对他人和社会的侵犯与破坏、攻击。这类情绪型动机犯罪人受到广泛而深刻的情绪、情感的影响，他们一般执迷不悟，难以矫治。

案例：

“气愤男”激情杀妻案

被告人杜某与其妻子婚后经营一家饭店，2019 年五六月份，饭店因经营不善关闭停业。

2019 年 8 月 16 日中午，杜某一人在家中吃饭、喝酒直至下午。其间，其妻子外出回来径直上饭店二楼休息。杜某因生意亏本、向妻子要钱归还借款不成、夫妻关系不好等原因，对其妻心生气愤，遂欲教训妻子。随后，杜某从饭店一楼持一块白砂砖上楼质问妻子；在饭店二楼，两人发生争吵，杜某持白砂砖朝其妻子头部、脸部、胸部和四肢等多个部位进行殴打，后驾车逃离现场。其妻子经送汕头大学医学院第二附属医院抢救无效，于翌日 17 时许死亡。

这起案件中，杜某是典型的难以正确看待其生活中遭遇的挫折与不顺，在酒精的作用下放大了其转移至妻子身上的愤怒情绪，从而犯下血案。

案例来源：中国裁判文书网，2021－03－08

2. 情绪、情感品质消极。从情绪、情感本身的特点而言，情绪型犯罪的产生，与行为人情绪、情感所具有的品质有直接的关联。一般而言，这类犯罪人的情绪、情感具有肤浅性、高强度性、低稳定性和盲目性的特征。肤浅性主要表现在其情绪、情感大多是关注狭隘的“哥们儿义气”，而忽视对被害人的同情和父母殷切希望的深厚感情，婚恋中迷恋、狂热而不愿意体验长久而深刻的涓涓细流的深沉感情等。高强度性特点在激情型与非激情型的犯罪人身上表现为不同的方式：激情型犯罪人在经历消极而强烈的情绪、情感时，难以忍受，会迅速地作出侵犯性、攻击性反应；而非激情型犯罪人对待消极而强烈的情绪、情感则要忍受相当长的一段时间，当其积累到一定程度时才会爆发出来。低稳定性指行为人的情绪、情感强烈而易变，很容易为外界事物、事件的变化所左右，对自己的感情较难以调节与控制，从而时常被情绪、情感所困扰或感情用事。盲目性主要表现在情绪型犯罪人在利己主义心理的支配下，个人情绪、情感总是关注于与自身利益密切相关的生活琐事、个人事件等，一旦受到刺激则理智难以控制，出现盲目的冲动性行为。

3. 异常的个性心理特征。个性心理特征是心理过程在个体身上相对稳定的表现，一般认为它由个性倾向性、个性心理特征与自我意识三部分组成。影响情绪型犯罪的个性心理特征主要包括以下两方面：一是异常的自尊心水平。情绪型犯罪人自尊心理常常存在偏激的情况，或有不切实际的过高的自尊心水平，或自尊心水平过低、内心深处非常自卑。其结果是，自尊心过高的人，常常自视甚高，遇到挫折时不能从自身寻找原因，而是怨天尤人，情绪会更为愤怒和狂暴。长此以往，形成恶性循环，最后走上以非法手段来满足畸形自尊心与成就感的犯罪道路。而自尊心水平过低的人，则可能以一种过于主观的态度看待问题，如在人际交往中，对他人的言行、态度过于敏感，怀疑对方是不尊重自己或故意挑衅，从而可能发生口角纠纷，以致怀恨在心，伺机报复、伤害对方。二是较低的挫折承受力。多数情绪型犯罪人在受到失败、挫折之后，自我对失败与挫折的心理承受能力较差，不能找到积极的方式来摆脱挫折、重新奋起，而是以直接攻击、报复的方式解决问题，从而导致违法犯罪行为的发生。

案例：

持刀杀医案

2019年11月12日，被告人孙某之母（95岁）因患哮喘、心脏病、脑梗死后遗症等疾病到北京市第一中西医结合医院住院治疗，同月22日出院。同年12月4日，因孙母在家中不能正常进食，孙某将母亲送至北京市民航总医院；孙母经急诊诊治未见好转，被留院观察。

孙某认为孙母的病情未好转与首诊医生杨某（被害人，女，殁年51岁）的诊治不力有关，遂对杨某怀恨在心。同月8日，孙某返回其暂住地取了一把尖刀随身携带，扬言要报复杨某，并多次拒绝医院对孙母做进一步检查和治疗。同月24日6时许，杨某在急诊科抢救室护士站向孙某介绍孙母的病情时，孙某突然从腰间拔出尖刀，当众持刀反复切割杨某颈部致杨某倒地，后又不顾他人阻拦，再次持刀捅刺杨某颈部，致杨某颈髓横断合并创伤失血性休克死亡。

孙某自认受害者诊治不善，心怀怨恨，伺机报复，以宣泄个人情绪为目的夺走了他人生命。

案例来源：中国法院网，2020-05-11

（二）行为特征

1. 情绪突发性。在情绪型犯罪人实施犯罪的整个过程中，其行为带有鲜明的情绪和情感色彩。情绪性是该类犯罪的基本特征，犯罪的行为方式和发展过程都渲染上情绪的色彩。而情绪的突发主要表现在，犯罪人从情绪受到刺激一直到犯罪实施完毕所需要的时间比较短，远远短于其他蓄意犯罪。情绪的突发性既有情绪性因素，又包含突发性的特点，其发生、发展过程由情绪主导，来势和去势都迅速且凶猛。例如，陌生人之间发生口角，刺激了犯罪人，导致犯罪人情绪失控实施犯罪；又如，在家庭暴力中，被害人的言语或者行为刺激了犯罪人，导致犯罪人激愤杀人；再如，青少年在交往中由于某些不快而故意伤害他人。此类案件是典型的情绪型犯罪，具有突发性，不管是其他在场人员还是司法机关或者其他社会主体，都难以防止此类事件的发生。①

2. 盲目的冲动性。在情绪型犯罪中，情绪性特点占据主导，本身就缺乏理智的支配。此外，有的行为人性格上的缺陷和不良的习惯，如冲动型人格和“哥们儿义气”的根深蒂固，造成其认知范围狭窄。他们因人际冲突引起情绪上的极大变化，怒气冲天，难以自控，导致肆无忌惮的暴力犯罪行为。失去理智监督的冲动性行为，是暴力犯罪的重要特征。

3. 一定情境中的残暴性。一般情况是，个体如果没有足够的外在刺激，是不会出现强烈的情绪和过激的行为的。只有当个体处于特定的情境中受到突然的、强烈的刺激，才会导致情绪高涨而产生激情。② 当一定情境刺激达到引起行为人的情绪冲动时，其作案手段就会凶狠、残暴，对社会具有很大的危害性和破坏性，反映出仇视社会、无视道德和法律规范、个人至上、唯我独尊、冷酷无情、凶狠残忍、阴险狡诈等特点。杀人、伤害、投毒、纵火、爆炸等暴力性犯罪就是其主要犯罪类型。

三、情绪型犯罪的严重性

在不良情感和情绪的作用下，犯罪动机以多种行为方式传递出来，行为侵害不同的客体，构成多种犯罪类型。情绪型犯罪的上述行为特点给该类犯罪的预防带来了较大的难度。与此同时，情绪型犯罪在当前我国刑事犯罪中占有一定的比例，特别是在青少年犯罪中该类犯罪数量较多。数据显示，中国的情绪型犯罪案件已占伤害和杀人案件总数的70%～80%。某市公安局对审理的婚姻、恋爱杀人案件的调查表明，该类案件占杀人案总数的45.7%。这类杀人案绝大多数都是由男女之间的感情冲突引起的。某市第一中级人民法院统计，2002年该院受理的亲情犯罪案件共有26件，其中因为感情纠纷引起的故意杀人案件占绝大多数。由于我国情绪型犯罪多由人际纠纷和冲突引起，随着社会的日益多元化与复杂化，出现矛盾和冲突的可能性不断增多，因此，情绪型犯罪在我国也呈现出增长趋势。目前，情绪型犯罪的严重性已经引起了我国司法界和有关专家的重视，对情绪型犯罪的研究业已展开，并成为我国犯罪心理学研究的一个重要内容。

---

① 参见罗婉莹：《论情绪型犯罪及其防范对策》，载《法制与经济》，2010（12），75页。

② 参见郑丽：《青少年情绪型犯罪的心理分析》，载《山东行政学院山东省经济管理干部学院学报》，2009（2），107页。

四、情绪型犯罪的研究现状

（一）我国学者关于情绪型犯罪的研究现状

著名的心理学先驱张耀翔（1893—1964 年）曾在其著作中论述了愤怒心理对犯罪的影响。他认为，愤怒是一切情绪中最富有冲动性的，盛怒可杀人，并可能杀稍涉关系的一切人。愤怒也是一切情绪中最容易走入极端而变态的。他曾引用德国犯罪学家弗里德里克（Friedrich）的话来说明愤怒是最可怕的情绪："假如愤怒的刺激充足，几可使人人犯杀人罪，那些从来不犯这种罪行的人，并非自制力过人，实在是没有遇见过相当境遇。"同时，他认为，狂怒会使行为者产生不可制止的破坏冲动，而导致伤人、杀人、放火、自杀、破坏眼前一切物品等行为。①

我国台湾地区著名法学家、犯罪心理学家蔡墩铭认为，社会上有很多犯罪是由于行为人情绪急剧变化、不能自我控制而导致的。情绪失控者的犯罪特征是犯罪人所实施的行为完全受强烈的情绪支配，致其平时具有的自我控制力失去作用。在这种情况下，犯罪人的行为由其感情的变化决定，有的甚至会不顾原有的犯罪意图，行为失去理智。有犯罪心理学意义的强烈情绪包括恐惧、愤怒、震惊与嫉妒等。在情绪对犯罪实施的作用方面，他认为，犯罪人的行为动机大多附带出现恐惧、愤怒或者嫉妒等强烈情绪，因此，犯罪的发生除了行为动机是主要原因，附随的强烈情绪也起着重要的驱动作用。完全由情绪导致的犯罪虽不多见，但是也时有发生，蔡氏将它们分为激情犯罪和乡愁犯罪。激情犯罪是指由于一时的高昂情绪达到极点，产生忘我状态下实施的犯罪行为。乡愁犯罪是指离乡背井的人由于对家乡特别思念，但是因为其有职在身，不能脱离工作服务之场所，于是在极度思乡的情况下导致的烧毁工作服务场所等犯罪。②

我国台湾地区学者杨士隆在论述心境异常与犯罪时，对情绪型犯罪进行了一定的论述。他认为，心境异常的患者常常因为情感障碍的出现，其感情过于高昂或者过于低落，也可能同时伴随着思考、生理与行为方面的变化，因此衍生犯罪行为。但是他同时也指出，心境异常与犯罪的关联并不容易确定，犯罪者可能是在躁狂或者心情郁闷之下犯罪，也可能是在犯罪后因罪责感或遭监禁的结果导致情绪的不愉快变化。③

我国当代犯罪心理学家邱国梁认为，情感型犯罪是由不良的情感或者情绪导致的犯罪。这种犯罪在司法实践中以年轻人犯罪居多。一些情感和情绪可以直接影响犯罪行为，以犯罪动机的形式出现，或者在一些犯罪动机中包含着某些情感和情绪因素，如嫉妒、憎恨、戏谑、好奇心、自尊心、自卑感、友情、愤怒、恐惧等，都可能成为犯罪动机，或影响犯罪动机的产生、变化。而情绪型犯罪既可能出现在平素表现不

① 参见张耀翔：《感觉、情绪及其他》，181～187 页，上海，上海人民出版社，1986。

② 参见蔡墩铭：《犯罪心理学》，545～551 页，台北，黎明文化事业公司，1979。

③ 参见杨士隆：《犯罪心理学》，81～82 页，北京，教育科学出版社，2002。

好、已有不良情感和情绪的人身上，也可能是平素表现毫无劣迹的人在外界强烈诱因的作用下，不良情感和情绪爆发出来，产生愤怒、憎恨、恐惧等，导致犯罪行为发生，因此，这类犯罪的预防是比较困难的。他同时指出，情感型犯罪的整个过程带有鲜明的情感色彩。消极的情感和情绪既是犯罪行为的动力性因素，又影响着犯罪行为的指向目标，在某种程度上决定着犯罪危害性的大小。邱国梁将情绪型犯罪分为反社会情感的犯罪、挫折状态的犯罪、激情犯罪、应激状态的犯罪、消极心境的犯罪共五类。[①]

（二）国外学者关于情绪型犯罪的研究

意大利精神病学家、犯罪学家龙勃罗梭根据人类学观点对犯罪人进行了分类。其中，激情犯罪人（criminal by passion）这一类别主要是在情绪影响下导致其犯罪行为的发生。龙氏指出，激情犯罪人是由于过度的激情而引起犯罪的人。他在研究早期曾认为，犯罪人除了生来犯罪人，就是激情犯罪人。激情犯罪人具有残忍、鲁莽和突然实施犯罪行为的特点，多为女性，通常都是年轻人。后来，龙勃罗梭还认识到，这种人具有自杀倾向，有的或许还有容易后悔的倾向。所有的激情犯罪人都有暴力行为的倾向，他们的暴力行为往往由狂怒或政治热情所引起。

继龙勃罗梭后，许多学者认为，人的身体、心理因素是行为人实施犯罪行为的原因，并且气质是决定犯罪性质的基础。德国精神病学家克雷奇默尔 1921 年在其著作《体型与性格》一书中，将人体分为三种体型，并与性格特征相联系：（1）瘦长型。这种人性格文静，沉默寡言，孤僻。（2）斗士型。这种人性格固执，认真表现，举动粗暴豪放，情绪急躁。（3）矮胖型。这种人性格喜怒无常，易动感情，友好，愉快。在该书 1955 年德文版中，又设立了“体型与犯罪”专章，认为：斗士型主要与暴力犯罪有关；瘦长型主要与轻微盗窃犯罪和诈骗犯罪有关；矮胖型在犯罪发生数量上多为暴力犯罪，其次为一般诈骗犯罪。克氏对犯罪人的描述，其实都与情绪特征有关。

美国精神病学家希利认为情绪障碍有可能导致犯罪。所谓情绪障碍，是指由于本人的素质、家庭、环境等原因，而处于情绪不正常的状态。希利在对少年违法犯罪行为进行了多年研究调查之后提出，违法犯罪正是来源于“不能得到满足的愿望与需要的表现”。尤其在下列各种愿望和需要受到妨碍的时候，年轻人容易产生不满的情绪：在家庭或者其他社会关系中的安全感（安全的需要）、希望得到某一特定集团承认的感情（承认的需要）、完成自我的满足（完成目标的需要）、新的经验（新的活动）及冒险行为（对新的经验的需要）、从家庭的束缚中解放出来（独立和自由的需要）、占有财产的愿望等。他认为，青少年如果存在长期的深刻的情绪问题，就有可能通过违法犯罪来求得代偿性满足。[②]

日本犯罪心理学家平尾靖认为情绪障碍是驱使犯罪的动力之一。他提出，与犯罪

① 参见邱国梁主编：《犯罪与司法心理学》，145～157 页，北京，中国检察出版社，1998。

② 参见［日］森武夫：《犯罪心理学》，邵道生等译，49 页，北京，知识出版社，1982。

特别有关联的情绪有愤怒、恐惧与怨恨等：(1) 愤怒——主要是在外界对自己或者与自己有亲密关系的人的侵害时产生的情绪，由于愤怒是在急剧而又强烈的情况下产生的，所以难以控制，很易于表现为冲动的行为。当这种情绪变得激昂时，就会对侵害者及相关人员施加暴力、伤害等攻击性犯罪行为。(2) 恐惧——面对来自外部的侵害消极地维护自己而产生的情绪，当恐惧的情绪极度高涨的时候，为了从外界侵害者的势力之下逃脱出来，有时也会不假思索地施行暴力。(3) 怨恨——与愤怒和恐惧等暂时性情绪相比，怨恨是具有持续性的情绪，并不一时完全表露出来，而是逐渐地高涨起来并导致犯罪行为的产生。平尾靖指出，当上述各种情绪达到高潮状态时，几乎可以认为是一种病态，因此，研究犯罪者的生活史，并细致地分析从中得到的情绪体验，对于揭示犯罪是必不可少的。①

奥地利精神病学家阿德勒认为，一个人如果在生理上有缺陷，社会经济地位低下，或在人生早期接受了不良的教育影响（如娇生惯养或受到忽视等），就会在他的一生中染上不适应感和自卑感。自卑感一旦形成，就会对环境采取敌对态度，从而推动他去追求优越目标以获得补偿。因此，一个人犯罪不是由于感到自尊而是由于自卑引起的、为了追求优越而采取的过度补偿（over compensation）行为。根据这一理论，人的犯罪心理形成的过程是：生理缺陷，或社会经济地位低下，或不良的教育影响自卑感努力追求优越过度补偿犯罪。

第二节　影响犯罪的情绪、情感因素

一、激情状态

激情状态是一种持续时间短、表现剧烈、自我控制力减弱的情绪状态。激情通常是由一个人生活中具有重大意义的事件所引起的。当处于激情状态时，个体往往会改变自己原来的想法，把发生的很多事情看得不同寻常，使自身习惯的行为方式完全遭到破坏；与此同时，个体的认识活动范围一般会缩小，只指向引起激情体验的对象，而较少考虑其他因素。②

案例：

索要工资未果，险些“灭门”

2017 年年初，被告人杨某跟随同乡李某来津务工，后因工资结算问题二人产生矛盾。2017 年 7 月 25 日 7 时许，杨某向李某索要工资时发生争吵，杨某遂从路

① 参见［日］平尾靖：《违法犯罪的心理》，金鞍译，57～59 页，北京，群众出版社，1984。
② 参见梅传强：《犯罪心理学》，123 页，北京，法律出版社，2003。

边捡起一根三角铁用力击打李某头部，致李某头部流血倒地昏迷。

后杨某来到李某居住的宿舍，持菜刀砍李某之子小欢、小旭（案发时8岁）。三名被害人被送至医院后，李某、小欢经抢救无效死亡，小旭颈部损伤程度经鉴定为轻伤二级。

案例来源：中国法院网，2019-05-31

二、应激状态

应激是一种特殊的情绪状态，是出乎意料的紧张情况引起的高度紧张和带有压力性的情绪。在不同寻常的紧张状态下，个体会出现一系列复杂的生理、心理变化，以应对自身面临的紧张局面。在司法实践中，在应激状态下实施的犯罪行为比较常见的一种是，在自身受到侵害和袭击时产生的防卫行为、紧急避险行为，在应激的状态下所采取的行为有时会超过限度造成不应有的危害，从而构成防卫过当或避险过当的犯罪。除此之外，应激引起的犯罪还较多发生在过失犯罪中，行为人在紧急状态下，产生强烈的恐惧和惊慌，失去正常应变能力，从而发生过失杀人或过失伤害等犯罪行为。这些犯罪行为的特点表现为行为在出乎意料的紧迫情况下作出，带有仓促应付、举止失措、目的不明确等特征。

案例：

杀人以脱离传销“虎口”

2018年7月30日，传销人员郭某以谈恋爱为名将盛某骗至杭州市桐庐县。根据以“天津天狮”名义活动的传销组织安排，郭某等人接站后将盛某诱至传销窝点。盛某进入室内先在客厅休息，郭某等传销人员多次欲将其骗入卧室，意图通过采取“洗脑”、恐吓、体罚、殴打等“抖新人”措施威逼其加入传销组织，盛某发觉情况异常后予以拒绝。

之后，盛某在多次请求离开被拒并遭唐某某等人逼近时，拿出随身携带的水果刀予以警告，同时提出愿交付随身携带的钱财以求离开，但仍遭拒绝。之后，事先躲藏的其他传销人员也先后来到客厅。传销人员陆续向盛某逼近，盛某被逼后退，当某传销成员成某上前意图夺刀时，盛某持刀挥刺，划伤成某右手腕及左颈，刺中成某的左侧胸部，致其心脏破裂。

案例来源：中国法院网，2020-09-03

三、自卑和挫折感

自卑感是一种自我评价偏低，自觉低人一等的惭愧、羞怯、畏缩甚至灰心的复杂情感。人的自卑感的产生与自尊心有密切的关系，一般来说，自卑感容易在两种情况下产生：(1) 个体太敏感，使过强的自尊需要无法得到满足而转化成为自卑感。(2) 他人的负强化，使个体正常的自尊需要得不到满足而形成自卑感。①

挫折感，是指人们在某种动机支配下达到一定目的的行动过程中，受到阻碍而无法克服时产生的紧张状态和情绪反应。② 在挫折的状态下，行为人往往有烦恼、愤怒、不满、怨恨以及敌视等消极情绪体验。

自卑感和挫折感往往交织在一起，共同影响消极情绪的形成。自卑感往往不会直接引发犯罪，总是在转化为挫折感后才成为引起犯罪的一种情感因素。当自卑感成为个体实现特定目标的心理障碍时，这一情感就会引发挫折感或转化为挫折感；或者当真实的自我与理想的自我之间距离太大时，自尊转化成自卑，进而产生挫折感。人对挫折的耐受力是有限的，耐受力较差的人遇到挫折后容易失去理智，任由情绪控制，极易产生攻击性，谁给他造成挫折就攻击谁。此外，这种攻击性犯罪行为也有可能转向攻击社会中其他无辜的对象。

案例：

不满情绪下的杀人、自伤案

在山东省聊城市社会福利院410房间，孙某与石某同屋居住期间，因石某私自动用孙某的东西等琐事，两人产生矛盾。2019年11月13日晚，因石某频繁关灯、上厕所关门声音大等琐事，加剧了孙某的不满情绪。孙某遂到石某床上，骑在石某身上，双手从石某身后掐住石某脖子，致石某窒息死亡。

后孙某心生厌世情绪，用刮胡刀刀片割右腕自杀，被护理人员刘某发现，后被120救护车送至聊城市人民医院包扎治疗。

福利院医务科科长宓某称，孙某经常认为别人在背后说他，对别人的细节非常敏感。福利院社工科科长庞某称孙某性格内向、多疑、孤僻、自卑。

案例来源：中国裁判文书网，2020-08-12

四、嫉妒的情感体验

当个体对他人的财产、才能、地位、成就、境遇和外貌等状况高于或好于自身而不服气，继而心生怨恨时，嫉妒心理就随之而来，致使人们产生一种不愉快的情感体验，这就是嫉妒情感。嫉妒这一情感主要产生在年龄、地位、文化、社会背景等方面大体相同，彼此有许多社会联系的个体之间。

嫉妒通常表现为两种情况：(1) 如果一个人对他所嫉妒对象的重视和关心比较

① 参见张雅凤：《挫折心理及调适》，39页，北京，中国劳动出版社，1998。

② 参见宋小明：《大案要案犯罪心理分析》，88页，北京，中国人民公安大学出版社，2000。

淡薄，那么个体一般只会陷入一种焦虑不安或者悲哀的情绪状态中。（2）一个人对其所嫉妒的对象越是强烈地重视和关心，就越可能被绝望感和恐惧感所占据，于是会发展为憎恨、敌意、怨恨和复仇这样一些恶劣的情绪，在行为上可能对对方加以恶意中伤[①]；在极端的情况下，会导致伤害、杀人等攻击性犯罪。因嫉妒引起的犯罪多是预谋性犯罪，常有较为周密的策划；也有一部分嫉妒引起的犯罪属于激情犯罪。

案例：

伤人纵火只为泄愤

2020年6月18日，镇赉县五棵树镇卜荷村居民索某因怀疑妻子曲某与同村居民庞某有不正当男女关系，二人协议离婚。2020年9月6日18时许，索某见曲某、庞某与王某在镇赉县“老中边饺子馆”吃饭，心生怨恨，回家取一把尖刀返回饭店并跟踪他们到镇赉县“满天星歌厅”。

当日20时许，索某闯入歌厅持尖刀连扎庞某身体数刀，庞某夺下尖刀后逃离现场。被告人索某挥拳将曲某打倒在地，用脚向其头部连踢数下后离开现场。

被告人索某打伤庞某、曲某后为泄私愤产生去庞某、曲某家放火的想法。索某携打火机、菜刀于9月7日早8时许窜至庞某家，用打火机将庞某家房屋及仓房点燃，索某见明火燃起后，携打火机、菜刀到同村的曲某家，被告人索某持菜刀砍曲某身体数下，见曲某逃离后用打火机将曲某家房屋及仓房点燃，由于曲某家房屋与邻居汤某家房屋相连，汤某家房子也被明火引燃。

索某因无法面对其前妻与其他异性的交往，伤人、纵火，被一审法院判处有期徒刑15年，剥夺政治权利3年，经济赔偿若干。

案例来源：中国裁判文书网，2021-09-29

五、希望与失望

希望和失望这两种对立的情感都是引发情绪型犯罪的因素。希望是个体对自己要实现的目的或要达到的理想状态所形成的一种情感；而失望则是在希望没有得到满足的情况下转化成的失落、沮丧等不快的情感体验。在司法实践中，因为失望引起的犯罪通常表现为：（1）在升学、就业、加薪等要求没有达到个体追求的理想状态下，行为人易产生愤怒、怨恨等情绪，如果行为人本身的挫折耐受能力较差，在极度失望的情绪状态下，容易引发报复性犯罪。这种报复性犯罪可能直接指向给行为人带来失望

① 参见孙昌龄：《青少年心理健康顾问》，21页，北京，中国青年出版社，1987。

结果的相关人员，也可能指向社会或其他无辜的第三者。(2) 由亲人的希望转为失望而导致的犯罪，如有的父母因子女堕落犯罪又屡教不改致极度绝望而不得不杀死忤逆子女。

案例：

服务员辞职讨薪未果，偷走客人 iPad 报复酒店

2011 年 9 月 19 日，已在某酒店工作 5 天的男子陈某，向酒店经理提出辞工，并讨要 5 天的工资。经理表示因其未办理入职手续，不能开工资。陈某心生怒气，产生了报复酒店的想法。临近下班时，陈某拿了 10 层客房的钥匙，打开一间客房，发现房内有一台未开封的苹果 iPad2 平板电脑（鉴定价值为 3 870 元）。陈某撕开包装，将电脑藏在后腰衣服里带走。自以为做事隐秘的陈某并不知道自己潜入客房、怀揣赃物离开的过程都被酒店的监控录像记录下来。第二天，陈某依旧到酒店催要工资，却被接到报案的公安人员抓获。据陈某交代，自己行窃不是想要将赃物卖掉，而是想报复酒店，让酒店赔客人钱。

案例来源：《北京青年报》，2011－12－27

六、爱与恨

爱通常被视为良好而高尚的情感。张耀翔先生将爱的类别归纳为儿爱、母爱、父爱、孝爱、报恩之爱、友爱、仁爱、性爱等。[①] 然而，爱的情感也可能引发犯罪行为，例如，为筹措钱财给亲人治病或孝敬父母而导致某些财产型犯罪；为了避免自己至亲至爱的人在实施犯罪行为后被追究刑事责任，从而实施包庇、窝藏等犯罪行为；有的父母为了阻止经常打架滋事的子女骚扰邻里乡亲，举刀“大义灭亲”，将子女杀害。这一类犯罪行为的发生多数都是因为行为人在强烈的爱的情感的支配下，无法正确地把握情与法之间的界限。

情绪型犯罪有很大比例是由恨引起的。由于引起仇恨的原因不同，这类犯罪可分为政治宗教信仰仇恨犯罪、封建迷信仇恨犯罪、情爱仇恨犯罪、心理挫伤仇恨犯罪等。政治宗教信仰仇恨犯罪目前在国际社会呈现出多发态势，主要以形形色色的恐怖主义犯罪形式出现，并成为全球关注的焦点。封建迷信仇恨犯罪多因行为人在迷信及邪教教义的诱导下，产生错误认识，认为某人和自己“相克”，为保自己平安，而盲目犯罪杀人。情爱仇恨犯罪表现形式多为由于婚恋受挫而因爱生恨等。心理挫伤仇恨犯罪则是因为行为人的各种物质或精神需要不能得到满足，自尊受到伤害，从而引起仇恨，导致犯罪。

① 参见张耀翔：《感觉、情绪及其他》，162 页，上海，上海人民出版社，1986。

案例：

杀人只因封建迷信

2016年5月的一天，被告人李某在云南省元阳县安分寨村委会昌大寨10号自己家门前看见一只“老野猫”（封建迷信，会摄人魂魄），后其妻每晚24时左右就会发热，次日凌晨6时许又自己恢复。经多方求医未果后，被告人李某怀疑其妻的病是被“老野猫”缠身所致。2019年6月11日，被告人李某看到被害人王某在自己家门口坐着，觉得王某的相貌像“老野猫”，随即对其记恨在心。

同月13日18时20分许，被告人李某饭后再次想起此事，遂从家中持一把镰刀前往王某家，当看到王某正站在自家石阶上与他人讲话后，李某右手持镰刀从王某身后朝其头颈部连砍数刀，致其当场死亡后逃离现场。经元阳县公安局法医鉴定，被害人王某系锐器伤及头部致开放性颅脑损伤死亡。

案例来源：中国裁判文书网，2019-12-11

案例：

琐事引发愤怒，残忍杀害女友

于某与同居女友夏某（被害人）由于饮酒问题而多次争吵。

2020年5月27日17时许，因于某再次饮酒，夏某欲服药自杀，此举引发于某愤怒。于某趁夏某昏睡之时，用电热毯电源线勒夏某颈部，致夏某窒息和缺氧；后又用平底炒勺击打夏某头面部数下，用蔬菜刮刀割夏某的颈部数下，被害人夏某经抢救无效死亡。

案例来源：中国裁判文书网，2021-03-29

七、消极心境

心境是一种深入的、比较微弱而又持久的情绪状态，为人的行为渲染上的某种情感。心境不一定有具体对象，而是作为人的情绪的总的背景而起作用。积极的心境使人意气风发，积极进取；消极的心境使人悲观失望，意志消沉。

消极心境引起的犯罪，主要是指行为人长期处于一种比较微弱、持久的抑郁、忧愁与不满的心理状态中，以致在某种外界的刺激下，长期积累的消极情绪能量转化为直接的犯罪动机而出现的犯罪行为。

案例：

女子婚姻屡败，为消愁迷上赌博，借钱后潜逃

孙某有一份人人称美的稳定工作，在外人看来，非常风光，但孙某却经历了三次失败的婚姻。她在感叹自己不幸的同时，将注意力转移到赌博上。一开始她只是小打小闹，但越玩越上瘾，一发不可收拾，最终走向行骗的道路。

2011 年 5 月，孙某以女儿要出国留学为借口向朋友借钱，并将借来的 17 万元都输在赌博上。后又拿房产证、行驶证再次抵押借钱，用来赌博。最后，全都输光后无法还债，潜逃不见人。12 月，孙某被人民检察院以涉嫌诈骗罪依法批准逮捕。

案例来源：中国新闻社，2011-12-31

八、反社会情感

反社会情感，主要是指与正常的社会性需要相联系的高级情感（如理智感、道德感以及美感等）性质相反的情感。反社会情感犯罪人的特点主要是情感的反社会性、固着性和狂暴性，具有显著的反社会性人格倾向。反社会情感一旦形成，很难消除，并具有高度的社会危害性；反社会情感犯罪人在人格上冷酷无情，自律性极强，抗挫折能力强，具有良好的心理素质。

案例：

哈尔滨“8·17 杀人案”

2014 年 8 月 22 日上午 9 时 10 分左右，哈尔滨警方经过多方侦查和警力部署，连夜追捕，在吉林省扶余市繁化街将哈尔滨“8·17 杀人案”犯罪嫌疑人赵志抓获。调查显示，在哈尔滨市南岗区大直街一自动取款机旁发生的伤人案件，和在群力因为邻里纠纷导致两死两伤的案件，都是同一犯罪嫌疑人赵志所为。经心理分析可得出，赵志是典型的反社会型人格，他对其他事物和人都具有极低的信任度，且幼稚暴力，与社会严重脱节，这都是造成他后来走上犯罪道路的原因。

案例来源：新华网，2014-08-22

第三节　情绪型犯罪成因

情绪型犯罪作为常见的犯罪类型之一，和其他犯罪类型一样，也是多种因素综合作用的结果。下面将情绪型犯罪的成因分为生物因素、心理因素和社会因素加以论述。

一、生物因素

染色体说认为，当染色体为 XYY 或 XXY 时，便容易出现自我控制能力差、易激惹等心理特点，从而导致情绪型犯罪。但目前尚缺乏足够的证据证明犯罪与染色体异常有直接关系。另外，也有研究表明，情绪型犯罪与缺少 MAO 基因、下视丘边缘体长脑瘤或遭伤害、儿童期间呈现注意力缺乏过动异常（attention deficit hyperactivity disorder，简称 ADHD）等有关。生物化学说认为，血糖过高或过低、荷尔蒙激素异常、过敏反应、环境污染以及人体摄取的化学物质和矿物质等生物化学因素与犯罪有关。有研究表明，小脑功能失调、脑电图异常和其他类脑功能失调都可能导致脑机能不平衡，造成生化方面的异常、情绪失控和性格剧变，从而引发情绪型犯罪。

二、心理因素

1. 认知偏差。认知偏差指缺乏理性的思考，遇到问题时以自我为中心，难以注意到他人的需求，并将责任归于对方。情绪型犯罪实施之时，行为人通常为强烈的不良情绪所驱使，意志力难以控制，不能考虑到行为后果的严重性，是认知偏差的典型表现形式。

2. 不良情绪。情绪型犯罪在实施过程中，行为人注意力高度集中，情绪处于亢奋状态，常态心理被压抑；机体内一切能量都被调动起来集中于犯罪目的的实现。激情和不良心境的出现，往往是实施犯罪的重要心理因素。

3. 消极的性格特征。性格是个体对现实稳定的态度和与之相适应的习惯化的行为方式。引起情绪型犯罪的主要消极性格特征是，对社会现实缺乏责任心的态度，情绪冲动性强、行为常受情绪左右；意志品质薄弱，自制力差，冒险、侥幸心理突出；理智性差，难以正确认识和评价自己行为的社会意义及后果。

三、社会因素

社会原因是外因，对行为人的情绪型犯罪通过主体起作用。现实社会中长期存在的收入分配不均、贫富差距、歧视、绝对剥夺（absolute deprivation）、相对剥夺（relative deprivation）等现象无时无刻不在刺激着人们。这些客观存在的社会因素会衍生挫折和愤怒，转而产生犯罪行为。

虚拟世界中如电视、电影、小说等娱乐作品中的暴力、色情和变态的描绘，也成为情绪型犯罪的重要因素。目前许多电影、电视、录影带滥制一些淫秽以及暴力的场景，加之报纸、杂志对犯罪新闻与犯罪技术的过分渲染、描述，无意中在人们内心播植了一些不正确的观念：解决问题最有效的方法是使用暴力。[①]

思考题

1. 什么是情绪型犯罪？我国学者有哪些关于情绪型犯罪的论述？
2. 试述情绪型犯罪的心理特点与行为特征。
3. 试举实际案例说明各种会导致犯罪的情绪和情感。

---

① 参见杨士隆主编：《犯罪心理学》，194 页，北京，教育科学出版社，2002。

第十一章
成瘾型犯罪心理

学习目的与要求

通过本章的学习，应重点掌握酒精成瘾者、毒品成瘾者的主要心理特点和行为特征，学习成瘾类犯罪的心理机制，并了解成瘾与犯罪行为之间的关系。

酒精成瘾与犯罪行为之间关系密切，应关注酒精成瘾者的三种犯罪模式：饮酒直接构成犯罪、间接引发犯罪、共同致病模式。毒品成瘾严重影响成瘾者的精神和生理状态，在学习时应注意区分不同类型的毒品对犯罪行为的不同影响以及毒品成瘾与不同类犯罪的关系。物质成瘾引发犯罪的事件屡见不鲜，从心理学上研究成瘾与犯罪的关系，对遏制成瘾型犯罪有现实意义。

第一节　成瘾与犯罪行为概述

一、成瘾的概念与类型

“成瘾”一词最初来自药物依赖，是指个体与药物相互作用所产生的一种精神状态，有时也包括身体状态。当前，成瘾的内涵已经随着时代发展而延伸，不仅指药物成瘾，还涵盖了行为成瘾。在医学上，成瘾被视为一种可治疗的慢性疾病，尽管成瘾个体非常了解相关行为结果的有害性，但他们仍然会无法控制地持续使用药物或进行强迫性行为。[①]

成瘾的路径是复杂的，它受到生物、心理、社会和环境因素的共同作用。大约一半的人，他们的成瘾风险是由基因导致的。基因会影响个体最初使用某种物质（如毒品）或从事某些行为（如赌博）时所体验到的愉悦程度，以及身体对成瘾物的反应方式。个体想要重新体验某种物质或行为愿望的强烈程度则取决于心理（压力或者应激历史）、社会（家人与朋友成瘾情况）、环境等因素（药物的价格与易得性），换句话

① 见 https：//www. asam. org/Quality-Science/definition-of-addiction。

说，以上因素决定个体是否会反复成瘾，而这将导致人脑部结构的慢性改变。[①]

目前，成瘾大致可分为物质成瘾与行为成瘾两大类。物质成瘾的主要特点是成瘾物质的持续性渴求与强迫性使用，往往伴随严重的情绪性、社会性和法律后果。[②] 成瘾物质的类型包括烟草、酒精、传统毒品（如大麻、可卡因、海洛因等）和新型毒品（如冰毒、摇头丸、K粉等）等。所谓行为成瘾，也有人将其称为非物质成瘾，是指反复出现具有强迫性质的冲动行为，从而产生生理、心理和社会方面的不良后果。行为成瘾的类型包括不可控制的赌博、观看色情影片、性滥交、上网、电子游戏、购物等。[③] 当前，ICD-10和DSM-V主要针对物质成瘾给出了明确的诊断标准。在ICD-10中，成瘾的主要特征包括三条：（1）失控：控制使用精神活性物质能力受损，持久强烈使用精神活性物质的欲望；尽管明白有害，但仍然继续使用；（2）渴求：强烈的欲望或强迫性觅药与用药行为；（3）耐受性与戒断状态：耐受性指明显增加物质的使用量才能达到中毒量或预期效果，或相同的物质使用量则达不到预期的效果；戒断状态为当物质使用减少或终止时出现的特殊症状群。在过去，是否将行为成瘾作为一种精神疾病进行诊断一直饱受争议，尽管DSM-V曾试图将赌博成瘾与物质成瘾整合在一起，但后续遭到了诸多反对。人们认为物质成瘾与行为成瘾在概念与实践上均存在较大差异，将赌博行为整合进来可能导致更多的冲动行为被纳入成瘾性疾病的范畴，从而为人们提供了推脱责任的借口。因此，在DSM-V中虽然单独设立了涉及赌博的“行为成瘾”分类，但并没有将其列为正式诊断项目，而是把它列在了附录“尚需要进一步研究和观察的精神障碍”中。然而，2018年发布的ICD-11中则直接将游戏成瘾、赌博成瘾增加至行为成瘾这一章节，作为一种精神疾病对其进行诊断。

总之，无论是物质成瘾还是行为成瘾，都涉及个体行为的不可控性，这也导致成瘾者有更高的犯罪风险。尤其值得关注的是酒精成瘾者与毒品成瘾者，他们在成瘾物质的长期作用下导致神经系统受到损伤，容易在意识不清、情绪极端、行为失控的情况下产生犯罪行为，在后续章节中将对此展开讨论。

二、成瘾与犯罪行为的关系

行为人在成瘾状态下实施的犯罪行为即为“成瘾犯罪”。这一问题在成人群体中尤为普遍，其中最常见的是毒瘾、赌瘾、酒瘾等导致的犯罪行为。[④] 数据表明，在美国，谋杀和暴力犯罪中超过40%的人都受到酒精的影响，超过2/3的伴侣间暴力行为都是在酒精作用下发生的。美国政府2000年针对毒品成瘾群体的调查显示，吸毒

① 见https：//www.apa.org/topics/substance-use-abuse-addiction。

② 参见黄菊等：《体育锻炼对物质成瘾人员干预效果综述》，载《中国药物依赖性杂志》，2021（4），259～263页。

③ 参见郝伟：《行为成瘾是否将成为一个新的疾病单元》，载《中华精神科杂志》，2013（1），1～3页。

④ 参见韩路：《“成瘾犯罪”若干问题探析》，载《湖南公安高等专科学校学报》，2009（4）：60～62页。

者参与犯罪的可能性是非吸毒者的6倍，1/6的罪犯因为筹钱购买毒品而犯罪，57%州级罪犯和45%的联邦罪犯在被捕前一个月吸毒，超过80%的州级罪犯和70%的联邦罪犯曾吸毒，约60%的州级罪犯和21%的联邦罪犯由于吸毒而入狱。我国相关调查同样显示出二者的密切关系，广东地区的涉罪青少年犯使用成瘾物质的比例高达28.13%，主要涉及香烟、酒精以及新型毒品，青少年犯初次使用成瘾药物的平均年龄为13.66岁。[①] 近几年研究还发现，网络成瘾也对青少年犯罪产生了重要影响，有60%以上的青少年犯罪行为均与网络成瘾有关。可见，成瘾与犯罪行为间的紧密关联，已成为不可忽视的客观事实。

一般而言，成瘾犯罪有以下四种情况：第一，个体成瘾的行为本身就是一种犯罪行为。例如，一些人表现出强迫性偷窃行为，还有家境殷实者偷窃成瘾，他们犯罪的主要动机并不是获得物质上的满足，而是享受偷窃过程本身带来的快感。有人甚至一天不偷东西就感到浑身难受。因而，这种偷窃成瘾行为本身就是犯罪。第二，个体成瘾的是一种违法行为，为了持续该成瘾行为而卷入更严重的相关犯罪活动。例如，在我国，吸毒是一种违法行为，但如果吸毒人员同时还参与了以下活动则涉及犯罪：(1) 走私、贩卖、运输、制造毒品；(2) 非法持有毒品；(3) 包庇毒品犯罪分子；窝藏、转移、隐瞒毒品、毒赃；(4) 非法生产、买卖、运输制毒物品、走私制毒物品；(5) 非法种植毒品原植物；(6) 非法买卖、运输、携带、持有毒品原植物种子、幼苗；(7) 引诱、教唆、欺骗他人吸毒；强迫他人吸毒；(8) 留容他人吸毒；(9) 非法提供麻醉药品、精神药品。第三，个体成瘾的是一种合法行为，但在某些极端情况下，为了维持自己的成瘾癖好，有人不惜铤而走险从事犯罪活动。例如，购物成瘾、整容成瘾等现象在当今社会不足为奇，且都不涉及任何违法问题，但该类成瘾行为需要一定物质条件作为基础。一旦个体现有经济水平不能继续维持其成瘾行为时，他们则可能通过诈骗、盗窃、贪污受贿，甚至杀害他人等手段获取金钱，用犯罪的方式满足自己。第四，个体在成瘾物质或行为的副作用下进行了犯罪活动。研究表明，长期吸食毒品会对个体的大脑和神经系统产生不可逆的负面影响，不仅会让其产生无精打采、四肢酸痛等躯体症状，还会引发情绪不稳定、易烦易怒、妄想、幻觉等精神障碍方面症状，这些症状极易让成瘾者在毫无事实依据的情况下认为自己遭到了攻击与伤害，从而表现出对他人的强烈敌对和仇视，导致暴力犯罪。

案例：

“顺走”超市商品成瘾?

近日，山东省济南市公安局长清区分局接到辖区恒大绿洲小区附近某超市负责

① 参见姜醒、李永辉、曾红：《广东省犯罪青少年成瘾物质使用的调查及影响因素分析》，载《中国药物依赖性杂志》，2016 (2)，215～220页。

人报警，称近期结算时经常发现商品和销售额不符的情况，通过查询监控，发现一名女子连续多次购物都没有将选购的商品全部结账，疑似“顺走”部分商品。12月13日下午，当该女子再次到超市购物时，工作人员立即报警，城关派出所民警迅速赶到现场将嫌疑人抓获。

经查，犯罪嫌疑人都某（女，21岁）自2020年11月份以来，先后四次到案发地某超市购物，每次都趁店员不注意时将排骨、牛肉、鱼虾、洗护用品等预先藏到自己包里，到柜台时只结算一些价格较便宜的商品。多次作案累计盗窃价值达1 200余元。

民警了解到，都某平时经营一家美甲店，自己生活经济条件还可以，每次盗窃排骨、虾等生鲜产品自己也不怎么吃，都招待了朋友。“就是贪心作怪，第一次抱着侥幸心理拿了没被发现，后来就一发不可收拾，每次去都想偷偷地藏起来带回家。”面对民警的讯问，都某后悔不已，认识到自己的错误，并随后对案发超市进行了经济赔偿。

案例来源：《齐鲁晚报》，2020-12，https://sjb.qlwb.com.cn/qlwb/content/20201225/ArticelE10005FM.htm

第二节　酒精成瘾者犯罪心理

一、酒精成瘾概述

饮酒在人们的日常生活中尤为普遍，饮酒的历史甚至与人类发展历史融为一体，在不同时代都发挥着黏合剂的作用。研究发现成年人中滴酒不沾者不到5%，这意味着绝大多数人都可能成为潜在的酒精成瘾者。可以说，酒精是世界上使用最为广泛的成瘾物质，有数据显示，酒精成瘾是仅次于心血管病、肿瘤，位居第三位的全球性公共卫生问题，是高收入国家致病和过早死亡的第六大主要因素。①

酒精成瘾也称为酒精依赖症或酒精使用障碍，是指个体对酒精表现出了如同对食物和水一般的强烈需求，以致饮酒不能控制，一旦停止则产生各种躯体和心理的不适应症状。在DSM-V（2013年）中，曾针对酒精使用障碍给出了明确定义：它是一种酒精使用的机能失调，会导致个体产生持续12个月以上的临床躯体表现，下列11条

① See Forouzanfar M H, Afshin A, Alexander L T, et al, “Global, regional, and national comparative risk assessment of 79 behavioural, environmental and occupational, and metabolic risks or clusters of risks, 1990—2015: a systematic analysis for the Global Burden of Disease Study 2015”, *The Lancet*, 2016, 388 (10053), pp. 1659-1724.

中符合2条及以上即有酒精成瘾的风险[①]：(1) 饮酒的量或时间经常超出原有计划；(2) 存在持续戒酒的欲望，或曾经尝试但不成功；(3) 花大量时间来获取酒精、使用酒精以及从中恢复；(4) 存在渴求或强烈渴望饮酒；(5) 社会功能损害：反复饮酒导致不能工作、学习或家庭中相应的角色功能损害；(6) 尽管由于饮酒导致或加重人际关系障碍，仍然继续饮酒；(7) 由于饮酒而放弃或减少重要的社会、职业或娱乐活动；(8) 在明知损害身体的情况下继续反复饮酒；(9) 尽管了解酒精可能导致躯体或心理问题，但仍然继续饮酒；(10) 耐受性：达到醉酒状态所需要的酒精使用量增加；或继续使用同样酒精计量，效果显著降低；(11) 戒断症状：停止饮酒后表现出酒精戒断综合征；为了减轻或避免阶段症状而饮酒。

DSM-V还对疾病的严重程度进行了区分，以上标准若满足2—3条则为轻度酒精使用障碍，若满足4—5条为中度，满足6条或以上则为重度障碍。

饮酒会给患者带来一系列躯体损害，严重者甚至会产生酒精中毒的症状，即一旦在一段时间内停止饮酒，即产生自主神经系功能亢进。例如，出汗或心率超过100次/分钟，恶心或呕吐，一过性的视、触、或听幻觉、或错觉，精神运动性激越，焦虑，癫痫发作等。此外，长期饮酒还容易导致酒精性肝病、高血压等慢性心脑血管疾病。

二、酒精成瘾与犯罪行为

饮酒与犯罪行为关系密切。根据英国的数据统计，24%～40%的犯罪行为都与酒精中毒有关。德国每年发生的交通事故中，36%的肇事者都存在酒精滥用问题。美国一项关于犯罪的全国性调查显示，大约50%的罪犯在实施犯罪活动前都存在饮酒现象，且暴力犯群体中酒精成瘾者的比例要明显高于财产型犯罪者以及非犯罪群体。[②]可见，酒精使用、酒精成瘾与犯罪行为存在高度相关。酒精成瘾者涉及的最为普遍的犯罪行为是盗窃和暴力伤害，其次是放火、强奸、诈骗、吸毒、凶杀等。[③]美国犯罪学家哈斯克尔（Martin Haskell）和雅布隆斯基（Lewis Yablonsky）认为，酒精成瘾与犯罪行为间的关系主要有以下三种模式。

（一）饮酒直接构成犯罪

在该模式下，饮酒本身就是犯罪行为，这主要指酒后驾驶、公共场所酗酒等。此类行为是许多法规中明文禁止的。在我国，酒后驾驶一度成为引发交通事故的“第一大杀手”，每年由于酒驾引发的交通事故高达数万起。酒驾之所以容易造成严重的交通事故，是因为人在醉酒状态下，感知觉能力与决策水平都会下降。这具体表现在：

---

① 参见崔莉莉、盛利霞、汤宜郎：《DSM-5物质相关及成瘾障碍诊断标准的变化及影响》，载《中国药物依赖性杂志》，2015 (3)，165～168页。

② See Greenfeld L A, “Alcohol and crime: An analysis of national data on the prevalence of alcohol involvement in crime”, *US Department of Justice*, *Office of Justice Programs*, *Bureau of Justice Statistics*, 1998.

③ 参见陶玮玲：《酒精成瘾与犯罪》，载《河南司法警官职业学院学报》，2006 (1)：60～62页。

（1）视觉障碍。人们在正常状态下外围视界可达 180 度，但如果饮酒超过一定含量，驾驶员的视野范围会缩小，不利于其对周围情况进行判断。（2）触觉能力降低。个体在饮酒后由于酒精的麻痹作用，其手、脚的触觉能力较平时更低，因此无法很好地控制油门、刹车和方向盘，容易带来安全风险。（3）判断和操作能力降低。饮酒后人们对声音刺激和光线刺激的反应速度变慢，不能很好地判断距离和速度。（4）过度自信。个体在饮酒状态下往往会不听他人劝阻，过高地估计自己的能力与技术，从而判断失误。（5）疲劳。驾驶本身需要个体处于较高的警觉水平，而饮酒状态下驾驶员常感到疲劳、困倦，可能会由于精力不济而产生交通事故。基于以上原因，酒驾、醉驾往往容易引发严重的交通事故，因此，《刑法修正案（八）》第 22 条规定：在道路上醉酒驾驶机动车的，处拘役，并处罚金。自此，我国正式将醉驾纳入刑事犯罪的范畴，醉酒驾驶直接就构成犯罪。

案例：

醉驾酿成连环追尾事故，司机被判危险驾驶罪

2021 年 4 月 11 日傍晚，骆某酒后驾车，由南向北行驶至西城区虎坊路南侧时，赶上了红灯。因酒后神志不集中、操作不当，骆某驾车与前方车辆发生追尾事故，被撞车辆又与前车追尾，最终造成包括骆某车辆在内的 4 车连环追尾事故。

事发后，被追尾的车主报警，交警赶赴现场将骆某查获。经鉴定，骆某血液中酒精含量为 254.7mg/100ml，属于醉酒驾车。骆某到案后也如实供述了犯罪事实。交管部门认定，此次事故由骆某承担全部责任，其他三名司机无责。骆某的家属对三名车主的车辆损失进行了赔偿，取得了他们的谅解。

西城区人民法院审理后认为，骆某犯危险驾驶罪的事实清楚，证据确实、充分。鉴于骆某到案后如实供述自己的罪行，当庭认罪，积极赔偿被害人的经济损失并得到谅解，可以从轻处罚。但骆某事发后有逃离现场的行为，也要从重处罚。最终，法院依法认定骆某犯危险驾驶罪，判处拘役 4 个月，并处罚金 8 000 元。

案例来源：北京西城法院微信公众号，https：//baijiahao.baidu.com/s? id=1713442416854424506&wfr=spider&for=pc，2021-04

（二）饮酒间接引发严重犯罪行为

在大多数情况下，饮酒都不直接构成犯罪，但是或可间接导致犯罪行为的发生，许多严重的刑事犯罪都是在酒后异常精神状态下进行的。研究表明，酒精通过影响人类大脑蓝斑核从而降低了个体的应激与警戒水平。此时，当饮酒者遭遇突发事件时较平时自我控制能力减弱，个人道德水平降低，容易产生自己“无所不能”的错误知觉，从而因为缺乏敬畏之心及后果认知而导致犯罪，酒精从某种程度上成为违法犯罪的“壮胆药”。此外，酒精可影响个体的行为反应能力，会使饮用者难以进行细致的观察和精确的行为控制，容易使饮酒者因为动作控制不准而导致过失犯罪。

案例：

男子多次酒后打砸彩票站

酒后无事生非屡打砸

1989 年出生的伍某租住在广州市荔湾区某出租屋，无业。没有收入，他就把希望寄托在买彩票上。

2020 年 8 月 8 日晚，喝了酒的伍某一个人坐在荔湾区珠玑路某福利彩票站门口，他买了一张又一张彩票，“运气很不好，老是不中奖”，伍某打算“再玩一次就不玩了”，谁知还是没中奖。他越想越气，拿起一把红色圆凳子砸烂了墙上的液晶电视机，逃跑过程中还使用砖头砸向追赶他的被害人廖某某。

2021 年 1 月 24 日晚，伍某身上已经没有钱了。酒后的他来到荔湾区一家手机维修店，想把一部旧手机卖掉，可价钱没谈拢。伍某当时手里还拿着酒瓶，张嘴就骂对方，双方发生口角，他拿起酒瓶扔向店员区某某的头部，在酒瓶落下过程中砸烂了店里货架的玻璃。区某某与伍某在推打过程中摔倒在地，伍某趁机逃跑。

没过几天，1 月 27 日晚，喝了酒的伍某又来到康王南路一家体彩站购买彩票。10 时许，老板娘要关门，可伍某买彩票还没“尽兴”，不让关，坚持要买到晚上的最后一期，老板娘并未应允。伍某拿起酒瓶砸烂了彩票站里的电视机，并走到柜台处，用拳头、手机、凳子殴打被害人刘某的头部、脸部、手部等各部位。刘某大喊救命，伍某逃离现场。

以寻衅滋事罪判刑

案发后，公安机关将伍某抓获归案。伍某母亲赔偿了被害人廖某某 1 700 元，赔偿被害人区某某 200 元，赔偿被害人刘某 6 000 元，三名被害人均对伍某表示谅解。

2021 年 7 月，荔湾区检察院向荔湾区法院提起公诉。伍某对公诉机关指控的犯罪事实和罪名均没有意见，认罪认罚，请求从轻处罚。

法院经审理认为，伍某随意殴打他人，情节恶劣，任意损毁财物，情节严重，其行为已触犯刑律，构成寻衅滋事罪。伍某如实供述自己的罪行，且认罪认罚，依法可以从轻处罚。伍某家属已赔偿各被害人的经济损失并取得谅解，可以酌情对其从轻处罚，遂以寻衅滋事罪对伍某判处有期徒刑 7 个月。

案例来源：《潇湘晨报》，https://baijiahao.baidu.com/s?id=17136877853 93322371&wfr=spider&for=pc，2021-10

（三）共同致病模式

在第三种模式下，饮酒或酒精成瘾并不直接导致个体犯罪，而是与其他因素共同发挥作用，包括童年期的虐待、反社会人格、重大生活创伤等通过与酒精发生相互作用而导致犯罪行为。显而易见的是，并不是所有人在酒后都会做出违法犯罪行为，酒精或许只是放大了那些高风险群体的犯罪危险性。在这种情况下，酒精更多被视为一种情境性变量发挥作用。例如，有研究表明那些具有冲动型、支配型人格特征的青少年在酒后容易做出更多暴力攻击行为。

三、酒精成瘾犯罪者的心理特点

（一）酒精成瘾犯罪者的人格特点

正如前文所言，尽管饮酒会导致个体犯罪风险升高，但并非所有的饮酒者都会产生暴力犯罪行为，因为还有一个重要因素在与酒精共同发挥作用，那就是人格。多年来，研究者们都在探索什么样人格特征的个体会在酒精作用下走向犯罪。早在1962年，Roebuck和Johnson就发现，更加严厉以及道德要求更高的成长环境可能会导致个体成年后出现精神分裂等精神疾病，而这一诱发犯罪的风险因素，容易使个体产生酒后暴力行为。Bach-y-Rita等1970年发现，只有高焦虑的个体在饮酒后才会产生暴力犯罪行为，说明焦虑型人格是酒精成瘾者犯罪的一个重要影响因素。此类研究一直在持续开展，Eriksson等在2021年还对277名酒精成瘾并且谋杀他人的在押罪犯进行了调查①，结果发现，这些酒精成瘾犯罪者确实具有较高水平的愤怒特质、冲动性以及感觉寻求，并且酒精成瘾程度越高的个体以上特质越明显。另外，酒精成瘾与人格障碍之间关系密切，尽管二者之间的因果关系目前还未完全被确定，但多项研究都发现，酒精成瘾的个体更容易与边缘型人格障碍、回避型人格障碍以及反社会型人格障碍发生共病。例如，Yoshino等人发现，酒精成瘾病人发生反社会人格障碍的危险性是非酒精成瘾病人的4.1倍，酒精成瘾阳性家族史患者患有反社会人格障碍是非阳性家族史的1.9倍。② 国内研究也发现，酒精成瘾暴力犯罪者的MMPI量表中有39%的患者Pd和Pa的分数明显升高，属于反社会人格。③ 总之，酒精成瘾犯罪者可能在不同程度上存在负性的消极人格特点。

（二）酒精成瘾犯罪者的情绪特点

总体而言，酒精成瘾犯罪者易表现出情绪不稳定、情绪控制能力差等特点。这是由于长期饮酒会对人类大脑杏仁核产生影响，甚至损害杏仁核中心的抗炎信号传导，使得大脑对促炎介质的释放失去控制，驱动异常神经元活动。杏仁核是我们大脑中负责情绪处理的主要结构，人们产生情绪、调节情绪都离不开杏仁核的加工。其损伤导致酒精成瘾者存在一定程度的情绪调节困难，表现为不能很好地理解、意识与接收他人情绪，也不能灵活地对自身情绪的方向与强度进行调整。因此，酒精成瘾者常因为生活事件和环境变化产生大喜或大悲情绪，表现出较为明显的两极性，易在激动状态下由于不能控制自身冲动行为而引发犯罪。同时，长期饮酒的个体还会表现出较多的

---

① See Eriksson L, Bryant S, McPhedran S, et al, "Alcohol and drug problems among Australian homicide offenders", *Addiction*, 2021, 116 (3): pp. 618 - 631.

② See Yoshino A, Fukuhara T, Kato M, "Premorbid Risk Factors for Alcohol Dependence in Antisocial Personality Disorder", *Alcoholism: Clinical and Experimental Research*, 2000, 24 (1).

③ 参见袁平、欧阳杏娟、谈琳等:《酒中毒患者明尼苏达多相人格测查表测试结果的聚类分析》，载《中华精神科杂志》。

负性情绪。一方面，他们在遭遇悲伤、压力事件时倾向于把责任推向外界，选择以饮用酒精来麻痹自己暂时获得解脱；但另一方面，长期饮酒又会对个体社会功能造成影响，从而加剧其焦虑、悲观等负面情绪，产生恶性循环。最后，当成瘾者开始戒酒时，长期的生理依赖也会导致他们情绪异常低落，经常出现抑郁、烦闷、身体乏力等表现。

（三）酒精成瘾犯罪者的认知特点

酒精成瘾犯罪者的认知水平较一般群体更低。这是由于酒精成瘾会对患者的认知功能产生不同程度的损害。其中，执行功能的下降最为明显，表现为信息加工速度变慢、学习能力和视觉空间能力下降。另外，他们的注意能力和控制功能也会受到影响。[①] 酒精成瘾型犯罪者还容易表现出“非黑即白”的二元认知特点，在酒精长期的作用下，他们的中枢神经系统受到损伤，遇到问题不愿意进行细致理性的分析梳理，而是采取消极回避的认知方式，喜欢仅从事物的表面特征进行判断与解读，难以对复杂的因果关系和事物发展规律进行判断。

（四）酒精成瘾犯罪者的意志特点

酒精成瘾型犯罪者的意志特点表现出两极分化。一方面，他们与酒精相关的意志活动增强，会不断给自己寻找继续饮酒的机会与理由，一旦受到阻碍则会费尽心思、不择手段地想方设法获取酒精类物品。另一方面，其工作、学习和生活相关的意志活动有所减退，自我控制能力下降，生活中容易放纵自己的不良行为习惯，甚至表现出“破罐子破摔”、好逸恶劳、不思进取等特点，缺乏坚定的生活目标和积极的生活态度。同时，与毒品成瘾者相似，许多酒精成瘾者也有多次戒断并复发的经历，因此他们对自己是否能够成功戒断酒瘾缺乏自信，从而丧失了控制自己欲望的毅力。

第三节　毒品成瘾型犯罪心理

一、毒品成瘾概述

（一）毒品的概念

我国法律对“毒品”的概念有明确定义，《刑法》第 357 条规定，毒品是指鸦片、海洛因、甲基苯丙胺（冰毒）、吗啡、大麻、可卡因以及国家规定管制的其他能够使人形成瘾癖的麻醉药品和精神药品。[②] 该定义列出了六种常见的毒品种类，并指出毒品具有“使人形成瘾癖”的效用特征。除我国刑法中所规定的麻醉药品和精神药品两大类传统毒品外，第三代毒品——新精神活性物质（又称“实验室毒品”，是不法分子对传统毒品进行化学结构修饰所得到的毒品类似物）作为新型毒品，在近十年快速

① 参见阮若云等：《酒精依赖者认知功能评估的探索研究》，载《刑事技术》，2015（3），196～198 页。

② 参见《中华人民共和国刑法》第 357 条。

涌现，改变了世界毒品市场格局并威胁到公众的健康与安全。毒品对于个体造成严重危害并不是因为该物质本身具有强烈的毒性，而是通过使个体的身体和精神形成对毒品的重度依赖来蚕食其意志，使其无法正常工作与生活。

（二）毒品成瘾的概念及症状

毒品成瘾（Drug Addiction）可以定义为：对毒品强迫性寻觅与使用的行为模式，是由偶尔间断使用毒品向强迫连续使用毒品过渡的成瘾过程。[①] 成瘾者对毒品有着强烈的心理渴求，即便了解吸毒所带来的诸多不良后果，仍无法控制吸食的欲望。根据 ICD-10，毒品成瘾的诊断标准如下框中所示，在以往 12 个月内发生或存在 3 项以上即可被诊断为毒品依赖。

资料：

毒品依赖的症状

（1）具有非医疗目的滥用毒品的强烈意愿。

（2）对毒品滥用行为的开始、结束及剂量难以控制。

（3）滥用毒品的目的是减轻或消除戒断症状。

（4）减少或停止滥用毒品后出现戒断症状。

（5）滥用毒品的过程中耐受性逐步增加。

（6）不顾社会约束，选择滥用方式的（时间、地点、场合等）自控力下降。

（7）由于滥用毒品逐步丧失原有的兴趣爱好，并影响到家庭、社会关系。

（8）知道滥用毒品的危害仍坚持滥用。

（9）减少或停止滥用毒品后出现戒断症状，重新滥用时剂量较前增加。

资料来源：国际疾病分类标准：ICD-10，2002

强迫性用药和持续性渴求是毒品成瘾者的两大共性特征，其本质是身体的代偿性适应。持续使用毒品会使中枢神经系统发生各种适应性改变，最终导致耐受、躯体依赖、敏化、渴求等结果。毒品成瘾对全身各个系统都有不同程度的损害，尤其侵蚀神经系统。根据《世界毒品问题报告》显示，2015 年世界上约有 2.5 亿人使用毒品，其中全球成年人口的 0.6%（约 2 950 万人）在使用毒品时产生了问题，并深受毒品成瘾之苦。[②] 在我国，截至 2018 年年底，共有 240.4 万名吸毒人员，占全国人口总数的 0.18%，合成毒品滥用呈蔓延之势，毒品成瘾人数增速减缓但规模依然较大。[③]

各类吸毒者的成瘾症状虽有些许不同，但都会经历大致相同的过程。科布与西蒙

① See Robinson, T. E., & Berridge, K. C. (2000), "The psychology and neurobiology of addiction: an incentive-sensitization view", *Addiction*, 95 (8s2), pp. 91 - 117.

② 参见《2017 年世界毒品问题报告》，联合国毒品与犯罪问题办公室，2017。

③ 《2018 年中国毒品形势报告》，见中国禁毒网，http://www.nncc626.com/2019-06/17/c_1210161797.htm#10006-weixin-1-52626-6b3bffd01fdde4900130bc5a2751b6d1。

认为，毒品成瘾作为一种严重的物质使用障碍，包含三个循环阶段：(1) 关注/期待，(2) 大量吸食，(3) 戒断。① 一旦进入大量吸食阶段，个体就会产生依赖性，包括躯体依赖性和精神依赖性。躯体依赖性表现为生理上的强烈戒断症状，即当停止给药时会感受到极大痛苦；精神依赖性则是药物对中枢神经系统作用后产生的一种特殊奖赏效应，表现为心理渴求与持续的强迫觅药行为。

对于依赖性形成的心理行为过程，吴宇棋指出，吸毒者的成瘾心理包括循环往复的行为失控、心理自责、自我控制这三个阶段。② 在每个阶段，吸毒者都会受到“来自家庭和社会的压力与诱惑”以及“吸毒者自身人格”的共同作用。

(1) 行为失控是指个体对某种特定行为产生不断增强并难以控制的冲动与渴望，当这种心理紧绷状态达到临界值时，个体会不顾一切地寻求发泄。毒品成瘾者的生活模式受到毒瘾的控制，随着成瘾程度的加深和耐受性增强，他们需要更大剂量的毒品来减少痛苦。

(2) 处于心理自责阶段的个体在吸毒行为实现后，会产生沮丧、内疚、负罪等情绪，并可能下定决心来控制戒断这种行为。

(3) 接下来个体会进入自我控制阶段，即主动采取一些措施来抵抗失控行为，但是不久后对毒品的渴望又会不断增强。毒品给成瘾者不断带来生理折磨，最终会消磨其自责心理，使他们陷入欲望而无法自拔。同时，即便成瘾者由于自责心理有意识控制自己的行为，但当某种情境或诱惑出现时，吸毒欲望也会被重新唤起。

(三) 毒品成瘾的神经生理机制

毒品成瘾的重要行为特点是吸毒者存在明显的奖赏寻求行为，即过度追求使用一种物质以获得超凡的欣快效应。奖赏系统背后的神经生理机制十分复杂，涉及多个脑区功能。有研究者采用正电子发射计算机断层成像技术 (PET) 研究了 30 名海洛因成瘾者，发现当他们对毒品产生强烈渴求时，其额下叶、右侧颞叶、海马等部位的脑血流量明显增加，这也证实了成瘾者的依赖一定程度上源于毒品对脑生理活动的改变。③ 同时，钱若兵等人提出，毒品成瘾的神经机制涉及多巴胺 (DA) 神经环路、阿片肽受体系统和 γ—氨基丁酸 (GABA) 能系统。④

1. 毒品成瘾与多巴胺神经环路。多巴胺神经环路包括中脑—边缘系统多巴胺神经通路和中脑—边缘系统—皮质系统多巴胺神经通路。当吗啡、大麻等毒品作用于这两个神经通路的多巴胺能神经元时，多巴胺释放量增加，通过作用于脑内相关受体而完成奖赏效应。同时，毒品能够有效抑制多巴胺重摄取或直接作用于多巴胺受体而促

---

① See Koob, G. F. & Simon, E. (2009), “The neurobiology of addiction: Where we have been and where we are going”, *Journal of Drug Issues*, 39: pp. 115 - 132.

② 参见吴宇棋、钱磊、杨漫欣：《毒品成瘾的心理机制探究》，载《医学与社会》，2012 (11)：81～83 页。

③ 参见吴宇棋、钱磊、杨漫欣：《毒品成瘾的心理机制探究》，载《医学与社会》，2012 (11)：152 页。

④ 参见钱若兵、傅先明、汪业汉：《毒品成瘾的神经机制、治疗现状和进展》，载《立体定向和功能性神经外科杂志》，2005 (3)：179～182 页。

进多巴胺功能。长期下来，多巴胺神经元的稳态被改变，吸毒者只有使用更多毒品才能刺激相应的神经元释放足量多巴胺，由此陷入恶性循环之中。

2. 毒品成瘾与阿片肽受体系统。吗啡等毒品可以作用于阿片肽神经元，使其释放更多的内啡肽，内啡肽再作用于多巴胺神经元上的阿片受体，促进多巴胺神经元兴奋以完成奖赏效应。阿片肽受体系统与多巴胺神经环路间存在交互作用，共同影响毒品成瘾过程。

3. 毒品成瘾与γ一氨基丁酸（GABA）能系统。GABA神经元是一种抑制性神经元，对多巴胺神经系统具有抑制作用，毒品可以作用于GABA能神经元上的阿片μ受体，抑制GABA神经元活性，从而削弱其对多巴胺神经元的控制，使多巴胺神经元活性增强，即通过间接药物强化效应来影响多巴胺的释放。

二、毒品成瘾与犯罪

（一）理论基础

关于毒品成瘾与犯罪的关系，国内外学者提出了三种取向的毒品犯罪关联理论。

1. 关注毒品成瘾与犯罪行为间直接的因果关系，即“毒品成瘾导致犯罪”或“犯罪导致毒品成瘾”。解释毒品成瘾与犯罪之间的因果关系最具影响力之一的理论是保罗·戈尔茨坦（Paul Goldstein）提出的三重概念模式。[①] 他明确了三种与毒品成瘾有关的犯罪，从动机和原因的角度解释了毒品如何导致犯罪。

（1）精神药理学驱动的犯罪

戈尔茨坦指出，吸毒者由于在一定时间内摄取某种药物或化学物质，对这种药物变得易于兴奋，认知功能受到损伤，严重影响了自我控制和执行功能。吸毒者变得容易激动、亢奋，倾向于使用暴力解决问题。换言之，这种效应是假设毒品导致某些人（即使平常为非暴力之人）变得暴力，从而卷入各种犯罪行为之中。

案例：

连云港男子吸毒后持刀砍家人

2018年5月15日，江苏省连云港连云区一男子在家中吸毒后产生幻觉，神志不清，情绪异常激动，拿起菜刀向家人疯狂挥砍。民警接到家人报案后立即赶到现场，用警戒格挡暂时逼退男子，在一名民警与男子对峙的同时，其他民警迅速将男子的妻子及父母从房中救出。见民警将人救出，男子拼命撞门并在家中乱踹发泄，而此时他年仅10岁的女儿还躲在厨房角落中，随时可能被其砍杀。最终，民警用辣椒喷雾将男子逼退后救出其女儿，但有三名民警的脸部、大腿和肩膀先后被吸毒男子砍伤。

案例来源：环球网，https：//baijiahao.baidu.com/s? id＝16042315238296 12454&wfr＝spider&for＝pc，2018－06－25

① See Goldstein P J，“Drugs and violent behavior ”，*Journal of Drugs Issues*，1985，15：pp. 493－506.

（2）系统内犯罪

这类犯罪是在毒品分配和使用时发生的犯罪，包括相互竞争的违法毒品交易者在争夺地盘时的冲突、违法毒品交易组织间或组织内的攻击与杀人、买方与卖方之间的冲突等。举例来说，毒品买卖双方为毒品质量、数量或价格的争吵，贩毒者对手下的惩罚都可能导致犯罪。同时，毒品生产和贩卖活动本身就是诱发犯罪的重要因素。

（3）经济强迫性犯罪

经济强迫性犯罪是指用来支撑昂贵毒瘾的犯罪行为。成瘾者随着成瘾程度的不断增加，对毒品的依赖性会持续增强，在没有毒品时会感到强烈且痛苦的戒断反应。而毒品的价格大多昂贵，成瘾者很难长期维持高昂的毒品开销，有时被迫通过财产犯罪来获得经济支持。盗窃、抢劫、杀人甚至是以贩养吸等犯罪行为都会由此而生，部分女性则会通过出卖肉体等方式获得毒资。

2. 关注导致毒品成瘾和犯罪行为的共同因素，即存在某个因素可以同时导致成瘾和犯罪，构建毒品成瘾与犯罪的间接联结。例如，有研究者指出，吸毒并不一定会导致犯罪，犯罪也不一定会导致吸毒，它们都是由低自制力这一共同因素引起的。[①] 在社区层面，社区的无序可以为吸毒和犯罪提供一个天然的背景，使生活于其中的人们受到更少的约束，做出更多越轨的行为。[②] 许多成瘾者和犯罪者在早年就已表现出诸多不良行为（打架斗殴、校园霸凌、逃课等），随后的吸毒和犯罪行为均受到个人特征影响。再者，童年时期不良的成长环境、家庭教养方式以及挫折经历，均会影响个体的人格发展，这类个体将同时成为毒品成瘾与实施犯罪的高风险人群。例如，高冲动性的风险寻求者对于吸毒和犯罪等违法行为缺少畏惧感，更容易进行尝试。[③]

3. 关注吸毒者的生活方式。根据生活方式假说，犯罪被视为吸毒者生活方式的内在构成部分，吸毒与犯罪之间可能没有直接的因果关系，只是在相同的生活方式环境中共存。[④] 吸毒者早已形成一种不健康、不正常的生活方式，这种生活方式本身就包括吸食毒品和实施犯罪行为。[⑤] 吸毒者和犯罪者都被卷入了一种越轨的亚文化中，它涉及群体成员间的冲突、暴力争端以及其他违法乱纪行为。[⑥] 因此，吸毒者的生活方式是其产生犯罪行为的诱发与维持因素，吸毒、犯罪又会使这种不良的生活方式得

① See Gottfredson M R，Hirschi T，“A General Theory of Crime”，*American Political Science Association*，1990，71（2）.

② See Bennett T，Holloway K，D Farrington，“The statistical association between drug misuse and crime：A meta-analysis”，*Aggression & Violent Behavior*，2008，13（2）：pp. 107－118.

③ See Torok M，Darke S，Kaye S，“Predisposed Violent Drug Users Versus Drug Users Who Commit Violence：Does the Order of Onset Translate to Differences in the Severity of Violent Offending?”，*Drug Alcohol Rev*，2012，31（4）：pp. 558－565.

④ See Bennett，T，“The Association Between Multiple Drug Misuse and Crime”，*International Journal of Offender Therapy & Comparative Criminology*，2005，49（1）：p. 63.

⑤ See Leri F，Bruneau J，Stewart J，“Understanding polydrug use：review of heroin and cocaine co-use”，*Addiction*，2003，98（1）：pp. 7－22.

⑥ See Goode E，*Between Politics and Reason*，1997.

以强化。

（二）实证结果

1. 不同毒品与犯罪行为的关系

（1）大麻与犯罪

大麻是早期发现的精神类活性物质之一。药物大麻取自于植物大麻，其主要的精神活性成分为四氢大麻酚，植物各个部分所含四氢大麻酚浓度和质量决定了此药物对人精神状态的影响力。大麻是目前全世界最为流行的违法药物。据2018年联合国毒品与犯罪办公室发布，全球15岁～64岁人群中，大麻使用者约1.92亿人，北美、大洋洲、中西非、中西欧大麻流行率较高。长期大剂量地使用大麻会严重损伤个体的免疫系统、注意、记忆、判断等认知功能，影响两性生殖健康等。吸食大麻具有成瘾性，停用后会引起戒断反应，继而产生对大麻的强烈渴求。然而，相比于其他毒品，大麻以精神依赖性为主，躯体依赖性较低，不易产生耐受性。

关于大麻与犯罪行为，心理学家们并没有找到二者之间的因果关系，这意味着大麻对于犯罪行为可能不产生直接作用。事实上，四氢大麻酚的主要作用之一是促进肌肉松弛和减少身体活动，改善个体心境，对于攻击和侵犯行为反而具有抑制性作用。有研究表明，相较于偏好其他药物的如苯丙胺的使用者，大麻吸食者不易有暴力和攻击行为。[①] 因此，一些处在大麻影响下做出暴力行为的人，很有可能其本身就具有暴力倾向，大麻并非导致其暴力行为的主要原因。然而，大麻对于犯罪的间接影响不可忽视，成瘾者会为了购买大麻而犯下盗窃、抢劫、诈骗等违法犯罪行为，甚至有人通过卖淫以赚取钱财，即经济强迫性犯罪。在多数国家，大麻的买卖和使用系违法犯罪行为，因此传播和买卖大麻本身就属于犯罪，此类毒品犯罪并不是由吸食大麻的负面效应所致，而是由法律标准规定的。

（2）可卡因与犯罪

可卡因属于兴奋型毒品，其化学名为苯甲基芽子碱，能够兴奋中枢神经系统，提升个体警觉水平。少量使用可卡因能够消除疲劳、提高情绪、提升注意力，还会有适度的欢快感。但过量的可卡因会导致个体出现极度兴奋、高度敏感、谵妄、幻觉、精神错乱和狂躁等，甚至可直接导致攻击行为。同时，使用可卡因的个体还会表现出指向内部的破坏行为，即自残和自杀行为。研究表明，成瘾者在吸食可卡因后通常情绪激动，会产生摔砸东西、大声吼叫的欲望和行为倾向。[②] 相比于大麻，可卡因的成瘾性较强，吸毒者依赖性形成得快而强烈。一些成瘾者出于对可卡因的强烈需求，为了支付昂贵的毒资，不得不参与到盗窃、违法毒品交易、卖淫等犯罪中去。

---

① See Curt R. Bartol, *Criminal Behavior: A Psychological Approach* 9th ed.

② See Erickson PG, Adlaf EM, Murray GF, et al, *The steel drug: Cocaine in perspective*. Lexington Books, 1987: pp. 341 - 342.

（3）冰毒与犯罪

冰毒的主要成分是甲基苯丙胺，属于兴奋型毒品，小剂量使用可以起到短暂的兴奋、抗疲劳功能，大剂量使用则会出现精神兴奋、性欲亢进、躁动不安等症状，甚至直接导致暴力行为。① 根据中国禁毒网权威发布，冰毒已经成为滥用“头号毒品”，在240.4万名现有吸毒人员中，滥用冰毒人员有135万名，占56.1%。

有关冰毒与犯罪行为的研究早在20世纪70年代便已开始，埃林伍德（Ellinwood）是最早系统阐述冰毒与谋杀关联的研究者之一。他强调毒品亚文化对吸毒者犯罪行为的影响，即当时的社会形成了一种以吸毒为荣、崇尚吸毒的道德风尚，吸毒和暴力成为了人们追求时尚、寻求他人认可的途径。② 有些冰毒使用者容易产生偏执妄想，他们能够强烈感受到来自外界的歧视，他们会对身边的家人朋友过分怀疑，导致人际关系紧张、增加争执和犯罪风险。如果个体同时使用冰毒与其他毒品或酒精，犯罪行为发生的概率将会显著提升。还有研究者发现，冰毒吸食者如果在吸食冰毒前有暴力行为史，在后期吸食冰毒会加剧其暴力行为倾向。③

案例：

“冰毒”瘾君子强奸醉酒女

2019年7月10日，唐某从湖南省来到广东省韶关市游玩，并在武江区某酒吧设下酒局，邀约数名朋友与多年未见的女同学阿珍（化名）喝酒叙旧，阿珍又带一女同学阿玲（化名）一同赴约。数人喝酒叙旧至凌晨时分，陆续有人相继离开。阿珍也由于某种原因先行离开，留下不胜酒力在酒吧卡座熟睡的阿玲。阿玲一觉醒来后发现同学阿珍及其他人员不在现场，遂准备离开酒吧。唐某尾随阿玲，在阿玲酒劲发作不省人事后将其带至浈江区某宾馆，在吸食冰毒后，趁阿玲酒醉之机强行与其发生性关系。后阿玲报警，警方对唐某执行逮捕。

案例来源：中国经济网，https://baijiahao.baidu.com/s?id=1653778670461024557&wfr=spider&for=pc，2019-12-24

（4）海洛因与犯罪

海洛因是吗啡类毒品的总称，属于麻醉类药物。现如今，海洛因已逐渐成为全世界滥用最为广泛的毒品，被联合国认定为一级管制毒品，也是我国监控和查禁的最主要毒品之一。吸食海洛因过量会出现呼吸深度抑制、心率减慢、血压下降等症状，长期下来将会严重损害人的呼吸、心血管、生殖及内分泌系统等，还会出现焦虑、抑郁、悲伤等负性情绪状态。海洛因吸食者常使用静脉注射的方式，据他们描述，在这

---

① 参见刘铁桥、郝伟：《苯丙胺类兴奋剂（ATS）概介》，载《国外医学精神病学》（分册），2001（3）。

② See Ellinwooda E H, Cohen S, “Amphetamine abuse”, *Science*, 1971, 171: 420.

③ See Sommers, Ira, Baskin, et al, “Methamphetamine use and violence”, *Journal of Drug Issues*, 2006.

个过程中可以感受到强烈的震颤感、飞溅感、冲入感和反冲感。海洛因可以给吸食者带来精神恍惚的如梦状态，让其产生坠入云雾般的感受。

海洛因成瘾与犯罪之间的关系一直有不同结论。一些研究发现，部分海洛因成瘾者（无论男女）几乎每天都进行犯罪活动，且海洛因使用的频率升高会大大增加犯罪倾向。[①] 海洛因成瘾者犯下的罪行种类多样，包括买卖毒品、盗窃、故意破坏、抢劫，甚至有时涉及故意伤害、谋杀等暴力犯罪。然而根据药理学研究，吗啡类药物具有一定的抑制性功能，不会使吸毒者变得具有攻击性，从这个角度来看海洛因作为一种麻醉类药通常不会直接引发暴力。事实上，大多数海洛因成瘾者并不直接参与到伤害、强奸等暴力犯罪之中。还有研究表明，海洛因成瘾者会参与到财产类犯罪中去，这与海洛因高度的成瘾性及其高昂的售价有关。海洛因吸食者无法忍受痛苦的戒断反应，被迫参与财产类犯罪以获取钱财，这也是所有类型毒品的吸食者都具有的共性犯罪动机。迈阿密的一项研究对 573 名海洛因及其他麻醉型毒品吸食者进行了调查，发现他们共实施了近 6 000 起抢劫、6 700 余起入室盗窃、900 余起盗窃机动车、25 000 余次入店行窃以及 46 000 余起其他类型的盗窃。[②] 由于海洛因吸食者迫切地需要钱财，因此在争夺钱财的过程中可能会出现暴力行为甚至谋杀行为，这也许是海洛因成瘾者实施暴力犯罪的一个潜在的间接原因。

2. 毒品成瘾与不同犯罪行为的关系

（1）毒品成瘾与暴力犯罪

大量研究表明，暴力往往与毒品成瘾间存在系统性关系。[③] 在纽约的一项有关非自然死亡者的尸检数据中，研究者发现，对于毒品成瘾者，凶杀是继药物本身滥用致死之外最常见的死因。[④] 类似地，一项针对惩教监管中 1 887 个杀人犯的研究发现，有超过半数的人在行凶犯罪时受到了至少一种毒品或酒精的影响。[⑤] 林托宁等人在回顾了一项关于罪犯毒品滥用的研究时，指出通过对罪犯进行访谈调查发现，毒品滥用是罪犯暴力行为的帮凶。虽然访谈调查的结果具有局限性，但仍在一定程度上说明毒品与暴力犯罪的关系。[⑥]

不同种类的毒品对暴力犯罪的影响不同。一般来说，兴奋型毒品更容易引发暴力

---

① See Gordon M S，Kinlock T W，Couvillion K A，et al，“Gender Differences Among Prisoners With Pre-Incarceration Heroin Dependence Participating in a Randomized Clinical Trial of Buprenorphine Treatment”，*Other*，2013，52（5）.

② See Inciardi J A，*The war on drugs：heroin，cocaine，crime，and public policy*，Mayfield Pub Co，1986.

③ See Goldstein，Paul，J，et al，*Drug-related homicide in New York：1984 and 1988*. Crime & Delinquency，1992，38（4）：pp. 459 - 459.

④ See Haberman P，Baden M，“Alcohol，other Drugs；and Violent Death”，*American Journal of Forensic Medicine & Pathology*，1982，3（2）：p. 189.

⑤ See Wieczorek W F，Welte J W，Abel E L，“Alcohol，drugs and murder：A study of convicted homicide offenders”，*Journal of Criminal Justice*，1990，18（3）：pp. 217 - 227.

⑥ See Viitanen P，Vartiainen H，Aarnio J，et al，“Hepatitis A，B，C and HIV infections among Finnish female prisoners——young females a risk group”，*Journal of Infection*，2011，62（1）：pp. 59 - 66.

行为，相比于海洛因成瘾者，冰毒和可卡因成瘾者更容易表现出敌意妄想、偏执以及其他精神病症状，表现出更多的攻击行为。[①] 由于毒品市场的非法性，是否亲身参与到毒品交易也是预测暴力犯罪风险的重要衡量标准。参与到毒品交易中的吸毒者相比于普通吸毒者参与暴力犯罪或被暴力侵害的概率更高。[②] 另外，吸食多种类型毒品的吸毒者比单一吸毒者更有可能产生毒品之间的相互作用，表现出更高的暴力行为关联性。同时，有犯罪前科的毒品成瘾者在吸食毒品后参与暴力犯罪的概率更高。[③]

（2）毒品成瘾者在家庭、伴侣关系中的暴力行为

毒品成瘾者对于情感关系的处理存在问题，情绪失控是他们常有的不良状态。随着家庭发展和子女成长，将逐渐演化为代际问题：毒品成瘾的父母通常无法给孩子带来足够的爱、安全感和自我效能感，其后代往往难以自律，容易在与同辈或老师相处的过程中出现障碍。长期使用毒品还会影响成瘾者的社会认知功能，使其难以评估社交环境与他人进行正常交往，并出现抑郁、敌对、社会隔离及其他方面的严重心理问题。[④] 涉毒家庭经济水平一般较差，更容易发生家庭或街区暴力。[⑤] 成长于涉毒家庭并自幼接触过暴力这两种因素结合在一起，往往比单一因素对儿童的负面影响更大。研究表明，父母的毒品滥用问题会增加儿童受到虐待和被忽视的风险。[⑥] 这是由于毒品成瘾父母倾向于在同子女的互动中退缩，子女将缺乏必要的社会情感支持和良性的家庭成长环境。这种早期关怀的缺失将会使子女在学校或同伴交往中产生障碍，成为未来问题行为的长期影响因素。

亲密伴侣暴力属于家庭暴力的一种，是指配偶间发生的躯体伤害和性虐待。[⑦] 毒品成瘾和亲密伴侣暴力之间存在显著相关性。摩尔等人研究发现，可卡因比任何其他物质跟亲密伴侣暴力的联系都要强，如果酒精和可卡因同时使用则更会增加亲密伴侣暴力的风险。[⑧] 同时，还有研究表明，可卡因的使用与亲密伴侣间的心理虐待有关。[⑨]

---

① See Zweben JE，Cohen JB，Christian D，et al，“Psychiatric Symptoms in Methamphetamine Users”，*Am J Addict*，2004，13（2）：pp. 181－190.

② See Loxley W，Adams K，*Women*，*Drug Use and Crime*：*Findings from the Drug Use Monitoring in Australia Program*，Canberra：Australian Institute of Criminology，2009：pp. 11－14.

③ 参见郭笑、张卓、刘宇平、程碧茜、杨波：《毒品滥用与犯罪的关联》，载《中国药物依赖性杂志》，2018（3）：163～170页。

④ See Boles S M，Miotto K，“Substance abuse and violence：A review of the literature”，*Aggression & Violent Behavior*，2003，8（2）：pp. 155－174.

⑤ See Schoener E P，Madeja C L，Henderson M J，et al，“Effects of motivational interviewing training on mental health therapist behavior”，*Drug & Alcohol Dependence*，2006，82（3）：pp. 269－275.

⑥ See Dunn M G，Tarter R E，Mezzich A C，et al，“Origins and consequences of child neglect in substance abuse families”，*Clinical Psychology Review*，2002，22（7）：pp. 1063－1090.

⑦ 参见黄国平、张亚林：《夫妻暴力心理干预的研究进展》，载《中国心理卫生杂志》，2003。

⑧ See Moore T M，Stuart G L，Meehan J C，et al，“Drug abuse and aggression between intimate partners：A meta-analytic review”，*Clinical Psychology Review*，2008，28（2）：pp. 247－274.

⑨ See Bennett L W，Tolman R M，Rogalski C J，et al，“Domestic Abuse by Male Alcohol and Drug Addicts”，*Violence and Victims*，1994，p. 9.

（3）毒品成瘾与性犯罪

对于男性毒品成瘾者而言，吸食冰毒及其他兴奋类药物后会感到性欲高涨、性能力增强以及性快感提升，但此时他们只关注自己的性爱感受与体验。近年来，吸食冰毒而犯下强奸罪的男性吸毒者屡见不鲜，且多人吸毒场景下易出现滥交等行为。吸食毒品使个体的免疫力下降，身体血流量减少，并格外容易受到病毒感染。在冰毒支配下的吸毒者，往往容易进行高风险性行为，包括与多个伴侣进行性交、与陌生人进行性交、无保护的性行为等，而这毫无疑问将增加感染艾滋病、性病和肝炎的风险。

对于女性吸毒者而言，许多人第一次使用毒品是由其伴侣诱导的。她们毒品成瘾后容易通过卖淫来维持自己和伴侣的毒品需求，即“以淫养吸”。一方面，这些女性吸毒卖淫者会处于感染艾滋病、性病的风险之中；另一方面，她们也容易受到性交易对象的身体虐待。①

（4）毒品成瘾与财产犯罪

毒品成瘾与财产类犯罪的关系十分密切，为获得毒品而进行财产类犯罪的情况屡见不鲜。吸毒者在成瘾后无法忍受戒断反应时的痛苦感受，在生理依赖和心理依赖的双重趋势下，多会想尽办法再次求得毒品。问题在于，一方面，由于毒品交易的非法性，其价格十分高昂，吸毒者很难长期维持自身的毒品需求；另一方面，在毒品的长期侵蚀下他们通常难以有稳定的工作收入。成瘾者对毒品需求的迫切性与毒品价格的高昂性之间存在难以调和的矛盾，绝大多数成瘾者最终会屈服于毒品的戒断反应，走上财产类犯罪的道路。因此，毒品价格和成瘾程度是影响此类财产犯罪的两大重要因素，毒品消费水平的上升可能直接导致财产犯罪的增长，二者之间存在拟合的线性关系。成瘾程度高的个体药物耐受性强，药物需求量大，服食者迫切地需要获得大量毒品以满足自己的欲望，他们实施财产型犯罪的风险更高。在财产类犯罪中，毒品成瘾对财产犯罪的影响非常直接，受其他因素的影响较小。许多财产犯罪的成瘾者在此之前并无任何违法犯罪记录，其犯罪行为基本上全由想要获取钱财来购买毒品这一动机驱使。

三、毒品犯罪者的心理特点

（一）毒品犯罪者的犯罪动机

首先，由于毒品价格昂贵且被吸毒者强烈渴求，生产、走私和买卖毒品可以获得巨额财富。面对利益的诱惑，许多不法分子跨越法律的红线，为了追求丰厚的金钱利润而产生与毒品相关的犯罪行为。大多数吸毒者无法长期支撑自己的吸毒需求，他们

① See Goldstein PJ, Ouellet LJ, Fendrich M, “From Bag Brides to Skeezers: A Historical Perspective on Sex-for-drugs Behavior”, *J Psychoactive Drugs*, 1992, 24 (4): pp. 349 – 361.

很难回归正常、通过努力工作赚取钱财，最终只能走上盗窃、抢劫、诈骗等违法犯罪的道路。还有一类吸毒者，参与到制毒、贩毒的行列之中，通过以贩养吸使自己既有毒品源，又能从中获取收益。

另外，在一些非正式群体中，一起使用毒品是群体内部相互认同的重要方式，如果新人想要更好地融入群体，就必须加入吸毒行列之中。同时，还有越轨青少年为了维护自己的群体地位或追求看上去的“炫酷”，会采用吸毒这种极端的方式来获取群体认同和他人崇拜。[①]

（二）毒品犯罪者的认知特点

许多毒品作用于中枢神经系统，对个体的认知功能会造成严重损害。如吸食过量可卡因会导致个体出现谵妄、幻觉和精神错乱等症状，此时吸毒者的理性思维能力基本消失，行为失去控制。研究表明，吸毒者无法长时间集中注意力，工作效率低下，且非智力因素阻碍了智力因素发展。[②] 吸毒者在毒品成瘾后的兴趣面变得狭隘，价值观也因吸毒而发生改变，表现出只关注自己和毒品，对事业、家人以及其他重要的人际关系都漠不关心的状态。同时，吸毒者在不吸毒的清醒时间常感受到精神空虚、自暴自弃，表现出较低的内隐自尊水平。[③]

（三）毒品犯罪者的情绪特点

由于毒品的作用，吸毒者的情绪非常不稳定，吸食兴奋型毒品者易被激怒，情绪狂躁且高昂，表现出类似精神病的诸多症状。毒品侵蚀吸毒者的神经系统，导致其产生幻觉、妄想等症状，随后引发吸毒者焦虑、恐惧、狂躁、抑郁等不同类型的负性情绪。长期下来，吸毒者的情绪、情感特点会类似于患有人格障碍的个体，出现偏执性人格障碍者的特征。在西方国家，许多吸毒者会被认为是精神病患者，因为其精神状态已经在毒品作用下出现了严重问题。除了吸毒者之外，贩毒者也存在明显的情绪特点，即情感淡漠且道德水平低下。他们往往不顾毒品给吸毒者及其家人带来的痛苦，只关注自己能否从毒品交易中获得巨额利益，完全陷入了道德沦丧、冷漠无情的情感模式中。

（四）毒品犯罪者的意志特点

吸毒者的意志力较为薄弱，缺乏足够的自制力、恒心，对生活没有明确的目标。事实上，毒品对人生理和心理的侵蚀作用都十分强大，在面对痛苦的戒断反应时，几乎没有人能够保持理智、坚守信念，凭借强大的意志力来控制复吸行为。而且，在吸毒过程中，毒品损害情感功能、认知功能和决策功能，造成个体思维的紊乱，使个体

---

① See Fagan J, Wilkinson DL, *Social Contexts and Functions of Adolescent Violence*, Violen Am Schools, 1998: pp. 55 - 93.

② 参见刘惠珍：《关于吸毒者认知能力的研究》，载《学术论坛》，1998（4）：56～60页。

③ 参见杨昕、欧红霞、韦克诚、李桦、王正德、林小亚：《吸毒者对毒品内隐态度与外显、内隐自尊的关系》，载《中国临床心理学杂志》，2016（3），484 - 487、546页。

很难保持理性的思维能力和行为控制力。久而久之，吸毒者的意志力会被逐渐消磨，最终彻底臣服于毒品。

思考题

1. 什么是成瘾型犯罪？成瘾型犯罪人有哪些特征？
2. 试比较酒精成瘾犯罪人与毒品成瘾犯罪人的心理特点。
3. 请简析酒精成瘾或毒品成瘾与犯罪行为的关系。

第十二章 不同行为方式犯罪心理

学习目的与要求

通过本章的学习，应重点掌握智能犯罪人、暴力犯罪人的心理特点和行为特征，掌握暴力犯罪的心理机制，了解智能犯罪的心理成因；难点在于暴力犯罪的心理机制。

根据犯罪的行为方式，犯罪行为大致可以被分为两大类，即智能型犯罪和暴力型犯罪。本章中的智能型犯罪，不包括传统的智能犯罪，而主要是指与高科技有关的现代智能犯罪。

第一节　智能犯罪心理

一、智能犯罪的定义

关于“智能犯罪”的定义，理论界尚未形成一致的认识，较为主流的认识认为，采用电子信息技术、尖端生物技术或者其他高新技术所实施的犯罪行为是智能犯罪[1]；也有学者认为，凡是运用科学思维、计谋和谋略等智慧，以及利用科学技术知识、技能实施的犯罪就是智能犯罪。在这种定义之下，凡是运用科学思维实施的犯罪，如精心制造没有犯罪时间的假相的暴力犯罪，也属于智能犯罪。[2] 若想统一对智能犯罪定义的认识，需要解决以下两个方面的困惑：(1) 智能犯罪与暴力犯罪之间的界限并不是绝对的，在实践中，存在大量的高智能犯罪人，其实施犯罪的手法却是直接使用暴力或者以暴力相威胁。(2) 在高科技迅速发展的时代，研究智能犯罪，是否需要将诈骗、窃取商业秘密等传统上纯粹运用智慧的犯罪行为与依赖计算机等高科技工具实施的犯罪行为加以区分；因为犯罪行为是以言语为手段还是以计算机等为手

① 参见李锡海：《科技文化与智能犯罪的发展趋势》，载《江苏警官学院学报》，2007 (4)，5～10 页。
② 参见陈浩然：《论知识经济时代的高智能犯罪》，载《华东政法学院学报》(创刊号)，1998，34～39 页。

段，在犯罪人的心理与行为方面，必然存在很大差异。

智能犯罪与暴力犯罪的划分依据，是二者之间存在着行为方式上的区别。智能犯罪的行为中不包含暴力或暴力威胁的成分，其主要作案手法表现为使用计算机等有科技含量的工具或智力侵犯他人的财产或其他权益；暴力犯罪则包含暴力或暴力威胁的成分，主要作案手法表现为使用凶器或其他手段直接攻击被害人。根据智能犯罪是与暴力犯罪相对而存在的这一前提，我们认为智能犯罪是指一切依靠智力而实施的犯罪行为，如诈骗、伪造货币、计算机犯罪等。

在智能犯罪中，因犯罪借助的手段不同，又可分为传统的智能犯罪与现代智能犯罪。传统的智能犯罪，是指诈骗、招摇撞骗等不依赖高科技而实施的犯罪行为；现代智能犯罪，又称高科技犯罪，其犯罪人一方面要依赖计算机等高科技工具或先进技术；另一方面要运用脑力操纵计算机程序或其他程序，才可以完成犯罪行为。可以说，现代智能犯罪是智能犯罪在当代发展的极致，更加突出了犯罪的“智能”化特点。本章研究的是现代意义上的智能犯罪心理。对现代智能犯罪心理的研究，有助于更深入地认识这类犯罪的本质特点。

根据上述对研究范围的界定，所谓智能犯罪，是指在现代高科技条件下，行为人借助高科技工具和先进技术实施的危害社会的犯罪行为。

二、智能犯罪的类型

一方面，科技发展对社会的经济、文化、教育等社会系统有着极其重要的促进作用；另一方面，科技的进步也带来了犯罪手段的变化。当前，在高科技领域，有以下几类突出的智能犯罪形式。

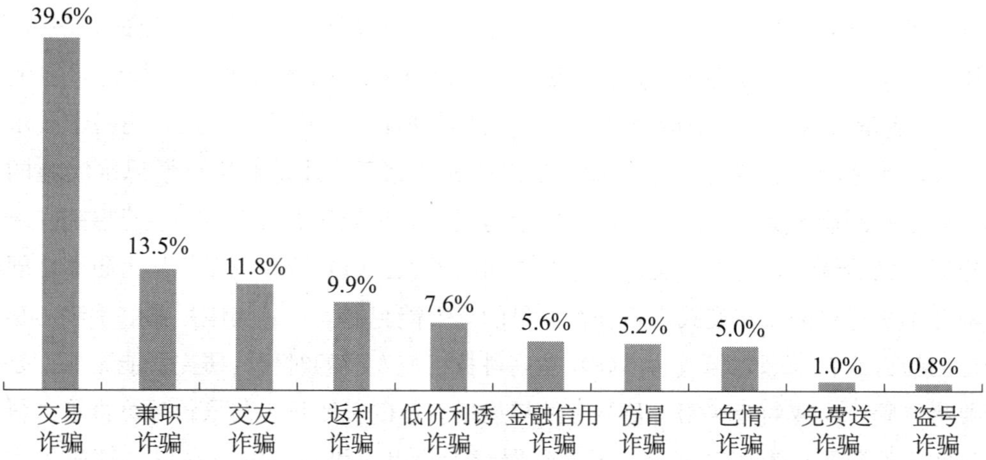

图 12-1　2019 上半年十大诈骗类型分布

（数据来源：腾讯 110）

（一）通信和金融领域中的犯罪

近年来，在电信产业迅猛发展的同时，利用现代通信技术和结算方式的便利进行的各种诈骗犯罪活动也日益猖獗起来了。根据公安部刑事侦查局公布的最新数据，2021 年 1 月至 5 月，全国共破获电信网络诈骗案件 11.4 万起，打掉犯罪团伙 1.4 万余个，抓获犯罪嫌疑人 15.4 万名，同比分别上升 60.4%、80.6%和 146.5%。2021 年 5 月，全国共立电信网络诈骗案件 8.46 万起。此外，根据最高人民法院 2018 年发布的《电信网络诈骗司法大数据专题报告》，2016 年～2017 年电信网络诈骗方式以电话诈骗为主，占全部电信网络诈骗案件的 50%以上；其次是短信和木马病毒诈骗方式。[①] 而根据腾讯 110 对 2019 年上半年诈骗类型的统计，交易诈骗居网络诈骗类型的首位。[②] 免费送、“杀猪盘”诈骗有所下降，但购物返利、兼职刷单等诈骗类型增长明显。[③] 此外，钓鱼网站诈骗、冒充政府机关诈骗、手机植入木马病毒诈骗等类型案件也比较突出。此类诈骗方式形形色色，部分老年人以及信息封闭人群容易上当受骗。相关案件中，冒充公检法机关诈骗案件的受害人多为 40 岁至 60 岁的中老年人，受害人职业以农民为主；购车退税诈骗也专门针对农村群众；也有一些犯罪嫌疑人利用“家电下乡补贴”等名义在农村实施诈骗。

（二）计算机犯罪

关于什么是计算机犯罪，有众多说法。美国司法部关于计算机犯罪的定义是“在导致成功起诉的非法行为中计算机技术和知识起了基本作用的非法行为”。法国安德鲁博士认为，计算机犯罪是：（1）与计算机相关的犯罪；（2）与计算机有关的财产犯罪；（3）针对计算机本身的犯罪行为。我国台湾地区学者认为，电脑犯罪是行为人滥用电脑或破坏电脑之犯罪行为，且须与电脑之特质有关；反之，行为人虽以电脑为犯罪工具或犯罪客体，但其行为与电脑特质无关者，即非电脑犯罪。[④] 我国学者关于计算机犯罪的定义，主要分歧表现在理解的广、狭义之上。狭义说所理解的计算机犯罪为现行刑法第 285、286 条所规定的犯罪，其他犯罪即使与计算机有关，也不能称为计算机犯罪。但此说不足以涵盖计算机犯罪的所有情况，不利于系统研究计算机犯罪，因而通说是广义说。广义说认为，计算机犯罪是指利用计算机作为技术工具的犯罪和以计算机为犯罪对象的犯罪的统称，其中对以计算机为犯罪对象的犯罪应当作狭义的理解，即其犯罪行为中必须包含“电脑特质”。“电脑特质”可以理解为行为人在实施以计算机为对象的犯罪行为时，运用了计算机技术或知识。以计算机盗窃为例，以出售硬件为目的盗窃计算机硬盘，不是计算机犯罪，而以获取数据、信息为目的盗窃计算机硬盘，是计算机犯罪。[⑤]

---

① 见 https：//baijiahao. baidu. com/s？ id=1610570999628801048&wfr=spider&for=pc。

② 见 https：//baijiahao. baidu. com/s？ id=1641369564111873628&wfr=spider&for=pc。

③ 见 https：//new. qq. com/rain/a/20201225a0ef5800。

④ 参见吴鹏森编著：《犯罪社会学》，282 页，北京，中国社会出版社，2001。

⑤ 参见马章凯：《计算机犯罪与立法完善（上）》，载《中国司法》，2001（1），35 页。

计算机犯罪中包含了网络犯罪和计算机单机犯罪。目前的计算机犯罪多指网络犯罪，因为绝大多数计算机犯罪如果离开网络环境一般是难以完成的，计算机单机犯罪的情形虽然存在，但是非常少见。在计算机技术发展的早期，计算机犯罪多表现为单机犯罪，但是在网络产生之后，网络犯罪是计算机犯罪的最主要形式。[①]

（三）医学与生物学领域的犯罪

随着科技的发展，利用生物和医学技术进行的犯罪行为也成为智能犯罪的一种新的表现形式，如非法堕胎、非法人工繁殖、非法的克隆人实验、人体器官盗窃、违反道德的医学实验、制造生化武器等。

三、智能犯罪的成因

智能犯罪心理的形成，与其他任何一种犯罪形式一样，都是个体内、外因素共同作用的结果。作为一种现代化过程中的产物，智能犯罪心理在其形成的过程中，社会因素起更为突出的作用。

（一）主体因素

智能犯罪的动机，主要是财产性动机和寻求某种刺激的动机，也包括政治性动机和其他动机。智能犯罪与其他犯罪相区别的特殊性表现在，犯罪主体实施犯罪的手段是智能化的，其犯罪主体具有高智商、低年龄以及以男性为主的特点。具有这种特点的犯罪人，其形成犯罪心理的主体因素主要表现在以下几个方面。

1. 自我期待过高。智能犯罪人因智商较高，对自己有很高的期待，他们期待能靠自己的智慧发家致富，或获得较高的社会地位。然而，现实社会并没有给每个人提供平等的竞争机会，社会分配不公现象仍相当普遍，这使得很多具备高智商和专门领域技术的高级人才容易产生心理失衡。在经济利益或其他利益驱动下，这些心理失衡的个体会主动或被人利用实施与技术有关联的高智能犯罪。

2. 能力与道德发展的不一致。在目前的社会环境中，学校及社会的道德教育疲软无力。从小学到中学的各级学校，追逐升学率的倾向仍然比较突出，学校教育的功利化色彩较浓，强调文化教育而弱化道德教育。家长在教育孩子的过程中，受社会环境的影响，看重孩子的“起跑线”，花尽各种心思培养孩子的智能，而道德教育却没有被提高到同等地位上。处于青少年期的个体自然会受各种社会心理的影响，看重自己的能力发展而忽略道德发展。一些人通过各种形式的学习，掌握了较高的技能，这些技能使他们能够游刃有余地应对各种技术难题。然而，科技是把双刃剑，既可造福于人类，也可给人类带来巨大的灾难。掌握科学技术的人，如果同时具有很高的道德水准，那么就可能更好地服务于社会；相反，如果他们的道德水准低，在经济利益或其他不良情绪的影响之下，就可能运用自己的技能实施具有社会危害性的行为。

---

① 参见董玉庭：《再论计算机犯罪概念》，载《当代法学》，2005（6），66～71页。

3. 抵制诱惑的能力差。以科技手段实施的犯罪行为可以获得巨大利益，对于有犯罪倾向的个体来说，这具有极大的诱惑力。相比较而言，智能犯罪的投入主要是个体已经具备的知识和能力，这种无形财产易被行为人视为无成本。此外，智能犯罪的隐藏性、非暴力性等特点，较易使个体产生侥幸心理而忽视犯罪带来的风险。在高收益、低投入、低风险的诱惑下，个体如果不具备抵制诱惑的能力，极易作出犯罪的选择。抵制诱惑的能力与个体的法律意识、道德意识及自我认同有关。

(二) 主体外因素

1. 科技的进步与高科技教育的发展。近几十年来，计算机、生物、化学等技术在全世界范围内得到迅猛发展，科技的进步，给智能犯罪提供了工具、手段和现实基础。同时，随着科技的进步，科学技术提供了大量的高质量的就业机会，也刺激了高科技教育的迅速发展，这种发展在给社会提供大量的高科技人才的同时，也提供了有能力实施智能犯罪的潜在犯罪人。

2. 市场经济运行机制不健全。我国自经济体制改革以来，由于政治、社会、历史、文化等原因，在经济、文化等多个领域内存在许多严重的制度管理上的混乱。这些严重不健全的运行机制，为相关领域违法、犯罪行为的滋生提供了环境条件。

3. 社会容忍性程度较高。智能犯罪的后果往往十分严重，然而社会对此种类型犯罪的容忍性较高。究其原因，主要有以下三个方面：(1) 智能犯罪的受害者多为政府机关、金融机构、大公司等，此类机构作为强势群体，在遭受损失后不易引起公众的同情。(2) 犯罪人不是以暴力的方式伤害他人的生命或健康，而是以自己的聪明才智获得某种经济利益或造成其他破坏。(3) 大多数传媒在报道智能犯罪的过程中，往往有意无意地将犯罪人描述为"天才""英雄"①。这种社会容忍性迎合了个体自身对自己设定的不高的道德要求，从而使他们不易产生强烈的动机冲突和焦虑感。

四、智能犯罪人的心理特点

(一) 动机特点

智能犯罪人的动机特点主要表现为犯罪动机的多重性。智能犯罪人的犯罪动机多种多样，既有追逐物质利益的动机，也有游戏的动机、报复的动机、信仰的动机等。例如，在1998年，抗议印度核武器的黑客不仅是出于意识形态的不同，同时也承认他们对网站的袭击也是追求刺激，这两种动机都是内部动机（Denning，2000年）。②此外，多重动机的构成也随着时代的不同以及个体的不同而变化。例如，Blau（2004年）在其文章中引用了一名俄罗斯黑客的话：现在，对于黑客、解密者以及写病毒程

① 陈剑锐：《计算机犯罪的社会心理分析及教育防范》，载《五邑大学学报（社会科学版）》，2003（5），15～18页。

② See Denning，D. E.，"Hacktivism：an Emerging Threat to Diplomacy"，*American Foreign Service Association*，at www.afsa.org/fsj/sept00/Denning.cfm，2000.

序的人来说，更多的是为了物质利益，而不仅仅是为了荣誉或某些政治性动机。[①] 总体上，在智能犯罪中，物欲型动机是十分突出的。

（二）认识特点

1. 智力水平高。智能犯罪人与一般犯罪人相比，大多具有较高的智力和学历，同时还具备计算机、金融等方面的专门知识。他们一般了解计算机运行程序、证券市场运行机制或证件的伪造和使用等，如利用自己的计算机技术复制、伪造信用卡进行信用卡诈骗。正因为如此，他们能够驾驭科技含量高的通信技术、计算机技术或生物技术等，并能够运用这些技术帮助其实现犯罪目的。与智力水平高相关联的认识特点是思维敏捷、灵活，并且具有创造性。智能犯罪人在实施犯罪的过程中，需要解决一个又一个问题，如设计病毒程序、破解密码等，为达到目的，他们通常需要提出无数的假设并一一验证。

案例：

2020年5月初，福建省苍南警方成功锁定了一个专门开发制作“清粉”软件的犯罪团伙，然而，在对该团伙展开调查时，却发现困难重重。

首先这是一家“高新”企业，团伙成员几乎全部由专业技术人员组成，掌握最前沿的网络技术，连公司会计都精通计算机技术。而4名核心技术人员更是计算机专业的高材生，长期从事编程工作，整个团队技术实力处于行业第一梯队，作案手段专业性极强。

该团伙为需求方提供定制服务，共制作并售出20余款“清粉”软件。除了计算机技术，他们还精通法律，老板肖某通过技术手段游走在灰色地带，以逃避法律处罚。肖某还自作聪明地把服务器架设于境外，就此以为万无一失。

6月初，苍南警方理清犯罪团伙脉络后，克服疫情时期交通困难，在北京等7省市开展统一抓捕行动，一举拿下了以肖某为首的网络黑产犯罪团伙。

经查明，肖某是一名85后，为国内顶级重点大学计算机系研究生。毕业后，他先后在多家知名互联网公司工作过，年薪近百万，在深圳有车有房。但肖某最后还是选择辞职创业，却干起了黑灰产业。肖某开发微信“清粉”软件，通过这些所谓的“清粉”程序诱骗用户授权登录后，通过“云端程序”非法获取用户的微信通讯录。经初步查明，本案涉案金额800余万元。

案例来源：澎湃新闻·澎湃号·媒体：《高智商犯罪！85后北大毕业生放弃百万年薪，开发20余款微信“清粉”软件，“病毒式”传播，大批人“中招”！》，澎湃新闻，2021-09-30，https://www.thepaper.cn/newsDetail_forward_9619196

① See Blau, J., “Viruses: from Russia, with Love?”, *IDG News Service*, May 28, 2004, at http://www.pcworld.com/news/article/0, aid, 116304, 00.asp.

2. 思维偏执或盲目自信。智能犯罪人一旦形成某一想法或信念，就会固守下去，他们不会去判断其想法或信念的道德评价意义或合法性，也不会接受他人的劝告或谴责。事实上，他们的想法往往极端偏执。有学者的研究发现，“一大批更有‘思维头脑’的黑客，他们认为信息作为一种资源，不应该被任何组织机构占为己有，而应该完全被公开。他们把这些信息公开发行，并认为对信息事实真相的了解，是每个公民与生俱来的权利……一个企业组织也许会花掉大量的资金来收集、处理这些数据，这些数据是他们所拥有的财产，就像他们拥有那些存储数据信息的仪器一样。许多黑客造成了他们物质上和金钱上的损失”[①]。此外，一些智能犯罪人还具有盲目自信的特点。有学者指出，几乎所有的计算机犯罪人对自己的作案手段、技术和作案能力都极为自我肯定和欣赏，自信心膨胀，加上认为作案后不会被发现的侥幸心理，这使他们在巨额利益的诱惑下铤而走险。

3. 法律意识薄弱。智能犯罪人表现出很突出的法律意识薄弱的特点。很多智能犯罪人是法盲，尤其是游戏型的犯罪人。他们认为自己并无犯罪动机，最多只不过是恶作剧而已。有些智能犯罪人虽然知道自己的行为是应受谴责的，但认为自己并没有杀人、抢劫，只是运用自己的智力去挣钱，与以其他合法方式挣钱没有什么区别。也有些智能犯罪人明知自己的行为是违法的，但认为法律离自己很遥远，只要自己犯罪技巧高明，就不会留下任何蛛丝马迹。

（三）情绪、情感特点

1. 情绪复杂。智能犯罪人的情绪具有复杂性：首先，智能犯罪人普遍具有冷静的情绪特点。一是因为智能犯罪人具有的高智能特点，使其极为自信、理智感强，在处理日常问题或实施犯罪行为时，就可以表现出冷静的特点；二是因为智能犯罪人经常面对的是需要细心与冷静处理的繁杂数据，情绪不稳定是不利于问题的解决的。其次，他们有时也会表现出高激惹的情绪特点。这同样是因为其极为自信，自恃清高，容不得他人的轻视或挑战。例如，在网络上遇到挑战其技术的人或有不顺心的事时，他们就会被激起一比高低的欲望。

2. 缺乏罪责感。智能犯罪人自认为自己的行为与杀人、抢劫、强奸等犯罪行为相比，道德的可谴责性要弱一些。事实上，在道德的可谴责性上，他们的行为与传统犯罪是一样的，因为其行为的危害后果往往极为严重，如网上色情严重危害青少年的身心健康，交通安全系统受破坏会导致飞机、火车等失事。智能犯罪人具有这种偏颇的认识，原因在于他们缺乏对犯罪后果的直接感知。因为犯罪人在实施犯罪行为时，直接面对的是机器和数据、程序，并且很多情况下被害人是无名的、未知的。这样，被害人的损失或痛苦不能直接刺激犯罪人的感官，难以引起犯罪人对犯罪行为的反思与后悔，从而表现出罪责感轻的特点。日本学者西田修说：“要说犯罪感，恐怕拾起他人掉在路上的一万日元钞票塞进自己的腰包，要比通过电子计算机搞到一亿日元现

① ［英］尼尔·巴雷特：《数字化犯罪》，郝海洋译，35页，沈阳，辽宁教育出版社，1998。

金其犯罪感还要来得强烈些。”因为“他所做的是，对那威风凛凛的银行中的电子计算机略施小计，然后大大方方地收起钱扬长而去。虽说钱拿走了，却看不到潸潸垂泪的被害人。因为他是钻进采取了周密的安全措施的电子计算机里把钱偷出来的，使电子计算机为自己工作，然后理所当然地得到了正当的报酬而已”①。智能犯罪者的罪责感轻，还与他们可能经历的被刑事司法处置状况相关。美国学者指出，相对于传统的刑事犯罪（如杀人、强奸和盗窃犯罪）而言，经济欺诈犯罪被侦查、起诉或处以重刑的危险性相对较小，不少经济欺诈犯罪的被告人与警察、律师和法官处于同样的年龄段、同样的性别，同样受过高等教育，有着同样较高的社会地位，而且经济欺诈犯罪人大多尊重社会的传统价值，其犯罪具有非暴力的性质，他们的欺诈行为主要在于追求长远的经济利益。因此，司法部门对经济欺诈犯罪人大多表示同情和理解，实际处罚时普遍比较宽容。②

（四）意志特点

智能犯罪人的意志具有两极性特点。一方面，难以抵御经济利益或恶作剧之快感的诱惑；另一方面，在对技术难题的解决或犯罪行为的实施上，表现出有恒性的意志特点，且这一特点十分突出。智能犯罪人往往是某种技术的狂热爱好者，在攻克技术难题时，表现出强烈的进取心，不达目的誓不罢休。

（五）性格特点

智能犯罪人，尤其是游戏型犯罪人，大多具有内向、孤僻的性格特点。“他们喜欢与机器打交道而不喜欢与人打交道。能够控制一台计算机，并同大千世界里另一个与自己兴趣相同的人通信，尤其吸引了许多天才的但不善社交的男性青年。”③ 这是因为，对机器有浓厚兴趣的人，往往将其全部的精力投入对机器的构造、运行程序或数据处理等物化的事物的研究之中，对机器外的人性化的世界，就没有多余的精力去应付，久而久之，就会形成内向的性格特点，缺少与现实生活中的人交往的能力。但在网络虚拟环境中，他们又可以与他人进行频繁交流，交流对象大多是具有同样兴趣的人，并且在网络世界里，他们可以才思敏捷，也可以任意表达自己的思想。至于物欲型的智能犯罪人，其性格的内、外向没有什么特别之处。

五、智能犯罪人的行为特征

通信、计算机、基因技术是现代科学技术发展的产物，因而与之相伴而生的智能犯罪就带有很强的技能性色彩。除了这一本质特征外，智能犯罪行为还具有如下显著特点。

---

① 转引自张彦：《计算机犯罪及其社会控制》，南京，南京大学出版社，2000。

② 参见卞丽鑫、陈柏安：《网络犯罪心理成因及其预防》，载《犯罪研究》，2006（4），45～51页。

③ See Geis，G. E. Stotland，*White Collar Crime*：*Theory and Research*，Benerly Hills：Sage Publications，1980. 转引自廖天虎：《我国证券市场中欺诈犯罪行为的成因分析》，载《西南科技大学学报（哲社版）》，2008（3）。

（一）行为及作案手段隐蔽

为了逃避法律的惩罚，绝大多数犯罪人是在隐蔽状态下实施犯罪行为的，这使隐蔽性成为刑事犯罪活动的一种共性。智能犯罪的隐蔽性更为突出，其表现有三个方面。

1. 犯罪侵害的直接目标多是无形的。除物理性破坏类的犯罪外，多数智能犯罪侵害的直接目标是无形的无线电波源、电子数据或信息。这类客体在被窃取的情形下，其本身形态或存在状态有时不会发生任何变化。即使这类客体受到破坏性侵害，行为终了后对机器的信息载体也可以不造成任何损坏，可以不留下任何痕迹或线索。因此，对于刑事侦查人员而言，这种犯罪行为具有极强的隐蔽性，难以发现线索、收集证据。

2. 智能犯罪人的作案手段有时具有不易被识别的特征。智能犯罪的形式十分繁杂，作案手段多种多样，如偷窃机密、调拨资金、金融投机、剽窃软件、盗码并机、网上传播色情等犯罪活动层出不穷。多数作案手段往往极为隐蔽或具有合法的外衣。例如，智能犯罪人利用伪造的单据虚构不存在的交易，向金融机构和大公司诈骗巨额资金；有的在网上散发“小投入、高回报”的陷阱广告，欺骗不明真相的人们投资；有的利用法律的漏洞，为自己的非法行为披上合法的外衣，非法从事“交易”；电脑病毒设计者往往利用人们的好奇心，设计出迷惑性强的病毒，诱发用户的好奇心，用户只要在猎奇心的驱使下，点击他们设计的程序链接，系统就会受到病毒的感染。

3. 犯罪行为的实施地与犯罪后果的出现地分离。多数智能犯罪案件的实施一般不受时间和地点的限制。如在互联网中，犯罪人可在任何时间内选择任一地区作案。犯罪行为在此地实施而犯罪后果出现在彼地或全国或全世界范围内。在这种形式的犯罪中，犯罪人与被害人的接触是远距离的，甚至不需要与被害人有任何直接接触，因而对被害一方而言，犯罪人是隐形的，犯罪行为具有极强的隐蔽性。

（二）犯罪行为连续发生

智能犯罪人一旦实施了犯罪行为，其行为就会表现出连续性的特点。于某些类型的计算机犯罪，一旦犯罪人将某一指令或程序装入计算机系统，它就会持续不断地发挥作用，有时甚至出现连行为的始作俑者也无法控制和无法停止犯罪行为的局面。智能犯罪人犯罪行为的连续性还与其犯罪心理的顽固性有较高的关联。智能犯罪人犯罪心理的顽固性受以下三种因素的影响：(1) 某些智能犯罪所得到的利益与其付出的犯罪成本或犯罪风险相比，利大而弊小。受趋利避害本能的支配，智能犯罪人会连续不断地实施犯罪行为，以追逐高额犯罪利润。(2) 智能犯罪是一种以智力活动为主要特点的犯罪行为，相对于以付出体力为主的某些传统犯罪而言，智能犯罪人在心理上具有很强的优越感，因而经常会产生以实施犯罪来显示自己的聪明才智的欲望。(3) 智能犯罪是一种“文明”的犯罪，行为人大多缺乏罪恶感，在产生犯罪动机时，缺乏反对动机的制约。

（三）犯罪后果严重

智能犯罪的社会危害性非常严重，仅以财产损失计往往是常规犯罪的几十倍到几百倍，而且所涉及的领域极其广泛。例如，电话卡被窃每年使美国电话公司及其用户损失约五亿美元。美国保密服务局估计，每年电信欺骗总金额高达 25 亿美元，产业界估计这个数额在 10 亿到 90 亿美元之间。[①] 在计算机犯罪方面，据估计，美国因计算机犯罪所造成的损失在千亿美元以上，年均损失在几十亿至上百亿美元，平均每起犯罪的数额为 45 万美元；德国、英国的年损失额也是几十亿美元。[②]

智能犯罪更为严重的后果是对政治与国家、社会安全方面造成的危害或潜在威胁。因为犯罪人可以通过解密手段，侵入关乎国家与社会安全的信息系统，窃取绝密信息加以扩散或破坏系统安全设置，行为后果极其严重。例如，国际货币基金组织（IMF）计算机系统于 2011 年遭黑客历时数月的入侵。此次黑客攻击导致了 IMF 大量数据被盗，这些数据包括文件和邮箱地址。作为目前国际社会应对金融危机努力中的领导者，IMF 掌握着各国财政情况的绝密信息，以及各国领导人就国际救市计划进行的秘密协商的有关材料，一旦这些内容泄露，不仅将对世界经济复苏造成严重的负面影响，而且有可能引发一些国家的政治动荡。[③]

（四）行为主体年轻化

智能犯罪的主体有年轻化的趋势，尤其是计算机犯罪表现得更为突出。智能犯罪人实施犯罪行为虽然与一定的社会经验有关，但主要是与犯罪人本身的专业技术水平相关。从司法实践看，当前高智能犯罪行为人之中在校大学生占有相当的比例。“实际上，大部分的黑客都是青少年，或至少是年轻的大学生。”这是由于青少年缺乏必要的判断能力，是非观念模糊，自我约束、自我判断的能力偏弱，反叛性、好奇心强，极易沉溺于“网络亚文化”。在青少年的认识中，黑客具有高超的编程能力和游戏性格，是英雄式的人物，因此，黑客易成为具有良好智力条件的青少年模仿的对象。

（五）某些犯罪类型以共同作案为主

某些智能犯罪不仅要求技术性较高，而且涉及很多相关的科技领域和其他领域，一个人的力量很难面面俱到，所以单独作案的较少。金融领域的犯罪行为人一般为单位内部人员或内外相勾结。特别复杂的高智能犯罪，如伪造货币犯罪，往往会形成犯罪集团。近几年发案居高不下的电信诈骗案件，更体现出有组织犯罪的特点。例如，河北省的调查显示，电信诈骗犯罪几乎都是团伙作案，有的成员负责准备诈骗工具，有的负责实施诈骗，有的负责转移赃款，甚至在诈骗中某些环节上采用“服务外包”

---

① 参见吴鹏森编著：《犯罪社会学》，276 页，北京，中国社会出版社，2001。

② 参见［英］尼尔·巴雷特：《数字化犯罪》，郝海洋译，35 页，沈阳，辽宁教育出版社，1998。

③ 参见马章凯：《计算机犯罪与立法完善（上）》，载《中国司法》，2001（1），36 页。

的形式完成，给案件侦破带来极大难度。[①]

第二节　暴力犯罪心理

一、暴力犯罪概述

（一）概念

所谓“暴力”，根据汉语词典有两种含义：一是指强暴的力量即武力，二是特指为本阶级的利益而对敌对阶级使用的力量。[②] 从犯罪学意义上理解的暴力，通常是第一种。暴力犯罪，是指以强暴的力量实施刑法规定的应予以制裁的行为。强暴的力量包括对人体实施侵害性行为，也包括以强暴的力量相威胁（如实施犯罪行为时携带武器）。

（二）分类

暴力犯罪，按照不同的标准，从不同的角度，可以进行多种分类。

1. 根据犯罪侵害的对象，可以把暴力犯罪分为以人身为侵害对象的暴力犯罪和以财物为侵害对象的暴力犯罪。

2. 根据暴力犯罪的危害程度，可以把暴力犯罪分为严重暴力犯罪和一般暴力犯罪。“一般”和“严重”之间的界限，难以具体化。一般来说，可以从以下两个方面进行区分：一是行为结果，导致被害人死亡、重伤的犯罪，就是严重的暴力犯罪；导致被害人轻伤及以下则是一般暴力犯罪。二是行为手段，使用枪支、刀具、炸药等具有较强杀伤性的工具实施的犯罪或手段残忍的犯罪，是严重暴力犯罪；使用普通器械或仅借助自身体力实施的犯罪，是一般暴力犯罪。

3. 根据暴力犯罪的组织性，可以将暴力犯罪分为个体暴力犯罪和群体暴力犯罪。

4. 根据暴力犯罪侵害的客体，可以把暴力犯罪分为：危害国家安全的暴力犯罪；危害公共安全的暴力犯罪；侵害公民人身权利的暴力犯罪；侵犯国家、集体和个人财产权利的暴力犯罪；妨害社会管理秩序的暴力犯罪；妨害婚姻家庭的暴力犯罪；等等。

5. 根据暴力犯罪的心理准备性，可以分为预谋型的暴力犯罪和情境型的暴力犯罪。其共同点在于都具有凶残性。其不同点主要在于这两种犯罪人对犯罪行为的计划性、犯罪时及犯罪后的情绪状态等方面，就情绪状态来说，预谋型的暴力犯罪人可能极为冷静，也可能表现出兴奋性；情境型的暴力犯罪人只具有情绪兴奋的特点。

---

① 参见 Tangxs：《盘点 2011 年 6 月黑客攻击事件》，载《信息安全》，2011（8），66～68 页。

② 参见［英］尼尔·巴雷特：《数字化犯罪》，郝海洋译，35 页，沈阳，辽宁教育出版社，1998。

二、暴力犯罪心理机制的主要理论

（一）暴力与攻击

暴力是攻击行为最通常的表现形式，是攻击的最重要手段。这是二者的表层关系，其深层关系表现为：攻击是暴力行为具有的本质属性，攻击是暴力的目的。可以说，暴力与攻击是相伴而生的，在显现为暴力的行为的后面，隐藏着攻击的动力与意图。因此，通过对攻击行为机制的研究，就可以揭示暴力行为发生的机制。

对于攻击行为，心理学界存在着多种定义，如“对他人的侵犯行为”[①]，“个体受到挫折时由愤怒情绪表现出来的向一定对象进攻的行为”[②] 等。尽管表述不同，但都包含着这样的观点：（1）攻击行为是一种侵犯他人，并给他人造成生命或财产损失的一切作为，包括使用武器的行为、身体攻击行为以及言语攻击行为。（2）主观上，攻击行为是在不满、仇恨、嫉妒、愤怒等不同的心理状态支配下发生的，可以是为了危害或伤害他人，如杀人；可以是为了获得自己所需要的利益，如抢劫；也可以是为了宣泄不良情绪。（3）攻击行为的强烈表现形式就是犯罪，甚至是战争。除了以上所说的攻击行为，还有在心理学上称为“亲社会行为”（如警察用枪击伤行凶的犯罪人）或“认可的社会行为”（如教练对运动员的必要惩戒）的攻击行为。由于这种攻击行为对社会没有危害性，所以不在本书讨论的范围之内。

（二）几种关于攻击行为的重要理论

关于攻击行为发生的原因，是国外心理学家争论颇多的一个问题。从现在的文献来看，对于攻击行为发生的原因，基于对人性的不同理解，主要有三种观点：持生物人观点的研究者认为，攻击行为主要源于生理上和基因上的原因，攻击是人的本能；持社会人观点的研究者认为，人类的攻击行为是从社会环境中习得的；一些学者则持中立的态度，认为前两种观点都有合理之处。在诸种理论中，最有影响力的理论包括以下几种：本能论；“挫折—攻击”假说；班杜拉的社会学习理论。

1. 本能论

较早提出“本能论”的是精神分析学派的创始人弗洛伊德。弗洛伊德将本能分为两大类，即生存本能和死亡本能。生存本能包括饥饿、性欲等自我保存和种族生存的冲动，但自我保存和种族生存是矛盾的。从这个意义上说，生存就是为了死亡，因而有死亡本能。他假定这种敌对的冲动是由人体内有机过程不断产生的，这种冲动只有通过公开的攻击行为得到宣泄，才可以避免更加危险的事态出现。

奥地利动物行为学的创始人康拉德·劳伦茨（Konrad Lorenz，1903—1989 年）认为，攻击是人类和动物的一种遗传性本能，这种本能是在漫长、复杂的进化活动中

---

① 《汉语大词典简编》，上海，汉语大词典出版社，1998。

② 周宵鹏：《河北去年破获电信诈骗案件 1782，传统型案件下降网络诈骗案多发》，载《法制日报》，2016－01－22，第 8 版。

为了保护自身的生存而逐渐形成的一种行为倾向。他通过对动物的研究发现，为了确保物种的生存，所有生物都具有反对攻击自己同类的抑制力，而且这种抑制力的强弱同他们的杀害或伤害其他种类的能力并不一致。动物通过进化发展出的攻击利器（如尖牙、利爪）越致命，攻击同类的先天抑制力就越强，而人类的这种抑制力则相对较弱。劳伦茨进一步指出，由于技术进步，人类手中拥有越来越多的破坏性武器，但他们反对攻击的内在抑制力并没有增加，其结果是我们现在面临着自我种族毁灭的可能。劳伦茨推定，侵犯性行为是人的一个基本特点。他认为，人类已经大大超越了抑制攻击这一进化过程，没有发展起用以保存物种的自然性武器以及仪式化攻击的能力。[①] 为了论证这个假设，他从观察动物的行为出发，着手对天生的侵犯性趋向进行生物学研究的尝试。

弗洛伊德对攻击性行为所作的解释，在国外心理学界没有得到普遍的拥护。弗洛伊德本人也认为自己的论题是初步的和抽象的。至于劳伦茨的理论，现在基本被否定了，批判的主要根据是，他在动物与人之间进行了不可允许的类推，而且研究本身缺乏科学性。

2. “挫折—攻击”假说

这个假设是由美国心理学家多拉德（John Dollard）与米勒（Neal E. Miller）、杜布（Leo-nard W. Doob）、希尔斯（Robert R. Sears）在 1939 年提出的。[②] 该假设认为，个体遭受挫折后，朝向目标前进的行为受到阻碍，目的不能实现，动机不能满足，将必然引起个体对挫折来源予以攻击。这种攻击可以是外显的，如肉体上的、言语上的；也可以是内隐的，如幻想。

对他们的假设作进一步的论证发现：（1）遭受挫折的个人，不论是他们的思想、语言，还是他们的实际行动，并非总是转向侵犯行为的。在挫折面前，有的人可能会放弃目的，有的人可能积极地克服其前进道路上的障碍。因此，1941 年，米勒修正了这种假设，认为挫折可以导致许多种行为方式，而侵犯行为只是其中之一。这就否定了挫折总会导致攻击方式产生的观点。（2）至于侵犯行为是否必然作为挫折的后果的观点，也被以后的实验研究摒弃。因为人在挫折状态下既可能选择侵犯行为方式，也可能选择非侵犯行为方式；在其他状态下，如为了追逐自己希望得到的利益、服从命令等非挫折状态下，也可能选择攻击行为。

伯克维兹（Leonard Berkowitz）对挫折—攻击假说进行了修正并提出了认知—新联结模型（cognitive-neoassociation model），兹尔曼（Dolf Zillmann）提出了兴奋迁移理论（excitation transfer theory），二者都可以用来解释由情境刺激引起的挫折状态下即时发生的无计划的暴力行为发生的心理机制。在认知—新联结模型中，强调了挫折性事件引起的负性情绪可能自动引发各种与逃避（害怕）或攻击（愤怒）的倾

① 参见荆其诚主编：《简明心理学百科全书》，160 页，长沙，湖南教育出版社，1991。

② 参见朱智贤主编：《心理学大辞典》，236 页，北京，北京师范大学出版社，1989。

向相联系的情感、思想和记忆。在产生负性情绪的状态下，一些人可能不对行为的性质和后果作进一步的思考就迅速行动，有时甚至诉诸暴力。根据兴奋迁移理论，对个体身体和心理具有重大意义的刺激性情境会引起情绪反应，这种生理唤醒一旦产生，要随着时间的推移才会逐渐消退。例如，某人在工作上受到了批评，产生了愤怒或委屈情绪，很可能晚上回到家中这种情绪并没有消失，如果在家中又发生了令他生气的事件，此人就会产生过度反应。这种情形即是之前所残留的情绪唤醒合并了在家里产生的愤怒，导致发生了激情状态下的攻击性行为。这两种观点说明了即时发生的暴力行为的两种可能的心理机制。

3. 班杜拉的社会学习理论

社会学习理论的创始人之一班杜拉认为，攻击性行为不是与生俱来的，而是通过后天的学习获得的。他对攻击性行为发生的原因和行为机制作了比较具体的分析，主要包括下面几项内容。

（1）关于攻击性行为模式的获得。班杜拉认为，攻击性行为是通过行为者对成功的攻击性范例的观察和自身直接经验的强化并在神经系统的控制下学习得来的，学习的方式包括观察学习和直接经验。班杜拉界定了三种主要的榜样类型：家庭成员、亚文化群体成员、大众传媒提供的象征性榜样。行为者通过观察榜样的攻击性行为，懂得了攻击性行为是怎样被完成的，例如观察、学习那些象征性榜样，如电视节目中的暴力性人物。此外，行为者还可以通过对自身攻击行为结果的体验，这是一种强化学习。班杜拉认为，攻击性行为的模式并非只凭经验获得，还受人的神经生理机制的影响。他通过对动物的研究得出结论：攻击性行为主要是下丘脑和边缘神经系统传递的。这种神经系统被环境刺激，并且有选择地激活和控制攻击性行为。

（2）关于攻击性行为的诱因。至于具体的攻击性行为可能由哪些因素引发，即引起攻击性行为的直接诱因，主要包括以下几个方面：一是挫折。包括人身攻击、言语威胁和侮辱、生存条件的不利变化、具有目标的行为受阻等。班杜拉认为，在遭受上述各种挫折时，有的人寻求帮助和支持，有的人表现出畏缩和顺从，只有少数人采取了攻击性行为。二是内心期待。人们对其行为总会预期良好的结果，但预测与现实之间往往相去甚远。令人诧异的是，无把握的甚至是错误的预期结果，常常能够维持着一种攻击性行为的完成。如惯犯往往过高估计了违法行为成功的可能性，因而作恶多端。三是他人的示范，即头脑中实施攻击性行为时的形象对被激怒的人有刺激作用。四是外部奖赏。在社会化过程中，社会通过奖励顺从者，使人们逐渐地被训练得服从命令。在命令的迫使下，人们就会因为服从而实施攻击性行为。五是某种信念。有的攻击性行为多见于精神病患者的行为，往往被异乎寻常的信念激起，行为者是基于某种妄想的信念（如被害妄想）制造了悲剧性事件。

（3）关于攻击性行为的保持。对于是什么因素使攻击性行为得以保持的，班杜拉认为有形或无形的报酬等外部强化显然起着积极的作用。此外，惩罚的结果也对攻击性行为的保持产生影响。攻击性行为通常受两个不同的约束力限制：一是社会法律，二是自我谴责。班杜拉认为：人们通过目睹他人的失败，或通过自身的痛苦体验获益。威胁的存在导致人们接受较安全的攻击性行为方式，或导致人们推延这种被禁止的行为以增加其成功的保险系数。班杜拉还指出，在特殊情况下观看对犯罪的惩罚，有可能激起观察者的恶性犯罪，这往往是在惩罚不当的情况下发生的。

（4）攻击性行为的自我调节。在班杜拉看来，自我调节的诱因和动机形成的机制一样，并非如自我强化那样概念化。人们都努力去完成能够给自己带来满足的行为。自我调节的倾向使攻击者在采取伤害或破坏行为时，必须同自己和他人进行斗争。行为者的自我调节主要通过对攻击性行为的自我奖励或自我惩罚来完成；对于继发性的犯罪行为，存在着内部控制的逐渐减弱等自我调节机制。班杜拉认为，有道德感的人之所以实施了应受指责的行为，是因为在行为中解除了对行为评价的自我反应过程，而不是因为生理的或“超我”结构中的缺陷。一些人要有一个逐渐脱敏的过程：最初，他们在实施攻击性行为时，可能忍受着一种有一定压力感的自我谴责。但经过反复操作之后，他们的那种不舒服感和自我谴责便开始逐渐减少，而攻击性行为的水平逐渐提高。

班杜拉用社会学习理论研究了攻击性行为，整个分析过程清晰地表现出社会学习理论的实用价值。他的关于攻击性行为的起因和发生机制的观点，比前几种理论更具有科学性。例如，他认为人的攻击性行为并非仅仅是一种生理的冲动或本能，而是通过对他人的行为的模仿（包括亚文化群中的暴行、大众传播媒介中关于暴力行为的报道、家庭内部的暴力行为等），以及自己亲身体验的强化而形成的。在这个过程中，个体的神经系统起着调节和控制作用。他对攻击性行为的直接起因也作了较为科学的分析，认为在攻击性行为被激起的过程中，不仅存在着挫折诱因，还存在着其他一些诱因，如行为成功所能带来的利益的诱惑、变态心理的支配等。他对攻击性行为的发生机制也作了详细论述，认为在攻击性行为发生的过程中，不仅存在着外部强化机制，还存在着内部调节机制。班杜拉的社会学习理论的不足之处是他忽视了对个性心理特点的研究，而这一点对于攻击性行为在同样的环境诱因下是否会发生，以及以什么样的方式（暴力的或言语的）出现是十分重要的，因为有着不同性格或气质类型的人对同一事件的反应方式是有很大区别的。此外，其结论的形成主要来自实验室的实验，因而与实际的情境可能仍然有一定的差异。

三、暴力犯罪人的心理特点

（一）思维方式简单

暴力犯罪以杀人、伤害、抢劫等为主要犯罪类型，这些犯罪的突出特点是犯罪人以直接攻击他人的形式获得情感满足或非法利益的满足。犯罪人产生杀人、伤害犯罪的动机，往往是因为在人际交往中情感受到伤害。在日常生活和工作中，人们遇到矛盾或问题时，大多能通过合法、正当的途径解决，或者调节自己的情绪以适应环境。

但暴力犯罪人在遇到冲突或矛盾时，认为暴力是解决问题的唯一方式，其关键因素在于犯罪人的认知决策或思维方式的缺陷。例如，根据国外学者（Novaco，1975 年）提出的一种愤怒模型，犯罪人在愤怒情绪下形成暴力性行为反应的过程中，其认知评价起着重要的作用。①

（二）消极的情绪反应性

暴力犯罪人的情绪特点主要表现为消极的情绪反应性。具体而言，暴力犯罪人的情绪反应速度快，强度高，具有扩散性。如暴力犯罪人实施暴力犯罪总是伴随着激烈的甚至猛烈的情绪爆发，作案时具有强烈的情绪亢奋性；在这种激烈、亢奋的情绪状态下，其攻击性行为的指向常会转移到其他的人或物上，如劝阻者、旁观者或现场的其他物品。与情绪特点相适应，暴力犯罪人的意志控制力较差，意志活动常常不能控制和调节自己的情绪活动，行为易受情绪的控制和支配，易受暗示，激惹性较高，微小的外部刺激都有可能激起行为人莫名的情绪爆发。

（三）性格缺陷明显

暴力犯罪人的性格缺陷比较突出，多具有较为典型的负向性格，例如固执、任性、敏感、爱钻牛角尖，易受暗示、易冲动、易激惹、自制力较差，冷酷、残忍、缺乏同情心，爱面子、虚荣心强、自我中心、唯我独尊。② 一项以未成年男性暴力犯罪人与非犯罪人为被试进行的对照研究表明，未成年暴力犯罪人表现出自我控制能力差的特点。案例组和对照组在爱冲动、性急、脾气暴躁、不会调节情绪、不能集中注意等项目上有非常显著的差异。③

（四）满足情绪宣泄的动机强烈

暴力犯罪人一般犯罪动机的强度较大，尤其是偶犯，犯罪动机的强度极大，在实施犯罪行为时，抑制犯罪的动机相当微弱。暴力犯罪人犯罪动机的这种强烈性，是由于犯罪人犯罪前或犯罪过程中处于严重的心理失衡状态，只有通过暴力的方式宣泄出来才能获得平衡。这种强大的内驱力推动着行为人无所顾忌地实施暴力犯罪，在这种情况下，强度较弱的劝阻、批评等都难以阻止其暴力行为。

暴力犯罪动机的产生，一般是因为犯罪人的某种需要没有得到满足，当诱因出现时，这种需要缺乏引起的紧张感就会转化为行为动机。具体地说，常见的产生暴力犯罪动机的情形往往是工作、生活中的矛盾激化，或者婚恋纠纷等情感挫折，以及强烈的物质需要等；在一些情形下，尤其是未成年人易基于不良的交往需求附和他人的不良行为；也有些犯罪人是为了掩盖其他犯罪事实的安全需要而产生攻击性行为（如灭

---

① 参见［美］罗伯塔、巴伦等：《侵犯行为和暴力》，郑芸珍等译，载《心理学与法律》，19～80 页，北京，中国政法大学出版社，1989。

② 转引自［英］詹姆斯·马吉尔：《解读心理学与犯罪——透视理论与实践》，张广宇译，83 页，北京，中国人民公安大学出版社，2009。

③ 参见［美］BartolC. R. & BartolA. B.：《犯罪心理学》，7 版，杨波、李林等译，192 页，北京，中国轻工业出版社，2009。

口）；等等。

（五）精神障碍

由于行为人具有某种精神障碍而对某些特定刺激产生暴力反应。由精神障碍引起暴力犯罪的主体，较常见的是有被害妄想的人以及某些人格障碍者。

四、暴力犯罪人的行为特征

暴力犯罪本身具有复杂性，暴力犯罪人有很多行为特征，突出的行为特征体现在以下几个方面。

（一）预谋性与情境性并重

如前所述，暴力犯罪有预谋与非预谋两种类型。预谋型暴力犯罪人犯罪前有计划、有准备，可能实施各种反侦查手段。抢劫及故意杀人等案件大多是预谋型犯罪。情境型暴力犯罪人在实施犯罪之前，常常无明显的犯意，较少预谋，大多是由情境中的某些因素所引起，因而具有突发性。这些暴力犯罪大多起因简单，有的只是因为一句话、一个动作、一个眼神，就大打出手。例如，新近发生的一起未成年人寻衅滋事将被害人殴打致死的案件中，7 名十六七岁的未成年人聚集在人行道上，同样也是 17 岁的被害人从他们身边经过，无意看了他们一眼，其中的一人马上拦住被害人问道："你认识我们吗？为什么要看我们？"被害人说："我不认识你们，我也没有故意地要看你们。"这些人便立即围上去殴打被害人，导致了极其严重的犯罪后果。此外，因酗酒后自控力减弱而导致的暴力犯罪，以及因民事纠纷未得到及时劝解或调解而导致矛盾激化引起的暴力犯罪等，都是较常见的情境型暴力犯罪。

（二）工具性行为和表达性行为可以相互转化

根据美国学者 Salfati（2000 年）对故意杀人案件的分析，暴力犯罪行为可以根据动机的不同分为表达性动机支配下的犯罪行为和工具性动机支配下的犯罪行为。表达性行为的显著特点是被害人是具体的个人，犯罪人实施犯罪行为往往是受愤怒情绪的影响。表达性主题下的典型行为特征是多种行为方式的聚合，被害人的四肢、头部以及其他部位会遭受持续的伤害。此类犯罪人的特征主要表现为人际关系特征以及情绪问题。这类主题中的行为暗示犯罪人与被害人之间先前存在某种关系，或者表明犯罪人至少在某种程度上认识被害人。犯罪人通常还有暴力犯罪的历史，这种历史表明了他们在处理人际关系上的态度倾向性。而工具性行为中同样有伤害性行为，其主要区别是犯罪人更在乎的是被害人带给他的利益，在作案过程中，犯罪人是将被害人视为工具，加害被害人是为了通过被害人而让自己获得某种具体利益的满足。在一些案件中包括性满足或物质利益的满足，或者在一些案件中犯罪人将被害人作为达到目标的手段。[①] 根据这种分析，在具体的暴力犯罪案件中，熟人之间发生的故意伤害、故

① 参见张保平编著：《犯罪心理学》，133 页，北京，警官教育出版社，1995。

意杀人之类的暴力犯罪，以表达性行为为主，但在一些情形下，犯罪人也会在现场表现出动机派生的情形，如性侵害、侵占被害人财物等。以陌生人为主要被害人的工具性行为中，犯罪人伤害或杀死被害人是为了满足其主导性的性需求或财物需求等，但在具体实施过程中，暴力情境使其产生兴奋感、控制感，也可能导致犯罪人为追求心理的满足而将暴力犯罪作为情绪表达的方式。

（三）犯罪后果易扩大化

暴力犯罪常常体现出危害后果极为严重的特征，甚至超出犯罪人自身的计划和设定的目标。这种特点的形成主要有以下两类原因：一类是暴力犯罪人针对被害人实施殴打、伤害行为的过程中，如果被害人反抗或有要报警或报复的意思表达，犯罪人为了自我保护，可能实施更为严重的杀人行为。另一类是暴力犯罪现场的一些情境因素使犯罪人情绪失去控制，在理智丧失的情形下不考虑行为后果，采取更为极端的暴力行为。例如，犯罪同伙的教唆和示范，意图控制被害人，实施抢劫行为时目的没有达到而愤怒，等等。

思考题

1. 试析智能犯罪的成因。
2. 试比较智能犯罪人与暴力犯罪人的心理特点。
3. 谈谈你对暴力犯罪心理形成机制的理解。

第十三章 未成年人犯罪与女性犯罪心理

学习目的与要求

通过本章的学习，应重点掌握未成年人犯罪心理和女性犯罪心理形成的原因，掌握未成年人犯罪和女性犯罪的心理特点与行为特征，了解当前我国未成年人犯罪和女性犯罪的概况；难点在于未成年人犯罪与女性犯罪的心理结构特征。

根据不同标准可对犯罪人进行不同的划分。根据犯罪人的年龄不同，可以将犯罪划分为未成年人犯罪、成年人犯罪和老年人犯罪；根据犯罪人的性别不同，可以将犯罪划分为男性犯罪和女性犯罪。不同年龄、性别的犯罪人在犯罪心理和行为上具有不同的特点。从社会学角度来看，特殊人群是相对弱势的人群，其犯罪案件占全部刑事案件的比例较小。然而，近几年来，特殊人群中的未成年人和女性犯罪的数量有所增加。特别是未成年人作为国家的未来，其犯罪问题不容小视。习近平总书记曾强调：普法工作要在针对性和实效性上下功夫，特别是要加强青少年法治教育。这一要求充分体现了总书记对预防未成年人犯罪工作的高度重视。因此，专门研究特殊人群中的未成年人犯罪和女性犯罪的心理对预防犯罪有很重要的意义。

第一节 未成年人犯罪心理

一、我国未成年人犯罪概述

（一）我国未成年人犯罪概况

在世界范围内，未成年人犯罪已被列为继吸毒贩毒、环境污染之后的第三大公害。20 世纪 90 年代以来，我国未成年人的犯罪人数绝对数量相当大，并且有向低龄化、团伙化、恶性化发展的趋势，引起社会的广泛关注。

统计表明，我国未成年人犯罪虽有回落趋势，但形势依然严峻。

（1）未成年人作案成员绝对数在经历较快增长后开始出现明显回落，但近年来再次出现上升趋势。2001—2019 年全国法院判处未成年罪犯总人数 1 186 823 人。从整体来看，未成年人的犯罪数量长年保持在较高水平，这说明我国依旧不可放松对未成年犯罪的预防和矫治。2001 年到 2005 年，未成年人犯罪率呈较高的增长速度，平均每年均有递增；2005 年到 2008 年，未成年人犯罪率出现了下降趋势，虽然未成年犯罪数量依旧有所提升，但是增幅减缓，上升势态得到有效遏制；2008 年到 2017 年，未成年人犯罪率降幅明显。[①] 2018 年，中国未成年人犯罪人数为 3.4 万人，与上年基本持平，比 2010 年减少 3.4 万人，降幅达 49.6%。未成年人犯罪人数占同期犯罪人数的比重为 2.41%，比上年下降 0.17 个百分点，比 2010 年下降 4.37 个百分点。青少年作案人员占全部作案人员的比重为 17.2%，比上年下降 2.1 个百分点，比 2010 年下降 18.7 个百分点。[②] 但是 2017 年到 2019 年的数据显示，未成年人的犯罪数量和犯罪率再次回升，这一情况需要司法部门给予重视。2001 年至 2019 年未成年人的犯罪数量及犯罪率如图 13－1 所示。

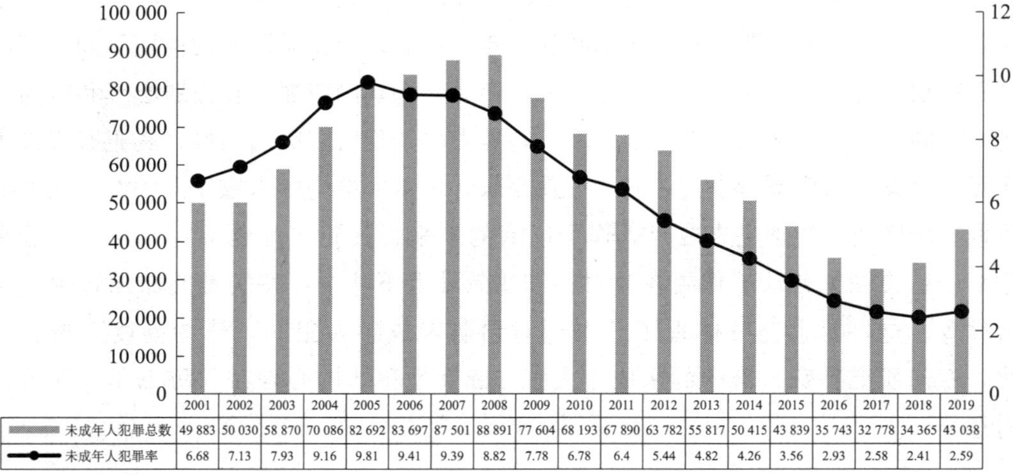

	2001	2002	2003	2004	2005	2006	2007	2008	2009	2010	2011	2012	2013	2014	2015	2016	2017	2018	2019
未成年人犯罪总数	49 883	50 030	58 870	70 086	82 692	83 697	87 501	88 891	77 604	68 193	67 890	63 782	55 817	50 415	43 839	35 743	32 778	34 365	43 038
未成年人犯罪率	6.68	7.13	7.93	9.16	9.81	9.41	9.39	8.82	7.78	6.78	6.4	5.44	4.82	4.26	3.56	2.93	2.58	2.41	2.59

图 13－1　2001—2019 年未成年人犯罪数量及犯罪率

数据来源：中国法律年鉴社：《中国法律年鉴》，1185 页，2020

（2）未成年人犯罪占刑事犯罪的比率经过一段持续增长后呈现下降趋势，但近两年来又有所回升。未成年人罪犯数在 2000—2005 年期间一直呈上升态势，在 2005 年达到峰值后逐步回落。2010 年全国法院判处的未成年人罪犯数占刑事罪犯数的比例为 28%，而到 2017 年时这一比例仅为 14%。但 2018 年开始有所回升，未成年罪犯

① 参见吴鹏飞、汪梦茹：《论降低刑事责任年龄对预防未成年人犯罪的影响》，载《犯罪研究》，2021（6），84 页。

② 参见宋占东：《未成年人犯罪所呈现的特性分析》，载《法制博览》，2021（20），165 页。

数占所有刑事罪犯数的比例为 17%，如图 13－2 所示。

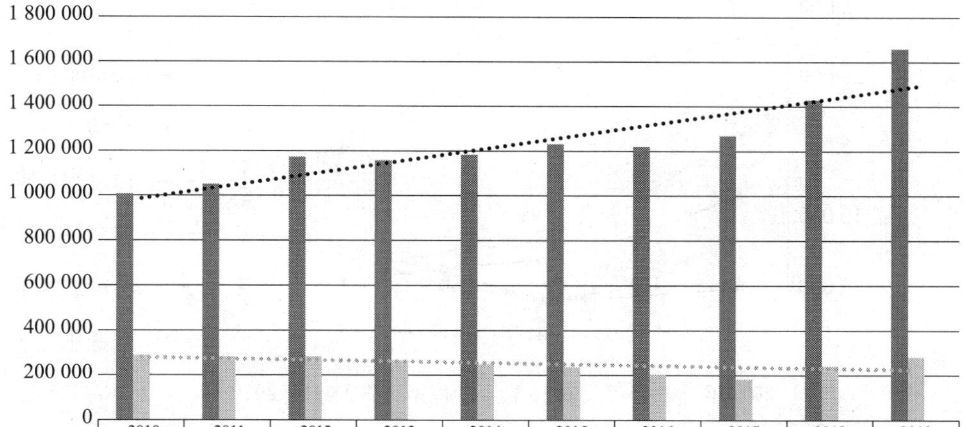

	2010	2011	2012	2013	2014	2015	2016	2017	2018	2019
刑事罪犯总数（人）	1 006 420	1 050 747	1 173 406	1 157 784	1 183 784	1 231 656	1 219 569	1 268 985	1 428 772	1 659 550
青少年刑事罪犯数（人）	287 978	282 429	282 990	265 439	249 576	236 341	204 657	183 471	243 275	281 860
青少年刑事罪犯占比	28%	27%	24%	23%	21%	19%	17%	14%	17%	17%

■刑事罪犯总数（人）　■青少年刑事罪犯数（人）

图 13－2　2010—2019 年全国法院审理的刑事案件总数、青少年罪犯数以及青少年罪犯占比

数据来源：秦章鑫：《恩施州青少年犯罪问题研究——以近十年典型案例为例》，湖北民族大学硕士学位论文，2021

（二）我国未成年人犯罪的特点

1. 犯罪类型多样化。近几年来，未成年人犯罪从以前的主要集中在小偷小摸、打架滋事到类型多样化，既有财产型犯罪中的抢劫、抢夺、盗窃和诈骗，又有侵害人身权利的犯罪，如杀人、强奸、伤害等。2007 年—2010 年 4 月，河南登封市人民法院共受理未成年人犯罪案件 379 件（2007 年 82 件、2008 年 101 人、2009 年 155 件、2010 年 1 月至 4 月 41 件），共同犯罪 330 件，其中盗窃 149 件，抢劫 87 件，寻衅滋事 49 件，故意伤害 23 件，强奸 11 件，贩毒 3 件，放火 3 件，故意杀人 2 件，诈骗 2 件，敲诈勒索 1 件，掩饰、隐瞒犯罪所得等其他犯罪共计 49 件。[①] 2014—2019 年，全国检察机关共受理审查未成年人盗窃罪 113 077 件，抢劫罪 57 845 件，故意伤害罪 47 881 件，聚众斗殴 39 881 件，寻衅滋事罪 39 082 件，强奸罪 17 690 件。以上这六种罪行是我国未成年人刑事犯罪的主要类型，近年来的发展走势如图 13－3 所示。[②]

① 参见杨军：《当前未成年人犯罪特征、原因及预防》，见郑州法院网，http：//zzfy.chinacourt.org/public/detail.php？id=16268。

② 参见宋全成：《我国刑事犯罪未成年人的结构性特征与防治对策——基于最高人民检察院 2014—2019 年相关数据的社会学分析》，载《南通大学学报·社会科学版》，2021（1），78 页。

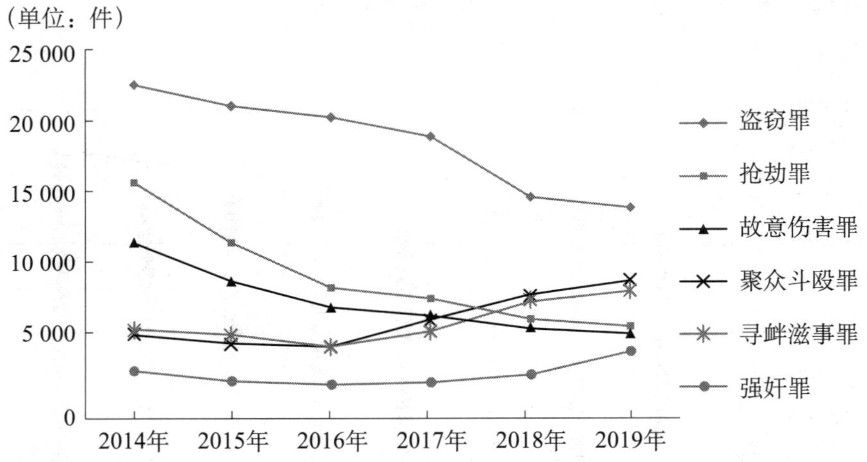

图 13-3　2014—2019 年全国检察机关受理审查起诉未成年人犯罪情况

数据来源：最高人民检察院《未成年人检察工作白皮书（2014—2019）》，2020-06-01。

数据：

登封市未成年人犯罪主要集中在侵犯财产型犯罪与侵犯人身权利和民主权利犯罪，其中又以侵犯财产型犯罪为首。2007 年—2010 年 4 月涉案未成年人中，犯盗窃、抢劫、诈骗、敲诈勒索等侵财犯罪的占 239 人，占全部涉案人数的 63.06%，尤其是未成年人所实施的“两抢一盗”案件占到侵财犯罪的 98.74%。

数据来源：郑州法院网，2010-12-24

数据：

2017 年，全国各地中级人民法院所公布的未成年人刑事案件判决书共有 98 份，涉及的罪名包括：绑架罪，诈骗罪，强奸罪，交通肇事罪，危险驾驶罪，抢劫罪，寻衅滋事罪，故意毁坏财物罪，故意杀人罪，盗窃罪，故意伤害罪，走私、贩卖、运输、制造毒品罪，容留他人吸毒罪，非法持有毒品罪。按文书量由多到少排，前五位的罪名是：交通肇事罪（52 份），盗窃罪（9 份），走私、贩卖、运输、制造毒品罪（7 份），抢劫罪（7 份），寻衅滋事罪（6 份）。

数据来源：《我国青少年犯罪的案件分布及影响因素研究》，载《青少年犯罪问题》，2020（3）

2. 暴力犯罪倾向明显。未成年人模仿成人作案，往往手段残忍，不顾后果。受社会不良风气的影响，未成年人犯罪的案件类型从之前的“温和型”犯罪发展到暴力型犯罪的状况逐渐凸显：绑架、毒品犯罪逐渐增多，为抢劫而杀人、杀人后碎尸时有发生，作案预谋性强。尽管有数据显示，未成年人涉嫌严重暴力犯罪总体呈明显的下降趋势，2019年有关机关所受理的案件数较2014年相比下降了48.69%[①]，但这一现象仍然受到了社会公众的高度关注。

案例：

湖南3名中小学生入室抢劫打死1名女教师

2015年10月18日，邵东县3名十二三岁孩子结伴上廉桥镇上网后，爬进镇上新廉小学转悠，发现只有一名女老师守校，便萌生抢劫念头，持木棍将一名52岁守校女老师打死，并撬开学校小卖部拿走面包等物后逃窜。3名嫌疑人作案手段惊人：先用棍棒击打女老师头部，继而追打至厕所，并用毛巾捂住女老师口鼻，最终致其死亡。3人搜走财物后，将女教师尸体藏匿在床底，清理现场血迹后逃离现场。手段残忍。

案例来源：找法网，2015-10-21

3. 团伙犯罪特征显著。近年来，未成年人共同作案特别是团伙作案突出，增势明显。在暴力犯罪案件中，这一现象更为常见。广西百色市右江区人民法院2006—2010年未成年人犯罪调研报告中称：2006—2010年在所有117名的未成年犯中，有63人是团伙作案，占总数的54%；而在88起未成年人犯罪案件中，团伙作案有32件，占总件数的36.4%。[②]

案例：

缺少零花钱　5名未成年人团伙作案

2013年2月初以来，连江县城关派出所陆续接到数名青少年遭遇持刀抢劫的案件。接警后，连江城关派出所即刻成立专案组进行调查。民警从多名受害人的描述得知，犯罪嫌疑人均为15岁左右、年龄较小的男子，操连江本地口音，作案方式均是跟踪受害人，随即选择灯光暗、人少地点，采取围堵、殴打、突击受害人方式，持10厘米长的匕首威胁受害人交出钱财。经过案情分析研判，民警判断其为同一团伙连续作案。

最终民警于3月20日，在连江县凤城镇某网吧内，先后将犯罪嫌疑人陈建某、黄祥某、黄某、陈某、吴某5人抓获。经了解，这5个人都是连江人，全都未成年，他们中最大的为陈建某和陈某，今年17岁，而黄某、黄祥某和吴某分别为16岁、14岁和13岁。

民警发现，团伙成员5人均成长在单亲家庭中，自小辍学，目前均处于无业状

---

① 参见最高人民检察院《未成年人检察工作白皮书（2014—2019）》，见中华人民共和国最高人民检察院网，https://www.spp.gov.cn/spp/xwfbh/wsfbt/202006/t20200601_463698.shtml#2。

② 参见罗永碧：《让未成年人健康成长——浅析未成年人犯罪的特点》，见 http://www.chinaqking.com/yc/2011/198428.html。

态。由于监护人疏于监管，家中无人照看，苦于没有足够的零花钱，5人便从2013年起以团伙形式进行盗窃电动车犯罪行为。在2013年年底，开始随机选择年龄相仿的路人进行持刀抢劫，至案发时盗窃电动车100余辆，抢劫金额近2万元。

案例来源：网易新闻

案例：

未成年人参与涉黑犯罪团伙的案件比例呈上升趋势

在学校里因琐事发生争执，最终却演变成持刀砍人，这是湖南省娄底市娄星区人民法院审理的一起案件。2016年10月，被告人吴某某与被害人因为一点小事发生了争执，吴某某拿出随身携带的一把刀子进行威胁。在旁边的人将刀子夺下后，被对方用扫帚打了几下的吴某某，随即打电话喊人过来帮忙。随后，刘某某、邹某某等人闻讯携带刀具赶到，对被害者实施殴打。

令人惊讶的是，刘某某、邹某某二名被告人都是在2000年出生的。除了故意伤害、寻衅滋事，他们还通过持刀威胁、殴打伤害等方式，多次在网吧抢劫、盗窃手机。

娄底市娄星区人民法院同期还审理了多起未成年犯罪案件，未成年犯罪呈现出暴力化、团伙化、低龄化的特征。嘉禾县人民法院审理的罗某、周某参加黑社会性质组织、聚众斗殴、开设赌场、故意伤害案中，被告人从1995年以来，在嘉禾县不断吸收在校学生和社会闲杂人员，逐步发展成为黑社会性质组织。

案例来源：湖南省高级人民法院网，2018-04-16

4. 文化程度普遍较低。2009年中国青少年犯罪研究会的调研报告表明，在1793名未成年犯中，“小学没毕业”者占13.78%，“小学毕业”者占14.73%，“初中没毕业”者占43.37%，“初中毕业”者占17.07%，“高中或中专没毕业”者占5.46%，“高中或中专毕业”者占1.5%，“大专以上”者占0.05%；初中以下学历者占93%。[①] 2020年最高人民检察院发布的数据显示，未成年犯罪嫌疑人的文化程度在近两年有所提升，但初中文化程度仍然占比较高（如图13-4所示）。由此可见，绝大多数未成年犯集中在未完成义务教育文化层次。

5. 家庭条件困难的未成年人和社会闲杂人员居多。2010年对我国10个省、直辖市的未成年犯管教所、女子监狱的抽样调查发现，有近60%的未成年犯居住在乡村，家庭经济条件为中下水平的居多。[②] 从社会角色来看，犯罪前处于闲散（不在学、无

① 参见操学诚、路琦、牛凯、王星：《我国未成年犯抽样调查分析报告》，载《青少年犯罪问题》，2010(4)，5页。

② 参见江志华：《上海中心地区未成年人犯罪问题研究》，载罗大华、狄小华、马皑主编：《刑事司法心理研究》，142～143页，北京，群众出版社，2006。

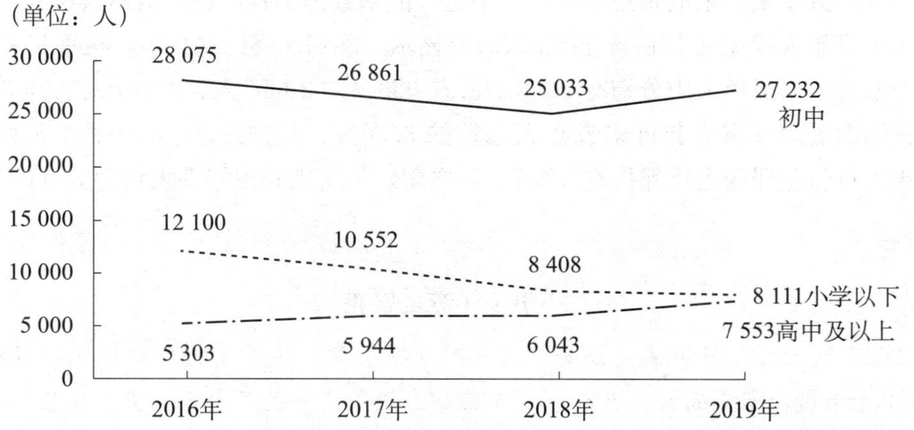

图 13-4　2016—2019 年全国检察机关受理审查起诉未成年犯罪嫌疑人的文化程度情况

数据来源：最高人民检察院《未成年人检察工作白皮书（2014—2019）》，2020-06-01

工作）状态的占全部未成年犯的比例 2010 年为 67.6%，2001 年为 61.4%。① 2014 年至 2019 年，全国检察机关共受理了 383 414 名未成年犯罪嫌疑人的案件，其中无业人员占 30%，农民占 22%，学生占 8%，工人占 1%。②

案例：

无业少年意气用事　扮“古惑仔”蒙面持刀砍人

2013 年 1 月 1 日下午，谢某、郭某（在逃）为报复王某，便纠集刘某（已判刑）、“卤猪”等人，备好砍刀、篾刀、蒙面头罩等作案工具，驾车行驶至某灯具店门口。谢某与郭某等人带上蒙面头罩伪装，持刀向正在打扑克牌的王某乱砍，吴某在旁阻止时亦被砍伤。最终，2013 年 11 月 22 日，法院以故意伤害罪判处被告人谢某有期徒刑 1 年，缓刑 2 年。

案例来源：找法网，2013-11-25

6. 再犯罪率高。有学者对北京市平谷区 2000—2006 年已判刑的未成年犯在刑满释放后于 2005—2007 年重新犯罪的 66 人进行研究发现，刑满释放后在 3 年内再犯罪的人数高达 50 人，占再犯罪总人数的 75.8%。其中刑满释放与再犯罪之间时间间隔为 1 年以下的有 17 人，占再犯罪总人数的 25.8%，最短间隔的仅有 15 天。在 6 名刑满释放后多次再犯罪的未成年人中，每次刑满释放到再犯罪的时间间隔均在 1 年以下

① 参见关颖：《未成年人犯罪特征十年比较——基于两次全国未成年犯调查》，载《中国青年研究》，2012（6），48 页。

② 参见《中华人民共和国最高人民检察院．未成年人检察工作白皮书（2014—2019）》，见中华人民共和国最高人民检察院网 https://www.spp.gov.cn/spp/xwfbh/wsfbt/202006/t20200601_463698.shtml#2。

的为 4 人。近年来，未成年犯罪率较为平稳，但基数仍不容小觑。最高人民检察院发布的《未成年人检察工作白皮书（2020）》显示，2016 年至 2020 年，检察机关受理并审查起诉的未成年人中分别有 2 246 人、1 938 人、2 054 人、2 349 人、2 092 人，分别占同期受理并审查起诉未成年人总数的 3.80%、3.52%、3.83%、3.83%，即未成年人重新犯罪的占比保持在 3%至 4%之间，平均重新犯罪率大约为 3.65%。

案例：

小小少年竟是累犯

2017 年 8 月 2 日凌晨，公安机关接群众报警称，位于某繁华地段花园住宅小区内二十多辆小车车窗被人为砸坏，车内烟、酒等贵重物品悉数被盗。接警后，公安机关立即对案件展开侦查研判工作，经侦查发现少年，××有重大作案嫌疑。案发后第二天（2017 年 8 月 3 日）20 时许，睡梦中的犯罪嫌疑人××在某宾馆房间内被公安民警抓获，并对其撬砸车窗，疯狂盗窃车内财物的犯罪事实供认不讳。

据了解，犯罪嫌疑人××，男，2001 年出生，初中肄业，父母外出务工、离异，自幼跟随奶奶共同生活，南昌县 J 村人。2014 年 9 月 16 日因盗窃、吸毒被公安机关抓获，同年 11 月因吸食毒品被行政拘留，2015 年 1 月 3 日因盗窃、非法携带管制器具被处理，同年 3 月 10 日因吸毒被强制戒毒，2017 年 8 月 2 日因盗窃罪被拘役 5 个月。

案例来源：陈勇：《江西农村地区青少年再犯罪问题介入研究——以南昌县 M 个案为例》，江西财经大学硕士学位论文，2019

7. 犯罪有低龄化趋势。随着生活水平的提高，我国未成年人的身体发育呈现早熟趋势。生理上的早熟与心理的“相对晚熟”之间的矛盾造成未成年人的焦躁、叛逆等情绪，如果家长不正确地引导，再加上各种媒体、社会环境的不良影响，未成年人就容易踏上违法犯罪的道路。我国青少年犯罪的年龄发展态势一般是 10 岁～12 岁开始有劣迹，13 岁～14 岁走上违法犯罪道路，14 岁～17 岁成为违法犯罪的高峰年龄，18 岁以后成为违法犯罪的主力军。

案例：

2015 年校园暴力事件频发，暴力视频在网上也是广为流传，其中一起发生于 2015 年 6 月 22 日的广西北海市。事件为一名小学女生遭暴力殴打，多名女生参与其中。涉事的 7 个小孩子，有 6 个是 13 周岁、未满 14 周岁；有一个是 14 周岁零几个月，被打的是一个 11 岁的小学六年级女生。事发原因也是一些不足道的极小的矛盾，涉事学生的家长也表示完全想象不到自己的孩子会做出此类事情。

案例来源：央视网，2015－07－02

8. 无明确动机的犯罪和突发性案件形成规模。从某少管所抽阅六十余份案卷，显示其中有26%的未成年犯罪人属于无明确动机类型。他们在犯罪前并无预谋，在实施犯罪时没有明确动机，只是由小事引导出焦躁情绪，动怒动武；或因一时意气，不顾后果，引发犯罪行为；或者一时逞强，难以忍受“羞辱”，出气报复，坠入犯罪的深渊。这种犯罪一般伴随着突发性色彩，来势凶猛，酿成祸端。

案例：

泉州一少年盗窃蓄电池，不知犯法竟称“好玩”

2011年3月27日晚，谭某与程某在泉州城东街道浔美社区附近发现一辆崭新吊车，趁车主不在，慢慢接近作案目标，准备动手偷吊车蓄电池时，被巡逻民警抓住。在吊车不远处，停放着一辆三轮摩托车，是他们的作案车辆，车上放着8个大小不一的蓄电池，多数是从货车上剪下来的，价值在500元至3 000元不等，8个蓄电池加起来，总价值大约5 000元至8 000元。

- 对话谭某

以下是记者与谭某的对话。（谭某身份证上的出生日期是1995年）

记者：你在读书还是在工作？

谭某：去年初中毕业后，就从老家跑出来，现在在泉州一家机械厂工作。

记者：有工作为什么还出来偷蓄电池？

谭某：就好玩呗，边工作边偷。

记者：偷了多少次？卖完能拿到多少钱？

谭某：钱我倒是无所谓，都是他们拿去卖的，我就是觉得好玩才出来偷的，能玩就好。我们成功了两次，都在洛江。

案例来源：泉州网—东南早报，2011-03-29

二、未成年人的犯罪心理成因

根据本书第四章阐述的犯罪综合动因论，犯罪人产生犯罪心理、发生犯罪行为是犯罪个体相互联系、相互制约、相互矛盾的对立、统一的主体内、外因素综合作用，互为动力的结果。根据这一原理，未成年人犯罪的发生可视为未成年期这一社会化过程[①]的特殊年龄阶段中各内、外因素间错综复杂的矛盾未能得到正确解决所致。这也正是未成年期是犯罪危险期原因之所在。未成年人社会化过程中的矛盾有以下三个方面。

① 人的社会化过程，是指人从出生时的单纯的“生物人”发育成长为“社会人”的过程，就是说，生活在一定社会背景下的人，由于社会中各种因素的交互作用，通过各种途径，学习知识、技能和社会规范，逐渐地成为合格的社会成员的过程。

（一）生理发育与心理发展的矛盾

未成年人进入青春期，出现了生理发育加速现象，特别是性的发育成熟，对未成年人心理发展带来了前所未有的影响，出现了青春期所特有的生理发育与心理发展的矛盾。

1. 未成年人生理加速发育的表现

（1）外形巨变。未成年人的肌肉、骨骼迅速增长，身高、体重随之猛增，加之性器官发育成熟、第二性征出现，未成年人外形发生了巨大变化，男女有了显著的性别表征。

（2）机能的增强。青春期机能的发育，以肺活量与握力为代表，随着年龄的增长而增大。中枢神经系统迅速发展，14 岁时已近成年脑重（1 450 克）；甲状腺机能旺盛而刺激高级神经系统，致使神经系统的兴奋与抑制过程不平衡，从而使未成年人在动作和活动上反而出现一定的不灵活或不协调的暂时的“笨拙”现象。未成年人机体能量代谢旺盛，精力充沛，活泼好动，特别喜欢竞赛性的活动，以显示自己的能力。

（3）性器官与性机能的发育成熟。这是青春期身体发育的最重要的生理特征。生殖系统的发育成熟主要有两大特征：其一是第一性征的成熟（男性为睾丸、输精管、阴茎等，女性为卵巢、输卵管、子宫、阴道等）所显现的生理特征；其二是第二性征的出现，男性开始长胡须、喉结增大、声音变低等，女性乳房隆起、骨盆增宽等。

（4）激素分泌健全。内分泌腺对生长有着特殊的功能，上述生理机能大部分受内分泌腺所控制。内分泌腺分泌出来的活性物质，直接进入血液或淋巴液，叫激素（或荷尔蒙）(Hormone)，激素经血液输送到一定器官或组织细胞而起到调节作用。几乎所有的内分泌腺都受神经系统的影响，激素又影响着神经系统的功能。

2. 未成年人生理发育与心理发展的主要矛盾

（1）精力过剩与缺乏支配力的矛盾。未成年人迅速的生理发育，极大增强了他们的体能，而心理水平的提高却相对较缓，这就产生了精力充沛和支配力不强的矛盾。过剩的精力缺乏理智和心智的强有力引导，在不良因素影响下往往陷于错误行为中，如在哥们儿义气鼓吹和外界暴力、色情刺激下容易导致未成年人的寻衅滋事、杀人、伤害、强奸、猥亵等犯罪行为。

案例：

情敌网上互骂引发争执　聚众打架伤人遭到惩处

2011 年 8 月，不满 18 岁的李某与女友刘某的前男友潘某在互联网上聊天时发生争执。两人先是在网上相互谩骂，后又通过电话互骂，最终决定在网下见面解决争执。随后，李某和潘某各纠集了 5 人，来到某中学门口。

见面后，潘某等人持刀对李某等人实施殴打，致使李某等人不同程度受伤。经鉴定，李某等 5 人的伤情均为轻伤。法院分别以聚众斗殴罪判处潘某等人有期徒刑 6 个月至 5 年。

案例来源：找法网，2012－03－13

（2）好奇心强与认知能力差的矛盾。未成年人脑神经系统逐渐发育成熟，探索世界的好奇心增强，但认知能力有限，也缺乏认识世界的经验和学识，只能凭一时头脑发热和盲干，在不自知中实施了犯罪行为。如有的未成年人对火车运行原理有求知欲，于是模仿工人启松枕木螺丝，形成火车倾覆的威胁。

案例：

学灰太狼烤羊将兄弟俩烧成重伤

2013年4月6日，江苏省连云港市东海县石榴街道麻汪村一对夫妻带着8岁和5岁儿子到地里干农活。其间，兄弟俩因口渴便回家喝水。当小兄弟俩走到村口，遇到同村9岁的小伙伴顺顺（化名）。顺顺模仿动画片《喜羊羊与灰太狼》里灰太狼“烤羊肉”的情节，把小兄弟俩绑在树上，并点燃了地面上的杂草。因当日风大，火瞬间就烧到了两个孩子的身上。路过村民及时扑救，将小兄弟俩及时送到医院。5岁的弟弟伤最重，烧伤面达到全身的80%；哥哥全身40%烧伤。

案例来源：搜狐网，2016-03-11

（3）易冲动与控制能力差的矛盾。激素分泌旺盛使大脑常处于兴奋状态，情绪易激动、易冲动，而心理上的不成熟又导致自控力差，两者难以调和。特别在未成年人受到刺激产生如报复、愤怒等不良情绪时，自身难以控制，往往要向对方爆发出来。这是青少年应激型犯罪的主要原因。

案例：

高中生为争手机充电插座斗殴致1死5伤

2013年11月8日下午，课外活动时，安徽省宿州市时村中学高一（3）班秦某某和同班同学李某某，因手机充电争插座发生争执。晚上11时许，秦某某在值班领导、生活教师查房熄灯后，纠集五名同学到李某某宿舍殴打李某某，这时与李某某同宿舍的高一（1）班学生李某（17周岁），上前劝架，结果也被秦某某几名同学用握力器、鞋底殴打，李某情绪激动，随手拿起一把水果刀捅伤了秦某某，随后，又接连刺伤王某某等五名学生。学校值班领导、老师及校医听到叫喊声，立即前往现场，实施抢救并报120急救，同时报110，时村镇委、镇政府主要负责人会同派出所干警及时赶到现场，在校医帮助下将受伤学生全部送往时村镇卫生院实施抢救，秦某某因抢救无效死亡，其他伤者经镇卫生院初步救治后迅即转入市立医院进一步救治。此后，嫌疑人李某已被警方控制。

案例来源：找法网，2013-11-12

（4）性机能发育成熟与性道德、法治观念缺乏的矛盾。青春期性机能发育成熟，性冲动增强，性意识开始萌发，对异性产生好感并对性机能有较强的好奇心和神秘感。但我国目前性教育体系尚未形成，对未成年人的性道德教育尚不到位，导致部分未成年人难以形成正确的性爱观和法制观。在外部因素的诱惑下，部分未成年人凭借本性追求刺激，不自觉走向犯罪。

案例：

广东14岁女孩遭12名少年侵犯后患精神病

20××年5月7日凌晨广东一14岁女孩惨遭12名青少年侵犯，某法院对此作出一审判决：案发时16岁的主犯董某犯寻衅滋事、抢劫、强奸三罪，被判有期徒刑12年；主犯陈某犯寻衅滋事、强奸罪，判有期徒刑5年9个月。其他10名案犯均被认定犯强奸罪，分别被判有期徒刑3年缓刑5年至4年11个月不等。事发时，12名案犯并非全部互相认识。当地警方案发后曾通报，这伙人临时聚集，临时起意无故打人、抢劫、强奸。判决书显示，12名被告中，案发时4人只有14岁，年龄最大的是陈某，仅17周岁零2个月；主犯董某当时是差2个月满17周岁。7人还是在校中学生，其他5人中除1人是网吧管理员外，其余的均辍学无业。

案例来源：找法网，20××-06-26

（二）心理结构内部各因素间的矛盾

在人多种多样的心理现象背后是一个有着多层次、多水平的有机统一的稳定结构——心理结构。心理结构的各因素并不是孤立、静止的存在，而是相互联系、相互制约，发挥着整体的作用。随着外界条件和主体实践活动的变化，心理现象背后的心理结构表现形式各异。由于未成年人心理诸因素发展尚未成熟，各心理因素之间尚不协调，使心理结构内部各因素之间的矛盾更为突出，主要表现如下。

1. 认识与情感的矛盾。认识和情感相辅相成、互相依存，而又互相矛盾、相互制约。人在对客观事物的认识活动中产生了情绪、情感，情绪、情感又反过来影响人的认识活动。未成年人的情绪、情感比较强烈，发生迅速，容易冲动，而认识能力的发展有限。这就使他们在待人处事时易感情用事，成为感情的奴隶。

2. 认识与行为的矛盾。未成年人常有认识与行为不一、言行脱节的情况。如果未成年人的正确认识没有成为他个人的内部需要，则必然出现认识和行为不一致的矛盾。未成年人在社会化过程中，认识偏差、意志力不强、没有形成正确的内部需要等状态容易导致他们犯罪。

3. 自我意识的矛盾。自我意识开始发展就进入人的意识发展的高级阶段，自我意识是主体对自己和自己与周围关系的认识。自我意识是个性的核心内容，它对人的心理与行为起控制和调节作用。自我意识在个体发展过程中出现较慢，在青春期表现为明显的增强。

由于未成年人生理的迅速发展，成人感的出现和增强，未成年人很希望社会和成年人把他们当作社会的正式成员看待。他们的“眼光”从朝向外界以及外界事物与自己的关系转为朝向自己心理活动的自我观察分析。这样，自己既是观察者，同时又是被自己观察的被观察者。自我意识被分成两个处于不同地位的部分：前者为理想的自我，即对自己未来将成为什么样的人的认识；后者为现实的自我，即对自己当前所达到的实际发展水平的认识。理想的自我处在观察者的地位，对现实的自我不断进行观察，看现实的自我是否符合理想的自我的要求。因为理想的自我毕竟是对未来的设想，所以一般说来，现实的自我总是落后于理想的自我。这样一来，理想的自我与现实的自我的不一致便产生了自我意识矛盾，给未成年人带来了很大的苦恼与不安。为了摆脱这种苦恼与不安，他们力图使分化了的自我意识再统一起来。

（三）未成年人主体与客观现实的矛盾

未成年人主体与客观现实的矛盾主要体现在以下四个方面。

1. 辨别能力和抵制能力低与不良社会影响的矛盾。未成年人的可塑性大，思维的批判性不强，辨别是非和抵制不良影响的能力低，容易受到外界的不良影响，形成未成年人社会化的缺陷，包括不完全的社会化、不适当的社会化以及矛盾情绪的社会化。对未成年人的客观现实影响主要有：

（1）家庭方面。家庭失和、离异；父母或长期在外或忙于养家，无暇关注孩子成长和学习情况；家长期望过高，对孩子成长过程中遇到的问题简单甚至粗暴对待，加剧孩子逆反心理；独生子女家庭中的溺爱、骄纵等家庭不良因素，容易造成未成年人社会化进程受阻而未能完成。2008 年对四川省乐山市的 100 名现押的违法犯罪未成年人家庭影响因素调查报告显示：第一类为父母不尽责任，致使孩子缺乏监督的达 47 人，占 47%。这占所有家庭因素的首位。其中属于忙于生计，不管孩子的有 12 人，占该类的 25.5%；属于不管孩子学习，剥夺子女受教育权的有 12 人，占 25.5%；属于父母外出打工、找钱的留守儿童有 11 人，占 23.4%；属于孩子外出不归、不管、失去监护的有 9 人，占 19.1%。第二类是家庭失和、父母离异的有 22 人，占 22%。这一类型位列第二。其中，属于父母经常吵闹、打架，影响子女的有 2 人，占该类的 9.09%；属于离异、子女受害的有 14 人，占该类的 63.6%；属于病故、单亲、缺少关爱的有 6 人，占该类的 27.27%。第三类是父母期望值过高，甚至对待孩子简单、粗暴，使其子女产生逆反心理而走向犯罪的有 15 人，占总数的 15%。第四类是父母一味溺爱，甚至娇惯，使子女养成娇横心理而走向反面的有 9 人，占 9%，均系独生子女。第五类是父母自身不正、品行不端，以致违法犯罪，进而影响子女的有 4 人，占 4%。[①]

（2）社会风气方面。最重要的有两点：1）高消费的社会现象刺激了部分未成年人的金钱欲望。2）黄色、暴力音像、书刊的腐蚀、教唆。据《北京青年报》报道，

---

① 参见傅春江、蒋和：《家庭问题是重要诱因：乐山未成年人犯罪调查》，见乐山新闻网，2008-10-14。

北京市海淀区人民检察院对海淀看守所在押的未成年犯罪嫌疑人的调查发现：73名有上网经历的未成年犯罪嫌疑人中，39人承认自己走上违法犯罪道路由上网引起或与上网有关，占53.4%。[①]

（3）学校教育方面。学校教育的失误主要表现在：1）片面追求升学率。考试成绩良好的学生备受重视，大部分学生未受到关注。他们中的一部分人受“读书无用论”的影响，自己厌学而离开学校。有人说辍学生（流失生）是青少年犯罪的“后备军”，确有一定道理。有一份调查报告说，流失生中45%左右的人有过违法犯罪行为。2）学校教育缺乏针对性。如生理卫生课主要讲人体结构，对性心理健康和性违法讲得少，以致有的学生在好奇心支配下，为试一试而走上性违法犯罪道路。某少管所，有109名性犯罪未成年人，98%的人都是由于对性的冲动、好奇，在黄色制品的诱惑下走上犯罪道路的。3）有的未成年人生长在不道德的家庭或违法犯罪率高的地区，或经常与不良伙伴接触。这些人由于未建立正确的分辨是非的内在标准，很可能受不良伙伴的违反社会的是非善恶标准影响而建立错误的内在标准，形成了不适当的社会化，很容易走上违法犯罪道路。

2. 个人需求与客观可能性的矛盾。青少年处于各方面的转型期，物质意识的崛起和经济尚未独立的矛盾，自我尊重的愿望和依然被当成孩子的挫折感，性意识的觉醒和尚不能组成家庭的矛盾等，会使未成年人难以调节自身的需求而设法通过非法途径满足。

3. 独立性意向增强与社会约束的矛盾。未成年人独立性意向增强，希望摆脱成年人对他的管束，获得更多的独立与自由，希望在家庭生活中或在社会上取得与成年人平等的权利与地位。但在成年人的眼里，未成年人仍然是孩子，独立性的追求和客观上的束缚使未成年人感到不公正、受委屈，甚至心怀敌意，往往与父母、师长发生争执，或为逃避现实而离家出走。部分未成年人为了追求无拘无束、为所欲为的生活，往往置道德、纪律、法律等社会规范于不顾，以致触犯刑律而犯罪。

三、犯罪未成年人的心理特点与行为特征

（一）犯罪未成年人的心理特点

犯罪未成年人的心理特点，是指区别于犯罪成年人的突出的、独特的心理特点。但是由于政治、经济与文化背景的差异，各国犯罪未成年人的心理特点并不完全相同，即使在同一国家，不同地区、不同时代的犯罪未成年人，其心理特点也有差别。在研究未成年人犯罪的论著中，由于作者见解不同，所论述的犯罪未成年人心理特点也不完全相同。以下各点主要是根据我国犯罪未成年人的研究资料所做的归纳。

---

① 转引自张宇：《对未成年人犯罪调查分析》，载《赤子》，2010（2），见 http：//www.chinaqking.com/yc/2010/79915.html。

1. 认识特点

(1) 错误的人生观。人生观是指人对人生的根本看法和态度。犯罪未成年人的认识水平极低，对许多人生问题愚昧无知、观念模糊，甚至到了颠倒是非的地步。笔者曾对280名犯罪未成年人提出7个有关人生问题作问卷调查：1) 勇敢、英雄和亡命徒；2) 友谊和江湖义气；3) 自由和纪律；4) 诚实和撒谎；5) 公和私、个人和集体；6) 理想和前途；7) 美和丑。他们回答这些问题时认为英雄就是“胆子大”“敢拼命”的约占92%；认为友谊就是讲“哥们儿义气”、“为朋友两肋插刀”、“有福同享，有难同当”、“全扛不抬人”（被抓获后罪责全揽起来，不供同伙）、根本否认有真正友谊的占92%；认为自由就是“想干什么就干什么，谁也管不着”“能尽情玩乐”的占92%；认为“不撒谎办不成大事”“老实人吃亏”的占98%；认为“人天生就是自私的”“人不为己，天诛地灭”的占90%；认为“我不知道什么是理想和前途，只知道图钱”的占65%；认为美就是“长得漂亮”“穿得时髦”“招人看”的占80%。

犯罪未成年人错误的人生观的核心是两大精神支柱——封建帮会式的江湖义气和追求感官刺激的享乐主义，三种错误观念——亡命称霸的英雄观、随心所欲的自由观和低级下流的乐趣观。在这种人生观的支配下，怎能不导致违法犯罪呢?

(2) 法治观念的欠缺。法治观念，是指人们重视和遵守法律的思想意识。犯罪未成年人法治观念的欠缺表现在三个方面：1) 缺乏法律知识，更无法治观念，属“法盲”，因“法盲”导致犯罪的未成年人比成年犯罪人要多；2) 未形成法治观念，即有的未成年人虽然学过法律，懂得一些刑事法律知识，但未形成法治观念；3) 守法尚未成为内心需要，因此还不能用法治观念来指导和调节自己的行为。

(3) 不成熟的认知结构。认知结构指个人在感知及理解客观现实的基础上所形成的一种心理结构。犯罪未成年人认知结构的不成熟，表现在：1) 在时间因素上，不能很好地把事物或现象与它的过去、未来联系起来，只是孤立地对待认知对象，易为眼前状况所影响；同时，对认知对象在空间领域不能与其他事物或现象作很好比较，易产生认识的片面性、局限性。2) 缺乏批判力、内省力、自觉性、预见性和适应性，因而处理复杂的事物有困难。3) 认知不能控制情感、情绪的影响，往往会感情用事，一旦有了犯罪欲求的倾向，就变得难以抑制。

2. 情感特点

(1) 情绪体验的原始性、低级性。犯罪的未成年人大多追求生理需要和感官刺激，这是一种原始的、低级的需要。其喜、怒、哀、乐等情绪变化，往往和这种需要的满足与否有关，满足了则喜、则乐，未满足则怒、则哀。

(2) 情绪的易激动性和外露性。一件微不足道的事也容易促使犯罪未成年人产生激情。当激情爆发时，往往不顾后果。打架斗殴时，他们由于爱虚荣、好逞能、想当“英雄”，就更容易激动，动刀动枪，疯狂至极，不把对方打服绝不罢休。他们的情绪容易外露，高兴时手舞足蹈、得意忘形，不高兴时则恼羞成怒。

(3) 情感的极不稳定性，表现为情绪变化多端、喜怒无常，愤怒时十分凶残、粗暴，高兴时也容易动感情。如果教育者对他们缺乏感情，采取讽刺、挖苦、粗暴的态度，他们就会产生强烈的对立情绪，甚至与教育者顶嘴、打骂；如果教育者富有感情，往往会产生效果，甚至会使他们激动得流泪，表示决心悔改。但是这种情感易出现反复，事过境迁，继续进行违法犯罪活动，给人以“口是心非、言行不一”的感觉。

（4）自尊感与自卑感的并存性。犯罪未成年人自尊感很强，渴望别人对他的尊重，对别人的评价非常敏感，有损他自尊心的任何言词和表情动作都可能激起满腔愤恨。犯罪未成年人中的绝大多数曾常受到别人的议论和歧视，使他们的自尊心受到严重挫伤，而产生自卑感。因此，自尊感与自卑感的并存是犯罪未成年人情感方面的一大特点。

根据上述犯罪未成年人的情感特点，家长和教师应从小就教育孩子要尊重别人、关心别人，培养他们的同情心。在矫治犯罪未成年人的时候，可以用“置换处境”的方法，即要他们设身处地（站在被害人的位置上），将心比心。要加强对未成年人的友谊观教育，启发他们划清友谊和江湖义气的界限。对犯罪未成年人，可用他们的亲身经历教育他们认清江湖义气的虚伪性和危害性，用真正的友谊去取代江湖义气。

3. 意志特点

（1）明显的两重性。犯罪未成年人在实现社会化目标方面表现出意志的薄弱性，在实施反社会的活动方面却表现出意志的顽强性。犯罪未成年人在矫治过程中，无论是在学文化、学技术方面，还是在生活、劳动方面，往往怕苦、怕累、怕困难，缺乏改正错误的勇气。这正是意志薄弱的表现。犯罪未成年人的意志薄弱性，很容易在外界不良诱因的影响下，使意志活动偏离社会要求。与意志的薄弱性相反，犯罪未成年人为了满足自己的欲求，在实施反社会行为的意志活动过程中，却能千方百计排除主、客观困难和障碍，显示出“不达目的绝不罢休”的顽强意志力。

（2）冒险性。犯罪未成年人在亡命称霸的英雄观支配下，在犯罪时表现出狂妄自负、盲目冒险的不良意志行为。有偷窃罪行的未成年人大多认为，干这一行是靠“三分技术、七分胆”；还认为要有“要想当小偷，就得不怕揍”“偷成了嘴上流油（大吃大喝），被抓住了嘴上流血（被人打）”的思想准备。有的犯罪未成年人说：“我宁可为抢钱冒险而死，绝不再碌碌无为而生。”犯罪未成年人在谈到自己违法犯罪前后的心理状态时，几乎都提到了冒险心理。

（3）易受暗示性。犯罪未成年人由于分辨是非的能力差，很容易受到别人的暗示而盲从：在球迷闹事事件、街头暴力事件等集群性违法犯罪活动中，很容易随波逐流，稀里糊涂地跟着干坏事；在未成年人犯罪帮伙中，很容易在帮伙头目和其他成员的语言、表情、动作的暗示下，进行从众性的犯罪活动；有的犯罪未成年人容易受人挑唆、怂恿，去实施犯罪行为。

犯罪未成年人的意志特点启示我们：家长、教师要正确对待有缺点、错误的未成年人，要给他们以更多的关怀、鼓励和帮助。歧视他们，用粗暴的态度对待他们，就容易使他们失去社会化目标的信心，并产生对抗心理。在矫治犯罪未成年人时，要尊重他们的人格，善于发现他们微小的积极因素，培养他们学习和改恶从善方面的自信心及克服前进中各种困难、障碍的意志力。把他们争强好胜、敢于冒险之心引导到社会化方向上来。

4. 动机特点

（1）动机内容的多样性。动机是推动人的活动的内心动因。而犯罪动机则是一种特殊的动机，它是指促使行为人决意犯罪的内在动因。违法犯罪动机是引起和推动犯罪行为的内在动力，是违法犯罪的重要心理因素。王国新、戚立夫（1990 年）曾调查了某省未成年犯管教所 1 050 名犯罪未成年人，从中归纳出 8 种比较明确的犯罪动机，分别是虚荣好奇、模仿效尤、争胜逞强、贪图享受、出气报复、江湖义气、性欲冲动和害怕困难。该调查结果表明，一种动机可以驱使未成年人犯各式各样的罪行——例如，贪图享受就可以驱使一个未成年人犯偷盗、抢劫，甚至斗殴、凶杀等严重罪行。此外，一种罪行也可以由不同的几种动机所引起，如偷窃罪、抢劫罪就可由贪图享受、害怕困难（包括怕穷苦、怕威胁、怕挫折等）、好奇或模仿效尤所引起和促成。① 焦迎娜、苏春景（2018 年）同样归纳了 7 点未成年犯罪的主要动机，分别是财物动机、性动机、“友情”动机、报复动机、戏谑动机、嫉妒动机和好奇动机。②

（2）贪婪性动机最为突出。犯罪未成年人的贪婪性动机主要表现在贪利、贪色方面。贪婪性犯罪动机占未成年人犯罪动机的 70%以上。因此，犯罪未成年人多实施盗窃、抢劫等贪利性犯罪活动和强奸、流氓猥亵等性犯罪活动。

（3）犯罪动机产生的情景性。与成年犯相比，犯罪未成年人很容易被外界情景诱因引发犯罪动机，给人以偶发性强、动机简单模糊、较少预谋的感觉。常常会因为一句不入耳的话、一件不顺心的事、一个看不惯的举动、一种极为单纯的欲望而导致不寻常的犯罪。

（4）强烈的情绪性。主要表现为：1）强烈的情绪（如愤怒、狂喜、怨恨、嫉妒等）本身可以成为未成年人犯罪的动机，起着直接驱使实施犯罪行为的作用；2）犯罪未成年人犯罪动机的产生和实施过程，充满着情绪色彩；3）犯罪未成年人的犯罪动机常在情绪影响下发生变化或转移。

（5）无意识动机比较显著。与成年犯罪人相比，未成年犯罪人在消极定势影响下的犯罪、意向直接引起的犯罪，以及习惯性犯罪、冲动性犯罪等都较突出，说明犯罪未成年人的无意识犯罪动机比较显著。

（6）动机的不稳定性。主要表现为：1）在实施犯罪过程中，很容易在主体内、外因素影响下，产生新的犯罪动机，甚至向恶性转化。例如，有的犯罪未成年人在盗

---

① 参见王国兴、戚立夫：《青少年犯罪心理学》，长春，吉林教育出版社，1990。

② 参见焦迎娜、苏春景：《未成年犯罪人的心理特点分析》，载《预防青少年犯罪研究》，2018（4），25～28 页。

窃、抢劫、强奸过程中，遇到被害人呼喊或搏斗时，便产生了唯恐被抓获或被伤害的恐怖感，由于防卫机制的作用，便迅速产生第二犯罪动机，把被害人杀害；为了不被查获，又很快产生第三犯罪动机而焚尸灭迹。有的犯罪未成年人在偷盗、抢劫后强奸，然后杀人，这也属于这一类的动机变化。2）如果某一种犯罪动机不能以预定的对象实现时，容易转移到其他对象去实现。例如，一伙流氓未成年人要找另一伙流氓未成年人械斗，但并未找到对方，便把愤怒发泄到其他对象上，一见到行人就打，沿途看见东西就砸，一发现需要的东西就抢。有的犯罪未成年人在打架斗殴时凶残地伤害劝架的无辜者，也属于这种情况。3）犯罪未成年人的犯罪动机并不稳定，常常是能偷则偷，可抢则抢，见到异性就想猥亵、强奸。

5. 个性特点

（1）智力特点。智力是人认识客观事物和解决实际问题的能力，是个性特征之一。孙春霞等人选取某市少年管教所在押少年犯的108名男性（年龄为16岁～17岁）作为研究组，与研究组同一城市的某职业中学的100名学生（年龄为16岁～17岁）为对照组进行研究，采用中国修订的韦氏成人智力量表对两组少年进行了智商测定，结果显示：1）研究组智商（IQ）、言语智商（VIQ）、操作智商（PIQ）均明显低于对照组，有非常显著性差异（$P<0.01$）。2）IQ＜90者，研究组中占25.0%，对照组中仅占1.0%。IQ＞120者，研究组明显少于对照组，经检验，两组有非常显著性差异（$P<0.01$）。3）以P－V＞12.0为分界点，结果P＞V征者，研究组较对照组多，但差异无显著性差异。以P－V的绝对值＞10为分界时，P＞V征者在两组间亦无显著性差异。该研究结果显示，男性少年犯中部分人智能偏低。虽然犯罪原因错综复杂，而偏低的IQ与少年犯罪确有一定的关联性，是不容忽视的因素之一。另外还显示，PIQ、VIQ在研究组均较对照组为低，而显著的PIQ、VIQ发展不平衡不是导致少年犯罪的主要因素。[①]

张素馨等人对山东省某地在押的15岁～20岁男性犯罪者249人进行调查，采用瑞文标准推理测验对其中随机抽取的37人进行智力测验[②]，结果显示，智力中下者占37.84%，智力缺陷者占45.95%。详见表13－1：

表13－1　标准瑞文推理测验百分登记表

年龄（岁）	人数	≥95%高智	75%智力良好	25%智力中等	5%智力中下	＜5%智力缺陷
15～	8	0	0	1	3	4
17～	8	0	1	0	3	4
18～	15	0	0	3	6	6

① 参见孙春霞、李从培、方明昭、李舒然、孙玉国、张嫦：《男性犯罪少年智能特征对照研究》，载《中华神经精神科杂志》，1994（2），87页。

② 参见张素馨、杨育林、孔祥荣、曾晓立、赵佳芝、李晶：《青少年犯罪心理特点分析》，载《中国心理卫生杂志》，1993（3），121～122页。

续表

年龄（岁）	人数	≥95%高智	75%智力良好	25%智力中等	5%智力中下	<5%智力缺陷
19～20	6	0	0	1	2	3
合计	37	0	1 2.7%	5 13.5%	14 37.84%	17 45. 95%

数据来源：张素馨、杨育林、孔祥荣、曾晓立、赵佳芝、李晶：《青少年犯罪心理特点分析》，载《中国心理卫生杂志》，1993（3），121～122页

（2）神经（气质）类型。周川等人于1983年对某市未成年人犯管教所中的151名未成年人犯进行了神经类型的调查，其结果是：强型占35.6%，弱型占15.89%，均高于代表全体人口的常模。[①] 而中间型只有48.34%，显著低于常模。这种强弱两极分化，就是犯罪未成年人的神经类型即气质特点。该调查还表明，暴力犯罪者强型为多，非暴力犯罪者弱型为多。偷窃犯罪者灵活型（多血质）、安静型（黏液质）为多。这两种类型的共同点是反应快且准确；区别在于前者活泼、适应能力强，后者好静、细心。从反应快与准确来看，这些无疑是偷窃犯必须具备的。

（3）性格特点。犯罪未成年人对社会、对集体、对他人、对自己表现出缺乏责任感的倾向，生活目标不明确，难以有正确的生活动机，自律性低，缺乏自立自强能力，加上独立性的缺乏，使他们形成低下的道德品质；在对行为的调节上，表现出任性、放纵、粗暴、鲁莽冲动、无毅力、无组织纪律性；在对情感的控制上，他们常常喜怒无常、情绪不稳、神经质、心境变化多端；在对待客观事物的态度和行为方式上明显呈现固执、“钻牛角尖”的特点。[②]

宋月丽对南京市工读学校自开办以来的291名工读生的主要不良性格特征进行了调查，发现违法犯罪青少年的心理都是不健康的。其不良特征如表13－2所示。

表13－2

不良性格特征	人数	占比（%）	不良性格特征	人数	占比（%）
胆大	256	88.0	懒散	277	95.2
凶狠	177	60.8	敌视	111	38.1
好胜	204	70.2	难自制	291	100.0
任性	151	51.9	冷酷	87	29.9
粗野	189	64.9	骄横	194	66.7
自私	212	72.9	自卑	52	17.9
虚伪	151	51.9	无耻	131	45.0
浮华	160	55.0	孤僻	35	12. 0

数据来源：宋月丽：《青少年心理健康与精神文明建设》，载《南京师范大学学报（社会科学版）》，1994（4），80～84页

① 常模情况如下：根据江苏师范学院王文英等人对26 205人的实验研究，得出的分布结果为：强型一般占总人口的24.33%，中间型占62.47%，弱型占13.20%。这种分布代表全体人口的基本情况。可见人的神经类型中强型者不多，弱型者更少，大多数属于中间型。

② 参见张理义主编：《青少年犯罪心理》，90页，北京，人民卫生出版社，2009。

李津强等人（2012）对厦门市 89 名工读学校学生的心理健康状况进行了调查。结果发现同普通初中的学生相比，违法犯罪青少年的心理在许多方面存在显著差异。详见表 13－3。

表 13－3　工读学校中学生心理健康量表结果与普通初中比较（M±SD）

项目	工读学校（n=89）	普通初中（n=112）	F
强迫	2.40±0.62	1.85±0.41	58.87
偏执	2.39±0.87	1.74±0.46	45.62
敌对	2.54±0.84	1.97±0.58	32.28
人际关系	2.57±0.77	1.96±0.39	54.92
抑郁	2.38±0.81	1.88±0.36	33.66
焦虑	2.44±0.87	1.83±0.44	41.43
学习压力感	2.90±0.76	2.49±0.64	17.15
适应不良	2.35±0.73	1.84±0.47	35.55
情绪不稳定	2.61±0.75	2.17±0.51	24.51
心理不平衡	2.16±0.81	1.58±0.44	42.17
总均分	2.47±0.57	1.96±0.23	76.73

数据来源：李津强、吴张鹏、蒋霁、曾永生：《厦门 89 名工读学生心理健康现状调查研究》，载《中国健康心理学杂志》，2012（8），1202 页。

（二）犯罪未成年人的行为特征

犯罪未成年人所实施的犯罪行为具有明显的特征，主要包括：

1. 模仿性。模仿性是未成年人的一大特征。对于犯罪未成年人来说，最初的犯罪手段和方式都是通过模仿而来，有的是通过模仿电影、电视、宣传报道获得，有的是观察同案犯而习得，也有的是在相互交流中加强了。未成年人的强模仿能力使犯罪方式迅速在团伙中传播开，造成较大的社会危害。

2. 互感性。模仿和互感就像是一对双生儿，侵袭着犯罪未成年人的心理，形成犯罪心理和手段的恶性循环。他们在一起“切磋”犯罪技艺、互相学习时，犯罪手段和反侦查能力得以增强。在互相传习、教唆中，一般说来是年龄大的教唆年龄小的、有经验的教唆没有经验的。这种互感性的特征，导致不断滋生一批批的犯罪未成年人。

3. 团伙性。未成年人心理尚不成熟，除激情犯罪外，对其他犯罪行为的后果具有较大的恐惧，单独作案的只在少数。大多数犯罪未成年人都倾向于团伙作案，既能相互鼓励、增强每一成员的信心，更能发挥责任分散作用，提高成功率。

4. 冲动性。犯罪未成年人的动机带有很大的情景性，情绪和情感极不稳定，容易受外界诱因的驱使而爆发激情，又难以控制。这就决定了他们在进行某一项犯罪活动时行为的冲动性特征，具体表现为盲目性、偶发性和快速性。冲动性犯罪行为结束后，犯罪未成年人一般都会悔恨和埋怨自己。

5. 凶残性。与冲动性密不可分的就是行为的凶残性。犯罪未成年人容易产生激情，又难以自我控制，加上缺乏道德观念和法制观念约束，因此，犯罪行为在突如其来的情绪影响下发生，往往带有泄愤和报复色彩，手段凶残，而凶残的手段可能在他们平静时也是自身难以接受的。

6. 戏谑性。另有一类未成年人在刚刚萌发的好奇心和求知欲的驱使下，进行违法犯罪活动。有人称之为“游乐型犯罪”，即把犯罪当儿戏，把自己一时的快乐建立在别人痛苦和遭罪的基础上，或以毁坏公物为乐趣。例如，用气枪、弹弓毁坏路灯，故意放火招引救火车等，都反映了犯罪未成年人戏谑性的行为特征。

第二节　女性犯罪心理

男女两性在总人口中的数量差不多，但是在犯罪人中的比例却大不相同。自有犯罪以来，一直是男性主体数量居多，女性主体很少。纵观我国的女性犯罪发展史，相对于男性，总体数量同样较少。但是近年来女性犯罪的犯罪率和犯罪总量均呈上升趋势。根据王金玲对 1953 年—1996 年相关数据的研究结果：(1) 我国妇女的犯罪率是极低的，无论在总人口中还是在女性人口中，犯罪妇女所占比例均低于十万分之三，妇女在犯罪者中的比例始终低于 5%。(2) 与总体犯罪率的大幅度上升相伴随，妇女犯罪人数也有大幅度的增加，并且其增长率在较多年份中高于总体的增长水平。(3) 20 世纪 50 年代至 90 年代中期，妇女犯罪率就总体而言处于增长中。(4) 妇女犯罪的主要类型是盗窃、伤害、毒品犯罪。[①] 2010 年—2013 年，各级人民法院判处犯罪人数中女性所占的比例为 5.3%～6.05%。[②] 女性的犯罪率总体呈上升趋势。以某省监狱关押女犯的数据为例，自 1999 年至 2019 年间，该监狱关押女犯的总数增长近 2 倍，如图 13－5 所示。

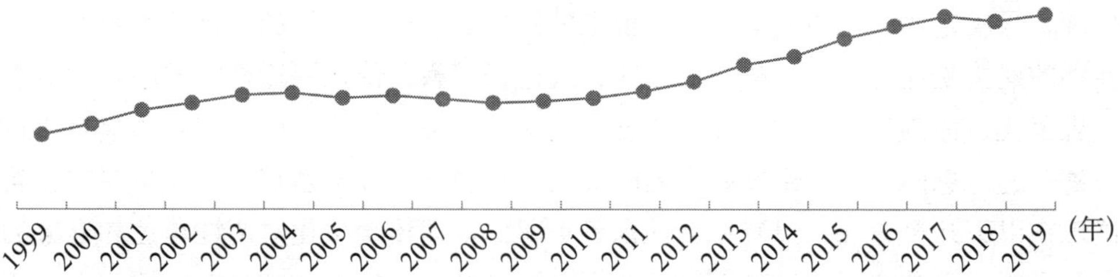

图 13－5　1999—2019 年某省份关押女犯总量趋势变化图

数据来源：四川省监狱管理局课题组：《监狱女犯构成及改造问题研究——以 S 省为例》，载《犯罪研究》，2020 (4)，51 页。

---

① 参见国家统计局社会科技和文化统计司编：《2014 中国妇女儿童状况统计资料》，101 页，北京，中国统计出版社，2014。

② 参见王金玲：《社会转型中的妇女犯罪》，160～161 页，杭州，浙江教育出版社，2003。

女性是占社会人口二分之一的性别，在社会发展、家庭建设、子女成长中都发挥着重要的作用。虽然女性犯罪相对于男性犯罪较少，但是它是一种独特的犯罪现象。女性犯罪不仅会给社会造成危害，而且重要的是会影响子女的成长。研究女性犯罪心理，对于预防和减少女性犯罪具有十分重要的意义。

一、女性犯罪心理的成因

（一）生理原因

男女两性先天生理结构不同，女性承担着孕育后代的重任，具有特殊的生理结构，因而会产生特殊的生理周期——月经期、怀孕期、哺乳期和更年期。在这些特殊的生理周期中，女性体内的激素水平会发生变化，进而会出现不同于平常时期的心理症状，表现为焦虑、敏感、冲动等，尤其是在月经期和绝经后的更年期。我国某省女监2006年的统计数据显示，有41.23％的女犯在实施犯罪时正处于月经期、孕期、哺乳期或更年期。在月经期，女性会随着月经周期各个阶段的变化经历情绪的变化。早在古希腊时期，著名医学家希波克拉底就在其著作中对有关月经周期发生的躯体症状和心理改变作了描述，其后的研究中比较著名的是1931年R.T.弗兰克提出的“经前紧张症”，即行经前3天～4天内发生的情绪变化，包括忧郁、焦虑不安、烦躁易怒以及自信心降低等。[①] 许多研究都证明犯罪与不良行为同月经有关系，如日本学者广濑胜世认为：“与其他犯罪相比，杀人和放火这类情动犯罪明显同月经有关，呈较高比例。根据对日本女性服刑者的精神医学方面的调查，从月经将来之际到月经开始时实施犯罪的频度，杀人占39.4％，放火占36.1％，盗窃占12.6％。”[②] 生理周期的影响也是促使冲动性强、性格未成熟的女性表现出异常行为的重要原因。

（二）社会原因

1. 社会性别

社会性别泛指对两性及两性关系的期待、要求和评价。社会性别并不完全是由先天生理差异决定的，也不完全是与生俱来的，而是被后天建构的，是社会的产物。社会性别的建构是通过教育、科学、法律、道德、宗教、传媒等途径完成的，并被制度化、规范化、体制化，同时在社会制度（政治、经济、文化制度）和人的社会化过程中得到传递与巩固。社会性别在不同的文化中有差异。社会性别对女性犯罪的影响主要体现在以下几个方面：（1）社会性别刻板印象，即传统文化对两性角色和形象的要求，已经固定为社会对两性的期待、要求和评价的普遍标准。社会对女性的刻板印象是柔弱、安静、具有依附性，对女性要求外在美重于内在美。在这种刻板印象之下女性首先被社会定位为弱者、需要人保护，给人的印象是天生善良。女性的这种社会性

---

① 参见［日］广濑胜世：《女性与犯罪》，姜伟、姜波译，82～83页，北京，国际文化出版公司，1988。

② 处于更年期的女性除了烦躁不安、心情大起大落外，还表现出敏感多疑。参见肖建国、姚建龙：《女性性犯罪与性受害》，56～57页，上海，华东理工大学出版社，2002。

别角色定位容易轻易取得人们的信任，使被害人疏于防范，为其实施犯罪行为创造有利的条件，如诈骗、盗窃等。其次，女性被定位为附属品，女性应该听从家长或男性的指挥。这种依附心理使女性比较容易被他人拉拢、利用。再次，社会刻板印象比较在意女性的外貌，使得女性将较多的精力放在追求外在美上，容易产生物质犯罪动机。(2) 性别不平等的社会结构。随着社会的发展，男女平等成为国家政策和法律的基本要求。现代女性比以往更重视自我，强调主体意识，渴望在社会中找到实现自身价值的位置。但是，性别不平等的社会现状依然存在，社会并没有在各个方面都实现男女性别平等，性别平等在大多数时候只是纸上的口号，还没有落到实处。现实中女性与男性相比在获得工作机会、劳动报酬等方面不平等，而且女性在就业结构中地位和收入偏低，加之社会保障不健全，从而使得女性通过正当就业实现梦想的想法有时很难实现，有的女性就会选择不正当的违法犯罪方法，比如商业性性交易。另外，当现代女性走出家庭，走向了社会时，她们与男性一起竞争，承受相同的工作压力。然而女性为自己争取到在外工作的机会的同时，她们对内的角色并没有改变，仍然要承担家庭责任和育儿责任。因此，实际上，虽然现代女性推翻了三座大山，社会地位有了一定的改善，但她们承受的压力仍然很大。这种生活、工作的压力到达一定程度，就容易导致实施犯罪行为。(3) 农村地区对女孩的歧视还很严重，在受教育方面男女有别。传统观念认为女孩将来是要嫁人的，没有必要为她们的教育投资，女子无才便是德。因此，农村中目前女童失学的现象仍然不少见。这种家庭教育模式导致了农村女性愚昧无知的延续，因此女性文盲、法盲犯罪也就时常发生。

2. 社会不良风气

随着经济的发展，社会的价值观发生了很大变化，金钱至上的理念在很大程度上影响着很多人的行为。很多人认为诚实劳动、合法经营很傻，相反却追求快速致富、一夜成名，喜欢盲目攀比。在这种不良风气的影响下，很多年轻女性认为“学得好不如长得好”“学得好不如嫁得好”“宁可在宝马车里哭也不要在自行车上笑”，趁着年轻走捷径奔小康的想法非常直观和露骨。她们不是通过自己的努力和发挥自己的潜能改变生活，而是趁着年轻用美色去傍“大款”和“大官”，心甘情愿地给有钱、有权者做情人，从而满足自己不劳而获、直接致富的欲望。有的不惜出卖色相，实施卖淫行为，乃至为了满足自己的物质需要加入犯罪团伙。位居要职的女性们也容易产生拜金主义的心理，女性实施职务犯罪的案件时有发生。

（三）心理原因

1. 爱慕虚荣，不合理的消费意识。部分女性进入青春期以后爱打扮，对外表比较注重，虚荣心强，喜欢攀比，对服装、首饰等具有主动选择、图新爱俏的倾向。近年来，随着社会发展部分女性的物质需要水平不断升高，还增加了对房子和车子的新需求，而这些往往需要一定的物质支持。因此，在这种虚荣心的驱使下，女性容易产生不正确的消费意识，不择手段，展开对物质利益的追逐，不顾及自身家庭条件的限制，追求高档消费，产生不良消费与有限供给的矛盾。面对这种矛盾，一方面容易受周围环境的影响，抵御不住对金钱与物质的诱惑，被拉入犯罪团伙，成为他人犯罪的工具，如有的女孩不惜铤而走险为犯罪分子运送毒品，最后将自己送进监狱；另一方面，在出现有利于犯罪的情境时，主动实施犯罪行为满足自己的物质需要，如有的女大学生，乘宿舍无人之机盗窃室友的财物。

案例：

因为长相酷似舒淇，李某 18 岁就出道做“平面模特”，偶尔也兼职“商务接待”。慢慢的，她发现有些人找“美女”时，会要求女孩跟着一起“玩”，比如吸食冰毒等。名牌包、名牌衣服、名牌化妆品，日常开销越来越大，靠模特和兼职渐渐满足不了李某对物质的欲望。最后她成为贩毒妈咪，操控着多名年轻女孩，卖毒送人。

案例来源：中国警官网《大要案：开玛莎拉蒂的平模手下有批卖淫女孩陪高端客户吸毒》，见 http：//daan. cpd. com. cn/n157198/c16883902/content. html，2016－03－10

2. 依附心理。女性通常被定位为弱势群体，依附于作为强势群体的男性。这种教育观念使女性形成了较顽固的依附心理。受我国几千年的男主外、女主内以及男尊女卑等封建思想的影响，这种依附心理更是根深蒂固。这种依附心理经常模糊了部分女性的双眼，使她们容易轻信他人，被拉拢入犯罪团伙，成为帮助犯。

案例：

张某英，90 后女孩，为苏湘渝系列持枪抢劫杀人案凶手周某华的女友。张某英坐台时，周某华常去找她。后周某华包养了张某英，每周付 1 万元，4 个月付了约 14 万元。并愿意拿钱给她医治癫痫。张某英成了周某华女友，得到周某华的细心照料。周要求张某英跟着干，并带着她到了重庆作案。周某华被击毙后，张某英以掩饰、隐瞒犯罪所得罪和包庇罪被判刑。

案例来源：见 http：//baike. baidu. com/link？url＝－hRrLTO _ zo7JAiXYxqs9Q34DjM6TY _ T9LD4qLJPoy5906sPVrVPa _ iQC6Pp7HFnHwXsRmbbEGPtUTqBdfS12k _，2016－03－10

3. 重感情。女性情感的需求比较强烈，受传统思想影响的女性通常比较倾向回归家庭，有的女性将爱情、家庭视为其生活的全部。在这种思想的影响下，部分女性一方面容易产生畸形的婚恋观，为了所谓的爱不惜付出一切，听从对方摆布，成为犯罪的帮凶，认为为了所爱的人犯罪也是值得的；另一方面，当得不到爱时，生活可能彻底垮塌，进而疯狂地报复，毁灭了别人，也毁灭了自己。

（四）家庭原因

家庭在女性的生活中占有极其重要的地位，是女性的避风港。恋爱的挫折和婚姻的不幸是女性犯罪的重要原因。一方面，女性容易因家庭的破损而失去生活的支柱，因而走上犯罪道路；另一方面，女性对家庭的重视使她们经常不惜一切维护家庭的稳定，如杀害第三者。家庭环境对女性犯罪的影响主要表现为家庭成员的缺损、家庭经济结构缺陷、家庭人际关系不和谐（如存在父母离异、家庭暴力、家人有不道德行为或违法行为、家庭教育方式缺陷）等。某省女监的调查显示：犯罪前曾遭受过家庭暴力的约占 9.09%，父母离异的约占 5.43%，父母死亡的约占 9.11%，家庭贫困的约占 18.22%。其中，遭受家庭暴力的妇女在得不到有效帮助的情况下，容易以暴制暴，从受害人变成犯罪人。

二、女性犯罪的心理特点

（一）个性心理特征

1. 需要。需要是犯罪动机产生的基础，是犯罪行为发生的源泉。高层次的需要是建立在正确的人生观、世界观基础上的。犯罪女性的需要首先主要集中在物质性需要方面，贪图物质享受，精神需要较少，故女性犯罪中盗窃、毒品等贪财型犯罪占很大比例。某省女监中涉毒女犯占关押总数的 75%。其次是不正确婚恋观产生的情感需要。女性大都需要情感寄托，爱情、婚姻在她们的生活中占有极其重要的位置。有些女性就是因为不正确的婚恋观产生了偏执的行为，为了维护自己的情感需要走上犯罪道路的。如有的女青年认为爱情高于一切，不惜为了爱情挪用公款，为了争夺所谓的爱情而不惜伤害他人；另一方面，她们在婚恋中遇到困难、障碍甚至挫折的时候，就会丧失理智，不择手段，获得个人自私的爱。此外，还有自尊和自我实现的需要。随着社会的发展，女性逐渐走向社会，与男子有同样的竞争机会，得以表现自尊和实现自我价值，但是如果实现这种需要的手段不当就会导致犯罪行为，如高知女性的职务犯罪、少女为面子而实施的故意伤害、校园暴力等。

2. 动机。动机是在需要的基础上产生的。从以上分析可以看出，引发女性犯罪的需要主要是物欲和情欲。女性犯罪的动机主要有以下几种：（1）由虚荣心、享乐主义引起的物欲型动机。例如，有些女青年缺乏正确的人生观、价值观，认为人活着就是追求享乐，她们信奉“人生在世，吃喝二字”“青春不美，老了后悔”的信条。（2）由情感需要、自尊和嫉妒心引起的报复性动机。（3）由畸形性需要引起的性欲型动机。女性最初违法犯罪的直接动机常常是由外部诱因引起的，如渴望满足物质需要时看见别人有钱就容易产生侵财犯罪动机，看到经常虐待自己的丈夫酣睡而产生杀人动机。女性犯罪的动机中常带有强烈的恐惧感，在犯罪动机产生的最初阶段带有很大的侥幸心理和激烈的动机斗争，害怕周围舆论的谴责，害怕父母、同学、朋友们知道，因此犹豫不决，动机斗争激烈，最后抱着“只此一次”的态度在忐忑中实施犯罪行为。

3. 法制观。在我国，法制观念淡薄是很多女性犯罪的重要因素之一。尤其是在广大农村妇女中，法制观念相当朴素，只知道杀人偿命、欠债还钱，认为拐卖妇女、组织卖淫、替人运送毒品等这些事项都与犯罪无关，因此，极易由于对法律的无知而犯下罪行。而城市中的妇女虽然法律意识稍强，却经常被膨胀的物质欲望、畸形的情感需要和自尊心冲昏头脑，在侥幸心理的支配下实施犯罪行为。

案例：

在美国就读高中的十几名中国学生，因琐事将两名女同学绑架至当地一处公园，对其进行了长达近七小时的折磨、殴打和恐吓。此案中有 3 名未成年人被捕。其中一名嫌犯的父亲还因为意图贿赂受害者被捕。3 人被判获刑 6 年至 13 年不等，刑满后将被驱逐出境。

案例来源：《留美学生凌虐同胞案正式宣判：判 6～13 年 刑满驱出境》，见 http://news.ifeng.com/a/20160218/47476007_0.shtml，2016-02-18

4. 性格。一般来说，女性具有以下性格特征：（1）温柔、文静。（2）感情色彩较浓，富于内心体验，往往不善于用意志控制感情，情绪的稳定性差，行为举止容易受心境的影响和支配；形象思维较好，逻辑思维较差。（3）细心，办事认真，常对事物的局部或琐细小事感兴趣，看问题有时失之全面。（4）胆小，信心不足，有依从性。（5）易产生嫉妒心理。女性的这些性格特征，使她们在遇到挫折或不快时，容易走上极端，对生活失去希望，从而破罐子破摔或感情用事，实施某些在正常状态下不可能实施的犯罪行为。对于侵财犯罪者来说，其突出的特征就是爱虚荣、好表现。

5. 能力。研究表明，男女两性在智力发展水平上并没有优劣之分，只是在某些能力上有所区别。比如，由于生理的原因，女性的体力不如男性，通常不会以此为犯罪手段。但是女性的语言能力较好，一般能说会道，所以女性犯罪的类型通常是盗窃、诈骗、拐卖人口等较少体力的犯罪。另外，受依附思想的影响，女性的自信心通常较之男性差，因此，在共同犯罪中女性经常是处于被支配即从犯的地位。

（二）认识特征

女性的形象思维发达，而男性的逻辑思维较好，相对于男性而言，女性犯罪人的认知范围狭窄，除高知女性犯罪者外，女性犯罪人基本上对政治、经济等国事不感兴趣，不关心法律，常因无知而犯罪。只关心家事，并且热衷于讨论身边琐事，特别容易因为家长里短闹矛盾，从而引发犯罪行为。另外，女性认识问题经常带有很大的片面性，所以容易产生挫折感，不能透过现象看本质，常被表面现象迷惑。

（三）情绪、情感特征

1. 女性情感丰富、细腻。女性由于高级神经的兴奋过程较强、抑制过程较弱，相对于男性而言情感丰富、强烈，处理问题比较感性，热衷于情感体验，用情较深。这种丰富的情感使女性表现得更有爱心，这种情感大多体现在母爱、情爱和性爱当中。然而，也正是由于女性情感丰富而又多善于幻想，所以往往容易造成在情感问题上的错位。如扭曲的母爱、悲剧的情爱以及异化的性爱等，成了部分女性走上违法犯罪道路的一个非常重要的原因。并且她们的情感比较细腻，自尊心强，比较容易嫉妒、产生挫折感和抑郁状态，在不能正确调整时，也容易因此走上犯罪道路。女性实施杀人犯罪绝大多数是由于情感原因。

2. 情绪波动大，自我调节能力低。有学者对盗窃犯罪、暴力犯罪、毒品犯罪、性犯罪和职务犯罪这五类犯罪的女性主体进行的人格测量显示，除职务犯罪女性主体外，其他四类犯罪女性主体倾向于情绪不稳定，易紧张和好抱偏见。[①] 女性一方面容易产生满足感，表现出正向情绪；另一方面容易产生挫折感，并且抗挫折感能力差，容易产生负向情绪。因此说，女性的情绪复杂多变，稳定性差，比较容易受周围环境的影响，自我调节能力弱，经常因为一点小事情绪就跌入谷底。常常是哭、笑在瞬间转换，行为也随之变幻莫测，特定生理周期中的女性表现得尤其明显。处于情绪两端的女性都比较容易实施犯罪行为。处于抑郁状态的女性，为了逃避与摆脱这种压抑的状态，容易实施暴力犯罪；处于兴奋状态的女性容易被人蒙骗、拉拢实施犯罪行为。

（四）意志特征

1. 意志受情绪影响大，带有明显的情绪色彩。当情绪高涨、心境好时，其意志也相对坚定，不达目的誓不罢休；相反，当情绪低落、心境恶劣时，意志便缺乏坚定性，稍遇挫折，即灰心丧气，放弃预定计划。这在未成年犯罪女性身上表现得尤为明显。

2. 意志力薄弱，行为易受环境或他人的暗示。犯罪女性的自我意识特点常表现出幼稚性、歪曲性和盲从性，其意志动力特点表现为冲动性、偏激性和无批判性等。犯罪意志有如下两种表现：（1）对自发形成的内部欲望的过度依赖，欲望越强烈，则意志力也越强；（2）对自发的、偶然的外部情景的依赖，即若外部环境有利于自己的犯罪行为，则犯罪意志坚定。

三、女性犯罪的行为特征

与上述女性犯罪人的个性特征，认识、情感和意志特征相联系，她们的行为特征有以下几方面。

1. 冲动性。犯罪女性具有情绪波动性大、认识范围狭窄、意志力薄弱等特征，做事比较容易冲动，缺乏自制力，比较容易受周围环境和他人的影响，犯罪行为的发生经常具有冲动性特点，事后感到非常后悔。

案例：

李某琴因为养子施某某没完成其布置的课外作业，用抓痒耙、跳绳抽打并脚踩施某某，致使施某某双手、双脚、背部大面积出现红肿痕迹。经法医鉴定，施某某构成轻伤。李某琴犯故意伤害罪，被判处有期徒刑 6 个月。

案例来源：《3・31 南京虐童案》，见 http：//baike. baidu. com/link? url＝M1BPMSsh6CD XfX-sndycbgywJMoCskMDA7lRQmbsPWJ0r5frhMjbFvXZzLdg _ 111M-SZ43St2eNp5 _ OQHWRXS Re-MOXzaDCozqXXbR0ifjtEaMAgpH1yVg5L5E8wOJi72ny0UfhvmHQkMqQygnaqAmwq，2015－03－10

---

① 参见张敏强、王海燕、牛端：《五类成年女犯的人格特质及相关因素比较》，载《中国心理卫生杂志》，2006（9）。

2. 从属性。女性通常体力不如男子，逻辑思维能力相对较差，缺乏自信心和支配性，具有依赖他人的心理。因此，一般女性多在共同犯罪中承担次要或辅助作用。

3. 欺骗性。女性给人的感觉是天生柔弱，需要人保护，因此，一般对女性的戒备心低。另外，女性多善于表达，很多犯罪女性就是利用自己的这一特点实施诈骗犯罪行为，如装作楚楚可怜，博得被害人同情；口若蜜饯，说得被害人心花怒放，取得信任后行骗。

4. 少暴力攻击性。女性天生体力弱，因此在选择犯罪手段时较少应用暴力行为，除非在不得已的情况下。女性犯罪的手段一般以非暴力行为为主，如盗窃、诈骗、拐卖等。

5. 多数犯罪性色彩浓厚。女性犯罪在多数场合与性有密切联系，如以色相勾引为手段进行诈骗、盗窃、抢劫等，获取他人钱财或其他利益；或因放纵自己的性欲而陷入情感纷争中，导致奸情杀人的发生。

思考题

1. 简述当前我国未成年人犯罪的概况。

2. 导致未成年人形成犯罪心理的各种原因有哪些？

3. 犯罪未成年人有哪些心理特点和行为特征？

4. 如何理解未成年人社会化过程中的矛盾与犯罪的关系？针对这方面的原因提出一些你认为有效的对未成年人犯罪的预防措施。

5. 女性犯罪的心理特点是什么？

6. 社会性别与女性犯罪的关系是怎样的？

第十四章
不同犯罪经历犯罪心理

学习目的与要求

通过本章的学习，应重点掌握初犯、累犯、惯犯的心理特点和行为特征，掌握职业犯的心理特点和行为特征，了解各类犯罪形成原因；难点在于职业犯的心理特点。

根据犯罪人犯罪经历的不同，可以将犯罪人分为三大类：初犯；惯犯和累犯；职业犯。从初犯到累犯、惯犯，是个体犯罪心理结构恶性发展的过程。犯罪经历不同的犯罪人，心理特点和行为特征有很大的差异。认识这些差异，对于提高侦查、讯问以及矫治的效率，有效地预测及预防犯罪，都具有重要意义。

第一节　初犯的心理

一、初犯的概念

初犯是相对累犯和惯犯而言的犯罪人类型，是指第一次违法犯罪者。犯罪心理学研究的初犯和刑法学中的初犯不完全相同。在刑法学中，初犯是第一次犯罪并且行为符合犯罪构成要件的人。犯罪心理学研究的初犯，可能是第一次受到刑罚处罚的人，也可能是虽有违法犯罪行为但尚未受刑罚处罚的人，如未达到刑事责任年龄的人。事实上，初犯是一个模糊性的概念。犯罪行为人是否是第一次受刑罚处罚一般而言是明确的，但对其是否是第一次实施违法犯罪行为则难以认定。

传统上，初犯与偶犯是相提并论的。偶犯的概念，是基于理论上的假定，即假定犯罪人的第一次犯罪是其一生中仅有的犯罪行为，然而，第一次违法犯罪的人是否有可能再次犯罪，具有不确定性，因此在实践中，并没有初犯与偶犯的区别。一般认为，偶犯是指那些存在不良心理因素，在某种情境出现时实施犯罪行为的个体，主要包括机会犯罪人或激情犯罪人。在一份研究中，美国学者对 16 岁～70 岁之间实施剽窃行为的 25 名女性和 11 名男性进行研究发现，他们在作案前几乎都没有前科、在社区有较好的声誉和收入不错的工作，主要基于某种人格问题或情绪问题，也有一部分是为了补偿自己不久前遭遇到的某种物质损失而实施了偶然性的机会犯罪。[①]

案例：

偶然犯罪

2009年7月28日，住在合肥市某小区的周老板开车上班，遇到一辆垃圾车挡住了小区的通道，双方发生争执。由于物业管理和居委会负责人对双方的争执坐视不理。气愤中，周老板给自己公司打电话，叫来9名员工将物业公司一通乱砸，造成该物业公司2 650元的损失。物业公司报案后，周老板等10人被公安机关以故意毁坏财物罪立案侦查。同年9月25日，此案被移送检察院审查起诉，公诉部门办案检察官通过审核卷宗和调查了解到，嫌疑人中的姚新、马军、张超（均系化名）都是合肥市某高校学生，他们趁暑假期间到周老板的公司打工，被周老板叫来为其出气。他们参与打砸行为是因为害怕如果不帮老板，很可能就被“炒鱿鱼”。其他几名嫌疑人也都是公司的普通员工，平时安分守己、诚实劳动，也是出于给老板帮忙为公司出力的心理参与进来。周老板虽然一时冲动涉嫌犯罪，但其一贯表现不错，平时非常热心于社会公益事业。物业公司主动提交了一份谅解书，说周已赔礼道歉并赔偿了经济损失，建议不追究周老板以及9名员工的刑事责任。在此之前，周老板等10人均写下悔过书，真诚认错。2009年12月3日，该区检察院检察长主持召开检委会，请与会人员针对“该不该从宽处理”进行讨论。大家都为三名大学生糊里糊涂地触犯了法律感到很惋惜，一致同意对此案全部嫌疑人作相对不起诉处理。本案被不起诉人之一、某高校大学生张超说：“这件事发生后，我和其他两名同学都非常后悔。如果不是检察院人性化执法，给我们以出路，案件起诉到法院后，我们肯定会被学校开除。我们一旦就此被推向社会，将很有可能成为社会的包袱。检察机关对我们作不起诉处理，让我们切身感受到了法律的公正和温情。办案过程中，那位女检察官还十分注意对我们进行教育和挽救，有针对性地引导我们学法、懂法、守法，增强了我们的法律意识。如今能够继续留在大学校园里，我们一定会珍惜！”

案例来源：吴贻伙：《不诉，三名偶犯大学生继续学业》，载《检察日报》，2010-07-19，第1版

上述案例中的情形反映的是偶犯的典型特征，即偶犯违法犯罪与行为人一贯的行为表现不相符合，带有很大程度的偶然性、情境性。初犯和偶犯，从其实施犯罪行为来说，都是第一次，都没有犯罪经历或受刑罚处罚的经历，因此在犯罪时的心理状态以及行为特征等方面，有很大的相似性。初犯与偶犯的差异主要表现在再犯可能性方

---

① See Cupchik, W., Atcheson, J. D., “Shoplifting: An Occasional crime of the Moral Majority”, *Bulletin of the American Academy of Psychiatry & the Law*, Vol. 11 (4), 1983, pp. 343-354.

面，初犯的初次违法犯罪行为潜伏着第二次、第三次犯罪的可能。初犯是第一次违法犯罪的人，因而从其犯罪经历上与累犯、惯犯和职业犯区别开来；同时，初犯的犯罪经历，也是累犯等必须经历的，是个体犯罪深度发展的起始点。国外学者是从发展的观点来看待这一现象，将初次违法犯罪、重新犯罪或持续犯罪纳入犯罪生涯（criminal career）的框架之内进行研究。[①]

二、初次违法犯罪的原因

初次违法犯罪的时间相对集中在一个时期，即青少年时期（已满 14 岁、未满 25 岁）。[②] 这一时期是个体心理活动最活跃、心理发展最不平衡的时期，表现为自我意识增强，但年龄及环境条件还不允许其充分地展现自我；喜欢交友但缺乏结交良友的意识；各种物质的、精神的、生理的欲求十分强烈，但意志活动、人生观、世界观、道德观的正向发展相对滞后，其理智不能调节、控制其旺盛的精力、强烈的欲求和情绪冲动，行为受环境、情绪的影响较大。因此，这一时期的青少年一旦遇到适宜的条件和诱发因素，极易走上犯罪道路，从而使青少年时期成为初犯的高峰期。

在我国，对于初次违法犯罪与再次违法犯罪或持续犯罪各自形成的原因，很少有大样本的系统考察。由于初犯主要集中于青少年，因而，关于其犯罪心理形成的原因，一般是从年龄特点上分析这一年龄段的个体犯罪心理形成的原因。在国外众多的犯罪学理论中，有学者认为，能够最好地解释初次违法犯罪原因的理论是社会控制理论。[③] 赫希（1969 年）是控制理论的主要代表人物，其基本观点是，违法行为是发生在一个人与社会的联系被削弱或被打断之时。控制理论的基本理论假定是，个体遵从（conformity）制度或要求是因为害怕违法会割裂其与家庭、朋友、邻居、工作、学校等的关系。实质上，个体的遵从并不是恐惧刑法上的惩罚，而是不想违背他们的群体准则以及个人在群体中的形象。实施犯罪行为的个体是因为其在主观上弱化了与遵从有关的风险。[④] 社会控制理论认为，犯罪倾向是人类的正常现象，青少年犯罪行为是传统社会群体如家庭、学校等不能约束个人的结果。这种理论强调了几种在青少年社会化过程中具有重要影响的变量，这些变量如家庭、学校等对青少年健全或不健全

---

① See Paternoster, R. & Brame, R., "A Test of Developmental and General Theories of Crime", *Criminology*, Volume: 35, Issue: 1, 1997.

② 参见李玫瑾：《构建未成年人法律体系与犯罪预防》，载《法学杂志》，2005 (3)，32～35 页。

③ See Smith, D. A, Brame, R., "On the Initiation and Continuation of Delinquency", *Criminology*, Volume: 32, Issue: 4, 1994, p. 607.

④ 赫希认为，个体与社会的联系由四部分组成：(1) 依恋，是指对诸如家庭和同辈等其他人以及重要的社会机构（如教堂和学校）的联系。对父母和家庭的弱的依恋可能会损害人格的发展，而与学校的不良关系对违法行为尤其有促进作用。(2) 奉献，包括个人对社会及经济制度保持一种既定兴趣的程度。如果一个人担心失去社会地位、工作等，其违法的可能性就小。(3) 参与，包括从事合法的社会及休闲活动，因而既没有时间陷入麻烦之中，也会将自己与其他重要的、自己希望在其中维持其尊严的群体相联系。(4) 相信，即指相信传统的规则以及价值体系和作为社会控制手段的法律。See Hirschi, T., *Causes of Delinquency*, Berkeley: University of California Press, 1969.

人格的形成起着导向作用。

三、初犯的心理特点

（一）动机特点

对初犯来说，犯罪前大多数要经历激烈的动机冲突。一方面，他们不能通过合法的途径满足自己的某些强烈的需要，如对金钱的贪欲、虚荣心或报复他人的欲望等。然而，因这些需要而产生的渴求得到满足的心理能量又使他们的心理处于失衡状态，从而推动个体产生了采取非法手段来实现满足需要的动机。另一方面，个体在社会化过程中如果曾受到法制教育、道德教育等，就会意识到自己的行为后果和应当承担的法律与道德责任，从而可能产生抑制自己不良需要的动机。犯罪人的动机冲突就表现为犯罪冲动和抑制因素之间的相互较量。如果不良需要占上风，就会形成犯罪动机；如果对刑罚的恐惧和正义感占上风，则会形成守法动机。犯罪动机冲突可能在犯罪前后的各个阶段中出现，如犯罪中止即是犯罪人动机冲突的结果。犯罪人目睹被害人遭受的痛苦，良心受到谴责，或产生紧张、恐惧情绪，都会使其产生是继续犯罪还是中止犯罪的动机冲突；作案结束后，面对自己的危害行为的后果和公安机关的侦查攻势，犯罪人还可能产生是逃避侦查还是投案自首的动机冲突。

虽然多数初犯在犯罪前会有动机斗争，但从目前未成年犯罪人实施犯罪的情形来看，相当一部分沉溺于网吧的未成年初犯以及有不良交往群体的初犯在初次犯罪时没有体现出动机冲突的特点，犯罪动机的产生具有随意性与附和性，主要表现为同伴中一旦有人提议去盗窃或抢劫，则不假思索地就同意并付诸实施。当前犯罪人动机产生的自动化特点，从另一个方面反映了当前社会对未成年人的法律教育与道德教育的弱化或形式化。

（二）认知特点

初犯的认知特点主要表现为对法律及相关事物的认识肤浅，认知范围狭窄。这种认知特点导致初犯对犯罪行为的后果及严重性缺乏足够的认识，对一些不良诱惑缺乏正确的认识和对待（尤以青少年初犯表现突出）。初犯的认知特点还表现在认知内容的错误，如具有错误的人生观、道德观、世界观。①

初犯在犯罪前经过激烈的动机斗争，最后仍然选择了犯罪动机，不仅是因为其犯罪需求过于强烈、自我调节的能力差，还因为其产生了侥幸心理。所谓侥幸心理，就是一种投机心理，认为悄悄作案不一定会被他人发现。虽然犯罪人对犯罪后的惩罚感到恐惧，但却希望自己能侥幸躲过法律的追究。其侥幸心理的产生，根源于犯罪人对犯罪所得利益的强烈渴求和对公安机关侦查能力的轻视。初犯一旦第一次作案成功，侥幸心理会更加严重，增强了再次作案的信心。

---

① 参见高士艺主编：《犯罪心理学通论》，129 页，北京，警官教育出版社，1999。

（三）能力特点

初犯由于没有犯罪经历，因而犯罪技能不熟练。其犯罪技能的获得，可能来自对他人犯罪的模仿（如电影、电视、小说等宣传媒体中描述的犯罪情节），也可能来自他人的教唆，还有可能来自自己的精心“创造”。无论来自哪一种途径，由于是第一次操作，犯罪技能往往显得生疏，在犯罪现场上可能会遗留与个人身份相关的物品。此外，也有少数初犯具有很高的智商和情绪冷静的个性特点，在作案时表现出高超的作案技能和稳定的心理状态。

（四）情绪特点

初犯在犯罪过程中，恐惧和兴奋情绪占优势。犯罪行为发生的过程中被害人的反抗或被他人发现等各种危险，使现场充满着紧张气氛，初犯由于缺少作案经验，面临着各种技术困难和风险，在作案时会产生较强烈的恐惧情绪。当人体验到恐惧情绪时，随意运动的全部器官呈现紧张状态，手、足等不灵活，心跳加快，唾液分泌减少，出冷汗，脸色发白。犯罪人在强烈的恐惧情绪的驱使下，可能在犯罪过程中抑制犯罪动机，中止犯罪；也可能由于过度紧张而暂时性地丧失自我控制能力，使犯罪的社会危害性更为严重。此外，犯罪人在作案过程中由于对犯罪行为收益的期待以及在对被害人施暴的过程中某种负性情绪的宣泄，也会产生强烈的兴奋情绪。

（五）犯罪心理的发展变化

初犯作案后，其犯罪心理一般沿着两个方向发展，即良性转化和恶性发展。前者是指初犯在犯罪后悔过自新、不再犯罪，这部分初犯还没有形成犯罪动力定型，具备良性转化的主观条件；后者则是指向再犯、惯犯甚至职业犯的方向发展。

四、初犯的行为特征

（一）犯罪行为大多具有预谋性

初犯是与偶犯相对而言的犯罪人类型，其犯罪故意的产生往往有较为明显的形成过程，因而在犯罪行为方面大多表现出预谋性的特点。初犯在犯罪动机明确后形成犯罪决意的过程中，一般要考虑作案的手段、方式，选择作案对象、时间、地点以及作案工具，进行必要的犯罪准备。此外，也有少部分初犯是临时起意，在某种情境的刺激下实施无预谋的犯罪。

（二）犯罪现场往往有较明显的个人痕迹

初犯虽然大多实施预谋性犯罪行为，但由于没有犯罪经验，对作案过程中的各个环节很难设想周全，对不同犯罪方案中哪一种更具有安全性和实际效果也不能作出最好的假设，因而其犯罪行为往往表现出幼稚性的特点，容易被公安机关破获。例如，在一起凶杀案件中，犯罪人将行凶的刀具遗落在现场，刀上有犯罪人自己清晰的指纹。

（三）共同犯罪较多

初犯的犯罪心理形成有一个演变过程，在这一过程中，行为人往往会留意寻找支持者，以增强作案的勇气。更为突出的现象是，初犯中青少年较多，青少年的合群性特点使他们愿意在伙伴中寻找犯罪的“知音”。在共同犯罪中，由于从众心理和罪责扩散心理的影响，一些初犯的犯罪行为有时候超出最初的犯罪意图，犯罪后果更为严重。

需要注意的是，电影、电视以及网络等宣传媒介对犯罪手段的宣传越来越细致，为犯罪人模仿和预演犯罪行为提供了充足的资源，因而越来越多的初犯呈现出作案手段复杂以及反侦查性强的特点。

第二节　累犯和惯犯的心理

一、累犯和惯犯的概念

（一）累犯的概念

根据我国刑法的规定，累犯，是指被判处有期徒刑以上刑罚的犯罪人，在刑罚执行完毕或者赦免以后，5 年内再犯应当判处有期徒刑以上刑罚的故意犯罪。对于累犯，应当从重处罚，过失犯罪除外。我国刑法还规定，危害国家安全犯罪、恐怖活动犯罪、黑社会性质的组织犯罪，在刑罚执行完毕或赦免以后，任何时候再犯危害国家安全罪的，都以累犯论处。为了保障未成年人的合法权益，2011 年 2 月 25 日第十一届全国人民代表大会常务委员会第十九次会议通过的《刑法修正案（八）》第 6 条规定，将《刑法》第 65 条第 1 款修改为：“被判处有期徒刑以上刑罚的犯罪分子，刑罚执行完毕或者赦免以后，在五年以内再犯应当判处有期徒刑以上刑罚之罪的，是累犯，应当从重处罚，但是过失犯罪和不满十八周岁的人犯罪的除外。”

由上可见，普通刑事犯罪构成累犯，必须具备以下条件：（1）前后两次犯罪行为都是故意犯罪；（2）前后两罪均应被判处有期徒刑以上的刑罚；（3）两次犯罪有一定的时间间隔，后罪是在前罪的刑罚执行完毕以后或赦免以后 5 年内实施的；（4）前罪不包括过失犯罪和未满 18 周岁实施的犯罪。

累犯不仅不同于初犯，也不同于惯犯。其区别主要表现在以下几个方面：（1）累犯具有初犯所没有的、比惯犯更为全面的犯罪经验。累犯具有成功和失败正反两方面的经验，这些经验包括犯罪动机的伪装、犯罪准备、作案手段和工具的运用、反侦查手法等方面。（2）参加诉讼的经验。累犯受过刑事处罚，经历过刑事诉讼的全过程，具有较强的反侦查、反审讯意识，以及对付监管工作的经验。（3）监禁和重返社会的经验。累犯经历了一段时间的监禁，能够适应服刑生活，对于重返社会后受到的社会压力和自身的心理变化，都有所了解，所以他们能很快适应获释后的生活；而初犯出于对自己名声、前途的顾虑，重返社会后往往会感到忐忑不安、困难重重，不能很快适应社会生活。

累犯在客观上表现为再次犯罪（一般累犯两次必须都是故意犯罪，特殊累犯则没有要求），具有再犯罪的事实。累犯虽然是再次犯罪，但在一般情况下，它和再犯还是有所不同的。再犯，又称为重新犯罪，有广义与狭义之分：广义上的再犯包括累犯；狭义上的再犯是指累犯以外的其他重新犯罪的人。

（二）惯犯的概念

惯犯，是指反复实施同类犯罪并且已形成犯罪恶习的犯罪人。在我国，惯犯多见于侵财犯罪，如走私惯犯、盗窃惯犯、抢劫惯犯、诈骗惯犯、赌博惯犯等。

我国1979年《刑法》第152条规定了惯窃罪、惯骗罪，第168条规定了赌博惯犯。1997年修订后的刑法仅保留了赌博惯犯的规定，于第303条规定："以营利为目的，聚众赌博、开设赌场或者以赌博为业的，处三年以下有期徒刑、拘役或者管制，并处罚金。"［被修正案（六）修正］其中以"赌博为业"，即是针对赌博惯犯而言，是指嗜赌成性，一贯赌博，以赌博所得为主要生活来源或挥霍来源；另外，"虽有正当职业，如果不务正业，把主要精力放在赌博上，长期在工余时间从事赌博活动，输赢数额巨大的，也算以赌博为业"①。修订后的刑法之所以删去了惯窃罪、惯骗罪等，是考虑到惯窃罪、惯骗罪在本质上与盗窃罪、诈骗罪完全相同，而且司法实践中具体认定惯窃罪、惯骗罪也存在一定的困难，因而将这两种罪分别由盗窃罪、诈骗罪吸收。另一方面，《刑法》第264条中增加"多次盗窃"之规定，是将惯窃罪以"多次盗窃"之方式体现出来。2011年5月1日实施的《刑法修正案（八）》又对刑法规定的"多次行为"进行了修改：一是《刑法》第264条盗窃罪中"多次盗窃"的内涵发生了很大的变化，"多次盗窃"由专指"入户""扒窃"方式的盗窃，转变为用"入户"、"扒窃"及"携带凶器"以外的方式实施的盗窃；二是《刑法》第274条敲诈勒索罪新增入罪标准"多次敲诈勒索"。刑法修订的这种变化，反映出刑事政策中加大打击处理反复犯罪的发展趋势。此外，需要强调的是，反复多次实施同一种犯罪行为（即惯犯）是一种从重处罚情节，是对犯罪人人身危险性考量的一个标准，并非一种独立的罪名；此外，犯罪心理学研究的惯犯，不受刑法规定的限制，仍然可以包括盗窃、诈骗、毒品犯罪等惯犯。

二、累犯重新犯罪的原因

刑罚的目的之一，就是通过对犯罪人进行教育以及施加一定的痛苦而防止其再次犯罪。然而，重新犯罪仍然是一个严重的现象。并且，未成年犯罪人的重新犯罪率要

① 高铭暄、马克昌主编：《刑法学》下编，974页，北京，中国法制出版社，1999。

高于成年犯罪人的重新犯罪率。上海少年管教所作的一项调查发现：未成年人时发生不良行为（14周岁以下）和发生违法犯罪行为（14周岁～18周岁），其重新犯罪率明显高于成年刑释人员。而且“第一次违法犯罪时的年龄越小，犯罪恶习就越顽固，越难以矫治，重新犯罪的可能性越大”，其中“第一次作案在7岁～10岁的少年重犯率为38.5%；11岁～14岁少年重犯率为28.4%；15岁～18岁少年重犯率为11.3%”。此项调查还考察了影响重新犯罪的因素。调查结果表明，在15种影响少年刑释人员重新犯罪的因素中，以与重新违法犯罪的相关程度从高到低依次排序为：帮教是否落实；家庭组合情况；是否适应狱内生活；是否有前科劣迹；第一次犯罪时年龄；个性是否轻信；是否承认曾多次作案；有无职业或学业；狱内是否烦恼、忧郁；文化程度；14岁以前是否有不良行为；狱内表现；犯罪种类；情绪是否紧张、焦虑；对所受刑罚的看法。① 丛梅（2014年）通过对天津犯罪调查科研数据库的统计数据的分析发现，1990年到2005年全部犯罪人中初犯和重犯犯罪高峰年龄不同，重新犯罪高发年龄段不是青少年，26岁～50岁的成年人成为重新犯罪的主体人群。其中，犯罪高发年龄段集中在26岁至35岁之间，达到一个峰值后，随着年龄的增大，犯罪在逐步减少，犯罪能力不断下降，到了老年基本在3%左右波动。而初犯群体年龄分布规律没有重新犯罪群体那么明显。该学者通过进一步的分析发现，26岁～35岁之间的再犯，其初犯年龄大多是25岁以下的青少年。②

国外有学者认为，标签理论主要是解释重新犯罪的一种犯罪原因理论。③ 其代表人物之一埃德温·利默特（Edwin Lemert，1967年）提出的两个重要的概念是原发性越轨和继发性越轨。④ 原发性越轨行为是指最初的越轨行为本身，继发性越轨行为是对社会控制机构的烙印化的一种适应。最初的越轨行为大多是偶然发生的，因为这种越轨行为仅仅在被人们这样标定的时候，才成为一个问题。标签理论所关注的是“个体体验到的作为被捕和被标签为越轨者的结果的心理上的改变”。个体一旦被附上这种污点或不光彩的印记，就会发现要摆脱这种标签是很困难的，并且会逐渐认同这种新的越轨者的角色。⑤

三、累犯的心理特点和行为特征

（一）累犯的心理特点

1. 认知特点。累犯在认知特征上具有分析问题片面和极端化的特点。根据颜夕

---

① 参见丛梅：《初犯与重犯犯罪特征比较研究》，载《预防青少年犯罪研究》，2014（3），9～16页。

② 参见邬庆祥、胡静雅、林小培：《未成年刑释人员重新违法犯罪影响因素的研究》，载《青少年犯罪问题》，2003（5），24～28页。

③ See Becker，H.，*Outsiders：Studiesin the Sociology of Deviance*，New York：the Free Press，1963.

④ See Lemert，E. M.，*Human Deviance*，*Social Problems and Social Control*，New York：Prentice Hall，1967.

⑤ See Smith，D. A.，Brame，R.，“Onthe Initiation and Continuation of Delinquency”，*Criminology*，Volume：32，Issue：4，1994，p. 607.

珍（2013年）进行的对江苏省溧阳监狱第一关押点的累犯与初犯认知特征的比较分析，发现累犯的敌意性认知和初犯相比更为突出。累犯分析社会问题时普遍缺乏辩证性，不能合理与客观地看待负面的社会现象，对自身犯罪行为进行外归因，忽视或者刻意回避从自身寻找原因。在该学者的调查中，对“如何看待社会贫富分化现象”这一变量，累犯选择“很反感，有钱人都是靠贪污腐败发财”的占58.61%，而初犯作出同样回答的为52.44%；此外，该调查中的累犯在自我认知上的自卑与自负的矛盾也比较突出，在“你是如何评价分析自己”这一问题上，选择“很聪明，有头脑，但缺乏机会，社会不公，只好这样”的占累犯的73.6%，初犯和过失犯在这一问题上的肯定回答为64.9%。[①]

2. 需要特点。表现为物质需要和情绪宣泄需要占主导地位。

（1）贪婪的物欲。累犯曾有过的监禁之苦以及管教人员对他们实施的各种矫治措施，并没有使他们消除对物质财富的无休止的占有欲望，反而产生了“牢内损失牢外补”的畸形心理，出狱之后，当正当、合法的收入不能满足其贪婪的物欲时，便将法律的威慑抛于脑后。为满足生活上的奢侈而无视个人财产与他人财产、国家财产、集体财产的界限，肆无忌惮地将自己不应得的财产通过各种非法手段据为己有。

（2）报复社会的欲望。累犯受到过司法机关的打击，对公安、司法机关的执法行为十分反感，认为司法机关不应对其采取处罚措施，或认为刑罚过重、罪刑不相当，由此而产生了对社会的敌视、对抗的心理。在改造期间，消极对抗，有的甚至向初犯传授犯罪和反侦查、反审讯的经验，向其他罪犯学习多种犯罪经验。在被释放后，不能正确对待自己在生活、就业等方面的暂时困难，将这些困难归咎于社会对自己的不公正。于是这些累犯在出狱后会继续疯狂地实施犯罪，一方面为满足自己畸变的需要，另一方面以此疯狂地报复社会。

（3）不良的交往需要。累犯有被处罚的经历，罪犯的标签使一般人对他们畏而远之。这种特殊的人际环境以及累犯原有的交往倾向，使他们很顺理成章地继续混迹于有前科、劣迹的群体之中。那些都曾有过被监禁经历的人之间有共同的情感联结，更容易产生凝聚力，更易形成“不求同生，但求同死”的庸俗的友谊观。

3. 动机特点。累犯与惯犯一样，作案时一般没有明显的动机斗争，但累犯所具有的监禁经验，使其动机有别于惯犯。

（1）有的累犯在刑满释放后再次从事犯罪活动时，往往产生较为激烈的动机斗争。这是因为，部分累犯经过监管机关的改造，犯罪心理结构呈不稳定状态，存在着两种发展的可能性：一种是出狱后重新做人，不再犯罪；另一种是向恶性方向发展。当适合于犯罪的机遇出现时，这些累犯一般都会产生动机斗争，对于是选择犯罪行为还是放弃犯罪念头以免遭再次监禁之苦，往往动摇不定，难以抉择。在这种情况下，累犯有时会为了不再受刑罚之苦而选择不犯罪；难以权衡利弊时则“破罐子破摔”，

① 参见颜夕珍：《累犯敌意心理与对策》，载《社会心理科学》，2013（12），36～47页。

任由犯罪冲动支配自己的行为；有时则在严重的侥幸心理的驱使下重新犯罪。一旦有了再次犯罪的经历，累犯的动机斗争就逐渐弱化，随着犯罪次数的增多，犯罪动机的产生渐呈自动化趋势。

（2）有些累犯具有较惯犯更为强烈的“犯罪合理化”观念。这些累犯将监禁经历视为犯罪行为付出的代价，认为自己不再亏欠国家、社会或被害人；有些累犯甚至认为自己失去的远远大于曾经得到的。这些累犯可能将再犯罪看作是对自己曾受的监禁之苦的补偿。有这种观念的累犯，会将犯罪视为一种“合理化”行为，作案时心安理得，很少有明显的动机斗争，对再犯罪较少有恐惧感和悔罪感，对再次被捕常常满不在乎，在羁押、审讯期间，想方设法对付审讯人员，精心编造虚假口供，对自己的罪行轻描淡写，把犯罪原因归于他人、社会甚至受害人，毫无自责意识。

4. 情绪、情感特点。与动机特点相适应，累犯在出狱后再犯罪时情绪活动既不同于初犯，也不同于惯犯，具有自己的特点。

（1）与初犯相比，累犯由于具有直接犯罪经验以及狱内习得的各种间接犯罪经验，犯罪技能较高而且全面，因此，累犯对于作案得心应手，不像初犯那样兴奋、紧张，而显得更为平静、冷静。李甲峰等（2009 年）以艾森克人格问卷（EPQ）对某监狱正在服刑的 1305 名男犯进行了心理测验。结果发现，累犯的情绪稳定性（M±SD＝14.14±4.60）显著高于初犯（M±SD＝13.31±4.62）。[①]

（2）与惯犯相比，累犯由于曾受监禁之苦，更为畏惧刑罚，所以在再次作案前显得有些紧张、烦躁不安，担心接踵而至的将是又一次长期监禁。作案时更为谨慎，遇到障碍，可能会放弃此次犯罪，以求全身而退。一旦累犯有了再次犯罪的体验，当其继续实施其他犯罪时，情绪活动特点和惯犯比较类似，只是表现得更为谨慎。总的说来，累犯的消极性情绪占主导地位。这主要是由其犯罪经历和监禁体验所致。

在情感特点方面，有些累犯在出狱后曾期望获得正常人的各种情感，恢复正常的生活状态。当其希望被现实的遭遇打破时，又反其道而行，否定自尊以及尊重他人、同情心、爱心等的存在，继续追求各种低级的道德情感。大多数累犯始终表现出不良的道德情感：一是自私的情感，表现为视他人痛苦为享乐，把自己的快乐建立在他人的痛苦之上，这是一种反社会的消极情感；二是缺乏同情心和怜悯，作案时冷酷无情，对被害人的惨状无动于衷。[②]

5. 意志特点。累犯在意志特点方面也表现出两极性特点。一方面，累犯具有较强的犯罪冲动，实施犯罪的意志力坚定；另一方面，长期的监狱矫治工作，仍不足以使累犯建立起抑制犯罪的自控力，抑制能力较弱。这种两极性的意志品质，使得累犯在出狱后不久，即不能克制犯罪冲动，从而再次违法犯罪。与惯犯相比，累犯实施犯

① 参见李甲峰、张媛、潘华伟、冯月秋、王束玫：《某监狱男性服刑人员人格特征及影响因素分析》，载《中国卫生事业管理》，2009（6），413～414 页。

② 参见邱国梁主编：《犯罪与司法心理学》，200 页，北京，中国检察出版社，1998。

罪的意志力要稍弱一些，表现在累犯遇到障碍（如被害人的反抗、工具的欠缺、严密的防范制度等）时，有可能会暂时放弃犯罪，待时机成熟时再实施犯罪行为。随着成功的犯罪体验的增多，累犯抑制犯罪的意志力越来越弱，实施犯罪的意志力越来越强。

6. 能力特点。累犯的能力特点往往显现出多向性的特点。一些累犯不仅具有高超的犯罪技能，还具备一些专业技能，可以从事某项生产劳动。在犯罪技能方面，与惯犯的表现不同之处是，累犯在熟练掌握某一种犯罪技能的同时，还兼有其他多种犯罪技巧。因为累犯不限于实施一种犯罪行为，而是有过实施多种犯罪的经验；另外，监狱生活也使累犯有交叉感染和深度感染的机会，从而可以习得多种犯罪技能。

7. 法制观念。累犯的法制观念是畸形的，表现在他们虽然了解一些法律知识，但却不具备法律意识，蔑视法律的权威性。累犯在初次犯罪时往往是法盲，有的是因为不懂法而犯罪的。监狱对服刑人员进行的系统的法制教育，会使他们了解到一些法律知识。然而，累犯往往不能将这些法律知识上升为正确的法律意识，不能自觉地认识到犯罪行为的社会危害性和遵纪守法的重要性。相反，对法律的了解可能成为累犯钻法律空子的一个有利条件，再次犯罪时往往有意规避法律，逃避司法机关的打击。

8. 性格特点。累犯典型的性格特点是顽固、偏执。这表现在他们虽然有被处罚的经历，但却不吸取教训，仍然顽固地选择犯罪。他们固执地遵循犯罪信条，不顾一切地攫取他人的财产或以暴力方式发泄自己对社会的不满，不愿从事正当的职业。在一份研究中，以 100 名在押服刑累犯为研究组，以犯罪类型和年龄配比后的 100 名初犯为对照组，使用人格障碍定式面谈问卷（Structured Clinical Interview for DSM-Ⅳ AxisⅡ，SCID-Ⅱ）分别进行调查。研究结果表明，与初犯相比，累犯在反社会型人格障碍与偏执型人格障碍患病情况方面更为突出（$\chi^2=13.57$，$P<0.05$；$\chi^2=6.49$，$P<0.05$），但在边缘型人格障碍患病情况差异不明显（$\chi^2=1.80$，$P>0.05$）。研究者认为此研究结果与国内类似的研究结果相似。①

资料：

富兵等人（2000）以明尼苏达多项人格测验（MMPI）对大庆市监狱中在押财产型男犯进行了心理测验，并将初犯与屡犯进行比较分析，对 18～55 岁的在押财产型男犯 700 人进行 MMPI 测试，剔除不合格者，入组 549 人，按初犯和屡犯分为两组。初犯组 298 人，平均年龄（27.0±11.4）岁，平均受教育（7.9±2.6）年；屡犯组 251 人，平均年龄（29.3±11.0）岁，平均受教育（7.2±3.5）年；两组在职业、婚姻方面均无显著差异（P 均>0.05）。结果表明，初犯者自卑、自责较重，紧张不安较明显，责任感、控制力略强，在服刑期间更容易出现自杀危险或

① 参见王彬、李宝花、胡峻梅：《累犯人格障碍的相关研究》，载《精神医学杂志》，2007（2）。

拘禁性精神病，他们情绪稳定性差，控制能力弱，敏感性强，爱冲动，做事很少考虑后果，服刑后情绪消极、自卑自责较明显，社会适应能力差等。屡犯者控制能力差、爱冲动、缺乏社会责任感，做事不计后果等。他们较初犯在自责、消极和自卑等方面的表现较轻，而在敌对、猜疑、反社会性行为和控制能力等方面表现较重。

资料来源：富兵、宋艳菊、付丽松、赵锡武、周洪祥：《财产型初犯与屡犯心理特征研究》，载《临床精神医学杂志》，2000（1），37页

（二）累犯的行为特征

1. 犯罪行为谨慎。累犯由于屡次犯罪，积累了较丰富的作案经验和体会，具备熟练的作案技能。但他们也畏惧刑罚打击，不愿再次失去人身自由。因此，作案手段狡猾多变，行为谨慎，在作案后往往认真回顾作案的每一个细节，对于其中可能暴露自己的细节，在下一次作案时就会加倍注意。

2. 暴力手段更加残忍。累犯对于自己受到刑事处罚很少会进行内部归因，他们认为自己的处境和痛苦是社会对其不公，或者公安、司法机关对其过于严厉造成的，因而对社会、国家极端仇视。在实施犯罪时往往具有疯狂报复的特点，手段极端残忍，人性逐渐丧失，甚至嗜赌如命、嗜杀成性。他们在刑满释放后不仅频繁作案，而且常常实施大案和恶性案件。

3. 善结团伙，犯罪向多方向性发展。累犯在监狱中，终日与其他犯罪人为伍，加上一些监狱教育改造工作上的缺陷，使得其原有的犯罪心理结构不仅没有被消除，反而可能又学会其他作案手段和方式，并结识了一些臭味相投的犯罪人。出狱后，他们相互勾结，狼狈为奸，犯罪向多方向性发展，并且为逃避打击，经常流窜各地，常常在甲地作案，然后到乙地销赃。

四、惯犯的心理特点和行为特征

（一）惯犯的心理特点

惯犯典型的心理特征是无法克制继续犯罪的冲动，犯罪已成动力定型，无论是否受到过刑事处罚，与犯罪相关的罪恶感对其行为不会产生稳定的影响。这种心理特征具体表现在以下几个方面。

1. 畸变的需要结构。惯犯的犯罪需要是经过多次反复的尝试、成功而不断被强化，以至于不仅这种需要成为其生活中不可分割的一部分，而且满足这种需要的方式——犯罪行为，也成为惯犯的一种特殊需要。惯犯缺乏正确的人生观，对于犯罪毫无羞耻之心，反而认为犯罪有理。一些惯犯虽然多次受到处罚，但毫无悔改之心，出狱后以更为疯狂的方式进行犯罪活动。犯罪行为对于惯犯而言，已不是一时冲动的结果，也不只是为满足一时的需要，而是一种顽固的行为习惯，成为其生活方式之一。

惯犯的犯罪类型以财产型犯罪居多，多以侵犯财产为目的。这是由于惯犯业已成

为以犯罪为业的一种畸形人，要维持生活所需，又没有正当职业，只有通过犯罪的方式去攫取他人的钱财。因此，在惯犯的需要结构中，贪婪的物质占有欲占据中心地位，为满足这种物欲的盗窃、诈骗、抢劫等犯罪行为与其相交织。

2. 犯罪动机斗争弱化。惯犯由于多次反复实施同类犯罪行为，初次犯罪时的动机斗争已渐趋弱化。随着惯犯犯罪次数的增多、犯罪行为的定型化，在其实施犯罪行为时，已经察觉不到动机斗争的痕迹，表现为莽撞、毫不犹豫。但是犯罪毕竟是一种反社会行为，一旦被公安机关侦破，必将在一定时期内失去生活的自由和选择犯罪行为的自由。因此，惯犯在作案时并不能完全做到毫无顾忌，只是动机斗争不明显。当准备实施一种难度较大的犯罪行为时，惯犯仍然有些紧张、慌乱，趋利避害的本能使其同样要权衡利弊，精心选择作案的时机与方式。

3. 情绪稳定。惯犯由于作案前后犯罪动机斗争不明显，因而情绪活动较为稳定。在作案前，没有初次作案时的紧张感，表现得平静、泰然，并伴随有欲望即将得到满足的兴奋；在作案时，由于作案技能熟练、作案前计划周密，因而表现沉着、老练，当出现意外情况时，能控制自己的紧张情绪，在短时间内想出应变策略；在作案结束后，没有初次作案后的心神不宁感，表现得若无其事。王锐等（2010 年）采用卡特尔 16 项人格因素量表对北京市看守所在押的 91 名盗窃惯犯进行了测评及分析，盗窃惯犯与暴力型犯罪人员 16PF 因素的比较，在聪慧性（更聪明）、忧虑性（少忧虑）因素得分上两组差异有显著性。[①]

惯犯缺乏高级的社会性情感，多情感单调、低级，对他人及社会极为冷漠，缺乏同情心，只关心一己之得失，毫无道德伦理观念。

4. 典型的犯罪性格。惯犯性格的内倾性较为明显。有的学者认为，只有性格比较内倾的初犯才容易沦为惯犯。其理由是：孤僻、忧郁，与社会接触面的狭窄等这些性格特点，最有利于长期作案而不被外界注意。惯犯的这种内倾型性格一方面是遗传因素和环境因素相互作用的结果；另一方面与其气质相联系。“犯罪正是充分适宜和体现内倾型性格的‘职业’。并且这种‘职业’又使个体的性格不断趋于内倾并逐渐使之完善，形成一种犯罪内倾型的性格。”[②]

5. 犯罪意志坚定。惯犯由于以犯罪为常业，犯罪需要已成定型，犯罪行为趋向“自动化”，在意志活动方面，表现为两极性特点，即抑制犯罪动机的意志力薄弱，而实施犯罪的意志力极为坚定。其表现是善于捕捉作案时机并对作案计划有周密的考虑；在犯罪意向形成过程中，犯罪的冲动极为强烈，如果不实施犯罪行为，就会感到十分焦躁、坐卧不安。相反，由良心、道德、羞耻感、同情心、荣誉感等组成的抑制犯罪的心理防线却极为薄弱，根本不足以阻止犯罪动机的形成；在作案过程中，犯罪

① 参见王锐、丁平、刘伟兵：《关于盗窃惯犯人格特征评估与犯罪对策的研究》，载《辽宁警专学报》，2010（3）。

② 罗大华、何为民编：《犯罪心理学教学参考资料》上册，342～344 页，北京，群众出版社，1987。

目的明确，即使遇到障碍，也会想方设法予以排除，极少出现犯罪中止现象。对于惯犯而言，犯罪心理结构恶性发展程度越来越深，良性转化的可能性越来越小。

6. 犯罪技能熟练。惯犯一般缺乏健全的家庭教育、学校教育和社会教育，对客观事物的善恶、是非分辨能力差，不具备必要的工作技能。另外，惯犯由于长期从事同一种类的犯罪活动，因而形成了一定的犯罪技能，并且日趋专业化，达到熟练的程度，这成为其完成犯罪活动的必要条件。

（二）惯犯的行为特征

1. 犯罪行为的习惯性和连续性。这是由惯犯已形成犯罪动力定型决定的，具体表现为只要出现合适的诱因，就会立即实施犯罪行为，如惯窃犯只要发现他人显露在外的财物，不经过动机斗争就会立即形成犯罪决意。由于惯犯的犯罪行为已成为一种习惯性的经常行为，所以，惯犯往往在短时间内连续作案。一般来说，他们只要发现犯罪机会，就会立即自动产生犯罪动机，进而着手实施犯罪。有时，集团性犯罪惯犯由于犯罪现场气氛的渲染，某些单独性犯罪惯犯在某种兴奋情绪的影响下，可以在一次作案活动中作案多起。如抢劫惯犯同时抢劫数人，并对女性被害人实施强奸犯罪甚至杀人灭口。

2. 犯罪行为的类似性。惯犯的犯罪经验中包含着模式化和习惯化的特点。无论是盗窃惯犯、诈骗惯犯还是贪污惯犯、强奸惯犯以及其他类型的惯犯，每一种惯犯在犯罪行为方式、方法以及犯罪的手段上，都有着类似性的特点。例如，犯罪人孙某利用担任过协警留下的警服，购买了警棍等工具，于 2011 年 3 月 31 日凌晨，见一男一女两名被害人至某宾馆开房后，冒充警察查案，骗取受害人现金 2350 元；4 月 4 日凌晨，孙某又采用相同手段，骗取在宾馆借宿的受害人现金共计 9100 元、手机 5 部、金戒指 1 枚；4 月 12 日，孙某某在江油作案时被公安机关依法抓获。[①]

3. 犯罪行为的狡诈性。惯犯由于多次反复实施同类犯罪，掌握了丰富的作案经验和反侦查手段。他们作案计划周密，作案的对象、时间、地点都经过精心安排，对作案过程中的意外情况也作了周密考虑。由于惯犯具备这种狡诈性特点，虽然其犯罪行为有一定的规律性，但侦破工作仍有很大的难度。虽然侦查人员的破案工作和惯犯的反侦查活动进行着激烈的较量，但多次成功的体验往往使惯犯在作案中仍有得意忘形之处，导致百密一疏。

4. 犯罪行为的坚决性。惯犯的犯罪行为，在实施过程中具有坚决性。一旦着手实施犯罪行为，不达目的，不肯罢休。为了实现犯罪目的，既可以变换犯罪手段，也可以忍受挫折，并且想方设法排除障碍。虽然他们自知一旦被抓获，必将受到刑罚严惩，但仍毫不犹豫地实施犯罪行为，希望能侥幸逃过侦查视线。

---

① 参见谢冬泉、张建伟：《平武一男子冒充警察招摇撞骗被判刑》，见四川新闻网，2011－09－05，http：//my. newssc. org/system/20110915/001353265. html。

第三节　职业犯的心理

一、职业犯的概念

（一）定义

职业犯罪人，是指表面上有正当职业，但却以犯罪为常业，并具有高超犯罪技巧和逃避法律追究能力的犯罪人。职业犯罪人与利用职务之便进行犯罪的人是不同的。因为职业犯是惯犯中游离出来的一种犯罪人类型，是以犯罪经历为划分标准的。利用职务之便实施犯罪的犯罪人是以其社会身份和实施犯罪的手段为界定标准的，因而与职业犯罪人应有所区别。

（二）西方学者对职业犯的理解

西方犯罪学家对职业犯罪人（professional criminal，career criminal）有较深刻的研究，主要有两种观点。

1. 犯罪是职业犯罪人的专门职业。美国犯罪学家萨瑟兰在其《职业盗窃》（1937年）一书中，首次区分了业余犯罪人与职业犯罪人。他认为，职业犯罪人具有以下特点：具有“一种综合性的能力和手艺，就像内科医生、律师和瓦工具有专门知识一样”；具有较高的社会、经济地位和社会声誉；具有与普通人一样的情感，像普通人一样公开活动；与其他职业罪犯有牵连；从事有组织的活动。① 克利纳德（Clinard，M.）和昆尼（Quinney，R.）指出，职业犯罪是一种社会学而不是法学的建构，职业犯罪与其他犯罪的区别不是对行为的法律定义，而是犯罪的行为方式。他们认为，职业犯罪具有以下几种特点：犯罪是犯罪人的全部生活，并且是以经济收益为目的；高度完善的犯罪生涯；具有良好的犯罪技能；在犯罪世界中具有较高的地位；比其他犯罪人更能成功地逃避侦查和判处监禁。②

2. 职业犯罪人是一些经历过特殊“社会化”的犯罪人。美国学者雷克利斯把职业犯罪人区分为“生涯犯罪人”和高度专业化的职业罪犯两种类型。前者是自小便在父母或组织首领的监督之下接受违法副文化群的训练（社会化）逐渐形成的。其主要特点如下：以犯罪作为获取生活来源的途径；具有高超的实施财产犯罪的技巧；对犯罪具有亲和态度，对执法人员以及整个社会则具有悖逆心理；犯罪生涯自童年开始；对监狱生活有所期待，认为进监狱是其犯罪职业的正常风险，并希望在监狱中习得新的犯罪技术；通常不存在人格障碍。后者是较之生涯犯罪人更为专业化的犯罪人，在

① See Edwin Hardin Sutherland，*The Professional Thief*，Chicago：University of Chicago Press，Reissued，1956.

② See Clinard，Marshall B. & Quinney，*Richard*，*Criminal Behavial Systems*：*A Typology*，New York：Holt，Rinehart and Winston，1973.

犯罪种类、犯罪技术以及行为方式上均与前者有所区别，其主要特点如下：以犯罪为获取生活来源的途径；是犯罪专家，善于制订犯罪计划、选择被害人和在成功地逃避侦查的情况下完成犯罪；在老牌职业犯罪人的训练下，具有精湛的犯罪技巧；来自技术阶层和专业部门的多于来自一般生涯犯罪人和少年违法群体；是心理正常者；较之普通的生涯犯罪人更能周密地制订犯罪计划。[①]

（三）职业犯与惯犯的异同

职业犯与惯犯有共同之处，也有所不同。其相同之处是：(1) 以犯罪收入为生活的主要来源；(2) 都是反复多次实施犯罪行为，犯罪行为具有连续性；(3) 与累犯的住监经历不同，职业犯与惯犯都不一定具有受刑事处罚的经历；(4) 都已形成动力定型，犯罪心理结构良性转化的可能性小。

职业犯与惯犯的不同之处表现为：(1) 职业犯表面上都有正当的职业，而惯犯不一定有正当职业；(2) 职业犯一般都从属于某一犯罪集团，而惯犯则以单独犯罪形式居多；(3) 职业犯一般以财产犯罪为主，同时兼有其他形式的犯罪，犯罪技能多样化，而惯犯往往只精于某一种犯罪方式。

二、职业犯的心理特点

职业犯除具有惯犯的一些心理特点，还具有如下几点心理特点。

1. 动机特点。职业犯自小就生活在与社会主文化相对立的不良文化群中，或长期受某一犯罪集团的犯罪信条的影响，犯罪意识已在其心理结构中根深蒂固。在他们看来，犯罪是一种合理的社会现象，是社会赋予自己的生存方式，因而其犯罪动机的产生是自觉的，少见犯罪动机冲突。当职业犯的犯罪行为是所属犯罪集团组织的犯罪活动的一部分时，其犯罪动机的产生往往是无意识的，具有很强的依附性。

2. 性格特点。职业犯大多具有双重性格特点，这与他们一方面从事正常的职业、过正常的社会生活，另一方面又从事违法犯罪活动有关。从表面上看，职业犯谦和、稳重、热情、乐于助人，对家人和朋友充满爱心，对工作认真、负责；但当其从事犯罪活动时，就暴露出其性格的真实面目：对人冷酷无情，对钱财贪得无厌，对组织的头目唯命是从、卑躬屈膝，并显得相当机智、敏捷。职业犯典型的性格特点是狡诈、虚伪、冷漠、贪婪，缺乏责任感。有学者认为，在特定情况下，犯罪人也可能具有过度的自我价值感（及相关的高犯罪效能通感），自以为是、盲目自大，以纯粹的自我中心为出发点，以犯罪行为的方式实现自我价值感。如自以为是的职业犯罪人与有组织犯罪中的主犯角色，他们自恃高明，狂妄自信自己的犯罪能力，通过实施危害极大的犯罪活动来实现自我价值目标与自我价值感。[②]

---

① See Walter C. Reckless, *Criminal Behavior*, New York: Mc Graw Hill Book Company, Inc., 1940, p. 140.

② 参见刘建清：《犯罪动机与人格》，169 页，北京，中国政法大学出版社，2009。

三、职业犯的行为特征

1. 犯罪计划周密。职业犯罪人不仅在作案前有周密的犯罪计划、严格的犯罪分工，而且很少因为疏忽而在犯罪现场留下个人痕迹。他们在作案前会考虑对赃款、赃物及犯罪工具的处理。因此，职业犯罪人很少会受到刑事处罚。有学者认为，犯罪者得意于自己的犯罪实施过程，正如欣赏自己精心努力完成的杰作一样。犯罪活动的成功往往又强烈地激励着职业犯的欲望，积极性的体验持续地扩散开来。这样的犯罪者往往不可避免地成为惯犯或职业犯，他们内心很少有犯罪的罪恶感，反而弥漫着自我陶醉的积极的犯罪体验。①

2. 犯罪手段残忍。职业犯由于以犯罪为职业，暴力或暴力威胁往往是其犯罪的重要手段，因而对各种残酷的情景已习以为常。在实施犯罪行为的过程中，为达到犯罪目的，职业犯不惜以他人的生命或健康作代价，很少会因为怜悯被害人或良心复苏而中止犯罪行为。

3. 犯罪技能多样化。职业犯罪人犯罪的主导性需要是贪利，主要实施财产型犯罪，如诈骗、盗窃、抢劫、毒品犯罪等，但暴力或暴力威胁也会同时使用。因而对于职业犯罪人来说，其犯罪技能是多方面的，既掌握普通的犯罪方法，又精于计算机、现代化交通工具、武器的使用。

4. 以有组织犯罪为主。萨瑟兰在他的《职业偷盗》一书中指出，职业犯罪是有组织的犯罪。根据他的观点："职业偷盗是一种有组织的犯罪。但在新闻工作者看来，是无组织的，因为没有领导者或中心机构来指挥这一职业成员的活动。可是它是由非正式的结合和相互关系组成的一个系统，从这个角度分析，它又是有组织的。"② 在萨瑟兰看来，职业犯罪人有精密的计划，运用技巧并有一个贿赂和窝赃的组织，即使是单个犯罪人实施的犯罪，也必须要有一个犯罪系统的支持，因而，可以将其理解为有组织的犯罪。

除了上述特点外，职业犯还具有惯犯的一般行为特征，如犯罪行为的习惯性、连续性、疯狂性等。

思考题

1. 试析初犯的心理特点。
2. 试析惯犯与累犯的异同。
3. 根据你的理解，谈谈职业犯罪人的心理特点与行为特征。

---

① 参见刘建清：《犯罪动机与人格》，166页，北京，中国政法大学出版社，2009。

② 转引自：[印度] 卡马拉卡拉·拉奥：《职业犯罪的自然属性》，田力文译，载《全球法律评论》，1986(6)，56～61页。

第十五章
群体犯罪心理

学习目的与要求

重点掌握群体犯罪的心理特点，掌握不同类型群体犯罪之间的异同，了解传销与集群犯罪的基本过程；难点在于群体犯罪心理及其作用机制。

群体犯罪是相对于个体犯罪而言的犯罪类型，与个体犯罪仅由单个个人实施相比较，群体犯罪的外在特征表现为有两个以上的犯罪主体；在内部结构上，可以表现为：多个个体联合实施一起或多起犯罪，以及某起案件由不具有联系的多个个体所共同完成；在危害后果方面，经常会因为发挥了两人以上而非单一个人的互动合力，导致更为严重的危害后果。同时，群体犯罪背后往往和一些社会矛盾问题有密不可分的关系，准确把握社会问题的发展规律，才能真正理解群体犯罪；加强法治建设，才能有效杜绝群体犯罪。正如习近平总书记指出的：遵循社会规律的包容性发展，必须坚持促进社会公平正义。要实现协调发展、长治久安，根本要靠法治。要用法治方式提高执政能力，用法治方式完善市场经济，用法治方式规范社会秩序，形成人人守法、依法办事的正确导向，构建办事依法、遇事找法、解决问题用法、化解矛盾靠法的法治良序。

犯罪心理学中所研究的群体犯罪，实际上是将由多人参加完成的犯罪行为的主体视为一个群体来看待，这其中既包括刑法中以共同故意为基础的共同犯罪、聚众犯罪、黑社会性质组织所实施的犯罪，也包括司法实践中所归纳的团伙犯罪，还包括现实中经常出现的导致了犯罪后果的群体事件。

第一节　群体与犯罪群体

一、群体概述

关于群体我们在日常生活中会有较为直观的理解，比如学校中的班集体、兴趣相投的伙伴关系等。但在严格的学理意义上，社会心理学对群体的概念有着更为狭义的规范性认识，我们对犯罪群体的划分，是在常识性认识与科学解释基础上建立起概念的，既依据社会心理学的理论解释，又顾及司法实践中由众多个体共同参与的犯罪行为。

（一）群体的概念

在社会心理学中，群体是指“两个以上的个体在同一目标的指引和同一规范的约束下，彼此影响、相互作用、协同活动的组合”[①]。

在社会学理论中，社会群体同样是重要的研究对象，“一个群体是由两个或两个以上的具有共同认同和团结感的人所组成的人的集合，群体内的成员相互作用和影响，共享着特定的目标和期望”[②]。

（二）群体的特征

只有符合群体基本特征的人群才可以被称为群体。在社会心理学上，群体具有如下特征。

1. 群体目标。群体有自身的目标，是群体成员的共同期望，是群体成员形成互动的基础。群体目标有不同的层次，可以是一元或多元的、近期或远期的。由于群体利益与个体利益有关联性，群体目标的实现，可以满足群体成员不同的需要，但并不保证群体中的每一个人在实现群体目标的过程中存在相同的动机。

2. 群体意识，是群体中的成员对群体的共同感与归属感。群体成员在心理上有依存关系，不仅认识到自己是其中的一员，也认识到群体中他人的存在。成员之间相互影响、相互依存，存在情感交流。用“我们”的称呼表达对群体的认同，在心理上与其他群体相区别。

3. 群体规范，是为保证共同利益，实现群体目标，协调成员关系而形成的行为准则。群体规范是群体对其成员在实现群体目标过程中享受权利与履行义务的期望，群体成员的行为与互动过程特别是角色扮演都受到群体规范的约束。群体规范可能是以成文的形式出现，也可能是不成文的约定俗成；既可能代表了群体中大多数人的价值观念和利益诉求，也可能仅仅代表了群体组织者或领导者的少数人利益。

4. 群体分工。群体分工是为实现群体目标而产生的，由此导致不同的角色扮演，使群体作为有组织的人群而形成一定的内部结构。不同类型的群体分工的产生有不同的程序，如选举、公推、任命、默许、继承等。个别群体的分工和领导地位并不稳定。

5. 群体凝聚力。群体对其成员有特定的意义，简单地说，群体应该能够满足其成员的部分需要，需要满足的程度常常决定了群体成员对该群体的依附程度，个体对群体的依附性越高，则群体所具有的凝聚力越强。群体的凝聚力如何，可以从群体成员对群体的态度与情感方面表现出来，如对群体的认同感，表现为对群体目标、规范、分工、结构的积极或消极态度；归属感，成员在情感上对群体产生依附的心理状态，群体的成功与失败能引起成员的情绪变化，产生自豪感或挫折感，对群体中的成

① 时蓉华：《社会心理学》，490页，杭州，浙江教育出版社，1998。

② ［美］戴维·波普诺：《社会学》，李强等译，99页，北京，中国人民大学出版社，1999。

员具有“我们”的认知；有力感，表现为个体具有群体成员身份时，群体对个体在自信与动机上的支持，往往来自实现群体目标过程中得到的奖励与强化。

从以上特征中我们不难看出，严格意义上的群体不是个体在空间与时间上的偶然相遇，而是众多个体在群体框架下心理和人际上的互动。

（三）群体的类型

每个人在一生当中都必然要从属于许多群体，有的个体无法选择，有的则可以选择，前者如我们的家庭，后者如学校里的社团。

而依据不同的划分标准，可以总结出不同的群体类型。

1. 依据群体成员之间的情感互动与人际互动的程度，可划分为首属群体（初级群体）和次属群体（次级群体）。前者是我们在出生以后就必然要生活在其中，与群体成员有充分的直接交往和亲密的人际关系的群体。在这些群体中，一般不存在明确的群体规范，角色本身也是自然存在的，在我们社会化尤其是人格的建构中有最为重要的意义。这些群体比如我们的家庭、学校中的班集体、邻里中的伙伴关系。后者是按照一定的规范建立起来的，存在明确群体目标和群体结构的群体。成员之间的人际互动一方面受制于群体所规定的权利、义务，另一方面也与个体在适应群体过程中所产生的需要有关。这些群体比如单位、军队等。

2. 依据群体的社会意义，可划分为正式群体与非正式群体。① 正式群体包括企业、机关、军队等有着严格群体意识、结构、功能、规范的群体。个体加入该类群体的动机和目的往往具有多样性，有时和群体目标相统一，有时存在冲突。但该群体常常可以满足成员的现实需要。非正式群体是参加者根据兴趣爱好和情感需求而形成的，结构相对松散，没有严格的规范要求，成员之间在价值观和利益上有同一性，群体目标和情感上的互动关系发挥着维系群体的作用。大学中的社团、网络中的网友、关系密切的朋友圈子是典型的非正式群体。在非正式群体中，由于归属感程度高，会有较强的凝聚力。一般情况下，我们只能从属于一个正式群体，但可以隶属于多个非正式群体。

3. 依据个体所属群体的实际状态，可以划分为现实群体与参照群体。现实群体是某一个体现现实归属的群体，不仅身在其中，而且客观上受其影响，参与该群体的人际互动；参照群体可以理解为个体在客观上并不归属于该群体，但在主观上赞赏该群体的目标、结构、文化、规范以及行为方式，视之为榜样，并学习或希望学习与加入的群体。当参照群体为个体提供的学习内容具有积极、合理意义时，参照群体又可称为正参照群体。反之，从中学习消极、不合理的内容的，可称之为负参照群体。负

① 国外学者称之为成型群体和自然群体。“成型群体是在外力作用的影响、干预下形成的群体，在该群体中，人们为了某个特定目标而被召集起来；自然群体是通过自发事件、人际吸引或参与者的相互需求而形成的群体。”（［美］乔斯·B. 阿什福德等：《人类行为与社会环境》，王宏亮等译，139页，北京，中国人民大学出版社，2005。）

参照群体的文化特征，常常与视其为参照的个体所属现实群体的文化相冲突。另一个与现实群体相对应的是假设群体，这类群体实际上不存在，但为了实现研究或统计的目的，将其视为一个群体。如社会学中的社会分层，我们经常使用的弱势群体、大学生群体、流动人口等。

二、犯罪群体

充分阐述群体的相关知识，是为了帮助我们理解犯罪心理学理论中对犯罪群体的认识，从而区分犯罪群体中的群体与一般意义上的群体存在的异同。

（一）犯罪群体的定义

所谓“犯罪群体”是由两个概念构成的，“犯罪”和“群体”。犯罪是一种法律结果，群体是导致犯罪结果的行为人。在司法实践中，存在多种类型的涉及一个犯罪结果由多个个人的行为共同导致，即某一客观的危害后果与多个个体的客观行为存在因果关系的情况，犯罪心理学中所说的犯罪群体并不单纯指那些严格意义上的群体。

犯罪群体是指共同实施同一犯罪行为的，有组织或临时聚集的两人以上的联合体。需要说明的是，这里所指的联合，可以是在心理层面具有互动性的联合，也可以是仅仅在行为层面具有合作意义的联合，还可以是在结果层面共同作用的联合。

（二）犯罪群体的形成

根据上文对犯罪群体的定义，犯罪群体的形成具有以下几种情形。

1. 先有群体，后有犯罪。在司法实践中，事前通谋的共同犯罪、团伙（帮伙）犯罪、犯罪集团实施的犯罪、黑社会性质组织实施的犯罪一般都是群体的形成先于犯罪，犯罪代表了或部分反映了该群体的意志。这些群体往往是由亲缘关系、地缘关系、朋友关系、利益关系等纠合而成的，有的是以犯罪为目的形成的联合体，具有组织和结构上的相对稳定性。

2. 在犯罪情境影响下形成的临时性群体。事前无通谋的共同犯罪是其最典型的形态。这类群体是一种临时合作的群体，参加者之间可能存在人际交往关系，也可能互不相识，只是在特定的犯罪情境中纠合而成的，其结构相对松散。

3. 根据共同实施的犯罪事实，被视为群体的情形。如集群犯罪和集体事件中的作案人往往并不具有人际和意识上的互动，分别实施了导致同一犯罪结果的行为，虽然其犯罪在形式上是由多个单纯的个人联合完成的，但犯罪结果在内容上是由他们的联合行为共同导致的，我们在处理时可以作为一案审理，在研究中也可将这些单独的个人作为一个整体来认识。这种群体等同于群众，其组织结构更为松散，一旦行为完毕，群众也随之消散。

（三）犯罪群体的基本类型

在刑法学理论中，对群体犯罪的主要形式共同犯罪有着深入的研究。马克昌教授将外国刑法理论中对共犯本质的解释总结为三种情形：一是代表客观主义的犯罪共同说，认为共犯是两个以上有刑事责任能力的人共同参与实施一个犯罪。其中的共同，不仅包括同一犯罪行为，还包括对同一犯罪的共同犯罪意思。二是行为共同说，属于刑法学说中主观主义的共犯理论，认为共犯应理解为两人以上基于共同行为而各自实现自己的犯意。只要行为共同，不仅共犯一罪可以成立共犯，即使各自实施不同的犯罪，也不影响共犯的成立。三是共同意思主体说，认为两人以上共同犯罪，必先有实现一定犯罪的目的存在，在此目的下，两人以上变为同心一体，成立共同意思主体，若其中一人着手实施犯罪，即成立共犯。[①] 在刑法学界的纷争中，具有代表性的是犯罪共同说与行为共同说。前者强调参加者之间在心理上的互动与行为上的一致，属于典型的群体形态；后者重视行为人之间共同的犯罪恶性以及在此基础上产生了共同的行为，既可能构成严格意义上的群体，也可能属于非正式群体或聚众的情形。

我国刑法对共同犯罪的犯罪构成有明确的界定。在客观方面表现为共同的犯罪行为，将多个个体共同实施的犯罪视为一个整体来认识，参加者在其中扮演的角色可以是多种多样的，如实行行为、组织行为、教唆行为、帮助行为。在主观方面必须有共同的犯罪故意，这是维系共同行为的基础。“所谓共同犯罪故意，具有两个因素：一是认识因素。一般来说，认识因素是指共同犯罪人不仅认识到自己在故意地实施犯罪，而且还认识到有其他犯罪人和自己共同配合实施犯罪。二是意志因素，指共同犯罪人明知共同犯罪行为会造成某种危害社会的结果，并且希望或放任这种结果发生。”[②] 我国刑法规定的共同犯罪形式包括 3 种：一般共同犯罪，专指二人以上没有组织形式的共同犯罪；聚众共同犯罪，由首要分子组织、策划、指挥众人共同实施的犯罪；集团共同犯罪，三人以上以组织形态实施的共同犯罪。

如果从社会心理学的概念出发，群体犯罪也就是由群体实施的犯罪，这其中所认定的群体，既包括有组织的犯罪群体，也包括无组织形态但具备聚众特点的非犯罪群体。前者只存在于刑法中由共同犯罪的犯罪人、犯罪集团实施的犯罪，先有组织与互动，后有犯罪。后者如集群行为导致的犯罪后果，先有行为而后认定行为人。应该说，犯罪心理学对犯罪群体的界定相对宽泛。司法实践中和犯罪学中使用的团伙犯罪、帮伙犯罪等概念都属于群体犯罪的类型。同时，我们也不能将定义的外延扩大化，不可仅依据某一特征来划分群体范围，如青少年犯罪、女性犯罪就不属于群体犯罪的范畴。

根据以上分析，群体犯罪中的群体实际上包括下列类型：（1）以犯罪为群体目的，甚至群体职能的犯罪组织；（2）以一次或多次犯罪为纽带纠合而成的共同犯罪的联合形式；（3）以非犯罪目的形成，但经常从事犯罪或越轨行为的团伙；（4）组织、策划、指挥者有明确的目的，并希望通过聚众行为实现其目的，而参加者属于受蒙蔽的聚众犯罪群体；（5）不具有犯罪的共同目标，但该人群的共同行为导致了犯罪结果

① 参见马克昌：《比较刑法原理》，595～599 页，武汉，武汉大学出版社，2002。

② 曲新久等：《刑法学》，73～75 页，北京，中国政法大学出版社，2004。

的临时性群体。

在上述类型中，犯罪心理学的认识更多地接受共同行为说的观点，从参加者的人数、共同的行为、共同行为所导致的危害后果三个方面认定犯罪群体的形态。至于参加者之间的互动状况，如有无通谋、有无共同犯意等，只说明了犯罪群体的紧密程度，并不影响犯罪群体的构成。因为，严格的刑法学或心理学概念都无法涵盖所有的群体犯罪的形态。

第二节　群体犯罪心理

一、群体犯罪心理的概念

（一）群体犯罪的概念

严格意义上的犯罪群体是指我国刑法中所确定的共同犯罪、犯罪集团、黑社会性质组织，它们往往是群体犯罪的实施者。在犯罪心理学研究中，还要关注团伙、集群犯罪中的群众等并不属于刑法规定的联合体所实施的犯罪。因此，了解群体犯罪心理，首先应明确群体犯罪的含义。

群体犯罪是指两个以上的犯罪主体，通过互动影响，在行为态度一致或暂时达成一致的基础上，分别或联合实施的行为，共同导致了同一犯罪结果的过程。

在上述群体犯罪的概念中，必须把握下列要点。

1. 必须有两个以上的犯罪主体，否则群体不成立。

2. 单独的犯罪主体之间存在相互作用或影响。这其中既包括以紧密的组织形态为特征，在犯罪群体目标、意识影响下产生的互动；也包括以共同的行为目的为纽带，在共同行为意识影响下产生的互动；还包括以共同行为为联系，意识到不仅自己、还有其他人也在从事同一行为时在意识上的互动。这种互动可以是原有群体基础上的互动，对实现某一目的具有共通性的互动，情境中临时共同行为基础上的互动。互动的含义比刑法学中的通谋概念更加宽泛，可以涵盖所有群体犯罪的人际形态。

3. 参加者各自的具体目标可能一致或不一致，但在从事可能导致犯罪结果的某一行为的态度或意识方面存在一致或暂时一致。在此，我们回避了刑法中“罪过”的概念，因为在刑法的共同犯罪中，一方故意而另一方过失是不成立共同犯罪的。犯罪心理学对群体犯罪的认识不仅重视主观层面，也重视危害结果与多个个体行为之间的因果联系。

4. 群体犯罪中客观的犯罪结果，是由两人以上的合力导致的。这其中包括事前或事中有通谋的实质意义上的合力，也包括只存在互动关系、不具有通谋的形式意义上的合力。总之，参加者各自的行为所产生的合力最终导致了一个犯罪结果，在行为与结果之间存在因果联系。

5. 群体犯罪不是刑法意义上的犯罪罪名或罪种，而是犯罪心理学研究中对以多人参与形式完成的犯罪给予的抽象概括。

能否构成群体犯罪，是从共同的行为中推论出的。在群体犯罪中，互动关系的存在是基本的前提。在行为过程中意识到有他人的参与，往往能够唤起个体行为的动机，能够增强实现群体目标的自信心。

（二）群体犯罪心理

群体犯罪的犯罪心理并不是参加者个体犯罪心理的简单相加，而是在意向层面、行为层面、目的层面的互动过程，由于缺少进行描述的线索，对群体犯罪心理的描述，不可能像个体犯罪心理那样精确。

群体犯罪心理是群体中个人之间的意向、动机、目的相互影响而形成的适合于犯罪的群体氛围或共同的心理倾向。在这一定义中，我们将群体犯罪心理的主要特征定性为适合犯罪的群体氛围或实施犯罪行为的共同心理倾向，其中突出了群体行为过程中的两种类型特点：一是在意向层面所表现出的，能够对群体中个人心理因素产生影响的状态；二是在意识层面，对实施某种行为具有共识的态度。

对群体犯罪心理进行理解，不可脱离群体犯罪的形态特点，必须能包括所有群体犯罪类型所表现出的特点。(1) 群体犯罪中的犯罪人，可能并不存在犯罪的动机和目的，而是以加入某个群体为目的，而群体的共同行为作为一种群体意志，约束了个人行为。在这种类型中，群体中的压力，首领的命令，共同的意向所产生的群体意识，导致了具体个人在态度上的从众。(2) 有的犯罪群体的参加者，以实施犯罪，尤其是希望借助群体的力量实现犯罪而相互纠合、互相利用，犯罪本身既是个人目的，也是形成群体的目的，群体犯罪心理在其中表现得最为典型。(3) 有的群体犯罪尤其是以聚众为特征的群体犯罪，在行为实施前后，都不存在所谓群体的形态，只是在行为过程中，出现了临时的、松散的人群聚合。其群体犯罪心理的产生更多地受到情境和现场气氛的影响，人群中的个人往往具有不同的动机与目的，表现为心理上的多样性，但共同的行为导致了犯罪的结果。因此，其群体犯罪心理既可能表现为群体意识，也可能表现为共同的心理倾向。

二、群体犯罪心理的特点

我们将群体犯罪心理定义为群体中个人之间的意向、动机、目的相互影响而形成的适合于犯罪的群体氛围或共同的心理倾向，并且明确了其形成的过程建立在人际互动尤其是心理互动的基础之上。从而，群体犯罪心理与个体犯罪心理相比较，存在一种有他人在场或者说有他人参与的客观状况，参加者对实施犯罪行为达成共识的过程，是不同的犯罪动机、目的、意向由矛盾到统一的协调过程。而之所以能够实现最终的统一，是由于参加者在认知、需要、目的、反应方式等方面存在一定的相同或相似性，并由此构成群体犯罪心理的基础。因此，群体犯罪心理的第一个特点是融合性，表现为能够反映群体犯罪参加者的共同的犯罪意向。

群体犯罪心理的第二个特点是互补性，原因在于参加群体犯罪的个体总是希望通过群体合力的犯罪行为达到个人目的的实现。在大多数群体犯罪特别是一般共同犯罪的类型中，参加者虽然存在以相似为表征的互动基础，但具体个人在心理内容的诸方面仍然保持自己独特的个性，在动机、目的，特别是实施犯罪与否的态度方面存在一定的差别，不可能像个体犯罪心理那样协调和统一。而能够在差异的条件下形成群体犯罪心理，并最终导致犯罪行为，是群体犯罪心理的互补性发挥了作用，表现为能够不同程度地满足不同个体的个人需要。

群体犯罪心理的第三个特点，可以概括为倾向性。不同于个体只有行为意向不一定出现具体行为，群体有着自身的社会心理特点，往往能够在群体首脑意志和群体压力的作用下，将共同的意向转化为共同的意识。

群体犯罪心理的第四个特点是强制性。一旦犯罪的意向达成统一，对任何参加者都具有强制性。这是由犯罪群体本身的违法性质所引起的，也是犯罪群体不同于其他守法群体的重要特征。强制性要求所有参加者都必须无条件地服从群体意志，按计划的分工配合行动，在实现犯罪目的的同时，还要尽量避免受惩罚的风险。一方面，群体犯罪成功与否，与每一个参加者的利益直接关联，任何一个参加者被抓获或主动自首，都将改变其他人的命运；另一方面，不服从群体意识，不按犯罪计划扮演角色，就无法实现犯罪目的，进而损害其他人的利益。

三、群体犯罪心理的形成过程

（一）群体犯罪心理的动力结构

1. 群体犯罪的凝聚力

群体犯罪的凝聚力与犯罪群体的凝聚力既有相同也有不同，前者侧重于组织形态对个体的影响，后者强调活动方式对个体所产生的作用。凝聚力的产生总是与个体需要的满足状态相适应，无论是组织形态还是活动方式，如果不能使犯罪群体的成员或者群体犯罪的参加者得到一定程度的需要满足，就难以使个体建立对群体或群体活动主动的依附态度，凝聚力就很难出现。群体犯罪的凝聚力是参加者遵从群体意志、实现认知同一性的重要基础，对于群体犯罪心理的产生具有重要作用。

一般情况下，群体犯罪的凝聚力源于以下几个方面。

（1）群体的犯罪目标对成员有吸引力。当个人目的与群体目的相契合时，实现群体目的也意味着个人目的的实现，尤其是在仅依靠个人努力无法实现时。而群体目的的实现过程，也正是个体需要满足的过程。

（2）不良群体或犯罪群体的活动方式对参加者有吸引力。这里所说的活动方式，不单独指犯罪行为，还包括这些群体经常从事的其他行为，如仅属于越轨的不道德行为，寻衅滋事、打架斗殴等违法行为。通过对某些活动方式的参与，参加者能够得到群体内部成员的肯定或赞赏，从群体中获得力量感，在扮演其他社会角色时也会依靠群体的力量得到自尊心的满足。

（3）群体的外在形象对成员有吸引力。以黑社会性质组织为例，我们经常可以看到青少年对黑社会性质组织成员的盲目崇拜与模仿，黑社会性质组织所渲染的暴力与行帮义气，成为一种符号，为他们提供了力量感。对于那些在正式群体中无法得到尊重或重视，在生活环境中处于弱势地位的个体来说，会希望通过加入黑社会性质组织来得到社会和同辈的肯定。

2. 群体犯罪的集合效应

群体犯罪由多个个体的参与组合而成，但绝不是个体犯罪的简单相加，而是建立在人际交往基础之上的互动过程，其中所产生的群体的集合效应，对于群体犯罪心理的产生具有促进作用。

（1）感染效应。群体是一种形态，群体中客观的人际交往，为不同成员表达个体态度创造了条件。而在犯罪群体和部分亚文化群体中，往往充斥着大量与法律或主文化相悖的价值观和行为习惯。客观的人际互动，对群体的依赖，促进了不同个体态度与行为的互相学习，激活了个体潜在的犯罪意向，使个体犯罪心理，借助于群体的力量，通过成员间的模仿、暗示、交流、感染而对其他人产生影响，并融合为适合于犯罪的群体意志或心理倾向。

（2）相乘效应。这是指相信群体的力量大于个人力量，并可借助群体力量弥补个人力量的不足。群体的相乘效应是群体所具备的社会助长作用的体现，由于有相互的配合、人际间的监督，个体会发挥不同于单独行为时的意志力，进而推动群体行为向实现目标的方向发展。相乘效应能够为群体犯罪中的个人提供一定的力量感，使他们在群体犯罪心理的支配下，产生从众、服从的行为。

（3）扩散效应。这是群体犯罪过程中个体侥幸心理的一种体现，表现为因有多个人参与，在面临法律风险时可以由群体中的所有人共同承担。在集群行为导致的犯罪中，这种责任扩散的主观假设表现得更为突出。

（4）服从效应。当个体置身于群体时，必然要面对来自群体内部的压力，出现所谓身不由己的结果。犯罪群体中的压力来自多方面，如群体规范的压力、群体中首要分子的压力、群体自我保护所产生的压力等。在压力面前，服从往往是暂时无风险的选择，而服从的后果，是参与犯罪行为和面对来自外部的法律的惩罚风险。

（二）群体犯罪心理的形成过程

分析群体犯罪心理的形成过程，可以先采取回溯的方法进行归因。按照这一线索，可观察到的依次是犯罪结果——协作的或分别的犯罪行为——犯罪情境——影响或支配个体行为的群体犯罪心理——实施犯罪的群体决策、犯罪计划——个体犯意的沟通——犯意的表达与交流——人际互动——群体或群众。

其中具有典型意义的环节有以下几方面。

1. 犯意的表达。包括一方单独表达和几方共同表达、公开表达和暗示表达等多种情况。表达作为一种信息的发出，往往具有试探性作用，是发出者希望得到信息接近者积极响应的刺激方式，同时也是对其他人有无犯罪意向进行了解的过程。

2. 犯意的交流。在犯意表达的基础上，进行双向或多向信息反馈的过程，同时也能够起到影响他人的作用。在此阶段，犯罪意向最为坚定的个体，会采取各种说服或命令的方式，影响其他人的态度。

3. 犯意的沟通。在就犯罪意向达成共识的基础上，在群体心理倾向的作用下，对犯罪可能性的分析，是在交流的过程中，对不同意向的统一过程。

4. 犯罪决策。个体犯罪意向上升为群体意志的体现，是对实施犯罪的具体方法、分工进行计划的阶段。犯罪决策的产生是协调不同动机、意愿及内部矛盾的结果，是群体犯罪心理的高级阶段。

在不同类型的群体犯罪中，犯罪决策所具有的意义是不同的。以群众为组织形态的各种集群犯罪基本上没有共同的犯罪意向上的互动，没有行为的组织者，更多的是受事件、现场情绪等因素影响而产生的从众或效仿。而在组织形态相对紧密的犯罪群体中，犯罪决策往往具有以下特征。

首先在意识层面知道要做什么，了解群体行为的目标；同时对实现目的的可能性、行为风险与法律风险有主观的判断。

其次知道为什么做。无论是屈从于群体压力还是出于个人意愿，参加群体犯罪总是为了满足个人需要。在动机层面，参加者即便不了解群体整体的行为原因，对自己为什么参加往往是明确的。

再次是知道如何去做，尤其是了解分工的情况和自己所扮演的角色，对手段、工具、机遇选择都有意识。

最后是了解应对行为风险和法律风险的方法，甚至曾经有过谋划。行为风险就是行动、目标挫折，法律风险基本上是损失性挫折，是行为过程中和行为完成后可能出现的在行为人看来属于意外的情况。对各种风险有无应对的计划反映了犯罪群体的犯罪意志，如事前的攻守同盟就是对法律风险的应对。

在上述环节中，我们只总结了群体犯罪心理形成过程的一般形态，不同类型的群体犯罪心理还会表现出各自的特点。

第三节 一般共同犯罪心理

共同犯罪在刑法中有明确的定义，是指两人以上共同故意实施的犯罪。共同犯罪是群体犯罪的基本形式，刑法学中将其划分为一般共同犯罪和特殊共同犯罪两种类型，团伙犯罪与有组织犯罪即为特殊共同犯罪。集群犯罪因其参与者并非都具有共同的罪过、动机、目的，故不属于共同犯罪。

把握一般共同犯罪心理，有三个基本取向：一是一般共同犯罪的产生原因，二是一般共同故意的形成过程，三是共同行为实施过程中的特征。

一、一般共同犯罪的心理基础

一般共同犯罪的心理基础实质上是指该类犯罪得以实现的内在原因，特别是参加者之间能够产生互动并在目的和行为上达成一致的原因。由于一般共同犯罪在司法实践中属于常见案件，在以上章节中对群体犯罪心理的分析基本上适用于一般共同犯罪。

相对于其他类型的群体犯罪，一般共同犯罪的心理基础具有下述特点。

首先，参加者本身具有犯罪意向。从犯罪心理产生的原因上分析，一般共同犯罪的犯罪人选择共同犯罪经常是为了寻求一种合作，目的在于利用群体的合作方式降低犯罪的行为风险和法律风险。在这一点上，一般共同犯罪的犯罪人是理性的。也正是该类犯罪人一般在共谋之前就已经具备了个人的犯罪意向或动机，才使群体犯罪心理能够在互动过程中迅速形成。这与犯罪集团中只要个别首要人物有明确的目的就可能以命令执行的方式实现群体犯罪的情况是有区别的。

其次，一般共同犯罪行为人之间存在以信任为基础的情感关系。信任是合作的基础，这种信任可能是长期人际交往或合作而建立起来的，反映了群体的情感关系。此外，团伙犯罪和集团犯罪一般也具有这类特点。

最后，犯罪目的明确，犯罪目的的实现能够满足参加者的个人需要。一般共同犯罪经常是以从事某一起特定的犯罪为目的纠合而成的联合体，该群体可能没有严密的组织形态，但通过实现群体犯罪目的来实现个人目的就成为该种犯罪得以实现的基础。

二、一般共同犯罪的心理形成过程

（一）犯罪意向的链式交流

根据共同故意产生的时间，可分为事先有通谋，经过商量并确定了犯罪目的、时间、地点、手段的共同犯罪；事先无通谋，偶尔纠合在一起，临时起意进行的共同犯罪。其差别仅在于产生共同意向的时间不同（事先或犯罪过程中），而存在着共同意向性是它们共同的本质特征。

链式交流的结果是实施犯罪行为的共同意向的达成，在罪过方面表现为共同故意而非过失；如果一方是故意，另一方是过失，则不构成共同犯罪。也就是说，无论是从犯或主犯，对其行为的意向和目的的追求，具有共同的认识。

共同意向是共同犯罪心理的前提和基础，在一般共同犯罪中，个体的犯罪意向主要通过相互的交流上升为共同的故意，其形式一般不同于集团犯罪中的纵向指令，而是参加者对于共同实施某一犯罪有基本的相似态度。

在犯罪意向的交流过程中，个体往往希望他人的参与为自己实现犯罪目的提供帮助。

（二）目的一致性

实现共同的犯罪目的，可以实现参加者的个人目的。目的一致性是维系共同犯罪的主观预期。当然，在目的一致性的同时，还必须有基本的分工作为保证。由于分担行为的不同，个体的角色和地位也各不相同。比如，分担策划与组织行为的，成为主犯；分担实施行为的，成为正犯；分担帮助行为的，成为从犯；仅仅进行教唆行为的，成为教唆犯。但是，他们的共同目的，都是实现共同希望获得的犯罪结果，因而具有目的统一性。

需要说明的是，目的一致并不等于动机一致。这里所说的目的仅限于共同犯罪的参加者对于合作要达到的行为目的所具有的意识上的一致，如果在干什么和怎么干的层面没有一致，也就难以产生合作与配合。

（三）心理趋同性

共同意向产生过程中，主导犯罪动机与统一犯罪目的形成，是心理趋同的结果。因为，无论是事先无通谋的共同犯罪还是事先有通谋的共同犯罪，参加者的动机和目的是有差异的，有时甚至是互相矛盾的。只有通过合谋，即通过动机的调整、取舍、统一，达成共同犯罪目的，并对有关事项取得大体一致的认识后，才有共同犯罪的实施。而在这个过程中，心理趋同性是必不可少的关键一环。心理趋同性是对不同动机和意向进行协调的必然结果，如果没有心理趋同性，就不可能有统一意志和统一的犯罪行动。

（四）心理相容性

共同犯罪者之间，在犯意、动机、目的以及与此相关联的兴趣、能力、情绪情感、心理状态等方面彼此相悦或能够接受，通过相互影响、渗透、感染、传递、统一，能够形成共同的犯罪心理。

三、一般共同犯罪的行为特征

（一）合作

一般共同犯罪是典型的合作式群体，不论共同犯罪的参与者在共同犯罪中扮演何种角色，所起作用大小有何不同，他们都共同造成了社会危害，对犯罪行为的后果应承担共同责任。即使是帮助犯、教唆犯，他们虽未直接实施犯罪活动，仍然以其提供犯罪工具，察看犯罪地点，排除犯罪障碍，帮助窝赃、销赃，教唆他人实施犯罪等行为，在不同程度上对社会造成了危害。

一般共同犯罪中的合作是以分工的方式完成的，不同个体在犯罪过程中承担不同的角色，并且通过角色行为的完成实现群体目标，通过行为上的合作，实现利益上的合作。

（二）帮助

一般共同犯罪的完成是犯罪人之间相互帮助的过程。这种帮助体现在三个方面：一是整体上的合作与分工所具有的相互帮助的作用，二是行为人在共同行为中相互之间的心理支持，三是规避行为风险和法律风险方面的帮助。相互帮助能够增强群体行为的意志，使参加者的犯罪动机不断强化，推动和维持犯罪行为的发展。

（三）目的

一般共同犯罪不同于集团犯罪，其群体目的与个体目的经常是一致的。因此，无论是合作还是帮助，都服务于实现共同的犯罪目的。犯罪目的成为主观的自我强化物，增强了犯罪人在行为过程中的意志努力程度，增强了犯罪的社会危害性。

第四节　团伙犯罪心理

“团伙犯罪”又称为“帮伙犯罪”，是经常出现在青少年中的一种群体犯罪类型，也是共同犯罪的一种特定形式。这一概念在犯罪学、犯罪心理学和司法实践中经常被运用，但不是严格的刑法学用语。

一、团伙犯罪概述

（一）团伙的概念

团伙是一种由朋辈关系构成的结构松散的组织形式，一般出现在年龄相近、兴趣相似的青少年当中，如同学、邻里。团伙并不是一个贬义词，青少年当中的许多小圈子或朋友关系都可以说是团伙。只是由于我们经常使用团伙犯罪的概念，才使团伙概念具有了特殊的符号意义。

（二）犯罪团伙的概念与特点

犯罪团伙是指经常从事越轨或违法犯罪行为，结构松散，活动范围相对固定的小团体。

犯罪团伙不是因犯罪而形成的，不具有以犯罪为目的的群体目标，是典型的先有群体形态、后有群体犯罪的类型。团伙中的成员参加犯罪，是希望被团伙接纳的一种手段。同时，犯罪团伙虽然在组织结构上并不严密，但团体对成员有凝聚力，其成员具有“我们”意识。犯罪团伙一般有自己相对固定的活动区域，是在“疆界意识”指导下形成的可控制范围。团伙成员一般不太固定，流动性与随意性较大，反映了青少年阶段的行为特点。

（三）团伙犯罪的概念

团伙犯罪是以团伙的组织形式实施的群体犯罪。团伙犯罪体现了团伙所具有的组织形态、活动方式、作案手段上的特点。

团伙犯罪不同于犯罪集团所实施的犯罪。在组织形态上，犯罪集团属于严密型组织，成员之间具有以等级为表征的分工，犯罪是为了实现群体目标、贯彻群体决策；而团伙犯罪是由松散性联合体所实施的犯罪，一般没有稳定的群体目标，也不具有明确的分工和角色扮演。在犯罪心理的形成方面，犯罪集团的犯罪有决策过程，属于典型的预谋犯罪，决策能够借助集团已有的组织形态以命令、压力等方式得以贯彻；团伙犯罪心理的产生经常受情境刺激的影响，以从众和责任扩散为心理基础。

团伙犯罪也不同于一般共同犯罪。一般共同犯罪往往是为实现某一特定的犯罪目的纠合而成的联合体，一旦犯罪结束，其组织形式不再存在；而团伙犯罪虽然组织形态松散，但有一定的延续性，由于犯罪仅仅是团伙的经常性行为之一，并非组成团伙的目的本身，所以犯罪结束后，团伙成员间的互动关系仍然存在。一般共同犯罪的人际关系往往以利益为纽带，缺少情感上的依赖；团伙犯罪则以群体为基础，成员之间存在情感上的依附。

二、团伙犯罪的产生原因

（一）团伙形成的原因

团伙犯罪是由团伙成员共同实施的群体性犯罪，探讨团伙犯罪的原因首先应着眼于团伙形成的原因。

1. 青少年的结伴需要。从发展心理学的角度分析，人在生命的不同时期都有着不同的安全感需要。在幼儿时期，我们的安全感来自父母等首属群体，家庭不仅为人提供物质与情感支持，而且是我们获得安全感的主要场所。随年龄的增长，特别是当青少年必须与同辈群体产生更多互动的时候，家庭所能提供的情感远远无法满足青少年的发展需要，发展与同辈人的人际交往、融入次属群体成为青少年实现自我的必然过程。同时，与同辈发展人际关系也是个体建构健康人格、实现成人后人际交往能力的基本途径。得到同辈的认同、被同辈群体接纳是青少年的重要心理需求，这使交友与结伴在青少年时期具有重要意义。团伙的出现，实际上是青少年心理发展的一种客观反映。

2. 情感互动的需要。团伙能够为参加者提供其他群体无法替代的需要满足，其中最关键的就是情感需求的满足。在团伙中，由于年龄、经历、社会需求和心理需求基本相似，团伙成员往往有着共同的语言、兴趣和价值偏好，容易产生心理上的共鸣，使团伙成为具有凝聚力的小群体。在团伙交往中，参加者大多以兴趣为出发点，以相互认同为目的。团伙具有的情感氛围为青少年提供了放松焦虑和紧张情绪的环境。

3. 应对压力的需要。参加团伙和团伙的形成与青少年应对压力的需要有关。一方面，青少年时期的学业压力、家长期待压力使该年龄段的个体自发地从同辈人的相互认同中得到压力的宣泄；另一方面，许多犯罪团伙的成员由于成绩不好或有共同的辍学经历，要面对来自社会的压力，参加团伙是他们寻求认同、建立自信与自我的方法。

4. 兴趣需要。每个人都有自己的兴趣偏好，团伙的形成一般与兴趣有关。兴趣的产生与社会文化和媒体提供的榜样行为有关。青少年时期兴趣多样，就容易以自然聚合的形式产生各种小团体，这些团体可能以符合社会期待的兴趣为纽带，也可能以越轨或创新的各种偏好为联系。

（二）团伙犯罪的原因

团伙犯罪的原因与参加者所面对的主体内、外因素都有关系。就团体本身而言，其原因表现在如下方面。

1. 体现群体力量。团伙的地域性决定了团伙的活动区域，团伙之间的“疆界意识”和团伙成员的“我们意识”导致了团伙之间的竞争与冲突。表面上，这类冲突是由利益分配引起的，而实际上，它更多的是各种小群体为体现群体力量而出现的。司法实践中常见的团伙械斗、寻衅滋事等犯罪都具有上述原因特点。

2. 寻求群体认同。对团伙成员而言，加入团伙的意义大于犯罪的意义，能够被团伙接纳经常是参加者的首要目的。这种认同不仅表现为被团伙成员接受，也包括得到团伙首领的承认。许多青少年正是以具有敢于违法、犯罪的胆量来表达自己的与众不同，并以此作为参加团伙的资格。在犯罪团伙中，越轨和违法、犯罪经常具有反叛和创新的符号意义，导致团伙犯罪的经常性。

3. 利益互助。追求利益和实现利益等方面的互助也是团伙犯罪的重要原因。利益互助体现在两方面：一是相互间的互助互利，如在物质、经济、人际、武力上的相互帮助；二是借助群体力量去获得利益，如以团伙的方式进行抢劫和勒索等。

（三）观察学习在团伙犯罪中的作用

观察学习在团伙犯罪的形成过程中有特殊的意义。犯罪团伙的成员大多是青少年，尚处于社会化的早期阶段，没有建立独立的认知系统和人格结构，对多元文化抱有好奇心，容易对自己感兴趣或认为创新的事物进行模仿和学习，在社会化过程中比成年人更容易接受亚文化甚至反社会文化的影响。

观察学习不仅发生在群体内部，表现为对团伙中其他成员的学习与模仿，也经常表现为对其他团伙的行为、网络宣传的行为、媒体介绍的行为等的观察学习。这使各种越轨和违法的行为模式经常在亚文化团伙中传递，并上升为群体的犯罪行为。

三、团伙犯罪的心理特征

（一）标签意义

对其他群体而言，经常从事越轨行为的团伙具有负面的符号意义，经常被贴上“坏孩子”的标签。对团伙成员本身而言，追求标签效应、展现群体的与众不同是一种乐趣，可以更好地体现“我们意识”。标签效应不仅强化了社会和其他同辈群体对犯罪团伙的社会排斥，也使犯罪团伙成员在追求“独立”和“创新”的同时排斥社会主导文化的影响，在心理上与社会期待背离，出现更多的越轨行为。

（二）情感互动

在团伙内部寻求情感归属是包括犯罪团伙在内的多数群体共有的特征。然而，由于青少年时期的特点，该年龄阶段的个体更希望在同辈之间产生情感互动，通过群体的承认建立自我认知特别是自信心。

1. 犯罪团伙中的情感互动对犯罪的产生具有影响。情感是维系团伙的主要纽带，而维护团伙情感的主要方式是为团伙效力，执行团伙的决策。尤其是团伙或其成员与其他群体发生冲突时，团伙成员会表现出高度的一致性，在群体凝聚力的作用下共同对外，并且不顾及违法行为的法律风险，表现出犯罪动机的随意性。

2. 情感互动增强了成员对群体的归属感，使之自觉地放弃理性，服从团伙的共同行动。

3. 情感互动的结果是使犯罪团伙成为心理共同体，对外界刺激产生一致性行为。

（三）学习与强化

在团伙犯罪中，并非任何行为都是有意识的传习教唆行为和言语统治行为，有时是通过为首者的示范和成员之间的相互模仿传递犯罪信息而产生诱发作用的。暗示可以通过言语的方式进行，也可通过行为的、表情的、符号的方式进行。在犯罪团伙中，为首者的行为和多数人的行为容易对其他人发生暗示作用。如犯罪团伙中的暗语、手势，团伙头目的一声呼哨，都有可能产生暗示作用，迅速诱发犯罪行为。有时候暗示的作用比直接的指令起的作用还大。模仿与犯罪的关系也极为密切。许多犯罪技能、方式就是通过模仿传播开来的。比如淫秽录像的播放造成聚众淫乱团伙中的集体淫乱方式。当某一团伙成员出现新的犯罪行为时，其他人也会竞相模仿，从而扩大团伙犯罪的危害性影响。有时团伙成员的一举一动、穿着打扮等都会引起互相模仿，一些怪癖、嗜好、低级情趣、下流动作、污言秽语等更容易引起模仿。

（四）权威与压力

团伙中的权威来自两方面：一是有地位的首领，二是团伙意志。对团伙成员来说，团伙中的压力不仅有来自权威和与外部竞争的外在压力，也有源于成员自身希望得到群体承认的自我内部压力。

权威与压力往往导致团伙成员在兴趣和行为方面的一体化倾向，以遵从权威和服从群体的方式满足个体的需要，能够在很短的时间里达成意见的统一，引发具有盲目性的犯罪行为。

四、团伙犯罪的行为特征

（一）犯罪行为的随机性

在司法实践中，团伙犯罪经常是无预谋的临时起意，缺少足够的犯意交流，犯罪行为大多是由情境刺激引发的随机性反应。实际上，由于团伙在日常生活中有着充分的人际互动，成员之间建立了友谊关系，具有共同行为的社会心理基础，对群体的情感依附，使成员很少考虑个人的风险，失个性化的心理特点导致了行为的随机性。

（二）犯罪行为的盲目性

团伙犯罪在目的层面的随意性和不确定性导致了团伙犯罪行为的盲目性特点。团伙并不是以犯罪为目的形成的联合体，成员间的集体行动成为日常活动的主要方式，群体意识在很大程度上代替了个体意识。团伙中个别人的行为会影响其他人，会在没有对行为目的和结果进行理性考虑的情况下出现盲目的犯罪行为。

（三）犯罪行为的符号意义

团伙犯罪行为缺乏目的性不等于其行为没有目的，一般情况下团伙行为包括团伙的犯罪行为是为了维护该群体的自尊，为了稳定群体中的人际关系，为了增进成员间的情感联系，为了显示群体力量，为了保护“地盘”利益。因此，团伙犯罪具有特殊的符号意义，往往与团伙的存在和发展紧密联系。简言之，团伙犯罪行为更多地是为了团伙的共同利益而出现的群体犯罪。

第五节　有组织犯罪心理

一、有组织犯罪概述

有组织犯罪是结构严密的群体所实施的犯罪，属于社会心理学意义上的群体所实施的犯罪。

（一）有组织犯罪的概念

有组织犯罪是以犯罪为目的的群体所实施的有计划、有分工的犯罪。

有组织犯罪具有组织形态，这类群体的形成往往与经济利益有关，从事犯罪活动并从犯罪活动中获得收益是该类群体的主要目的。

（二）有组织犯罪的类型与动向

传统意义上的有组织犯罪是以帮派形式为代表的犯罪。从刑法的规定上看，有组织犯罪有两种基本类型——犯罪集团实施的犯罪和黑社会性质组织实施的犯罪。

目前，在我国司法实践中，帮派犯罪的形式并不多见，一些所谓帮派大多属于犯罪团伙，已经不具有传统帮派的特点。而犯罪集团和黑社会性质组织所实施的犯罪成为有组织犯罪的主要类型，对社会稳定具有极大的危害性与危险性。

我国目前存在的有组织犯罪的主要类型是：（1）走私与贩毒犯罪组织；（2）独霸一方的流氓、恶势力犯罪组织；（3）以贩卖人口为营利方式的犯罪组织；（4）开设赌场、强迫妇女卖淫的犯罪组织；（5）制造、贩卖淫秽书刊、视听制品和非法出版物的犯罪组织；（6）盗窃、窝赃、销赃的犯罪组织。

国际范围内的有组织犯罪主要可划分为以下类型：(1) 供应各种非法的物品与服务，如聚赌、开设妓院、放高利贷、毒品走私、私酒贩卖等。(2) 运用合法身份从事非法活动，如垄断与操纵市场，在政界或商界进行贿赂、拉拢敲诈、逃税以及恐吓活动等。(3) 专门从事绑架、聚众斗殴等暴力行动。

（三）有组织犯罪产生的原因

有组织犯罪的形式自古有之，并不是新事物。在不同历史时期，有组织犯罪的产生原因是不同的，就我国目前情况看，有组织犯罪的产生原因主要有下列方面。

1. 经济多元化导致的手段多元化。以组织形态合作犯罪并从中得到利益，实际上是犯罪组织选择的一种实现利益的方法。在我国经济体制改革的过程中，整个社会因生产关系的变化而处于转型阶段，原有的单一计划经济模式被多元的市场经济取代，由此带来了各种实现经济利益的获利方法和产业。

在各种产业和生产方式中，既有占绝大多数的合法的产业，也有个别的非法行业或处于边缘地位的产业，这些行业成为滋生有组织犯罪的土壤。

2. 因分工导致的合作。许多产业具有更为细化的分工要求，往往不是单凭个人能力或小群体能力能够实现的，产业链扩大所提出的现实要求使一些非法产业寻求包括国际合作在内的新的合作形式。如境外洗钱组织、境外赌场的国内招商活动，都需众多环节的相互配合，由此导致为实现合作而形成的犯罪组织。

3. 利益保护。所有非法行业和个别边缘行业，本身从事的就是不法经营，并从中获得经济收益，这使得它们具有“地下”性质，不可能得到法律的保护、享受正当企业的权利。在这种情况下，建立自我保护系统成为这些行业的选择。建立组织不仅是实现利益的需要，也是保护利益的需要。

二、有组织犯罪的心理特征

（一）利益最大化

有组织犯罪的一个最大特点是追求经济利益，这使该类组织以利益最大化为群体目的。在利益目的的驱动下，参加犯罪组织的个人将群体目标视为个人目的，通过加入犯罪组织分享由犯罪带来的利益成果。共同的利益追求成为有组织犯罪的重要心理特点。

（二）集体意识

在有组织犯罪中，群体的结构严密，组织形态稳定，分工明确并纪律严明，群体成员对群体只有服从的义务。这使得从事有组织犯罪的群体成员在互动过程中形成鲜明的“我们意识”，对群体有归属感和依赖性。

（三）压力

与犯罪团伙不同，从事有组织犯罪的群体有严格的奖惩制度，有严格的群体规范。这一方面是为了保证其犯罪目的的实现，另一方面是为了防止因个别人的自首给群体带来的法律风险。规范的存在和该类群体严明的等级制度成为一种压力，作用于每一个成员。压力的结果是培养了成员的服从意识，有利于群体犯罪目的的实现。

（四）首领决策代表群体意志

从事有组织犯罪的群体有不同级别的领导者，他们是有组织犯罪的主犯。有时参加者属于被蒙蔽的从犯。在有组织犯罪过程中，首领或主犯的决策具有命令的性质，能够决定群体共同行为的发展方向，决定行为的法律性质，代表整个群体的意志。

三、有组织犯罪的行为特征

从事有组织犯罪的群体无论是犯罪集团还是黑社会性质组织，一般具有下列行为特征。

总体上看，在犯罪行为的方式上主要有四种形式：一是本身就从事犯罪行业，以犯罪为目的形成组织。二是从事边缘化行业，为保护利益，防止“黑吃黑”等意外情况的发生，用武力的方式维护非法利益。三是从事正当行业，但长期使用商业贿赂等方式维护群体利益。四是以绑架、盗窃、勒索等为群体目的，以专门从事犯罪行为实现群体利益。

在犯罪的手段方面既有暴力手段也有非暴力手段，但策划者、实施者的分工明确。犯罪过程实际上是执行命令的过程，为避免来自群体的惩罚，实施犯罪的个人往往具有顽强的意志努力，行为不计后果，有相当的社会危险性。

第六节　传销群体中的精神控制

传销又称经济邪教，是一种以发展下线为营利方法的无店铺经营模式。在传销组织的运行过程中，商品往往只是一种媒介，作用在于吸引入会和发展下线；购买者的目的不在于消费，而是在于进入组织。

我国法律在处理传销犯罪时，只对组织者和首要分子科以刑罚。但在传销中出现的聚众行为，具有典型的群体特征。分析传销中组织者对受蒙蔽者的精神控制方法，有助于我们了解群体对个体的影响，了解当前十分典型的群体犯罪形态。

国外将传销称为老鼠会，其从上到下呈金字塔结构，以一生二、二生三、三生无限的方式进行敛财，具有十分恶劣的社会影响。国内的传销组织大体有三种模式：一是集会式，二是单线发展，三是网络传销。

一、传销兴起的社会背景

在我国社会的转型阶段，由于失范的影响，社会上普遍存在着追求资源扩展、一夜暴富的心态，这使传销蔓延具有一定的社会心理基础。大多数加入传销组织的个人，都是将这种方法视为获取财富、走向成功的途径。传销的猖獗实际上是迎合了人们对利益的需求，它所宣扬的所谓快速致富方法，对许多人存在诱惑。而传销组织通过精神控制实现了对人的心理和行为诱导，这种控制又迎合了参加者自身的需要，是外部诱因与内部需要互动的结果。

首先，从我国目前的社会结构与社会分层的现实状况分析，存在着不同社会阶层在资源占有状况上的巨大差距，比如收入差距、城乡差距等。这种不平均和不平等的现象，使许多人深切地感受到生存、生活、发展的压力，获取利益、扩充资源成为一种动力，支配着人们的行为，人们希望通过各种致富的方法去缓解生活中的压力和自身的紧张感。因此，从社会心理学的角度分析，社会上普遍存在着追求资源扩展的心态，这使传销蔓延具有一定的社会基础。

其次，每个人都希望成功，或者说都希望自己的生活过得更好。那么什么是成功？这是由社会的价值体系也就是大多数人的意志所确立的。不可否认，在当前社会转型阶段，尤其在市场经济法则的制约下，拥有财富（经济资源）成为人们共识的成功目标。社会学中的失范理论告诉我们，在社会确立了某种共同认可的目标的同时，总有一些人由于各种原因采取合法手段无法实现目标，那么他们就有可能采取非法的手段去实现目标。以大学生传销为例，择业的困难、学业的成本、对成功的渴望极大地影响着许多学生，尤其是贫困生的心理与行为，他们在通过合法手段暂时难以快速获取财富以帮助家庭、偿还学费、获得发展的同时，就有可能借助加入传销去实现目的。所以，目前社会的价值观念，使大学生以及社会上的许多人深刻体验到了失范状态的影响，加入传销是他们希望获取成功所选择的途径。

再次，随着社会经济的发展、科学技术突飞猛进，传销这种依靠人际关系网存在的犯罪有了新的技术手段。网络等新兴信息科技赋予了传销组织以新的存在形式，其利用网络对活动进行策划、组织、实施，比起传统传销方式而言更加隐蔽，犯罪成本更低。例如，网络传销组织在网上发展会员，其用户名都是假名或者代号，下线与上线不必见面，操纵者由明转暗，躲在幕后。① 可见，社会环境对传销组织的发展和转型提供了基础。

最后，不论个体是理性人还是经济人，在社会生活中都存在基本的需要，特别是生存与发展的需要。在心理学上，动机的产生建立在需要的基础上，传销的猖獗实际上是迎合了人们对利益的需求，它所宣扬的所谓快速致富方法，对许多人存在诱惑。

二、传销组织实现精神控制的方法

与其他类型的群体犯罪不同，传销组织的犯罪过程不是以群体意志的形式实现的，而是传销的组织者利用参加者的需要和群体的心理效应，以精神控制的方式改变

① 参见张悦、张瀚元：《新媒体下传销的实证研究——简谈对新媒体下的新型传销模式思考》，载《法制博览》，2017 (4)：47～48 页。

和强化参加者的态度，从而实现个人犯罪目的的过程。

精神控制，简言之是用某种理念、机制、群体目标对个体的心理与行为实施约束，使个体心甘情愿地去接受和遵从的制约方法。精神控制可以使人放弃原有的东西，产生观念、态度、行为上的改变，这种改变被我们视为“洗脑”的结果。

将各种不同文化背景、生活经历的人聚合在一起，是传销组织通过精神控制得以实现的。精神控制有一套完整的过程，大体可以分为以下步骤。

一是树立一种信念。告诉你所从事的是具有广阔发展空间的伟大“事业”，是不可多得的创业机会。把握这个机会对自己、家庭、他人都是有利的，可以得到利己与利他的双赢效果。你去“拉人”，说服别人参加，是在为别人提供赚钱的机会，即使手段上可能有欺骗，但目的是良好的。通过不断的灌输，消除参加者心理上的障碍，尤其是罪恶感和对传销违法性的理性认识。

二是鼓吹一种精神。告诉你创业是艰苦的，艰苦的生活是对精神的磨炼，也丰富了人生的经历，凡成大业者必须苦其心志、饿其体肤。当团队中的所有人，不分职业高低，都投入这种磨炼时，不仅可以锻炼你的意志，而且可以强化对团队的归属感。

三是制造一种氛围。第一是感情氛围，让每一个参加者体会到在现实生活中很难得到的情感互动，用温情去打动你、融化你，使你忽视了温情背后的自私目的；第二是相互激励的氛围，不论你的实际能力如何，所有的人都给予你充分的肯定和赞赏，激发你的自信心，使你产生情绪的亢奋和自我评价的错觉；第三是共同努力和参与的情绪氛围，每一个人都无比热爱这一事业，让你在群体气氛中体验到奋斗的快乐。

四是设立一种目标，通过对榜样的宣传，灌输成功的范例，强化学习榜样的自觉性。同时，设立递进的心理陷阱，告诉你离成功只差一步，需要的是努力再努力、坚持再坚持。而一旦签约，等同于套上了枷锁。参加者会首先希望收回成本，而一旦这一愿望成功，又会强化自信，加速对传销致富理论的认同，更加努力地去开展活动，在动机和态度上不断升级。

五是建立一种机制，表现为惩罚与奖励的运用。对于拉来下线的，及时兑现奖金；对于怀疑、动摇的，实施各种制约。通过群体效应，实现相互之间的监督和鼓励。

上述步骤是在讲课、交流、晨练等一系列活动中完成的，其作用在于首先否定原有的自我，倡导所谓重新认识自我的理念，在潜移默化的群体互动中塑造新的自我，增强参加传销的信心和勇气。

精神控制不是靠单一的手法就能实现的，单纯的灌输、说教、制约并不可能足以使人产生观念的转变，精神控制的实现是多种手法综合运用的结果。

三、传销组织中精神控制的特点

传销犯罪之所以能够蒙蔽人，还在于其实施的精神控制方法所具有的特点。

一是迎合参加者切身的需要，抓住了现实生活中最缺乏的东西。比如，创业、择业、赚钱的机会，艰苦的意志磨炼和具有内聚力的团队精神，相互帮助与鼓励的情感互动，等等。

二是利用了控制和转化人的心理学原理，通过灌输、暗示、从众、情感互补、相互制约等因素的作用，发挥了群体的功能。因此，每一个参加者既是受害者，也是害人者。

三是虚拟事实，通过意志磨炼和自信心提升，让你感受到传销组织的所谓力量，对组织产生心理上的归属感，心甘情愿地为之服务。

第七节　集群行为（犯罪）中的心理互动

导致社会危害结果的集群行为一般表现为球迷骚乱事件、哄抢财物事件、种族攻击事件、社会动乱等以聚众形态为表现的犯罪。其行为或结果常常具有暴力攻击性、规范挑衅性，往往会导致公众恐慌，产生极大的社会危害性。由于当前我国正处于社会转型的阶段，各种社会矛盾相对复杂，存在引发公众不满的社会心理基础，个别特殊事件常常成为引起集群行为的导火索。目前，在建构和谐社会的过程中，党和政府高度关注不同群体的共同利益，特别强调减少和防范群体事件的产生。

随着社会生产力的发展和经济基础的变化，我国社会的心理状态也出现了新变化，人们思想活动的独立性、选择性、多变性、差异性明显增强，人民群众的参与意识、维权意识普遍增强，对于加强民主法制的要求和变革社会管理体制的要求十分迫切，对于保护产权和各项法律赋予的公民权利的要求也日益强烈。与此同时，一些社会成员心理失衡、诚信缺失、道德失范，成为引发社会不和谐的因素；一些领域的腐败现象仍然比较严重，引起广大人民群众的不满。[①] 由此导致大量集群事件，尤其是具有社会危害性的集群犯罪处于多发的态势。

一、集群行为的定义与特征

集群行为是由某个事件所引发的，参加者在人群聚集的场合下自发地、无预先计划地形成的群体行为，又被称为群众行为、聚众行为等。

集群行为的组织形态特征是与正式群体的行为特征比较而得出的。群体是一群人在同一目标的指引和同一规范的约束下，彼此影响、相互作用、协同活动的组合。正式群体的特征表现为具有群体目标与规范；成员具有群体意识，产生对群体的归属感，群体对成员有凝聚力；群体内部存在分工，有领导与被领导关系，并为实现群体

① 参见《构建和谐社会的指导思想目标任务和基本原则》，载《人民日报》，2006-11-04。

目标而相互协作；正式群体的组织形态还有相对稳定的特征。

集群行为中的群众不是严格意义上的群体，只是低层次的群体形态。它不具有共同规范和群体意识；不仅共同目标短暂，而且组织结构松散；一般没有公认的领导，参加者的角色不分化；参加者对这类群体没有归属感，群体对成员没有凝聚力。

集群行为如果导致了犯罪结果，不同于以共同犯罪为表征的群体犯罪，集群犯罪往往具有自发性、狂热性和非结构性的特点。我国法律只对集群犯罪中的首要分子定罪量刑。对社会控制者而言，集群行为所引起的犯罪具有难以预测性和难以控制性。

二、集群行为的基本过程

集群行为的产生有特殊的社会心理基础，在了解该类行为时要注重不同环境下的人际过程，注意个体之间的情感互动。

（一）接触与摩擦

众多个体的物理距离上的接近，形成拥挤或聚众的客观情境，导致心理上的相互影响：

对事件或政策或结果的注意——关注

抱有共同或不同的目标——期待

偶然加入或主动参与——互动

参加集群的个体可能在社会中扮演不同的角色，有着不同的动机，因不同原因参加进来，而引起关注、期待、互动的原因在于不同的利益。这类群众的组成，往往有自发性、散漫性甚至偶然性的特点。

（二）情绪感染

情绪经常伴随着个体的需要满足状态而出现。在最基本的层面上，需要的满足与无法满足会导致肯定或否定的情绪体验。情绪的唤醒与个体的主观期待具有相关性，并存在客观的刺激因素。

情绪感染的过程，是群众中个体之间产生心理互动的具体表现。

情绪的唤醒——欲求不满或受到挫折，能够唤醒否定情绪。而挫折可以是已经受到的或主观认为可能会产生的。前者导致愤怒或不满，后者导致焦虑与紧张。足球事件中的比赛结果，是否符合观众的原有期望，会直接导致两种不同的情绪唤醒。

情绪的磨压——不同指向的情绪和不同水平的情绪，在特定情境中相互摩擦的过程。其结果是制造出提升所有个体情绪的情感气氛。情感气氛又制约着个体情绪，从而导致集群中个体的情绪高涨。

情绪的传染——群众中的情绪在鼓动、流言、挫折的作用下无组织地扩散，甚至达到疯狂的地步。

情绪的指向——群众共同创造的情绪气氛，在事件的导向下寻求宣泄的渠道，经常出现短暂的群众目标。

（三）群体激动

群众的情绪由内隐到外显，由处于自我的个人状态到上升为集体的共同状态，处于非理智和不可逆的群体性情绪激昂状态。群体激动的产生，受暗示、挫折和流言的影响。

总之，集群行为是一种由事件刺激，挫折唤醒，情绪激发，气氛强化而导致的共同行动。在具体情境中，集群行为往往由从众行为引起，出现大规模的激情性附和现象，并引发社会恐慌，导致危害结果。

三、集群行为中的社会心理现象

在集群行为的产生过程中，群众中所具有的从众、众从、拥挤、流言、谣言、情绪互动、榜样作用等社会心理现象都发挥了重要作用。同时，个体在群众中产生的失个性化和对压力的感知程度，也是导致集群行为的社会心理现象。

失个性化是指处于群体情境中的个体，失去自我知觉能力（风险），丧失自我意识（理智），放弃自我约束（控制），以群体意识代替自我意识、个人目标顺从群体目标、以群体规范替代个人规范的过程。失个性化的结果，是导致个体对群众行为的盲目迎合，成为群体犯罪的参加者。

失个性化首先与群众规模有关。群众规模影响失个性化，失个性化程度与群众规模呈正相关；同时，群众的情绪状态影响影响失个性化程度，个体情绪越受制于群众情绪，越容易失个性化。最后，个体感知到的匿名性程度影响失个性化，匿名性是个体自以为在群众中不可能被别人识别的心理状态，它使个体不具有风险意识、丧失罪责感，并产生责任扩散的侥幸心理。

集群行为对任何一个身处其中的个体而言，都缺少事前的预测，突如其来的混乱情境还会使人在高度紧张状态下无所适从。当一群人在共同聚集的松散状态下处于无规范指导的状况时，情境的紧迫性对人群产生压力，在压力状态下个体有急于寻求解决方案的共同趋向，一旦他们觉察到某些可以指导行动的规范，行动有可能趋于一致，产生大规模的从众。人群在紧急规范的作用下成为群体，并产生集群行为。

思考题

1. 举例证明群体有哪些基本特征。
2. 犯罪群体有哪些形态？
3. 群体犯罪心理的形成有什么规律性？
4. 以足球事件为例分析集群事件的产生过程。

第十六章 过失犯罪心理

学习目的与要求

通过本章的学习，应重点掌握过失犯罪心理结构的模式图及其说明，掌握过失犯罪心理与故意犯罪心理的异同、影响过失犯罪的因素，了解过失犯罪动机的特殊性；难点在于过失犯罪行为的发生机制。

本章简单介绍了犯罪过失和过失犯罪的概念以及过失犯罪的类型，在此基础之上着重论述了过失犯罪的心理结构和两种法定过失犯罪即疏忽大意的过失犯罪和过于自信的过失犯罪的犯罪行为形成机制，并对过失犯罪心理结构与故意犯罪心理结构进行比较；最后分析了影响过失犯罪心理形成的主体内、外因素。

第一节 过失犯罪概述

根据犯罪人实施犯罪时心理状态的不同，可以将犯罪行为分为故意犯罪和过失犯罪。故意犯罪在犯罪比例中占大部分，并且，总体来说，故意犯罪在社会危害性上要大于过失犯罪，因此，各国刑法历来是以处罚故意犯罪为原则，以处罚过失犯罪为例外。但是，这并不是说过失犯罪没有惩罚的必要，尤其是在现代科学技术日新月异、飞速发展的今天，社会生产、生活日趋复杂化，都市人口密度不断加大，人们在生产、生活以及社会事业的经营管理中，发生危险事故的可能性以及这些危险事故可能给社会造成的损害也不断在增大。因此，刑法领域中历来作为例外处罚的过失犯逐渐成为常见犯、大量犯和严重犯，比较典型的如交通肇事罪、重大责任事故罪等。越来越多的刑法学者开始注意对过失犯罪的研究。同过失危害行为作斗争，将其规定为犯罪行为并以刑罚惩罚相威胁是必要的，但是，为了实现准确的定罪量刑，分析过失犯罪行为存在的原因，以实现有效的预防，我们必须从犯罪心理学的角度来加强对过失犯罪的研究。

过失犯罪与故意犯罪有哪些区别？过失犯罪的心理结构如何？影响过失犯罪心理的因素有哪些？这些就是我们本章要研究的内容。

一、犯罪过失与过失犯罪

犯罪过失与过失犯罪是既有联系又有区别的两个概念。我国《刑法》第15条第1款对过失犯罪作了规定："应当预见自己的行为可能发生危害社会的后果，因为疏忽大意而没有预见，或已经预见而轻信能够避免，以致发生这种结果的，是过失犯罪。过失犯罪，法律有规定的才负刑事责任。"该条既规定了过失犯罪的概念，同时又指出了我国刑法中的过失犯罪包括疏忽大意的过失犯罪和过于自信的过失犯罪两种类型。从这一规定可以看出，在主观上，过失犯罪心理中的认识因素是行为人没有预见到自己的行为可能发生危害社会的结果；或者已经预见到自己的行为可能发生危害社会的结果，但轻信可以避免危害结果的发生。作为犯罪主观方面的犯罪过失是心理学的事实概念与刑法学的规范概念的统一。从心理学角度阐述的犯罪过失即为过失犯罪心理，包括认识因素与意志因素两方面；从刑法规范的角度看，犯罪过失的核心要素是注意义务。一般认为，所谓违反注意义务，是指如果行为人集中意识，就能预见结果的发生，并据此可以避免结果的发生，但由于行为人没有集中意识，没有履行结果预见义务，因而没有避免结果的发生。

犯罪过失是一种精神倦怠，是一种不负责任的心理态度，与过失犯罪不同。过失犯罪是以犯罪的主观方面为标准划分的犯罪类型之一，它的定义是法定的，而犯罪过失是犯罪行为的罪过形式之一，作为过失犯罪构成的必备要件，与犯罪故意统称为罪过。它是行为人的主观心理，犯罪过失的定义是理论总结。

二、犯罪过失的类型

（一）法定类型

1. 疏忽大意的过失

疏忽大意的过失，又称无认识过失，是指行为人应当预见到自己的行为可能发生危害社会的结果，因为疏忽大意而没有预见，以致发生了危害结果的心理态度。其特征主要包括：

（1）应当预见。所谓"应当预见"有两层含义：1）预见义务；2）预见可能。

预见义务是注意义务的一种，是指行为人有义务预见自己的行为将会产生危害社会的结果。首先，预见的内容是法定的危害结果，因为过失犯罪以发生危害结果为构成要件，构成要件是由刑法规定的，所以作为预见内容的危害结果只能是刑法分则对过失犯罪所规定的具体的犯罪结果。其次，这种预见义务来源于法律的规定或者职务、业务的要求，或者是公共生活准则的要求。例如，驾驶员应当预见自己违章驾驶的行为可能会给行人或其他的车辆造成损害，住在高层的居民应当预见自己从高处向下扔东西可能会砸到低处的人。

预见可能是根据当时的情况，行为人能够现实地预见到危害结果可能发生。预见义务与预见可能是有机地结合在一起的，预见义务以预见可能为前提。义务规范为一般人所设，无须具体规定，而能否预见则是因人而异的，需要具体确定；如果行为人能够预见，则是应当预见。因此，关键是判断行为人能否预见危害结果，法律不能强人所难。那么如何来判断一个人对危害结果的发生是否具有预见可能性呢？我国的刑法学者采取的是主、客观统一原则，即判断基础（或资料）包括主、客观方面的事实，应当把行为人的知识、能力水平与行为本身的危险程度以及行为时的客观环境结合起来判断其能否预见。

（2）没有预见。没有预见是针对危害结果而言的，即行为人在实施行为时没有预见到自己的行为可能发生危害社会的结果。司法实践中没有预见到危害结果的发生常见的有两种情况：一种是行为人有意识地违反自己的职责，并且认识到自己所实施的行为本身以及这种行为可能产生的其他后果，而没有认识到可能产生危害社会的后果。另一种情况是，行为人不仅对行为可能发生的危害结果没有预见，而且对行为本身也没有认识，即行为人无意识地违反了自己的职责。

（3）应当预见而没有预见的原因是行为人疏忽大意。行为人在应当预见的情况下，之所以没有预见，是由于行为人的疏忽大意。如果行为人小心谨慎、认真负责，就会预见，进而避免危害结果。这是此类过失犯罪心理特征的重要内容。如果不是因为疏忽大意，而是由于年幼无知、精神疾病等原因没有预见到，行为人主观上便不具有疏忽大意的过失的罪过。

在疏忽大意的过失中，应当预见是前提，没有预见是事实，疏忽大意是原因。应当预见但由于疏忽大意没有预见，就是疏忽大意的过失的认识因素。疏忽大意的过失的意志因素是反对危害结果的发生。疏忽大意的过失和无罪过事件中的意外事件比较相似，从认识因素上看，它们都没有认识到自己的行为可能发生危害社会的后果，但是行为人没有认识的原因是不同的：在意外事件中行为人对危害结果没有认识是因为根据行为人的实际认识能力和当时的实际情况，行为人不可能预见或不应当预见，也就是说没有预见可能性。因此，意外事件中的行为人对危害结果的发生不负刑事责任。而疏忽大意的过失犯罪中，行为人对危害结果的发生没有认识是由于自身的疏忽大意，行为当时存在预见可能性，行为人主观上存在罪过。因此，行为人对危害结果的发生应当承担刑事责任。

2. 过于自信的过失

过于自信的过失，又称有认识过失、轻率过失或懈怠过失，是指行为人虽已认识到自己的行为可能发生危害社会的结果，但是轻信可以避免，以致发生了这种结果的心理态度。其特征如下：

（1）在认识因素上，行为人已经预见到自己的行为可能发生危害社会的结果。这是过于自信的过失成立的前提。这里的危害结果同疏忽大意的过失一样，也是刑法分则规定的结果。

（2）在意志因素上，行为人轻信所预见到的危害结果能够避免。也就是说，行为人对这种结果的发生持否定态度，过于自信的过失的行为人既不希望也不放任危害结果的发生，而是自认为凭借自己的能力、客观条件等，可以避免危害结果的发生。在过于自信的过失中，已经预见是事实，轻信能够避免是行为人在已经预见到危害结果的同时还实施该行为的原因。在司法实践中，过于自信的过失与间接故意比较容易混淆，两者都对可能发生的危害结果有一定的认识，并且行为人之所以实施行为，目的都不在于追求危害结果的发生。但两者之间存在着重要的区别：

第一，在认识因素方面，二者认识的程度不同。在间接故意的场合，行为人明知自己的行为可能会发生危害社会的结果；而在过于自信的过失的场合，行为人对其行为可能发生的危害结果虽然有一定的认识，但是这种认识一般比较模糊，特别是对于这种危害结果的现实性，行为人往往认识不足。

第二，在意志因素方面，轻信能够避免，表明过于自信的过失的行为人反对、否定危害结果的发生，即不希望危害结果发生；而间接故意中放任危害结果的发生表明间接故意的行为人实施行为的本身虽然不追求作为犯罪构成要件的危害结果，但是他为了实现另一目的，对这种结果的发生采取听之任之、自觉容忍的态度，危害结果的发生并不完全违背行为人的本意。

第三，过于自信的过失的行为人总是凭借一定的主、客观条件，认为不会发生危害结果，而且在当时的情况下确实存在某种程度的能够避免危害结果发生的条件；而间接故意的行为人则是采取放任的态度，不凭借任何主、客观条件，无论危害结果发生与否，都无所谓。

（二）其他类型

1. 业务上的过失与一般过失。这是根据违反规范的不同所作的分类。业务上的过失是指从事某项业务的人因疏于业务上的必要注意，导致发生了自己不希望的危害结果的犯罪过失，如交通肇事罪、重大责任事故罪、危险物品肇事罪、玩忽职守罪等犯罪行为的过失等。一般过失是指违反公共生活规则，导致发生了自己不希望的危害结果的犯罪过失，如失火、过失爆炸、过失投放危险物质、过失损坏交通工具等犯罪行为中的过失。

2. 有认识的过失与无认识的过失。这是以行为人对于构成犯罪的危害结果有无认识为标准进行的分类。有认识的过失是指行为人对可能发生的危害社会的结果有预见的心理状态。无认识的过失是指行为人对可能发生的危害社会的结果应当预见而没有预见的心理状态。

3. 重过失与轻过失。这是以过失程度的高低为标准对犯罪过失所作的分类。重过失是指过失程度高的过失，轻过失是指过失程度低的过失。仅仅是危害结果严重，不一定是重过失。

三、过失犯罪的刑事责任基础

（一）主观基础

我国刑法规定的责任原则是主、客观相统一的，在过失犯罪中，行为人负刑事责任的主观基础就是对危害结果的发生存在过失。在过失犯罪中，行为人客观上具备了认识自己行为与危害结果之间必然联系的可能性，如果行为人事前采取谨慎的态度，就完全有可能预见到自己的行为会发生危害社会的结果或者不轻信能够避免这种结果的发生。所以有必要对其给予刑罚处罚，促使他以后运用自己实际具有的认识能力，去获得对社会发展规律的认识，以便正确地行动。从表面上看，在过失犯罪中负刑事责任的主观基础主要不在于意志因素，而在于认识因素，因为其意志因素似乎是不自由的，但是这种不自由是以能够自由为前提的。因为在过失犯罪中，行为人客观上已经具备了认识、判断行为的性质、意义以及行为与结果间的必然联系的充分条件。如果他愿意发挥自己实际具有的主观能动性，就能够获得意志自由，从而选择自己的行为，避免危害结果的发生。但是他却在另一种意志支配下，采取严重不负责任的态度，从而导致严重危害后果的发生。因此，过失犯罪的行为人在实施犯罪行为时所表现出来的不自由，只是一种表象，在这种表象的背后，统一包含着行为人的自由选择。正因为有这种自由选择，才有理由对行为人采取强制措施，促使其运用实际具有的认识能力，去认识、了解、掌握社会发展的客观规律，从而选择正确、合乎社会需要的行为。

（二）客观基础

除了主观基础之外，过失危害行为负刑事责任还必须具备客观基础，根据我国刑法的规定，这种客观基础是法律规定的危害行为及危害结果。没有实际发生危害结果，即使主观上存在过失，行为人也不负刑事责任。但是，值得注意的是，随着科技进步所带来的危险源的增加及损害程度的加大，为了使行为人能负有更多的注意义务，国内外的学者提出法律应当规定危险状态构成的过失犯罪，即只要行为人在过失心理支配下实施的行为足以造成危害结果发生的危险，就具备了刑事责任的客观基础，应该受到刑罚处罚。有的国家的法律已经对过失危险犯作了明确规定。我国刑法学者对这一问题还有争议，这也给犯罪心理学提出了新的课题。

四、研究过失犯罪心理的意义

由于过失犯罪与故意犯罪的主观恶性存在较大差别，有时甚至是出于善良行为动机，因而有时人们对处罚过失犯罪行为很不理解，对过失犯罪人的处境深表同情，甚至能够谅解。所以要正确认识和理解过失犯罪，有效预防过失犯罪，仅有法学研究是不够的，还必须加强对过失犯罪心理特点的研究。

（一）理论意义

1. 为犯罪过失和过失犯罪行为立法提供充分的心理学依据。如前所述，我国刑法规定的刑事责任基础是主、客观相统一的，作为主观方面罪过之一的犯罪过失是法律规范对行为人主观方面的否定评价，犯罪心理学揭示的犯罪人的心理结构和犯罪行为机制可以为立法上的否定评价提供充分的依据。

2. 有助于推动过失犯罪研究的深入。目前，无论是理论界还是实践部门，均未给予过失犯罪应有的重视。但实际上近年来过失犯罪率不断攀升，严重程度也日益提升，并且有些行为人是多次实施过失危害行为。有的虽未造成严重后果，但是严重的危险状态是存在的。因此，刑法应该如何在保障生产和保护安全之间作出抉择？应该让行为人负多大的注意义务？如何对过失犯罪人适用刑罚，以达到一般预防和特殊预防的目的？这些都是犯罪心理学的研究任务。

（二）实践意义

1. 有助于正确定罪量刑。犯罪过失是过失犯罪构成主观方面的必备要件，犯罪过失的有无直接决定着行为是否构成过失犯罪。通过对过失犯罪心理机制的学习，可以帮助实践工作者正确地认定犯罪过失，进而实现准确定罪。另外，犯罪过失还有程度之分，犯罪过失的程度高低决定了行为人主观恶性的大小，而主观恶性与行为所造成的客观危害后果又共同组成了行为的社会危害性。社会危害性是量刑的基本评价因素，因此，正确地认定犯罪过失也有助于量刑。

2. 有助于普及有关过失犯罪的心理学知识，预防过失犯罪。过失犯罪与故意犯罪行为一样，也是在行为人的主观心理支配下实施的，行为人对危害结果的发生有罪过。因此，行为人应对行为导致的危害后果负刑事责任。过失同故意一样，都是犯罪的主观方面，具有过失的人同样具有主观恶性，和具有故意行为的人一样，都应当受到刑法的谴责和处罚。

第二节　过失犯罪的心理结构和犯罪行为发生机制

一、过失犯罪的心理结构

（一）过失犯罪心理结构的概念

所谓过失犯罪的心理结构，是指行为人在非故意的心理状态下，促使其采取过失行为，并导致危害结果发生的多种消极心理因素有机而相对稳定的组合。对这一概念，需要阐明的要点包括：

1. 行为人是在非故意的心理状态下实施的犯罪行为，即由于疏忽大意或过于自信的过失心理状态，导致了犯罪行为的发生。

2. 行为人的心理因素与危害结果发生之间，存在着因果关系。

3. 过失犯罪心理不是单一的消极心理因素，过失犯罪是包括意识、态度、意志、注意、思维、判断、感觉、记忆、情绪以及无意识因素在内的多种消极心理因素综合产生作用的结果。

（二）过失犯罪心理结构的一般模式

过失犯罪行为的发生，存在着心理原因，具体可分为三个层次：（1）心理品质层次。在过失犯罪中，无论是疏忽大意的过失，还是过于自信的过失，都是由行为人各种错误心理或不良心理品质所间接造成的。这些心理因素本身虽然不是犯罪意识，但是只有在这些心理因素的基础上才能产生疏忽大意或过于自信的过失心理状态，以致造成过失犯罪行为的发生。（2）动机与意志层次。人的行为都有动机。过失犯罪行为虽无故意犯罪动机，但其行为必定受某种动机驱使。这种动机的特征，包括主观与客观相脱离、相背离和个人获利的不良动机。在动机的基础上，究竟采取何种行为，还有一个意志决定过程。这种意志决定虽然不同于故意犯罪决意，但仍是过失行为的决意，由于这种决意，才产生了过失犯罪行为。动机与意志层次是过失犯罪心理原因的中间层次或过渡层次。（3）心理状态层次。在发生过失犯罪行为的过程中，弥漫着疏忽大意与过于自信的心理状态。这是造成过失犯罪行为的直接动因。无论是疏忽大意，还是过于自信，之所以引发危害性后果，都是因为注意的缺乏。因此，对于危害结果注意的缺乏，是过失犯罪心理的本质特征。

（三）过失犯罪的犯罪动机

1. 过失犯罪有无犯罪动机。直接故意犯罪中存在犯罪动机是没有争议的，但是在过失犯罪中是否存在犯罪动机，学者们有不同的看法。有的学者认为犯罪动机是犯罪性动机，或者说是刺激犯罪人实施犯罪行为以达到犯罪目的的内心起因，只有在直接故意犯罪中才存在犯罪动机，“过失犯罪的行为人，尽管其行为也有动机、目的等心理因素支配，但他们行为的出发点（也就是动机）却不是想通过这种行为达到某种危害社会的目的，他们对自己行为所导致的事与愿违的结果是痛心疾首、悔恨莫及的。也就是说他们既无犯罪动机，也不存在犯罪目的”①，也即过失犯罪中存在的只是行为动机，而非犯罪动机。有的学者认为，犯罪动机不是犯罪性的动机，只是回答行为人基于何种心理原因实施了犯罪行为，因此，除了疏忽大意的不作为犯（忘却犯）以外，其他犯罪都有犯罪的动机。因为不管是故意犯罪还是过失犯罪（忘却犯除外），行为人都不会无缘无故地实施行为，都会有实施行为的心理动因，这些动因也能说明行为人主观恶性的大小。② 目前，理论界的通说认为犯罪动机指的是犯罪性动机，也就是说犯罪动机只存在于直接故意犯罪行为中，过失犯罪行为中不存在犯罪动机，只存在行为动机，虽然习惯上也把这种动机称作犯罪动机，但是它与直接故意犯罪中的犯罪动机是不同的。

---

① 罗大华、刘邦惠主编：《犯罪心理学新编》，269页，北京，群众出版社，2000。

② 参见曾宪信、江任天、朱继良：《犯罪构成论》，105～107页，武汉，武汉大学出版社，1988。

2. 过失犯罪的动机的类型。过失犯罪动机的性质是多样而复杂的，其中既可能有某种程度的积极动机，如为求高产增效而冒险作业，或为制止犯罪防卫过当等；也有中性动机，如为好奇、探究造成过失等；也有消极动机，如为谋取私利、争强好胜造成损失等；还有一些属于消极动机与积极动机兼而有之的类型。具体来说，过失犯罪的动机主要有以下几种。

（1）贪利型动机。这是当前许多重大过失犯罪的动机类型，在巨大的利益驱动下，行为人可能对结果的发生疏于认识或者置危害结果发生的可能性于不顾，心存侥幸心理而实施过失危险行为。

（2）逞能型动机，即表现欲极强，常喜欢炫耀自己、自吹自擂。有些人在这种动机驱使下不顾主、客观条件和有关规定从事冒险行为，造成危险后果。

（3）名誉型动机。有的行为人为了博得上级好感，达到个人晋升、获得荣誉的目的，忽视安全因素，强令工人实施违章冒险作业，造成人身伤亡事故；或者急于签订合同，严重不负责任，上当受骗，使资金流失，造成重大经济损失；等等。

（4）游戏型动机。这类动机的行为人的主观目的通常是取乐，只是忽略了手段的危险性可能带来的危害后果或者在高度的情绪状态感染下根本没有意识到行为的危险性。

（5）避险型动机。某些负有特定职责的人员，按照相关规定在危险可能发生时应当积极采取措施避免危险的发生，而不能像普通人一样采取紧急避险的措施逃走。

（6）无意识动机。无意识动机虽然不能被个体察觉，但是它确实存在，并且很活跃，会影响个体的决策和行动。无意识过失犯罪的动机主要存在于疏忽大意的过失中，因为这种过失是无认识的过失，而无认识的原因之一就是心理活动的内容没有进入意识层。

二、过失犯罪行为的发生机制

过失犯罪行为是在行为人的消极心理品质、不良动机与意志以及缺乏注意、漫不经心的心理状态等不良主观心理因素与其他客观因素的相互作用下形成的。具体来说，疏忽大意的过失犯罪行为与过于自信的过失犯罪行为的心理机制是不同的。

（一）疏忽大意的过失犯罪行为的发生机制

1. 行为人有疏忽大意行为，对危害结果的发生疏于认识。疏忽大意行为人本身具有责任能力，具备履行义务的能力，但是在消极心理品质如懒惰、马虎、自私等内外界因素的相互作用下，处于漫不经心、疏忽大意的心理状态下，使心理活动没有集中和指向到自己的行为可能发生的结果上，也就是说没有履行法律要求的注意义务，行为人本身存在着疏忽大意的心理和行为。

2. 行为人对危害结果的出现缺乏认识。在疏忽大意的心理和行为下，导致行为人对危害结果的发生没有认识，这是行为人对危害结果的认识程度的体现。也就是说，行为人对危害结果的发生缺乏预见，行为人并没有预见到危害结果会发生，危害结果的发生出乎行为人的意料之外。

3. 危害结果发生。行为人在具有注意义务且具备认识能力的情况下，由于自身的疏忽大意的过失心理及行为，疏于对危害后果的认识，致使对危害后果缺乏认识，所以，无法采取意志行为去阻止危害后果的发生，危害后果一旦发生就构成了疏忽大意过失犯罪。危害结果发生后，行为人的态度表明其不希望危害结果的发生。

（二）过于自信的过失犯罪行为的发生机制

1. 行为人对危害结果的发生可能性缺乏正确的认识。过于自信的行为人在行为时对危害结果发生的可能性是有一定认识的，在具备正确预见能力的情况下，由于自身心理品质缺陷，对于这种可能性到现实性的转化缺乏足够的认识，过高地估计了阻止危害结果发生的条件，认为基于自身的能力、技术、经验和某些外部条件，这种可能性不会转化为现实性或几率较低，轻信可以避免。

2. 实施危险行为。行为人在已经预见到危害结果发生可能性的情况下，作为一个有刑事责任能力的人，应当谨慎行事，履行注意义务之结果避免义务，放弃危险行为，尽量避免危害结果的发生。但是行为人基于对正反两方面因素的错误对比认识，轻信可以避免危害后果的发生，为了追求目的行为，实施了可能发生危害后果的危险行为。

3. 发生危害结果。由于行为人低估了危害结果发生的可能性，一旦在事态的发展过程中，他所期望的有利因素都没有起作用，而是相反，不利因素都发生了，事实上就可能事与愿违，发生危害后果，则构成过于自信的过失犯罪行为。

表面上看，在过失犯罪中危害后果的发生可能有一定的偶然性，是某些客观因素造成的，过失犯罪行为人自己觉得很倒霉，别人也很同情。但是，偶然性背后存在着必然性，那就是行为人主观上的过失犯罪心理结构及行为人违反了法律规定的注意义务，在这里主要是对危害结果的认识义务和避免义务。因此要求行为人承担刑事责任。

三、过失犯罪心理与故意犯罪心理的区别

虽然过失与故意都是法定的罪过形式，对于由这两种罪过引起的危害后果都要承担法律责任；但是，无论从心理学角度考察，还是从法律规范角度考察，过失犯罪心理与故意犯罪心理都有较大的差异。

（一）心理学角度的区别

1. 犯罪心理结构的内容和形式不同。过失犯罪行为人和故意犯罪行为人虽然都存在犯罪心理结构，但是如前所述，过失犯罪没有犯罪目的，动力因素不足，也不存在犯罪意向和犯罪决意。因此，过失犯罪的心理结构显然不如故意犯罪的心理结构那样完整和稳定，结构形式相对松散。并且相对于故意犯罪行为人而言，单纯的过失犯罪行为人一般都没有心理上与品德上的堕落，没有反社会的恶劣心理品质，他们的心理结构内容更多的是一些消极的心理品质和不良的心理状态，如缺乏责任心、爱逞能等。

2. 犯罪心理机制不同。直接故意犯罪的心理机制是在各种主、客观因素的影响下，行为人首先产生犯意，形成犯罪动机，明确犯罪目的；其次是在犯罪动机的支配下，为了达到犯罪目的而不惜实施危害行为，直至危害结果的发生。间接故意犯罪的心理机制是：行为人在实施追求其他目的的行为时，明知自己的行为可能会发生危害社会的结果，在心理上放任这种危害结果的发生，在行为上不是设法改变自己行为的性质或方向，而是继续实行之，最终导致危害结果的发生。可见，无论是直接故意还是间接故意，都没有违反注意义务，也不存在注意失误的问题。而过失犯罪的心理机制是在各种主、客观因素的影响下，行为人违反注意义务，导致注意失误，进而形成疏忽大意或过于自信的消极心理，而心理失误可能导致行为失误，以至于最终发生危害社会的结果。

3. 对危害结果的态度不同。在直接故意犯罪中有明确的犯罪目的，危害结果的出现是行为人积极追求的，所以行为人为了达到危害结果积极地促进内外一切因素的融合。在间接故意犯罪中行为人虽然不是积极追求危害结果的发生，但是危害结果的出现他也能接受，持一种放任的态度。而过失犯罪行为人却是不希望危害结果发生，对危害结果持否定态度，过失犯罪行为的发生一般是主体内外意思的“意外结合”，超出了行为人的心理承受范围，所以行为人通常觉得自己很倒霉。

（二）法律规范角度的区别

从刑法规范对行为人的评价角度看，两者的区别主要体现在主观恶性不同。故意犯罪行为人一般有稳定的犯罪心理结构和明确的犯罪目的，积极追求或放任危害后果的发生，所以，行为人的主观恶性较大。因此，在直接故意犯罪的场合，即使犯罪行为没有完成或者危害结果最终没有发生，也认为该行为有较大的社会危害性，仍然应当追究行为人的刑事责任。而过失犯罪行为人的犯罪心理结构仅是一些个性心理缺陷，并且行为人对危害结果的发生持否定态度，所以，相对而言，过失犯罪行为人的主观恶性较小。因此，如果没有发生实际的危害结果，那么就认为行为的社会危害性较小，没有将其认定为犯罪的必要性。

第三节　影响过失犯罪心理形成的因素

根据对犯罪综合动因论的学习可知：个体犯罪原因是一个整体系统，这个整体系统是由若干相互联系和相互作用着的主体内外因素所构成的，形成多层次、多维度的原因网络结构。个人之所以犯罪，是多种主体内外因素综合地互为动力作用的结果，影响过失犯罪的原因也不例外。虽然在犯罪整体中，过失犯罪较故意犯罪数量少，但是影响过失犯罪的因素却不一定比影响故意犯罪的因素简单。过失犯罪是不愿犯罪却犯了罪，这其中就自然比情愿（故意）犯罪更为复杂一些。根据犯罪综合动因论的观点，影响过失犯罪的因素综合起来可以分为主体外因素和主体因素两大类。这两类因素对疏忽大意的过失犯罪和过于自信的过失犯罪的影响是不一样的：因为疏忽大意的过失属于无认识的过失，既然没有认识，就不能有意志的问题，所以，内外因素对它的影响主要体现在认识因素上。而过于自信的过失属于有认识的过失，并且这种认识是不正确的，所以，内外因素对它的影响既体现在认识因素上，也体现在意志因素上。

一、影响过失犯罪的主体外因素

（一）情境因素

情境是由自然环境、社会环境和人际关系等因素构成的，对个人心理产生影响的综合性氛围。由意外情境构成的情境压力，是影响个体行为，导致工作失败，乃至造成过失危害行为的客观因素之一。意外情境是指自然现象和社会现象中各种正常联系或关系的中断或突变。这种中断或突变，是在主体无心理准备的情况下发生的，并且超出其经验与处置能力，就会对行为人的心理和行为产生不良影响。因此，一旦发生意外情境，行为人就有可能出现惊慌失措、应激不良，造成危害后果的发生。影响过失犯罪发生的意外情境主要有：

1. 自然方面的意外情境

（1）自然灾害。自然灾害对疏忽大意的过失犯罪的影响主要体现在某些负有特殊职责的行为人上，如护林员，地震、海啸等自然灾害的监测员等，根据自身的经验和仪器设备，能够预测到可能发生危害社会的后果，由于疏忽大意、玩忽职守没有预见到危害后果的发生。

（2）危险工作情境。如易燃、易爆物品的生产及管理，有毒、核辐射的工作环境，高空作业、带电作业以及其他危险工作环境，黄昏、黑夜、交通高峰期等不利的时间因素等，易使职工产生恐惧、不安和焦虑，往往会影响到他们的注意力和判断力，造成疏忽大意的过失犯罪的发生。

2. 社会方面的意外情境

（1）挫折。现代社会的竞争很激烈，工作、恋爱受挫，竞争失败时常发生，这些都容易造成行为人心理上的焦虑、沮丧、注意力不集中，进而产生过失犯罪行为。

（2）变故。家庭的解体，亲人的伤亡、失踪，自身突患重大疾病等，这些重大的变故都是正常人难以承受的打击。在这种情况下难免会情绪波动，丧失正常的判断能力，容易发生过失犯罪，尤其是疏忽大意的过失犯罪。

（3）纠纷。在发生财产、名誉等纠纷的情况下，行为人心绪不宁，烦躁不安，易于产生过失犯罪行为。

（二）舆论因素

舆论，是指多数群众对大家所关心而又有争议的问题所持的共同意见或态度。某种舆论一经形成，便会在客观上成为一种社会压力或社会支持，对有关的人或事发生影响。如果这种舆论不正确，造成错误的行为导向，便有可能使个体产生犯罪行为。

1. 社会舆论。社会舆论可以分为两个层次：（1）具体环境层次；（2）社会风俗层次。具体环境层次是指在某一特定场合，多数人的舆论压力。如网络、新媒体等环境中的舆论传播，或是在公共场合打架者，如果围攻群众起哄，就容易使当事人头脑发热，下手过重，造成过失伤害后果。社会风俗层次是指虽然不存在现实的舆论压力，但大多数社会成员多年来一直沿袭的，对个体的行为产生很大影响和控制力的某些观念和行为方式。

2. 群众舆论，是指在个体生活的家庭、工作单位或亲密者之间对某种事物的共同看法。这种看法常对个体的心理活动产生重要影响，有时甚至促使个体否定原有认识而从众。如某工人开始时并不想违章操作，但在班组里一些工人责备他“胆小怕事”的情况下，虽预见到了违章作业可能发生事故，但仍冒险行事。他这种过于自信的过失犯罪心理就是受群众舆论的影响产生的。

（三）工具因素

任何生产都须使用工具。工具的好与坏、先进与落后，都对工作效率产生重大影响。工具因素也是造成过失的一个重要因素。一般在以下三种情况易于发生事故。

1. 使用熟练工具。熟练工具是主体经常使用的，已经熟悉其性能和特点，运用自如的工具。正因如此，行为人容易自认为掌握工具的能力强，过于自信，如自认为人车搭配好而开快车造成事故，或者疏于检查和防范，造成过失犯罪，如在使用机器前不进行检查，结果因机器故障造成重大事故的。

2. 使用陈旧工具。陈旧工具是指使用时间较长、性能有所减退的工具或超过使用年限的工具，有时仍继续使用。几乎每一种工具都有一定的使用年限，如我国法律规定机动车超过了一定的使用年限就应该报废。如果使用者明知车辆已经到了该报废的年限和程度，就意味着他已经预见到了自己的行为可能造成危害社会的后果；如果他出于贪利动机仍违规使用并且造成了严重后果的，就构成了过失犯罪。

3. 使用高科技工具。现代科技的迅猛发展及在生产、生活中的广泛使用，是当代过失犯罪率增多的重要客观原因。因为，一方面，现代科技使危险源增多，如电气化、自动化、核能化等工具和现代自动化管理系统的应用，使得操作上要求十分严格，因此对行为人的注意力和反应能力要求也更高，稍有不慎就可能造成重大损失；另一方面，现代科技也加重了从业人员的心理负荷，同时对其业务素质、心理素质和操纵工具的准确、熟练程度和反应的敏捷性、及时性均有较高要求，心理素质不高和心理负担过重，也增加了过失犯罪尤其是疏忽大意的过失犯罪发生的可能性。

二、影响过失犯罪的主体因素

（一）影响疏忽大意的过失犯罪的主体因素

1. 生理因素

（1）年龄与性别。年龄大小的不同，意味着心理成熟程度与知识经验多少的不同，因而影响人的心理和行为。一般来说，青年人技术不十分熟练，缺乏注意意外情况的能力，易受无关刺激吸引，注意力不稳定，更容易发生疏忽大意的过失犯罪。

男女之间的性别差异，也对疏忽大意的过失犯罪有影响。一般来说，女性较为细心、谨慎，注意力集中、专一，不易造成事故；而男性较粗心，易分散注意力，违反注意义务，没有预见危害结果的发生。

（2）生理缺陷或疾病。身体器官的完整和健康状况是一个人正确认识事物和正确作出反应的生理基础。有生理缺陷或身患疾病的人的认识能力和反应能力都会下降。尤其是感知器官存在问题时，更容易影响人对外界事物的正确感知和注意，造成行为失误或酿成重大事故。

（3）疲劳状态。人处于疲劳状态时，往往对外界刺激无法作出合理的反应，难于履行自身的注意义务，没有预见到危害社会的结果发生的可能性，因而造成重大事故。

（4）麻醉与醉酒。麻醉品及酒类能够导致身心麻痹症，使心理活动与身体动作发生困难，影响注意能力和反应能力。据研究，人在使用麻醉品和醉酒后，生理与心理会发生下列变化：1）色觉和视觉能力下降，使人在辨认色彩方面容易发生错误；2）触觉能力下降，使人不能靠触觉获取有用信息；3）思考、判断能力下降，血液中酒精浓度达到0.94%时，判断能力降低25%；4）记忆力受阻，无法进行有效的识记，即使是平时记得很牢的东西，也回忆不起来；5）注意力下降，不能有效地集中和保持稳定的注意，而且注意力固执地偏向一方，不能合理地分配和转移；6）情绪不稳定，容易陷入激情状态；7）性格发生暂时改变，如有的人在饮酒后一改平时谨慎、严肃的态度，变得说话随便、行动轻率。所有这一切变化，都容易使行为人作出错误的判断和行为，引起过失犯罪。

（5）生物节律。人体的生物节律表现在两个方面：1）人体生理活动有周而复始的一定变化周期，如23天周期的体力循环、28天周期的情绪循环和33天周期的智力循环。在生物节律处于循环周期的不同时期，其生理、心理表现各不相同。2）人体还存在着昼夜的生物钟（生理时钟）。一昼夜中节律呈现规律性波动，各阶段神经功能的情况有很大不同。据研究，人的活动效率最高的时间是上午9～10点。离高峰时间越远，身心就处于相对抑制的状态。因此，当人体生物节律处于低潮期时，人的体力、情绪、智力都有所下降，对工作心不在焉，萎靡不振，注意力不集中，情绪不稳定等，很容易发生事故。

2. 心理因素

犯罪过失心理的主要研究对象是心理因素，一切的主、客观因素最终都是通过心理因素起作用的，即心理努力的聚焦和集中不到位，没能形成正确的认识与意志，从而违背了法律要求的注意义务。

（1）态度。一般来说，对人、对事态度不端正是疏忽大意的过失犯罪的重要心理因素之一。实践中一般表现为：不负责任，工作中缺乏责任感，思想自由散漫，技术操作漫不经心；生活中随随便便，做事粗枝大叶，不关心后果；自私自利，经常为私事开小差，对危害结果的发生疏于认识。

（2）认知因素。认知因素是疏忽大意过失犯罪心理的决定性因素，正是因为认知失误，才导致行为人对危害结果没有认识，无法作出避免行为，以致危害结果最终发生。

第一，感知。人都是通过对外界的感知觉获取信息并作出自己的行为反应。感知错误，如色盲、重听等，会影响行为人的正确认知。

第二，想象。想象容易使人陷入一种“走神”的心理状态中，有的心理学家将其称作“白日梦”。如果在进行某一重要行为过程中陷入想象，就会出现“有眼无视、有耳不闻”的状态，对危害结果的发生无认识。

第三，记忆。记忆缺陷与失误，会造成行为偏离正确的方向。如遗忘、回忆中的障碍、再认中的错误，以及记忆过程中的抑制等，都会使主体对外界事物的认识发生差错，导致行为失误。

第四，注意。注意是人适应环境、掌握知识、从事实践活动的必要条件。注意欠缺是造成疏忽大意的过失犯罪的主要原因。主要表现有：A. 注意的分散和偏移，指行为人的心理努力对当前行为的集中不够、完全或部分地指向与注意无关的事物，致使对危害结果疏于认识。B. 注意广度上的欠缺，即在一定时间内所能注意到的对象较一般人少。在复杂的操作过程中如果注意广度欠缺，就容易造成顾此失彼，对危害结果的发生缺乏认识。C. 注意分配和转移的欠缺。注意分配，是指人在同时进行两种以上活动时，把注意指向不同的对象。注意分配的欠缺多发生于复杂动作尚不熟练的活动中。注意的转移，是指当一个人活动的性质发生变化时，能够调整自己的注意指向。D. 注意的持续稳定性和紧张性欠缺。注意的稳定性，是指注意能否较长时间地保持在某种事物上或某种活动上的品质。注意的紧张性，是指注意对一定对象的高度集中程度。E. 有意后注意的欠缺。有意后注意是有一定目的但无须意志努力的注意。缺少这种注意，会导致一些需长期注意集中和聚集的职业人员由于受不了过度的紧张和疲劳而产生注意分散，最终发生严重事故。

（3）情绪。情绪有积极与消极之分，同时又有强度上的区分。消极的情绪如抑郁、悲伤、愤怒、恐惧等会抑制人的各种认识活动，表现出没精打采、感知迟钝、注意分散、记忆模糊、判断失误等疏忽大意行为。强烈的情绪无论是积极的还是消极的，都可能给人带来不利的影响。在强烈的情绪状态下，人的整个身心都卷入占主导地位的情绪，使人的注意范围狭窄，对自己行为的后果没有正确的预见，更不会采取有效的措施去避免危害结果的发生。

（4）性格与气质。消极的或不良的性格特征是形成疏忽大意的过失犯罪的原因之一。如对待工作缺乏热情、做事粗心、喜欢开小差、反应过于迟钝等均可导致对危害结果的疏于认识。气质是人生来就有的稳定的心理活动的动力特征。由于气质是先天遗传的，所以它不存在好坏、优劣之分，每一种气质类型都有两面性，气质类型与过失犯罪之间没有必然的联系。气质在疏忽大意的过失中的主要表现有注意不稳定、心不在焉、无精打采、易于疲劳等。

（5）智能与经验。一定的智能与经验是从事相关工作的最基本素质。智能低或经验不足必然导致对危害结果的发生缺乏充分的认识，无法履行注意义务，并且当危险发生时，也不能采取有效的方法避免，最终构成疏忽大意的过失犯罪。

（6）无意识因素。无意识是相对意识而言的，是个体不曾觉察到的心理活动和过程。许多研究表明，无意识因素是影响过失犯罪的原因。因为人在执行任务和进行实践活动时，必须意识清醒、集中注意，才能保证完成任务与活动的顺利进行。但意识状态很难始终如一，偶尔因疲劳而打瞌睡或受药物影响有可能陷入意识混沌状态，此时极易发生注意力分散和操作失误，而行为人自己却没有意识到行为的失当和危害后果发生的危险。

3. 其他因素

（1）技能与熟练。人要完成某项活动时，必须具备与此项活动相关的一定技能和熟练。技能是主体运用已有的知识、经验，通过练习而掌握的操作技术系统。熟练是通过练习而获得的、有意识、自动化的动作。如果行为人不掌握一定的技能，或者有一定的技术但不熟练，就不能轻松自如地进行操作，使大脑总是处于紧张状态，手脚处于忙乱状态之中，影响其注意的能力，对危害结果可能认识不到。

（2）习惯。习惯是因多次重复某种行为而形成的活动倾向，也可以说是一种特殊形态的熟练。从习惯所具有的社会意义看，可分为有意的、良好的习惯和有害的、不良的习惯。主体习惯性地从事某种不良行为时，常常忽视这种行为所包含的社会危险性，预见不到可能发生的危害后果。

（3）被害人因素。在有些疏忽大意的过失犯罪的场合，被害人也有一定的责任。如在交通肇事案中，按照法律的规定，肇事司机在事故中承担主要责任或同等责任的情况下才可能负刑事责任，这也就意味着被害人在事故中可能承担次要责任或同等责任，在实践中主要表现为双方都违反了交通运输管理法规。

综上所述，影响疏忽大意的过失犯罪的主体因素是多方面的，但是最终对犯罪行为起支配作用的是心理因素，其他因素都是因为影响了主观注意，导致主体因注意欠缺而没能认识到危害结果发生的可能性。因为没有认识，所以就没有避免结果发生的行为，尽管从意志因素上说行为人对结果的发生是持否定态度的。

（二）影响过于自信的过失犯罪的主体因素

1. 生理因素

（1）年龄与性别。年龄对过于自信的过失的影响比较明显，处于青少年时期的人比较爱张扬，自以为是，攀比逞强。另外，从性别上看，男性比女性更喜欢刺激和冒险，自信心强，因而也更容易发生过于自信的过失犯罪。

（2）麻醉与醉酒状态。前面已经述及，人在吸收麻醉品和醉酒之后，生理和心理会发生一些变化，影响到其认识、判断能力。同时，这种生理和心理的变化还会影响到其对行为的选择及反应能力。

(3) 生物节律。人在生物节律处于高潮期时，个体精力旺盛，反应灵敏，应激能力高，一般来说是有利于工作的。但是，有些人在处于生物节律高潮期时容易自我感觉良好，对自身的能力评价过高，在已预见到危害结果可能发生的情况下，仍采取冒险行为。

2. 心理因素

(1) 认知的片面性。过于自信的过失与疏忽大意的过失的区别主要在于前者认识到了危害结果发生的可能性，但是相对于故意犯罪而言，这种认识又是不充分的、与实际情况有一定的差距，反映在心理因素上就是认知的片面性，过高地估计了对自己有利的条件，或者过高地估计客观环境中的有利条件，或者夸大了安全因素的地位和作用，或者缩小了危险因素的作用，或者兼而有之等。正是这些偏颇的认识，使行为人不能全面地、客观地认识现状，对事物发展作出错误的估计，导致危害结果的发生。

(2) 情绪。在强烈的刺激作用下产生的情绪，如恐惧、愤怒、狂喜、绝望、悲哀等，不但影响人的知觉、注意、记忆和思维判断的准确性及效果，而且会影响人的意志行为。过度强烈的情绪会使人丧失理智，不顾危险、不计后果，使行为游走在过于自信的过失与间接故意犯罪的边缘。许多激情犯罪都是这样发生的。

(3) 性格和气质。影响过于自信的过失的性格因素主要有傲慢、自以为是、妄自尊大、目空一切、任性、固执己见、一切以自我为中心等。具有这些性格的人往往过高地估计自己的能力，听不进别人的建议，对危害结果的发生可能性没有充分的认识。气质对过于自信的过失犯罪的影响也是体现在对结果避免义务的反应上。

(4) 自我意识。自我意识是主体对自己以及自己和周围事物关系的一种认识，也是认识自己和对待自己的统一。在过于自信的过失中，行为人自我意识不完善主要表现为过分地高估自己，自我显示欲特强，爱出风头，常常自吹自擂，在别人面前逞能，常常有意无意地不顾自己内在条件的欠缺而表现自己，从而导致危害结果的发生。

(5) 意志。意志对人们的行为有控制、监督和调解的作用。虽然过失犯罪危害社会的结果并不是过失犯罪人的意志所努力追求的目的，也就是说行为人对危害结果的发生持否定态度，但是过失犯罪的发生却与行为人的意志品质不良有着密切联系。在过于自信的过失犯罪中，行为人之所以应负责任，就在于行为人未能发挥意志的调节作用去阻止其行为的实施，行为人对危险的发生已有预见却仍然选择从事危险行为。

(6) 智能与经验。智能和经验低的人往往对危险的存在疏于认识，有时虽然认识到了，但是评价过低。而智能和经验高的人虽然能够认识到危险的存在，却往往因为自身能力高而自以为是、过分自信，忽视危险性的存在。

3. 其他因素

(1) 经验。人在进行有目的的活动时，会调动以往的经验，让它们在想象中重现，并借助这种经验的联想，不断适应新出现的情况。当新出现的情况与过去所经历的情况有某种程度的相似时，以往经验就能发挥作用。但是，一个人如果不顾现实情况与过去情况的差异，而且在运用经验时出现泛化现象，就不能随时注意对新环境的学习或做好注意的准备反应。在此基础上过于自信，而不去周密思考和检查行为过程中可能出现的意外，以致险情出现时常会感到手足无措而酿成严重后果。

（2）习惯。人的不良生活习惯和工作习惯的形成往往是因为在该种活动倾向形成的过程中并没有引起危害后果的发生，所以没有引起行为人的足够重视，自认为可以避免危害结果的发生。但是，既然是不良习惯，就有发生危害结果的可能性。如果行为人坚持自己的不良习惯，一旦发生危害结果，就构成了过失犯罪。

思考题

1. 过失犯罪与故意犯罪的主要心理差异是什么？
2. 试析过失犯罪行为的发生机制。
3. 简述影响过失犯罪行为发生的心理因素。

第十七章
变态犯罪心理

学习目的与要求

通过本章学习重点掌握变态心理犯罪的基本特点及行为特征，以及作为变态心理犯罪典型代表的人格障碍犯罪、性变态犯罪之心理与行为特征，精神病与反社会行为之间的关系；难点在于全面理解变态心理的个体创伤性经历、现时挫折失败感与环境压力之成因，以及人格障碍犯罪心理和性变态犯罪心理的差异性与内在联系。

以行为人精神正常状态与否为标准，可以将犯罪划分为常态心理犯罪与变态心理犯罪。本章专门论述变态犯罪心理，其内容包括变态心理的生理、心理、社会文化成因，犯罪行为特点，变态心理的主要类别（包括人格障碍、性变态、精神病）与犯罪之间的关系，以及变态心理犯罪者的甄别、矫正及刑事法律责任能力。

第一节　变态犯罪概述

一、变态心理

（一）变态心理的概念

“变态”，是指偏离正常的状态；“变态心理”，是指达到一定程度偏离正常范围的心理及行为倾向。换而言之，变态心理，是指人的认知、情绪情感、意志活动和个性心理特征以及行为表现超出了正常范围，表现为自我某种程度地丧失了辨别能力或控制能力。在广义上，变态心理的概念基本等同于“病态心理”“心理障碍”“精神障碍”“心理疾病”的概念；在狭义上，变态心理则是特指人格障碍。

（二）变态心理的判别标准

常态心理和变态心理的区分是相对的，但需要有一定标准来判定一个人的心理是否正常。目前，国内外一些学者主要采用不同的判定标准来区分心理正常与心理异常。[①]

---

① 参见罗大华主编：《犯罪心理学》，299页，北京，中国政法大学出版社，2007。

1. 经验标准。用于判定常态心理与变态心理的经验主要来自两个渠道：(1)"病人"的经验。病人主动去找心理医生诉说自己的种种心理问题，如忧郁、不愉快、恐惧、强迫行为等，并为此感到很苦恼，请求医生帮助。我们可以根据病人的叙述判定他存在一定的心理障碍。(2) 研究者或心理医生的经验。这是以一般人对常态心理的已有经验作为出发点和参照点来判断人是否具有变态心理。这种标准简便易行，但其主观性较强，可靠性较差。

2. 统计学标准。根据统计学标准判断人的心理是否变态，来源于对正常心理特征的心理测量数据。在大样本的心理测量中，一般心理特征的频率多为常态分布，但有的心理特征偏离正常的一端为变态，而对应另一端则可能为优秀，如智商高于平均水平的人是优秀或天才人物。在临床上，常用心理测验来鉴别病人的心理状态。这种方法提供的数据较为客观，但其作用不能扩大，不能把心理测验与临床观察及其他检验对立起来。

3. 社会适应性标准。这一标准是根据个人的行为是否与环境协调一致，是否行之有效地适应社会生活来判定一个人的心理是否正常。如根据某人对人、对己的态度，在集体中的表现、与他人关系是否协调、对社会事件的看法是否行之有效地符合社会要求等方面的考察结果来判断此人是否心理变态。

4. 病因、症状标准。有些医生或学者以疾病的原因和症状是否存在作为判断心理正常与否的标准。其依据是有些异常心理现象或致病因素在常态人身上是肯定不存在的。近代科学的发展和新技术方法的发现，对于确定病因、症状很有帮助。这一标准比较客观，但也存在着局限性。因为有些既有病因史又有病状存在的病人并不会主动去医院或心理医生处就医，此时就难以此标准来进行鉴别。

鉴别变态心理的上述标准各有其优劣，在临床诊断实践中可相互配合，用不同的标准综合地考察同一来访者，以便作出准确的诊断。尤其是对于处于边缘状态的变态心理，单独采用以上任何一种标准都很难准确地鉴别，一定要采用多种标准反复比较、综合鉴别。

（三）变态心理的常见类别

根据人们日常生活中所常见的心理障碍的表现和变态心理的严重程度，可以把变态心理大致划分成六大类。

1. 心身疾病。指一种内在的心理异常（如激烈的情绪变化和动机冲突等）经过一段时间后，逐渐对人身体的各器官、各系统正常的生理活动机能有所影响，最终导致各生理器官、组织出现病变与机能症状。如心因性高血压、心脏病、胃溃疡、消化不良、甲亢、神经性皮炎、过敏、哮喘、荨麻疹等，这类由心理因素所导致的身体疾病就是心身疾病。心身疾病是广义的变态心理所包含的内容之一。

2. 轻度的心理变态。这类人心理活动的某些方面受到影响而表现出异常，他们对客观现实的反映有轻度的歪曲，人际关系不太协调。但这类人对自己心理和行为的不正常有所认识，并能主动要求就医和改善。各种神经症即可归入该类，如各种恐惧症、抑郁状态、焦虑症、强迫症、疑病症等。

3. 人格障碍与性变态。人格障碍，如偏执型人格障碍、反社会型人格障碍、情感型人格障碍等；性变态，如恋童癖、恋物癖、露阴癖等。人格障碍与性变态之间存在着一些共同的特点，也具有不同的方面。

4. 严重的心理变态。这类人正常的心理活动受到几乎完全的破坏，心理活动的各个方面不协调，丧失了正常人的理智和行为反应，不能理解和认识自身的现状及其与现实的关系，缺乏辨认能力，也不能控制自己的言行，甚至给社会造成严重危害。精神病就属这种类型，也是重度的心理变态。

5. 大脑疾患及躯体缺陷时的心理变态。这是由大脑的器质性病变（大脑损伤、脑瘤等）、先天性精神发育不全（如低能）和盲、聋、哑、肢残等躯体缺陷所导致的心理变态。例如，2000 年一名弗吉尼亚的老师沉迷儿童色情无法自控，并最终性侵了他尚未成年的继女。随后，医生发现他有一个右眶额肿瘤，当肿瘤切除后，他的这些冲动就消失了。临床上，大脑病变、躯体有缺陷往往会导致人的性情突变，出现程度不等的人格障碍，以及聋哑人的急躁、低能者的冲动、大脑器质性病变导致的性情骤变等。

6. 各种特殊条件下的心理变态。这是指某些精神药物、酒精等作用下产生的心理变态，以及在梦境、意识恍惚、催眠状态下的心理变态等。

二、变态心理的形成原因

变态心理是怎样形成的？长期以来，世界各国的专家、学者们进行了大量的研究，提出了各种各样的观点。到目前为止，很多学者的看法基本一致，认为变态心理是在生物因素、心理因素和社会文化诸因素综合影响下形成的。

（一）变态心理的生物基础

一些生物学的因素对变态心理的产生和发展起着重要的作用，这些生物学因素主要包括遗传、人的体质、大脑解剖结构、神经系统的生理化学活动等。例如，研究者通过对精神病患者家属的患病率、双生子同病率的调查，对寄生子的比较研究，发现精神疾病的遗传作用较明显（一般遗传负荷量为 20%～40%），遗传负性因素在变态心理的形成中起着不可忽视的作用。又如，神经化学的研究发现，存在于中枢神经系统内的中枢神经介质如乙酰胆碱（Ach）、去甲肾上腺素（NE）、多巴胺（DA）、儿茶酚胺（CA）、五羟色胺（5-HT）等分泌旺盛或不足与变态心理的产生有直接的关联。如有研究表明，脑内儿茶酚胺分泌过多引起抑郁症，分泌不足则可能导致躁狂症；人脑中的五羟色胺（5-HT）含量过高或过低都可以使人产生心境性心理障碍；多巴胺分泌过多与精神分裂症相关，而其分泌相对缺乏则可能诱发老年认知障碍（痴呆症）。

（二）心理因素在变态心理产生中的作用

个体的心理历程及境遇，如思维模式、情绪体验、心理冲突、挫折感和心理防御机制等，对变态心理的产生有重要作用。情绪失调既是变态心理的重要表现，也是产生变态心理的一个重要因素。挫折是个人在从事有目的的活动时遇到障碍或干扰，使人的目的不能实现时所产生的情绪反应。挫折一方面可以使人吸取教训、积累经验、增长才干；另一方面也可能使人产生心理压力、情绪困扰、行为偏移，持续而深刻的挫折可能诱发某些心理变态。当个体处在挫折或内心冲突的紧张情境时，往往在其内部心理活动中具有自觉或不自觉地解脱烦恼，减轻内心不安，以恢复情绪平衡与稳定的一种适应性倾向，这种适应性倾向叫心理防御机制。常见的心理防御有压抑作用、合理化作用、否认作用、反向作用、替代作用等，运用这些方法可以暂时缓解心理冲突，减轻挫折感受，但如果长时间使用而形成过分依赖的习惯时，则会成为一种变态心理。因为这实质上是一种自我欺骗，现存的问题并没有真正解决，只能起一种使人逃避现实的作用，有时还会使事情变得更复杂，使人陷入更深的挫折冲突之中而难于自拔，导致不同程度的精神疾病。

（三）心理变态的社会文化根源

人在社会生活中，必然受各种社会因素的影响，如社会制度、经济状况、生产水平、阶级差别、民族传统、风俗习惯、伦理道德观念和教育方式，等等。这些因素对正常和异常心理都有巨大影响。尤其是当今世界，社会的变化，科学技术、物质文明的高速发展，给人的社会、文化关系增添了许多新的因素，其中有的人来不及认识它、把握它，并作出相应的调整，因此容易导致心理失调。特别是那些发达国家或地区中，科学技术越发展，社会物质文明越高，多元价值观念的冲突给人们心理生活带来的威胁和压力也越大，危害人的身心健康的因素也越多。据世界卫生组织估计，当今世界上有 20%～30%的人有不同程度的心理异常，有数亿人在日常生活中不同程度地依赖镇静药。早在 2007 年，世界卫生组织（WHO）就曾预测，抑郁症将成为 2020 年第二大的疾病负担。在中国，2018 年 5 月，国家卫健委曾公布数据：截至 2017 年年底，全国 13.900 8 亿人口中，精神障碍患者达 2.432 64 亿人，且数字还在逐年增长。美国华盛顿大学教授霍尔姆等人曾对 5 000 余人进行了生活事件（LES）对疾病影响的调研，最后确定了 43 项对人们心理影响较大的社会生活事件，如配偶死亡、离婚、工作变动、失业、监禁、高额负债等。该项研究认为任何类型的社会生活变动，都能造成人们对疾病表现出易感状态，尤其一些人经历了剧烈的生活变动后，具有较高的精神障碍发病率。此外，随着城市化的影响，人口拥挤、居住环境污染、交通堵塞、噪声污染、信息超载、高层建筑、竞争压力等城市化问题，各种变态心理的发病率，城市明显高于农村。总之，社会、文化诸因素对心理变态的影响是不容忽视的。

研究者一致认为，从整体而言，生物因素、心理因素、社会文化因素都不能单独导致变态心理的产生，变态心理是上述三种因素相互联系、相互作用的结果。

三、变态心理与犯罪行为

（一）变态心理者的犯罪现象概况

1. 变态心理的发生率。随着科学技术的进步和精神医学的发展，变态心理的治疗水平和效果得到了不断提高，变态心理者的康复已不再是一种幻想。但是，变态心理者数量仍不断地增加。2000年全世界精神疾病患者的总数接近两亿。有专家预言，21世纪中叶，在众多社会中，每10人中就有一人是精神疾病患者。根据有些国家的统计，其广义的精神疾病的患病率在10%以上，狭义的精神疾病的患病率为1%～2%。2011年我国广义的精神疾病发病率已达17.5%，其中重性精神障碍发病率达1%。①

2. 变态心理者的犯罪率。变态心理者的犯罪率与犯罪人的变态心理患病率是两个相互联系又有本质区别的问题：犯罪人的变态心理患病率与变态心理者的犯罪率之间并不存在完全一致性的关系。实际上并不是所有的变态心理者都有可能犯罪，可能犯罪的变态心理者只是所有变态心理者中的很小部分，而实际犯罪的变态心理者只是所有变态心理者的一小部分。

相对而言，在变态心理患者中，性变态者、人格障碍者与精神病人的违法犯罪现象较为突出。其中，性变态者的犯罪率是最高的。因为作为性变态基本特征的性变态行为基本上都被视为犯罪行为（指犯罪学意义，虽然学界对此存在着一些分歧意见），而性变态者又往往不能有效地控制自己的变态行为。人格障碍者特别是反社会型人格障碍者和冲动型人格障碍者的违法犯罪率也相对较高（其中，反社会型人格障碍者的犯罪行为是所有变态心理导致的犯罪行为中最为典型的、突出的表现），由于他们不会主动求助及其犯罪行为的掩蔽性，他们往往是在实施犯罪行为之后才被发现存在人格障碍，才被确诊为人格障碍者。

资料：

变态心理与犯罪率

分析诸多调查统计可以发现，虽然各种调查所获得的具体数据并不完全相同，但是多数调查说明：作为社会中的特殊人群，犯罪人的变态心理患病率高于一般人口的变态心理患病率。中国对犯罪人的变态心理患病率问题的研究比较薄弱，可以说明问题的统计数据还不多。我国公安部主持的国家社会科学重点研究项目《中国现阶段犯罪问题研究》课题组，为了解分析各类刑事犯罪的主要动因，选择杀人、伤害、强奸、抢劫、诈骗、盗窃六类案件，从1985年至1988年在北京、天津、上海、辽宁、吉林、江苏、浙江、福建、山东、湖北、广东、四川、陕西、云南14个省市进行了抽样调查，共采集个案25 368件，其中以“变态心理”为动因的个案共有431件，占总数的1.70%。具体情况是：在2 846件杀人案中，以“变态心理”为动因的有183件，占6.43%；在3 235件伤害案中，以“变态心理”为动因的有69件，占2.13%；在5 376件强奸案中，以“变态心理”为动因的有173件，

① 见网易新闻中心，www.163.com/news/20110514。

占 3.22%；在 7 422 件盗窃案中，以变态心理为动因的有 6 件，占 0.08%；抢劫、诈骗案中没有以变态心理为动因的。另外，近些年有学者对一些犯罪人做过人格测试，发现被测试的犯罪人中人格障碍患病率明显高于一般人口的人格障碍患病率。

资料来源：罗大华主编：《犯罪心理学》，304 页，北京，中国政法大学出版社，2007

在变态心理患者中，心身疾病患者、神经症患者违法犯罪现象是非常少的（指由于精神疾病而导致违法犯罪行为的出现），他们的心理疾病更多的是伤害自己及关系亲近的亲友。在神经症患者中，绝大多数人不会发生犯罪，即使是普通的越轨、违法现象也较少。如果说他们的心理疾病与犯罪现象存在着相关的话，较有可能存在于神经症类型中的癔症（歇斯底里症）。即使如此，癔症患者的暴力案件也很少发生，较常见的是无理取闹、毁物以及诈骗的案件，而此种情况主要发生于癔症患者的情感爆发与意识障碍（如意识蒙胧状态、神游症、梦游症）出现的时候。另外，在共同社会压力作用下癔症集体性大发作时，也较容易引起社会治安及民众心态的局部性、短暂性动荡。

（二）变态心理现象与犯罪行为

变态心理现象的产生是行为人的生物因素、心理因素、成长经历与社会文化因素综合作用的结果。对于某些犯罪人个体而言，其犯罪行为的发生与其心理的变态之间存在着非常密切的关系，其中，精神分裂症、精神发育迟滞、人格障碍、性变态等精神障碍可以导致变态心理者的极端行为。精神病理现象对变态心理者行为的影响，主要是通过破坏变态心理者的辨认能力和控制自己行为的能力来实现的。变态心理者多数不能正确认识周围环境和自我，难以对外界的刺激作出符合实际情况的判断和适当的反应，缺乏正常的是非、善恶、美丑观念或者不辨是非、善恶、美丑，不清楚自己欲望的性质以及应当通过什么方式实现自己的欲望。在此基础上，他们实施的行为难免与环境不相适应，甚至与整个社会或他人利益严重冲突。还有一些变态心理者虽然对周围环境和自我有一定程度的认识，甚至知道自己的欲望和行为是不合理、不正常的，甚至是违法犯罪，但难以抗拒自己的欲望和控制自己的行为，“鬼使神差般地、似乎被迫地”成为“违法犯罪者”。这是对变态心理者犯罪病理原因的最一般的描述性解释。

变态心理与犯罪行为之间的联系更直接体现于各种变态的表现与犯罪行为之间的关联，具体表现为感知觉障碍（感觉过敏、迟钝、错觉、幻觉）、注意（注意增强、注意减弱、随境转移、注意涣散等）和记忆障碍（记忆增强、记忆减弱、遗忘、健忘症、记忆错构、记忆虚构等）、思维障碍（思维过程异常、联想过程异常和思维逻辑进程异常）、情绪情感障碍（过激性的、低落性的和情绪情感的倒错）、意志障碍（意志增强、被动服从与色情行为）、意识障碍（意识蒙胧、自知力下降、神游症等）以及智能障碍、欲望障碍、人格障碍等变态心理对犯罪行为发生的影响。

（三）变态心理患者犯罪的基本特点

变态心理者的犯罪与常态心理者的犯罪相比，在很多方面不同。变态心理多种多样，变态心理者的犯罪也是多种多样的。变态心理者犯罪的一般特点表现在独特的犯罪动机、犯罪行为状态以及对犯罪行为的认知上。

1. 变态心理者的犯罪动机

变态心理者犯罪在动机方面有明显不同于常态心理者犯罪之处。对变态心理者的犯罪，可以根据有无动机和动机的性质分为四类。

（1）无动机或动机不明的犯罪。在严重意识障碍（如谵妄、精神错乱）状态下，实施的犯罪通常是无动机的，或者是无法查明其动机的。在严重意识障碍发作过程中犯罪，行为人意识不到自己在做什么，或者不能意识到自己真正在做什么。如果对他们的犯罪进行调查，也不能发现其明确的原因。

（2）出于病理动机的犯罪。这类犯罪主要见于存在幻觉、妄想、逻辑倒错性思维障碍的变态心理者。在这类犯罪中，变态心理者有比较明显的动机，但动机是病理性的，实际是病理现象作用于变态心理者，使他们产生虚幻的需要，作出错误的推理、判断的结果。他们的犯罪动机，虽然没有现实基础，他人不能理解，但对他们自己来说却是明确的、具体的，也合乎他们自己的逻辑。他们通常可以清楚地说明自己犯罪的理由和犯罪的目的。

（3）出于现实动机的犯罪。有些变态心理者虽然可能存在其他方面的障碍，但不存在严重的意识障碍和幻觉、妄想，能以现实为根据作出推理和判断。这些变态心理者犯罪的动机，从产生的基础上看，与常态心理者犯罪的动机并无本质的差异，都基于特定的、主导性的需要：既可能基于社会心理需要，如维护尊严、人格地位，也可能基于生理需要，如食欲、性欲；既可能基于合理、合法的需要，如防止侵害，也可能基于不合理、合法的需要，如为所欲为；既可能基于正常的需要，如组建家庭、结婚生育，也可能基于变态的需要，如变态的性欲。变态心理者出于现实动机的犯罪和常态心理者的犯罪都可以出于现实性需要，但是，对于变态心理者和常态心理者，现实性需要成为犯罪动机的原因有很大不同。变态心理者因为现实性需要而犯罪通常是由于他们存在情感障碍、智能障碍、性格障碍、欲望障碍，辨认和控制自己行为的能力有所削弱。他们或者不能正确认识自己的需要的性质，或者不能采取正确的方式满足自己的需要，或者不能控制自己的不合理的甚至是变态的需要。也即，对于变态心理者，即使其违法、犯罪主要是出于现实性动机，其动机也具备病理性的心理基础，变态心理是其产生所谓“现实性犯罪动机”的深刻的推动力。

（4）出于混合动机的犯罪。有些变态心理者的犯罪，是出于病理的和现实的两种动机，或者是出于混合着病理与现实两种成分的一种动机。出于混合动机的犯罪，有的是病理因素起主导的作用，有的是现实因素起主导的作用。

资料：

变态性犯罪动机

整体而言，变态心理是在生物因素、心理因素与社会文化因素诸因素综合作用下形成的，同样，变态性犯罪动机也是相应行为人的生理、心理（认知与情感）、行为因素的产物。变态性犯罪动机具体表现为本能动机、宣泄动机、病理动机与防卫动机四个方面。

1. 本能动机

变态性犯罪动机最为突出的表现就是其本能动机。变态心理者由于在认知、情绪情感、意志及个性等心理方面存在障碍，其理性与社会文化规范的制约力大大地下降（甚至消失），相比之下，其本能的力量就大大地加强，并逐渐成为支配心理活动与行为的决定性力量。他们的犯罪行为多数情况下是这种本能作用的表现。变态性犯罪的本能动机主要集中于具有原始性的性本能动机与攻击本能方面，或者两者的结合。在作为变态性犯罪主要代表的人格障碍犯罪、性犯罪与精神病犯罪中，性犯罪都是其典型的、核心的犯罪类型。

2. 病理动机

变态性犯罪是区别于常态心理的病理心理的外化结果，其犯罪动机都不同程度具有病理的性质，即病理的犯罪动机导致了病态的犯罪行为。

变态性犯罪动机包括病理认知动机、病理情感动机、病理意志动机，即变态性犯罪动机表现于行为人认知、情感与意志这三项心理活动过程之中。

3. 宣泄动机

在人格障碍、性变态与精神病中都存在着消极情绪、情感的直接或间接的宣泄，或以极端的、不符合规范的性欲方式、性对象、性目的，或者暴躁的、攻击行为方式宣泄被压抑的、不接受的情绪与情感。而有些病理犯罪动机，如幻觉、妄想、抑郁、躁狂冲动等，其核心本身就是以投射、放任、退缩、移置等潜在机制对自我欲望、需要、期待之心理能量的宣泄。

4. 防卫动机

变态性犯罪动机之本能动机、病理动机与宣泄动机都在深层的潜意识中具有防卫动机的成分与特点。这种防卫动机的机能与常态人群行为动机的防卫机能本质上是一致的，只是行为性质与作用方式存在差异。从根本上来说，均是人类安全需要与自保护需要的体现，在变态犯罪人是以潜意识或曲折的途径来试图实现的。变态犯罪人的防卫动机主要服务于自我防卫，在少数情况下也可能指向家庭防卫和特定团体防卫，即使家庭防卫或团体防卫也是直接与犯罪人自身的防卫紧密联系的。

具体而言，变态犯罪人防卫动机的实现是通过投射、合理化、歪曲、幼稚化退行、反向作用、“受害者想法”等心理防御机制这一无意识、自动化的方式实现的，思维障碍中妄想（尤其是被害妄想、嫉妒妄想、钟情妄想、夸大妄想）是犯罪人动机防卫的典型表征。

因此，认知障碍、情感障碍与意志障碍的变态性犯罪动机集中体现为原始本能性的性欲动机、攻击动机方面，这些本能动机在较大程度上通过人格障碍、性变态与精神病行为的犯罪动机表达其病理动机的性质，而在潜意识层面上又均不同水平地存在着宣泄动机与防卫动机的特征。

资料来源：刘建清：《犯罪动机与人格》，215～233 页，北京，中国政法大学出版社，2009

2. 变态心理者犯罪的行为特征

变态心理不仅可以影响乃至决定一个人行为的动机，而且可以影响乃至决定一个人行为的方式。变态心理者的犯罪，不仅在动机的内容和产生方面有其特点，而且在行为的方式方面也有其特点。

（1）冲动性强烈。很多变态心理者的犯罪行为具有强烈的冲动性。一些变态心理者在发病时意识薄弱或者丧失，行为不受控制，显得狂乱不羁；一些变态心理者虽然理智尚存，但自制力差，行为主要受情感的支配，而不经过理性的思考；一些变态心理者其智能有比较严重的欠缺，往往在本能的驱使下贸然行动；一些变态心理者性格偏执，凡欲做的事情都坚决去做，不达到目的誓不罢休，而对条件和后果则不太关心。变态心理者犯罪的冲动性主要有如下具体表现：犯罪不分场合、不择手段、不计后果。

（2）单独性明显。变态心理者大多是个人单独进行犯罪的。其中一项调查研究，比较了变态心理者和常态心理者在合伙作案方面的差异，发现在 92 例凶杀行为的变态心理者中，只有 2 例癔症性精神病患者因病态暗示互相配合作案，其他都是单独作案；而在 82 例凶杀行为的常态心理者中，有 18 例合伙作案。可见，两者差异非常显著。某些变态心理者如集团性癔症、感应性精神病的患者虽然有可能在一起“共同进行”犯罪，但这种情况并不是他们主观愿望的产物，而是他们同时发病的结果，此与常态心理者共同犯罪并非同质的。

（3）公开性。变态心理者犯罪行为的冲动性特点，决定了变态心理者比常态心理者更多地在公开场合犯罪，并且在犯罪中更多地使用容易暴露而原始的手段。也有一些变态心理者，出于特殊的愿望与目的，会故意在公开场合实施犯罪行为。

3. 变态心理者在犯罪后的一般表现

变态心理者在实施犯罪行为之后，在自我保护方面的表现和对犯罪的认识都有其特点。在自我保护方面，变态心理者犯罪后，大多数（反社会型人格障碍者犯罪除外）不会自觉地采取自我保护措施，或者不能采取比较有效的自我保护措施，因而变态心理者犯罪案件比较容易侦破。在犯罪后能够自觉采取有效的自我保护措施的变态心理者为数不多，主要见于人格障碍者、性变态者和部分妄想型变态心理者。许多变态心理者在犯罪之后之所以不进行自我保护，主要是因为他们没有或者缺乏自我保护的意识与能力，存在严重智能障碍的变态心理者、在严重意识障碍状态中犯罪而在犯罪后仍然处于意识障碍状态的变态心理者，都不能正确地认识自己行为的性质，甚至不知道自己做了些什么，自我保护策略也就无从谈起。有些变态心理者虽然有比较完整的意识和智能，可以进行自我保护，但由于种种病理性原因，在犯罪后往往并不进行自我保护，有的甚至主动投案自首。在幻觉、妄想支配下进行凶杀犯罪的变态心理者，有些不认为自己的行为是犯罪，因而对他们来说，没有为逃避惩罚而进行自我保护的必要；有些虽然知道自己的行为是犯罪，会受到惩罚，但认为被害人的罪过更大，为了严惩他们，自己受惩罚没什么，因而也不进行自我保护；有的变态心理者为了张扬被害人的“罪过”，主动投案自首。有少数的变态心理者进行违法、犯罪行为就是为了进监狱、遭受惩罚。此方面最极端的情况是“间接性自杀”，实行严重的危害性行为（犯罪）是为了实现自杀。变态心理患者对所进行的犯罪行为的认识分为不知所为型、认罪服法型、无动于衷型、固执己见型、屡教不改型、顽固不化型等多种表现类型，此与其病理心理的反映有着直接的关系。

第二节　人格障碍与犯罪

一、人格障碍概述

（一）人格与人格障碍

人格即个性，是指一个人的整个精神面貌。它是在先天遗传素质的基础上，在社会化过程中，通过个人的社会生活逐渐形成的带有倾向性的心理特征（身心组织）。人格一旦形成，就比较稳定，并将导致其言行举止带有独特的色彩。

人格障碍，也称人格变态、人格异常、病态人格、变态人格等，是一种人格在发展和结构上明显偏离正常，以致不能行之有效地适应正常的社会生活的心理行为表现。中国精神疾病分类与诊断标准（CCMD-3）对人格障碍的定义为：“人格障碍是人格特征显著偏离正常，使得患者形成了特有的行为模式，对环境适应不良，明显地影响其社交和职业功能，或者患者自己感到痛苦。”精神医学则认为，人格障碍主要表现为人格结构与它的组织部分在均衡发展上存在障碍，突出地表现为情感与意志偏离正常，而不存在着认知与智能障碍。也就是说，具有人格障碍的人既没有疯癫，也无智力缺陷，但他们都不同程度地具有道德观念、理智、情感、性格等方面的缺陷，如情绪极不稳定、不近人情、性格怪僻、人际关系不适应，不能很好地适应环境等。在日常生活中，人们常常认为此类人性情古怪、有怪癖行为等。

（二）人格障碍的特征

国内精神病学和临床心理学界普遍认为人格障碍主要有以下几方面的特征。

1. 人格障碍一般是从儿童、少年时期开始，在某种不良社会环境的影响下，逐渐形成的一种反常表现。一般在儿童、青少年时期会有初步的表现，到青年期就已经很明显了。一般认为，原发性人格障碍的最初发生不迟于 15 岁。

2. 人格结构某些成分过分或畸形发展，人格严重偏离正常，例如，顽固执拗、情感不稳定、易激惹、对人冷酷无情、行为不计后果、自制力差、敏感多疑等。但人格障碍者一般没有意识障碍，智力活动也无明显的缺损，尚能处理自己日常的生活和工作。

3. 人格障碍者对自己的人格缺陷一般无足够的自知之明，不能从活动中吸取应有的经验教训，不能用正确的认识、观念来指导、调节自己的行动。

4. 人格障碍一经形成就有相对的稳定性，较顽固。有的终身不变，很难矫正；有的人在经历中年以后，随着生理与心理活动精力下降，其人格障碍特征也有所缓解。其障碍缓和期一般出现于 35 岁之后。

二、人格障碍与犯罪

（一）人格障碍者犯罪的基本特点

人格障碍者在变态心理的支配下，会反复出现偏离社会规范的行为，其中，有的已属危害社会的行为，从而有可能构成违法犯罪。根据西方一些学者的调查，在一些发达国家与地区，人格障碍者约占总人口的 1%，而它在犯罪者中所占的比例却可以高达 15%以上，特别是在累犯、惯犯以及原发性犯罪者中，人格障碍者竟可达 40%以上。

在变态心理者之中，具有人格障碍的人与犯罪行为有较为密切的关系。国内外的大量调查研究发现人格障碍者犯罪率是较高的。例如，西方某学者通过对两千多个案例进行分析，发现人格障碍患者占 31.1%。后来又有人对初犯和累犯中的一千多个案例进行分析，其中人格障碍者占 19%～48.7%。国内也有调查发现犯罪者中人格障碍者有较大的比例。

一般而言，具有人格障碍的人智能良好，能料理自己的生活、正常地从事学习和工作，但他们不能像正常人一样，始终用理智驾驭自己的行为、合乎情理地处理日常事务，甚至有时在很少诱因或偶然动机驱使下就可能实施后果严重的犯罪行为。

受其人格障碍病理作用的影响，与正常人犯罪行为相比较，人格障碍者犯罪有以下特点。

1. 就作案动机而言，人格变态者多受偶然性动机、情感冲动驱使，作案前较少预谋或没有预谋，作案情节离奇怪诞，难以用常理解释。

2. 从作案目的看，人格变态者作案目的不明显。如“偷窃狂”只是为了从偷窃行为中获得乐趣，是否获得财物本身的价值无所谓。

3. 人格障碍者作案手段残忍，不计后果，但手段不隐蔽，易于暴露，自我保护性差，既害人又害己，有时对自身危害也很大。抓获后一般不逃避罪行，供认不讳。

4. 人格障碍者作案多为攻击型、爆发型犯罪。由于病理性的猜疑，极易进行报复性的伤害、凶杀、毁物、纵火等危害性较大的犯罪行为。

5. 犯罪活动一般单独进行，共同违法犯罪极少发生。由于人格障碍者行为倾向极其顽固，常进行持续型犯罪，行为习惯难于改正。

尽管人格障碍者犯罪与正常人犯罪有很多的不同点，但是有一点是相同的，即无论是正常人还是人格障碍者，都能够认识到自己犯罪的社会性质。因此，在法律上人格障碍者是具有责任能力（完全责任能力或部分责任能力）的，犯罪应受到应有的处罚。从目前世界各国的司法实践来看，对人格障碍者的犯罪行为刑法上一般都采取较为严厉的处罚措施。

（二）人格障碍类型与犯罪

人格障碍从广义上可分为原发性人格障碍和继发性人格障碍。原发性人格障碍，即在某种消极的先天素质特点的基础上，在不良社会文化环境因素的影响下造成的人格障碍。继发性人格障碍指在某种神经疾病、精神疾病的情况下发生的人格障碍，如颅内肿瘤所致的人格异常，脑炎病人、老年痴呆病人的人格异常，精神分裂症过程中的人格异常等。从狭义上划分，人格障碍则专指原发性人格障碍。

对于原发性人格障碍的分类目前还没有统一的意见。根据情绪情感的稳定性、行为怪诞性、行为退缩性等特征，一般划分为以下一些类型：偏执型、情感型、分裂型、强迫型、癔病型、衰弱型、爆发型、无情型（也称反社会型）等。有些类型的人格障碍极少导致犯罪，如强迫型、癔病型、衰弱型和自恋型人格障碍等，但有些人格障碍类型与犯罪关系较为密切。在司法实践中，容易导致犯罪的人格障碍类型有：

1. 反社会型人格障碍

反社会型人格障碍，又称为无情型、冷酷型人格障碍或精神病态、悖德狂，是一种漠视或侵犯他人权利的心理行为模式（DSM-V，2014）。其可以划分为情绪高昂型、欠缺自信型、抑郁型、狂信型、夸张型、心境易变型、爆发型、无情型、缺乏意志型、无力型等多种类型。据美国心理学会（APA）2013 年的调查数据，反社会型人格障碍的发病率在 0.2%至 3.3%之间。生活在不良的社会经济（如贫困）或社会文化（如难民迁移）环境下的个体，患反社会型人格障碍的概率较高。

在人格障碍的各种类型中，反社会型人格障碍是研究得最多、最为心理学家和精神病学家所注意的，也是最容易发生违法犯罪的人格变态之一。“无疯狂症状的躁狂症”是最早期研究者对反社会型人格障碍的具体描述。反社会型人格障碍者．的行为特征，除了人格障碍者共同具有的行为特征外，最为明显的是：行为极端地不符合社会规范；思想信念和行为常与社会发生冲突；情感麻木，对他人冷酷无情、刻薄残忍；极端自私，自我中心性强烈；对人不真诚、不坦率，无基本的社会责任感；挫折耐受力差，激惹性极高，易冲动；违法犯罪的事先预谋性、周密性较明显，反侦查意识与能力也较强等。

资料：

关于反社会型人格障碍

西方反社会型人格障碍问题研究专家克莱克利（Cleckley）在其著名的《正常的假面具》（1976 年第五版）一书中，在大量的临床经验基础上，系统地描述了反社会型人格障碍者的 16 条明显特征：

（1）外表迷人。具有中等或中等以上智力水平；初次相识时能给人很好的印象，能帮助人解除忧虑、解决困难。

（2）没有通常被认为是精神病症状的非理性和其他表现；没有幻觉和其他思维障碍。

（3）没有神经症性焦虑：使一般人心神不宁的情境，让他们不以为然。

（4）他们是不可靠的人，对朋友无信义可言，对妻子（丈夫）不忠实。

（5）对事情不论大小，都无责任感。

（6）没有后悔之心，也无羞耻之感。

（7）有反社会行为但缺乏契合的动机；叙述事实真相时态度随便，即使其谎言将被识破也能泰然自若。

（8）判别能力差，常常不能吃一堑，长一智。

（9）病态的自我中心，自私，心理发育不成熟，没有爱和依恋能力。

（10）麻木不仁，对重要事件的情感反应淡漠。

（11）缺乏真正的洞察力，不能自知自己的问题的性质。

（12）对一般的人际关系无反应。

（13）酗酒或不酗酒，作出幻想性的或使人讨厌的行为，对他人给予的关心和善意无动于衷。

（14）无真正企图自杀的历史。

（15）性生活轻浮、乱搞；方式与对象都与本人不相称；性顺应障碍。

（16）生活无计划，除了老是和自己过不去外，没有任何生活规律，没有稳定的生活目的。他们的犯罪行为也是在突然出现的诱因中构成，而多数不是在严密计划和准备下进行的。

资料来源：陈仲庚编著：《人格心理学》，426 页，沈阳，辽宁人民出版社，1986

与反社会型人格障碍紧密相关的概念是精神病态。目前，对于精神病态的研究与关注明显多于反社会型人格障碍。反社会型人格障碍与精神病态概念之间是否存在本质差异有“同质论”与“差异论”的不同观点。其中，“同质论”认为，反社会型人格障碍与精神病态行为在心理本质上一致的，在行为特征上也具有密切的联系，只是人格障碍及行为特征所指向的侧重点有所不同而已。而“差异论”则认为反社会型人格障碍并不能等同于精神病态，重点在于强调行为人具有的反社会人格特质体现为极端消极人际关系方面的特征，如虚伪、欺诈、极易剥削人、自私而无情、利用他人满足自己的欲望并将其合理化等。简而言之，反社会型人格障碍更多地指向行为人的反社会行为及危害性，而精神病态则更为强调行为人心理世界的自私、邪恶、冷酷等阴暗层面。

简而言之，“反社会型人格障碍”和“精神病态”其实都是对“不可控制地伤害他人或社会”这一特定行为表现的人格障碍的表述，只是在不同的诊断标准中采用了不同的术语表述。也有学者主张，“反社会型人格障碍”与“精神病态”之间，既存在一些共同之处，也存在特定的差异，至少前者强调破坏的行为，而后者更为强调行为主体内心的阴暗性与冷酷无情。

实证研究也表明二者并不等同：加拿大学者黑尔（Robert Hare，1996）发现，在符合反社会型人格障碍的罪犯中，只有 1/3 符合精神病态的诊断标准。在 Hildebrand M.（2004）的一项对来自荷兰的精神病院的男性病人的研究，同时采用诊断“精神病态”的 PCL-R 标准和诊断“反社会型人格障碍”的 DSM-VI 标准。结果显示：81%的通过 PCL-R 的诊断标准被确诊为“精神病态”的病人符合 DSM-VI 中关于“反社会型人格障碍”的诊断标准，而只有 38%的被 DSM-VI 诊断为“反社会型人格障碍”的病人被 PCL-R 诊断为精神病态。[①]

资料：

在新修订的美国精神疾病诊断与统计手册 DSM-V（2014）中，反社会人格障碍的诊断标准如下。[②]

A. 一种漠视或侵犯他人权利的普遍心理行为模式，始于 15 岁，符合下列 3 项（或更多）症状：

（1）不能遵守与合法行为有关的社会规范，表现为多次作出可遭拘捕的行动；

（2）欺诈，表现为为了个人利益或乐趣而多次说谎，使用假名或诈骗他人；

（3）冲动性或非计划行为；

（4）易激惹和攻击性，表现为重复性地斗殴或攻击；

（5）鲁莽地不顾他人或者自身的安全；

（6）一贯不负责任，表现为重复性地不坚持工作或履行经济义务；

（7）缺乏懊悔之心，表现为作出伤害、虐待或偷窃他人的行为后显得不在乎或合理化。

B. 个体至少已经 18 岁。

C. 有证据表明品行障碍出现于 15 岁之前。

D. 反社会行为并非仅仅出现于精神分裂症或双相障碍的病程之中。

---

① See Hildebrand M，“de Ruiter C. PCL-R psychopathy and its relation to D SM-IV Axis I and II disorders in a sample of male forensic psychiatric patients in the Netherlands”，*International Journal of Law and Psychiatry*，2004；27：pp. 233－248.

② 参见《精神障碍诊断与统计手册》，张道龙等译，280 页，北京，北京大学出版社，2014。

关于反社会型人格障碍及精神病态的犯罪发生率，美国精神病协学会（1994 年）估计反社会型人格障碍的总体比例为男性约有 3%、女性约有 1%；在接受治疗的临床样本中，精神病态的犯罪盛行率估计为 3%～30%。目前较为普遍接受的观点是，反社会型人格障碍并不完全等同于精神病态：在符合反社会型人格障碍的罪犯中只有 1/3 符合精神病态的诊断标准。

黑尔（1998 年）认为精神病态在普通人口中的比例大约为 1%，在成年罪犯中的比例约为 15%～25%。但有些学者坚信该估计言过其实了，推测只有 11%的在押犯罪人可以被划为精神病态（Simourd，Hoge，2000 年）。但无论如何，由于其犯罪行为的较高发生率与重新犯罪率，以及犯罪行为的极端残暴性、无道德性，反社会型人格障碍及精神病态是变态心理学及人格刑法学说领域中最重要的概念之一。

当今临床上普遍使用的心理疾病诊断标准，如 DSM-V、ICD-10、CCMD-3 等，都没有明确的精神病态诊断标准，只有与之相近的反社会型人格障碍诊断标准。关于精神病态的心理测量，目前作用最为广泛使用的测量工具是黑尔（R. Hare）组织编制的包括 22 项的精神病态核查表（Psychopathy Checklist，PCL）及其 20 项修订版（PCL-R）。研究者通过半结构化的访谈或间接资料查阅，对个体的人际关系、情感、生活方式等内容进行评分（0—1—2 分），以判断个体是否符合精神病态标准。量有得分在 30 分以上者可以被评定为原发性精神病态（在具体的研究与临床环境中，使用的划分点从 25 分～30 分不等），得分在 21 分～29 分者被划分为“中间型”，得分低于 12 分者可以被排除精神病态。2003 年 PCL-R 发布了其第二版，具有较高的信效度，被广泛应用于研究、临床与司法实践中对精神病态的评定，被称为精神病态评定的“金标准”。

PCL 量表在很大程度上基于克莱克利对精神病态定义而来，但其编制主要用于鉴别在监的男性罪犯、司法过程中或精神病人中的精神病态者（见表 17－1）。

表 17－1　黑尔（Hare）与克莱克利（Cleckley）对精神病态行为描述的对照①

PCL 量表	克莱克利的原发性精神病态标准
外表迷人	外表迷人和高智力
夸大的自尊感	病理的自我中心
病理性说谎	不真诚和伪善
操纵他人/欺骗	操纵欲强
缺乏负罪感	缺乏负罪感
情感浅薄	情感反应贫乏
冷酷并缺乏同情心	人际关系淡漠

① 参见［美］C. R. Bartol、A. M. Bartol：《犯罪心理学》，7 版，杨波、李林等译，102 页，北京，中国轻工业出版社，2009。

续表

PCL 量表	克莱克利的原发性精神病态标准
不为自己的行为负责	不可靠
性行为混乱	性生活冷淡
缺乏现实的长期目标	无法执行其生活计划
行为控制力差	冲动行为
对刺激的高度需求/易于乏味	动机不良的反社会行为
没有责任感	错误的判断
	没有妄想或神经症状
	极少自杀

此外，对精神病态的心理测量工具还有“精神病态核查表：筛查版”（PCL：SV）、“精神病态核查表：研究版”（PCL：RV）、“精神病态核查表：青少年版”（PCL：YV）等评定量表，以及精神病态特质量表（Psychopathic Personality Inventory，PPI）、反社会行为筛选工具（Antisocial Process Screening Device，APSD）、精神病态筛选量表（Psychopathy Screen Scale，PS-11）、李文森自我报告精神病态量表（LSRP）、米尔顿青少年临床测验（MACI-DEVICED）等自陈量表。

2. 偏执型人格障碍

偏执型人格障碍者的主要特征是：主观性极强而固执；敏感而报复性强；自我评价过高，容易产生攻击行为；对周围的人缺乏基本的信赖，意志过分坚定、固执；坚信自己正确，对自己的缺点不允许别人批评，即使是合理的批评，也会引起他强烈的反击；心胸狭隘，好嫉妒，骄傲自大等。例如：偏执型人格障碍患者会把一个诚实店员的失误理解为蓄意少找了钱，把他人的幽默理解为恶意的攻击，因而对他人抱有敌意。这种人格障碍也可成为妄想性精神病病前的人格基础。

资料：

在新修订的美国精神疾病诊断与统计手册 DSM-V（2014）中，偏执型人格障碍的诊断标准如下。①

A. 对他人的普遍的不信任和猜疑以至于把他人的动机解释为恶意，起始不晚于成年早期，存在于各种背景下，表现为下列症状。

（1）没有足够依据地猜疑他人在剥削、伤害或欺骗他或她。

（2）有不公正地怀疑朋友或同事对他的忠诚和信任的先占观念。

（3）对信任他人很犹豫，因为毫无根据地害怕一些信息会被恶意地用来对付自己。

① 参见《精神障碍诊断与统计手册》，张道龙等译，280 页，北京，北京大学出版社，2014。

(4) 善意的谈论或事件会被当作隐含有贬低或威胁性的意义。

(5) 持久的心怀怨恨(例如，不能原谅他人的侮辱、伤害或轻视)。

(6) 感到自己的人格或名誉受到打击，但在他人看来并不明显，且迅速做出愤怒的反应或做出反击。

(7) 对配偶或性伴侣的忠诚反复地表示猜疑，尽管没有证据。

B. 并非仅仅出现于精神分裂症、伴精神病性特征的双相或抑郁障碍或其他精神病性障碍的病程之中，也不能归因于其他躯体疾病的生理效应。

偏执型人格障碍的患病率约为2.3%，在精神分裂症患者的亲属中，偏执型人格障碍的患病率增加，与被害型妄想障碍之间存在特定的家族关系。

3. 情感型人格障碍

情感型人格障碍者的基本特征是：情绪极不稳定，忽高忽低；或持续地情绪低落，抑郁不振；或持续地高涨，精神振奋；或两者交替出现，喜怒无常，变化多端。这种人格障碍可分为三种亚类型：抑郁型、躁狂型和躁郁型。这种人格障碍是情感型精神病产生的人格基础。在这种人的一生中，极端情绪状态始终占据优势，激惹性高，微不足道的小事能引起强烈的冲动，毁物伤人，甚至不顾一切后果而进行殊死的斗殴，所以常常出现“事过后悔，以后再犯”的情况。

4. 爆发型人格障碍

爆发型人格障碍者的主要特点是：常常因微小的刺激而爆发非常强烈的愤怒情绪和冲动行为，自己完全不能控制。患者在间歇期是正常的，对情绪发作时的所作所为后悔不已，但不能防止再发。这类人的发作类似“癫痫”，故也称作“类癫痫性人格”，但实际上与癫痫并无实质的关联。这类人常有以下表现：体力攻击行为，动辄殴打妻子和儿女；病理性醉酒，因少量饮酒引起强暴行为，事后不能回忆；冲动性性行为；时常违反交通规则或发生严重交通事故。这类人在情绪爆发时往往导致灾难性的后果，最终导致犯罪。

5. 轻佻型人格障碍

这类人主要的特点是举止轻浮、行为失当，虚荣心强，喜好夸张，不顾廉耻，以编造谎言诱人上当或破坏美满家庭为乐趣。这类人格障碍者常进行诈骗、卖淫等违法犯罪活动。

6. 怪癖型人格障碍

这一类人主要的特点是存在一种顽固的、以内心体验为目的的、常人难以理解的怪癖。常见的怪癖型人格障碍有“纵火癖”“偷窃癖”“谎言癖”“赌癖”“怪恋癖”等。(1) 纵火癖，或称为纵火狂，特点是不以进行报复与有意破坏为目的，也不是“过失失火”，而是以纵火为最大乐趣的心理变态。常常是先在家中进行小规模的放火、烧东西，继而到外面无目的地随意纵火。纵火狂具有典型的、极端的病态性纵火动机，即行为人在不可抗拒的冲动或盲目热情的驱使下，伴随着纵火的强烈欲望的纵火动机。此类纵火犯一般要经历纵火前的紧张状态，而一旦火灾发生时就感到特别的兴奋、冲动与满足。犯罪人对纵火的过程十分沉迷，即使在事后存在某些罪过与悔意，但对于纵火过程的快乐、兴奋体验会持续地驱使犯罪人再次地进行纵火。其犯罪动机与犯罪行为具有明显的周期性、强迫性、冲动性的特征。精神分析认为，纵火狂的纵火行为是以火焰燃烧代表其性本能的力量释放，其间行为人仿佛体验到一种强烈的“性快感”。犯罪人往往能从火焰的颜色、温度感受及受害人的紧张、危险状态中感受到欣愉。这是一种原始性本能置换而产生的变态性乐趣，因此，也称为“色情纵火狂”。这种纵火动机与常态纵火犯罪的暴力报复、愤怒、获得物质利益或掩饰动机存在着本质的差异。（2）偷窃癖，特点是不以攫取经济利益或自己使用为目的，而是在一种无法控制的偷窃冲动的驱使下，专门以偷窃他人和集体财物为乐趣，从中获得某种特殊快感的变态心理。在行窃方式上有许多特点，有的在行窃之后将东西又送还原主，下次再偷；有的偷了张三的东西转送给李四；有的则将偷来的东西扔掉或登记并贮藏，供以后自己独自欣赏；等等。（3）谎言癖，特点是不以诈骗为目的，仅以谎言来获取个人变态心理的满足。他们常以虚构个人的出身与经历为主要内容，但与有明确动机的诈骗犯有本质的不同，往往不至于构成犯罪情节。（4）赌博癖，是指赌博成瘾、嗜赌如命的一种变态心理。有此癖的人，对人冷酷无情，对工作敷衍塞责，对社会无责任心，对各种正常的文娱活动均不感兴趣，觉得只有赌博才是他们生活的中心和目的。他们无视舆论的谴责和法律的制裁，往往不惜倾家荡产、家破人亡，醉心于赌博。（5）怪恋癖，是一种在性爱问题上的人格障碍，多见于男性。其特点表现为专门选择某种特殊的恋爱对象（如有夫之妇、卖淫女等），以满足其特殊需要的变态心理。他们与这些女性交往后，却要求对方绝对忠贞于己。有的专门挑选行为轻佻、放荡的女性作为“恋爱”对象，以便从女方的放荡行为中激起自己强烈的嫉妒情绪；对方的行为越放荡，他们投入的热情也就越高，越能激起自己的嫉妒心理和别人的嫉妒心理，以满足变态的心理需要。这种怪恋者通常会引起人际情感、家庭纠纷，也可能引起情杀和破坏他人婚姻的犯罪。

案例：

恋物性偷窃癖

某大学数学系一名20岁的男生李某被学校保卫处视为“流氓滋扰者”，是什么原因呢？据行为人自己讲述：一年以前，他偶然从女生宿舍楼下经过，无意拾到一只从凉台上掉下来的胸罩，颇为好奇，见左右无人，便捡起揣在衣兜里，晚上就寝时，他拉起床帘，反复观赏，同时产生莫明其妙的性兴奋和性满足。此后便有了经常难以克制的类似举动。

后来，他常有意从女生楼下走过，时常“顺便”拣拾女生内衣，带回宿舍，利用午睡和晚上睡觉前的时间抚弄。后来发展到溜进女生宿舍、水房偷拿女生晾晒的胸罩、内裤、丝裤等用品。某日，所藏女生衣物不慎被同宿舍一名男生发现，受到嘲笑和鄙夷。后来此消息渐渐传到女生那里，有人背后骂他是“流氓”，并尽量回避他，这使他受到很大压力，决心痛改前非。但不足一个月他又感到心神不宁，一见到女生内衣内裤就有一种强烈的占有欲，焦灼难耐。某天深夜，他潜入女生宿舍，在偷拿女生衣物时被发现，一女生当时被吓得大叫。他逃走后，深感惶恐、羞愧，行为稍有收敛。

次日，该女生向学校报告，要求学校及时查处。派出所民警及保卫部天天来女生宿舍查，但一直未发现。一个月后，李某又控制不住自己，半夜时来女生宿舍，结果被抓获。果然，在他的箱子里搜出许多女性用品。

事实上，他是典型的恋物性偷窃癖。性格内向、不善言辞，从小和女性交往很少。他自己每次偷窃东西之后都会产生强烈的自责和犯罪感。可是充满幻想的性兴奋和快感挡住了一切，实际上这些女性内衣（没有生命但与女性紧密联系的物品）给他的刺激不亚于通常所见的手淫性释放方式。显然，他对女性身体没有直接兴趣，一般也不会有危害异性身体的行为。行为人自己也充分意识到其心理与行为的不正常状态，为此感到痛苦、自卑却又不能自拔。

案例来源：中央电视台《社会与法》频道法律讲堂节目内容，2005-05

在人格障碍导致违法犯罪的司法实践中，并非都是某种单一的人格障碍导致违法犯罪，有的属于混合型，由多种人格障碍共同导致犯罪行为。

对于人格障碍与违法犯罪之间的关系，人格刑法学则认为，以人格障碍为核心代表的“犯罪危险性人格”是导致违法犯罪的内心动因，而犯罪危险性人格必须与定罪、量刑和行刑相联系而构建新型的刑事人格化体系。其中，犯罪危险性人格主要指反社会型人格障碍、偏执型人格障碍、分裂型人格障碍、情感型人格障碍、爆发型人格障碍、轻佻型人格障碍、冲动型人格障碍等（张文，2005）。对于犯罪危险性人格的诊断与确定，应该借鉴人格心理学的测量技术进行评定，其常用技术有：自陈量表法（如明尼苏达人格障碍子量表 MMPI-PD、临床多轴量表 MCMI、人格障碍问卷 PDQ 等）、结构性访谈法与临床评定法等。

三、人格障碍者犯罪的法律责任能力

对于人格障碍者的法律责任能力应该结合其与案件的关系作具体分析，才能对其刑事责任能力及其他的法律责任能力（如刑事诉讼过程中受审能力、服刑能力，以及治安管理责任能力）作出恰如其分的判断。

1. 反社会型人格障碍者。目前国内外绝大多数司法精神病学家皆认为反社会型人格障碍者应被评定为完全责任能力。这是由于这类人的犯罪行为，都无辨认能力与自我控制能力的明显障碍缺损，主要与其缺乏道德心及自私自利、放任自己、冷酷无情等心理特征有关。

2. 偏执型人格障碍者。偏执性、分裂性和爆发性人格障碍者在实施危害行为时如果障碍的程度较严重并明显影响了患者的辨认或自控能力，可被评定为部分责任能力，否则应被评定为完全责任能力。

3. 情感型人格障碍者。强迫性人格，孱弱型、社会疏隔型与幼稚型人格等几种人格障碍者，在出现犯罪行为时亦具有完全责任能力。

4. 怪癖型人格障碍者。这种类型的人无论在日常生活中还是在违法犯罪行为中都具有充分的事件辨别能力、自我意识和自我行为控制能力，因而应被评定为具有完全责任能力。当然，在其改造时应考虑其服刑改造与心理行为矫治相结合。

5. 癔症性人格障碍者。癔症性人格障碍者在癔症发作时实施了犯罪行为，多数情况下应被评定为部分责任能力，少数情况下亦可被评定为完全责任能力。

第三节　性变态与犯罪

一、性变态概述

（一）性变态的概念

性变态，又称为性倒错，是指在寻求性满足对象或性满足方式上与正常人不一样，并且违反了所处社会的道德标准和习俗而获得性满足的心理与行为。（1）性变态者寻求性满足的对象、动力与常人不同。正常人寻求的性满足对象是成年异性，而此类人则寻求异性的非生命物件及其他用品，还有的性变态者则以同性、儿童，甚至异性的尸体等为性满足的对象。（2）性变态者在性满足的方式上与正常人有异。性变态者是可以通过穿戴女性的服装等无生命物品来获得性满足的。还有的性变态者是通过在异性面前裸露生殖器、扒厕所偷看异性、在公共场所有意用生殖器接触异性身体，或者通过对性对象的残酷折磨等方式来获得性满足。（3）性变态者性结合所使用的身体部位在解剖学上出现变位，使身体的其他部位如口、肛门等也成为性行为驱使的目标。

（二）性变态与人格障碍

性变态在医学和临床精神疾病学中的位置类似人格障碍。有的学者认为，性变态可能与人格障碍有着病原学上的关系，是人格障碍的一种表现，例如，一个好斗且残忍的人在其两性关系上可能是一个施虐淫者。多数情况下，持续的性变态者更可能演变为人格障碍者。但是，性变态者不一定都具有人格障碍者的特点，大多数性变态的人在平常生活中都能很好地适应社会生活，其中很多人智力水平很高，对艺术、音乐、戏剧、电影和文学等有浓厚的兴趣，并可取得出色的成就。性变态的人身心素质往往有改变，但在一定环境条件的约束下，可以在较大程度上控制自己的行为，而单纯的人格障碍者则较不可能实现较好的自我控制。因此，一般而言，可以认为性变态的发生与特定的人格障碍存在一定的内在关联性，但并不必然伴发有明显或严重的人格障碍。

（三）性变态与性犯罪

关于所有的性变态本身是否属于违法或者犯罪行为，目前在西方存在着不同的看法，而且自 20 世纪 80 年代以来此项争论更为激烈。在我国，性变态者的性犯罪是从司法角度提出的，涉及范围既包括性变态违法犯罪，也包括纯属普通刑事犯罪性质的行为，如强奸、轮奸妇女、污辱女性等。具有性变态的人，当其歪曲的性冲动付诸行动时，大多导致违法或犯罪。这种违法犯罪的性质与那些流氓、强奸作案存在着差别，是受变态心理驱使所致的。这类人平时生活工作中并没有特别之处，多数表现较好，有的还相当不错，所以当其出现异常行为时往往使周围人感到意外。这类犯罪者，也是心理疾病患者，对他们应进行心理干预与治疗，只有矫正其不良的性变态心理及行为模式，才能最终控制、制止他们的性变态行为。

二、性变态与犯罪

（一）性变态者违法犯罪的特点

性变态者的违法犯罪与一般的性犯罪存在着明显的差异，其主要特点表现为：

1. 性变态者作案一般都是有预谋、有计划、有选择的。例如，露阴癖者不会在自己的亲友面前发生这种变态行为，总是选择那些年轻漂亮的陌生女性。有的恋尸癖者总是选择那些未婚的女性尸体进行奸尸，例如，甘肃白银系列强奸杀人犯高某多次在杀死受害人后对尸体进行奸淫。施虐色情杀人狂多数只对陌生异性施暴。

2. 作案有一定的较为固定的行为模式，并较可能发展成为系列性作案，且手段残忍。如被称为“鹤乡魔鬼”的陈某一年内作案十多起，每次作案时都是用事先准备好的钢锯条戳害女性的下身，致使受害者鲜血淋淋、疼痛难忍。

3. 具有自我保护能力。行为人往往会采取某些固定化的掩饰罪行和逃避打击的反侦查手段。

4. 抓获后较容易对问题进行如实供述，对犯罪过程能较清楚地陈述，但是往往难以彻底改造其消极、顽固的违法犯罪心理，其违法犯罪行为具有较大可能的反复性。

（二）性变态类型与犯罪

性变态可大致划分为三大类：（1）性爱对象的变态，包括恋童癖、乱伦、恋尸癖、恋物癖、恋兽癖等。（2）性行为方式的变态，主要有露阴癖、窥阴癖、摩擦癖、淫语癖、手淫癖、异装癖、口淫癖、鸡奸癖等。（3）性目的的变态，有性虐待狂、受虐淫癖、自虐淫癖、性窒息、性缢死等，此外，还有易性癖等其他罕见类型的性变态。

从本质而言，性变态不一定会导致犯罪，但有些性变态类型与违法犯罪关系极为密切。在对性变态犯罪的案例分析中发现，恋童癖、露阴癖、窥阴癖和施虐淫等几种性变态经常与犯罪有关。

1. 恋童癖

又称为“恋童色情狂”“儿童性侵害”，指恋童癖者性满足的对象是性发育未成熟的儿童。恋童癖者可分为异性恋童癖、同性恋童癖和乱伦恋童癖三种，其中同性恋童癖的重新犯罪率较高。这些人常猥亵和奸淫儿童以获得性欲的满足，常涉及奸淫幼女、鸡奸幼童、强迫儿童口淫等流氓犯罪行为。有的研究者发现，恋童癖罪犯由于各种原因难于和成年女性发生正常性关系，通常具有强迫性人格、依附性较重、缺乏自信、拘泥于小节、沉默寡言、不善于交际等特点。患者生理上较有可能伴随有阳痿、性功能障碍。

恋童癖的加害者主要是男性，但并不是全部。美国的全国儿童虐待与疏忽中心（NCAN）报告中表明存在着女性加害者（1981 年）。在对女孩的性虐待中有 5%的女性罪犯，而对男孩的性虐待中大约有 20%的女性罪犯（Russell，Finkelhor，1984 年）。

在对儿童性侵害模式的研究中，两种具有代表性的分类是美国马萨诸塞州治疗中心与格罗斯的恋童癖行为模式。

美国马萨诸塞州治疗中心发展形成的恋童癖行为模式分类将恋童癖区分为固着型、退化型、剥削型与虐待型 4 种。（1）固着型恋童癖，或称为幼稚型恋童癖，表现出把儿童看成是自己的性及社交方面的伴侣，对儿童有长期而唯一的偏好，很少结婚成家。通常只在其与儿童非常熟悉时才会发生性接触，并且很少使用攻击方式。他们从来不能够与成年同伴建立一种成熟的关系，无论男女。这类罪犯很难治疗矫正，也最容易再犯。（2）退化型恋童癖，有正常的青春期与同伴关系，并且有异性恋的经历，但后期出现了男性气概不足和自我怀疑的情感。他们每次恋童癖行为通常是由于自己遭受男性或女性同伴对自己性能力的打击而促发的。被害者总是陌生的女孩。这类犯罪人多数在事后懊悔，其预后较好。（3）剥削型恋童癖，侵害儿童的主要目的是满足其性需要。他们利用儿童的弱点，通过各种方法或诡计使儿童顺从，如果有必要，他们会使用暴力和身体攻击以达目的。人际技能方面存在明显的缺陷，这可能是他们选择儿童作为侵害目标的主要原因。这类罪犯难以矫正，因而，其人际缺陷会扩展到其生活的各个方面。（4）虐待型恋童癖，是出于性与攻击两方面原因而侵害儿童的。这类犯罪人往往有很长的反社会行为的历史，而且能适应环境。他们大部分偏好同性别儿童。因为其犯罪的主要目的是获得刺激而不关心对被害者的伤害，所以他们会非常残忍而邪恶地伤害儿童。对儿童造成的伤害与痛苦越大，他们就越感到性兴奋。诱拐和谋杀儿童的罪犯大多数是这类型的恋童癖。临床上，这类恋童癖犯罪人最难以矫正。马萨诸塞州治疗中心的儿童性侵害分类是将退化型与固着型恋童癖分为三个不同因素——对儿童固着程度、社交能力水平、犯罪人和儿童的接触次数，将性侵害区分为身体伤害和虐待两个成分，增加自恋型的类型。

美国学者格罗斯提出了恋童癖行为模式，它是根据犯罪人行为模式的持续时间和心理目标而对儿童加害人的假说性分类：性压力犯罪人与性暴力犯罪人。(1) 性压力犯罪人。这类犯罪人的特征是相对而言缺乏身体的暴力，犯罪人渴望将儿童当做一个爱的对象。其可以进一步被区分为怂恿型或者说服型和引诱型两个亚类型。(2) 性暴力犯罪人。这类犯罪人使用强迫或身体暴力以达到性目的，包括利用型（为了性宣泄而使用儿童）与施虐型（犯罪人的快感来自对儿童的伤害和羞辱）两个亚类型。

2. 露阴癖

露阴癖是通过向陌生异性暴露自己的生殖器达到性兴奋的行为倾向。此类行为人常在僻静处或公共场所守候，当陌生异性走近时突然显露其生殖器，或同时伴有手淫等其他行为。但通常没有进一步骚扰受害者或寻求与受害者的性接触。露阴癖者的性兴奋和性满足来自他所看到的被害者的惊恐、害怕、厌恶等情绪反应，受害者反应愈烈，他越兴奋。如果受害者很平静，没有表现出害怕和惊恐，他会感到失望，并进一步低估自己，失去基本的自信心。可见，裸露生殖器和观察异性受害者的反应，是露阴癖者获得性兴奋而达到性满足的两个不可分割方面。99%的露阴癖者是男性，男女比例为 14∶1，女性所占比例很小，大多年龄为 25 岁～35 岁之间，女性会显露乳房或者阴部，只有很少会暴露全身。美国麻省某地区法院自 1956 年至 1980 年，先后检查和审理了 214 名露阴癖罪犯，对其中 37 名进行了系统随访和治疗。结果发现，这些人中绝大多数有性生理障碍，以性格内向者居多，沉默寡言，见到女性表现羞涩，除露阴行为外，其他任何表现和行为都是不惹人注目的。由此可知，露阴癖者的性变态行为不仅与其性生理功能障碍有密切的关系，而且与其消极的人格特征有关。

3. 窥阴（淫）癖

窥阴癖属于性行为方式的一种变态行为，是指通过暗中窥视异性裸体、排便过程、性交行为等方式来满足性需求的癖好。在窥阴时常伴有手淫行为，但对受害者无进一步性接触和性暴力行为，只见于男性。这种性变态者常隐藏于公共厕所直接地或间接地（如用反光镜）窥视女性阴部，有的则窥视女性洗澡，或通过窗户窥视年轻夫妇的性生活。这类人窥视的愿望十分强烈，并伴有强烈的紧张感，通过异常的窥视行为后紧张感消失并获得性满足。窥阴癖者一般都较内向，平时多与人保持良好的人际关系，社会适应能力良好。有的人还是一贯品行端正、工作和生活作风表现好的人。所以，一旦发生性异常行为，周围的人对其行为感到十分惊奇，认为不可思议。特别值得注意的是，此种行为与一般意义上道德品质不良引起的越轨行为并不存在着本质上的相同或者相似性。

4. 施虐淫癖

施虐淫癖，又称性虐待狂、施虐狂。这类人常通过对异性性对象的残酷的折磨、虐待等手段，使异性对象的肉体或精神遭受严重痛苦，从给对方造成的极大痛楚中获得强烈的性快感达到满足。此类性变态者主要是男性，偶见女性。其施虐的方式有咬、打、撕、针刺、捆绑、烙烫、割伤肌肤、毁伤面容，切割头发、乳房、阴部等，有的甚至残杀、毁尸、食肉，其手段十分残忍、冷酷、灭绝人性。这种类型的性变态对社会的危害性最严重，影响也最为恶劣，是在性变态犯罪中发生率较高的一种性变态。施虐淫癖变态心理发展到极端时可成为"色情杀人狂"，他们为了获得性快感最大的满足可以惨无人道地杀害对方。国外这类公开报道的案件较为多见。

上述各种性变态者的变态行为是各种各样的变态心理原因所致的，当这些变态者犯罪、进入监狱后，只对这类人进行传统方案中的思想教育往往不能产生积极而持久的效果。因为他们易于导致违法犯罪行为的变态心理并没有消除，出狱后还会重新犯罪、入狱。所以，对这类人除了加强管理与改造外，还应有计划、有针对性地进行心理矫治，彻底除掉其性变态行为的症结，才能使其成为一个正常的社会公民。

三、性变态犯罪人的法律责任能力

对于性变态者的法律责任能力应该结合其与案件的直接关系作具体分析，才能对其刑事责任能力及其他的法律责任能力（如刑事诉讼过程中受审能力、服刑能力，以及治安管理责任能力）作出恰如其分的判断。

除极少数外，绝大多数性变态者都有属于正常范围的辨认能力。在控制能力上则有很大区别：有的控制能力完全丧失并可能伴有辨认能力不同程度地削弱；有的控制能力只是稍有削弱或有显著的削弱。由于行为人丧失控制能力的程度不同，责任能力的评定也有所区别：控制能力稍有削弱者具有完全责任能力；控制能力削弱比较明显者具有部分责任能力；控制能力完全丧失，或者伴有辨认能力丧失者被评定为无责任能力（此类情况在性变态中仅仅占很少的部分）。

第四节　精神病与犯罪行为

一、精神病概述

（一）精神病的概念

精神病，是一种心理机能完全紊乱的精神疾病，是一种严重的心理变态状态。精神病人心理活动的各个方面严重失调，反映机能受到严重损害，丧失了正常的理智和行为反应。他们对客观现实的反映是歪曲、错误的，不能客观地区分自己的心理现象与外界现实，不能正常地参与社会生活，往往给自己与社会带来严重的危害。精神病人常常存在一些病理心理，如意识蒙眬状态、病理性幻觉、妄想与思维逻辑障碍、严重的精神运动性兴奋与强制性行为等。在上述病理心理驱使下，精神病人往往丧失了辨认能力或者不能控制自己的行为，表现出各种离奇、荒谬或者对自己和他人危害严重的行为。目前，根据中国精神卫生调查（CMHS），我国重性精神疾病患者超过1 600万人；精神分裂症及相关精神病性障碍的患病率为0.7%，超过980万人。

（二）精神病患者的变态心理特征

其变态主要表现在以下两个方面：（1）丧失了辨认能力。辨认能力就是对事物的分析、理解、判断等认识能力。缺乏辨认能力，就会是非不分，真假难辨，难以区分善恶美丑，会对事物作出歪曲、错误的反应；同时，对自身的心理状态也不能进行自我分析与认识，缺乏自知之明。是否具有辨认能力是区分精神病人与正常人的主要标志。（2）没有自制力。所谓自制力，就是指对自己的情感和行为的调节与控制的能力。精神病人丧失了辨认能力，不能正确地反映客观现实，更不能认识到自己行为的严重后果。因此，常常将出于本能欲望或生理需求的冲动（性本能与攻击本能最为突出），毫无节制、无所顾忌地爆发出来，给社会造成极大的危害，损人又害己。所以，精神病人的社会危害行为与其他精神疾病患者如人格障碍、性变态的人等的犯罪有所不同，法律上的处置也有所区别。

二、精神病与违法犯罪行为

（一）精神病人违法犯罪行为的特点

国内外大量的司法精神病鉴定，发现并非所有的精神病都易导致违法犯罪行为，但某些类型的精神病患者对社会的危害是很大的。一些鉴定结果发现，精神病患者的危害行为中以凶杀案较多，也有少量的其他各类扰乱社会治安、生活秩序的案件。根据对大量案例的分析，精神病患者的违法犯罪行为主要有下列一些特点。

1. 精神病患者违法犯罪的显著特点是受其变态心理和精神病态所制约，因而其行为是他们自己无法控制的。某些病人在其幻觉、妄想的病理心态支配下进行违法犯罪活动。例如，某精神分裂症病人妄想即将发生大地震，无数人将毁于天灾，为了拯救人类，必须杀掉少数人才能防止地震，因此发生连续杀人案件。

2. 作案动机模糊不清或离奇古怪或处于无意识状态，使常人难以理解，作案事先无目的、计划，也缺乏充分准备。在大量的精神病人凶杀案中，绝大部分案例是在无计划、无准备的情况下突然发生的。有少数精神病人也可以做到有预谋、有计划地作案，但仍与正常杀人犯有别，他们不计后果、不掩盖、不后悔，如被抓，对案情供认不讳。如某女杀人犯，在其嫉妒妄想支配下杀死了自己的丈夫。她被抓后供认，因认为丈夫已经不爱自己而爱自己的母亲，所以就把丈夫杀了，对自己作案的手段及细节也供认不讳。多数精神障碍犯罪预防研究者认同，从现象而言，精神病人所发生的违法犯罪行为大多数是指向家人、朋友或邻居，也即精神病人违法犯罪对家人与亲近人的危害性大大地超过对陌生人的危害性。

3. 精神病人作案手段极其残忍、凶狠，具有明显的本能宣泄的特点。在违法犯罪行为发生后，对行为的后果缺乏认识，大多没有逃脱法网的企图，也不认为有什么过错。

4. 精神病患者作案往往是在某外界诱因作用下实施的，违法犯罪行为是典型的冲动性行为；而且，精神病患者只单独作案，也缺乏自我保护的意识与具体保护措施。

（二）精神病类型与犯罪行为

精神病的主要症状是各种严重的精神异常。在精神异常状态下的患者并不都会产生违法犯罪行为，但某些精神病人一旦实施危害社会的行为，手段往往十分残忍，造成的危害社会的后果也比较严重。与实施社会危害性行为联系较密切的精神病类别主要有：

1. 精神分裂症

据我国某些地区司法精神病鉴定资料统计，精神分裂症在精神病违法案例中所占比率最高，约占 50%（此与精神分裂症在整体精神病中所占的比例相当。2013 年，我国约有精神分裂症患者 980 万人）。精神分裂症是一种最常见的精神病，是指心理（精神）活动的分裂和不协调。精神分裂症的症状多种多样，可以说，精神病的各种症状都可能出现在这种疾病的患者中。按其临床表现的特点可分为单纯型、青春型、偏执型与紧张型四大类型，此外还有混合型或未分化型。

（1）单纯型。发病多在青少年期，起病缓慢，不易引起人们注意，发病初期容易被疏忽或误认为“懒惰”“不求上进”等思想品质问题。患者在早期有失眠、头昏、乏力、注意力涣散、精神萎靡等症状，类似神经衰弱；随后，性格逐渐改变，表现为情感淡漠、思维贫乏、意志欠缺与孤独退缩，对任何事情均无兴趣，学习成绩下降，工作散漫，常出差错。病情严重时，其心理状态与外界环境完全隔离，精神衰退日益明显，但很少有幻觉、妄想、离奇行为的表现，故称单纯型。此类患者较少发生违法犯罪行为，但也有极少数涉及侮辱妇女、偷窃、无动机的杀人等行为。

（2）青春型。多见于青年患者，但并非只见于年轻者。发病可急可缓，发病后，患者逐渐表现为孤僻，情绪不稳定。随着病情的发展，情感障碍愈加明显，主要症状是思维散漫，情绪变幻无常，幼稚、愚蠢，行为紊乱，兴奋躁动等。性色彩常较为明显而公开，男性患者可出现猥亵、强奸等违法犯罪行为；女性患者则易被人奸淫，因此被称为“花痴”。他们很少出现故意报复性杀人等严重案件，在情绪激动时也可发生冲动性伤人。

（3）偏执型。这是精神分裂症中较为多见的一种。以妄想为主要症状，常伴有幻觉，并有精神分裂症的其他基本症状，如思维障碍、情感障碍等。发病初期，患者敏感、多疑，怀疑有人在背后议论或不信任自己。这种多疑逐渐发展，而形成关系妄想，总觉得周围发生的一切现象都与自己的利益有密切的关联。关系妄想所牵连的范围愈来愈广，而逐渐形成被害妄想。除被害妄想外，还可有夸大、嫉妒、钟情、疑病、非血统等妄想，这些妄想与被害妄想有不同程度的联系。患者由于多数伴随有幻想、妄想、思维逻辑障碍等，可能发生各种严重的危害行为。

（4）紧张型。发病亦多在青年期。早期表现萎靡无力，食欲不振，怠惰少动，对任何事物都无兴趣，情绪低落。随着疾病的发展，则有紧张性兴奋与紧张性木僵两种状态。两者可交替出现。在木僵状态中，病人表现为不言不语、不食不动的状态；在兴奋状态中，患者兴奋、激动、行为暴烈，常可出现丰富幻觉。患者自木僵状态突然转变为兴奋状态时，易毁物、伤人而造成意外危害后果。

2. 偏执性精神病

又称妄想性精神病，是一种以妄想为主要症状的内源性精神病。妄想常具有系统化倾向，有的可伴有幻觉，一般不会导致人格衰退及智能缺损，并保持一定的工作与适应社会的能力。

本症患者常有很特殊的性格，即偏执性格，具体表现为固执、主观、敏感、多疑、自我评价过高。当与周围发生冲突时，经常归错于他人，常有“怀才不遇”之感，因而怨天尤人，并频繁要求调动工作，与领导、同事关系常不融洽，当矛盾严重时，会出现借助于幻想逃避现实的倾向。起病前多发现有精神刺激，如工作压力、人际矛盾、事业受挫、生活困难等，对疾病发生起诱发作用。

偏执性精神病主要包括如下两种类型。

（1）偏执狂，又名妄想狂，是一类逐渐发病的慢性系统性妄想状态。一般由内因引起，以妄想为疾病最突出的症状，但在思维、意志及行为方面可能表现正常。这是一种较少见的疾病，多发于中年男性，以脑力劳动者居多。患者的妄想集中反映某些体验的事情。推理过程具有一定逻辑性，条理清楚，自成体系。病人的人格基本保持完整，情感与思维保持一致，没有幻觉或其他精神异常，容易被误认为精神正常。

（2）类偏狂，又称“偏执状态”，基本情况与偏执狂相同，但其妄想系统化程度较差，有时出现幻觉。发病率较偏执狂高，起病年龄多在30岁以后。其人格缺陷与偏执狂相似，急性精神创伤常为诱发因素，常发于文化较低者或身体有残疾者当中。症状主要为妄想，以被害妄想为主，也可见夸大、嫉妒、钟情等妄想。内容常与其处境有关。由于妄想的驱使，可以无休止地纠缠他人，攻击妄想对象或“仇人”，也会发生反复诉讼不止。

偏执性精神病人因其意志行为受妄想影响和支配，歪曲现实，失去正常的辨认能力，往往导致伤害、杀人、诬告、反社会言行等各种危害行为。如在被害妄想下，病人常以受害者身份缠讼不休，病情严重时，就很可能对妄想对象采取报复、攻击行为。嫉妒妄想往往发生在与病人关系密切的人当中，如患者在妄想形成过程中，常常采取各种方法试探或拷问配偶的“奸情”经过及“情人”的详情，一旦认为“证据”确凿，往往会去法院起诉，要求惩处“奸夫淫妇”；或对配偶及认定的“第三者”“非亲生”子女，采取凶杀行为。本病患者的妄想对象固定，当发生报复行为时，案前准备非常充分（此与其他多数类型的精神障碍者的违法犯罪的发生有较大的区别），对作案时间、地点与作案工具、作案手段等都作了十分周密的考虑，被害者常常缺乏防范的思想准备，所以凶杀后果常常较为严重。

3. 情感性精神病

又称躁狂抑郁症，是以情感异常为主要特征的一种精神病，情感或者表现得十分高涨，或者显得异常低沉、抑郁。其临床特征为单相、双相发作性的躁狂状态或抑郁状态反复出现，两次发病之间有明显的间歇期。间歇期可完全恢复正常，预后一般较好，且很少进入衰退、痴呆状态。其发病多在青壮年时期。

（1）躁狂状态。主要表现是情感高涨、思维敏捷、言语动作增多，这三大基本症状又称为躁狂“三联症”或“三高”。当躁狂状态出现时，病人往往眉飞色舞，内心充满喜悦和自信，这种情绪往往感染与之相处的人；同时，思维敏捷，联想迅速，口若悬河，注意力转移快，精力十分旺盛，显得十分忙碌。违法行为较为少见，因为患者发病时神志清楚，对客观事物保持一定的辨认能力，主要病理心理机制是情感高涨导致自我控制减弱，从而出现行为轻率、生活奢侈、道德观念薄弱、性欲亢进。常见案件类型有伤人、诈骗、偷窃、妨害公共安全、性犯罪等。

（2）抑郁状态。主要症状是情感低落、思维迟钝、动作行为减少，称为抑郁“三联症”或“三低”。患者终日愁眉苦脸，心事重重，消极悲观，甚至出现自杀行为；常感脑子迟钝、记忆困难，言语很少，有时低声细语地自责自罪，终日静坐，或卧床不起，活动明显减少。作案较躁狂症多见，主要病理心理机制是自我感觉水平降低，情绪低沉，悲观失望而出现强烈自杀观念。有时在罪恶、贫穷等妄想支配下，导致自杀、杀人，被害人往往是患者最亲近的人，此时，被称为“扩大性自杀”或“怜悯性自杀”。

（3）躁郁双相症。分为循环型躁郁症和混合型躁郁症。前者是指躁狂和抑郁两相交替发作，在间歇期精神状态可完全恢复正常。后者是指在发病过程中，同时出现“三高”与“三低”交错混合的情况，这种类型临床上很少见，较常见的是焦虑或激动性抑郁，其危害行为与上述两种状态基本相同。

4. 反应性精神病

又称为心因性变态心理，是指由超强或严重、持久的特定精神刺激所引起的精神异常。引起本病的直接因素是各类精神创伤，如亲人的突然死亡或其他沉痛的意外事件，生活、工作、家庭中的纠纷、挫折、矛盾冲突等，自然灾害与战争的突然来临。在司法实践中，反应性精神病的表现就是拘禁性精神病（包括监狱精神病）。反应性精神病一般预后良好，而且很少复发。根据起病速度一般分为急性和慢性两大类别。

（1）急性反应性精神病。又分为以下三类：1）反应性木僵。在遭受突如其来的、强烈的精神刺激后，表现为呆木不言、不动，对外界一切刺激失去反应能力，一般维持数分钟、几小时，偶尔可持续数日，以后恢复正常；或出现强烈的情绪变化，号啕大哭，惊呼嚎叫，这种状态较少引起危害行为。2）反应性兴奋状态。其症状是在精神刺激之后出现言语动作增多，向外奔走，冲动伤人，此时言语逻辑混乱，类似精神分裂症或躁狂症，发作过后对于发作过程不能完全回忆。3）反应性朦胧状态。以意识范围狭小为主要特征，表现为不能正确感知周围事物，对时间、地点或人物定向发生障碍，常伴有丰富的幻听、幻视，并可能在幻觉的影响下产生妄想，在其行为受到幻觉与妄想影响时，可发生伤人、毁物等冲动性行为。

（2）慢性反应性精神病。由持久的精神刺激引起，发病持续时间较长。又可分为两类：1）反应性抑郁症。主要症状为情绪低沉、兴趣减退，但思维、言语及行为并无抑制现象，终日沉湎于不愉快的体验中。可以表现为闷闷不乐，食寝不安；也可表现为重复叙述自己的不幸经历。2）反应性妄想症。以妄想为主要症状，常常伴有幻觉，妄想对象主要涉及与精神刺激有关的人。与精神分裂症的妄想不同之处在于：对象较为固定，其事件的推理比较容易被常人分析、理解。

5. 脑外伤精神病与犯罪行为

脑外伤精神病，是指颅脑损伤所伴发的严重精神障碍，也称为外伤性精神障碍。一般是由于头脑遭受各种直接或间接的外伤后引起脑组织结构和功能的改变所产生的严重精神活动异常。脑外伤精神病导致的犯罪行为可分为两种。

（1）急性脑外伤精神病导致犯罪行为。1）外伤性朦胧状态。处于外伤朦胧状态的患者意识范围缩小，一般判断力、理解力较差，加上异常、强烈的兴奋与躁动，在外界刺激下可能产生失常行为，甚至违法犯罪行为。2）外伤性谵妄。严重脑损伤的患者可能进入意识模糊、定向障碍、错觉、妄想的谵妄状态。患者感觉到非常恐惧、紧张，常常也伴随着敌对情绪，较有可能产生偏执性破坏行为。

（2）慢性脑外伤精神病导致犯罪行为。1）脑外伤癫痫状态。其发作时，情绪非常不稳定，易激惹，常发生情境性的违法犯罪行为。患者实施违法犯罪行为没有明确动机与目的，违法犯罪过程非常突然，而且行为极为残酷。患者一般事后不能回忆事情经过。2）脑外伤痴呆。患者理解能力大大降低，不明白伦理，不辨是非，容易实施盲目、冲动的行为，从而给周围人带来灾难。3）脑外伤人格障碍。这类后遗症多见于严重的脑外损伤。其人格的改变使得其行为与发病前有截然不同，言语多带有明显的色情色彩，常有阵发性暴怒、冲动和攻击行为。4）外伤性类偏执狂。脑外伤精神病中的外伤性类偏执狂患者也可能无端地发生伤人及破坏等意外事件。

三、精神病人的法律责任能力

对于精神病患者的法律责任能力应该结合其与案件的关系作具体分析，才能对其刑事责任能力及其他的法律责任能力（如刑事诉讼过程中受审能力、服刑能力，以及治安管理责任能力）作出恰如其分的判断。

1. 无责任能力。主要包括下列三类患者：（1）精神病患病期或未愈；（2）中度以及重度、极重度精神发育迟滞（智商在 50 或 50 以下），或者轻度精神发育迟滞伴精神性发作；（3）与精神病等位的严重精神障碍，包括有严重意识障碍的癔症与病理性醉酒等例外状态。这些病人在发生危害行为时，由于严重意识障碍，或智能缺陷，或幻觉、妄想等精神病性症状，丧失了实质性辨认能力或者控制能力。

2. 部分责任能力。主要包括如下两类精神病人：（1）精神病未愈、部分缓解与残余状态；（2）轻度至中度精神发育迟滞（智商50～70）。上述病人，在发生危害行为时，由于明显的精神障碍，其实质性辨认或者控制行为能力明显削弱，但尚未到完全丧失或不能控制的程度。

3. 完全责任能力。主要包括三种情况：（1）精神病已愈，或者缓解、处于间歇期；（2）轻度或更轻的精神发育迟滞；（3）无病与诈病。上述人在实施危害行为时，无客观依据可证明辨认能力或者控制行为能力有明显削弱，应该判断为完全责任能力；行为人对其危害行为、犯罪行为负有完全刑事责任与民事责任。

思考题

1. 人格障碍型犯罪的基本特点是什么？
2. 性变态犯罪的基本特点是什么？
3. 精神病违法犯罪行为动力的基本特点是什么？
4. 试分析变态犯罪心理产生的生理、心理与社会因素。
5. 试分析变态心理犯罪的基本特点及预防措施。
6. 试析精神障碍与违法犯罪行为之间的关系。
7. 试析反社会型人格与精神病态之间的联系与差异。

第十八章 犯罪心理预测与预防

学习目的与要求

犯罪预防和预测工作是犯罪心理研究最终的落脚点。习近平总书记指出：要履行好打击犯罪、保护人民的职责，对涉黑涉恶、涉枪涉爆、暴力恐怖和个人极端暴力犯罪，对偷盗抢骗、黄赌毒、食药环等突出违法犯罪，要保持高压震慑态势，坚持重拳出击、露头就打。要坚持打防结合、整体防控，专群结合、群防群治。通过本章的学习，应重点掌握犯罪心理预测和预防的心理学依据、初犯可能性预测的主要方法，一般犯罪心理预防的方法，了解特殊心理预防；难点在于犯罪心理预测技术。

研究犯罪心理学的目的之一，是根据犯罪心理形成和犯罪行为发生的规律提出有效地预防个体形成犯罪心理和矫正个体已经形成的犯罪心理的手段和方法。犯罪心理预防能否实现，一方面取决于科学的犯罪心理预测状况，另一方面取决于是否掌握有效的心理预防的途径和方法。犯罪心理预测包括初犯预测和再犯预测，两种预测的适用范围、方法都有所不同。犯罪心理预防包括一般预防和特殊预防，其方法、对象也有区别。

第一节 犯罪心理预测与预防概述

一、犯罪心理预测与预防的概念

（一）犯罪心理预测的概念

犯罪心理预测，就是运用心理科学以及犯罪学等相关学科的理论和方法对个体犯罪或再犯罪的可能性所作的有根据的测量和推断。犯罪心理预测包括初犯预测和再犯预测，两种预测既有联系又有区别。

初犯预测与再犯预测都是根据犯罪原因理论进行的，预测的目的都是为犯罪心理的预防提供依据，减少犯罪行为发生的可能性。初犯预测和再犯预测的区别主要表现在适用对象和预测方法等方面。初犯预测适用于没有违法犯罪经历的人，尤其是青少年；再犯预测适用于刑满释放人员。在预测方法方面，初犯预测主要根据个体的成长环境和犯罪征兆进行，实施的方式要谨慎，并且慎重对待预测结果；再犯预测既可以根据犯罪征兆进行，还可以使用再犯预测表进行。由于初犯预测缺乏有效的实施空间，并且初犯预测容易产生标签效应，因而在研究方面相对于再犯预测而言，更加难以实施。在国外相关研究中，更多的犯罪心理预测研究集中在再犯危险性的预测。

犯罪心理预测不同于犯罪趋势预测。犯罪趋势预测主要是对特定时期的某一地区的犯罪发生的热点、犯罪类型、犯罪手段等进行的推测，目的是实施有效的犯罪社会预防。犯罪心理预测的作用对象是具体的个人，是根据个人的社会生活经历、行为表现、个性特征等推测其实施犯罪行为的可能性，其目的是开展有针对性的犯罪心理预防。无论是哪种预测，都应当依据真实并且相关度较高的信息，运用符合思维规律的判断和推理，才能取得预测的成功，并进而可以为犯罪预防提供可靠的依据。

（二）犯罪心理预防的概念

犯罪心理预防，是指运用心理学的理论和方法，采取有效措施控制和消除诱发犯罪的因素和条件，防止个体形成犯罪心理以及发生犯罪行为。

犯罪心理预防是犯罪社会预防的重要组成部分，也是犯罪社会预防的基础工程。犯罪心理预防和犯罪社会预防都是服务于相同的目的，即预防和减少犯罪，改善社会治安状况。犯罪社会预防要以犯罪心理预防作为它的重要组成部分，犯罪心理预防的成效又必然反映在犯罪社会预防，使犯罪社会预防取得更好的效果。无论是犯罪心理预防还是犯罪社会预防，都离不开犯罪预测，没有准确的犯罪预测，犯罪预防工作就很难具有针对性、主动性和有效性。

犯罪心理预防和犯罪社会预防虽然目的相同，但在学科属性及方法方面有显著差异。在学科属性上，犯罪社会预防属犯罪社会学，主要与刑事政策学相联系；犯罪心理预防属于犯罪或法律心理学的研究范畴。在预防方法上，犯罪社会预防关注犯罪现象的总体发展变化，采取宏观的、战略的和整体的预防措施，如开展社会治安综合治理，加强其他社会防范措施等，其目的是遏止犯罪率的上升，改善社会治安状况；犯罪心理预防关注个体的行为，采取微观的和有针对性的心理预防和矫治措施，如开展帮教活动，实行教育感化等，以减少和预防个体犯罪行为的发生。

二、犯罪心理预测与预防的依据

（一）犯罪心理预测的依据

犯罪心理预测主要是依据犯罪心理形成和犯罪行为发生的原理与机制，选择若干相关因素进行预测。具体地说，犯罪心理预测的理论依据体现在以下几方面。

1. 主体内、外消极因素的相互作用可能导致个体产生犯罪心理。犯罪心理学的研究者始终致力于探讨犯罪心理形成的原因，试图发现与犯罪的发生相关度高的主体内、外因素。目前已形成了很多一致性结论，例如，年龄与犯罪有一定相关性，犯罪高发期在 18 岁～25 岁之间；某些神经、生理因素也与犯罪相关，如脑损伤、精神疾病等容易诱发犯罪；不良个性特征与犯罪的相关性较高，如具有情绪不稳定、自私自利、缺乏同情心、辨别是非能力差等特征的个体犯罪倾向性较大；主体外因素中，政治环境、经济环境及家庭环境、学校环境、邻里环境等环境因素中存在的不良因素，容易诱发个体形成犯罪心理。需要注意的问题是，单凭某种孤立的主体因素或主体外因素，并不能说明个体犯罪的可能性，必须考察它们之间是否建立了某种联系，即个体是否受到不良环境因素的影响，并反过来主动创造或寻找不良环境。因此，如果能收集到个人具有哪些不良的主体因素和主体外因素，以及内、外因素之间是否建立了某种联系，就可以推测该个体是否具有犯罪的可能性。

2. 犯罪心理在形成的过程中有外化的可能性。个体一旦形成犯罪心理结构，就有可能将犯罪心理外化为某种行为，表现可能是犯罪行为，也可能是一些违背正常行为规范的不合理行为。我们可以根据个体的后一种表现预测其有形成犯罪心理的可能性。此外，一些个体犯罪心理的形成有一个渐变过程，在这个渐变过程中，一些不良的心理因素会不自觉地通过其行为反映出来，这些行为也是预测其犯罪可能性的征兆。

（二）犯罪心理预防的依据

犯罪心理预防是建立在犯罪心理预测的基础之上的，犯罪心理预测的可能性也就是犯罪心理预防的依据。

多数犯罪行为是犯罪人在形成犯罪心理之后，在犯罪情境出现时发生。犯罪心理是在主体内、外因素的共同作用下形成的，因此，如果预防工作者能够对影响个体心理的各种因素采取针对性的调节措施，就能够有效地防止犯罪心理结构的形成或消除已经形成的犯罪心理结构，从而减少犯罪行为的发生。犯罪心理预防工作意图改变的是有犯罪倾向的个体的需要、认知结构等，需要大量的人力投入，并且需要较长的时间才可能产生效益。因此，更为简单的替代性方法，是有效地排除犯罪情境，使具有犯罪心理结构的人找不到合适的犯罪情境，犯罪行为也难以发生。

三、国外犯罪心理预测与预防理论

（一）国外犯罪心理预测理论

1. 早期违法行为预测

在这方面较早开展研究的是美国的格卢克夫妇，他们在1950年发表的《少年违法行为的解释》中第一次介绍了对早期违法行为的预测。[①] 格卢克夫妇根据儿童6岁以前的生活体验，预测其在11岁～17岁之间是否有违法行为的可能性。他们从麻省感化院中，选出500名11岁～17岁的犯罪少年作为实验组，从波士顿公立学校选出500名在年龄、智能、生育环境、人种及宗教背景上与上述500名少年相符的正常少

① See Glueck, S. & E. T. Glueck, *Unraveling Juvenile Delinquency*, Cambridge, MA: Harvard University Press, 1950.

年作为对照组，从犯罪少年生活历史中选出社会、心理、身体、精神等方面与犯罪心理形成可能相关的因子共403项，聘请各方面的专家，费时数年进行详细调查，对调查所得的资料，运用统计学上的检定技术，检定各因子在识别犯罪少年与正常少年之间是否具有显著意义。其研究结果表明，父亲管教严格、母亲对少年的监督不适当、父母对少年的性意识不关心、家庭不团结、反抗性强、破坏性大、情绪易变、喜冒险等因素是犯罪少年区别于非犯罪少年的显著特征。他们还认为，违法倾向早在6岁时就可以精确地诊断出来。

格卢克夫妇的早期行为预测在受到社会学家肯定的同时，也受到不少批评。批评的主要理由是：儿童是否会发展为犯罪少年，在其五六岁时就能决定，有宿命论之嫌；并且如果预测失实，儿童在幼年时即被指认为潜在的犯罪少年，将影响其名誉，有侵害人权之嫌。批评者认为，人在五六岁以后所受的各种刺激以及青春期的特殊心理状态对于其是否会违法犯罪有较大的影响，五六岁之前的经历未必能决定青春期的行为。

2. 再犯预测

国外对再犯罪风险预测的研究经历了四代演进：从非结构化的临床判断（第1代）到由静态因子评估组成的精算风险预测（第2代），从结合静态与动态风险需求因子的综合精算评估（第3代），再到动静态因子风险评估与个案管理策略的结合（第4代）。

早期，在各国再犯预测研究中，具有代表性的预测方法是美国的伯吉斯、格卢克及德国的希德（Schiedt）等人的方法，其他学者以这些方法为基本型而设计出更多的变型。[①] 如今，再犯风险预测研究则注重将静态风险因子与动态风险因子、罪犯风险与罪犯犯因性需求、统计的准确性与评估者的灵活性结合，尤其是以加拿大为首的西方国家，建立并形成了一套完整的罪犯风险评估体系，发展趋势已经大步迈向针对不同类型群体或罪犯工具的开发与使用。

（1）伯吉斯的再犯预测研究。最早从事假释成败研究的是美国芝加哥大学的伯吉斯教授。他在1928年发表的《伊利诺伊州不定期刑及假释制度》中，开始研究假释的成败与否。他对伊利诺伊州的彭的克（Pontial）、门那尔（Mennard）和朱利（Juliet）三个矫正机构所假释的3 000名犯人（各1 000名）进行了详细调查，调查其假释前的生活经历，以及有关的其他情况，从收集的资料中，选出21个预测因素（见下表），对假释犯人的再犯可能性进行预测，创立了假释犯重新犯罪的预测方法。在进行预测时，将各因素用分数表示，按各假释者的情况，给各预测因素打上不同的分数，然后根据所得分数的多少，制成分数与假释成败的关联表，分数越高，假释成功的可能性越大；反之，成功率则越低。

（2）格卢克夫妇的再犯预测研究。1930年，格卢克夫妇出版了《500名犯罪人的经历》一书，用自己独创的方法对假释者的再犯情况作了预测研究。他们使用专门的

① 参见张甘妹：《犯罪学原论》，273～281页，台北，三民书局，1995。

调查人员，对1919—1920年间由麻省矫治机构所假释的510名男性犯罪人作实地调查，收集了入监前、入监中、假释中及假释后四阶段中各种资料，选出犯罪可能因素共50个。然后运用统计技术，选出与犯罪具有重大关联的8个因素，作再犯预测。预测时，按犯人的情况对每项因素打分，然后算出总分，并在最高总分与最低总分之间划出若干等级，就各等级计算犯罪人与假释成败之间的百分比，预测再犯率的大小。根据这种预测法，假释成败的观察期间可长达假释期满后的15年之久。

（3）希德的再犯预测研究。1935年，希德调查了1931年间由巴弗里亚监狱释放的500名罪犯，从他们的生活史中选出与再犯关联性较大的15个因素，仿效伯吉斯的方法，作再犯预测研究。

资料：

表1　世界各国（地区）著名再犯预测研究检选出的预测再犯的因子①

	伯杰斯	格卢克夫妇	希德	欧林	台大法律所	张甘妹
1	犯罪性质	勤劳习惯	遗传负因	罪名	犯罪类型	犯罪者类型
2	共犯人数	犯罪重度与次数	先系之犯罪	判决刑期	判决刑期	判决刑期
3	国籍	本犯以前检举	不良的教育关系	犯罪人类型	初犯年龄	受刑经验
4	双亲状态	收容前受刑经验	不良的学业成绩	家庭状态	婚姻状态	初犯年龄
5	婚姻状态	判决前经济责任	学徒之半废	家属的关心	犯罪时职业	配偶状况
6	犯罪类型	入狱时精神异常性	不规则的上班	社会类型	勤劳习惯	文身状况
7	社会类型	在监中违反规则频度	18岁之前之犯罪	职业经历	不良交友关系	
8	犯罪行为	假释期间的犯罪	4次以上前科	出狱后工作的适当性	家庭经济责任	
9	居住社会大小		特别迅速的累犯性	居住社区		
10	近邻类型		涉及他地区之犯罪	共犯人数		
11	捕时有无定住		性格异常	人格		
12	宽大处理与供述		引酒嗜癖	精神病学预后		
13	收容有无经过小犯罪答辩		狱中一般行状之不良			
14	宣告刑性质与长度		36岁之前之释放			
15	假释前实际所服刑期	释放后不良的社会关系				
16	以前犯罪记录					

① 本表根据张甘妹教授、许春日教授、黄兴瑞教授、马傅镇教授的研究编写。

续表

	伯杰斯	格卢克夫妇	希德	欧林	台大法律所	张甘妹
17	以前职业记录					
18	机构内惩罚记录					
19	释放时年龄					
20	智能年龄					
21	性格类型及精神医学的诊断					

表 2 预测因子的排序

预测因子	因子出现次数	百分比
1. 犯罪经历（犯罪累积次数、释放到重新犯罪的时间等）	6	100%
2. 受刑经历（次数、刑种、刑期等）	6	100%
3. 家庭结构与联系（父母、配偶等）	5	83%
4. 职业经历（种类、连续性等）	4	67%
5. 初犯年龄	3	50%

资料来源：孔一：《再犯预测基本概念辨析与选样方法评价》，载《江苏警官学院学报》，2005（6），22 页

（4）服务调查级别（修订版）。服务调查级别（修订版），也叫作 LSI-R（Level of Service Inventory-Revised，Andrews & Bonta，1995 年）[①]，是一种建立在理论上的罪犯人身危险性与再犯风险评估方法，美国近期研究采用最广泛的罪犯分类方法。

LSI-R 的起源可以追溯到 20 世纪 70 年代末期，当时缓刑和假释官员感觉到需要有更明确的方法来确定罪犯的监督层次和服务类型。他们认为，监狱资源是有限的，应该根据罪犯的危险的级别和对服务的需要来分配。根据这种实践需求，研究者试图设计一种操作性强并且简单易用的定量方法来帮助司法人员作出分类决策。在研究的初期，研究者认为这种方法应该包括相对比较完整的一系列因素，主要涉及对罪犯的法律和职业方面的监督水平。在这个基础上产生的危险/需求指标就是 LSI-R。LSI-R 确定了 54 个危险和需求项目，每一项得分是 0（回答“是”）或者 1（回答“否”），这些项目分布在 10 个子部分中。

LSI-R 中的项目是根据研究文献中发现的与犯罪行为相联系的因素而确定的，同时，它们与犯罪学理论也密切相关。LSR-R 的“四大”亚成分是犯罪史、同伴、态度（倾向）以及情感（个人状况）。从理论上讲，几乎所有 LSI-R 中的项目可以从犯罪心理形成的原因中得出（Andrews，1982 年）。[②] 关于 LSI-R 预测有效性的研究一

① See Andrews，D. A.，& Bonta J.，*The Level of Service Inventory-Revised*，Toronto：Multi-Health Systems，1995.

② See Andrews，D. A.，*A Personal*，*Interpersonal and Community-reinforcement Perspective on Deviant Behaviour*（PIC-R），Toronto：Ontario Ministry of Correctional Services，1982.

致证实 LSI-R 可以被用来预测不同罪犯群体（土著居民、精神病人以及女性罪犯）在不同的环境（缓刑、监狱或中途之家）中的再犯可能性。

服务调查级别（修订版）

犯罪历史

____1. 任何先前的定罪（18 岁后）的数目（　　）
____2. 先前有两次或更多的定罪
____3. 先前有三次或更多的定罪
____4. 三次或更多的目前的违法行为（　　）
____5. 16 岁前被捕
____6. 曾经被定罪入狱
____7. 越狱记录
____8. 曾经因行为不当在狱中受惩罚数目（　　）
____9. 先前社会监督中被起诉或缓刑/假释被取消
____10. 攻击/暴力的官方记录

教育/职业

____11. 目前有工作
____12. 经常失业
____13. 一整年没有工作
____14. 曾经被解雇

学校或在校时

____15. 低于 10 年级
____16. 低于正常的 12 年级
____17. 至少一次被停学或开除
如果是家庭主妇/夫，领年金者：只回答＃18。
如果在校，工作，或失业：回答＃18，＃19，＃20。
____18. 参与情况/表现
____19. 与同事的交往
____20. 与上司的交往

财务

____21. 财务问题
____22. 依靠社会救助金

家庭/婚姻

____23. 不满意婚姻或类似于同居之类的情形
____24. 不满意，父母方面
____25. 不满意，其他亲戚方面
____26. 罪犯—家庭/配偶

住所

____27. 不满意
____28. 过去一年中，三次或更多次住址改变
____29. 高犯罪率社区

空闲/消遣

____30. 近期没有参加有组织的活动
____31. 可以更好地利用时间

同伴

____32. 社会隔绝者
____33. 一些罪犯熟人
____34. 一些罪犯朋友
____35. 很少反犯罪的熟人
____36. 很少反犯罪的朋友

饮酒/毒品问题

____37. 曾有过饮酒问题
____38. 曾有过毒品问题
____39. 目前有饮酒问题
____40. 目前有毒品问题
具体什么毒品____________
只有当＃39 或＃40 得分时才用回答＃41～＃45 项
____41. 违法
____42. 婚姻/家庭
____43. 学校/工作
____44. 医疗
____45. 其他临床指示
指定____________

感情/个人

____46. 适度干涉
____47. 严重干涉
____48. 过去有过精神病治疗
____49. 目前接受精神病治疗
____50. 指示的心理评估
领域____________

态度/趋向

____51. 支持犯罪
____52. 不喜欢常规
____53. 过去对判决反感
____54. 对监督反感

建议：

LSI 总得分____________

（5）罪犯评估体系。罪犯评估体系（The Offender Assessment System，OASys）[①]，是一个结构化的临床评估系统——既依赖于精算的评估方法，又依赖于评估者临床经验的解读，是由英格兰和威尔士的监狱和缓刑系统共同合作开发出来的风险需求评估工具。

OASys主要用于监狱与缓刑的评估，通过对罪犯的档案、卷宗的翻阅与当面访谈，获得一个综合静态因子与动态风险因子的评估。罪犯评估体系OASys由五部分组成：1）再犯风险和犯罪相关因素（Risk of reconviction and reoffending related factors）；2）重大伤害的风险（Risk of serious harm）；3）罪犯评估体系的总结性量表（OASys summary sheet）；4）判决计划（Sentence planning）；5）自我评估。

其中，最主要的"再犯风险和犯罪相关因素"部分又包含12个犯罪相关因素，分别为：犯罪信息、犯罪分析、住所、受教育程度和工作能力、理财和收入情况、人际关系、生活风格、药物滥用、酒精滥用、情感状况（包括焦虑和抑郁）、思维和行为、对犯罪和监管的态度。而重大伤害风险则涵盖指向个体内部与指向外部他人的两方面风险。

与LSI-R相似，罪犯评估体系的各部分分别获得一个子分数，最后再加权合成一个总分。最新版的OASys提供一个一般再犯风险分数（OGP）和暴力风险再犯分数（OVP）。[②] 暴力风险再犯分数（OVP）可预测罪犯的杀人和攻击倾向、威胁和骚扰倾向、是否拥有攻击性武器、违反公共秩序、犯罪行为的破坏性、暴力的获得性犯罪等方面；而一般再犯风险分数（OGP）则只预测再犯，其中犯罪类型上还不包括性罪犯。由此，我们不难看出，OASys罪犯评估系统，不仅仅是提供一个再犯的风险分数，它更多的是对罪犯进行一个系统而全面的分析与评估。

（6）历史、临床的风险管理－20（Historical，Clinical Risk Management-20，HCR-20）[③]，这是一个针对暴力行为的结构化临床评判的风险评估工具，既可用于患有精神障碍的普通公民，又可用于司法和监狱机构中的服刑人员。Cookie将HCR-20评价为"最著名的、基于实证指导的评估工具"[④]。该工具包含20个项目，10个历史的（过去的问题）、5个临床的（最近的问题）以及5个风险管理因素（未来的问题），具体见表18－1。

---

① See Moore，R.（2006），"The Offender Assessment System（OASys）in England and Wales"，*Probation in Europe*，37，pp. 12－13.

② See Howard，P.（2015a）. OGRS 4：the revised Offender Group Reconviction Scale，In R. Moore（Ed.），"A compendium of research and analysis on the Offender Assessment System（OASys）"，*Ministry of Justice Analytical Series*（pp. 152－178），London：National Offender Management Service.

③ See Douglas，K. S.，Hart，S. D.，Webster，C. D.，& Belfrage，H.（2013），"*HCR20V3：Assessing risk of violence-User guide. Burnaby*"，Canada：Mental Health，Law，and Policy Institute，Simon Fraser University.

④ Cooke，D.（2000）. Annex 6，"Current risk assessment instruments. In Scottish Executive"，*Report of the committee on serious and violence offenders*，Edinburgh：Scottish Executive.

表 18-1 HCR-20 量表的成分

历史项目（过去的问题）	暴力史、其他反社会行为、人际关系、就业情况、物质滥用、主要的精神障碍、人格障碍、创伤性经历、对暴力的态度、对矫治和监管的反应、其他方面；
临床量表（最近的问题）	洞察力、暴力思维能力和意向、主要精神障碍症状、不稳定性、对矫治和监管的反应、其他方面；
风险管理（未来的问题）	专业的服务和计划、生活境况、个人社会支持、对矫治和监管的反应、压力和应对方式、其他方面。

资料来源：Douglas，K. S.，Hart，S. D.，Webster，C. D.，& Belfrage，*H. HCR20V3*：*Assessing risk of violence-User guide*. Burnaby，Canada：Mental Health，Law，and Policy Institute，Simon Fraser University，2013

HCR-20 最新的第三版在早期临床经验的基础上，通过整合临床实践与实证研究改进而来。因此，HCR-20 是具有科学性的，既反映临床经验的指导又遵循实证获得的规律[①]，其应用于各类人群（暴力精神病患者、社区和监狱系统中的普通公民和罪犯）中均显示出良好的预测力。

（7）风险需求的结构化评估与风险矩阵（Structured Assessment of Risk and Need，SARN）[②] 是典型的用于指导性罪犯矫治和干预工作的风险需求评估工具。它是一种纯粹的精算类风险工具[③]，通过使用风险矩阵 2000（Risk Matrix 2000，RM2000）来衡量静态风险，即基于早期的结构化锚定临床判断[④]与静态－99[⑤] 量表，通过“两步走”的方式来判断罪犯的风险水平是处于哪个层级（低/中/高/非常高）。

该工具的整个评估步骤与过程如下。

首先，采用风险矩阵 2000 评估工具来测量个体的静态风险：1）通过对性犯罪数量、犯罪数量、罪犯从监狱释放的年龄的评估提供一个初步风险评估；2）考虑是否存在恶化因素进而对初步判断进行调整。

其次，在静态风险水平确定后，进行风险需求的结构化评估。对 16 种动态风险因子进行评估，此处用于评估个体是否存在某种动态风险因子，是通过实证研究证明与性罪犯再犯相关的因素，这些风险因素主要包括四个方面：性利益、扭曲的态度、社会和情感功能以及自我管理。利用心理测量的数据、个人过往信息、面谈材料和档

---

① See Douglas，K. S.，Guy，L. S.，& Weir，J.（2006），*HCR-20 violence risk assessment scheme*：*Overview and annotated bibliography*，Burnaby，Canada：Department of Psychology，Simon Fraser University.

② See Thornton，D.（2002），“Constructing and testing a framework for dynamic risk assessment”，*Sexual Abuse*：*A Journal of Research and Treatment*，14，pp. 139－153.

③ See Thornton，D.，Mann，R.，Webster，S.，Blud，L.，Travers，R.，Friendship，C.，& Erikson，M.（2003），Distinguishing and combining risks for sexual and violent recidivism，In R. A. Prentky，E. S. Janus，& M. C. Seto（Eds.），“Sexually coercive behavior：Understanding and management（pp. 225－235）”，*Annals of the New York Academy of Sciences*，989，pp. 225－235. New York：New York Academy of Sciences.

④ See Thornton，D.（1997），*Structured anchored clinical judgement*，Paper presented at the NOTA Annual conference，Southampton.

⑤ See Hanson，R. K.，& Thornton，D.（1999），*Static 99*：*Improving the predictive accuracy of actuarial risk assessments for sex offenders*，Ottawa：Public Works and Government Services Canada.

案记录，对每个动态风险因子进行评分：0/1/2（不存在—存在但不是中心特质—中心特质）。16个因素每项评价两次，第一次收集罪犯连续犯罪之间的关联，第二次则侧重于个体日常生活方面。这与之后的“针对性”矫治密切相关。

（8）精神病态评估量表（Psychopathy Checklist-Revised，PCL-R）[1]，是一个用于指导临床评估、为精神病态患者的诊断提供框架的工具。在世界范围内，PCL-R被视为“诊断精神病态的黄金标准”[2]。此外，因该工具在成年男性和青年男性的暴力再犯评估中显示出良好的预测力[3]，因此，它被广泛应用于临床与司法实践领域。

PCL-R由Hare开发，包含20个项目，覆盖人口统计学、犯罪学、社会学和心理学领域，具体条目为：表面吸引力、浮夸的自我价值感、刺激寻求/易感无趣、病态说谎、操纵感/控制欲、缺乏同情心或内疚感、无情感深度/缺乏共情能力、麻木、寄生式的生活方式、低行为控制力、混乱的性生活、早期行为问题、缺乏长远计划、冲动性、无责任感、不能为自己的行为负责、频繁婚姻失败、青年时期的违法行为情况、不良缓刑记录或其他的释放记录、擅长犯罪。

通过综合访谈、查看档案卷宗与回顾历史案例来判断个体是否存在这20个项目，将每个项目进行0/1/2评分，最高分为40分。Hare将得分“30”设为是否存在精神病态的临界点，即得分30以上（含30）的人才能被认定为存在精神病态。[4]

总的来说，再犯风险评估工具的更迭，紧紧围绕“风险评估有效性”这一问题，经历了四个阶段的发展，一代又一代的风险评估工具的涌现、后浪推前浪的迭代更替，使得“哪些因素真正有用、真正具有预测力”“哪些因素无用”的面纱一层一层地逐步揭开[5]，并形成了较为成熟的再犯罪风险测评工具与系统。

（二）国外犯罪心理预防理论

犯罪学家对犯罪原因的研究，出发点往往是为了更好地理解犯罪现象，从而提出有效的对策以预防犯罪的发生。可以说，犯罪原因理论与犯罪预防理论密不可分。但是，犯罪原因理论与犯罪预防理论是不完全一致的。犯罪原因理论着力于解释人为什

---

① See Hare，R. D.（1991），*The Hare Psychopathy Checklist-Revised*，Toronto，Ontario：Multi-Health Systems.

② Morana，H. C. P.，Arboleda-Flórez，J.，& Camara，F. P.（2005），“Identifying the cut-off score for the PCL-R scale（psychopathy checklist-revised）”，in a *Brazilian forensic population*. *Forensic Science International*，147，pp. 1－8.

③ See Hart，S. D.，Hare，R. D.，& Forth，A. E.（1994），“Psychopathy as a risk marker for violence：Development and validation of a screening version of the Revised Psychopathy Checklist” In J. Monahan & J. Steadman（Eds.），*Violence and mental disorder*：*Developments in risk assessment*（pp. 81－98），Chicago，IL：University of Chicago Press，Forth，A. E.，Hart，S. D.，& Hare，R. D.（1990），“Assessment of psychopathy in male young offenders” *Psychological assessment*，2，pp. 342－344.

④ See Hare，R. D.（1991），*The Hare Psychopathy Checklist-Revised*，Toronto，Ontario：Multi-Health Systems.

⑤ 参见曾钰泽、孙嘉秀、马皑：《罪犯风险评估的演变过程探析》，载《法制与经济》，2020（10），123－124页。

么会犯罪，而犯罪预防理论则是以对犯罪原因的理解为基础，着力于构建抑制个体犯罪性的方法系统。因此，犯罪原因理论是犯罪预防理论得以形成的前提，但并不能完全代替犯罪预防理论。然而，在众多的犯罪预防理论中，可以被明确视为犯罪预防的心理学理论并不多见，只是在一些预防犯罪的理论中，可以发现研究者对于犯罪心理形成机制及其与犯罪预防的关系仍然有自己的独到见解。本章将对这些理论作一些介绍。

1. 古典理论

贝卡利亚（Cesare Beccaria，1738—1794 年）于 1764 年发表的《论犯罪与刑罚》标志着古典学派的诞生。在 18 世纪，刑事司法制度是以残酷的惩罚为特征的。这种惩罚的目的，从表面上看，是一般预防，是通过严酷的刑罚来达到预防犯罪的目的。

古典理论的代表人物贝卡利亚反对使用酷刑，提出了一种替代的但同时也保留了惩罚和威慑的范式（paradigm）。贝卡利亚的目标是，确立一个按比例分配的量表，在这个量表中，犯罪越严重，惩罚就越严重。他提出了一个可以测量的刑罚价目表，在每一点上，刑罚威胁的痛苦，仅仅超出实施犯罪行为所预期的快乐。这实际上是以刑罚的威慑性来实现一般预防的效果。为了实现刑罚的预防目的，贝卡利亚提出了刑罚适用的原则，即刑罚的必要性、确定性和及时性。他认为，一种正确的刑罚，它的强度只要足以阻止人们犯罪就够了；刑罚的确定可以降低刑罚的严酷性，以比较小的刑罚代价换取较大的阻止犯罪的功利效果；此外，犯罪与刑罚之间的时间间隔得越短，在人们心中，犯罪与刑罚这两个概念的联系就越突出、越持续，因而，人们就很自然地把犯罪看作起因，把刑罚看作是不可缺少的必然结果。①

刑事古典派还主张通过刑罚对潜在的犯罪人的心理强制来实现犯罪的一般预防，即通过对违法者处以公正、人道的刑罚来达到保护公共安全的目的。费尔巴哈（Feuerbach，1775—1833 年）是这种观点的代表人物。费尔巴哈的心理强制论是以将人作为自然的存在者来考察为前提的。由于人是一种自然的存在者，其行为受自然规律的支配，趋利避害就是自然规律之一。费尔巴哈认为，所有违法行为的根源都在于个体的心理动机，它驱使人们违背法律。因此，国家制止犯罪的第一防线应是道德教育。然而，教育不能让所有人都产生守法动机，国家还必须建立以消除违法心理为目的的第二道防线，即心理强制。费尔巴哈认为，人的违法心理的形成，是受隐含于违法行为中的快乐以及不能得到该快乐所带来的不快与诱惑力所驱使。费尔巴哈指出，使违法行为中蕴涵某种痛苦，已具有违法心理的人就不得不在违法行为可能带来的乐与苦之间进行细致的权衡，当违法行为所蕴涵的苦大于其中的乐时，个体便会基于舍小求大的本能，回避大于违法之乐的苦，自我抑制违法的动机，使之不发展成为违法行为的动力。因此，费尔巴哈认为，刑罚的威吓能起到心理强制的作用，实现一般预防的目的。

① 参见［意］贝卡利亚：《论犯罪与刑罚》，黄风译，56～57 页，北京，中国大百科全书出版社，1993。

古典理论的基础是将人看成是具有自由意志的人，个体实施犯罪行为是基于其自己的选择，而非其他原因。总体上说，贝卡利亚并不关心犯罪的原因，而是基于其人道主义的立场，希望通过更具有人性化的惩罚来遏制犯罪行为。然而，人并非都是理性的人，当个体因各种原因产生犯罪动机时，刑罚是否能起到促成反对动机形成的作用，是难以预料的。事实上，古典主义理论并没有在当时起到有效地预防犯罪发生的作用。

2. 实证主义的预防理论

与古典主义的纸上理论不同，实证主义的科学精神在当时监狱罪犯爆满的条件下得到了较好的满足。

实证主义犯罪学起始于1876年龙勃罗梭《天生犯罪人论》的出版。龙勃罗梭断言存在着天生的犯罪人，他认为“天生犯罪人”是具有隔代遗传和病理关系物质性特征的人，是本性生而为恶者，他们的犯罪是自然的、不可避免的，因此，任何社会预防及心理预防对“天生犯罪人”不起作用。其弟子菲利通过对犯罪原因的分析提出了犯罪饱和理论，但他并没有得出“犯罪是不可预防的”结论，相反，他指出，犯罪是可预防的，“犯罪的差额是由物质条件和社会条件决定的。通过改变最易改变的社会环境，立法者可以改变自然环境及人的生理和心理状况的影响，控制很大一部分犯罪，并减少相当一部分犯罪”①。菲利认为，一个人或许有天生的犯罪倾向，但他如果处在良好的环境之中，就有可能到死也不违反任何刑法条文及道德信条。由于刑事古典学派将预防犯罪的手段主要局限于刑罚方法，主张通过法律进行威吓，因而预防犯罪只不过是纸上谈兵。菲利认为，为了社会防卫的目的，必须求助于最有效的替代手段。龙勃罗梭在其晚年的著作中，吸收了菲利关于刑罚替代物的思想，认为即使不能制止犯罪，至少也可找到减少犯罪原因的方法，即刑罚替代物。菲利具体论述了刑罚替代物的一些设想，例如，在经济领域，通过自由贸易、防止饥荒，减少侵犯财产的犯罪；在政治领域，通过协调政府和民族的愿望来预防暗杀、叛乱等政治犯罪；在教育领域，书本教育可以使某些明显的诈骗更困难，传播法律知识可以在降低作为偶犯特征的缺乏远见的程度方面起到很大作用。通过上述菲利的预防犯罪措施，可以发现，在一定程度上，他所表达的是期望通过提高人们的被害预防意识及法律意识来减少犯罪机会，并遏制人们的犯罪动机产生的心理预防思想。

3. 精神分析理论

弗洛伊德认为，人天生富有犯罪性、破坏性和对性欲的要求，但大多数人由于有控制的能力，所以没有犯罪。如果没有培养出控制冲动的能力，则就有可能变成犯罪人。

弗洛伊德的精神分析理论关于父母与儿童的冲突、不良的抚养技能、较早涉入反社会行为等因素与犯罪行为之间的相关关系得到很多研究的支持（Andrews，2003年）。②

① ［意］菲利、恩里科：《实证派犯罪学》，郭建安译，184页，北京，中国人民公安大学出版社，2004。

② See Andrews，D. A. & Bonta，J.，*The Psychology of Criminal Conduct*，third edition，Cincinnati，OH：Anderson，2003，p. 298.

弗洛伊德提出了培养儿童自我控制能力的方法：父母要教育孩子在一定限度内抑制某些欲望。对于已经形成心理冲动的人，弗洛伊德提出了精神分析疗法，使用催眠术或采用诱导性谈话的办法，使病人产生自由联想，主动说出导致精神分裂的个人隐私及内在的精神压力。关于精神分析疗法对预防犯罪的作用，格卢克夫妇认为，长期的心理分析可能会太昂贵，不能被广泛用于犯罪预防及矫治。[①] 而根据安德鲁斯（2003 年）等人的分析，心理分析中有一些有利的因素（如移情关系的重要性，与治疗者认同的可能性等），在其他的预防犯罪的咨询方法中也经常出现。

4. 不同接触理论

不同接触理论（Different-association）的创立者萨瑟兰认为，犯罪行为和其他行为一样是习得的。他强调环境对个人的影响，认为家庭、邻里、同辈等初级群体和社会环境，往往对个人的态度与价值、动机及行为发生重大作用，要预防个体犯罪，就应当控制和消除环境中的不良因素，避免个体和不良刺激物接触。

5. 情境犯罪预防理论

情境犯罪预防（situational crime prevention）策略由美国学者克拉克（Ronald Clarke）首倡。它强调犯罪的“情境”因素，包括犯罪的时空、机会和条件等对犯罪人理性抉择和犯罪决策的影响。克拉克认为，当犯罪的利益超过其成本（代价）时，犯罪即可能发生，所以，针对某些特定的犯罪，以一种较为系统和常设的方法对犯罪可能利用的环境加以规划和管理，以增加犯罪的难度和风险，减少可能的犯罪回报，能够达到预防犯罪的效果。依据这一假设，克拉克提出了一些具体措施，这些措施包括目标的强化、防卫空间的设计、社区犯罪预防策略以及疏导和转移犯罪人远离被害人的策略。

情境犯罪预防理论的发展与理性抉择理论（rational choice theory）和例行性活动理论（routine activities theory）是密不可分的。理性抉择理论认为犯罪人的犯罪决意是十分理性的，犯罪通常是由犯罪人对自己行为可能付出的代价与可能获得的利益之间作成本效益分析的结果。例行性活动理论则认为犯罪是由犯罪动机、合适目标和缺乏犯罪抑制物互相作用的结果。

情境犯罪预防理论否定对犯罪的心理学的假定，例如，杰弗利（Jeffery）认为，这种假定对犯罪人的理解主要着力于犯罪人的动机，而犯罪动机可能永远也不能被证实。对犯罪动机的了解，常常发生于犯罪发生之后，因此，犯罪动机是很难真正被预防的。他赞成行为主义的行为模式，即个体是对环境刺激产生反应，据此，可以通过环境的技术设计而排除犯罪的刺激物。[②] 犯罪预防应考虑生物遗传和环境因素的互动

---

① See Glueck, S. & E. T. Glueck, *Unraveling Juvenile Delinquency*, Cambridge, MA: Harvard University Press, 1950.

② See Gilling, Daniel, *Crime Prevention: Theory, Policy and Politics*, London: UCL Press, 1997, p. 55.

关系，都市的环境设计和规划要考虑减少人际隔阂、加强人际交流的需要。

第二节　犯罪心理预测

犯罪心理预测是始终困扰研究者与司法实践部门的一个难题。犯罪心理预测的可能性是理论层面的问题，已在前文中作了讨论；而犯罪心理预测的准确性，不仅是理论问题，更是实践层面的问题，其一方面关系到犯罪心理预防工作的针对性，另一方面也关系到被预测对象的社会评价。要解决犯罪心理预测的准确性及产生的社会效应，需要重点关注犯罪心理预测的技术和方法的科学性，以及犯罪心理预测的适用对象。

一、犯罪心理预测技术

犯罪心理预测的技术主要体现在预测表的制作和相关信息的收集上。

（一）预测表的制作

1. 预测因素的选择

制作预测表的关键是预测因素的选择。首先，应当根据理论研究选择与犯罪心理结构形成有显著关系的因素作为备选的预测因素。其次，运用统计技术计算各因素与犯罪心理结构形成相关联的程度，以作为取舍的标准。为了预测表使用上的简便，因素的数目不宜过多。

2. 预测因素的数量化

对于所选定的若干个预测因素，依其与犯罪心理结构形成相关联的程度，给以适当点分数。也就是说，以点分数表示各因素与犯罪心理结构形成的关联程度，根据得到的点分数的多少，测量犯罪可能性的大小。预测因素给点分数的方法，因学者的研究方法的区别而有所不同。

3. 预测表的制作

分别计算各预测因素所得的点分总数，依得点分总数的多少分成若干阶段，制成得分多少与犯罪可能性的关联表即预测表，作为犯罪心理预测的工具。

（二）资料的收集

收集资料的方法有两大类：（1）展望法。对于确定为预测对象的人，选定必要的预测时限，如对初犯的预测，可定在少年期开始；对重新犯罪的预测，可定在入监时或释放时。然后确定是进行短期预测（2 年～3 年）或长期预测（如 5 年或 10 年）。在此期间，把认为与初次违法犯罪或重新犯罪有关的资料，全部或重点地按调查对象分别收集起来，进行综合分析。（2）回溯法。对于确定为初犯预测或重新犯罪预测对象的人，采用回溯到预测所需要的那个时限的记录资料，或让调查对象及其周围的人进行回溯而取得预测所需要的资料，再对全部资料进行综合分析。展望法花费的时间长，耗力大，因此，在实际调查时多用回溯法，但要保证回溯法所得资料的可靠性，是相当困难的。因为，无论是预测对象或是有关人员的记忆，都难免与过去的事实真相有误差。如果预测对象不愿配合预测，则提供的资料更不可靠。

收集预测资料的方法主要有观察、谈话、调查访问、问卷以及活动产品分析等。这些方法要综合运用，从而可以较全面地对预测对象的犯罪风险作出准确的评定。预测对象的现在是由过去演变而来的，也是未来发展的基础。因此，收集资料时，应当重点了解预测对象的现实状况，一方面要重点收集反映现实状况的资料，另一方面也要注意收集过去的资料和预示未来的资料。最能充分反映现实状况的资料是行为观察和活动产品分析。谈话和调查访问，既能得到过去的情况，也能了解现实的表现，还可以得到一些展望未来的信息。问卷法一般是根据理论和定性研究，制作一份对被观察者的家庭社会状况、态度、个性等进行量化考察的问卷，或根据已形成的预测表，通过被观察者与待测项目相符合的程度来评判其犯罪风险的方法。

二、犯罪心理预测的适用范围

犯罪心理预测既可适用于对初犯可能性的预测，也可适用于对重新犯罪可能性的预测。

（一）初犯可能性预测

1. 初犯可能性预测的适用对象

初犯，在此指初次违法犯罪。初犯可能性预测主要适用于青少年，即 14 岁～25 岁之间的少年和青年。其理由如下：

（1）青少年犯罪是一个突出的社会问题，并且青少年阶段也是初次违法犯罪发生的主要年龄段，因此，在青少年中开展初犯预测，并结合预测结果有效地进行犯罪心理预防。从微观上来说，对于帮助青少年完成正常的社会化过程有重要作用；从宏观上来说，对于扭转社会治安形势，抑制犯罪现象恶化具有十分重要的意义。

（2）青少年大多集中在学校，便于犯罪心理预测工作的开展。学校作为教育场所，一方面，担负着传授知识的责任；另一方面，还必须承担帮助青少年完成社会化的重任。学校教育的成败得失，对青少年一生的发展起着关键作用。如果学校都具有预防青少年犯罪的意识，并将犯罪心理预测作为教育工作的一个组成部分，将会有力地促进犯罪心理预测的开展。当前学校工作中存在的主要问题是，为追求升学率和减少管理上的难度，倾向于将问题学生推向社会，而失去了教育和挽救问题少年的功能。

（3）走出校门的青少年，大多还没有脱离父母的管教和单位领导的管理。这也便于单位和家庭互相配合，进行犯罪心理预测。相反，中年人和老年人，由于独立性较强，不便于预测工作的开展。需要注意的是，随着农村家庭的劳动力大量流入城市，农村留守儿童和少年增多，这部分未成年人缺少父母的关爱与关注，易误入歧途而犯罪。

2. 初犯预测的主要方法

根据犯罪征兆进行预测是初犯预测的主要方法。所谓犯罪征兆，就是犯罪人在犯罪前出现的征候、苗头或异常现象。美国学者玛丽·拉姬安提指出，学校的青少年犯罪预防工作重点是，要求教师在孩子们很小的时候就发现苗头。20 世纪 80 年代对“职业罪犯”的研究表明：在美国，15 岁～17 岁的青少年犯罪很普遍。在英国，特里·莫菲特（Terrie Moffitt）研究了青少年罪犯和少数终身职业罪犯的区别，她最后得出的结论是：有相当比例的终身持续性罪犯有早期的反社会行为（在美国，有很大比例的罪犯曾被认定有反社会行为）。拉姬安提认为，该研究的意义在于：这样的问题孩子，如果由可靠的仪器和医生确诊的话，就有可能得到帮助，而不会蜕变为十足的罪犯。因为行为越轨是反社会行为的先兆，因此，我们尤其应当注意孩子早期的越轨行为，从而可以及时进行干预和帮助。①

个体犯罪心理的形成，总有一个过程，随着这一过程的发展，必然要发生相应的外在行为表现或显露某些迹象。初犯在犯罪之前心理冲突激烈，外在表现突出，容易被察觉；再犯者由于有了犯罪经验，活动隐蔽，善于掩盖，往往以假象蒙骗他人，不容易露出破绽，不易被人察觉。但犯罪征兆既然是客观存在的，那么不管犯罪人怎样隐蔽和竭力掩盖自己的心理活动，总还会流露出来，只要细心观察、认真分析，是完全能够掌握的。

（1）犯罪征兆的主要体现

第一，人际关系的变化。已经产生犯罪意识的人，在人际关系、交往等方面往往出现一些变化，如疏远要求上进、作风正派的人；厌烦家长、老师、领导的教育帮助，以至于常常发生顶撞；与品质不良的人交往甚密；等等。需要注意的是，青春期的少年，对家庭和学校的叛逆心理较为突出，同样也可能有上述表现。预防工作者需要注意区分叛逆意识与犯罪意识，防止扩大预防对象的范围。

第二，物质需要的变化。青少年犯罪意识的产生往往与恶性膨胀的物质需要密不可分，已经形成犯罪意识的人常常过分追求物质上的享受。由于他们在经济上大多没有稳定的来源，这种需求就超出了他们的实际支付能力，因而极有可能藏匿不义之财或希望取得不义之财。

第三，日常行为的变化。有犯罪可能性的青少年，在日常行为方面往往有较为明显的改变。根据我们对未成年犯罪人的调查②，发现那些易犯罪的未成年人在日常行为方面有一些较为突出的特点。主要表现在如下几个方面：一是逃学甚至辍学；二是在学校公开顶撞老师或形成小帮伙，不服老师或学校的正常教育和管理；三是频繁去

---

① 参见［美］玛丽·拉姬安提：《预防犯罪的新思路：美国的经验》，载《公安学刊》，2007（1），29～32 页。

② 笔者于 2011 年 7 月至 8 月在看守所访谈了数十名处于审查起诉和审判阶段的未成年在押人员。

网吧上网；四是出入游戏厅等娱乐场所；五是有较为稳定的社会交往群体，群体成员多为同类型的厌学者或社会闲散人员。

第四，性心理方面。性犯罪虽有相对独立性，但一些财产犯罪、暴力犯罪也与性心理有因果关系，因此，性心理方面表现出的异常，也是犯罪征兆的重要组成部分。需要注意的是，青少年生理发育上的变化，必然会引起其心理的变化。这期间，有的青少年对异性怀有一种特殊的好感，喜欢接近；有的还存在好奇心和神秘感，这些都属于性意识逐渐明确的表现，需要加以关注的行为主要是一些异常的行为，如热衷于看淫秽书刊、色情录像等。

（2）预测犯罪征兆的方法

第一，观察法。这种方法最适合用于同被观察者经常接近的父母、老师。父母、老师易于同被观察者在自然条件下接触，有利于发现被观察者不加掩饰的心理痕迹。观察的范围应当包括日常活动规律、兴趣、爱好、学习和工作态度、社交活动、处理事务方式以及情感表现等。这种观察应在与被观察者的接触中随时进行。在掌握了行为资料后，再较系统地分析被观察者的心理活动，包括其社会交往结构和需要结构、情绪情感特征、人生观等，从中发现可能犯罪的征兆。

第二，谈心法。如果预测对象已经形成犯罪心理，谈话很难深入进行，因为谈话对象已具有掩饰其真实想法的意识，以防犯罪意识被他人窥破。因此，谈心最好由观察对象较为认可的家长、老师、领导进行，也可由同学、同事、朋友进行，或者由专门的社会工作者来主持谈话。谈心者应当态度诚恳，使对方感到善意；同时也善于沟通，使谈话气氛活跃。谈心者可以通过建立亲和关系的方式引起对方谈话的欲望，进而展开广泛、深入的思想交流。在谈话时，要注意谈话的目的，防止自己滔滔不绝地说，不给对方谈出其感受的机会。

第三，活动产品分析法。这种方法是从被预测者活动的产品中，即在主观转化为客观的实物里面去寻找其心理痕迹。任何活动必然有其成果，如生产的物品、学习的作业、兴趣活动的成果、个人日记、上网浏览的页面等。这些活动产品，不仅是个体劳动的收获，也是个体心理活动的外在表现。通过对活动产品的分析，会从中发现预测对象的心理活动的线索。按照一般规律，不同活动产品中所反映出的心理活动线索的多少也有所差别。那些需要紧张的智力参与的活动产品，所留下的心理痕迹就丰富，反之则心理痕迹不明显。在网络时代，个体感兴趣的网站及相关的网上活动，是典型的活动产品，蕴涵着丰富的行为与心理信息。另外，在分析活动产品时，还必须参照被预测者过去的产品及个性心理，因为只有了解被预测者过去的情况，才能发现当前产品的变化情况；只有了解其个性特点，才能准确判断产品中的差异是否能够表明心理变化的本质问题。从活动产品中可以分析出个体的兴趣指向和情绪状态。如统计被预测者看过哪些刊物、影片、文艺作品；哪些是看过多遍的；哪些情节记忆最清晰，复述时感情色彩最鲜明；哪些情节对他最有吸引力等，就可以发现被预测者的兴趣中心。在职业活动的产品中，情绪状态的表现比较明显，如一个品学兼优的学生的学习成绩开始下降等现象，说明一种消极情绪正影响着被预测者。但这种消极情绪出现不一定都与犯罪有关，尚需配合其他方法深入了解，才能判断真正原因。

第四，调查询问法。这是根据预测需要询问有关人员，查阅有关的档案材料，从中了解预测对象的生活经历和现实表现的方法。调查询问的对象是经过观察、谈心、产品分析发现有犯罪征兆的人。调查询问的项目包括预测对象在工作、学习、生活过程中的表现，在家中的情况，和亲密朋友交往或有劣迹的人接触中的表现，等等。通过调查询问，把他们在不同场合、不同活动和社会交往中的各种心理现象和行为表现收集起来，进行综合分析，找出影响被预测者近期表现的主观因素和客观因素以及它们之间的相互作用，为预防犯罪提出建议。

（二）再犯可能性预测

再犯，主要指服刑人员、刑满释放人员或假释者重新违法犯罪。近年来，我国重新违法犯罪率呈上升趋势，因此，做好出狱时的再犯预测，也是犯罪预防体系中的重要环节。

1. 出狱人员再犯罪预测的理论基础

从总体上来说，犯罪预测的理论基础，是犯罪行为发生的规律，即犯罪行为是由一定的原因所引起的。犯罪心理结构是支配犯罪人实施犯罪行为的心理原因，是主体内外因素相互作用、形成综合动力的结果。只要科学分析影响出狱人员的主体外因素及主体因素，以及它们之间的相互作用机制，就能够对其再犯罪的可能性作出推测。

对出狱人员的再犯罪预测，同样遵循这一原理。此外，我们还需要了解重新犯罪与初次犯罪在原因上是有差异的。国内研究者王彬等（2008 年）采用父母教育方式评价量表、童年期创伤史问卷及防御方式问卷，对 100 名在押服刑累犯和 103 名初犯分别进行调查，并对相关因素进行主成分分析。结果发现，童年期创伤史问卷各因子评分均是累犯高于初犯（如情感虐待）；父母教养方式评价量表中除父亲偏爱、过度保护和母亲惩罚严厉因子评分差异无统计学意义外，其余各因子均存在统计学差异（如，父亲情感温暖理解）；防御方式问卷中除掩饰因子外，其余因子差异均有统计学意义（如，不成熟型防御机制）。累犯重新犯罪行为相关心理因素特征值＞1 的主成分有 5 个，分别命名为情感忽视、受虐程度、处事方式、过分干涉、否定与偏爱。其研究结论是累犯重新犯罪行为受多种心理因素的影响，增加对累犯的情感支持与理解，减少不良的教育方式及培养良好的处事方式可作为减少累犯重新犯罪行为的途径。[①] 因此，若要正确预测出狱人员再犯罪的可能性，首先必须了解影响罪犯再犯罪的主体外因素及主体因素。

2. 再犯罪预测的方法

再犯罪预测的方法较多，归纳起来主要有三种形式：（1）根据矫治工作者的经验

① 参见王彬、李宝花、胡峻梅：《重新犯罪行为与童年期创伤的关系》，载《中国心理卫生杂志》，2008（8）。

进行预测。经验来源于对罪犯日常表现的观察、心理测验结果及其变化情况，日常改造成绩考核情况等各种心理诊断的结果。矫治工作者可以根据多种结果，综合分析罪犯的心理矫治状况，从而判断其有无再犯罪的可能性。（2）制定专门的再犯罪预测表，根据分值的高低评价被试者再犯罪可能性。这种方法操作过程简单，有量化的标准，可以说是简单易行。其难度主要体现在预测表的制作上。（3）基于人工智能情感计算技术的再犯风险动态预测模型。该方法可以在不同的时间点采集多项预测因子数据，实施对特定个体犯罪风险的连续时间序列动态评估。①

对于再犯罪预测表，其制作程序可参照前文所述“预测技术”的有关内容。这里主要探讨预测因素的选择。预测因素的选择，是制作一份再犯预测表的关键所在，国外学者在这方面提出了很多种不同意见。例如，美国的格鲁克夫妇提出了三因素，即家庭结构、母亲的监督、父亲的管教；德国的希德提出了 15 种因素，伯吉斯提出了 21 种因素等。

根据国外预测因素选择情况和我国出狱人员再犯罪的原因构成情况，可以选择出适合我国再犯罪状况的预测因素，其中应当包括如下内容：（1）出狱时的年龄；（2）服刑期限；（3）犯罪类型；（4）有无共犯；（5）罪犯各项人格因素；（6）出狱后的安置状况，有无正式的经济来源；（7）家庭结构状况，父母与配偶的态度；（8）社会舆论的支持与拒绝；（9）人际交往群体；等等。

每一因素的分值大小，可以通过罪犯自评和专家评定结果综合而定。达到多少分值具有再犯罪的可能性，需要专家依据经验判断和追踪调查等各种手段，经历一个较长时期才能最后得出比较科学的结论。目前，国内已有一些学者进行再犯预测及预测表制作的实证研究。例如，黄兴瑞在《犯罪与改造研究》2004 年第 8 期发表调查报告《再犯预测研究——对浙江罪犯再犯可能性的实证分析》，揭示影响再犯的社会因素和心理因素，并制作了再犯预测量表。司法部重点科研项目“中国罪犯心理评估系统”已研制完毕，其中的若干分测验，可以对罪犯的重新犯罪倾向进行预测。

关于基于情感计算技术的罪犯再犯风险动态预测模型，其主要可以弥补以往再犯风险评估方法的三大局限性：（1）评估效率低且评估方式依赖人力，再犯风险评估工具大多基于临床专家或监管人员的他评，单纯评估一名罪犯需要数小时，难以在有限的时间内展开大规模、高频率的评估，因而始终面临着单次评估耗时长的问题；（2）测评工具受主观因素影响较大，再犯风险评估工具在编制之初设计项目分数加权和计分方式时就不可避免地受到开发者主观因素的影响，此外，他评的方式也难以规避不同评分者主观差异造成的评估结果的不一致；（3）评估的准确性和灵敏度有待提升，再犯风险评估工具难以反映个体在短期内的动态变化，因而灵敏度较差，且由于测评工具的计分方式较为简单，进而难以对个体“真实”的危险性程度进行准确预测。

---

① 参见马皑、孙晓、宋业臻：《犯罪危险性智能化评估的理论与实践》，北京，中国法制出版社，2020。

基于此，有学者指出，再犯风险评估应当朝着“第五代”发展。第五代罪犯风险评估即智能化罪犯危险性评估，注重对罪犯思想动态、行为动机、情绪变化等各类数据的深入分析与挖掘，包括犯罪危险性静态评估工具的自动化改造以及基于情绪心理学理论与情感计算技术设计的犯罪危险性动态智能化工具的研发。[①] 换句话说，智能化罪犯危险性评估是将动态风险评估系统与传统静态评估工具进行系统整合，建立被评估个体长期情感（情绪）分布特征与人格特征的关联模型，经机器学习训练后，通过被评估者长期情感（情绪）分布特征自动推断其人格特征，进而形成动态一静态融合的智能评估，最终实现“谁更可能实施犯罪行为”以及“在何时更可能实施犯罪行为”的预测。[②]

目前，国内这类罪犯危险性分析模型的建立尚处于初级阶段，最具代表性的动态智能化评估工具是入选中国科学技术协会《2019 前沿领域科技成果推介手册》的“非接触实时动态心理测评系统”。因此，结合我国各地区正加快推进“智慧矫正”建设的现实情况，通过人工智能算法来深入挖掘数据，建构罪犯再犯风险智能化评估体系是具有深远意义的。

第三节　犯罪心理预防

犯罪心理预防包括犯罪心理结构形成的预防和犯罪行为发生的预防。前者是在研究犯罪心理结构形成、发展和变化规律的基础上，为家庭、学校和社会提供犯罪心理预防的建议，以便更好地培养和保护社会成员，特别是青少年的健康成长，防止他们形成犯罪心理。从这个角度进行的心理预防也称为一般预防。后者是在研究犯罪行为发生规律的基础上，为企事业单位、社会团体、人民调解组织、公安机关、检察院、法院、监狱等提供预防突发性犯罪行为的发生，揭露犯罪以及改造罪犯的建议。从这个角度进行的心理预防也称为特殊预防。

一、一般心理预防的内容和方法

（一）一般心理预防的内容

1. 排除和减少主体外环境中的消极因素。美国犯罪学家萨瑟兰的不同接触理论和班杜拉的社会学习理论，都强调个体形成犯罪心理是与不良的环境因素有关，是学习他人的犯罪经验的结果；我国南宋理学家朱熹所说的“近朱者赤，近墨者黑”，也

---

① 参见曾钰泽、孙嘉秀、马皑：《罪犯风险评估的演变过程探析》，载《法制与经济》，2020（10），123～124 页。

② 参见马皑、宋业臻：《情感计算技术如何推动犯罪风险评估工具的发展？》，载《心理科学》，2021（1），52～59 页。

表达了同样的犯罪心理学思想。这些都说明，个体生活在其中的环境及社会交往，对品德的形成至关重要。因此，首先应当加强社会主义精神文明建设，净化社会环境，使个体心理反映的客观现实和生活内容不至于受到诸如暴力文化、色情文化等的污染，以防止犯罪动机的萌生；其次，减少环境中容易诱发犯罪动机产生的情境因素，通过社会治安环境治理形成良性发展的社会心理环境。

资料：

论破窗效应及其在犯罪治理中的应用

由于人们无法获知政府执法效率与秩序安全情况的具体信息，他们就会根据一些容易获知但未必准确的表面信息来判断违法风险大小。当城市街道整齐明亮、无人滋事醉酒、警察定点巡逻、社区生活井然有序时，他们就会潜在地假定社会控制比较完善，执法力量比较强大，大家都能遵纪守法，而对于那些同样信息匮乏的潜在犯罪者来说，他们也会作出犯罪被惩罚的风险比较大的推断，从而遏制自己的犯罪动机。但如果社区日常秩序混乱，被破坏的窗户与汽车会向公众暗示这个社区执法力量薄弱，这会使潜在的犯罪者假定犯罪风险比较低，从而可能由比较轻微的违法行为进一步升级为更严重犯罪。破窗效应还反映了一种普遍的社会心理特征：由于无知而产生的模仿性。信息匮乏不仅使人们产生信息的压力，也会产生规范的压力，信息匮乏使得作出决定的信息依据与规范正当性都成了问题，而在这种情况下，他人如何行为就成为人们一个强大且有用的知识来源。

资料来源：《论破窗效应及其在犯罪治理中的应用》，载《安徽大学学报（哲学社会科学版）》，2015（2），124～136页

2. 防止犯罪心理的形成。生活在同一微观环境中的个体，有的能洁身自好，自觉抵制各种不良习气的影响；有的却反其道而行之，与不良环境同流合污。这种差别产生的原因，在于个体原有的心理是否健康，是否具备良性的心理选择机制。因此，应当引导个体形成正确的人生观、世界观，养成良好的行为习惯，保持积极的情绪情感活动，防止个体形成不良的需要结构。因为具有不良需要结构的个体，在一定诱因的刺激下，较易产生犯罪动机，导致犯罪心理的形成。

（二）一般心理预防的方法

影响和诱发犯罪动机形成的环境因素主要是不良的社会环境，包括大社会环境和小社会环境。小社会环境，包括家庭的不良影响、学校的不良风气以及不良交往等因素。这些不良因素通过各种渠道，通过文化生活的侵蚀来毒化个体的心灵。此外，在大社会环境方面，政府在政治、经济及文化等方面的政策的良善，也会对信仰型犯罪心理、物欲型犯罪心理以及性犯罪心理等的形成产生影响。因此，有必要进行环境因素的预防、排除和减少外在环境中的消极因素。

就个体本身而言，大多数个体的心理活动内容既包含积极的因素，也包含某些消

极的因素，一般来说，积极的因素占主导地位。如果消极因素占主导地位，并且形成相对稳定而有机的结合，在一定条件下，就有可能演化为犯罪心理。因此，一般预防的主要方法，就是要注意加强对个体的社会化过程的监督，使其具有良好品德和文化素养，增强其自身的心理“免疫力”，从而能够有效地防御不良因素的侵蚀，具体来说，在预防个体形成犯罪心理方面，应当主要关注以下几个方面。

1. 个体未成年阶段的健康个性的塑造

在个体未成年阶段，就应当对其实施全面的社会化教育，培养未成年人形成正确的道德观、价值观，掌握正确的认知方式以及一定的知识经验和劳动技能，养成劳动习惯，防止个体的社会化过程出现缺陷。在个体社会化的过程中，家庭承担着十分重要的责任。家庭作为未成年人活动的主要场所，不仅应担负使孩子的身体健康成长的责任，而且还应当担负使孩子的心理健康成长的重任。个体心理健康与否，社会化过程是否顺利，对于其是否能够自觉抵制不良环境的侵蚀有着重要作用。对个体早期发展的研究表明，那些在单调、贫乏环境中成长的婴儿，其心理发展将受到阻碍，并且会抑制他们的潜能的发展。另外，在个体的早期发展中，父母的爱、支持和鼓励容易使个体建立起对初始接触者的信任感和安全感，从而保证其成年后与他人的顺利交往；同时，对子女的过分保护和过分严厉，也同样会影响他们的独立性以及自信心的发展，出现过分的依赖或过分的自我谴责倾向。例如，研究者将教养方式的两个维度，即接纳/反应和命令/控制进行交叉匹配，得到四种教养方式：接纳/控制型（权威型）、接纳/不控制型（纵容型）、冷淡/控制型（专断型）和冷淡/不控制型（未参与型）。对四种教养方式进行比较研究发现，权威型父母的孩子发展得相当好，他们心情愉快，具有社会责任感，自立，有成就定向并且能够与成人和同伴合作良好。专断型教养方式下的孩子一般情绪不稳定，大多数时间都是不愉快的、不友好的，而且容易被激怒。纵容型父母的孩子尤其是男孩通常会表现出冲动和攻击性，他们一般比较粗鲁，喜欢以自我为中心，缺少控制性并且具有较低的独立性和成就感。最不成功的教养方式是未参与型教养方式，这是一种非常放任且具有较低要求的教养方式，这种类型的父母或者会拒绝孩子的要求，或者会由于过度关注自己的事情而对孩子投入极少的时间和精力。这种家庭的孩子在 3 岁时就已经表现出较高的攻击性和易于发怒等外在的行为问题，在儿童后期会表现出行为失调。国内研究人员在调查重庆东南地区未成年人犯罪状况中发现，许多犯罪的未成年人的家庭特点是结构分散，功能失调，放任管教（遗弃儿童，父母的冷漠和忽视），经济困难（父亲劳动报酬低与母亲失业率高），家庭拥挤，父爱或者母爱缺失。研究者认为，此类因素使未成年人脆弱敏感、自卑甚至陷入绝望，因精神空虚、无所事事而在街头游荡，这些现象在一定程度上加剧了青少年犯罪，如盗窃和抢劫。此外，在偏远山区，多数青壮年为了改善家庭经济状况，选择外出打工，基于种种原因无法将子女带走，因而形成了庞大的留守少年儿童群体，这些孩子大多随祖父母生活。由于山区少数民族多散居，这些留守儿童大多缺少交流、学习的对象。一些缺少家庭教育和关爱的留守未成年人，道德和法制观念淡薄，不择手段，冷漠残忍，少数人没有任何是非观可言。[①] 因此，对于这些家庭与社会教育环境缺失的未成年人，教育应当更切合实际。教育工作者及帮扶单位要将对个体健康心理的塑造放在首要位置，而非单纯地提供物质帮助。例如，廖新兰等（2014年）指出，关注留守未成年人，要真正以人为本，关心儿童福利，为其健康成长创造良好的外部条件。不仅在物质上需要给予他们关怀，同时要创造条件给予他们家庭般的温暖，使之感受到社区和社会的关心、关爱。对于有违法犯罪行为的未成年人要多一份关注，帮助其认识社会、适应社会，帮助其树立正确的人生观价值观。[②]

资料：

国内学者采用三维人格问卷、童年期创伤史问卷（CTQ）及自行编制的在押服刑罪犯一般情况登记表对符合纳入、排除标准的400名对象的资料进行收集、整理。根据是否暴力犯罪者分为两组，对两组资料进行比较。研究结果发现，暴力犯罪组童年期创伤史中的情感虐待、躯体虐待、性虐待、情感忽视及躯体忽视等因子分均高于非暴力犯罪组，差异均有统计学意义（$P<0.05$ 或 0.01），表明暴力犯罪行为与童年期创伤经历有关。目前许多研究均已证实早年不良家庭环境、幼时遭受躯体虐待等社会心理因素与暴力行为密切相关。

资料来源：刘贵献、王彬、李宝花、张金响、胡峻梅：《成年男性暴力犯罪人员的三维人格特征及其与童年期创伤的关系》，载《精神医学杂志》，2009（3），189～192页

学校作为文化教育、思想教育的场所，与家庭共同承担着培养未成年人健全人格的任务。学校应当采取各种措施完善教育内容，避免重视应试教育、忽视素质教育等现象的出现。美国学者指出，未成年人“在校时间的增加和围绕家庭活动的减少，使许多理论家越来越重视学校在培养行为中的重要地位。科恩（1955年）、克洛伍德和奥林（1960年）、默顿（1968年）都指出，成功的受挫和失落感是异常行为的原因。这些理论家认为，如果一个人经过合法的努力而毫无成功的希望，那就会滑向邪道，以取得成功和支持。由于少年没有像成人一样的成功标准，如有一个理想的工作、高收入，所以，学校的成就表示着成功与否，学校也就成了一个少年产生失落感的社会机构。例如，一个少年自己学习成绩很差，而他的朋友们在学习上很成功，那他就会被他的朋友或老师看作一个落伍者。缺乏成功可能使得这个孩子朝别的方向发展，而这种发展也同样有困难存在。一种试图找回身份感或成就感的想法，会使差生转向越轨行为”[③]。在当前社会环境下，少数中小学校中仍然将升学率看作是学校教育的重

① 参见［美］David R. Shaffer：《发展心理学——儿童与青少年》，6版，邹泓等译，564～566页，北京，中国轻工业出版社，2005。

② 参见廖新兰、罗倩：《未成年人犯罪原因及其预防——渝东南地区未成年人犯罪调研报告》，载《重庆理工大学学报（社会科学版）》，2014（6），62～67、79页。

③ 廖新兰、罗倩：《未成年人犯罪原因及其预防——渝东南地区未成年人犯罪调研报告》，载《重庆理工大学学报（社会科学版）》，2014（6），62～67、79页。

点，对学生按考试成绩的好坏排座次或班级。这种简单化的激励或惩罚方式，易于强化差生的自卑感和对立情绪。

2. 犯罪心理的自我预防意识的培养

个体如果具有犯罪心理的自我预防意识，就能够避免受社会环境因素的影响而实施越轨行为。外因总是通过内因才能发挥作用，无论家庭、学校、社会创建多么优良的生存环境，对个体进行多么细致的说服教育，都必须能够反映到个体的头脑之中，并通过个体的认知选择和加工，才能发挥心理预防的功能。因此，在孩子成长的过程中，家长和老师应当向其讲清楚自觉遵守各种规章制度的重要性。可以通过正反两方面的教育向孩子讲明违反规章制度所带来的痛苦，并让孩子从遵守校规校纪做起，使孩子认识到社会上每一个人都应遵纪守法，从而逐渐形成犯罪心理的自我预防意识以及面对易犯罪情境的自我控制能力。陈和华（2014 年）将面对环境诱因刺激而自我控制的能力称为“敬畏意识”，认为敬畏意识是预防冲动犯罪发生的根本。他指出，敬畏意识的培养包括两个方面：一是注重法律规范意识的培养，二是畏惧违法后果意识的培养。从社会层面而言，这两种意识的培养都需要从小抓起，并且教育、宣传、司法等措施应多管齐下。但相比之下，前者需要更多使用正向引导法，以培养个体对于社会、集体和他人的责任感；而后者则更多需要反向演示法，以培养个体对于自己的前程和生命的责任感。①

3. 良好行为习惯的养成

习惯是自动化的行为方式，是在一定时间内逐渐养成的，它与人后天条件反射系统的建立有密切关系。在学校与家庭教育中，要引导青少年把对道德和法制的认知变为行动，在实践活动和交往中，不断消除不良的行为习惯，养成和巩固良好的行为习惯，培养和锻炼利他行为、坚持正确方向的意志力。只有当良好品质转变成经常自觉的行为习惯时，个体才能真正实现犯罪的心理预防作用。

二、特殊心理预防的内容和方法

特殊心理预防包括消除已经形成的犯罪心理和防止已经形成犯罪心理的个体发生犯罪行为。

（一）特殊心理预防的内容

1. 预防突发性犯罪行为的发生。有些犯罪类型具有突发性，即从犯罪心理形成到犯罪行为发生，过程极为短暂，具有瞬时性。这类犯罪，多是日常生活中的纠纷没有及时得到解决，使矛盾激化所致，同时，也与行为人个性心理缺陷有关。因此，相关部门和机构要加强对群众之间矛盾的调解工作，善于缓解矛盾、冷处理，不使当事

---

① 参见［美］史蒂文·拉布：《美国犯罪预防的理论实践与评价》，司法部预防犯罪与劳动改造研究所组织译，154 页，北京，中国人民公安大学出版社，1993。

人之间的纠纷激化。对于那些气质、性格方面有明显缺陷，易冲动、少理智、盲目行事不计后果的人，平时要帮助他们提高自我控制力，使他们在情绪激动时将理智因素和自我控制力调动起来，进行自我调节控制，以减少突发性犯罪行为的发生。

2. 破除已形成的犯罪心理。主要是对那些有违法犯罪历史的刑满释放人员以及有劣迹的青少年加强教育改造，并不断巩固其改造成果，预防再违法犯罪。监狱的监督改造工作，也可视为全社会性的犯罪心理预防的一个组成部分，因为对罪犯的心理矫治，实际上也是对再犯罪的心理预防。

破除已形成的犯罪心理是一项相当艰巨的工作，其工作方法要因人而异，要针对不同的个体进行具体的分析，找出起主导作用的消极心理因素加以控制和排除，破坏旧的动力定型，改变各个心理因素的组合方式，逐步形成以社会性需要为核心、以符合社会规范的人生观为主导的守法心理结构。只有这样，才能起到预防某一个体犯罪或再犯罪的效果。

3. 消除实施犯罪活动的机遇。犯罪机遇大体上可分为两类：（1）防范制度不健全造成的漏洞；（2）被害人的疏忽或失误形成的诱因。犯罪机遇是实施犯罪行为不可缺少的条件，又是行为人萌生犯罪动机的诱因刺激。因此，消除或减少犯罪机遇有利于进行犯罪心理预防，防止犯罪行为的发生。情境犯罪预防理论即是关于如何减少犯罪活动机遇的理论。

（二）特殊预防的方法

由于特殊预防的对象是已经具有消极的心理因素的个体或者已经形成犯罪心理结构的个体，其预防的方法也不同于一般预防，主要根据犯罪征兆进行针对性预防。

1. 消除犯罪征兆的心理学依据。心理学关于刺激—反应的理论认为，外部的刺激会在个体的大脑皮层形成一个兴奋中心。个体在其所处的环境中往往同时接收着多种刺激，不仅有正面的文化教育、思想教育的刺激，同时还有反面的颓废文化等的刺激。这两种不同性质的刺激如果同时作用于个体，其大脑皮层就会形成两个兴奋中心。如果正面刺激形成的积极性中心强于反面刺激所形成的消极性中心，那么，积极性中心就成为优势兴奋中心，并抑制消极性中心的扩展。反之，如果消极性中心成为优势兴奋中心，就会抑制积极性中心。前一种情况出现时，个体在积极性中心的支配下，会作出符合社会规范的行为反应；而后一种情况出现时，个体的行为反应便会越轨。因此，只要注意对个体增加正面教育的刺激量和刺激强度，就可以使个体作出正确的行为反应。在此基础上，如果长期给予个体正面教育的刺激，就可能巩固积极反应的结果，能逐渐形成一种良好的心理定型。因此，根据刺激—反应理论，对于有犯罪征兆的个体，改变刺激的内容，从而塑造积极意识，调整其不良的需要结构，疏导郁积的情绪，就可达到消除犯罪征兆、避免违法犯罪的目的。

2. 消除犯罪征兆的方法。心理预防工作的承担者主要是父母、老师以及社会工作者。这些预防主体在日常生活和工作中一旦发现孩子出现犯罪征兆，就应当尽最大可能帮助他们调节各种心理问题和帮助解决一些现实问题，以有效地防止犯罪心理的形成和恶性发展。由于各类犯罪征兆错综复杂，产生的原因各不相同，有的从其产生到被发现，经历了很长的时间，已经形成了较牢固的犯罪心理结构；有的则发展速度很快，一经发现即已与犯罪行为的发生近在咫尺，所以，转化甚至最终消除犯罪征兆是难以实现的。预防工作应当及时、彻底，对具体的犯罪预防对象，应当根据其具体情况，从多方面开展预防工作。

（1）与预防对象建立信任关系。信任是在人际交往中改变对方态度的基础。已有犯罪意识的人，对周围事物比较敏感，预防工作者的举动和态度的任何变化，都可能对他们的心理变化起相当大的作用。对于出现犯罪征兆的个体，预防工作者要主动接近他们，尊重其人格，不能以居高临下的态度简单说教，更不能表现出歧视和不信任。在与他们交往的过程中，只有以诚相待、以心换心，才能实现交流者之间的心理相容，有助于消除他们的疑惧心理和对立情绪，为消除犯罪征兆打好基础。

（2）以真情唤醒预防对象被压抑的正向情感。一般来说，产生犯罪心理的个体，在日常生活、工作或学习的过程中，或多或少会表现出一些越轨或异常行为，如爱占小便宜、言语粗野、与有劣迹的人结交、在外留宿、沉溺于网吧等。他们的这些表现，可能会导致父母的打骂，同学、同事的疏远，领导的批评，邻居的指责等。父母等人的排斥性反应又会使他们的自尊心和尊严感受到严重挫伤，并且形成社会对自己冷酷无情的判断。他们易与同样有犯罪倾向的同辈或他人结交，对他们言听计从。如果有这种现象，则说明他们仍然有情感需求，需要别人的关心。因此，只要关心的方式易被他们接受，他们就可以被感化。根据这个特点，预防工作者要以真情感化他们，如在生活上适当照顾，使他们感受到温暖和关怀；在工作上给予引导和帮助，使他们看到前途和未来，增强工作的信心；要及时解决他们存在的实际问题，暂时不能解决的，要教育他们正确对待。

（3）通过有效的说服促使预防对象改变消极的认识。认识上的无知和是非善恶的颠倒，往往是个体产生犯罪心理的重要的内在因素。对于他们的认识问题或偏激的观点，不能采取强制、压服的办法，只能循循善诱，采取说服、教育、疏通、引导的办法。在谈话中，要鼓励他们说出真实的想法，对于他们错误的、消极的、有害的认识，要进行恰当的评价，并通过事例或深入浅出的讲解将正确的认识告诉他们，引导预防对象在对两种认识进行比较之后逐渐接受正确的认识。对于青春期萌发的性意识和对异性感兴趣的行为，作为家长和教师，不能只是简单地制止、反对甚至训斥，这样只会导致他们在心理上的疏远和不满。教育者应正确认识青少年性意识的出现和成熟，应恰当地对他们进行性知识教育，引导其正确处理两性关系。在实际工作中，情感唤醒和认知改变是同时进行的。家长和老师要能够在说服的过程中通过自身的积极的情感影响和唤醒有犯罪倾向的个体被压抑或被扭曲的情感。

（4）言传身教。在通常情况下，个体的父母、老师、领导和同学的言行对其影响很大，所以父母、老师等的一言一行，都应当对可能犯罪者起正面引导的作用。无数事实证明，只要个体周围的亲朋好友、老师、家长有良好的思想作风和行为举止，个体也会养成相应的行为习惯；反之，如果个体身边有品质恶劣的人作为其模仿的对象，个体产生消极心理的后果也就难以避免。

（5）正面激励。已经形成犯罪心理的人其自我认同发生了变化，自尊心和自信心被贬损，因而易降低对自我的评价标准，接受犯罪的价值观。自尊自信，是推动一个人积极向上、努力克服缺点和纠正错误的动力。因此，预防工作者要注意发现他们身上的积极因素，更多地采用赞扬、肯定成绩的办法，也可以发挥集体舆论的作用。公开表扬当事人的工作成绩或某一方面的良好表现，使他们重新认识自我，感受到自己仍然是一个受人尊重并为社会所需要的人，从而树立正确的人生观，形成良好的抵御犯罪欲念的价值体系。

思考题

1. 初犯预防主要采用哪些方法？
2. 初犯预测和重新犯罪预测有什么现实意义？
3. 一般心理预防和特殊心理预防的方法有哪些？

第十九章
犯罪心理学应用技术

学习目的与要求

习近平总书记强调：我国经济社会发展和民生改善比过去任何时候都更加需要科学技术解决方案，都更需要增强创新这个第一动力。犯罪心理学发展的一大重要目标就是将犯罪心理相关理论与科学技术进行创新融合，为保障人民群众的安全稳定贡献力量。测谎和犯罪人剖析技术的发展就是这一目标的典型体现。通过本章的学习，应重点掌握多导测谎技术和犯罪人特征剖析技术的基本原理，掌握多导测谎技术和犯罪人特征剖析技术在侦查中的作用，了解国外主要的多导测谎技术原理和犯罪人特征剖析方法；难点在于多导测谎技术和犯罪人特征剖析技术的基本原理。

第一节　多导测谎技术

测谎技术也许是犯罪心理学中出现最早、最为人们所知晓的应用技术。对测谎技术的研究与开发一直是人类社会不懈的探索领域之一，最早可以追溯到原始社会或奴隶社会的“神判法（Ordeal）”的使用。而如今，以科学心理学的经典实验范式之一——“自由联想法”为基础发展出来的多导测谎技术（Polygraph Technique）已成为犯罪心理学应用领域的重要范畴。它主要应用于三个方面，即刑事侦查（criminal investigation）、安全（情报部门）审查（security vetting）和人员筛选（personnel selection）（Anthony Gale，1988 年），其中，在刑事案件的侦查中应用最早、最多，效果也较好。在中国目前司法制度下，多导测谎技术主要用于对涉案违法当事人的测试和审查。

一、多导测谎技术的概念

我国从 20 世纪 80 年代开始引进和应用测谎仪以及测谎技术，但目前至少存在两种常见的称谓：“测谎”和“心理测试”。如由公安部颁布，自 2006 年 3 月 1 日起施行的《公安机关鉴定机构登记管理办法》第 12 条和第 13 条规定：“地市级以上公安机关的鉴定机构可以申报登记开展下列检验鉴定项目”，其中包括“心理测试，利用仪器设备对人个体进行心理分析”一项。这使用的就是“心理测试”而不是“测谎”。对测谎技术称谓的混乱并非只是国内的问题，事实上在美国也存在同样的困扰。英文文献中的称谓各式各样，有时在非专业人士看来，似乎指称的是完全不同的对象。①

但从司法的严谨性考虑，冠以“心理测试”这样的称谓，会面临被“扩大解释”的可能性。因为“心理测试”是泛指采用心理学的方法对个体或群体进行测量的所有活动。而实际上在目前阶段，无论是在北美地区还是在我国，广泛应用于司法实务并可被纳入科学证据或鉴定项目的只是“Polygraph”。美国劳动法典第 22 章“雇员心理测试保护条例”② 中对 Polygraph 这一概念的明确解释是：“‘Polygraph’这个术语指的是这样一种仪器——它最基本的功能是连续、真实、永久、同步地记录血压、呼吸、皮电图形的变化，并且被用于，或者是它的结果被用于作为一个鉴定结论，来判断个体是否诚实或不诚实。”可见，我国目前应用于司法实务并为公安、检察机关相关规定所规范的“测谎技术”以及所使用的仪器特指主要利用“血压、呼吸和皮电”3 导指标测谎的“Polygraph”，而不是指所有的“心理测试”，也不涉及其他形式的测谎技术，如声音压力分析测谎仪。

因此，本教材将“Polygraph”称为“多导测谎技术”或“多导测谎仪”。

二、测谎的历史

2012 年，美国著名的科技类杂志《连线》③ 在系列专题《那些开创未来的十年》④（以十年为一期记录了从 1900 年开始出现的推动了人类进步的伟大技术发明和成就）的第 3 期（Part 3：1921—1930）⑤ 中回顾了 1921 年至 1930 年出现的那些伟大科技成就，其中写道：

1921 年：测谎仪（安全）

1921 年加州大学医学院学生 John Larson 发明的现代测谎仪或许是对（人类）思想构成的最大威胁之一。

警方使用这款设备帮助破案，尽管测试结果通常难以在刑事起诉中被采纳。

测谎仪是通过在人体上安装一些传感器来工作的，从理论上讲，它可以辨识人在说谎时的不随意生理心理反应。⑥ 这个机器测量呼吸、血压、脉搏和汗腺分泌（多项

---

① 英文文献中“测谎”的称谓包括：“polygraph”“lie detection”“lie detector test”“psychophysiological detection of deception”“pathometer”“psychogalvanometer”“deceptograph”“psychograph”“photopolygraph”“reactograph”……

② United States Code Title 29-Labor Chapter 22-Employee Polygraph Protection.

③ 《连线》杂志有网络版，见 http：//www. wired. com/。

④ The Decades That Invented the Future.

⑤ 见 http：//www. wired. com/2012/11/the-decades-that-invented-the-future-part-3-1921—1930/。

⑥ 或译为“不自主生理心理反应”。

指标）——因此以“多导”来命名。接受测试时，人们会被问到一系列问题，有些问题有明显的答案，而有些则没有，这样侦查人员就可以分析被测者的生理心理变化模式。

这是真的，我们没有说谎。

虽然第一台公认的现代测谎仪出现在1921年，但发明一种可以“测谎”的方法的尝试却可以追溯到几千年前。在最初的原始社会，人们就开始通过神判法的各种方法来断定某个人是否说实话。在随后的几千年的时间中，几乎所有不同文化、不同种族的人类祖先都尝试使用所谓的“神判法”来判断人是否说谎。

“神判法”就是根据神意的启示来判断诉讼中的是非曲直的一种方法。“神判法”中最早有记载的方法是用火来烤或用水来浇，它假设无辜者不会受到伤害。一般情况下，测验往往是加诸被告身上，但有时候也用于原告。《汉谟拉比法典》（约公元前2100年）规定，巫术中的被告被拉入圣水，如果被淹死则证明有罪。在印度，检验是否说谎就把火放在被告手上。在非洲，被告被要求把胳膊放入开水中或灌上铅水。“神判法”的具体方法有许多种，各个国家不尽相同，主要有对神宣誓、水审、火审占卜、十字刑证明、决斗等方法。总的来说，我们的祖先都毫无例外地将以上方法建立在宗教和迷信的假说上，这种假说认为某些超自然的力量可能插手来保护那些无辜的被告。理论上，那些被断言有罪的无辜者，由于他们是无辜的，所以会受到超自然力量的保护而免受伤害。

实际上，在这些方法中，有一些往往表现出超越人类控制能力而听凭命运的偶然性安排的假象。从概率论的角度来看，相当一部分“神判法”具有得到50%准确裁判的可能性。而排除这些丝毫不具有科学性的“神判法”，我们仍可发现，还有一部分的“神判法”具有一定的科学意义。下面，我们将重点介绍几种这类“神判法”。

1. 米判法

在印度的古老文化中，如果要判定一个人是否诚实，就要求那个人咀嚼生米并吐出来，能吐出来的被认为是诚实的，而不能吐出来的则被认为是骗子。这种方法看起来似乎是一种迷信的做法，但是有一些科学家们提出，这种方法有一定的科学依据。他们认为这种识别谎言的方法是建立在这样一个科学理论的基础上的，即恐惧导致自主神经的活动，而自主神经反过来控制唾液的分泌。因害怕被揭穿而产生的恐惧导致唾液分泌的减少，从而使得被试者很难吐出生米。

2. 热试法

同样，阿拉伯人也很早使用了这个方法，在他们的古老文化中常将烧红的铁块放在被告的舌头上。如果舌头受伤，则是有罪的人；如果舌头没有受伤，就是无辜者。这也可以用上面的科学理论来解释，即真正有罪的人心中充满了恐惧，而恐惧将减少唾液的分泌，因此，当一块烧红的铁块放在有罪者干燥的舌头上时，就会将其灼伤。14世纪时古瑟尔维亚的《都商法典》第152条也规定，被告如想证明自己的清白，就应该接受烧红的铁块的考验，即他必须从教堂门口燃烧的火堆中徒手取出烧红的铁块，并拿到祭坛上去。如果伤口溃烂，不能愈合，那么则被认为是神在惩罚他，据此就可以判定他的陈述是虚假的。这种方法可以用以下科学原理解释：有罪的人由于害怕事情败露，整日提心吊胆，处于极端的恐惧和焦虑中。而现代心理学的研究表明，长期处于紧张状态中易使人出现溃疡或者伤口不易愈合。

3. 水试法

水试法是指通过一定的方式使当事人接受水的考验，显示神意，借以判定当事人对案情的陈述是否真实或是否有罪。水试法又分为冷水试法和沸水试法两种。

冷水试法一般是将被告投入河水中，看其是否沉没，以检验其陈述的真伪或是否有罪。古巴比伦王国规定：被告投入河中如果沉没，则表明他的陈述是虚假的或他是有罪的，这是神对他的惩罚；如果被告在水中浮起，则认为是神表示他是诚实、无辜的。关于这点，可用《汉谟拉比法典》的规定加以佐证，该法典第2条规定："倘自由民控自由民犯巫蛊之罪而不能证实，则被控告者应行之于河而投入之。倘彼为河所占有，则控告者可以占领其房屋；倘河为之洗白面彼仍无恙，则控彼巫蛊者应处死，投河者取得控告者之房屋。"这种做法也是有一定的科学依据：有罪的人由于恐惧，会肌肉紧张而不能很好地浮在水面；相反，无辜者没有紧张情绪，肌肉放松，则会浮在水面上。

沸水试法一般是让被告从沸水锅中捞出某种物品，接着包扎好其烫伤的手臂，同时向神祈祷。过一段时间后再根据其烫伤是否日渐愈合来判断其陈述是否真实或者其是否有罪。如果手上的烫伤好转，法官则认为是神意所致，被告是诚实、无罪的；如果伤口溃烂，不能愈合，就会被认为是神对他的惩罚。由此就应该断定他的陈述是虚伪的。这种方法的原理和上面提到的热试法有着相似之处。

从对上面几种"神判法"的科学基础的分析中，我们可以看出：在这些原始的判断被告是否有罪或者是否诚实的方法中，已经蕴含着今天测谎技术的基本原理。心理活动和生理反应有着很大的相关关系，而这种生理反应是比较隐蔽的，且不易控制。

对测谎技术"科学"的探索则是19世纪前后才出现的。一般公认的看法是，1895年意大利法医、实证主义犯罪学派创始人龙勃罗梭在向犯罪嫌疑人问及与案情有关或者是否知情等问题时，以水压式脉搏记录仪来测量和记录其脉搏与血压变化的测试行为是人类第一次利用科学仪器来"测谎"，是真正意义上的"测谎"（Inbau & Reid，1953年）。但实际上，在更早的时候，大约在1875年，意大利生理学家莫索（Mosso）就已经设计了"肌功描记器"和"血管容积描记器"，用以记录人在恐惧时的肌肉收缩和血容量变化（武伯欣、田新华，1994年）。

1918年，伯特（Burtt）以实验证明借由心脉指标识别谎言的可靠性，其正确率达到91%；而以呼吸指标为基础的测谎结果正确率仅为73%（Inbau & Reid，1953年）。

1915年，马斯顿（Marston）研制出心血压测谎测试法：他借助一个血压听诊器来获得周期性不连贯的血压变化来进行测谎测验，研究发现，在说谎和心血压之间有着显著的高相关。同时，他还使用了记录皮肤电阻变化的电流计来"测谎"（Marston，1938 年）。

1939 年，基勒（Keeler）改良了拉森（Larson）1921 年的多导测谎仪，整合成了“基勒式多导测谎仪（Keeler Polygraph）”，并制成可携式测谎机。

1947 年，里德（Reid）发展了一种现在称为“对照问题测试法（Comparison Question Test，CQT）”的测谎技术，这种方法至今还在使用并成为北美地区的主流测谎方法。

1958 年，美国明尼苏达州医学院的莱肯（Lykken）教授提出了一种新的测谎方法——犯罪情境测试法（Guilty Knowledge Test，GKT）。

20 世纪 70 年代以后，随着电子计算机逐渐深入人类活动的各个领域，传统机械式的多导测谎仪也开始向计算机化发展。柯切尔（Kircher）和拉斯金（Raskin）1988 开发了计算机化测谎系统（Computerized Polygraph System，CPS）。CPS 不仅包括收集和即时呈现各项测谎心理生理指标的功能，更为突出的是，它具有自动诊断功能，可以直接给出一个被试说谎的概率值。柯切尔和拉斯金（1988 年）指出，初步的结论证明计算机化的自动诊断的准确性与专家诊断能达到同一水平。① 同时值得一提的是，在柯切尔和拉斯金的研究中，他们增加了一个新的测谎心理生理指标——指脉，通过测量手指的动脉容量变化来测谎。虽然研究（Podlesny & Kicher，1999 年）② 已经证实：通过“指脉”测谎的正确性与传统血压指标的测谎效果并无太大差异，但目前此项指标也只是参考，并不纳入评分系统。到了 2001 年，北美制造多导测谎仪的三大公司（Lafayette、Stoelting、Axciton）基本已经完全将传统机械的测谎仪转化为计算机化的。三大公司都使用同一软件平台，即上述的 CPS 系统，并增加了可用来识别反测谎行为的工作指标——记录身体动作传感器。

在多导测谎仪不断被改进的同时，一些研究者将测谎的指标放在其他的方向上。1970 年美国 Dektor CI/S Inc.（Dektor Counterintelligence & Security Inc.）研制发展了声音压力测谎仪（Psychological Stress Evaluation），主要分析人说话声频在频率范围 8～12Hz 间的变化情形。1996 年来自美国国防部测谎机构的维克多（Victor）博士发展出计算机化声纹测谎仪 CVSA（Computer Voice Stress Analyzer），可依据被测者说话的声纹变化情形分析其是否说谎。

而从 20 世纪 90 年代开始，陆续有学者将新进的认知神经技术应用于测谎领域，目前已经有关于利用功能性核磁共振技术和脑事件相关电位技术测谎的报告。

近年来，因为全球反恐形势的严峻，美国宾夕法尼亚州大学正尝试研制一种新型红外线测谎仪。该仪器透过一个套在头上的带状装置发射和探测红外线，“观察”被

---

① See Kircher J C，Raskin D C，“Human Versus Computerized Evaluations of Polygraph Data in a Laboratory Setting”，*Journal of Applied Psychology*，1988，73：pp. 291 - 302.

② See John A. Podlesny & John C. Kircher，“The Finapres（Volume Clamp）Recording Method in Psychophysiological Detection of Deception Examinations：Experimental Comparison With the Cardiograph Method”，*Forensic Science Communication*，1（3），pp. 1 - 17.

测者的脑部血流变化，从而鉴定被测者是否在说谎。这种非接触式且快速的测谎技术非常符合机场等场所的测谎筛查。

三、理论基础

虽然多导测谎技术已发展近百年，但测谎技术的理论基础一直暧昧不明。尽管有学者宣称测谎技术有着良好的科学理论基础（如 Raskin，Honts，& Kircher，1997 年），但大部分的研究还是认同这样的观点："心理生理反应与试图说谎的心理状态之间并没有建立起紧密的联系。"[①] 没有理论可以确定某种心理生理反应的出现是因为"试图说谎"的心理状态而非其他心理状态导致的。被测者的压力、恐惧、负罪感、愤怒、兴奋或焦虑等心理状态所对应的生理反应都被指是测谎的基础（OTA，1983；Iacono and Lykken，1997；NRC，2003 年）。

（一）恐惧理论（fear theory）

亦称惩罚理论（punishment theory），这一理论可能是最早的心理生理测谎技术的基础理论，因为此领域的早期代表人们大都持这一观念。例如马斯顿（Marston，1917 年）就指出，在测谎时被试的血压明确增高，这无疑就是恐惧这一心理状态的生理反应。拉森（Larson，1932 年）也认为测谎所利用的自主反应（呼吸、血压、脉搏等）正是来自有罪者对可能面临的惩罚的恐惧。

（二）条件反应理论（condition reaction theory）

戴维斯（Davis）在 1961 年对说谎的心理生理机制进行了一个比较详细的论述（Davis，1961 年）[②]，他认为有三种可能的机制致使说谎时个体的心理生理反应水平增强：条件反应（conditioned reaction）、心理冲突（mental conflict）以及面临被惩罚的威胁（threat of punishment）。其中第三种机制也就是上述的恐惧理论。而条件反应这一概念显然是受到了巴甫洛夫的经典条件反射理论的启发，在戴维斯看来，个体从小被灌输"说谎或欺骗"是不良的、应受惩罚的行为的观念（无条件刺激），并建立起与这一观念相对应的情绪反应（无条件反应）。这一联系因是从小植入，并已潜移默化到个体的内心，所以是无条件反射。而个体实施了一次违法犯罪行为，虽然不是多次练习，但由于违法犯罪是一种强烈的经历，因而可以在上述无条件反射基础上建立起条件反射。即这一具体违法犯罪行为（条件刺激）与特定情绪反应（条件反应）也建立了联系。因此，当测试中相关问题（涉及具体违法犯罪行为，也就是条件刺激）出现时，个体就会不由自主地出现情绪反应，而伴随这一情绪反应出现的生理

---

① 原文为"a tight link is not established from the physiological responses to the psychological states presumably tied to deception."。National Research Council，*The Polygraph and Lie Detection*；*Committee to Review the Scientific Evidence on the Polygraph*，*Division of Behavioral and Social Sciences Education*，Washington，DC：The National Academies Press，2003：p. 48.

② See Davis，R. C.，Physiological Responses as A Means of Evaluating Information，In A. Biderman，& H. Zimmer（Eds.），*Manipulation of Human Behavior*，New York：Wiley，1961：pp. 142 - 168.

反应就会被观察到。所以，测谎所要探测的特异心理生理反应其实就是一种条件反应。而对于无辜者，由于没有建立此类条件反射，就不会出现此类条件反应。

（三）冲突理论（conflict theory）

心理冲突理论认为，有罪者在回答问题时会“说谎”，而说谎时会产生两种心理意向：一个是来自对事实的认识，另一个则是来自对“谎言”的认识。这两个完全相反的意向会带来强烈的心理冲突。而对于无辜者，他（或她）只是陈述自己对事实的认识，因此只有一个意向，不会出现心理冲突。具有强烈心理冲突的被试的生理反应会比没有心理冲突的强烈，从而能够很好地区分说谎者与诚实者（Davis，1961 年）。

（四）动机理论（motivation theory）

这一理论（Gustafson & Orne，1963 年）[①] 在前人的恐惧理论基础上更深入了一步，认为由于有罪者面临着较高的被惩罚的风险，因为他们具有更强的打败测谎仪的动机，而强烈的动机状态将会引发强烈的生理反应。

（五）心理定势（psychological set）

心理定势这一概念由贝克斯特（Backster）首次在测谎领域提出。心理定势本是心理学领域的传统概念，贝克斯特本人也承认并非自己首创，而是从另一名心理学家鲁赫（Ruch，1948 年）借鉴来的。在心理学中，“定势（set）”被定义为对某种刺激或某类刺激的暂时朝向或准备状态，包括认知定势、动力定势、神经定势等。而贝克斯特的心理定势是指在测谎测试中，被试对某类问题给予的特别注意。在贝克斯特看来，对于不同的被试（无辜或有罪的），某类问题会较其他类型的问题具有威胁性，因而被试会对这类问题特别注意。对于说谎的被试，他们会认为相关问题比其他类型问题对自己的威胁更大，因为对其更为注意，也具有更高的心理唤醒水平。同样，对于无辜者而言，他们会认为自己曾做过的其他违法犯罪相关的问题更具威胁，因而更多关注的是那些问题而非与本案件相关的问题（Matte & Grove，2001 年）。对于贝克斯特的“心理定势”概念及其理论假设虽然至今仍未能得到测谎学界的一致认同，但不可否认的是，它是测谎文献中最常被引用的概念和理论（Krapohl，2001 年；Matte & Grove，2001 年）。

（六）防御反射（defensive reflex）

拉斯金（1980 年）[②] 则认为对于测谎中的心理生理反应最好的解释理论就是防御反射。这一反射机制是个体保护自身免受外部不利刺激伤害的本能反应。在遇到突如其来的威胁时，个体会立即进入紧急反应状态，可能有两种形式：战斗或逃跑反应。

---

① See Gustafson，L. A.，& Orne，M. T.，“Effects of Heightened Motivation on the Detection of Deception”，*Journal of Applied Psychology*，1963，47：pp. 108 – 411.

② See Raskin，D. C.，Orienting and Defensive Reflexes in the Detection of Deception. In H. D. Kimmel，I. H. Van Olst，& J. F. Orlebeke（Eds.），*The Orienting Reflex in Humans*，Hillsdale，N. J.：Erlbaum，1980：pp. 587 – 605.

而生理上的反应由自主神经系统（autonomic nervous system，ANS）支配，心跳加快、血压增高、呼吸加速等，都是为即将出现的行为（战斗或逃跑）提供所需的能量（Sokolov，1963年）。而将这一理论应用于解释心理生理测谎的根据则是：对于有罪者，相关问题是具有威胁性的刺激，会引发其防御反射，从而产生上述生理反应。

（七）唤醒理论（arousal theory）

一般认为，将“唤醒理论”引入测谎领域的是莱肯（1959年），但事实上，里德和贝克斯特都曾对“唤醒”有所提及。只是莱肯为了强调自己的观念：测谎并不是在检验“说谎”或情绪本身，而是在检测对犯罪细节的记忆。因而他将此称为“认知唤醒（cognitive arousal）”，并将此作为自己的测谎理论基础。这一理论认为，由于有罪者具有对具体犯罪细节的记忆，当符合真实犯罪细节的关键刺激出现时，会出现较高的心理唤醒水平，从而导致其生理唤醒水平也增强。并且刺激越强，唤醒反应也就越强。而无辜者因不知道具体案情，不会出现有指向性的认知唤醒。

（八）朝向反射（orienting reflex）

在一些学者用防御反射作为测谎基础时，另外一些学者对此提出了疑问。因为按照防御反射的观点，有罪者在测试时出现的防御反射会带来心跳加快、血压增高、呼吸加速的生理反应。但是在实验室研究中，常常会观察到，被试的生理反应几乎是相反的，即出现的是血压的下降、呼吸的抑制（Podlesney & Raskin，1978年[①]；Raskin & Hare，1978年[②]）。而这种生理反应并非防御反射的成分，而是朝向反射的重要特征。朝向反射是由一种新异或者对自己有特殊意义的刺激引起机体的一种反射活动，表现为机体现行活动的突然中止，头面部甚至整个机体转向此刺激发出的方向（Sokolov，1963年），因此产生的生理反应可以作为识别有罪者的指标（Lykken，1974年）。

（九）二分法理论（dichotomisation theory）

在朝向反射理论的基础上，以色列学者沙哈尔（Ben-Shakhar，1977年）[③] 提出了二分法理论来解释测谎的理论基础。这一理论认为，在有罪者的眼中，所有的刺激（即问题）都会分成两个基本的刺激类型：相关刺激和中性刺激。而对于无辜者，所有问题都是中性刺激，即没有这样的二分法。同时值得特别指出的，沙哈尔认为对于有罪者而言，相关刺激出现的次数要远低于中性刺激，因此是新异刺激。由此，有罪者会对相关刺激出现朝向反应。

---

① See Podlesny，J. A.，& Raskin，D. C.，“Effectiveness of Techniques and Physiological Measures in the Detection of Deception”，*Psychophysiology*，1978，15：pp. 344 - 358.

② See Raskin，D. C.，& Hare，R. D.，“Psychopathy and Detection of Deception in A Prison Population”，*Psychophysiology*，1978，15：pp. 126 - 136.

③ See Ben-Shakhar，G.，“Further Study of the Dichotomization Theory in Detection of Information”，*Psychophysiology*，1977，14：pp. 408 - 413.

四、主要的测谎方法

由于影响测谎结果的准确性和可靠性的因素很多，为了确保测谎的科学、可靠、准确，测谎人员已开发出多种测谎方法。在国内外的测谎技术应用中，有几种比较重要的、通用的编题方法，即相关/无关问题测试法、控制问题测试法、紧张峰测试法、犯罪情景测试法以及认知综合测试法。

虽然这些测试方法各不相同，但是它们都遵循着一个原则：由于被测人的个体差异很大，总是把被测人与被测人自己比较，即被测人在不同问题上的心理生理反应差异。

一般来说，测谎技术主要存在以下三类问题：一是对照问题（Control Question），又叫控制问题，涉及一般的反社会行为，是每个人都可能曾经做过或者曾经在生活中的某个时刻非常想做的，如“你曾经未经别人同意，拿过别人的东西吗?”这类问题不是明知答案是谎言，就是答案可能是谎言。二是相关问题（Relevant Question），又称主题问题，是指那些明确涉及案情的问题，也就是测试所需要甄别的问题，这也是测谎的核心和要害问题。三是无关问题（Irrelevant Question），也叫中性问题（Neutral Question）、正常问题（Normal Question），是指与案件毫无关系的问题。对于无关问题，被测人回答起来是没有负担的，不会引起任何情绪上的反应。因此，此类问题被用来测定被测人在测试过程中的正常心理生理反应水平。

（一）相关/无关问题测试法（R/IR）

1921 年，拉森和基勒在警察局中首次使用测谎技术，当时使用的测试方法就是相关/无关问题测试法（Relative/Irrelative test，R/IR）。这种测试方法包括用一连串的相关问题（简称 R）和无关问题（简称 IR）来向被测人进行提问。相关问题和无关问题交替出现，每个相关问题都和旁边的无关问题进行比较，也就是“IR——R——IR——R——IR——R——IR——R……”相关/无关问题测试法的原理在于把被测人对相关问题的心理生理反应和对无关问题的心理生理反应进行比较，从而判定被测人是否有罪。使用这种方法的测试人员相信：无关问题是用来建立被测人正常回答问题时的心理生理反应水平，而相关问题则牵扯到具体的案件。无关问题，因为与案件本身没有直接的联系，对于无论是无辜者还是有罪的人，都没有特殊的意义，其反应都是正常的水平。相关问题则不同，对于无辜者来说，由于没有参与案件，相关问题对其没有特殊的意义，因此对此类问题的心理生理反应应该是正常的水平；而对于真正的作案人来说，由于对案件本身的特殊记忆和害怕被揭露的心理压力，对相关问题有着特殊的心理生理反应，故对相关问题的反应水平远远高于对无关问题的反应。因此，将被测人对相关问题的反应和对无关问题的反应相比较，若前者和后者没有显著性差异，则可以判定被测人为无辜；相反，如果前者显著大于后者，则可以判定被测人为有罪者。

（二）紧张峰测试法（POT）

20 世纪 30 年代，基勒首创了紧张峰测试法（the Peak of Tension，POT）。它的特点就是由一组内容相似的问题组成，每组中只有一个问题是和案件的真实情况相符合的。

作为一个真正的作案人，他经过整个作案的过程，对案件的一些重要的细节记忆深刻，在头脑中留下难以忘怀的心理痕迹，这些细节一旦被提及，就会在其心理上产生一个相应的反映，从而在生理上引起一系列具有生物指标的反应。而对于其他的问题，由于与案件本身没有相关的联系，被测人不会对其出现异常的反应水平。因此，在反应图谱上，每一组的 5 个问题中会有一个出现明显高水平反应的问题，形成一个高峰，紧张峰由此而得名。而对于无辜的人来讲，由于对案件的具体情况不了解，对全组所有的问题都不会有异常的高反应，因此不会出现紧张峰。

（三）对照问题测试法（CQT）

20 世纪 40 年代末，里德推出了对照问题测试法（Comparison Question Test，CQT），这种方法在有的文献报告里也叫区域比较法（the Zone of Comparison Test），控制问题测试法（Control Question Test），有时也叫“是不是你……”测试法（Did you……test）。

这种方法中最为困难的部分就是对对照问题的编制和把握，而对照问题也是这种测试方法名称的由来。在对照问题测试法中，编制一套问题时，不仅包括对照问题，也要有相关问题和无关问题。在对照问题测试法中，对照问题有时候也叫刺激问题，它是用来激发被测人的一个应激反应，以便和本次测试的相关问题进行比较。但要注意的是，必须用对照问题去和相关问题比较，才能判断被测人的心理反应。在对照问题测试中，对照问题就像衡量相关问题的标准，是相关问题的准绳，对照问题由此得名。

CQT 的基本假设是：无辜者对对照问题的反应强于对相关问题，因为他（或她）知道自己在正被调查的具体案件上是清白的，但可能做过或想过对照问题涉及的事情，所以会更注意对照问题。而有罪者知道自己做了正在调查的案件，所以更关注相关问题，而不是对照问题；同时他（或她）因担心被惩罚而对相关问题撒谎，并因担心谎言被揭穿而恐惧，这种情绪体验会导致他（或她）在相关问题上的心理生理反应比在对照问题上的指标变化更强。

（四）犯罪情景测试法（GKT）

犯罪情景测试法（Guilt Knowledgement Test）是由莱肯设计和使用的，它的前身是 POT。其基本假设是：只有真正的作案人才会有对犯罪情景的认知，当他被问及相关问题时，会产生自主唤醒反应，出现强烈的心理生理反应；而对于无关问题则是没有强烈的指标变化。那些对案情一无所知的无辜者，对相关问题的指标变化和对无关问题的指标变化水平是相近的，都趋于正常水平（Eitan Elaad & Gershon Ben-Shakhar，1996 年）。

（五）认知综合测试法（CCT）

认知综合测试法（Cognitive Comprehensive Test）是由武伯欣、范刚教授等人在大量实测案件、实验室研究和心理学相关理论的基础上发展创新形成的一种心理测试方法。[①] 该方法认为，心理测试检测的是被测人有无相关事件认知经历的心理痕迹以及由此引起的认知、情绪、应对等心理活动，即心理测试是“测真”的过程，而非“测谎”。该方法的前提假设是：被测人有无相关事件认知经历的心理痕迹及相应的心理活动，以及对待测试的不同态度等，这是区分涉案与无辜，进而推断被测人与案件的关系及案件有关情况的依据。[②]

五、多导测谎技术的准确性

多导测谎技术在当今司法实践中一直存在着一个亟待解决的问题，即此技术的结论是否可以作为证据被法庭接受并可以作为定罪的依据，也就是其证据资格和证明力如何。这其实就是要考察多导测谎技术的“效度（准确性）”。因此多导测谎技术领域开展了大量关于此项技术效度的研究，并见诸各种学术著作中。

在对这些研究工作进行梳理以前，需要特别说明的是，随着研究方法的发展，人们已经意识到，要准确地评估多导测谎技术的效度，其对研究对象的细化工作非常重要。影响细化的两个重要考虑因素分别为：测谎方法与研究类型。正如前文提到的，测谎方法主要为 CQT 和 GKT，且 CQT 是北美地区的主流方法。而研究类型是指，测谎研究中所接受测试的案例或被试有时是真实的案件及其嫌疑人，这类研究称为“现场研究”；而另外一些则是在实验室模拟犯罪行为后进行测谎以确立效度的研究方法，称为“实验室研究”。因此，对测谎技术效度的研究成果就细分为对 4（2×2）个方面的内容。

（一）CQT 的效度：实验室研究

在对以前已发表的关于测谎准确性的研究文献进行回顾的基础上总结发现，关于实验室研究 CQT 的结果表明这些测试在识别有罪的被试方面是相当准确的。多数有罪的嫌疑犯（73%）被识别，相对少的有罪的嫌疑犯（9%）被不正确地归为无罪。在证明无辜被试的无罪方面要稍为差点，总的来说，66%的无辜者被正确地归为无罪，而相当高的百分比的无辜者（13%）被错误地控为有罪。大约 20%的有罪的和无罪的嫌疑犯的测试结果是没有结论。

（二）GKT 的效度：实验室研究

关于实验室研究 GKT 的结果表明对无罪的被试的认定是非常准确的：很大部分的无辜者（96%）被正确地归为无罪，只有很小百分比的无辜者（4%）被错误地控为有罪。但是，在识别有罪者的罪行方面，测试比较不正确，总的来说，82%的有罪嫌疑犯被认定为有罪，但是相对高百分比的有罪被试（18%）被归为无罪。

① 参见柏玲：《认知综合测试法在涉恐人员甄别中的应用》，甘肃政法学院硕士学位论文，2019。
② 参见范刚：《心理测试技术研究与应用》，101 页，北京，中国法制出版社，2021。

（三）CCT 的效度：实验室研究

通过对范刚教授关于认知综合测试法准确性的研究进行梳理，实验室研究结果表明，CCT 能够较好地区分涉案知情者和无辜知情者，对无辜知情组被试认定的准确率为 88.3%，对涉案知情组被试认定的准确率为 66.7%。①

（四）CQT 的效度：现场研究

关于现场研究 CQT 的结果表明，CQT 识别有罪的得分是相当高的：相当大部分的有罪的嫌疑犯（87%）被正确识别为有罪，而相对少的有罪的嫌疑犯（10%）被不正确地归为无罪。和实验室研究一样，在证明无辜被试的无罪方面要稍微差点：只有 72%的无辜者被正确地归为无罪，而 21%的无辜被试没有通过测试，被错误地控为有罪。大约 7%的有罪的和无罪的嫌疑犯的测试结果是：没有结论。

（五）GKT 的效度：现场研究

关于现场研究 GKT 的结果表明，和实验室研究一样，对无罪被试的认定是非常准确的：案件中正确认定的概率是 96%，只有 4%的无辜者被错误地指控为有罪。但是，在识别有罪者的罪行方面，正确率也比较低。总的来说，59%的有罪嫌疑犯被认定为有罪，41%的有罪嫌疑犯被归为无罪。由此可见，在实案中应用 GKT 有着较高的可能性（41%）让真正有罪者逃脱。这一问题的出现“可能是因为嫌疑犯已经忘记了测试人员所提到的那些细节，或者根本就不知道这些细节”。

除上述结论之外研究还发现，CQT 现场研究中错误认定无辜者的可能性要高于实验室研究。这可能是在真实案件中，被测者因为面临的风险很高，并意识到了相关问题的严重后果，较难将注意力从相关问题上转移导致的。这点也符合前文中提到的 CQT 方法的主要缺陷所在。对于 GKT 而言，现场研究中漏掉真正有罪者的概率要高于实验室研究中的，这可能是因为在实验室研究中，所有的有罪被测者都有犯罪情景认知（因为试验者要确认达到这点），而在实际案件中很难完全保证这点。

简言之，实验室研究中得到的 CQT 和 GKT 的效度都要好于现场研究，这也进一步说明区分实验室研究与现场研究的重要性。而对于一门犯罪心理学的应用技术而言，对 polygraph 的现场研究的效度结果可能更具有参考价值。而现场研究 CQT 和 GKT 的效度结果发现，GKT 在识别无罪嫌疑犯方面更准确，CQT 则在识别有罪者方面更为准确。

然而，值得注意的是，学者刘璐对 CQT 与 CCT 两种测试方法总体测试准确率进行比较，研究发现，CCT 与 CQT 的测试准确率存在显著差异，CCT 的测试准确率要显著高于 CQT。② 学者陈琛则比较了 GKT 与 CCT 两种测试方法，研究表明，CCT 的总体测试准确率及区分不同案件角色的测试准确率，明显高于 GKT。③

---

① 参见范刚：《心理测试技术研究与应用》，298 页，北京，中国法制出版社，2021。

② 参见刘璐：《准绳测试法、系统测试法、认知综合测试法的准确性比较》，西北师范大学硕士学位论文，2017。

③ 参见陈琛：《认知综合测试法与犯罪情节测试法测试效度的比较研究》，甘肃政法学院硕士学位论文，2017。

总的来说，在大量实案测试中，CCT已取得的成绩和应用效果为该方法提供了效度支持：CCT的总体准确率及区分不同案件角色的效度均高于CQT与GKT，尤其在区分无辜知情者方面作用显著。多导测谎技术准确性的差异，主要受以下三方面因素的影响：（1）测试理论及其所编制问题的性质、类型和特点；（2）测试题目的数量；（3）是否遵循心理活动的规律。[①]

第二节　犯罪人特征剖析技术

一、概述

犯罪人特征剖析（criminal profiling，offender profiling）是一个引进的术语，除了本教材所用的译法外，还有其他数种译法。[②] 此外，对犯罪人特征剖析的内涵也有多种理解。根据犯罪人特征剖析的研究范畴及实践运用，无论何种译法或理解，犯罪人特征剖析之中应当包含如下要素：（1）它是动态的分析过程，分析的目的是服务于案件侦查的需要并提供犯罪预测与预防的策略；（2）分析所依据的信息主要是犯罪人及被害人等行为主体遗留在现场的物质痕迹以及犯罪前和犯罪过程中的各种环境因素，此外，还包括侦查过程中通过调查访问等各种侦查措施获得的与案件有关的信息，尤其是通过串并案件获得的全部信息；（3）分析的工具是心理学、社会学等有关人格和人际交往的理论以及犯罪学研究形成的对犯罪发生的规律和犯罪模式的理解等；（4）分析的结果是提供有关犯罪嫌疑人最有可能具有的各种人格特征和人口统计学特征的描述。

据此，对犯罪人特征剖析定义如下：犯罪人特征剖析是根据心理学及犯罪学等基本原理对犯罪人和被害人遗留在现场的物质痕迹及相关信息进行分析，进而刻画犯罪人最有可能具有的特征的过程。

二、犯罪人特征剖析技术的基本原理

犯罪人特征剖析的方法在国外始终有较大的争议，其原因在于一些犯罪学或心理学研究取向的学者认为，目前在侦查实践中应用的特征剖析的艺术性大于科学性，分析方法趋向于依赖个人的经验和洞察力。但是，只要我们对于成功地应用心理分析方法予以侦破的案例进行深入、细致的分析，就可以发现特征剖析人员（profiler）在进行工作时主要应用以下基本原理。

（一）心理学关于人的行为与心理之间的对应关系

1. 人的异常行为与变态心理。国内外特征剖析人员参与案情分析的犯罪案件，

① 参见范刚：《心理测试技术研究与应用》，427～431页，北京，中国法制出版社，2021。

② 又译为“犯罪心理画像”“犯罪人特征描述”。

以系列杀人案件居多。这些系列杀人案件的犯罪人常常患有某种类型的精神障碍而具有某种病理性需要，正是这些病理性需要，导致犯罪人一而再、再而三地重复同类犯罪行为。受特定的精神障碍产生的认知或情感特征的影响，这类犯罪行为会表现出不同于常态犯罪的特点。例如，在很多系列强奸案件中，被害人均为具有相同特征（如年龄相似或外貌相似、职业相似等）的女性，被害人的相似特征似乎暗示着犯罪人的犯罪动机并非仅仅是对性需要的满足，可能还会有对此类女性的一种特殊的需求。较常发生的现象是，犯罪人曾与此类型的女性有特殊的交往并产生怨恨情绪，并因某种病理原因导致打击对象泛化。一般来说，刑事侦查人员对心理变态者的思维和行为规律了解不多，习惯按常态犯罪的心理和行为规律来分析案件，因而当犯罪人具有某种精神障碍时，侦查人员往往不能准确把握犯罪人具有的犯罪动机和个体特征。专业的特征剖析人员则可以利用其丰富的变态心理学知识，迅速发现犯罪现场所包含的心理变态者的犯罪行为特征，并认定该起案件是哪一类心理变态者所为，从而为侦查活动指明正确的方向。案件越不合常规，犯罪现场所反映的心理变态者的思维和行为特征的信息就越多，特征剖析人员就越容易推测犯罪人可能具有的人格特征及诸如年龄、种族等人口学特征。

2. 行为与人格。心理学研究表明，个人的行为模式是其独特人格的反映。例如，冲动型性格的人，常常行事鲁莽；理智型性格的人，行为富有计划性。特征剖析人员在进行特征分析的过程中，通过审视发案现场照片上的细微之处和尸体解剖报告，全面、充分地了解犯罪现场的环境因素与行为痕迹，详细调查证人及被害人的生活背景及案发时的行为及心理感受，就有可能从犯罪行为的细节中了解犯罪人作案前和作案过程中的心理状态与人格特征。作为特征剖析人员，必须具有丰富的行为心理学知识，并且相信人们的各种社会行为均是行为人心理与人格的反映。在进行特征剖析时，只要认真分析犯罪人的行为表现，就可以推测其犯罪时的心理状态、心理活动内容和个性特点。

（二）精神分析理论关于行为与潜意识的关系

特征剖析人员一般都很熟悉并信奉弗洛伊德所创立的精神分析理论。精神分析理论强调人的各种行为都受着连自己都毫不觉察的潜意识的支配，并认为人的潜意识起源于人的原始本能和早年的生活经历。该理论认为，犯罪行为的发生与潜意识的作用是分不开的。其主要观点包括以下几方面：（1）犯罪行为是神经官能症的一种形态；（2）犯罪人经常被一种强迫性的追求惩罚的需求所困扰，以便减轻从无意识的欲望中产生的罪恶感受和焦虑；（3）犯罪行为可能是获得在家中得不到满足的需要和欲望的替代性满足的一种手段；（4）犯罪行为往往是由外伤性事件引起的，这种事件使个人的记忆受到抑制；（5）犯罪行为可能是置换性敌意（displaced hostility）的一种表现。[①] 另外，弗洛伊德的性本能理论与心理防御机制理论在解释性变态犯罪的成因及

① 参见吴宗宪：《国外罪犯心理矫治》，173页，北京，中国轻工业出版社，2004。

犯罪手段时，往往能发挥其独到的作用，从而为分析变态犯罪、准确识别性变态犯罪人提供途径和理论依据。

大多数国外学者认为，不是所有的案件都适合特征剖析。“在犯罪人实施了有计划的犯罪（和反复犯罪）、犯罪人有某些精神病态的案件，更有可能进行犯罪人格特征剖析。”[①] 特征剖析人员在作具体分析时，尤其关注每一个行为特征以及包含一定量的精神病理现象的暴力犯罪现场的所有细节。在一般情况下，对暴力犯罪现场仅在犯罪人的精神病理现象可以被辨识的情况下才可以进行特征剖析，这些犯罪包括杀人、性侵害、绑架、敲诈、爆炸等。因此，特征剖析人员在对各种怪异的犯罪行为进行分析时，常常喜欢追溯支配犯罪行为产生的犯罪者的潜意识，以及构成犯罪潜意识的早年所受的心理创伤。他们常常应用精神分析理论，根据犯罪情节的怪异程度，推测出犯罪人过去的经历及其对目前境况的影响，并将其作为破案的线索。

（三）人本主义心理学关于行为与需要之间的关系

人本主义心理学是美国当代心理学主要流派之一，由美国心理学家马斯洛创立。马斯洛认为人类行为的心理驱力不是性本能，而是人的需要。他将其分为两大类、五个层次，由下而上依次是生理需要、安全需要、归属与爱的需要、尊重的需要、自我实现需要。人在满足高一层次的需要之前，至少必须先部分满足低一层次的需要。第一类需要属于缺失需要，可引起匮乏性动机，为人与动物所共有，一旦得到满足，紧张消除，兴奋降低，便失去动机。第二类需要属于生长需要，可产生成长性动机，为人类所特有，是一种超越了生存满足之后，发自内心的渴求发展和实现自身潜能的需要。满足了这种需要个体才能进入心理的自由状态，体现人的本质和价值，产生深刻的幸福感，马斯洛称之为“顶峰体验”。马斯洛认为人类共有真、善、美、正义、欢乐等内在本性，具有共同的价值观和道德标准，达到人的自我实现关键在于改善人的“自知”或自我意识，使人认识到自我的内在潜能或价值，人本主义心理学就是促进人的自我实现。

人本主义心理学对于行为与需要的关系的理解，直接提供了犯罪动机分析的途径和依据。需要满足的缺失导致人的焦虑与内在的不平衡，而这种焦虑或不平衡状态会使个体产生采取行动以释放焦虑或重新获得平衡的动力。犯罪行为的产生，即是有人格缺陷的个体通过其自认为的低成本的（违反社会规范的）行为方式解决需要缺失引起的心理问题的结果。现代社会条件下的犯罪可以是出于满足基本生理需要的动机，然而更多的犯罪融合了自我实现的成长性动机。比如我国大城市中的盗窃与抢劫犯罪高发于春节之前，犯罪人对物质的畸形追求，同时体现了自尊的匮乏和自我认同的需要。

---

① ［美］Wrightsman、Lawrence S.：《司法心理学》（Forensic Psychology），吴宗宪等译，93页，北京，中国轻工业出版社，2004。

三、国外主要的犯罪人特征剖析技术

自犯罪人特征剖析的方法产生之后，在其发展的过程中，逐渐形成了不同的分析方法，进而有了派别之分，其中比较突出的有三种派别。

（一）美国联邦调查局的犯罪现场分析（Crime Scene Analyses）技术

犯罪现场分析方法，形成于20世纪七八十年代，主要包括访谈和阅卷。在1979—1983年间，美国联邦调查局行为科学组的调查人员访谈了当时在监狱服刑的全美知名的36名系列杀人犯罪人，了解他们的生活背景、犯罪情况、犯罪现场及被害人情况。此外，他们还使用很多官方资源，查阅法庭档案、警察报告以及精神病记录等。他们所收集的数据成为犯罪现场分析方法的基础。

犯罪现场分析方法的分析程序包括以下步骤：

1. 资料输入

包括收集与评估和具体案件相关的各种资料。具体包括以下方面：（1）犯罪现场信息。具体包括犯罪现象的物证，证据的形式、形状、位置等，尸体位置和凶器等。（2）被害人。包括被害人的年龄、职业、背景资料、生活习惯、家庭结构、最后被人发现时的情况等。（3）法医资料。包括法医在尸体检验后确定的死者的死因，伤口情况，死亡前/后之性行为，验尸报告和实验室化验报告。（4）警方初步侦查报告。包括与案件有关的各种背景资料、现场勘查结果、犯罪时间、报案人身份、死者的邻居情况、死者的社会地位及经济状况、案发地区的犯罪率。（5）照片。包括对犯罪现场环境的空中摄影、现场照片以及被害人的照片。

2. 分析研判

包括对第一阶段收集的所有信息进行合乎逻辑的分析，具体地说，是形成对杀人案的种类及形式、犯罪人的原始意图、被害人的风险、凶手的风险、案情恶化程度、犯案的时间及地点因素等各方面的基本认识。例如，犯罪是否属于众杀（mass murder，即在同一地点、同一次犯罪中有3名以上被害人的杀人犯罪）、狂暴杀人（spree murder，即在情绪激动状态中连续进行的两次或者更多次的杀人行为）或系列杀人（serial murder，即三次或者更多次相互之间没有情绪关联的独立的杀人行为）。根据研究人员的总结，不同类型的杀人案件中，犯罪人具有不同的动机及个性特征。

3. 犯罪评估

这一阶段，特征剖析人员根据前两个阶段的分析结果，研判出整个案情是如何发生的、被害人与凶手双方的行为，以及凶手是如何计划及组织整个犯罪事件的。具体包括以下几方面的内容。

（1）案件的种类。特征剖析人员要确定犯罪人是属于有组织力杀手或无组织力杀手（见表19-1），其基本逻辑是主要根据犯罪人在现场表现出的行为特征，推测其可能具有的人格特征。

表 19－1　有组织力杀手与无组织力杀手的现场特征和人格特征

类型	有组织力杀手	无组织力杀手
现场差异	事先经过缜密的计划	在自然（偶然）情况下发生的
	被害人是目标下的陌生人	被害人或伏案地点是凶手所熟悉的
	把被害者当人看	根本就没把被害者当人看
	能控制自己的谈话	无法控制住谈话的语气或内容
	由命案现场可以看出命案从头到尾都在其掌握中	现场不是刻意挑选的，而且整个现场都是一幅漫不经心的样子
	要被害人绝对地顺从其旨意	会突然对被害人施以暴力
	羁押或监禁被害人	不会如此对待被害人
	在被害人生前进行性侵犯	死后性侵犯或凌辱
	会掩藏起被害人的尸体	弃置在一般人目光所及之处
	现场通常找不到凶器或其他证据	证据或凶器会遗留在现场
人格特质差异	资质高，有天分	资质平庸
	在社会上颇具竞争能力	在社会上表现颇不成熟
	喜欢从事技术性高的行业	工作历史不长，且表现不佳
	在性方面颇具能力	通常为性无能
	在家中的排行往往在前面	排行可能殿后
	父亲的工作稳定	不稳定
	父母的管教一致	管理十分严格
	在犯罪时能控制自己的情绪	焦虑、烦躁
	犯罪前通常会喝酒	很少有饮酒的习惯
	案发前曾面临环境上的压力	较缺少这方面的压力
	与父母同住	一人独居
	机动性高，汽车的性能一直维持得很好	在现场附近居住或工作
	从新闻媒体中追踪案件的发展情形	不关心媒体的报道
	案发后或许会换工作或住所	案发后生活形态都没大的改变

根据美国联邦调查局行为科学组的理解，美国佛罗里达州的“校园杀手”邦迪（Ted Bundy）是有组织力强奸杀人犯罪的一个典型。他有计划地诱拐年轻貌美的女性，选择的被害人在外表上与他前女友相似。邦迪通常使用自己外表上的魅力或诡计，如假装胳膊受伤以得到年轻女性的帮助，被害人一旦被骗上车，立即被远距离地带往异地。他在杀死被害人之后，对被害人的尸体进行性虐待行为。无组织力杀手常常不能详细计划自己的犯罪，被害人是在偶然的情形下与其相遇，在犯罪期间行为杂乱无章。穆林（Herbert Mullin）是无组织力杀手的一个例子。在 1972 年 10 月到 1973 年 2 月期间，穆林在加利福尼亚州克鲁斯或其附近杀害了 13 人。他任意地选择

被害人，有无家可归的人、搭便车旅行者、教堂的牧师，还有 4 名青少年露营者。根据其自己的陈述，一旦他听到杀死一个人的“指示声音”，就会杀死一个以前从未见过的人。①

（2）作案动机。在对犯罪现场进行分析和确定犯罪人类型之后，即可推测犯罪人的作案动机。就有组织力的凶手而言，其在作案前后都会作出既合逻辑且又完整的计划，并且能够根据计划实施犯罪行为，因而只要按照合理的逻辑仔细推敲，就可以查明其行为动机。至于无组织力的犯罪人，其动机通常是由他们所患的精神疾病或有问题的思维衍生出来的，是非现实性动机，可能基于幻觉，也可能基于紧张情绪或心理压力。

（3）现场的变动因素。此即考察命案现场的地点、行凶手法、尸体位置、外伤状况以及伤口位置等是否是一种原始状态，以避免受到现场变动因素的误导。

（4）剖析犯罪人特征。在这一阶段，特征剖析人员要列出一个关于犯罪人特征的清单，包括犯罪人人口统计学特征、身体特征、习惯、犯罪前行为、犯罪后行为等，提出针对调查的建议事项。

经过前述的分析过程，调查人员帮助侦查员展开调查，如果没有发现犯罪人，或发现新的证据，特征剖析人员要重新进行特征剖析。成功的分析及调查会导致犯罪嫌疑人被逮捕，特征剖析人员需要考察犯罪嫌疑人的特征与他们的描述是否相符合。在很多情况下，犯罪人并没有被抓获，能够被检验的特征剖析不会超过 50%。

（二）侦查心理学（Investigative Psychology）方法

侦查心理学方法是由英国心理学家戴维·坎特（David Canter）提出并加以发展的。有人认为，这种方法与美国联邦调查局的方法类似，因为它们在本质上都以统计学为基础。实际上，二者有一些区别，如后者加入了“环境心理学”的理论，并且根据对犯罪人的研究不断地更新。侦查心理学方法起源于 1985 年，坎特参与的首起案件是铁路强奸犯案件（Railway Rapist），他尝试着在刑事侦查中运用环境心理学的方法，并且通过这起案件获得了初步的成功。此后，坎特逐渐形成了自己的理论，提出了对犯罪人进行特征剖析的侦查心理学方法。2009 年以来，他一直担任哈德斯菲尔德大学国际侦查心理学中心主任，致力于犯罪心理画像的理论研究和实际运用，在大学开展侦查心理学（investigative psychology）方面的学历教育。②

侦查心理学方法对犯罪人的特征剖析的模式被称为人际互动的五因素模式（five-factor model），具体如下。③

1. 人际关系的一致性

在大多数的案件中，可以将犯罪行为看作是一种特殊的人际交往。他试图证明，

---

① 参见［美］Wrightsman、Lawrence S.：《司法心理学》（Forensic Psychology），吴宗宪等译，91 页，北京，中国轻工业出版社，2004。

② 参见张广宇、付有志：《犯罪心理画像的演进》，载《法制与社会》，2015（12），247～250 页。

③ See Petherick，Wayne，*Criminal Profiling*：*How it Got Started and How it is Used*，at http：//orig-inwww. crimelibrary. com/criminology/criminalprofiling2/.

犯罪人作案时的行为是他们日常生活中的行为的反映。坎特指出，关于对被害人的选择方面，犯罪人只会选择这样一种人，这种人在犯罪人正常的行为中对他们也有重要意义，例如，邦迪的被害人被认为与他的前女友类似，均为披肩长发的漂亮女子。支持他这种观点的证据是，绝大多数的系列杀手是在他们自己的种族群体内选择被害人。

坎特指出，不同类型的犯罪，很有可能是由具有不同的家庭和社会背景的人实施的。例如，一名强奸犯罪人可能表现出幼稚的性行为，这或许暗示他没有多少性经验，并且当前也没有涉及一种两性关系。相比较而言，表现出老练的性行为，甚至要求被害人以特别的性行为方式来满足自己的强奸犯罪人，当前很有可能与妻子或女友住在一起。①

2. 时空的显著性

犯罪人在预谋犯罪行为时，对犯罪的时间或空间是有选择的。犯罪的时空，可能代表了犯罪人对自己的周围环境以及对自己的时间表的一种认识。具体地说，犯罪人确定某个时间作案，在多数情形下并非随机的，而是基于对自己的工作时间或生活时间的考虑，选择对自己来说最合适的、可以从容实施犯罪的时间段。因此，通过对犯罪人作案时间的分析，可能会发现其工作或生活的某些线索。例如，坎特在铁路强奸者案件中，通过对犯罪人作案时间的分析，发现犯罪人是一个能够频繁地在工作时间中实施犯罪的人，对这种人的“最简单的假设就是，他从事的是一种周末才上班的工作，或者说他从事的是一项临时性的工作……或者也可以假设，这个人从事的是一种需要不断旅行的工作，这种工作可以使他在一段时间内正当地不上班，而不会引起别人的注意”②。后来的调查结果是，犯罪人达菲（John Duffy）是在铁路上旅行的木匠。

通过分析犯罪地点的机动性，特征剖析人员可以考察犯罪人的居住范围及居住的可能环境。坎特（1994）指出，美国联邦调查局的特工们提出的、与系列犯罪人的可能住址有关系的唯一指导原则是，在某些案件中，尤其是在犯罪人似乎没有精心策划其犯罪地点的情况下，他可能就居住在其第一次实施犯罪行为的地点附近。坎特研究了环境心理学，发现：人们实际上有某个地区的心理地图，对一个地区的熟悉程度是最大的影响精确性的因素。犯罪人的行为是与犯罪人对周围环境的熟悉程度有关的，犯罪人会尽可能地降低由于不熟悉周围环境而带来的危险性。犯罪人一般选择自己熟悉的、对自己很方便的地方实施犯罪，至少在最初是这样选择犯罪地点的。犯罪人作案的范围会越来越大，其犯罪行为最初表现为计划性不强的性侵害行为，后来表现为有预谋地在很远的地方进行杀人犯罪。这些犯罪行为的变化表明，他在犯罪行为方面

① 参见［英］Peter B. Ainsworth：《犯罪人特征剖析》，赵桂芬译，119～121页，北京，中国轻工业出版社，2007。

② ［英］David Canter：《犯罪的影子——系列杀人犯的心理特征剖析》，吴宗宪等译，59～60页，北京，中国轻工业出版社，2002。

的决心不断增大，计划性不断增强。犯罪地点应当被看成是能够最大限度地增加犯罪成功的机会，同时又能够最大限度地减少危险的地方。犯罪人情绪越是激动，犯罪的地点离家越近。

坎特提出了理解犯罪地点的圆周假设：找出两个相互之间距离最远的犯罪地点，将这两个位置之间的距离作为直径，可以画一个包括所有犯罪地点的圆周。人们会发现这个犯罪人就居住在这个圆周里面，有可能就在靠近圆周中心的地方。事实上，有约 80%的强奸犯样本确实居住在这个圆周内；约 60% 以上的犯罪人就居住在这个大圆周的中心地区。[①]

3. 犯罪人特征

坎特相信，个人特征确实影响犯罪人作案的类型和方式。他指出：犯罪人在作案过程中表现出的特征，在其日常生活中同样会表现出来。即使是活动最频繁的犯罪人，在大多数清醒的时间里所从事的仍然是非犯罪的活动。只有极少数人格分离的犯罪人，其犯罪行为和他们其他的活动完全是分离的。

坎特不同意美国联邦调查局对犯罪人的区分模式。他提出从犯罪人与被害人的互动关系中来考察犯罪人的类型。根据坎特的观点，不同类型的犯罪人对被害人有不同的认知，他们将被害人或看作是物体，或看作是工具，或看作是人。[②] 将被害人看作为物体的犯罪人是最残酷无情的，他们就像机器人一样，对被害人没有感情，因而可能拷打、杀害和肢解被害人，但却不会产生丝毫的懊悔。将被害人看作为工具的犯罪人，是将被害人视为其实现犯罪欲望的手段。狂暴杀人犯是这类犯罪人的极端的例子。他们或杀死他们遇到的所有人，或者坐在屋顶上向所有路过的人射击。他们表达自己观点的能力和与妇女交往的能力，对他们的犯罪有重要的影响。这些犯罪人的智力和生活机会给他们提供了条件，使他们能够学会怎样给别人留下好印象。这些人可能是典型的变态人格（psychopath），思维与情感似乎是正常的，知道应当如何建立人际关系，可能懂得同情含义，但绝不会感受到同情，较易表现出纯粹的邪恶。被害人对他们有一些象征意义，可能会选择那些具有特殊相貌的妇女。坎特认为，在美国联邦调查局的分类中，这类犯罪人属于那种在犯罪中有组织力的犯罪人。将被害人看作是人的犯罪人，把被害人当作特定的人看待，可能会进行很多被人们视为正常的行为。在这些犯罪人的内心描述中，把自己看成为戏剧性冒险活动中的英雄。这样的犯罪人往往可能有长期的、变化多样的犯罪历史。他们经常在室内犯罪，犯罪地点经常就他们的住所附近；犯罪活动也多种多样，既有暴力犯罪，也可能有诸如盗窃之类的犯罪。一些强奸犯罪人寻找那些能够与自己交谈的被害人，他们错误地认为，在强奸

① 参见［英］David Canter：《犯罪的影子——系列杀人犯的心理特征剖析》，吴宗宪等译，115～143 页，北京，中国轻工业出版社，2002。

② 参见［英］David Canter：《犯罪的影子——系列杀人犯的心理特征剖析》，吴宗宪等译，47～64 页，北京，中国轻工业出版社，2002。

犯罪中存在着一定的个人关系。

4. 犯罪生涯

在一个人犯罪生涯的早期阶段，他们可能较多地在冲动状态下实施犯罪行为，犯罪方法比较业余，因此，解决系列犯罪案件的关键，可以在犯罪人第一次犯罪以前所发生的事件中去寻找，而不是在最近发生的犯罪案件之后。[①] 坎特认为，系列暴力强奸犯罪的人，不可能实施突发性的犯罪。此类犯罪人系列犯罪模式的形成往往有一个演变过程，在这一模式形成之前可能会实施与系列犯罪无关的其他犯罪。在确定系列强奸犯罪人的前科类型时，他认为其前科未必与性有关。坎特认为，在一系列犯罪案件中，存在某种核心的主题或者目标，其中隐含着犯罪人与他人相处的方式，如暴力性。在计划一些性犯罪的过程中，犯罪人可能会控制暴力的使用，防止警方从其暴力方式中找到侦破案件的线索；但是在其他犯罪中，此类犯罪人可能并不控制其暴力性，如在酒馆中吵架、与女朋友打架、虐待妻子等。

强奸、杀人和持械抢劫这类严重犯罪，往往是在犯罪生涯发展的较后的阶段实施的。这种现象可以用来分析犯罪人年龄的大小。在许多系列杀人犯罪中，犯罪人的年龄可能是接近四十岁或者四十岁出头，但是，强奸犯罪人的年龄通常是接近二十岁或者二十多岁。一个年龄较大、有性犯罪历史，但是没有其他犯罪历史的犯罪人，如果先进行强奸犯罪，以后进行杀人犯罪的话，那么这个犯罪人很有可能是未婚的。犯罪人很可能具有同类性质的犯罪前科。

5. 法庭科学知识

此即通过犯罪人遗留在犯罪现场的物质痕迹来推测其是否了解法庭科学的相关知识。例如，一名犯罪人在犯罪现场几乎没有消除或隐藏任何法庭科学证据，我们可以假定此人有些简单，并且即便有前科，也可能是次数少或情节轻微。现场相反的迹象则表明，犯罪人了解或者参与过与收集证据有关的侦查技巧或程序，这些迹象可能包括但不限于戴手套、避孕套或者拿走任何带有犯罪人体液的污染物。当然，犯罪人对法庭科学知识的了解和实际运用，并非仅来自亲身经历的违法事件或诉讼程序，还可能是由犯罪人自身的认知特征决定的。

（三）行为证据分析（Behavioral Evidence Analyses）

1991 年，美国从事特征剖析研究的特维（Turvey，B.）在监狱访谈了系列杀人犯布鲁多斯（Jerome Brudos）。在访谈之前，特维用几个月的时间查阅了法庭记录、手稿以及其他关于其犯罪的报告。通过访谈，他发现，被访谈者自己所说的犯罪故事，与有关的犯罪记录并不符合："我第一次花了五个小时和他在一起，他几乎在整个时间里都在对我说谎。他对他所做的所有的事情都说谎。"他的这种发现，使美国联邦调查局行为科学组的犯罪现场分析方法赖以形成的基础受到动摇。他后来发展的

① 参见［英］David Canter：《犯罪的影子——系列杀人犯的心理特征剖析》，吴宗宪等译，306～322 页，北京，中国轻工出版社，2002。

犯罪人特征剖析的方法，就考虑到了犯罪人会对他们的行为撒谎，而最客观的关于犯罪事件发生的记录就是犯罪行为的重建。

行为证据分析的四步骤简介如下。①

1. 证据的灵活分析

此即现场存在的任何一种证据都可能有不止一种的解释。强调证据的灵活分析，是试图评估证据最可能的意义。特维强调对物质证据的全面、充分的分析，认为只有很好地分析和解释物证之后，剖析犯罪人特征才成为可能。待评估的证据来源是广泛的，主要包括犯罪现场照片、录像及现场图、证据记录以及证据提交的形式，法医提供的相关资料，对证人及邻居的访谈，被害人在死亡前旅行的地图，被害人背景等。

2. 被害人评估

特维认为，被害人评估是首要的侦查手段，它能够提供事情的前后背景、相互联系及侦查方向等信息。在案件侦查过程中，犯罪嫌疑人通常是未知的，通过对已知的被害人的分析则可以帮助划定嫌疑范围。总之，被害人对犯罪人特征剖析是十分重要的。在被害人未死的情形下，被害人必然是最为丰富的资源。即使在被害人已死的案件中，对被害人的了解也是不可被忽略的，应当尽可能详细地对被害人进行描述。例如，关于被害人为什么、怎样、何时、何地被犯罪人选中，可以告诉我们很多犯罪人的信息。通过现场重建，如果发现被害人的尸体曾经过一定距离的搬运，那么我们可以推断，犯罪人很有可能身体强壮，或有同伙。如果被害人是被诱拐到犯罪现场，没有经过挣扎，可以推断，犯罪人很可能与被害人相识，或者犯罪人是一个善于社交的人。

3. 犯罪现场特征分析

此即分析那些犯罪现场的显著特征，主要体现为对犯罪人的行为决策有显著影响的现场特征，包括作案地点的确定，接近被害人的方式，现场法庭证据的有无等。特维认为，由于环境的影响、被害人与作案人之间的相互作用，以及现场遗留物证情况的不同，每个犯罪人留下的犯罪现场都是独一无二的，在进行现场特征分析时，应当灵活地而不是刻板地分析特定案件中存在的现场。②

4. 犯罪人特征分析

包括对犯罪人的人格特征与行为特征的分析。这一分析建立在前三步分析的基础之上，并且并非最终步骤。如果发现新的证据，就需要重新进行分析。可分析的特征包括：犯罪人的身体状况、工作状况、行为习惯、悔罪感或罪责感、车型、犯罪历史、疾病史、婚姻状况、种族、攻击性、居住情况等。这些特征结合起来即成为对犯

---

① See Petherick Wayne, *Criminal Profiling: How it Got Started and How it is used*, at http: //origin-www.crimelibrary.com/criminology/criminalprofiling2/.

② 参见［美］布伦特·E. 特维：《犯罪心理画像——行为证据分析入门》，李玫瑾等译，187～188页，北京，中国人民公安大学出版社，2005。

罪人的特征分析。侦查人员可以用这些特征到已知的犯罪人数据库中去搜索，或可以缩小排查犯罪嫌疑人的范围。

四、犯罪人特征剖析技术的作用

一些研究者对特征剖析的作用进行了分析或论证。有学者认为，犯罪心理学家从心理学的角度研究犯罪现场，能够识别和解释现场的一些证据，从而可以向侦查员提供未知犯罪嫌疑人的人格类型的线索，帮助逮捕犯罪嫌疑人（Geberth，1990 年）。古德琼森（Gudjonsson，1997 年）等人在英国对 184 起案件的一项调查发现，其中只有对 5 起案件的特征剖析导致人们识别出犯罪嫌疑人，但是，警察报告最多的其他益处是：特征剖析“促进了对案件或者犯罪人的理解”（61%）；“再次坚定了自己的结论的信心”（52%）；“提供了面谈的结构”（5%）。显然，特征剖析在刑事侦查中的作用不宜夸大，并且，特征剖析并非仅仅用于识别犯罪人，而且具有其他方面的一些作用，如帮助侦查人员理解犯罪人，为讯问提供有用的信息等。下面将具体分析特征剖析在侦查中的作用。

（一）根据不同案件中心理痕迹的共同性串并案件

在侦查过程中，如果能够对不同起同类型的案件进行有效的串并，则可以获得更多的有助于案件侦破的信息。犯罪人在首次作案成功后，其行为方式在大脑皮层中留下了痕迹，在以后遇到相似的条件或情境时，仍会采用相同或相似的手法继续实施同一性质的犯罪活动，从而形成较为稳定的犯罪特点。这种犯罪特点并非仅表现出使用同样的犯罪工具、留下相同的足迹等物质痕迹特征，同时还表现出选择同类被害人、选择相同的气候与环境条件、满足同样心理需求的行为方式等心理痕迹特征。在一些案件中，物质痕迹可以被犯罪行为人通过反侦查手段加以破坏，但心理痕迹却可以完好地保留，侦查人员借此可以分析研究此案与彼案在心理痕迹上的相似与共同之处，一旦发现数起案件都带有稳定的、一致的心理痕迹的表征，即可组织并案侦查。

道格拉斯等人在 1992 年提出了一个特征剖析的术语：犯罪人的标记行为（signature）。他们认为，标记行为反映了犯罪行为的独特的、个人化的方面，往往是犯罪人表达暴力幻想的一种需要的反映，具有稳定性和持久性的特点。识别标记不同于犯罪惯技（Modus Operandi）或者作案手法。道格拉斯对二者之间的区别作了生动的描述：“犯罪惯技就是犯罪人为了完成犯罪则必须做的事情。它是通过学习而获得的行为，并且随着犯罪人越来越顺利地实施犯罪而不断加以修改和完善。例如，一名银行抢劫犯的共犯在进行了一两次犯罪之后可能认识到，在实施抢劫期间他应当让供逃跑用的汽车的引擎开着。这就是犯罪惯技的一个方面。另一方面，标记行为则是犯罪人为了表达自己的情绪必须做的事情。标记行为不是为了成功地完成犯罪而必须做的事情，但是，标记行为首先是他实施特定犯罪的理由……”①

标记行为显然更能反映犯罪人独有的心理需要与奇怪的思维模式，在不同的案件中如能发现出同样的标记行为，便可成为并案侦查的依据；另外，犯罪惯技也同样是犯罪人在作案前及作案过程中的心理活动的反映，是其心理痕迹的表现，对组织并案来说，也具有重要的作用。

（二）利用现场心理痕迹体现的行为人的独特个性，确定犯罪嫌疑人

现场心理痕迹是犯罪人实施特定的犯罪行为并遗留下的各种客观存在的物质痕迹中体现出的犯罪人的心理活动和个性特点。心理痕迹与犯罪人存在着密切的关联性，往往反映出犯罪人独特的个性，因此，在各种物质痕迹上体现出的心理痕迹，必然带有犯罪人的个性色彩。我们可以根据物质痕迹的心理意义来分析犯罪人的年龄、文化程度、职业、动作习惯、兴趣、动机、需要、气质特征等种种可以刻画犯罪人特征的诸要素，从而缩小排查范围，进一步帮助侦查人员明确侦查方向。

（三）依据心理痕迹的反常性，识别犯罪人的伪装行为

犯罪人作案时为了逃避打击、转移侦查视线，总是想方设法对行为进行伪装，但不论其伪装得多么巧妙，都不可能改变其早已形成的个性心理特点，从而在现场中表现出物质痕迹或心理活动的反常性。这种反常性既不符合正常的活动规律，又违背其自身的活动规律。如在监守自盗现场，内盗伪装成外盗、他杀伪装成自杀的现场，伪装抢劫、强奸、盗窃的现场，私仇报复杀人或谋财害命伪装成强奸杀人、奸情杀人的现场等。由于伪装行为受犯罪心理的支配，犯罪人心理的高度紧张，必然导致行为的相互矛盾，出现现场整体状态以及现场有关痕迹物品的反常性。侦查人员可以深入分析现场上表征的心理痕迹的反常性，发现犯罪人的伪装行为，从而揭示犯罪人与犯罪现场以及被害人的某种关联性。

（四）通过对犯罪人特征的准确分析展开主动侦查

特征剖析经常用来解决系列案件。在系列案件发生之后，特征剖析人员通过对已发生案件的研究，就可以推测犯罪人的个性特征，预测犯罪人未来的行为趋势。这种推测与预测不一定能直接帮助侦查人员发现犯罪人，因为符合具体描述的人很难是一个具体的人，而是某种类型的人。然而，通过对犯罪人的个性特征的把握以及在此基础上对其在侦查中可能发生的行为的预测，这种描述就可以用来对真正的犯罪人施加心理影响，使犯罪人自动地浮出水面；或者展开主动侦查，在犯罪人可能犯罪的时间或地点调配警力实施相关的侦查活动。

（五）提供讯问策略

对犯罪嫌疑人的讯问是一门艺术。讯问犯罪嫌疑人成功与否，与侦查人员对证据的掌握情况、侦查人员对讯问技巧和讯问时机的把握以及犯罪嫌疑人的个性等有密切

---

① ［美］Wrightsman、Lawrence S.：《司法心理学》（Forensic Psychology），吴宗宪等译，84页，北京，中国轻工业出版社，2004。

关系。犯罪人特征剖析对讯问的帮助体现在对犯罪人的人格特征和犯罪时的心理活动的理解方面。具体地说，通过特征剖析，侦查人员能够了解犯罪嫌疑人可能具有的人格特征、作案时的心理状态以及对被害人施暴的原因等。通过合理的分析，侦查人员就可以制订出有针对性的讯问计划。①

犯罪人特征剖析是根据心理学、社会学、犯罪学等多门学科已形成的对犯罪现象的认识，对犯罪现场的物质痕迹、心理痕迹及被害人的生活轨迹等进行分析进而刻画犯罪人最有可能具有的特征的侦查行为。犯罪人特征剖析一方面具有科学性，其科学性的体现，是通过运用严谨的科学研究方法对犯罪原因与现象形成的规律性认识推论于特定的犯罪行为；同时心理画像也是一种行为分析艺术，分析者的洞察力与分析经验在分析过程中也发挥着重要作用。在运用心理画像技术时，归纳与演绎的推理方法都是不可或缺的。不管怎样，特征剖析不能代替常规的调查取证手段，仅是案情分析的一种必要的补充形式。

思考题

1. 心理测试技术的基本原理主要有哪几种？
2. 常见的心理测试技术有哪些？它们之间有哪些相同与不同之处？
3. 犯罪人特征剖析技术是科学还是艺术？谈谈你自己的理解。
4. 试析犯罪人特征剖析技术与现场心理痕迹分析之异同。

① 参见付翠：《解析犯罪心理画像技术在侦查讯问中的应用》，载《政法学刊》，2009（2），88～92页。

第二十章
犯罪心理矫治

学习目的与要求

习近平总书记在视察浙江省某监狱工作时曾指出：我们国家的司法制度要体现社会主义的特色，你们提出的平安监狱、文明监狱很好。这一讲话是习近平法治思想的重要组成部分，也为监狱矫治工作指明了方向。犯罪矫治工作是体现一个社会文明程度的重要指标。通过本章的学习，应重点掌握犯罪心理矫治的原理和实际操作流程，犯罪心理矫治是针对犯罪心理结构所采用的矫治措施，犯罪心理矫治的过程包括犯罪心理诊断、犯罪心理矫治方案的制订、犯罪心理矫治的具体措施的实施和犯罪心理评估等主要环节。难点在于犯罪心理矫治和犯罪心理结构理论在实践中的运用。

第一节　犯罪心理矫治概述

一、犯罪心理矫治的概念

犯罪心理矫治是指依据心理学理论，采用心理学方法和技术，针对人的犯罪心理结构实施的促进人的心理与行为符合社会需要和法律要求的心理咨询、心理治疗、行为矫正等活动的总称。犯罪心理矫治是一系列相关活动的总称，并不仅仅局限于比较系统、比较专业的心理治疗和行为矫正。凡是能够对罪犯产生积极的影响，使罪犯能够发生积极变化的活动，均可以称为罪犯心理矫治活动。

犯罪心理矫治一般指对已经形成的较为稳定的犯罪心理结构进行矫治，也包括在犯罪心理结构发展变化过程中进行的及时的干预，阻碍犯罪心理结构的形成、稳固和恶性发展；监狱犯罪心理矫治是指监狱所采用的一系列针对罪犯的监管、改造工作，包括管理、教育、劳动等，因为这些活动都对罪犯的不良心理、意识和行为习惯起矫治作用。根据司法部 2003 年颁布的《监狱教育改造工作规定》：“监狱应当开展对罪犯的心理矫治工作。心理矫治工作包括：心理健康教育，心理测验，心理咨询和心理疾病治疗（第 43 条）”，可以看出目前监狱犯罪心理矫治的主要内容和方法。

二、犯罪心理矫治的分类

根据犯罪心理结构的形成到外化过程，可以分为犯罪心理结构形成过程中的矫治，犯罪心理结构已经形成但尚未外化为犯罪行为时的矫治，犯罪心理结构已经外化为犯罪行为后的矫治。

犯罪心理结构形成过程中的矫治主要在学校阶段，通过营造健康的环境，减少学生与不良人员接触的机会；同时，培养学生健全的人格，使之保持良好的心理健康水平，引导学生形成明辨是非的理性思维能力，锻炼应对挫折和抵御不良诱惑的能力。

犯罪心理结构已经形成但尚未外化为犯罪行为时的矫治。一方面，采用犯罪的预测手段，识别人群中犯罪倾向显著的人员，并采用可行的方法，对其犯罪心理结构进行干预，降低犯罪心理结构外化为犯罪行为的风险。另一方面，采用情境预防等方法，减少犯罪的情境诱因，或者控制犯罪机会，使犯罪心理结构外化的可能性受到限制。

犯罪心理结构已经外化为犯罪行为后的矫治。犯罪行为发生后，对犯罪心理结构的矫治成为了司法机关的一项很重要的工作。犯罪学的研究表明，社会上的大多数犯罪是由罪犯中的少数人做的，其中，重新犯罪对社会的危害巨大。因此，研究犯罪心理结构的形成和发展变化的规律，对罪犯的犯罪心理结构进行有效的矫治，成为监狱、社区矫正机构等部门的重要工作。为了提高犯罪心理矫治的针对性和有效性，应该根据不同类型的犯罪心理结构特征，结合罪犯的个性、需要以及是否有人格障碍等方面进行诊断，进而制订相应的矫治方案。

根据犯罪心理结构的稳固性特征、犯罪心理结构的要素组合方式等，可以对犯罪心理矫治作进一步的分类。例如对冲动型的犯罪心理结构的矫治应采用针对冲动控制能力的矫治措施，对贪欲型的犯罪心理结构应根据其欲望的形成诱因和价值观念等进行矫治。

根据犯罪心理矫治的实施主体的不同，可以分为机构性矫治和社会性矫治。机构性矫治的典型代表就是监狱、公安、审判机关的矫治，社会性矫治主要是社区矫治和社会的预防犯罪的政策的实行。

三、犯罪心理矫治与罪犯心理矫治

（一）犯罪心理结构与罪犯心理结构

犯罪心理结构和罪犯心理结构是有区别的。犯罪心理结构是罪犯在犯罪前已经存在的犯罪心理的存在形式。罪犯心理结构是罪犯被判刑后形成的心理结构。罪犯被判刑后，其心理结构中主要包含三个方面的内容：一是罪犯原有的犯罪心理结构，二是罪犯在服刑期间由于监禁效应所产生的不良心理特征，三是人的常态心理。罪犯心理，即刑罚承受者的心理，是服刑者的特殊心理现象。它实际上是刑罚惩治心理的一个部分，刑罚惩治心理的另一部分便是刑罚的社会心理效应，即刑事判决和刑事执行在社会人群（包括一般公众、被害人和潜在的犯罪人）中产生的心理效应。[①]

犯罪心理结构是驱使罪犯犯罪的原因，而罪犯心理结构是犯罪心理结构外化为犯罪行为之后，罪犯在接受刑罚制裁过程中产生的多种心理成分的结合。

（二）犯罪心理矫治与罪犯心理矫治

犯罪心理矫治是采用心理学的方法，针对犯罪心理结构实施的心理咨询、心理治疗、行为矫正等活动的总称，其目标主要在于对犯罪心理结构实施有效的干预，使尚未形成的犯罪心理结构不能形成、促进已经形成的犯罪心理结构向良性方面发展。

罪犯心理矫治针对的是罪犯心理结构。罪犯首先必须能够适应监狱生活，其次才能谈得上接受教育改造。因此，罪犯心理矫治的目的首先在于提高罪犯的心理健康水平，促进罪犯适应监狱生活；其次是对罪犯在原有的犯罪心理结构的基础上形成的具有监狱烙印的心理结构进行矫治，以促进罪犯回归社会后能够适应社会生活，减少重新犯罪的可能性。

犯罪心理矫治目标比较集中，主要是对犯罪心理结构的干预；罪犯心理矫治的目标有远近之分，近的是罪犯的监狱适应问题和其他心理健康问题，远的是预防重新犯罪。罪犯心理矫治的目标相对来说比较分散，而且往往以近期目标为重要方向。

第二节　犯罪心理矫治的意义和目标

《中华人民共和国监狱法》明确规定，监狱是国家的刑罚执行机关，其任务是惩罚与改造罪犯，预防和减少犯罪。从心理学角度看，改造罪犯实质上就是矫治罪犯的心理障碍，消除已经形成的犯罪心理结构，使其形成守法公民的心理结构，从而成为融于社会、与社会和睦相处、自食其力的新人。

一、犯罪心理矫治的意义

（一）矫治犯罪心理结构的需要

服刑人员在犯罪心理结构的驱使下实行了犯罪行为，监狱对罪犯的改造应根据其犯罪心理结构的特点开展针对性的矫治，才能收到预防重新犯罪的效果。犯罪心理矫治是通过对罪犯心理结构的诊断分析，针对罪犯的犯罪心理结构的特征制订矫治方案，采取相应的矫治措施，实施有效的心理矫治。

（二）矫治监狱人格的需要

罪犯在监狱服刑期间，由于监狱环境的特殊性的影响，其人格特征被刻上了监狱

① 参见何为民、解玉敏：《犯罪与罪犯改造心理学教程》，354页，北京，法律出版社，1989。

生活的烙印。人格也称为个性，是个体在先天生物遗传素质的基础上，通过与后天社会环境的相互作用而形成的相对稳定的和独特的心理行为模式。监狱人格是服刑人员在监狱服刑生活中形成的一种不良心理行为模式，例如冷漠、内向、自卑等心理特征和反社会型人格、抑郁型人格、依赖型人格等人格障碍。罪犯的监狱人格是一种人格障碍，表现为不良的心理行为模式，这种人格将影响到罪犯出狱后对社会生活的适应，可能会导致重新犯罪行为。因此，监狱在对罪犯的犯罪心理结构进行矫治的同时，不能忽视预防罪犯监狱人格的形成和对监狱人格的矫治。

（三）提高服刑人员心理健康水平的需要

1. 罪犯是心理问题和心理疾病的高发人群

服刑人员是心理疾病的高发人群。一方面，心理问题和心理疾病本身可能就是犯罪心理结构的构成成分，或者说，心理问题和心理疾病加速了犯罪心理结构的恶变，促进了犯罪心理结构的外化。另一方面，监禁效应对服刑人员的心理健康产生不良影响。陈卓生等研究认为，随着服刑时间的增加，罪犯的同情心在下降，罪犯变得更加冷漠，更加沉默寡言，缺乏热情。[①] 从心理问题与心理疾病发生的频率及在人群中所占比例看，罪犯群体是心理问题与心理疾病的高发人群，他们更加需要进行心理矫治。

罪犯的心理问题和心理疾病的主要类型是精神障碍。

吕成荣等于2016年采用分层随机整群抽样方法在26所监狱中抽取4 034名罪犯，对各类精神障碍患病率进行调查，发现各类精神障碍患者1 938人：器质性精神障碍占0.73%；使用精神活性物质所致的精神和行为障碍占14.44%；精神分裂症、分裂型障碍和妄想性障碍占1.51%；心境障碍占3.95%；神经症性、应激相关的及躯体形式障碍占7.79%；伴有生理紊乱及躯体因素的行为综合征占5.28%；人格与行为障碍占12.99%；精神发育迟滞占1.10%。此外，使用精神活性物质所致精神和行为障碍、精神分裂症、分裂型障碍和妄想性障碍、人格和行为障碍患病率有性别、服刑期分布的统计学差异（$ps<0.05$）。例如，各类精神障碍性别分布特点，男性的人格障碍患病率高于女性，而精神活性物质所致的精神和行为障碍患病率低于女性。[②] 再从某个监狱的典型调查看，问题就更为明显。例如，上海市青浦监狱应用有关心理测验量表调查发现，约52.8%的罪犯存在心理障碍，其中23.1%为精神医学中的反社会人格障碍，约29.7%存在明显的病理心理问题，另外还有47.2%的罪犯社会适应不良。上海市五角场监狱研究发现，罪犯中“心理创伤后应激障碍”的发病率为38.9%，远高于社会群体对照组的14.4%，有非常显著的统计学差异。山东省

① 参见陈卓生、韩布新：《服刑时间对罪犯个性特征的影响研究》，载《中国临床心理学杂志》，2006（3），312页。

② 参见吕成荣等：《某省监狱罪犯精神障碍现况调查》，载《中国心理卫生杂志》，2020（5），403～407页。

潍坊监狱应用卡特尔16种个性因素量表（16PF）研究发现，约70%的罪犯存在不健康心理，其中约45%的罪犯有较重的心理障碍。江苏省某监狱应用症状自评量表（SCL-90）调查发现，罪犯SCL-90各因子明显高于全国常模，有非常显著的统计学差异，揭示了罪犯群体存在不同程度的病理心理问题。[①]

罪犯心理疾病的症状表现主要有：躯体不适感、焦虑烦躁、悲观抑郁、与犯罪无关的自责、失眠早醒、情绪不稳定、易激惹、易冲动、敏感多疑、偏执、敌对、孤僻退缩、行为异常等。这些心理病理问题带来的罪犯行为越轨及其社会后果是十分严重的。例如，严重抑郁往往会导致自伤、自杀行为；严重情绪不稳、易激惹、易冲动往往会导致冲动杀人行为；严重偏执、敌对、行为异常往往会导致罪犯不认罪、不服法、抗拒改造、脱逃行为等。[②]

罪犯的精神障碍和心理健康问题的严重性已经成为社会各界的共识，也是监狱部门高度重视的问题，开展心理矫治是维护罪犯的心理健康，确保监狱安全和减少重新犯罪的重要任务。

2. 对“非疾病型”的罪犯也应施以心理矫治

当谈到罪犯是心理问题与心理疾病的高发人群时，不免使人产生以下问题：罪犯心理矫治是针对全体罪犯，还是针对那一部分有心理疾病的罪犯？患有身心障碍等疾病的罪犯无疑需要矫治，对于其他身心状况正常的罪犯是否也需要施以心理矫治？

我国台湾地区学者蔡墩铭认为，按照罪犯产生犯罪行为的原因，罪犯心理矫治的对象可划分为“疾病型”与“学习型”两种。[③]疾病型是指犯罪行为的产生系来源于心理疾病，如精神病人由于偏执性的妄想而实施的犯罪行为，变态心理者由于人格障碍或性心理障碍而实施的犯罪行为，智力低下者由于认知障碍而实施的犯罪行为等。因此，对这类罪犯实施精神医学治疗、心理治疗，便成为矫正其犯罪行为最理想的方式。学习型是指犯罪行为的产生，并非精神上的疾患引起，而是对他人犯罪行为的观察、模仿和学习所促使的。此类罪犯虽然原本并无心理疾病，但经过“学习”已沾染上犯罪心理与罪犯思维模式，酿成不良行为习惯，故也可视为一种心理问题与行为障碍，所以，仍应对他们施以心理矫治。但在操作中，应将疾病型与学习型的罪犯区别开来，施以不同的矫治内容与方法。

由此可知，对罪犯进行的心理矫治，并非严格的医学概念，而应扩展到采用心理学技术，对罪犯进行社会心理调适、再社会化以及矫正其不良个性与行为习惯等广阔的视野。概括起来，可分作以下两类。

（1）学习型的精神正常者。包括：1）精神正常但有心理困惑者；2）心理问题突出者；3）有不良行为习惯者；4）对几类特定的罪犯（如少年犯、女犯与老年犯，初

---

① 参见张安民：《罪犯心理矫治在教育改造中的功能》，载《现代监狱》，1994（5），18页。

② 参见罗大华主编：《刑事司法心理学理论与实践》，296～297页，北京，群众出版社，2002。

③ 参见蔡墩铭：《矫治心理学》，426页，台北，正中书局，1988。

入监者和将出监者，病犯与康复犯），因其易于发生情绪波动与心理障碍，需要给予特别的关照。

（2）疾病型的心理障碍者。包括：1）严重的反社会心理者；2）人格障碍与性心理变态者；3）神经症与心身疾病患者；4）药物依赖、酒精中毒等不良习癖者；5）社会适应障碍者；6）某些有明显症状的行为障碍者，如口吃、遗尿、神经痉挛症等。

（四）新时期犯罪主体的变化需要心理矫治

中华人民共和国成立初期，在押罪犯的主体是旧政权中犯有罪行的骨干分子、剥削阶级中的反革命分子和旧社会遗留下来的残渣余孽。对于这类罪犯，强调思想、观点和立场的改造，是当时监狱工作的主攻方向。但是，20 世纪 70 年代以来，青少年犯和其他普通刑事犯逐渐成为在押犯的主体。他们之所以走向犯罪，不仅有世界观、人生观方面的原因，而且有扭曲的心理原因，如畸形的需求欲望、易激惹的情绪情感、意志薄弱、不良的心境、承受挫折能力低、某些个性障碍等。为了提高改造质量，不仅要改造他们的思想，还应开展心理矫治，才能有效地消除其犯罪心理。

在新的历史时期，对罪犯开展心理矫治，体现了改造工作的全面性。因为，人的社会意识是由意识形态和社会心理两个基本层次构成的。[①] 前者是一种高水平的、系统的、自觉的、理论化的反映形式，我们通常说的立场、思想、观点就是指的这个层次。后者是一种低水平的、不系统、不定型、自发的反映形式，表现为感情、风俗、习惯、成见、自发的倾向等。它是感性与理性的结合，其中不乏非理性的、模糊不清的心理状态和心境，需要进行引导、调适和矫正。以往，强调改造罪犯的立场、思想、观点是对的，抓住了主导的方面。现在提出开展心理矫治，又注意了罪犯社会心理这个层次的改善，恰好弥补了过去改造内容和方法的不足。实践证明，只有两个层次一起抓，才能全面推动罪犯头脑中犯罪思想和犯罪心理的全面改造（准确地说，“犯罪心理”是一个大概念，应当包括犯罪思想即犯罪思维，而单讲犯罪思想，却不能囊括犯罪心理）。

（五）心理矫治能较好地调动罪犯自我改变的积极性

在监狱里服刑的罪犯，由于他们是处在被剥夺人身自由的状态下，所以，他们是在强制和压抑状态下被改造的。他们同监狱干警的关系，是执法与服法、被改造与改造的对立关系，很难做到心理相容与沟通。在这种状态下，要实现口服心服的转变是较为困难的。而心理矫治的特点恰好是建立矫治者（心理医生等）与矫治对象之间良好的人际关系（有的学者把这种关系称作“治疗联盟”）基础之上的，由于人际关系的改善，治疗者与被治疗者之间形成了情感协调和信赖的关系，矫治对象从这种关系中产生了积极的情绪体验，他们的自尊心与自信心得到改善，对矫治者的语言或暗示心悦诚服地认同，其态度与行为也随之发生改变。这样，就使罪犯有了自我改变的积

---

① 参见李秀林等：《辩证唯物主义和历史唯物主义》，359～361 页，北京，中国人民大学出版社，1982。

极性，由强迫改造逐渐转向自觉改造，从而提高改造工作的效果。

二、犯罪心理矫治的目标

犯罪心理矫治的主要目标是帮助罪犯解决心理健康问题和行为障碍，帮助他们学会采用符合社会规范的方式去生活。下面主要以监狱的犯罪心理矫治为例，总结犯罪心理矫治工作的目标。

（一）对犯罪心理结构的形成和外化进行干预，促进犯罪心理结构的良性转化

犯罪心理结构是在犯罪人实施犯罪时起支配作用的畸变的心理因素，是其发动犯罪行为的内部心理原因和根据。犯罪心理矫治应该首先明确这些因素及其特性，然后针对这些畸变的心理因素，采取相应的矫治方案，从而实现有效的矫治。能否针对犯罪心理结构的特征采取相应的矫治措施，是衡量矫治是否有效的重要依据。

（二）预防和消除监禁效应的不良影响，帮助罪犯适应监狱生活

监禁效应是服刑罪犯难以回避的刑罚负面效果。监禁效应不仅给服刑人员带来身心痛苦，也可能酿成服刑人员的心理危机，造成监狱安全事故。在监禁效应的长期作用下，服刑人员原有的犯罪心理结构不但得不到矫治，还可能进一步恶性发展，这也是刑满释放人员重新犯罪率一直居高不下的重要原因。

（三）对有心理疾病的罪犯进行咨询和治疗

服刑人员是心理疾病的高发人群。有些服刑人员在入狱前就患有心理疾病，其心理疾病可能是导致犯罪的重要原因；另外，犯罪和服刑经历可能给罪犯带来巨大的心理创伤，诱发各种心理疾病。只有对有心理疾病的罪犯进行咨询和治疗，才能促进其适应监狱的服刑生活，提高教育改造的质量。

（四）帮助罪犯改变认知结构和思维模式

许多罪犯的认知结构和思维模式存在偏差，缺乏理性和客观地分析、判断问题的能力，并因此出现社会适应不良，导致走上犯罪道路。因此，为了使罪犯能够适应社会生活，需要帮助他们认识自身在认知上存在的问题，改变自己不良的思维习惯。

（五）引导罪犯消除劣性情绪

情绪和行为有着密切的关系。劣行情绪可以驱动不良行为，许多犯罪行为往往是在犯罪人的劣性情绪的驱动下产生的，例如激情犯罪。因此，犯罪心理矫治应引导罪犯识别自己的劣性情绪，分析劣性情绪产生的情境，学会调节和控制自己的情绪。

（六）培养罪犯的自我控制能力

意志品质薄弱是犯罪人的重要特征。犯罪人由于意志不够坚定，经受不起不良人员的教唆，或者无法抵抗社会上的各色各样的诱惑，就会迷失自己，误入歧途。对罪犯进行自我控制能力训练，提高罪犯抵制诱惑、自立自强的意志品质，是降低刑满释放人员再犯罪风险的有效途径。

（七）纠正罪犯的不良行为习惯

行为习惯是自动化的行为方式，也包括思维的、情感的内容。习惯能够满足人的某种需要，习惯也可能起到积极和消极的双重作用。犯罪心理矫治是指运用心理治疗的专门技术对罪犯的不良行为习惯如品行不端、酗酒、吸毒、性淫乱等进行矫正。

（八）帮助罪犯提高人际技能

人际技能是人适应社会生活的基本能力。犯罪人中，有的缺乏必要的人际技能，不善于与人打交道，不能获得足够的社会支持，在精神和物质上缺乏帮助，导致生活困难，希望通过犯罪进行补偿；有的不善于处理人际问题，导致人际冲突无法通过恰当的方式解决，只好采用违法手段去处理问题，导致了犯罪的发生。因此，对罪犯进行人际技能训练是培养其良好的社会生活适应能力的重要途径。

（九）培养罪犯的亲社会态度

犯罪人在其成长过程中经历了一系列的社会生活事件后，比社会正常群体感受到更多的社会不公，受到更多的挫折。在其他因素的共同作用下，罪犯感觉到自己似乎受到社会的拒绝，与社会产生了隔阂，因此，对社会产生了不满情绪，甚至导致攻击社会的行为。培养罪犯的亲社会态度，化解其不满情绪，对于促进罪犯与社会融洽共处有重要意义。

（十）强化罪犯的法纪意识

法纪意识是罪犯对法律和制度的认识与态度。罪犯在社会化的过程中未能树立为社会所接受的法纪意识，在不良的法纪意识支配下，实施了违法、犯罪行为。违法态度是罪犯犯罪心理结构的重要构成要素，矫治罪犯的犯罪心理，必须对其违法心理实施有效的干预，引导罪犯逐步形成守法心理。

（十一）进行心理危机的评估和干预

服刑人员的心理危机是导致自杀、凶杀和其他重新犯罪事件的重要原因。矫正工作者对于服刑人员心理危机的高发性和危害性应有足够的认识。对心理危机应立足于早发现、早预防、早干预，应注重对心理危机的评估和预测，并采用相应的干预措施。

第三节　犯罪心理矫治的可行性和艰难性

一、矫正有效性的历史争论

谈到犯罪心理矫治的有效性不得不提起马丁森的“矫正无用论”。20 世纪 60 年代，人们对犯罪心理矫治抱有乐观的态度，认为罪犯是可以通过矫治而成为符合社会需要的人。但是，1974 年马丁森发表了《什么有效：关于监狱改造的问题和答案》一文，对矫正的有效性提出了强烈的质疑。该文章对 1945 年到 1967 年之间的 231 个有关罪犯矫正计划的评价进行了分析，得出了“除了少数孤立的研究外，罪犯矫正所付出的努力并没有对预防重新犯罪产生作用”的结论。[①] 马丁森的这份报告被广泛解读为“矫正无效”。该报告对传统的罪犯矫正的观念造成了巨大冲击，因此该报告被称为“马丁森炸弹”。马丁森的“矫正无效论”受到了许多人的支持，一时间，矫正无效的观念占据了舆论的主导地位，并对政府和社会对监狱等矫正机构的政策产生了影响。

但是，并非所有人都赞同马丁森的观点。有研究者认为，马丁森的研究中有两个方面的问题影响到他研究的真实性。首先，在研究方法上，只有少数的研究能够符合这些条件精确的解释；其次，所检验的大多数矫治计划并没有被认真执行过，因此，不能期望这些矫正计划会对未来的犯罪行为产生效果。[②] 其实，在 1979 年，马丁森本人也发表了《新发现、新观点：关于刑罚改革的重要提示》一文，宣布放弃自己原来的结论，认为与他早先的观点相反，有证据表明一些治疗计划对累犯的矫正是有效果的。[③]

二、犯罪心理矫治的可行性

（一）犯罪心理结构是一个开放性的结构

犯罪心理结构具有开放性与动态性的特性，因此，犯罪心理结构具有可塑性的特点。犯罪心理结构并不是一个封闭的系统，它的形成与发展变化，时刻都与外界保持着密切的联系和积极、能动的反馈与互动。犯罪心理结构的开放性，决定了它的动态性。对于个体来说，犯罪心理结构虽然是一个相对稳定的结构，但它仍时刻处在变化之中。这种动态变化，既有缓慢的渐进变化，也有快速的急剧变化。

另外，犯罪心理结构的稳定性与可变性相结合的特征也为犯罪心理的矫治提供了可能性。犯罪心理结构一旦形成，就具有相对的稳定性，表现出时间上的连续性和行为上的一贯性。个体人格的稳定性决定了个体犯罪心理结构的稳定性。同时，犯罪行为的实施，将使其稳定性得到进一步的强化和巩固。但是，稳定性并不排除变化，犯罪心理结构也不是凝固不变的，它具有可变性。这种可变性取决于主体对内外环境的依赖性和应答性。由于主体犯罪需求的变化以及客观环境的变化，犯罪心理结构必须作出相应的调整，以适应这种变化。同时，由于外界不良信息的再次输入、犯罪行为的反复进行，犯罪心理结构不断恶化并向着多极化、深层化的方向发展；也可能因犯罪行为被揭露、受到惩罚，通过强制性的改造，使犯罪心理结构解体，原有的社会心

---

① See Martinson R.，“What Work? Questions and Answers about Prison Reform”，*Public Interest*，10：pp. 22 - 54，1974.

② See Palmer，T.，“The ‘Effective’ Issue today：An Overview”，*Federal Probation*，47：pp. 3 - 10，1983.

③ See Martinson，R.，“New Finding，New Views：A Note of Caution Regarding Sentencing Reform”，*Hofstra Law Review* 7：p. 244，1979.

理缺陷得到矫治或部分矫治。

（二）犯罪心理的习得性原理

社会学习理论的基础是行为主义理论。社会学习理论认为，人的行为主要在于后天的训练与培养，因此，犯罪的社会学习理论认为人的犯罪行为也是在后天的社会化过程中通过模仿学来的。埃森克根据巴甫洛夫的条件反射理论提出：人的良心、道德感必须从小培养，以至于形成条件反射。这样他在今后遇到诱惑对象时，就会自发地产生不安、恐惧而回避。相反，如果从小没有形成这种条件反射，就很容易犯罪。这一观点强调环境因素，强调早期的道德行为训练。萨特兰在 1949 年提出他的观点，认为：人的犯罪行为不是天生的，而是在后天由于与一定的人或群体交往后学来的。这种“学习”不是指课堂上的学习，而是指生活中的学习。从学习内容看，社会学习包括生活态度、观念、处事方式等；学习的程度则取决于不同的接触：与人或群众接触的频率（次数）、持续的时间（长短）、程度（深浅）、顺序（先后）的不同。用一句中国古话来理解最为恰当，即“近朱者赤、近墨者黑”。操作性条件反射理论是伯杰斯根据心理学中的操作反射原理在 1966 年提出的。操作反射的原理表明，人的偶然违法犯罪如果没有遇到及时惩罚（负强化），那么，这一犯罪行为就会再次出现，并使人形成犯罪的心理定势。这一研究给犯罪预防提出启示：预防犯罪的方式之一是要设法减少可能导致人犯罪的偶然机会。此外，根据这一原理，我们还可以看到，对犯罪行为的及时打击和对犯罪者的及时惩罚也是非常必要的。

班杜拉不同意伯杰斯的操作性理论。他在 1970 年提出，人的行为不是一种被动地受影响的过程，相反，人的学习具有主动观察与模仿性。他认为，许多犯罪的行为并不是天生的，而是人在环境中观察后模仿的。譬如，人的攻击行为就是观察、模仿而来的。他提出，这一行为的模仿有三方面的来源：一是家里父母的争吵、打架等；二是环境里的暴力行为；三是影视中充满暴力性的描述。这些都给了少年以模仿的范例。

（三）高级神经活动具有可塑性

根据巴甫洛夫的高级神经活动学说，心理活动的神经生理基础是在头脑中建立的暂时神经联系，这种联系随着刺激的不断强化而形成较为巩固的神经联系系统即动力定型，这种动力定型其实就是条件反射的结果。罪犯已经形成的反社会心理、不良的行为习惯、生活方式等，在生理机制上就是动力定型的建立，是外界条件刺激不断强化的结果。因为动力定型是按固定程序进行活动的模式，所以动力定型形成后就具有相对稳定性。

罪犯的犯罪心理结构和行为恶习从其神经生理基础上来说，就是动力定型。犯罪心理结构所体现的反社会心理和行为模式是罪犯大脑皮层建立的暂时神经联系，这种神经联系以神经生理为基础，经过生活实践中的刺激和强化而形成。这种动力定型或因得不到继续强化而组建消退，或因受到良性刺激而得到矫正。因此，犯罪心理结构这种动力定型具有可塑性的特点，不是固定不变的，而是随着外界条件或环境的变化即外界刺激物刺激强度及频率的变化而变化。巴甫洛夫说过："用我的方法研究高级神经活动，经常遇到的最主要、最强烈的印象，就是这种活动的高度可塑性机器巨大的可能性：任何东西不是不可变化的，不可影响的，只要有相应的条件，一切总是可以达到的，并向好的方面变化。"① 根据巴甫洛夫的学说，在一定条件下，罪犯头脑中那种有害于社会和个人的暂时神经联系是可以改变的。对罪犯进行心理矫治，就是矫治工作者自觉地、有计划地创设各种条件，改变罪犯原来所生活其中的社会环境和人际关系，通过矫治工作者的语言、表情、姿态、行为等，向罪犯施加新的刺激以取代他们原来所接受的条件刺激物。通过这种持久不断的、有计划、有目的、有系统的强化刺激，就会逐渐弱化罪犯原有的暂时神经联系，最终形成有益于社会、有益于个人身心健康的新的暂时神经联系，从而达到矫治的目的。

三、犯罪心理矫治的艰难性

（一）犯罪心理结构的稳固性是犯罪心理矫治的巨大障碍

犯罪心理结构的形成过程，就其生理基础来说，就是暂时神经联系的建立和巩固形成动力定型的过程。因此，一般来说，罪犯的认识、情感、意志和行为都有其个性定型，具有相对稳定性。尽管罪犯的个性定型可以被破坏或改造，新的符合社会要求的个性定型可以在一定的条件下建立起来，但绝不是轻而易举的事情。因为旧的动力定型要干扰新的动力定型的形成，并且破坏旧的动力定型往往会引起消极的情绪反应。这就给改造罪犯的工作带来了更多的困难，尤其是恶习深的惯犯、累犯，其犯罪心理结构更加巩固，致使改造难度加大。

（二）犯罪心理结构的内隐性增加了犯罪心理矫治的难度

犯罪心理结构无法通过直接观察去认识，只能借助一些间接的方法进行分析，所以，犯罪心理结构的诊断存在较大的难度。犯罪心理结构的诊断是犯罪心理矫治的前提和基础。影响矫治的有效性的主要因素之一就是能否充分认识犯罪心理结构的构成要素及其组合方式，分清主导性因素和非主导性因素，以及把握犯罪心理结构的具体特征，从而制订针对性矫治方案。由于犯罪心理结构的内隐性特征，人们往往只能通过犯罪心理结构的外化形式——犯罪行为来认识犯罪心理结构，这就导致了对犯罪心理结构形成和外化之前干预的困难重重。

（三）罪犯对犯罪心理矫治的心理阻抗影响矫治成效

罪犯入狱初期往往并不能认识到自己的罪错，反而固守自己的错误观念，为自己的犯罪找到许许多多的中立化的理由。有些罪犯不认罪服法，抗拒改造，甚至对政府

① ［俄］《巴甫洛夫全集》，俄文版，第 3 卷，188 页，1951。转引自刘灿璞、何为民等：《罪犯改造心理学》，378 页，北京，群众出版社，1987。

和管教人员存在敌视和对抗心理，这些都是罪犯对矫治存在阻抗的表现。罪犯的心理阻抗导致心理矫治的内容无法被其认同和接受，矫治的目标难以实现。

（四）监狱人格的形成是犯罪心理矫治的大敌

监狱最受诟病的地方就是在监禁环境下，罪犯出现了监狱人格，导致罪犯出狱后社会适应不良，可能出现重新犯罪。监狱的封闭和严格管理，限制了罪犯的行动自由；同时，监狱亚文化的存在使罪犯入狱后无时无刻不浸淫其中，导致罪犯的身心健康、价值观念备受影响，部分罪犯在服刑期间并没有形成罪责感和内疚感，反而学会了犯罪的中立化技巧，即更加懂得为自己的犯罪寻找合理化借口。① 因此，克服监禁效应带来的负面影响是非常必要的。

（五）不良社会、家庭因素影响罪犯接受矫治的积极性

社会支持不仅对犯罪行为有直接的影响，而且与其他社会因素相互作用，进而影响犯罪。在监狱服刑期间，罪犯被强制与社会隔离开来，其社会联系、家庭联系越受到限制，就越渴望与社会和家人联系。一旦原来的社会联系被中断，家庭不再维持与其较为亲密的关系，服刑人员便会产生焦虑和悲观的情绪。由于社会对服刑人员普遍存在或多或少的歧视，如果亲属对服刑人员采取拒绝的态度，例如断绝关系，提出离婚，不来会见，不送必需的衣物等，都会使服刑人员感到被社会和亲人拒绝、抛弃，出现悲观、消极的态度和痛苦、焦虑的心理。另外，自己服刑、入狱服刑，无法顾及家里急需照顾的家庭成员或者急需解决的事物，都必将影响服刑人员接受矫治的积极性。

第四节　犯罪心理矫治的原则

罪犯作为一个特殊的群体，对其开展心理矫治有一些需要遵循的基本原则。这些原则是咨询工作的规律概括和经验总结，主要考虑了犯罪群体的知识背景、社会经历和安全因素等方面的内容。

一、尊重和平等的原则

对服刑人员的尊重是建立良好咨询和治疗关系的重要基础。由于监狱心理矫治人员和服刑人员所处地位差别悬殊，服刑人员在咨询时顾虑较多，因此，心理矫治人员需要建立尊重和平等的咨询关系，营造坦诚的咨询氛围。尊重和平等的原则要求对服刑人员的心理问题给予理解，又要在精神上给予其支持。主动前来咨询的罪犯，往往意识到自己在心理上存在某种问题，想要通过咨询得到帮助。他们对心理矫治人员抱

① 参见曹立群、周素娴：《犯罪学理论与实证》，91页，北京，群众出版社，2007。

有很大的希望，同时也担心心理矫治人员不能诚恳相待，不能理解他们的苦衷，因而初次来咨询的罪犯容易心存疑虑。因此，心理矫治人员要热情、诚恳地接待来访罪犯，向他们讲明心理咨询的基本精神和原则，鼓励他们消除顾虑畅所欲言；同时，心理矫治人员热情、诚恳而又自然的态度，还有助于形成和谐的交谈气氛，对于建立相互信任的咨访关系起到促进作用。一个人在心绪不宁或精神上感到痛苦的时候，最需要别人的支持与安慰，有时几句温暖人心的话、一些同情与关怀的表示，都可以使一个精神快要崩溃的人重新振作起来。在人的精神需要中，人与人之间的理解和支持至关重要，它可以使人心头的郁结得以消融，使孤立无援的人获得勇气和力量。虽然来访罪犯的心理问题各种各样，甚至有些问题在常人看来可能是一种不可理解的怪癖，但心理矫治人员对此应有正确的理解，应给予其真诚的关怀与帮助。要知道，每位来访罪犯的心理问题都有其形成的原因和过程，正是这些问题给他们带来了精神上的重负，也正是存在这些问题他们才希望通过心理咨询得到帮助。社会生活中的每一个人都希望在精神上得到他人的理解与支持，对前来咨询的罪犯而言，理解与支持就显得更为重要。

二、保密原则

保密原则是指保守来访罪犯的谈话内容的秘密，尊重来访罪犯的隐私权。这是心理咨询的重要原则之一，是由心理咨询本身的特殊性决定的。如果不这样做，就会把心理咨询混同于一般管教工作，失去它应有的魅力。保守秘密既是职业道德的要求，也是咨访双方建立相互信任的关系的基础，同时又是来访罪犯进行自我保护的必要前提。泄密，则意味着心理咨询失去了存在的基础。贯彻这一原则，是指在一般情况下，对罪犯在咨询时的谈话内容不作为“犯情”向主管队长汇报，其错误言论不作为定案处理的证据。但鉴于监狱工作的特殊性，当出现妨碍监狱安全的特殊情况，如罪犯有自杀、脱逃、行凶等行为倾向时，要及时与有关部门互通信息，并采取相应的防范措施，以确保安全，防止意外事件的发生。

三、耐心倾听和细致询问的原则

耐心倾听和细致询问的原则是要求心理矫治人员既要耐心听取来访罪犯叙述自己的情况，又要细致询问以便准确了解其问题的实质。心理咨询不是心理学讲座。咨询过程绝不是由心理矫治人员向来访罪犯讲述心理学知识，而是引导来访罪犯自己讲述问题。倾听是心理咨询中的重要技能，只有学会认真和耐心地倾听，才能了解来访罪犯存在的心理问题，才能理解他们。不仅如此．认真听取来访罪犯的诉说还可以起到帮助来访罪犯解除心理重负，放松紧张情绪的作用。当一个人被心理重负压得透不过气来的时候，当他的感情和行为不能被人理解的时候，如能有人耐心地听他诉说，并帮他理清问题的头绪，他会感到如释重负。“一吐为快”就是这个道理。来访者将使自己感到压抑的问题以适当的方式，找一个适合的听者对他讲述。这种讲述是交流和治疗的首要步骤。

心理矫治人员在听取来访罪犯讲述问题的时候，不要过早地进行评价，要让罪犯把话讲完。倾听过程中要集中注意力，关注的态度也是一种支持。在倾听过程中可有适当的应答活动，如点头、简要的重复或适当的简短插话都是必要的。在来访罪犯的述说告一段落的时候，心理矫治人员可以提出问题。细心询问是为了澄清问题，而澄清问题只是为了把握来访罪犯心理问题的实质。只有把握了来访罪犯心理问题的实质，才能更好地帮助来访罪犯理清问题的头绪，进行有的放矢的支持和帮助，做到对症下“药”。

四、疏导抚慰和启发教育的原则

疏导抚慰和启发教育的原则是指心理矫治人员对来访罪犯在情绪上进行疏导抚慰的同时，还应重视正面的启发和教育。因为来访罪犯有心理负担、情绪低沉，他们需要理解、同情、支持与安慰，因而在咨询过程中心理矫治人员要对来访罪犯在情绪上进行疏导和适当的抚慰与鼓励。俗话说：“良言一句三冬暖”，心理矫治人员要通过自己的工作，使有心理重负的人感到温暖和力量，使他们逐步摆脱消沉的情绪，进而精神振作起来。帮助来访罪犯树立自信心是很重要的，心理矫治人员要善于发现来访罪犯心态中的积极因素，及时给予肯定，使他们看到自己在克服障碍、增强适应能力中的有利因素。对于他们心中的郁闷，要进行积极的疏导，帮助他们理清思绪，找到问题症结之所在并积极寻求解决问题的对策。

在疏导和抚慰的同时应重视正面的启发和教育。来访罪犯的问题可能涉及减刑、假释、婚姻家庭、人际关系、劳动、学习等多方面，但无论是一时的挫折还是长期的不安，都可能会造成来访罪犯产生消极厌世的心态或与周围环境及他人形成对立情绪。他们中有的罪犯埋怨别人多、检查自己少，要求别人善待自己而不考虑如何善待别人，还有一些罪犯存有不正确的价值观。对于这些情况，心理矫治人员不应随声附和，更不能无原则地迁就，而应给予积极、正面的启发和教育。在认真、耐心听取他们倾诉内心苦闷的基础上，与他们共同分析问题，帮助他们调整看问题的角度和方法，学会正确对待自己和他人，从而建立新的认知结构，提高适应环境的能力。实践证明，来访罪犯通过和心理矫治人员推心置腹地交谈，他们会从多方面受到启示，悟出许多道理，从而以积极的态度调整情绪、面对现实。

五、促进成长的原则

促进成长的原则是指心理矫治人员对来访罪犯不能只进行外部指导或灌输，而应把咨询重点放在启发或促进其内部成长上。因为人有理解自己、不断趋向成熟、产生积极的建设性变化的巨大潜能，因而心理咨询的任务在于启发和鼓励这种潜能的发挥并促进其成熟或成长，而不是包办代替地进行解释和指导。因此，在罪犯心理咨询中，心理矫治人员不应主观地指示来访罪犯一定要怎样做或一定不怎样做，而是应与来访罪犯共同分析、讨论，设想有助于问题解决的各种方案及不同方案可能导致的不同后果。但究竟采取哪一种方案去解决问题，则应由来访罪犯自己进行选择，心理矫治人员不能代替。促进成长的原则最能体现心理咨询的“助人自助”的宗旨。只有这样，才能真正提高来访罪犯自身分析问题、解决问题的能力，增强对环境的适应性。他们再遇到困难或遭受挫折时，才能凭借自身的力量去解决，不会引发新的问题产生。

六、中立原则

中立原则是指心理矫治人员应始终保持不偏不倚的立场，确保心理咨询的客观、公正，不得把自己个人的好恶、利害掺杂进去，也不要受来访罪犯的情绪的影响，始终保持冷静、清醒的头脑。在咨询中，既不要轻易批评来访罪犯，也不要把自己的价值观强加于他们。特别是对于非心理咨询范围内的问题，如法律判决、干警作风等，更要持中立态度，不作是非表态，更不要妄加评判。

七、咨询与治疗相结合原则

咨询与治疗相结合原则是指心理矫治人员在了解来访罪犯心理障碍的性质并向其说明产生这一障碍的原因和危害的同时，还应尽可能向他们提供积极克服心理障碍的建议和增强心理健康的方法，必要时开展针对性的心理治疗。心理咨询和心理治疗虽有区别，但在本质上是相通的。咨询过程本身就有一定治疗的意义，心理治疗也离不开必要的咨询过程。因此，在咨询过程中心理矫治人员不仅仅要帮助罪犯分析心理问题产生的原因，而且使其达到领悟，同时也可采取必要的治疗措施，使咨询更加有效。

八、预防性原则

预防性原则是指心理矫治人员在明确来访罪犯的心理障碍的同时，应提醒他们预防心理障碍的加深和可能出现的其他心理障碍或行为问题。这一原则的提出，是因为：首先，心理咨询本身就具有预防价值，如通过咨询防止罪犯精神崩溃、自杀、行凶及其他过度反应的发生；其次，心理障碍和生理疾病一样，都要贯彻以预防为主的方针，通过心理咨询可传播心理健康知识，这对心理障碍的发生和加深可起到一定的预防作用；再次，在咨询过程中，某些罪犯可能流露出重新犯罪的倾向，通过及时同有关部门取得联系，可预防狱内突发事件的产生。

九、风险一需求一反应原则

《监狱教育改造工作规定》第4条明确规定："监狱教育改造工作，应当根据罪犯的犯罪类型、犯罪原因、恶性程度及其思想、行为、心理特征，坚持因人施教、以理服人、循序渐进、注重实效的原则"。因此，在我国开展循证矫正的理论与实践中，应当坚持遵循"RNR"原则（风险一需求一反应原则），即犯罪风险评估和心理矫治与罪犯改造应当结合罪犯再犯罪风险、犯因性需求以及矫治反应。首先，对于风险原则，应当关注罪犯再犯的风险而非聚焦于个体犯罪本身的严重程度，其中包括静态、动态风险因素。其次，个体的犯因性需求会直接导致犯罪行为的发生，主要包括：反社会的态度、与反社会同伴交往、物质滥用、工作不稳定、冲动性高、缺乏共情等。在罪犯改造过程中，应严格遵循"犯因性需求"原则，对什么进行矫正、针对罪犯的什么特点进行矫正，在一定程度上可以实现最大化矫治效果。最后，对于反应性原则，则要求我们应当适时调整方法进行动态矫正，这一原则的提出，是因为不同罪犯对矫正方案的反应是不同的，罪犯对矫正环境的适应也是不同的。①

第五节　犯罪心理矫治的内容和方法

一、犯罪心理矫治的内容

犯罪心理矫治是针对犯罪心理结构而进行的矫治。犯罪心理结构包括动力结构、调节结构、特征结构、心理状态和潜意识。因此，犯罪心理结构的矫治内容相应地包括对上述成分的矫治。

（一）犯罪心理动力结构的矫治

动力结构的矫治包括：（1）反社会意识的矫治。（2）畸变需要的矫治。（3）犯罪动机的矫治。（4）不良兴趣的矫治。

（二）犯罪心理调节结构的矫治

犯罪心理结构中，个性的调节结构就是以自我意识为核心，对个体的心理与行为进行控制、调节的系统。犯罪心理调节结构的矫治是针对以自我意识为核心的个性调节系统的矫治，其内容主要包括：（1）不成熟或歪曲的自我意识的矫治。（2）扭曲的道德意识的矫治。（3）错误的法律意识的矫治。

（三）犯罪心理特征结构的矫治

犯罪心理的特征结构，显示出个体犯罪行为的特点和区别于他人的某种特征。对

① 参见张峰、赵刚、杨波：《论循证矫正方案的科学设计》，载《河南司法警官职业学院学报》，2014（2），18～22页。

犯罪人的心理矫治，应该通过诊断分析，确定犯罪心理的特征结构，对具有致罪性特征的因素进行干预。

犯罪心理的特征结构矫治包括：

1. 对具有致罪性特征的气质因素的矫治。

2. 对具有致罪性特征的性格因素的矫治。

这些具有致罪性特征的性格特征包括：(1) 对社会现实的态度特征。(2) 性格的情绪特征。(3) 性格的意志特征。(4) 性格的理智特征。

3. 对犯罪能力因素的矫治。

4. 对不良的行为习惯的矫治。

（四）犯罪人不良的心理状态的矫治

1. 消极、不良的心境

心境（或心情）是一种使人的一切其他体验和活动都染上某种情绪色彩的、微弱而持久的情绪状态。持久消极、不良的心境，会使个体处于压抑、不满、企图寻求解脱的自我体验之中，从而推动犯罪动机的形成。这实际上是犯罪行为的准备状态。因此，对犯罪人的消极、不良的心境的矫治，是预防犯罪心理结构的形成和外化的重要途径。不良心境的矫治应引导服刑人员从不良的心境中走出来，并学会对心境的自我调控技能，维持健康的心理状态。

2. 犯罪时异常的心理状态

在犯罪人因为受到刺激而处于异常亢奋等心理状态时，犯罪人的自我控制能力下降，对社会控制的敏感性受到削弱，犯罪心理结构外化为犯罪行为的可能性上升。有些犯罪人存在畸形的心理需要，为了追求犯罪过程中的刺激感而实施犯罪行为。因此，对犯罪心理状态的干预可以预防犯罪心理结构的外化。

（五）犯罪心理结构中的潜意识的矫治

犯罪心理结构中的潜意识（包括前意识）是指被压抑的、犯罪时无从直接知觉的本能、欲望和经验。犯罪心理结构中的潜意识状态包括如下方面。

1. 动力结构的潜意识

犯罪人的某些需要、兴趣，凡属于本能、欲望和过去经历过，当时主体并不能清楚地意识到的，应被视为潜意识。

2. 特征结构的潜意识

人的自我意识有时是很不充分的。个人的气质和某些能力、经验、行为方式等，并非每个人都能清楚地意识到，因而在作案时往往会留下蛛丝马迹，客观上为侦破案件提供了线索，暴露了作案者的心理和行为特征。

3. 心理状态的潜意识

行为人的心境、激情往往不能被主体清晰地意识到。如果在一定程度上受上述心理状态支配，行为人的犯罪心理结构就有可能转化为犯罪行为。

犯罪心理结构的潜意识可以通过精神分析等方法进行矫治，引导被压抑的本能、欲望和经验进行合理的宣泄和升华，从而避免犯罪心理结构的恶变。

二、监狱犯罪心理矫治的项目和方法

1. 犯罪心理矫治的项目和方法

监狱犯罪心理矫治的主要项目有：犯罪心理的评估，心理健康教育，犯罪心理咨询，犯罪心理治疗，危机干预等（见表 20－1）。

表 20－1　监狱犯罪心理矫治的内容及方法

内容		对象	具体方法	目的
犯罪心理评估	入监评估	新入监罪犯	心理测验、日常观察、案情分析/生活史调查等综合评定	了解罪犯的恶习深度、个性特征、心理缺陷及其他心理问题，建立心理档案，为制订矫治方案提供依据
	阶段性矫治效果评估	服刑过程中的罪犯	心理测验、日常考核、调查等综合评定	了解矫治成效，为改进矫治计划、进行心理预测提供依据
	刑满释放前评估	刑满释放前的罪犯	心理测验、考核评定、调查等综合评定	预测重新犯罪风险
	假释、保外就医风险评估	申请假释、保外就医的罪犯	心理测验、考核评定、调查等综合评定	预测再次犯罪风险，为是否批准假释和保外就医提供参考
心理健康教育		全体罪犯	利用传播媒介进行宣传、专题讲座、课堂教育等	引导服刑人员自我接纳，自我教育，自我调整心理状态，自觉接受改造
犯罪心理咨询		一般心理问题的罪犯	共情、倾听、暗示、激励、疏泄等	引导罪犯认识自身问题，改变认知和行为习惯，增强对监狱生活的适应性
犯罪心理治疗		罪犯中有心理疾病的患者	精神分析、认知、行为疗法等	帮助罪犯解除心理疾病、消除不良行为、增强自我控制和社会适应能力，重塑健康人格
危机干预		可能发生心理危机的罪犯	确定问题、提供支持、提出变通的应对方式、制订计划、获得承诺	分析罪犯心理问题的性质与程度，判断重新违法犯罪的可能性

2. 犯罪心理矫治的流程

犯罪心理矫治的核心在于对犯罪人的犯罪心理结构进行干预，不过，犯罪心理矫治与罪犯不良心理的矫治经常交错在一起进行。在监狱开展的罪犯心理矫治工作中，犯罪心理矫治成为罪犯心理矫治的一个重要组成部分。

犯罪心理矫治的过程一般包括犯罪心理的诊断分析、犯罪心理矫治方案的制订、犯罪心理矫治具体措施的应用、危机干预、犯罪心理矫治效果的评估等。下面是犯罪心理结构矫治的流程（见图 20－1）。罪犯心理矫治的过程与犯罪心理矫治的过程基本相同，只是在矫治的内容上涉及罪犯在服刑期间由于监狱的封闭和严格的环境所造成的适应不良心理。犯罪心理矫治一般包括犯罪心理的诊断分析、犯罪心理矫治方案的制订、犯罪心理矫治具体措施的应用、危机干预、犯罪心理矫治效果的评估等。

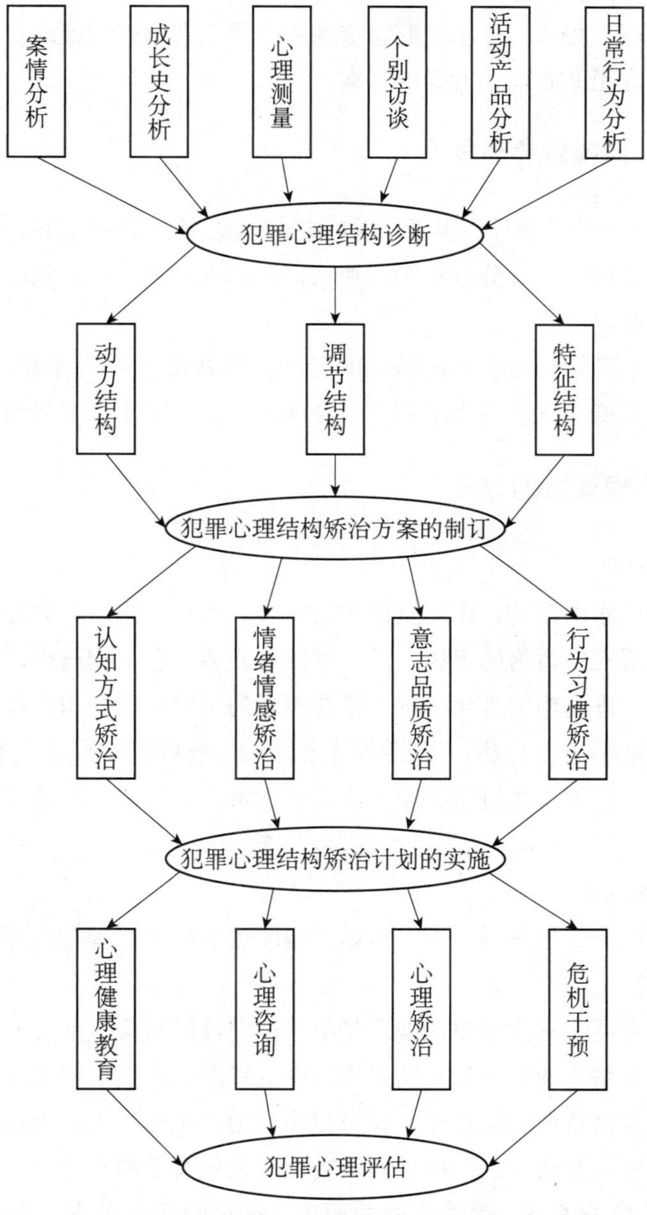

图 20－1　犯罪心理矫治工作流程图

第六节　犯罪心理诊断

一、什么是犯罪心理诊断

根据犯罪心理结构的理论，犯罪心理诊断是指通过心理测量、个别访谈、成长史分析、案情分析、活动产品分析和日常行为分析等方法，对犯罪心理结构的成因、犯罪心理结构的特征、犯罪心理结构的稳定性和犯罪心理结构的组成要素的组合方式进行分析和判断，为犯罪心理矫治提供依据。

二、犯罪心理诊断的内容

（1）犯罪心理结构的主导性因素。（2）犯罪心理结构内部要素的组合方式。（3）犯罪心理结构的稳固性。（4）分析犯罪心理结构的形成原因。（5）犯罪心理结构的恶变或者良性转化的倾向。

通过对犯罪心理结构的各方面特征的分析，判断接受诊断者的犯罪恶习的深度、犯罪态度的强烈程度、危险性程度和改造难度，从而为矫正方案的制订提供依据。

三、犯罪心理诊断的方法

（一）案情分析

犯罪心理结构是内在的，无法直接观察获得。不过，犯罪行为是犯罪心理结构的外化，因此，从对犯罪行为的分析入手，可以对犯罪心理结构进行研究。罪犯的犯罪过程就是其犯罪心理结构的外化过程，了解罪犯的犯罪心理结构的最好的方法就是对犯罪过程也就是案情进行分析。通过案情分析，一般可以掌握罪犯作案时的心理状态、作案的动机、目的；通过对犯罪手段的分析可以了解罪犯的恶习深度、不良行为习惯等。

（二）成长史分析

通过对罪犯的成长史进行分析，可以了解罪犯的犯罪心理结构的形成原因及形成过程。

成长史分析需要进行生活史调查，是指通过向诊断对象生活过的学校、社区、工作单位和家庭，了解诊断对象的自幼经历、家庭状况、在校（或工作）表现、社会交往、兴趣爱好、性格特征、品行不良以及犯罪行为产生的过程，以掌握其犯罪心理产生与发展变化的原因和特点。一般性的调查项目大致有下列几种。

1. 发育情况是否正常。遗传方面的原因、产前母亲的状况、围产期情况、出生时的状况、哺乳的状况，开始学说话、开始学走路的时间，疾病，有无伤害，有无缺陷、机能障碍，营养状况，第一性征、第二性征，体力、姿态、相貌等方面的状况。此外，精神发育状况、社会性的发育情况等方面也需要引起重视。

2. 家庭。包括：出生前后的家族关系，出生后与家族各成员的关系，养育方法、教育方式、对本人的期待，家庭的经济状况、文化水平、气氛，近邻环境、与家庭近邻的关系，从父母家中独立出来与否，结婚，与配偶和孩子的关系。

3. 受教育情况。包括：在幼儿园的表现，学业成绩、升学情况、决定就业的经过和结果，学习情况、最后学历，就业的经过，职业的种类、收入、与同事的关系，满足程度，对未来的态度，等等。

4. 职业状况。包括：从幼年时代直到现在与同性、异性朋友的关系（结识的经过，对方的年龄、能力、性格、职业，与对方的关系，离别的理由，等等）。

5. 兴趣、娱乐、恶习等。

6. 不良行为、犯罪、被监护、被逮捕、受刑事处分的历史。对上述所列内容，大致有两种取得这些信息的方法：一种是从其家族、近亲、近邻、朋友、老师、同事等人那里直接了解，以及查阅档案、学籍等；另一种是直接听取本人的陈述，查阅本人记述过的东西。一般来说，对未成年人的调查，有必要了解他们的全部生活史，所以调查要详尽；对中、老年人的调查，可以选择若干重点进行调查。

7. 不良交往。主要了解成长史中是否出现不良同伴。根据萨瑟兰的差别交往理论，犯罪行为和犯罪心理是在与他人交往中学习的。通过对罪犯的不良交往经历的调查，可以了解其犯罪心理的形成时间和原因，加深对犯罪心理结构特征的认识和理解，为进一步落实心理矫治做准备。

（三）心理测量

心理属性与物理属性一样，都是可以测量的。所谓心理测量，就是根据一定的法则用数字对人的行为加以确定，即依据一定的心理学理论，使用一定的操作程序，给人的行为和心理属性确定出一种数量化的价值。心理测量是心理诊断的主要方式，可以较为准确地掌握测验对象心理上的偏差与异常的性质及程度，进而探讨其犯罪的倾向。犯罪心理诊断常用的心理测量工具有中国罪犯个性分测验（COPA-PI）、明尼苏达人格测验量表（MMPI）、卡特尔 16 种人格因素问卷（16PF）、艾森克人格问卷（EPQ）、症状自评量表（SCL-90）、抑郁自评量表（SDS）、焦虑自评量表（SAS）、压力感知问卷（PSS）、心境状态量表（POMS）、世界卫生组织生活质量测定量表（WHOQOL）等。

（四）个别谈话

个别谈话，是指谈话者与谈话对象进行面对面的谈话，倾听罪犯对自己的家庭情况、个人生活、劳动、人际关系、思想认识、情绪状态等方面的诉说，以了解谈话对象的心理状况和个性特征。另外，个别谈话也是监狱内服刑人员普遍比较接受的一种教育方式。在谈话中，教育者和谈话对象拉近了距离，能够对谈话对象的具体问题进行分析，体现教育的个别化。但是，个别谈话对谈话者的要求较高，首先是在态度上要尊重谈话对象，其次要有耐心。谈话对象所讲述的内容对于谈话者来说可能并不新鲜，但是，毕竟是谈话对象所关注的东西，而且其中蕴涵着谈话对象的一些心理特征，需要谈话者细心去体会、分析。

谈话时要注意以下几点：一是要明确谈话主题。谈话如果是由谈话者发起的，则谈话者在谈话前应预设谈话主题，根据谈话过程的具体情况再作调整。如果谈话是由谈话对象发起的，则在谈话的过程中要尽快掌握谈话对象要求谈话的目的，确定谈话的主题，并围绕主题进行各种提问。二是要注意观察谈话对象的表情和态度反应。三是注意谈话氛围的营造，平等自然，使谈话对象在放松、信任的氛围中敞开内心世界，敢于真诚沟通。

（五）日常行为分析

日常行为分析通过对日常行为进行观察，了解被观察对象的行为习惯和心理状况；观察者有目的、有计划地对观察对象的行为表现进行认识和研究，以掌握观察对象的心理特征的过程。观察应在自然条件下进行，才能了解真实情况，获得可靠的材料。对犯罪者进行的心理诊断，多数是在其身体受到拘禁后较短时间之内，在能观察到他的动静的情况下进行的。所以，这种行为观察是犯罪心理诊断的有效方法。

（六）活动产品分析

这是主要根据人们各种形式的活动成果，如日记、信件、文稿、著作、绘画、劳动产品或其他创作制品等，分析和了解人的心理状况与特点的一种方法。活动产品分析具有显著的优点，具有较高的真实性。被诊断者在创制活动产品的过程中，其心理状况不知不觉投射到产品中去，减少了其他诊断手段难以避免的掩饰性因素的影响。通过对活动产品的分析，可以较为全面和真实地对诊断对象的情况进行深入、全面的了解，从而提高诊断的准确性。

犯罪心理诊断不限于用哪种方法，而是要根据需要，选用适合的方法，往往是多种方法综合运用、互相印证，共同为犯罪心理的诊断提供依据。一般来说，以心理测验结果作基础，结合通过其他途径所获得的信息，再作出心理诊断。如果感到信息量不足，或者某些信息之间相矛盾，就应进一步补充搜集信息，寻求它们的内在联系，再行诊断，作出诊断结论。然后，据此制订矫治方案，矫治方案主要包括诊断结论、矫治目标、治疗计划、效果评估等内容。

第七节　心理健康教育

一、心理健康教育

心理健康教育，是根据个体生理、心理发展特点，有目的、有计划地运用有关心理学的方法和手段，对受教育者的心理施加影响，培养其良好的心理素质，促进其身心全面、和谐发展的教育活动。心理健康教育有助于受教育者潜能的开发和各种优秀心理品质的培养与发展，有利于提高心理健康水平、塑造健康人格，同时预防和消除各种异常心理和心理问题。

心理健康教育是犯罪心理矫治中的基础性和普遍性的一环。犯罪心理结构形成和外化的过程中，心理健康因素起着重要的作用。在许多情况下，心理健康问题成为了犯罪的重要影响因素。心理不健康成为犯罪心理结构的构成要素。因此，通过心理健康教育：一方面，可以提高罪犯的心理健康水平，这有助于培养罪犯的社会适应能力和抵御不良影响的能力；另一方面，心理健康教育在提高罪犯的心理健康水平的同时，就是在对罪犯的犯罪心理结构进行干预。心理健康教育主要是采取集体授课、小组讨论、专题讲座等形式进行，利用板报、刊物、广播电视等载体进行宣传，也可结合思想、文化知识教育进行，目的主要在于使被监管人提高对心理健康问题的认识，增强恢复心理健康的信心；也可以向被监管人传授自我调节的一般方法。如果说，心理咨询和下面讲到的心理治疗常常是个别进行的话，则心理健康教育覆盖面较宽。

心理健康教育就是通过对罪犯进行心理卫生与心理健康知识教育，启发罪犯依据心理健康的标准，自觉地调整自己的心理状态，遵守心理卫生准则，提升心理健康水平，在罪犯集体中营造良好的心理氛围。现代科学研究认为，人类健康不仅意味着生理上的健康（无疾病），还应包括心理上、道德上几个层面的健康。由于大多数罪犯不同程度地存在着心理障碍或心理健康水平低的问题，这方面的教育就显得十分必要，可说是心理矫治的一项基础性工作。

二、心理健康教育的目的

《监狱教育改造工作规定》第 45 条明确规定：“监狱应当对罪犯进行心理健康教育，宣传心理健康知识，使罪犯对心理问题学会自我调节、自我矫治。”开展罪犯心理健康教育，是预防其心理问题产生的有效方法，它不仅有利于促进罪犯改造，提高劳动生产效率，预防重新犯罪，而且有利于造就身心健康的人。服刑人员心理健康教育的目的是将其改造成为守法公民。《监狱法》第 3 条明确规定：“监狱对罪犯实行惩罚和改造相结合、教育和劳动相结合的原则，将罪犯改造成为守法公民。”在这里，“守法公民”不仅能够认罪服法、悔过自新、遵纪守法、自食其力，而且应该心理健康、人格完善。

犯罪行为是在犯罪心理结构的驱动下产生的。犯罪心理结构由各种畸变的心理因素构成，这些因素中包括认知因素、情感因素、意志品质、行为倾向等，这些因素出现问题是导致犯罪的重要原因。另外，在罪犯群中，有人格障碍者比例也较高。心理不健康可能促进犯罪心理结构的形成，也会加速犯罪心理结构外化为犯罪行为。因此，一个人是否犯罪与其不良心理乃至病态心理密切相关。

根据心理健康的标准，心理健康必须达到知、情、意、行为等方面的协调一致，心理过程的各个环节正常发挥作用。虽然许多人犯罪都同错误的世界观、人生观相联系，但直接导致其中相当一部分人犯罪的却是其心理因素。比如，错误的认知因素、易于冲动或经常处于焦虑状态的情绪因素、薄弱的意志因素、偏执狭隘的性格因素（怀疑、嫉妒、固执、报复等）、不良的行为习惯因素等，都有可能成为犯罪的驱动力。不少人也正是由于认知障碍、情绪障碍、性格障碍的存在，才导致不能正确认识社会，认识人生，从而走上了犯罪的道路。无数事实也证明，有的人犯罪并非完全是其主观思想、意识所致，而是在一种扭曲的心理或情绪失控的状态下的极端行为表现。还有的人犯罪入狱后，由于不能适应监狱生活出现拘禁反应，导致了监狱内的再次犯罪行为。在这里，心理因素往往成了主导成分。心理健康状况异常有可能诱发或促使犯罪的产生，反过来，罪犯的犯罪现象，作为一种负性心理刺激，也可能导致其心理健康状况的异常。

服刑人员心理健康教育的目的在于通过对其犯罪心理结构的干预，引导罪犯改变自己的犯罪心理结构，塑造守法心理。这是监狱罪犯心理健康教育的最终目标。但是，在不同的服刑时间阶段，心理健康教育的目的是不同的。

在罪犯新入监阶段，心理健康教育的主要目的是促进罪犯适应监狱生活。入监阶段是罪犯自杀、脱逃和其他狱内案件发生的高风险时期。因此，入监教育的重点应该是加强对罪犯的心理健康教育，引导罪犯尽快适应监狱生活。

在服刑中期，心理健康教育的目的主要是引导罪犯学会自我调适，认识自己的心理健康状况，掌握自我矫治的技能。

在服刑后期，心理健康教育的主要目的是消除监禁效应对服刑人员的影响，培养服刑人员应对社会生活的技能。

三、加强服刑人员心理健康教育的意义

服刑人员的心理健康教育既是监狱教育改造的重要形式之一，更是加强服刑人员的心理保健，重塑健康人格，使其成为合格的社会成员的需要。

（一）服刑人员提高改造质量需要加强心理健康教育

服刑人员进入监狱服刑改造，面对着陌生而封闭的监狱环境，有来自社会家庭、被害人、监狱等多方面的压力，面临着许多困惑与矛盾。作为一种特殊类型的弱势群体，服刑人员强烈渴望有人为他们指点迷津，排忧解难，消除心理障碍，医治心灵的创伤，矫正异常心理与行为；强烈需要学习、掌握心理调适的理论和方法，做自己心理的主宰者，从而走出心理误区，形成健康人格，在监狱内顺利地完成改造，争取早日走出监狱、回归社会。这一切都需要运用心理调适、心理咨询、心理训练和心理治疗等方法来解决。

（二）服刑人员适应未来社会生活需要加强心理健康教育

服刑人员在监狱中的生活大都是有一定期限的，绝大多数服刑人员最终要走出监

狱，走向社会。而监狱是一个相对封闭的环境，与社会有一定的隔离。一些刑期较长的服刑人员，在他们的刑期结束后，重新踏入社会时，或多或少都会出现一些不适应，严重者极有可能引发重新犯罪行为。因此，加强心理健康教育，目的在于培养服刑人员健康的人格。为此，监狱的心理健康教育是以“人性化”的观念，在教育内容高度学术化、教育手段技术化的背景下，突出强调受教育者人格的全面发展。它不仅注重培养受教育者的知识、思维、理解、技能，即不仅注重受教育者知识的系统性这一认知侧面，而且注重培养受教育者的感情、兴趣、态度、需要、信念、自我决断这些情感意志侧面。也就是说，教育不仅要有“认知目标”，而且要有“情感目标”，使服刑人员的人格得到全面开发，重塑适应未来社会生活的健康人格。

（三）心理健康教育是当前服刑人员的心理健康状况的需要

服刑人员作为被判处刑罚、在监狱内接受改造的一个特殊群体，其心理健康水平较之社会一般人群会更低。大量的研究表明，服刑人员中相当一部分人心理上存在一系列不良的反应和适应障碍，有的还相当严重。

据河南、山东、广东、安徽等省对服刑人员心理健康状况的跟踪调查，服刑人员有暴躁、冲动、抑郁、焦虑、社会恐惧、自卑、神经衰弱等心理疾病的人数的比例远高于社会上的比例。有人曾对某监狱三千余名服刑人员进行调查，发现有40.5%的服刑人员有明显的心理障碍，这说明服刑人员是心理疾病的高发人群。根据我们多年的调查，服刑人员的心理问题涉及的范围非常广泛，主要包括：婚恋和性问题（同性恋、性变态）；人际交往中的人际恐怖、沟通障碍；个人发展问题上的人生目标空虚；个性及心理问题（苦闷、焦虑、紧张、孤独、自卑、恐惧）；身体健康问题（失眠、神经衰弱）；其他问题（信仰、违规行为）。

服刑人员的心理问题不同程度地干扰了服刑人员更好地认识自己、表现自己，影响了学习、改造和日常生活。加强心理健康教育，稳定服刑人员情绪，消除不健康心理，矫治心理疾病，是服刑人员顺利完成改造的需要。

四、心理健康教育的内容和方式

犯罪心理的矫治就是遵循心理转化的规律，对罪犯心理结构中消极的情绪情感、错误认知、不良意志品质以及异常的需要和行为习惯进行矫正，使罪犯形成符合社会要求的思想品德。其实质就是，矫正工作者按照社会要求，促使罪犯消除或削弱不良的思想品德，形成和发展良好的思想品德。

罗大华总结了监狱罪犯矫正工作的做法和成功经验，认为对罪犯的矫正应该做到“戒之以规，动之以情，晓之以理，炼之以志，导之以行，持之以恒”，从而促使罪犯的心理结构中的消极因素不断削弱直至消除，积极因素不断增强，最终形成符合社会要求的心理结构。对罪犯不良心理的矫治主要从情绪情感、认知方式、意志品质和行为习惯等方面进行。

（一）罪犯消极情绪情感的矫正

动之以情是促使罪犯心理转化的前提。动之以情就是要对罪犯采取人道主义政策，尊重罪犯的人格，关心罪犯的生活、学习和改造，使之感到有前途、有出路，从而触动他们的情感，使之发生变化，减弱或消除消极的情绪情感。监狱提倡的对罪犯实行感化教育其实就是一个动之以情的过程，能否实现有效地感化，是衡量矫正成效的一个重要标准。

（二）罪犯错误认知的矫正

晓之以理是促使罪犯心理转化的基础。要矫正罪犯的错误认知方式，矫正人员对罪犯要做到晓之以理，这是教育改造罪犯最基本的方法。这种方法就是借助于口头或者书面语言，通过摆事实、讲道理，使罪犯明辨是非、分清善恶，树立良好的道德观和法制观。

（三）罪犯不良意志品质的矫正

炼之以志是促使罪犯心理转化的动力。炼之以志就是要克服罪犯意志薄弱以及矫正盲目冒险，自卑、自负，逞强、虚荣等意志品质，培养他们经得起各种困难、挫折和诱因干扰的坚强意志，使他们决心把自己改造成为符合社会需要的新人。

（四）罪犯不良行为恶习的矫正

要矫正罪犯的不良行为恶习，就要对罪犯戒之以规，导之以行。这是转化罪犯不良行为的必要条件和关键所在。戒之以规就是对罪犯实行惩戒，包括正确地执行刑罚，强制罪犯参加劳动生产和严格遵守监规纪律。导之以行就是要引导罪犯把对道德和法制的认识情况落实到行动，在各种实践活动和交往中不断消除不良的行为习惯，养成和巩固良好的行为习惯。

需要根据监狱的改造环境，采用合适的方式开展教育。

1. 向罪犯宣讲心理卫生与心理健康知识。通过讲解，让他们了解讲究心理卫生、追求心理健康的必要性，掌握心理健康的标准，懂得心理不健康（包括心理障碍）与违法犯罪、心理健康与重新做人的关系，帮助他们学会经常进行心理状态的自我检查对照和进行自我心理调适的方法。

2. 帮助罪犯自我了解，培养他们自我接受的态度。心理健康的一个重要内容就是，承认现实，有面对现实的勇气，保持平和与健康的心态。罪犯入狱服刑，是人生道路上的一大挫折，容易产生自卑感与罪恶感，失去重新做人的勇气。通过心理卫生与健康的教育，要促使罪犯勇于接受这一现实，深刻剖析自我犯罪原因和个性缺陷，认识自己的优点与不足，从而努力改变自我，追求新生。

3. 指导罪犯注意学习和劳动中的心理卫生。在罪犯的服刑生活中，学习和劳动占去大部分时间。学习和劳动中的目标不确定，容易导致懒散与懈怠。而如果学习和劳动目标定得过高，压力过大，又容易产生紧张与焦虑，反而阻碍学习和劳动效率的提高。因此，提出要求应量力而行，防止他们陷入力不胜任的紧张与恐惧状态；同时帮助罪犯提高分析与解决问题的能力和培养良好的意志品质，以抗衡过大的精神压力。

4. 引导罪犯建立良好的人际关系。良好的人际关系是维持个体心理平衡和个性正常发展的重要条件。在对罪犯进行心理卫生与健康的教育时，要帮助他们在监狱民警和其他罪犯之间建立符合社会规范的、正确而良好的人际关系，视监狱民警为“良师”、视积极改造的罪犯为“益友”，养成与他人沟通思想、互敬互让的良好习惯，防止人际关系紧张，以及挫折、孤独、嫉妒、仇恨等不良情绪的产生。

5. 帮助罪犯培养健全的情绪生活。健全的情绪生活，是以愉快而平稳的积极情绪状态为主，对恐惧、焦虑、愤怒等消极情绪状态善于控制和及时调整，不使其遮蔽心灵、过多地占据心头的一种良好的情绪状态。要学会适应生活中的各种挫折和压力，提高对刺激的耐受力；对于服刑生活中产生的精神压力，要帮助他们宣泄和倾诉，防止压抑、积累在胸，以利于自我调节、缓解。在无法自我解脱时，要及时寻求心理医生的帮助，而不是采取过激行为发泄。

第八节　犯罪心理咨询

一、犯罪心理咨询概述

心理咨询，就是对有严重心理问题的人和心理失衡者，通过商谈、劝导、帮助等程序，使其对自己面临的环境有一个正确的认识，努力调整主观状态以适应客观环境，改变原有的消极情绪、态度与行为，使之对社会生活有良好的适应的过程。心理咨询的目的，是帮助来访者摆脱困境，度过心理危机，恢复正常人的心态，提高心理健康水平。心理咨询的对象，主要是那些遇到困难、挫折而产生心理困扰的正常人，和能够接受咨询、帮助的心理障碍者，也就是以轻度的、属于机能性心理失衡或失常者作为工作对象。至于重度的、属于机体性的精神疾病患者，则属于药物和精神治疗的对象，不包括在心理咨询的范围之内。

犯罪心理咨询是根据罪犯的犯罪心理结构的特点，由专业人员运用咨询心理学的原理与技术，通过与罪犯谈话、讨论，为罪犯提供解释、指导等帮助的活动，目的在于促进犯罪心理结构的良性转化。犯罪心理咨询是犯罪心理矫治的一项重要内容。它覆盖面广，使用频率高，对于化解罪犯心理矛盾，稳定他们的改造情绪，保证狱内稳定，预防突发事故，提高改造质量，都有着重要的意义。

由于咨询对象与环境的不同，犯罪心理咨询与社会上的心理咨询相比较，有其特殊性，例如，咨询内容相对集中在犯罪心理、改造心理、服刑生活指导以及改造前途等方面；咨询环境封闭，不利于人际交往与信息交流；咨询技术应适合罪犯的特点，有所创新；等等。

二、犯罪心理咨询的内容与形式

1. 犯罪心理咨询的内容

犯罪心理咨询的目的在于认识和分析犯罪心理结构的特征及形成原因，根据犯罪心理结构的发展变化规律，通过心理咨询的方法促进犯罪心理结构的良性转化。犯罪心理咨询的内容主要涉及政策法律、狱内生活、家庭社会关系、心理症状四个方面。犯罪心理咨询的主要解决的问题有：一是人际关系问题，二是婚姻家庭问题，三是情绪控制问题，四是社会技能训练，五是监狱适应咨询，六是学习咨询，七是职业咨询，八是良好社会生活咨询。

2. 犯罪心理咨询的形式

犯罪心理咨询的形式按不同标准可划分为：（1）门诊咨询（即个别咨询）。一般在心理门诊室内一对一地单独进行。（2）团体咨询。由咨询机构根据咨询对象的实际需要和所提出的问题，将他们划分成若干小组进行咨询，解决其共同的心理问题。（3）电话咨询。建立咨询热线，通过电话，由咨询者同咨询对象双方进行交谈，开展咨询。（4）巡回咨询。组织专家或实践经验丰富的专职咨询人员，分期分批地到各监狱进行个别或团体咨询。（5）书信、宣传咨询。由咨询者以通信形式或在报刊上发表信件、文章，回答罪犯提出的咨询问题。（6）现场咨询。咨询人员深入监舍、劳动和学习现场，宣传有关心理卫生与健康的知识，回答共性问题。

在咨询过程中，要做好记录，建立咨询档案。咨询后，要进行追踪调查，了解咨询对象的现实表现，巩固与提高咨询效果。

三、犯罪心理咨询的方法

犯罪心理咨询常用的基本方法如下。①

（一）领悟法

认知领悟就是指罪犯在咨询人员的帮助下，重新分析、梳理认识过程，找出造成心理不适和情绪障碍的认知根源，使认知回归到正确的思路上来，从而排解心理障碍。在罪犯的心理咨询过程中，应注重对犯罪心理结构的形成原因的分析，引导罪犯认识自己的心理异常特征，寻找矫治的适合途径。

（二）支持法

有些罪犯求助心理医生，就是想寻求心理上的慰藉，得到理解和宽容。通过鼓励、安慰往往能提高罪犯的自信心，使其摆脱不良情绪的困扰，以乐观向上的积极态度对待人生。

（三）解释法

罪犯出现心理问题后，往往对自己的心理状况缺乏认识和了解，从而产生焦虑不

① 参见何为民主编：《罪犯心理矫治》，132～133页，北京，法律出版社，2001。

安和紧张、烦恼的情绪，这时咨询人员的针对性的解释就很有必要。应运用通俗易懂的语言、简捷恰当的比喻、寓意深刻的警句，采取让事实说话的方法，向来访罪犯说明他目前的心理健康状况及发展趋势，并介绍一些有关的心理学知识供他参考。要注意，在解释时如果双方看法不一，要避免和罪犯发生争执，不要把讨论变成辩论、把商量变成商榷，强迫对方接受自己的意见和观点。

（四）宣泄法

宣泄法是指来访罪犯把积存已久的苦恼和抑郁、痛苦和委屈向咨询人员和盘托出的倾诉过程。在这一过程中，咨询人员要注意不打断对方诉说，但可以提示启发；不对诉说的事情过早评说；不表示出厌烦、敷衍情绪；一般不限制时间，最好让罪犯一次把心里话说完，通过宣泄释放心头的压力，缓解情绪的冲击，恢复心理的平衡。宣泄过程也是罪犯对苦恼和痛苦再回忆、再评价、再认识的过程，这样可以强化和调整自我认识；同时也是咨询人员深入了解罪犯心理问题的一种好方式。

（五）自控法

罪犯在改造中的行为失范和违纪现象，是自控力差的典型表现。在咨询中经常遇到双方交谈得很成功，措施也很具体，但就是无法实现预期的行为效果。究其根本原因就是罪犯自控力差，不能很好地约束自己。因此，欲使罪犯解脱心理痛苦，无论是婚姻之苦，还是家庭之悲，或是孤僻之累，都应当加强对罪犯自控力的培养和锻炼，用新的行为方式冲破旧行为习惯的锢锁，从而逐步克服乃至清除不良心理或意识。对一些心理变态的罪犯，更应当从自控力抓起，从行为矫治突破，一点点从外至里、由浅入深，矫治其犯罪心理结构。

（六）暗示法

咨询人员不明确表示自己的意见，而是用含蓄、启发式的语言或热情、关心的举动使罪犯领会某种道理，并心悦诚服地接受。这种做法巧妙地避开了罪犯的戒备心理，不易产生心理阻抗，能使咨询人员的观点和愿望，顺利地被罪犯认同，收到较好的咨询效果。运用暗示法需要咨询人员具备良好的谈话技巧和幽默风趣的谈话风格，言简意赅，通俗易懂，感染力强。

罪犯的心理咨询方法是心理咨询理论在罪犯矫治实践中的应用，应当根据罪犯的心理问题和监狱改造环境的具体情况，寻找合适的方法。心理咨询和心理治疗没有本质的区别，其应用可以参考心理治疗的理论和方法。

四、犯罪心理咨询与个别教育的区别

现代心理咨询比较强调教育性与支持性，所要达到的是心理学目的而非医学目的，因而与心理治疗相区别。犯罪心理咨询也是这样。那么，犯罪心理咨询与对罪犯的个别教育又有何区别呢？为了对两者加以区分，在工作中不致混为一谈，让我们来看一个犯罪心理咨询案例：

1995 年 5 月，山东省某监狱在押强奸幼女犯张某，与同队犯人王某发生了鸡奸行为。王犯为了洗清自己，把张犯写给他的信和字条留下来交给队长，把责任都推给对方。结果张犯受到处分，被撤销值勤员，而王犯却因检举有功，当上了考评员。张犯自认为犯错误是受到王犯引诱与教唆，监狱民警处理不公，便想调到别的队去服刑，还准备了一把刀，企图杀死王犯。在内心极为苦闷、犹豫不决时，来到咨询室请求咨询。

现在我们假定，如果是个别谈话，应当怎样进行（当时主管队长已知道张犯搞鸡奸和要求调队，但没有发现他藏刀要杀王犯）？一般来说，应安排这样一些谈话内容：(1) 指出鸡奸是违反监纪的行为和违背人体生理解剖结构的行为；(2) 分析产生这种行为的思想根源，帮助他从人生观、世界观上提高认识；(3) 批评他对处分的不满，鼓励他“哪里跌倒就在哪里爬起来”；(4) 耐心感化，指明前途，激发他重新做人的改造信心和决心。

接待咨询的是该监狱教育科的一位心理学硕士吕同志，他采取了不同于个别教育的另外一种思路和方法。他先后 4 次主持了对张犯的来访咨询，大体过程是：(1) 帮助张犯稳定情绪，鼓励他敞开心扉，把话说透。通过张犯的倾诉，了解到他苦闷主要是因为犯错误后矫正工作人员不信任，其他犯人瞧不起，同时非常恨王犯，在倾诉中暴露了想杀王犯的思想。(2) 咨询者对张犯大胆谈心的话予以肯定，说他虽然有不正确的想法却没有去做，是因为在心灵深处并没有充满毁灭，而是对生活怀有希望，所以来找心理医生。希望他恢复理智，把藏在工具箱里的凶器交上来（同时，通报有关部门对其监控）。(3) 在张犯交刀之后，让他自己分析原有动机的后果以及调队与不调队的利弊得失，并同他进行讨论。(4) 帮助他回忆自幼生活经历与犯罪经过，要求他总结经验教训，分析并找到产生问题的根源。当问题基本解决后，由张犯先自行回顾咨询过程中的收获和存在的问题，谈今后的改造打算。然后，咨询者也作了简要的归纳总结，双方取得了共识。

通过咨询，克服了一场心理危机，可能发生的报复杀人案件没有发生。紧接着，咨询机构进行了 2 年追踪调查，张犯情况稳定，没有发生新的心理危机和新的同性恋行为，改造表现良好。①

通过上面的个案，可以看出，心理咨询与个别教育大体上有六点区别：(1) 着眼点不同。个别教育着重理性思维；心理咨询着重疏通、引导。(2) 目的不同。个别教育主要解决思想认识问题；心理咨询主要是排解心理困惑，平息焦虑，稳定情绪。(3) 内容不同。个别教育的内容主要是道德法制、政策前途、政治思想等；心理咨询的内容主要是如何进行自我心理调节，掌握人际交往技巧，以及克服心理冲突的对策等。(4) 方式不同。个别教育的双方是改造与被改造的关系，教育者即执法者，具有主动性、灌输性、进攻性；而心理咨询中双方是平等的磋商关系，咨询者具有被动性、平等性、交流性。(5) 主持人不同。个别教育以监狱民警为主持人，由主持人设

① 参见何为民、吕辉峰：《MABS 四步心理矫治法初探》，载《中国监狱学刊》，2001 (2)。

计谈话内容、方案，控制谈话进程；心理咨询由专业人员主持，咨询内容往往无法预先设计，咨询进程由咨询者与咨询对象双方商定。(6) 效果评价标准不同。个别教育的效果，以提高认识、调动改造积极性为标准；心理咨询的效果，则以稳定情绪、恢复心理健康为标准。

第九节　犯罪心理治疗

一、犯罪心理治疗概述

心理治疗是指在良好的治疗关系基础上，由经过专业训练的治疗者运用心理学的理论与技术对患者进行帮助，以消除或缓解患者的问题和障碍的过程。心理治疗是与躯体治疗（生理疾病治疗）相对应的一种治疗方法。犯罪心理治疗是指利用心理学等学科的理论和技术消除罪犯的犯罪心理和不良行为习惯的治疗方法与治疗活动。它比心理咨询具有更强的技术性、专业性。

罪犯群体是心理疾病的高发人群，罪犯的心理疾病对于犯罪心理结构的形成和促进犯罪心理结构的恶变起着重要的作用。因此，对服刑人员采用心理治疗手段，化解其心理障碍，是促进罪犯的犯罪心理结构良性转化的重要途径。犯罪心理治疗的目的，是减轻或消除罪犯心理症状，克服行为障碍，逐步矫正、扭转与犯罪有关的变态心理和行为。心理治疗的对象与心理健康教育、心理咨询的对象不同，心理治疗的对象一般只是罪犯中的一部分心理疾病患者（见表 20－2 所示）。

表 20－2　心理咨询与心理治疗的主要区别

	心理咨询（counseling）	心理治疗（psychotherapy）
适用对象	称作“当事人”，主要是针对正常人的心理适应与心理成长和发展问题	称作“病人”，主要针对心理障碍、神经症、身心疾病患者
专业人员	称作“咨询师”，他们接受过心理学和心理咨询方面的专业训练	称作“治疗者”或“医生”，他们接受过医学训练或临床心理学训练
干预策略	重视支持性、指导性、发展性，强调对当事人潜能和资源的开发利用，耗时相对较短	重视症状的消除，强调人格的重建和行为的矫正，有的治疗体系不重视病人理性的作用，耗时相对较长
应用场所	多在学校、社区等非医疗机构中开展	多在医院、诊所等医疗机构中进行

二、犯罪心理治疗的方法①

1. 精神分析疗法

精神分析疗法是奥地利著名精神病学家和心理学家西格蒙德·弗洛伊德创立的心

① 参见何为民主编：《罪犯心理矫治》，164～167 页，北京，法律出版社，2001。

理治疗方法。精神分析理论将无意识的心理冲突看作神经症的根本原因。心理冲突的来源主要是四种力量的较量：本我、超我、外界现实和自我。在这四种力量中，唯一行使认识功能的是自我。而神经症病人的自我存在缺陷，不能发挥协调和解决心理冲突的作用，因此，采用了回避现实、压抑意识的防御机制，导致了心理症状的出现。由于参与冲突的各种力量来自不同的意识层面，这种无意识的冲突不能被病人觉察，所以病人虽明白自己有这样或那样的症状，但却不知症状的意义以及造成症状的原因。因此，分析治疗的焦点不应放在消除外显症状上，而应放在向病人揭示内在冲突的原因和冲突过程上，即分析、解释这一系列的无意识过程和材料，让病人在意识层面得以了解和领悟。一旦病人明白了自己得病的原因和过程的情形，便有了一个合理的解释，症状自然就消失了。所以分析治疗工作的要旨可以简明地归结为：促使无意识过程向意识转化。

精神分析治疗的目标是矫正幼稚的情感反应，选择其他更有效的行为来处理心理矛盾和适应现实社会。精神分析学派相信"事"有前因后果和来龙去脉，当事人的幼稚情感反应、心理自卫方式和行为方式很可能与其早年的经验或心理发展过程中所遭受的挫折有关。因此，精神分析治疗的过程就是通过解释来加强当事人的自觉和领悟，以达到改善当事人的反应方式，甚至改善其性格的目的。

弗洛伊德根据其理论观点，创立了一系列相关的心理分析治疗方法，主要有以下几种：一是自由联想，二是释梦，三是移情，四是解释。

2. 行为疗法

行为疗法以行为主义心理学派的学习原理为理论基础，其实施的基础在于否定旧的条件反射，建立新的条件反射。行为疗法是 20 世纪 60 年代发展起来的一种矫正技术方法，理论依据是条件反射学说和学习理论。这种理论认为良心或道德反应是从幼年、少年时期开始的，经过长期的有条件的过程的结果，没有这种条件作用的人和难以有这种条件反射的人容易沦为罪犯，因此可以通过行为疗法，直接消除或减轻异常行为，建立新的条件反射，如对不良行为通过电击之类的不愉快的厌恶刺激建立条件作用，使其产生条件性回避反应；对偶然发生的行为给予奖励或惩罚，以强化或消退这种行为。

行为疗法的基本原则，即通过惩罚等不愉快的厌恶刺激疗法，使罪犯已形成的不良的动力定型消退或减弱，并通过各种奖励手段，建立和强化新的符合社会规范的动力定型，应该是有借鉴意义的。具体方法可分为以下几种：

（1）适应法。这一方法认为，有些罪犯之所以产生犯罪冲动，是由于对环境不适应。可利用加大环境因素刺激和模拟训练等方法，使罪犯由兴奋转向抑制，由不适应转为适应。

（2）厌恶法。这是一种利用对抗性条件反射原理进行的治疗。如果出现不良行为反应，就进行反强化刺激，用作为惩罚的痛苦体验与不良行为习惯反复结合的方法，使之产生回避性反应，以抑制或消除不良行为。

(3) 操作法。这是以斯金纳（B. F. Skinner）的“操作条件作用理论”为基础建立起来的治疗方法。主要是使罪犯通过自身的操作所获得的奖励或惩罚体验，消除不良行为，否定旧的动力定型，建立新的良好行为的动力定型。

3. 认知疗法

认知疗法主要有艾利斯的理性情绪疗法和贝克的认知疗法。

理性情绪疗法是20世纪50年代由艾利斯（AlbertEllis）在美国创立的。这是当代认知疗法中较有代表性的一种治疗方法。理性情绪疗法的理论要点是：人的情绪问题不是由某一诱发事件本身引起的，而是由经历该事件的个体对这一事件的解释、评价造成的。其又被称为“ABC理论”：A代表诱发性事件；B代表个体对A的解释和评价；C代表个体的情绪及行为的结果。

尽管贝克的方法与艾利斯的系统有很多相似之处，可是，贝克在个人风格上更端庄得体，而且提供了有关神经症疾病更为详尽的认知理论。贝克指出，心理障碍的产生并不是激发事件或有害刺激的直接后果，而是通过认知加工，并在歪曲或错误的思维影响下促成的。他还指出，错误思想常以“自动思维”的形式出现，即这些错误思想常是不知不觉地、习惯地进行的，因而不易辨认，不同的心理障碍有不同内容的认知歪曲。例如，抑郁症大多对自己、对现实和未来都持消极态度、抱有偏见，认为自己是失败者，凡事都不如意，认为将来毫无希望。焦虑症则对现实中的威胁持有偏见，过分夸大事情的后果，面对问题只强调不利因素而忽视有利因素。因此，认知治疗的重点在于矫正来访者的思维歪曲。贝克把人们在认知过程中常见的认知歪曲归纳为五种形式。

(1) 任意推断：在证据缺乏或不充分时便草率地作出结论，如“我是无用的，因为我去买东西时商店已经关门了”。

(2) 选择性概括：仅依据个别细节而不考虑其他情况便对整个事件作出结论，这是一种瞎子摸象、以偏概全的认知方式，如“单位里有许多不学无术的人在工作，这是我做领导的过错”。

(3) 过度引申或称过度泛化：在单一事件的基础上作出关于能力操作或价值的普遍性结论，也就是说，从一个琐细事件出发引申出结论，如“因为我不明白这个问题，所以我是一个愚蠢的人”，“因为打碎了只碗，所以我不是一个好母亲”。

(4) 夸大或缩小：对客观事件的意义作出歪曲的评价，如因为他人偶然地开玩笑或无恶意地撒了一次谎，便认为对方完全丧失了诚意。

(5) 走极端的思维：要么全对，要么全错。个体往往把生活看成非黑即白的单色世界，没有中间色。例如，没有被聘为电台播音员就产生“我感到非常沮丧，因为没有什么地方会再聘用我了”；“我现在连整理房间的能力都没有了，成为一个无用的人了”。

贝克的认知疗法涉及的内容不仅要求指出来访者的认知扭曲，而且要求来访者认识到矫正认知扭曲的重要一步是建立一种咨询师与来访者的关系。贝克极度重视给来访者以温暖、同情和诚心的意义。他运用了很多认知及行为疗法技巧，其中有角色扮演、果断训练和行为预演，他还运用了认知预演。他会让一位因不能完成某项熟悉、过时的任务而被压抑的来访者去想象并与他一起讨论整个过程的每一步。这样，可排除来访者的疑虑倾向并使他的能力不足感产生偏移。来访者经常报告说，他们在完成了一个想象中的任务后，感觉会好得多。贝克还布置“家庭作业”，在每个疗程之间来访者要观察自己的思想和行为，努力改变这些想法和行为，并执行具体的任务。这不仅克服了来访者的惯性和动机缺乏，而且还能得出实际的成就感，这些成就感会纠正来访者认为自己什么也干不成的不正确想法。为了达到同一个目的，贝克还经常请来访者每周写一份报告，把他（她）一周的活动记下来，并把每种活动带来满足感的程度描述下来。贝克的疗法一般需要 15～20 次诊疗（贝克倾向于把这些诊疗叫作“面谈”）。在诊疗中咨询师和来访者每次都要问到来访者对上次诊疗及其结果的反应，并计划下次诊疗，就下次的任务和家庭作业达成一致，然后将逻辑、调查和现实检测应用到来访者对目前发生在他（她）身边事件的感觉和想法中去。

认知疗法一般分为四个过程。

（1）建立求助的动机：在此过程中，要认识适应不良的认知—情感—行为类型。来访者和咨询师对其问题达成认知解释意见的统一，对不良表现给予解释并且估计矫治所能达到的预期结果。比如，可让来访者自我监测思维、情感和行为，咨询师给予指导、说明和认知示范等（2）适应不良的认知的矫正：在此过程中，要使来访者发展新的认知和行为来替代适应不良的认知和行为。比如，咨询师指导来访者广泛应用新的认知和行为。（3）在处理日常生活问题的过程中培养观念的竞争，用新的认知对抗原有的认知。在此过程中，要让来访者练习将新的认知模式用到社会情境之中，取代原有的认知模式。比如，可使来访者先用想象方式练习处理问题，或模拟一定的情境或在一定条件下让来访者以实际经历进行训练。（4）改变有关自我的认知：在此过程中，作为新认知和训练的结果，要求来访者重新评价自我效能以及自我在处理认识和情感中的作用。比如，在练习过程中，让来访者自我监察行为和认知。

贝克认知转变疗法的主要目标在于改变来访者歪曲的认知，从而改善失调的情绪与行为。其治疗的基本过程如下。

（1）识别自动思维。自动思维是介于外部事件与个体对事件的不良情绪反应之间的那些思想，大多数来访者并不能意识到在不愉快情绪之前会存在这些思想，因为这些思想已经构成他们思考方式的一部分。来访者在认知治疗过程中首先要会识别自动思维，尤其是识别那些在愤怒、悲观和焦虑等情绪之前出现的特殊思想。咨询师可以采用提问的方式，指导来访者进行想象和角色扮演，从而发掘和识别自动思维。

（2）识别认知错误。为了帮助来访者识别认知错误，咨询师应该听取和记下来访者诉说的自动思维以及不同的情境与问题，然后要求来访者归纳出一般的规律，即找出共性。

（3）真实性检验。这是治疗的中心环节。一旦认识了一种或一组歪曲的信念，就可训练来访者按下列顺序进行更严格的检验：“我的证据是什么？对那个问题是否还有别的认知存在？假设那是真的，结果是否就会那么糟”？在来访者能够认识和评论这些不正确的自动思维与信念之时，新的、更接近现实的信念便会逐渐代替旧的、不真实的信念。随后，要求来访者按照这些新的认知结构去实践，检验它是否切实可行。咨询师还要给来访者布置一定的家庭作业，并让来访者反复练习，以巩固新的认知结构。

4. 支持疗法。通过鼓励与支持、解释与指导，帮助患者有效地适应环境，度过心理危机，消除罪犯出现的悲观绝望、极度焦虑、精神崩溃等症状，使其维持有效的生活能力。

5. 森田疗法。这是为日本精神医学家森田正马所倡导，并以自己的名字命名的疗法。它不是依靠治疗者的精神支持，而是以患者的自我放松和逐步适应为主。治疗的原则是“顺其自然”和“为所当为”，适用于那些产生疑病、忧郁、恐惧等症状和因慢性病久治不愈而失去生活信心的罪犯。其治疗对象大多是那些产生疑病、忧虑、恐惧等症状的罪犯，其治疗原则是顺其自然，通过启发他们对各种逆境和心理负担采取接受的态度，帮助树立正确的人生观，引导他们将注意力转移到学习、劳动和健康的娱乐活动上，通过向外释放能量，自我调节，以使有关症状消失。

6. 现实疗法。由美国精神病学家格拉泽（W. Glaser）首创，主要用于对少年女犯的治疗。以培养她们现实的、负责的、正确的行为方式作为治疗目标。通过对少年女犯进行指导，制订并实施帮助她们适应生活的计划等一系列步骤，逐步达到治疗目的。现实疗法一般经过三个步骤来进行：首先，在治疗者与被治疗者之间建立一种坦率的、真诚的关系；其次，治疗者要向被治疗者说明，他本人能够被现实接受，但其行为方式却是为社会所否定的；最后，治疗者要教给被治疗者在现实条件下满足需要的更好方法，帮助他们成功地适应社会生活。

7. 内省疗法。这一疗法，是让罪犯处于封闭环境中反省自己的罪过，思索犯罪原因或违反监规纪律的原因，从而达到顿悟与转变的心理治疗方法。内省疗法实施前，医生应提出内省课题，引导其内省，事后询问、检查内省效果。心理治疗的方法有许多，需要专业人员经过专门的训练才能较好地掌握。[①]

思考题

1. 如何进行犯罪心理结构的诊断？
2. 论述犯罪心理矫治的理论基础。
3. 认知疗法在犯罪心理矫治中是如何应用的？

---

① 详细的犯罪心理治疗方法请参见何为民主编：《罪犯心理矫治》，164～167页，北京，法律出版社，2001。

图书在版编目（CIP）数据

犯罪心理学 / 罗大华，马皑主编 . -- 3 版 . -- 北京：中国人民大学出版社，2022.7
21 世纪普通高等教育法学系列教材
ISBN 978-7-300-30536-3

Ⅰ.①犯… Ⅱ.①罗… ②马… Ⅲ.①犯罪心理学－高等学校－教材 Ⅳ.①D917.2

中国版本图书馆 CIP 数据核字（2022）第 060435 号

21 世纪普通高等教育法学系列教材
犯罪心理学（第三版）
主　编　罗大华　马　皑
Fanzui Xinlixue

出版发行	中国人民大学出版社		
社　　址	北京中关村大街 31 号	**邮政编码**	100080
电　　话	010－62511242（总编室）		010－62511770（质管部）
	010－82501766（邮购部）		010－62514148（门市部）
	010－62515195（发行公司）		010－62515275（盗版举报）
网　　址	http：//www.crup.com.cn		
经　　销	新华书店		
印　　刷	天津鑫丰华印务有限公司	**版　　次**	2012 年 12 月第 1 版
开　　本	787 mm×1092 mm　1/16		2022 年 7 月第 3 版
印　　张	28.5 插页 1	**印　　次**	2024 年 7 月第 4 次印刷
字　　数	599 000	**定　　价**	72.00 元

《　　　　　　》※任课教师调查问卷

为了能更好地为您提供优秀的教材及良好的服务，也为了进一步提高我社法学教材出版的质量，希望您能协助我们完成本次小问卷，完成后您可以在我社网站中选择与您教学相关的1本教材作为今后的备选教材，我们会及时为您邮寄送达！如果您不方便邮寄，也可以申请加入我社的**法学教师QQ群：83961183（申请时请注明法学教师）**，然后下载本问卷填写，并发往我们指定的邮箱（cruplaw@163.com）。

邮寄地址：北京市海淀区中关村大街31号中国人民大学出版社411室收

邮　　编：100080

再次感谢您在百忙中抽出时间为我们填写这份调查问卷，您的举手之劳，将使我们获益匪浅！

基本信息及联系方式：※

姓名：__________ 性别：__________ 课程：________________

任教学校：____________________ 院系（所）：____________

邮寄地址：____________________ 邮编：________________

电话（办公）：__________ 手机：__________ 电子邮件：__________

调查问卷：※

1. 您认为图书的哪类特性对您使用教材最有影响力？（　　）（可多选，按重要性排序）

   A. 各级规划教材、获奖教材　　B. 知名作者教材

   C. 完善的配套资源　　D. 自编教材

   E. 行政命令

2. 在教材配套资源中，您最需要哪些？（　　）（可多选，按重要性排序）

   A. 电子教案　　B. 教学案例

   C. 教学视频　　D. 配套习题、模拟试卷

3. 您对于本书的评价如何？（　　）

   A. 该书目前仍符合教学要求，表现不错将继续采用。

   B. 该书的配套资源需要改进，才会继续使用。

   C. 该书需要在内容或实例更新再版后才能满足我的教学，才会继续使用。

   D. 该书与同类教材差距很大，不准备继续采用了。

4. 从您的教学出发，谈谈对本书的改进建议：____________________

____

____

选题征集：如果您有好的选题或出版需求，欢迎您联系我们：

联系人：黄　强　联系电话：010-62515955

索取样书：书名：______________________________

书号：__________________________________

备注：※ 为必填项。